Thomas Vennum

Das indianische Lacrosse-Spiel

Thomas Vennum

Das indianische
Lacrosse-Spiel

Der kleine Bruder des Krieges

BAUM·PUBLICATIONS   Idstein 1996

Copyright der amerikanischen Original-Ausgabe:

© 1994 by Smithsonian Institution, Washington, D.C., USA

Titel der Original-Ausgabe: "American Indian Lacrosse –

Little Brother of War"

Übersetzung aus dem Amerikanischen: Gilla Flothmann

Deutsche Bibliothek - CIP Einheitsaufnahme

Vennum, Thomas:
Das indianische Lacrosse-Spiel : der kleine Bruder des Krieges /
Thomas Vennum. [Übers. aus dem Amerikan.: Gilla Floth-
mann]. – 1. Aufl. – Idstein/Ts. : Baum Publ., 1996
    Einheitssacht.: American indian lacrosse <dt.>
    ISBN 3-930596-03-2

©   der deutschsprachigen Ausgabe: 1996 BAUM·PUBLICATIONS
    Peter Baum, Friedensstraße 53, D-65510 Idstein/Ts.
Internet-Home Page zum Thema „Lacrosse": *http://www.lacrosse.de*

Herstellung: ELEKTRA GmbH   D-65527 Niedernhausen/Ts.

1. Auflage 1996   Printed in Germany

ISBN 3-930596-03-2

Inhalt

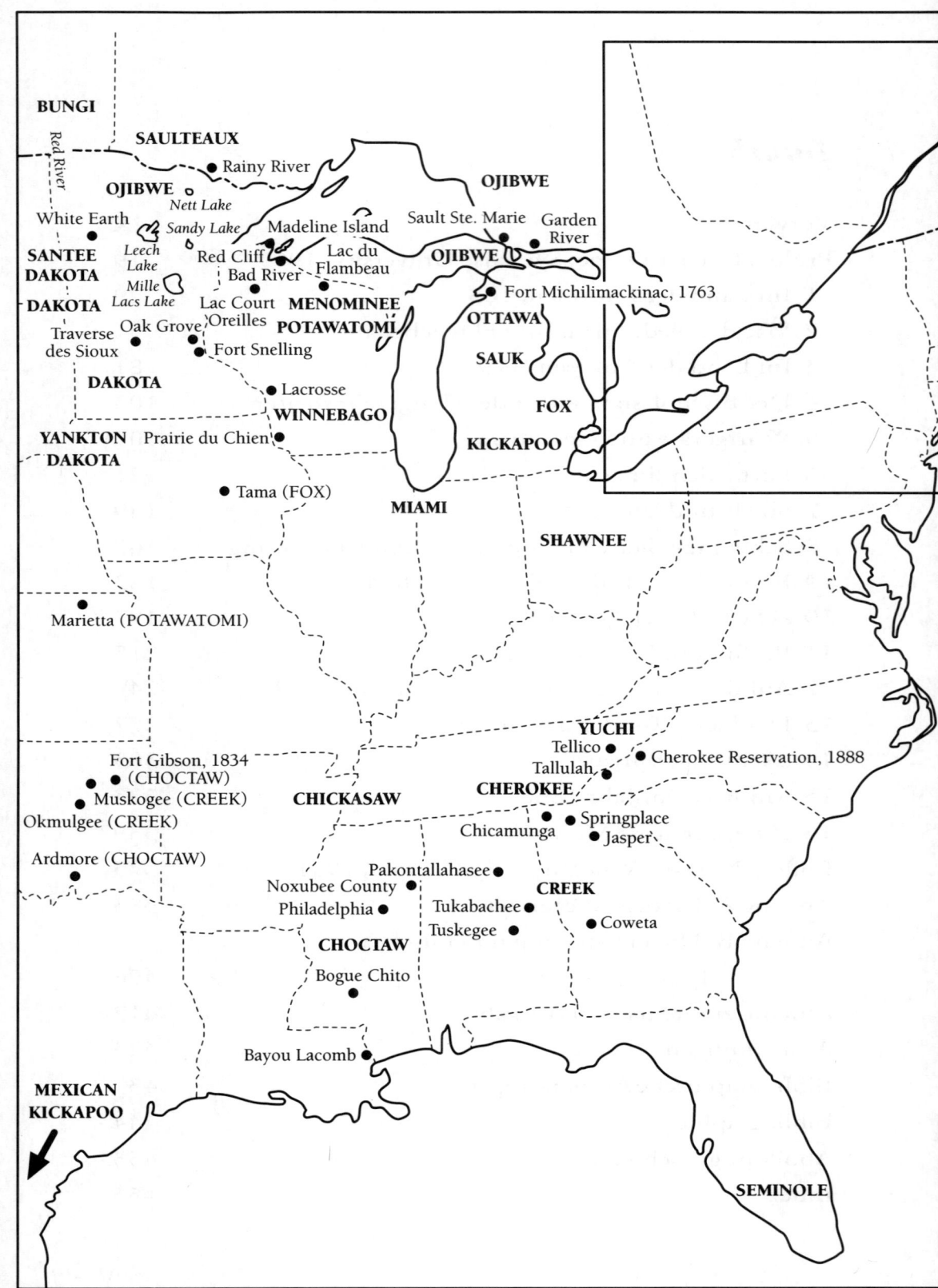

BUNGI

Red River

SAULTEAUX

● Rainy River

OJIBWE

OJIBWE

● Nett Lake

Sandy Lake

Sault Ste. Marie

Garden River ●

White Earth

Leech Lake

● Madeline Island

Red Cliff

Lac du Flambeau

OJIBWE

SANTEE DAKOTA

Mille Lacs Lake

Bad River ●

● Fort Michilimackinac, 1763

DAKOTA

Lac Court Oreilles

MENOMINEE

OTTAWA

Traverse des Sioux

Oak Grove ●

POTAWATOMI

SAUK

● Fort Snelling

DAKOTA

● Lacrosse

FOX

WINNEBAGO

KICKAPOO

YANKTON DAKOTA

Prairie du Chien ●

● Tama (FOX)

MIAMI

SHAWNEE

● Marietta (POTAWATOMI)

YUCHI

Tellico ●

● Cherokee Reservation, 1888

Fort Gibson, 1834 ●
(CHOCTAW)

Tallulah ●

● Muskogee (CREEK)

CHICKASAW

CHEROKEE

Okmulgee (CREEK)

Chicamunga

Springplace ●
● Jasper

Ardmore (CHOCTAW)

Pakontallahasee ●

Noxubee County ●

CREEK

Philadelphia ●

Tukabachee ●

● Coweta

Tuskegee ●

CHOCTAW

Bogue Chito ●

Bayou Lacomb ●

MEXICAN KICKAPOO

SEMINOLE

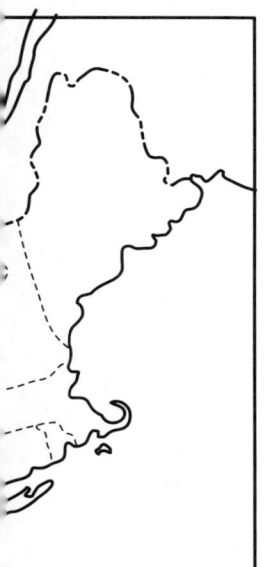

Lage der Stämme und Siedlungen, die im Text erwähnt werden

Diese Karte zeigt die Regionen, die von Lacrosse-spielenden Stämmen bewohnt wurden, und die Siedlungen, auf die im Text Bezug genommen wird. Da sich der Zeitbogen im Text über mehr als dreieinhalb Jahrhunderte spannt, sollten die Stammesniederlassungen als grobe Annäherungen angesehen werden. Der Standort einiger Stämme, etwa der im Südosten, zeigt ihren normalen Siedlungsraum zum Zeitpunkt der ersten Kontaktaufnahme mit Europäern. Viele Stämme haben seitdem ihre Wohngebiete auf Grund von Zwangsumsiedlungen durch die amerikanische Bundesregierung in weit von ihrer ursprünglichen Heimat gelegene Reservate verlegen müssen. Andere wurden durch die geschichtlichen Umstände bewogen, freiwillig abzuwandern. Die Ojibwa zum Beispiel lebten am Ostende des Lake Superior, als die ersten Europäer auf sie trafen, aber unter dem Druck des Pelzhandels zogen sie schrittweise nach Westen und Norden. Heute leben sie hauptsächlich in Reservaten am Westende des Sees.

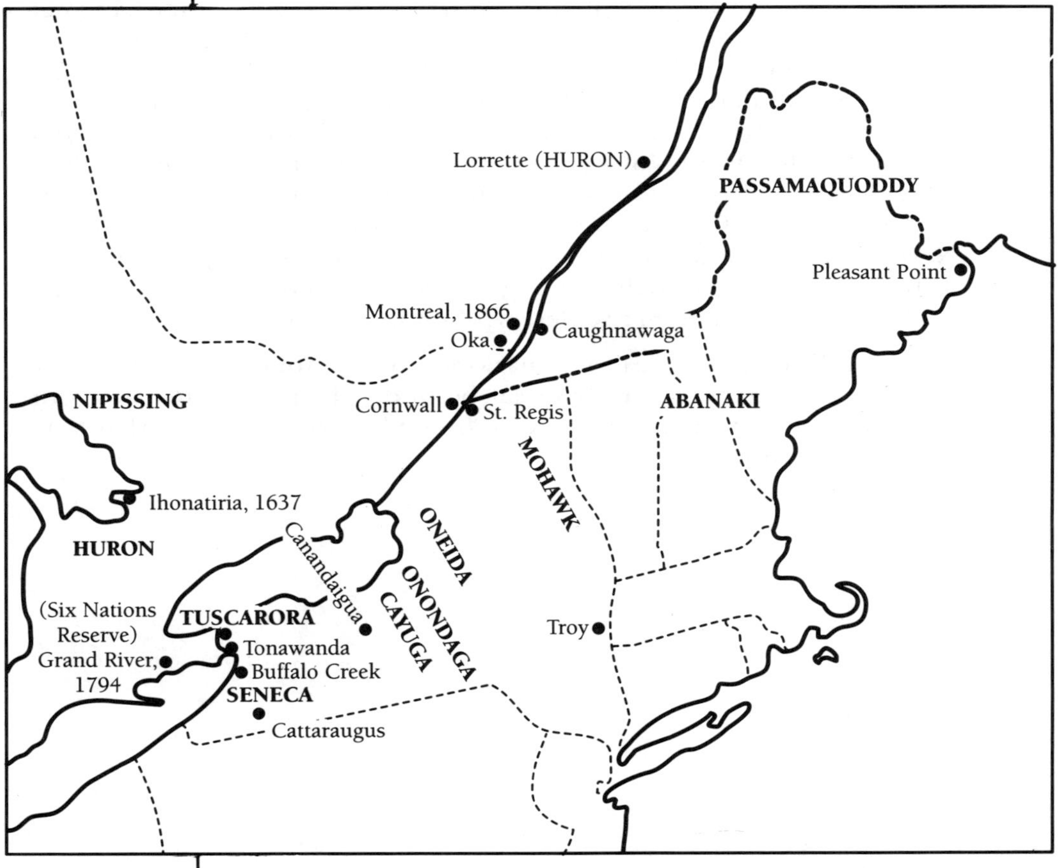

Lorrette (HURON)

PASSAMAQUODDY

Pleasant Point

Montreal, 1866
Oka
Caughnawaga

NIPISSING

Cornwall
St. Regis

ABANAKI

MOHAWK

Ihonatiria, 1637

HURON

Canandaigua

ONEIDA
ONONDAGA
CAYUGA

(Six Nations Reserve)
Grand River, 1794

TUSCARORA
Tonawanda
Buffalo Creek

Troy

SENECA

Cattaraugus

Danksagung

Von den zahlreichen Menschen, die zu diesem Buch beigetragen haben, möchte ich besonders den folgenden danken: Cheryl Anderson, Joallyn Archambault, Franklin Basina, Frank Benedict, Owen Benedict, Kendall Blanchard, Brandon Bristol, Freeman Bucktooth Jr., Joe Callahan, Andrew Connors, Mary Kay Davies, Bill Fenton, Ray Fogelson, Lucy Fowler-Williams, Tom Garland, Ives Goddard, Daniel Goodwin, Ellen Green, Conrad Heidenreich, Don Heldman, Rick Hill, Fred Hoxie, Ansley Jemison, Duke Johns, Vic Krantz, der Lacrosse Foundation, Mark LoBello, Linley Logan, Kent Lyons, Rex Lyons, Jan McInroy, Linda McKnight, Cesare Marino, Peter Nabokov, John Nichols, David Noble, Emmett Printup, Guha Shankar, Daphne Shuttleworth, Roy Simmons Jr., Jay Stevens, Bill Sturtevant, Lori Taylor, Leland Torrence, Bill Truettner, Joan Wolbier und Hanni Woodbury. Besonderer Dank gebührt meinem ehemaligen Studenten Edward Brown, der mich von Beginn an durch seine Liebe zum Sport und seine schriftstellerische Besessenheit inspiriert hat.

Für die ergänzenden Informationen zum besonderen Anhang der deutschen Ausgabe dankt der Verlag besonders Herrn Jörg Rohaus vom Lacrosse Club München und Herrn Ingo Heß vom Verein für Körperkultur in Berlin.

Vorwort

Es gab zwei Gründe, warum ich mich an jenem letzten Mai-Wochenende des Jahres 1992 in Philadelphia befand. Die Feldlacrosse-Meisterschaftsspiele für Männer der *National Collegiate Athletic Association* (*NCAA*) und das gesellige Zusammensein nach den Spielen würden den Großteil meiner Zeit in Anspruch nehmen, aber meine Reise diente einer wichtigeren Aufgabe. Genau auf der gegenüberliegenden Seite der Straße, die am Spielfeld des Geländes der *University of Pennsylvania* vorbeiführt, wo *Syracuse* gegen *Johns Hopkins* und *North Carolina* gegen *Princeton* kämpfen würden, lag das Universitätsmuseum, in dem das von mir gesuchte Objekt aufbewahrt wurde. Weggeschlossen in einer Schublade der Magazine, die nicht für die Öffentlichkeit zugänglich sind, ruhte ein Lacrosseschläger aus Hickoryholz, den ein Cayugaindianer im südöstlichen Ontario vor annähernd zweihundert Jahren gefertigt hatte. Ich hatte einiges über diesen Schläger gelesen und Fotos von ihm in den Museumsbroschüren gesehen. Während ich intensiv mit dem indianischen Lacrosse beschäftigt war, kehrte ich notwendigerweise immer wieder zu meinen Notizen über dieses Objekt zurück; jetzt mußte ich dieses Artefakt aus nächster Nähe untersuchen, um meine Vermutung zu erhärten.

Die Umstände waren mir vertraut. Als Forscher war ich daran gewöhnt, historische Objekte in Museumsgewölben zu untersuchen, wo Musikinstrumente aufbewahrt werden, die nicht mehr erklingen, und Spielsteine von in Vergessenheit geratenen Spielen in Schachteln verwahrt bleiben. Der Kurator suchte die entsprechende Schublade auf seiner Indexkarte und verschwand, um das Exponat zu holen. Wenig später hörte ich das gewohnte Quietschen eines Museumswägelchens, das näher kam. Da lag der Lacrosseschläger, der mich so sehr faszinierte (Abb. 1), in seiner schützenden Plastikhülle wie ein Leichnam in einem Leichentuch. Das Identifizierungskärtchen des Museums war an seinem herausragenden Griff befestigt wie am Zeh eines Leichnams. Ich entfernte die Hülle und ergriff vorsichtig dieses Gerät aus Holz und ungegerbtem Leder. Zugängliche Informationen über den Schläger besagten, daß der Großvater jenes Cayugaindianers, von dem er in den

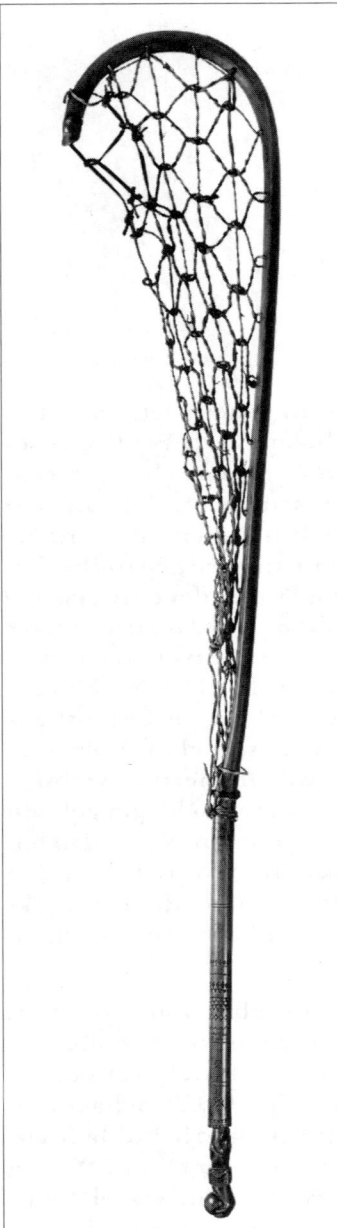

Abb. 1
Cayuga-Lacrosseschläger aus dem Besitz des Großvaters von Alexander T. General, Six Nations-Reservat/ Ontario (vor 1845).

dreißiger Jahren erworben worden war, vor 1845 damit gespielt habe. Aber dieser Schläger zeigte keine der Gebrauchsspuren, die man gewöhnlich auf alten hölzernen Lacrosseschlägern erkennen kann, keine der typischen Dellen und Kratzer wie auf Sportgeräten, die bei früheren indianischen Spielen benutzt wurden. Noch war die übliche dunkle Patina auszumachen, die sich mit der Zeit am Handgriff des Schlägers bildet, wo ihn die schwitzenden Hände seines Besitzers umfassen. Die genaue Untersuchung des Netzes ergab, daß an den verschlungenen Lederbändern noch kleine Härchen hafteten; solche Härchen wären im Spiel schnell abgenutzt worden.[1] Mein Verdacht schien sich zu bestätigen: Ich war sicher, daß dieser besondere Cayuga-Lacrosseschläger niemals ein Spielfeld gesehen hatte!

Und das aus gutem Grund. Von den Hunderten von Lacrosseschlägern, die ich untersucht habe, ist dieser Hikkoryschläger – einer der ältesten überhaupt – bei weitem das außergewöhnlichste Sportinstrument, das mir bekannt ist. Seine außerordentlich feine Schnitzarbeit deutet darauf hin, daß ein talentierter Cayuga vor mehr als eineinhalb Jahrhunderten Tage damit zugebracht haben muß, die dekorativen Ornamente sorgfältigst herauszuarbeiten. Während die Schlägerkonstruktion im großen und ganzen dem Typ entspricht, den die Cayuga sowie andere Irokesen bis etwa 1860 benutzten, erschuf der Handwerker nicht bloß einen Gebrauchsschläger, sondern ein Kunstwerk. Das Ende des Schlägerhandgriffs (Abb. 2a), das gewöhnlich unverziert bleibt oder höchstens in einer Art Knauf ausläuft, wurde hier äußerst akkurat zu einer menschlichen Hand geformt, die einen Ball hält – die kardinale Todsünde im Lacrosse. Unterhalb des Handge-

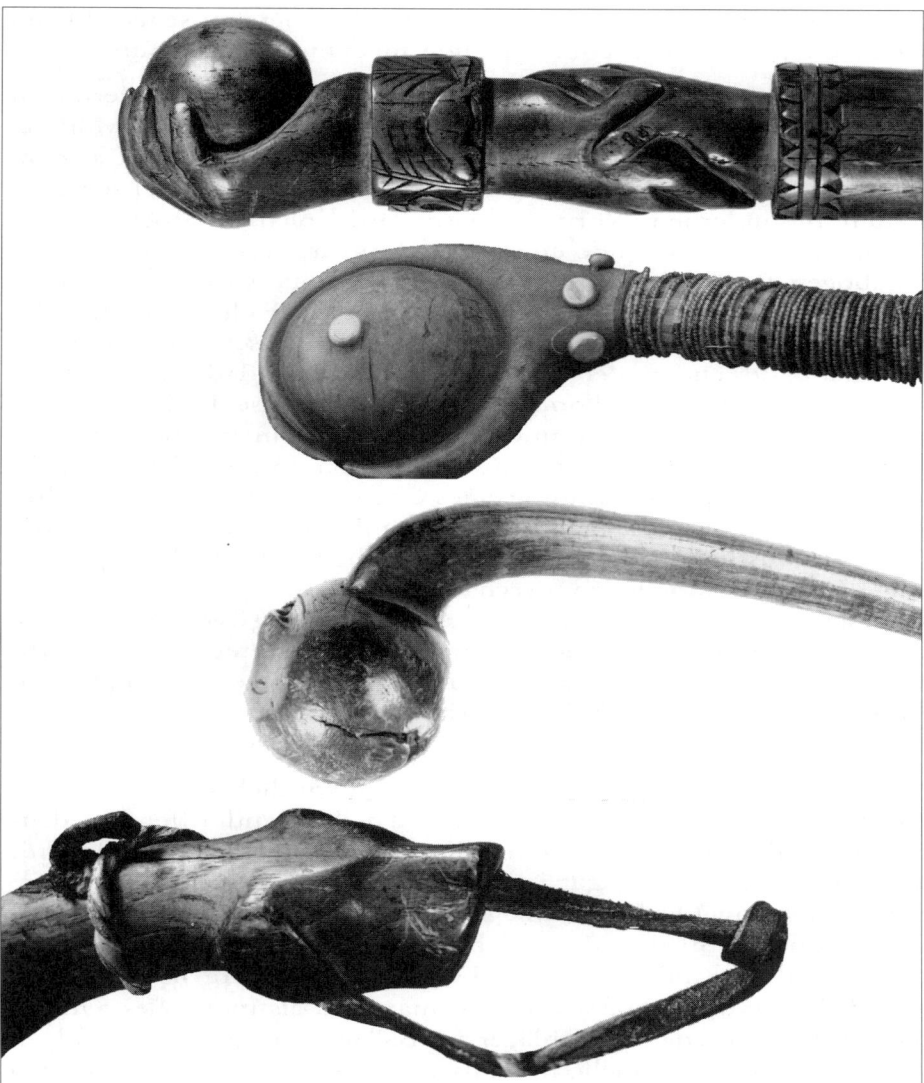

Abb. 2 a-d

a: Enddetail des Handgriffes des Cayuga-Schlägers. — b: Ballförmiges
Endstück einer zeremoniellen Kriegskeule der Ojibwa, wahrscheinlich aus
dem Lac Court Oreilles-Reservat, um 1900 (?), die möglicherweise ein
ehemaliger Krieger bei Tänzen mit sich führte. Der Ball wird von Adler-
klauen umgefaßt. c: — In einen Ball auslaufende Kriegskeule der Ojibwa,
geschnitzt und bemalt in der Form eines menschlichen Kopfes. Sie stammt
aus dem Besitz von "*Medicine Sky*", einem Krieger der Lac du Flambeau,
dem in einem Traum bedeutet wurde, daß er damit einen Feind töten
würde, was auf einem Kriegszug gegen die Dakota auch geschah. — d:
Enddetail der oberen gekrümmten Partie des Cayuga-Schlägers.

lenks auf einem Armreif sind reliefartig vier Tiere zu sehen. Daran schließen sich zwei menschliche Hände, im Handschlag verbunden, an.

Weiter oben ist der Griff mit feinsten geometrischen Verzierungen in der Kerbschnitztechnik versehen, die in jener Periode sowohl bei Amerikanern als auch bei den Irokesen weit verbreitet war. Ganz am Ende der eleganten Krümmung des Schlägerkopfes befindet sich eine weitere Besonderheit. Normalerweise würde solch ein Stock etwa 12 Millimeter vor dem Ende einen Einschnitt aufweisen wie etwa ein Jagdbogen, um die Sehne zu halten. An alten Lacrosseschlägern ist ein Ende der äußeren Saite hier befestigt; in diesem Falle jedoch ließ der Schöpfer des Schlägers die Krümmung in einem geschnitzten Hundekopf (Abb. 2d) enden, der so gekonnt gestaltet ist, daß die letzte Saite aus der Tierschnauze zu kommen scheint. Die Nase des Hundes ragt über seine Schnauze hinaus und bildet so den kleinen Haken, den die meisten Irokesenschläger jener Zeit aufweisen und mit dem versucht wurde, die Schlägerbespannung eines Gegners zu erfassen, um sie ihm aus der Hand zu reißen. Ein derartig unbezahlbares Erzeugnis des Cayuga-Kunsthandwerks würde mit Sicherheit nicht auf dem Spielfeld eingesetzt und möglichen Beschädigungen durch das rauhe Spiel ausgesetzt worden sein. Dieser Lacrosseschläger barg irgendeine rituelle Bedeutung, und deshalb blieb er ein sorgfältig gehütetes Familienerbstück – zumindest drei Generationen lang, bis er an einen neugierigen Anthropologen, der sich ins Reservat verirrt hatte, verkauft oder übergeben wurde.

Aber was wollen uns die Schnitzereien wirklich sagen? Forscher haben darüber spekuliert. Einer meinte, daß das Handgriffende bedeute, „den Ball so sicher wie mit der Hand zu halten." Aber den Ball mit der Hand zu berühren gilt in allen Formen von Lacrosse als klare Regelverletzung. Der Handschlag, meinten andere, könnte die freundliche Natur des Spiels unterstreichen, aber meine Studien haben mir gezeigt, daß das indianische Spiel häufig alles andere als freundlich verlief. Der Hundekopf wurde von manchen als mögliches Symbol dafür angesehen, „daß der Schläger den Ball wie ein Jagdhund verfolgen soll", aber die traditionelle indianische Haltung gegenüber Hunden läßt mich dieser Theorie mißtrauen.[2] Obgleich Hunde oft mißhandelt wurden, schrieb man ihnen auch eine sakrale Funktion zu, da sie in zahlreichen Ritualen (s. Anhang A, Nr. 10) als Mittler zwischen der Menschenwelt und der Geisterwelt auftraten. Vor langer Zeit, während der irokesischen Neujahrs- oder Mittwinterzeremonie, war es üblich, einen oder zwei weiße Hunde zu opfern. Zuerst wurden sie auf sorgfältige Weise erwürgt, ohne ihnen einen Knochen zu brechen; dadurch blieben sie rein. Dann wurden die Körper eine Zeitlang an einem Pfosten aufgehängt, um schließlich verbrannt zu werden. Weiße Hunde waren selten; sie galten als makellos, und man hielt sie für geeignete Boten zwischen den Menschen und dem Großen Geist. Die

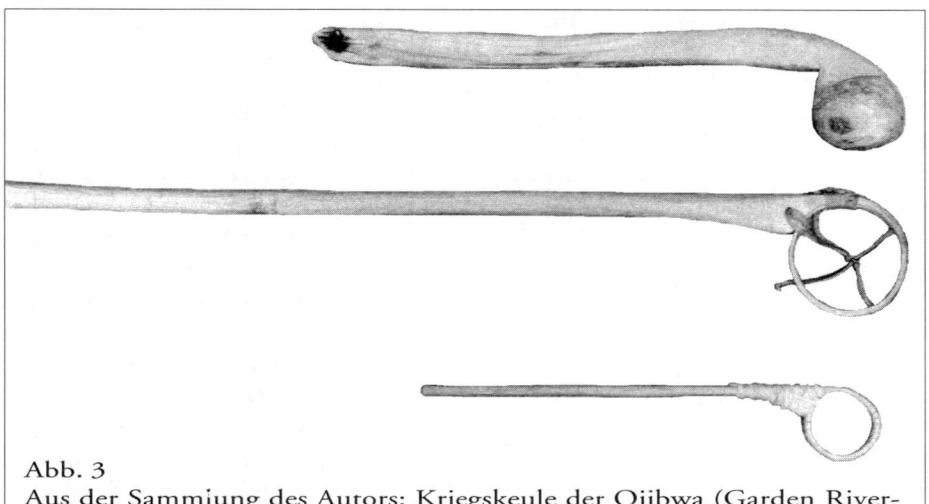

Abb. 3
Aus der Sammlung des Autors: Kriegskeule der Ojibwa (Garden River-Reservat); Lacrossestock (Red Cliff-Reservat); Trommelstock (Bad River-Reservat).

besondere Stellung des Hundes innerhalb der irokesischen Zeremonie sollte uns zeigen, daß letztlich dem Hundekopf und den anderen Schnitzereien eine tiefere Bedeutung zukommen muß; wären wir imstande, diese Bedeutung zu entschlüsseln, könnten wir daraus wichtige Hinweise auf die Rolle von Lacrosse innerhalb Amerikas indianischer Kultur gewinnen.

Während ich mich bemühte, diese Cayuga-Verzierungen zu interpretieren, erinnerte ich mich an die Anfänge meiner Faszination für das indianische Lacrosse, einen mehr oder weniger überraschenden Ausgangspunkt für einen Musikwissenschaftler. Vor einigen Jahren, als ich Forschungen über die Trommelherstellung bei den Ojibwas im nördlichen Wisconsin anstellte, fiel mir die große Ähnlichkeit zwischen einem Typus des Ojibwa-Trommelstocks und dem Ojibwa-Lacrosseschläger (s. Abb. 3) auf. Der Trommelstock zeigte eine ähnliche Konstruktion wie der Lacrosseschläger, außer daß er sehr viel kleiner war und nicht die verkreuzten Lederriemen am Kopf aufwies, die den Ball hielten. Darüber hinaus zeigten sowohl der Trommelstock als auch der Lacrosseschläger eine große Ähnlichkeit mit einer bestimmten Art von Kriegskeule, die bei vielen Stämmen verbreitet war, einschließlich der Ojibwa und Irokesenvölker – bei dieser endete der Schläger in einer Kugel (Abb. 2b). Die Tatsache, daß diese materiellen Objekte eine identische Form aufwiesen, schien auf eine alte, verborgene Beziehung oder ein Ritual zwischen Musik, Spiel und Krieg hinzudeuten, die über die simplen Funktionen der Objekte wie Trommeln schlagen, den Ball treffen oder Feinde niederschlagen hinausgingen.

In den Sprachen der südöstlichen Stämme nannte man Lacrosse „Bruder des Krieges" oder „kleiner Bruder des Krieges", und die meisten Historiker, die über diesen Sport schrieben, betonten seine gewalttätige Natur. Eine neue Interpretation des Cayuga-Schlägers lautete wie folgt: Bei genauer Lesart wiesen die verborgenen Bedeutungen der Verzierungen auf Krieg und nicht auf freundschaftlichen Wettstreit. Obwohl das fragliche Objekt die Form eines Lacrosseschlägers aufweist, war es nicht für das Spiel bestimmt. Vielmehr war es Symbol für bestimmte Vorstellungen, die das Spiel mit kriegerischen Auseinandersetzungen in Verbindung brachten. Und somit war der Cayuga-Lacrosseschläger eine Kriegssymbol.

Die Hand, die den Ball umfaßt, bringt zum Ausdruck, daß dieses runde Stück Holz sowohl eine Kampfwaffe als auch ein Spielgerät ist. Gewöhnlich wurden die Enden der Kriegskeulen, die in eine Kugel ausliefen, so geschnitzt, als hielte sie irgendein Tier in seinem Maul, etwa eine Schlange, oder sie befand sich in den Krallen eines Raubvogels, z.B. eines Adlers (Abb. 2b). In den Zeiten der indianischen Kriegszüge, als solche Keulen mit verdicktem Ende in Gebrauch waren, um Feinde niederzumachen, verband man mit der Keule die symbolische Vorstellung, daß die Vogelkrallen (oder das Tiermaul) den Ball losließen, der dann durch die Luft flog, den Kopf des Feindes traf und ihn tötete. Eine Variation dieser Art Kriegskeule zeigt einen als menschlichen Kopf geschnitzten Ball (Abb. 2c), der (symbolisch) vom Keulengriff losfliegen sollte, um den Feind niederzustrecken.

Fliegende Köpfe werden in zahlreichen irokesischen Legenden, die sich mit Lacrossespielen befassen, häufig mit Bällen, die durch die Luft fliegen, gleichgesetzt. In einer Geschichte verfolgt ein fliegender Kopf eine Familie, die er auslöschen will. Der Kopf wird gefangen und in einen Kessel mit kochendem Bärenfett geworfen, wo er verbrennt und stirbt. Als Dank für ihre Rettung besteht die Mutter der Familie darauf, daß es ihre Pflicht sei, ein Lacrossespiel auszurichten. Der Kopf, so will es die Mutter, soll als Ball dienen (s. Anhang A, Nr. 11). Diese symbolische Gleichsetzung von Köpfen mit Lacrossebällen hat einen Autor zu der Spekulation veranlaßt, daß Lacrosse möglicherweise aus einem alten Spiel hervorgegangen sei, in dem die Köpfe von Kriegsopfern als Bälle dienten! (#3) Aber wenn diese menschliche Hand, die auf den Lacrosseschläger geschnitzt ist, einen Kriegsgegenstand hält, bereit, damit loszuschlagen, was bedeutet dann der freundliche Händedruck darunter?

Auch er weist auf Krieg hin. Am Anfang des 19. Jahrhunderts trat der große Senecaprophet *Handsome Lake* auf, der die *Longhouse*-Religion unter den Irokesen begründete und für Frieden eintrat. In seinen Lehren verbot er ausdrücklich alle bisher ausgeübten Akte von Grausamkeit, einschließlich der Kriegszüge und alles, was damit in Verbindung stand. *Handsome Lake* verbannte viele alte Rituale, die mit dem Kriegspfad zusammenhingen, darunter einen sehr alten Ritus, den *Clasping Hands Dance*, den die Krieger tanzten. Er sollte sie stärken und als „Schutzmedizin" dienen, bevor sie auf den Kriegspfad gingen.[4] Das Händeschütteln während des Tanzes bedeutete wahrscheinlich eine Art Männerbündnis, das die Gruppe im Krieg schützen sollte. Der Tanz scheint *Handsome Lakes* Anordnungen überlebt zu haben, allerdings in abgewandelter Form ohne das Händeschütteln. Deshalb bedeutet sein Erscheinen als geschnitztes Relief auf dem Lacrosseschläger tatsächlich: „Im Spiel setzen wir unseren Krieg gegen unsere Feinde fort" — eine Art geheimes Zeichen für die enge Verbindung zwischen dem Kriegspfad und Lacrosse.

Als ich den Schläger wieder in seine Plastikhülle gelegt hatte und das Museum verließ, konnte ich mich von seinem Einfluß nicht lösen. Dieses eineinhalb Jahrhunderte alte geschnitzte Stück Hickoryholz, das ich eben noch in meinen Händen gehalten hatte, verkörperte die gesamte Lacrossegeschichte, so wie sie seine Erfinder, die Indianer, für dieses Spiel konzipiert hatten. Gegenwärtig breitet sich dieser beliebte athletische Sport an großen amerikanischen Schulen in den USA und in Kanada immer mehr aus und setzt jetzt auch zum Sprung in so unvermutete Länder wie Osteuropa und Japan an. Aber wieviel weiß die große Menge der Spieler von heute über das indianische Spiel? War ihnen bewußt, daß darin eine Ersatzhandlung für Kriegszüge gesehen wurde, daß lange vor der Ankunft der Europäer in Nordamerika Stämme territoriale Auseinandersetzungen durch Lacrossespiele regelten? Und welche Anteile von Ritual und Zeremonie, die so charakteristisch sind für das indianische Lacrosse, haben Eingang gefunden in das moderne, nicht indianische Spiel?

Mein Kontakt mit dem Cayuga-Schläger machte die Wettkampfspiele des *NCAA* an jenem Wochenende besonders lebendig für mich. Alle Einzelheiten der Spiele schlugen in mir Saiten an, die mich weit vor die Mitte des 19. Jahrhunderts in die Geschichte zurückversetzten, als die Kanadier das Lacrosse von den Mohawkindianern übernahmen. Als die Phalanx der *Syracuse Orangemen* unter dem Beifall der brüllenden Menge auf das leere Spielfeld stürmte, dachte ich zurück an die Aufzeichnungen des englischen Reisenden Basil Hall aus dem Jahre 1828, der die herannahenden Schreie und Kriegsrufe einer Mannschaft von Alabama Creek hören konnte, die jeden Augenblick aus den Wäldern hervorbrechen würde. Während sich die Spieler auf dem *Penn*-Spielfeld ins Gedränge stürzten und den harten Gummiball mit ihren aus Plastik gestanzten, aluminiumgeschäfteten Schlägern hin und her schlugen, dachte ich an die Alten der Ojibwa vom *Lake Superior*, die mir von Spielen aus ihrer Jugend erzählt hatten — wie der harte hölzerne Ball aus einem verkohlten Baumknorz geschnitzt und mit zwei Löchern versehen wurde, die einen lauten Pfeifton von sich gaben, wenn er auf ihre Köpfe zuflog, und wie jeder Mann seinen eigenen Schläger aus weißer Esche anfertigte und mit persönlichen Symbolen verzierte. Als sich die *NCAA*-Mannschaften um ihre Trainer scharten, um letzte Instruktionen zu erhalten, fielen mir die vielen Passagen ein, die ich über Zauberer bei den Cherokee gelesen hatte. Bei der Vorbereitung ihrer Spieler gaben sie ihnen nicht nur besondere Instruktionen für das Spiel, sondern rieben sie mit besonderen Schutzsalben ein und kratzten sie bis aufs Blut mit Klapperschlangenzähnen. Als die Universitätsmannschaften ihre Helme aufsetzten, konnte ich die Choctawspieler sehen, wie sie sich vor hundert Jahren Federn von Raubvögeln, die für ihre außerordentliche Scharfsicht bekannt waren, in ihr Haar banden. Mit Hilfe der Federn, so glaubte man, würde der Spieler den Ball besser erkennen können. Und als sich die zwei Mittelfeldspieler vor dem Anstoß zusammenkauerten, dachte ich an die Beschreibung des Lewis Henry Morgan, die er vor 1850 von irokesischen Mittelfeldspielern lieferte, die sich streckten und stießen, um den ausgestopften Hirschlederball, der zwischen ihren Schlägern gelandet war, wieder vom Boden hoch zu kriegen und ihn in diese oder jene Richtung zu schlagen.

Wer sich mit dem indianischen Spiel näher befassen will, muß sich in eine Welt versetzen, die von spirituellen und magischen Überzeugungen beherrscht wurde, in der Spieler eine bestimmte Raupe in das Innere von Lacrossebällen nähten und Medizinmänner auf Minilacrosseschläger starrten, um zukünftige Ereignisse vorherzusagen, in der Teilchen von Fledermausflügeln in die Bespannung des Schlägers eingeflochten und berühmte Spieler mit ihren Schlägern begraben wurden (und heute noch werden). Die Magie steckt immer noch in diesem indianischen Spiel, aber sie liegt heute unter der Oberfläche und wird leicht von Ahnungslosen übersehen. Während des Herbstfestes der Cherokee in North Carolina sah ich einmal, wie die *Wolftown Wolves* die *Wolftown Bears* schlugen. Obwohl das Spielfeld umgeben war von Buden und Ständen, war der Unterschied zum Cherokee-Spiel von 1888 nicht groß, das James Mooney beschrieben und fotografiert hat. Er muß wohl damals mit einem Pferdewagen über eine unbefestigte Straße angereist sein. Jede Mannschaft marschiert auch heute noch Schulter an Schulter in kleinen Schritten bis zum Mittelfeld, wobei sie ihren gegenüberstehenden Opponenten rituelles Kriegsgeschrei und Schlachtrufe entgegenschmettern und zur Mannschaftszählung die Schläger niederlegen.

Nach Beendigung des Cherokee-Spieles wurden die Mannschaften traditionsgemäß „zum Wasser geführt", ein uraltes Ritual, das sie von ihrem kriegsmäßigen Zustand während des Spiels reinigt und die Normalität wiederherstellt. Um zum Oconaluftee River zu gelangen, der heute größtenteils von Motels begrenzt wird, wurden die Mannschaften, alle barfuß und in kurzen Hosen, zur vielbefahrenen zweispurigen Straße geführt — dem einzigen Hindernis vor dem Strom. Der

Verkehr schob sich Stoßstange an Stoßstange vorwärts, während die vorbeikriechenden Touristen in ihren Autos den herbstlichen Blätterwald der Great Smoky Mountains bewunderten, gänzlich unberührt von den schwitzenden einheimischen Spielern, die gerade ihr Spiel beendet hatten. Kein Auto schien sie durchlassen zu wollen. Schließlich stellten sich die frustrierten Teammanager, von denen jeder die zwei traditionellen Torpfosten in Form von Weidenästen trug, an denen oben noch die Blätter hingen, mitten auf die Straße, wo sie die Weidenschößlinge resolut vor den Autos aufpflanzten, so daß diese anhalten mußten. Durch diese Passage überquerten nun die zwei Reihen der Spieler Seite an Seite die Straße und stiegen die Uferböschung hinunter. Dort tauchten sie ihre Schläger in die heiligen Wasser des Oconaluftee, der zu dieser Jahreszeit, wenn das fallende Laub seine Medizin dem Wasser zufügt und es dunkel färbt, als besonders mächtig galt. Ihre Manager sprachen Cherokee-Gebete nach jahrhundertealtem Ritus, doch zwei weiße Fliegenfischer, die knapp 15 Meter flußabwärts angelten, bemerkten von alledem nichts.

Von der offenen Zuschauertribüne des *Franklin Field* aus beobachtete ich die Aktionen auf dem Spielfeld, wo sich *Syracuse* in der drückenden Hitze einen knappen Sieg über *Johns Hopkins* sicherte. Entlang der Seitenlinien hatte man ein übergroßes Thermometer aufgestellt, das die Fans im Schatten daran erinnern sollte, welche Strapazen die Spieler aushalten mußten. Hier gab es kein kühles, klares Wasser aus dem Oconaluftee, um den Schweiß und Schmutz des Spiels abzuwaschen. Der Schuykill lag zu weit weg jenseits einer Autobahn und war wahrscheinlich auch viel zu verschmutzt. Ein angeschlagener *Hopkins*-Spieler kam direkt vom Kampfplatz und wurde vom Mannschaftsarzt untersucht; vor zweihundert Jahren hätte ein indianischer „Doktor" einem verletzten Mittelfeldspieler am Ende des Spielfeldes Kräuterauszüge aus Heilpflanzen aufgelegt. Ein *Syracuse*-Spieler ersetzte seinen zerbrochenen Kinnschutz aus Plastik durch einen neuen; vor hundert Jahren hatte ein Cherokee-Spieler die zerrissenen Saiten seines Schlägers durch zusammengedrehte Hautstreifen von Waldmurmeltieren ersetzt, die er auf dem letzten „Häutungsplatz" während des langen, zeremoniellen Marsches zum Spielfeld vorbereitet hatte. Keiner der Spieler, Trainer und Fans an jenem Tag ahnte auch nur im entferntesten, daß die Geschichte vom Anfang all dessen im Gebäude jenseits der Straße lag, eingepackt in eine Plastikhülle und weggeschlossen in einer Schublade.

Prolog

Carrier Dome, Syracuse Universität, 21. Mai 1989

Die zwei Mittelfeldspieler sind auf den Boden gekauert. Ihre Oberschenkelmuskulatur ist angespannt, ihre Fersen sind in die Erde gestemmt — sie sind bereit für den Anstoß. Bisher war das Spiel innerhalb der *NCAA*-Viertelfinalwettkämpfe einseitig verlaufen. *Syracuse* führte mit Abstand vor *Navy*, die nur ein Tor erzielen konnten. Auf der Tribüne umarmt Freeman „Bossy" Bucktooth Jr. seine beiden kleinen Söhne, Tyler und Dew, und zeigt auf das Spielfeld. „Seht genau hin, wie Gary sich in Position stellt. Seht ihr, wie er sich hin- und herbewegt, damit er vor seinem Mann bleibt? Er muß sich bereit halten für den Fall, daß der Mittelfeldspieler den Ball in seine Richtung schlägt und er ihn aufnehmen kann." Anfang der Woche waren Bossy auf der Arbeit zwei Freikarten angeboten worden, was bedeutete, daß er die weite Strecke durch alle westlichen Vororte von Syracuse fahren mußte, um sie abzuholen. Aber der Aufwand lohnte sich. Schließlich würden seine Jungen, eben sechs und acht Jahre alt, die Brüder Gait bei den großen Wettkämpfen außerhalb der Saison in Aktion erleben können. Zuhause auf dem *Onondaga Nation Territory* ist Bossy der Trainer der Jungen, und da Indianer mit der Hallen-Version von Lacrosse aufwachsen, möchte er ihnen insbesondere zeigen, wie die Brüder Gait aus British Columbia ihre Hallen-Fertigkeiten in das Feldspiel von *Syracuse* einbringen. Neue Änderungen im Reglement haben die kanadischen Zwillinge ermutigt, ihr geradezu unheimliches Talent bei Pässen und Schüssen, die sie hinter dem Rücken abgeben, zu demonstrieren. Möglicherweise bringt dieser auffällig neuartige Spielstil mehr indianische Kinder und Halbwüchsige dazu, dem Spiel treu zu bleiben in der Hoffnung, eines Tages von einem Trainer von Cornell, Nazareth oder Hobart entdeckt zu werden.

Nach kaum einer Minute in der zweiten Hälfte bringen die Brüder Gait einen ihrer Lieblingstricks, die Täuschung mit dem versteckten Ball. (Bossy hatte gehört, daß Cherokee-Indianer ebenfalls gerne den Ball versteckten; manche steckten ihn in ihren Mund, wodurch sie ihre Gegner zwangen sie zu würgen, um ihn wiederzuerlangen.) Gary Gait

19

hat den Ball heimlich seinem Bruder zugespielt und dann einen wahnsinnigen Spurt eingelegt, als wolle er einen Punkt machen. Dabei bewegte er sich so geschickt, als hielte er den Ball in den leeren Saiten seines Schlägers. Seine Bewegungen waren ungemein flink, und seine Augen schossen hin und her, als wollte er die Verteidigungsposten von *Navy* ausmachen. Zu diesem Zeitpunkt verfolgten alle Augen Gary, der jetzt nach rechts schwenkte, auch die des Torhüters. Der Torhüter begab sich ebenfalls auf die rechte Seite des Netzes und machte Paul, der ja die ganze Zeit in Ballbesitz war, den Weg frei für einen weiten, offenen Schuß. Er knallte den Ball ins Tor, und *Syracuse* führte 5:1.

Bossy ärgert sich langsam über seine Buben. Drew verschwand vor zehn Minuten auf die Herrentoilette, und Tyler quengelt unaufhörlich und möchte Geld für eine zweite Limonade haben. Sind die verwöhnt, überlegt er. Bossy, der sich seinen Spitznamen schon früh verdiente, weil er alle in der Nachbarschaft herumkommandierte (er war immer sehr groß für sein Alter gewesen), konnte sich erinnern, daß die Freunde seiner Eltern gewöhnlich behaupteten, er trüge seinen Namen zu recht, da er zuhause immer seinen Willen bekam. Vielleicht war ich wirklich verwöhnt, überlegt Bossy, aber das wird mir mit meinen Jungen nicht passieren. Seine „konsequente, aber freundliche" Erziehungspolitik schien zuhause gut zu funktionieren, wo er von seinen Söhnen erwartete, daß sie ihm beim Transport der Baumstämme für den Bau ihres neuen Hauses halfen. Zur Belohnung sollten sie ein kleines Schwimmbecken hinter dem Haus bekommen.

Bossy wandert mit den Augen über den *Carrier Dome* und staunt über das riesige Fassungsvermögen des neuen Sportstadions. Er hat gehört, daß die Streifen des Astrorasens wie Reißverschlüsse miteinander verbunden sind, die von Spezialmaschinen in Windeseile aufgerollt werden können, wenn das hölzerne Basketball-Spielfeld benötigt wird. Sein Blick streift über das Meer von weißen Gesichtern in der Menge. Wir sind wahrscheinlich die einzigen „Häute" hier, überlegt er. Mit Sicherheit sah man keine auf dem Spielfeld oder auf den Bänken. Zur Halbzeit machte er mit den Jungen eine kurze Besichtigungstour durch den *Dome*. Er wollte ihnen den Trophäenraum am Ende des inneren Stadions zeigen. Wenigstens auf ein paar Mannschaftsaufnahmen mußten doch ein oder zwei dunkelhäutige Spieler auftauchen. Aber der Raum war verschlossen.

Als der Schiedsrichter pfeift und der wilde Kampf um den Ballbesitz beginnt, sind beide Buben wieder da. Die zwei Mittelfeldspieler ringen um den Ball wie zwei Gladiatoren, bis plötzlich der Spieler von *Syracuse* den Ball in Richtung einer seiner Seitenfeldspieler schießt. Dieser wirft den Oberkörper zur Seite, um seinen *Navy*-Bewacher abzublocken, kommt leicht an den Ball und umläuft ihn, als wolle er einen Ausbruch machen. Auf dem oberen Spielfeld entdeckt er den freistehenden John Zulberti und spielt ihm den Ball zu. Auf dem Seitenfeld befreit sich Paul Gait im Kampf Mann gegen Mann von seinem *Navy*-Bewacher und wirbelt in die Mitte, wo er frei steht, als Zulberti ihm den Ball zuschießt. Er macht einen getäuschten Ausfall nach rechts, bringt damit den Torwart aus dem Konzept und feuert seinen hinter dem Rücken abgeschlagenen Ball mühelos ins Netz.

Bossy bewundert die tadellose Schlägerarbeit dieser kanadischen *Syracuse*-Spieler. Er wünschte, daß sich mehr Jungen von der „Res" Eintrittskarten leisten könnten, um solche Spielabläufe zu verfolgen. Die Gaits, die gegenwärtig für junge amerikanische Lacrossespieler schnell zum Idol aufsteigen, haben dem Feldspiel frische Impulse gebracht. Natürlich gibt es immer noch genügend konservative, altmodische Trainer, die diese verrückte, neue "hot dog"-Spielweise ablehnen und ihre Spieler weiterhin traditionell unterrichten, wie man den Ball vor dem Körper abzugeben und zu punkten hat. Auch Bossy läßt seine jungen Spieler diese Fertigkeiten üben, aber sobald sie über die Grundschläge hinaus sind, beginnt er mit dem Training von linken und rechten Rückhandschlägen. Deshalb hat er ein besonderes „Spaßtraining" eingeführt, in dem seine Leute nur Schläge hinter dem Rücken und zwischen den Beinen ausführen dürfen, was eine Menge Gelächter und allgemeines Herumtoben hervorruft. Er will bei diesen jungen Sportlern den Schwerpunkt auf Flexibilität legen, so daß sie sich später entweder für das Feldspiel oder die Hallen-Konditionen entscheiden können. Vielleicht wird er sogar eines Tages, in zehn Jahren oder so, hier im *Carrier Dome* sitzen, um seinen eigenen Söhnen, den Bucktooth-Brüdern, als *Orangemen*-Lacrosse-Größen zuzuschauen.

Entlang der Seitenlinien entdeckt Bossy den *Syracuse*-Trainer Roy Simmons Jr., von dessen silbergrauem Haar sich die blaue Baseballmütze mit dem hellorangenen SU-Zeichen wirkungsvoll absetzt. Er erinnert sich, wie Simmons vor fünfzehn Jahren auf ihn zukam, als er gerade das Spielfeld der *Lafayette High School* verließ. Die Onondagakinder wurden täglich per Bus in diese Schule gebracht. Obwohl Indianer damals nur ein Viertel der Schüler ausmachten, überwog ihre Zahl beim Lacrosse doch bei weitem die der nichtindianischen Einheimischen. Bossy führte dies auf ihren Trainer Gordie Ohrstrom zurück. Obgleich dieser selbst kein Lacrossespieler war, kannte er das Spiel durch und durch, und, was am wichtigsten war, er konnte gut mit Indianern arbeiten. Nach Ohrstroms Tod durch Leukämie nahm die Zahl der indianischen Lacrossespieler an der *High School* stetig ab, und derzeit sind überhaupt keine Onondagas mehr in der Mannschaft. Bossy ist sich dieser Tatsache schmerzlich bewußt; schließlich war dies einer der Gründe, die ihn bewogen, ein Training für junge Indianer im Reservat einzurichten. Er opfert seine gesamte Freizeit den drei- bis sechsjährigen *Peanuts*, um sie auf die nächsthöhere Stufe der sieben- bis achtjäh-

21

rigen *Tykes* zu bringen und aus ihnen *Novizen* zu machen, wenn sie neun und zehn Jahre alt geworden sind.

Als Simmons sich an jenem Tag bekanntmachte und versuchte, Bossy für *Syracuse* zu engagieren, ahnte er nicht, daß der starke junge Angriffsspieler noch ein *Lafayette-Junior* war. Bossy erkannte im Namen Simmons sofort die Trainerdynastie, die Lacrossegeschichte geschrieben hatte: Roys Vater hatte den großen Jim Brown trainiert. In der gleichen Mannschaft spielte auch Oren Lyons, ein Glaubenshüter und Künstler der Onondaga, der gegenwärtig Trainer der *Iroquois Nationals* ist. Obwohl Bossy sich durch Simmons' Angebot sehr geehrt fühlte, schob er es dennoch um ein Jahr hinaus. Er hatte das Gefühl, erst die *High School* abschließen zu müssen, wenn er unter dem Gewicht der akademischen Gelehrsamkeit, das ihn an der *Syracuse University* erwartete, nicht zusammenbrechen wollte. Letztlich spielte er für Simmons nur zwei Saisons (1974-1975) lang, weil er danach die Universität verließ. In der Rückschau erkannte er, daß sowohl die schlechte Vorbereitung auf das Collegestudium als auch seine Vorliebe, lieber mit den Händen als mit dem Kopf zu arbeiten, zu diesem Entschluß beigetragen hatten. Er interessierte sich danach für das Goldschmiedehandwerk und wechselte später in die Baubranche, wo er noch immer tätig war. Jedoch gewitzt durch die Erfahrung in *Syracuse*, wurde er nicht müde, seine jungen Spieler darauf hinzuweisen, ihre noch in der Zukunft liegenden Ziele ebenso hartnäckig zu verfolgen wie ihre unmittelbare Beschäftigung mit dem Sport ihrer Vorfahren. Wenn sie sich zum Spiel aufstellten, warf ihnen Bossy gewöhnlich die Frage zu: „Welcher Teil eures Körpers ist der stärkste?" Ausnahmslos würden die Kinder antworten, „Meine Beine" oder „Mein Rücken", woraufhin er sie berichtigte: „Keiner von euch hat recht. Euer Gehirn ist am stärksten." Er wußte, daß die Kinder aus dem Reservat nur durch Erziehung eine Chance hatten, dem endlosen Kreislauf indianischer Armut und den damit verbundenen sozialen Problemen zu entgehen. Dies war der einzige Weg, auf dem sie eine sinnvolle Zukunft erreichen konnten.

Während *Syracuse* seine Überlegenheit über *Navy* behält, wendet sich Bossy seinen Söhnen zu. „Könnt ihr Burschen euch vorstellen, einmal auf diesem Feld zu spielen?" Es ist gut, daß sie sehen, wie zwei Brüder *Syracuse* zum Sieg führen. Obwohl gegenwärtig keine Irokesen in der Mannschaft sind – der letzte war der Tuscarora Emmett Printup, der Profispieler geworden ist – hat das Onondaga-Reservat *Syracuse* seit altersher mit talentierten Spielern versorgt, darunter vielen Brüderpaaren. Ron und Oliver Hill spielten für Simmons, als Bossy in die Universität eintrat, und davor waren es Lavern und Ron Doctor. Nach Bossys Weggang hat es andere Irokesen gegeben, den Torwart Trevis Solomon, Mittelfeldspieler Mark Burnam und Angriffsspieler Greg Tarbell. Bossy vermutet jedoch, daß ungefähr vier oder fünf Jahre

Abb. 4
Trainer und Spieler der "Washington Bunch" in der Pause. Die Spiele fanden
1989 während des *Festival of American Folklife*, durchgeführt von der Smithso-
nian Institution, auf der *National Mall* statt. Von links nach rechts: Murray
Stout, Drew Bucktooth, Freeman "Bossy" Bucktooth jr., Calvin Hill, Averill
Bucktooth, David Stout, Dustin Hill, Jeff Powless, Bruce Hill.

vergehen werden, bevor ein neuer Onondaga den Lacrosse-Dress der *Orangemen* anziehen kann.

In der Endphase mit vier hintereinander erzielten Toren führt *Syracuse* mit sicherem Vorsprung, und die Chancen der Mannschaft stehen gut, wiederum die NCAA-Meisterschaft zu gewinnen (was den *Orangemen*drei Jahre hintereinander gelang). Allein wegen der Brüder Gait versucht Bossy, soviele Spiele wie möglich zu sehen. Er erinnert sich gut daran, als er das erstemal die nun berühmte „Gait-Lufttaktik" sah: Gary Gait fliegt buchstäblich über die Linie hinter das Tor, und während sich sein Arm wie ein Windmühlenflügel dreht, plaziert er den Ball hoch oben in das Tor, während er selber noch in der Luft hängt. Keinem Torwart ist es bisher gelungen, eine wirkungsvolle Abwehr gegen dieses Manöver zu entwickeln.

Das Bild von Gary Gait vor Augen, der sich beim Toreschießen in der Luft hält, denkt Bossy plötzlich an die alte indianische Legende von einem Lacrossespiel zwischen Vögeln und Landtieren, den die Luftbewohner gewonnen haben sollen. Als er noch klein war, hörte er diese Geschichte von den Alten an langen Winterabenden, und sein Vater erzählte ihm eine Version, als er als Vierjähriger zum erstenmal Lacrosse spielte. Damals begleitete er seinen Vater, der für den Onondaga Lacrosse-Club spielte, häufig bei Wettkämpfen gegen andere irokesische Nationen. Als kleiner Junge war es schwierig für ihn zu verstehen, daß Vögel tatsächlich Lacrosse spielen konnten. Heute sieht er in der Legende eine Allegorie für die Zeit, die der Ball in der Luft ist und nicht am Boden. Aber er macht sich auch Gedanken über die Spieltechnik seiner Vorfahren. Wäre es nicht möglich, daß auch sie Luftsprünge gemacht haben, um Treffer zu erzielen, was dann irgendwie als Stoff in die Legenden eingegangen ist?

Als Bossy und seine Söhne die*Interstate*in Nedrow verlassen, ist die Aufregung über das Spiel im *Carrier Dome* abgeklungen, und das Gespräch dreht sich um das Training des folgenden Tages. Der Mannschaft liegt eine Einladung in die Bundeshauptstadt Washington vor zur Teilnahme an dem jährlich stattfindenden *Festival of American Folklife* der *Smithsonian Institution*. Dort werden sie als Vertreter des Onondaga-Stammes zwei Wochen lang Lacrossespiele vorführen. Als Gegner stehen ihnen die Novizen des Tuscarora-Reservats gegenüber, eines anderen Irokesenstammes, der nördlich von Buffalo beheimatet ist. Bossy hat die endgültige Nominierung der Spieler, die als *„the Washington bunch"* (Abb. 4) bekannt werden sollten, noch nicht vorgenommen. Die Auswahl der Tuscarora-Spieler trifft deren Trainer Emmet Printup, der im Gegensatz zu Bossy sein Studium in Syracuse abgeschlossen hat, dann als Profi zu den *Washington Wave*zum Hallen-Lacrosse wechselte und derzeit als Trainer an der *Niagara-Wheatfield High School* arbeitet.

Abb. 5
Bei einem informellen Spiel im Onondaga-Reservat (1971) will Bossy Buck-tooth gerade einen Ball vom Boden hochnehmen. Die Spieler sind, von links nach rechts: Joe Johnson, Mitch Farmer, Omar Gibson, Freeman Gibson, Fab Shenandoah, Dave Waterman, Bossy Bucktooth, Kevin Bucktooth (sein Bru-der), "Big Man" Gibson.

Während seine Söhne versuchen, ihm mit allen Tricks die Namen derer zu entlocken, die er für diese ehrenvolle Einladung vorsieht, biegt er in die kurvige, unbeleuchtete Straße des Reservats ein, und seine Gedanken wenden sich allmählich anderen Dingen zu. Er fährt an ihrer alten abgenutzten, im Freien gelegenen Lacrosse-Halle vorbei, wo er regelmäßig sein Training abhält, auch bei Regen und Schnee. Als Kind verbrachte Bossy den größten Teil seiner Freizeit hier bei Reservats-Freundschaftsspielen, die sich einfach so ergaben (Abb. 5). Gerade mal eine halbe Stunde von der Universität entfernt, bildet dieses ungepfleg-te, von einem halbverfallenen Zaun umgrenzte Spielfeld einen herben Kontrast zu dem gut ausgeleuchteten, überdachten *Carrier Dome*-Feld, besucht von fast nur weißen Lacrossefans, Spielern und Trainern. Auch vom *Archibald Stadium*, wo er für Syracuse gespielt hat, unterscheidet es sich sehr. Allerdings liegt dieses hier inmitten der indianischen Welt, wo Lacrosse seine Wurzeln hat und wo der Schöpfer es für die Indianer erfand, damit sie ihn damit erfreuten.

Ihr Auto nimmt eine scharfe Kurve, und die Front einer der christlichen Kirchen im Reservat taucht plötzlich auf. Bossy erscheinen sie hier fehl am Platz – Eindringlinge eines fremden Glaubens in indianisches Gebiet. Lange bevor die Protestanten erschienen, so

25

erzählen die Alten, gab es hier Katholiken. Sie warfen jedoch letztlich das Handtuch und beschwerten sich, daß die Lacrossespiele mit der heiligen Messe um die Besucherzahlen konkurrierten. Bossy hat gehört, daß die Zahlen von Kirchenmitgliedern in der jüngsten Vergangenheit abnehmen, da sich das indianische Volk wieder mehr dem Langhaus zuwendet, der traditionellen Religion der Irokesen, bei der Lacrosse ein integrierter Teil des Zeremonienzyklus ist. So bedeutend auch die Junireise nach Washington sein mag, so sind doch die jährlich stattfindenden Frühlingsspiele zwischen den Reservats-Clans ebenso wichtig, wenn die Habicht-, Rotwild- und Aal-Clans gegen die Wolf-, Schildkröten-, Schnepfen- und Biber-Clans im rituellen Wettbewerb antreten. Unabhängig von der Stärke der einzelnen Mannschaften — zehn gegen drei, vierzig gegen fünfzig — wird gespielt, bis das dritte Tor gefallen ist. In der indianischen Variante des Spiels wird die Entfernung zwischen den Toren je nach Aufstellung der Spieler festgelegt. Die Tore können 75 yards (68,5 Meter) oder sogar eine Viertel Meile (402,25 Meter) auseinander liegen, ohne festgelegte Seitenlinien. So will es die Tradition.

Bossy muß lächeln, als ihm bewußt wird, wie ärgerlich er das ständige Pfeifen des Schiedsrichters findet, wenn der Ball auf dem Spielfeld des weißen Mannes ins „Aus" fliegt. Erst gestern saß er auf Scanandoahs vorderer Veranda mit ein paar Alten, die sich an frühere Spiele erinnerten. Old Man Scanandoah kam auf ein Spiel zu sprechen, das vor einigen Jahren zwischen der *Hobart-* und der Onondagamannschaft stattgefunden hat. Die Collegespieler, die an seitliche Feldbegrenzungen gewöhnt waren, verloren unerwartet die Übersicht, als die Onondaga das Spiel nach indianischen Regeln zu spielen begannen. Gegen Spielende verloren die *Hobart*spieler den Indianer, der in Ballbesitz war, aus den Augen. Dieser verschwand einfach im Wald an einer Seitenbegrenzung des Spielfeldes und tauchte am anderen Ende der Bäume wieder auf, wo er das Siegtor machte. Während die Alten darüber herzlich lachten, lehnte sich der alte Fred Logan in seinen Schaukelstuhl zurück. Er war jetzt durch Arthritis so verkrüppelt, daß er schon vor langer Zeit sein Schnitzmesser aus der Hand legen mußte, mit dem er Lacrosseschläger aus Hickoryholz angefertigt hatte. Logans Schläger wurden von allen Spielern, ob Indianern oder Weißen, hoch geschätzt. Er war so berühmt, daß sich Syracusespieler sogar auf das Reservat wagten und zu seinem Haus oben auf dem Hügel pilgerten, um dort einen Schläger aus Meisterhand zu erwerben. Bossy hielt zwei neue Schläger in der Hand, die er für seine Söhne in Syracuse gekauft hatte. Logan zeigte mit seinem Kinn auf die Schläger und sagte: „ 's sieht nach einem harten Winter aus. Du wirst nicht sehr weit kommen mit diesen Plastikschneeschuhen des weißen Mannes." Bossy war beschämt und legte sie auf den Boden hinter sich. Er starrte hinaus auf den Hof und die dort herumstehenden, ausgeschlachteten rostigen Autos, zwischen denen die Kinder Versteck spielten.

Während er seine steile Auffahrt hochgeht, macht sich Bossy weiter Gedanken über den Abgrund, der zwischen dem Feldlacrosse des weißen Mannes und dem *„dehuntshigwa'es"* der Irokesen liegt. Das indianische Spiel wurzelt tief im religiösen Glauben der Onondaga, auch genannt die „Leute, die auf dem Hügel wohnen", und ihre Wettkämpfe werden nach althergebrachter Sitte ausgetragen. Sie sollen nicht nur Körper und Geist der Spieler stärken, sondern auch Kranke heilen. Bossy weiß, daß er diesen spirituellen Aspekt des Spieles tief in seine Jungen gepflanzt hat. Während der Totenwache für Bossys Vater, die vor einiger Zeit gehalten wurde, erschien Drew mit den hölzernen Lacrosseschlägern seines Großvaters. Er wollte, daß sie mit ihm begraben werden sollten, damit der Großvater auch nach seinem Tod für den Schöpfer weiterspielen könne.

Bossy steckt die Kinder ins Bett und ermahnt sie, schnell zu schlafen wegen des Trainings am nächsten Tag. Er hofft sehr, sie in den *„Washington bunch"* stecken zu können, aber er muß gerecht bleiben, und wenn sie nicht die geforderte Leistung bringen, kann er es nicht verantworten sie mitzunehmen. Als er ins Wohnzimmer zurückkehrt, fällt sein Blick auf seinen ramponierten, handgefertigten Holzschläger in der Ecke. Seine Kerben und Narben erzählen von jahrelangen rauhen Kämpfen. Diese traditionellen handgeschnitzten Schläger wird es wahrscheinlich bald nicht mehr geben. Aber sie sind ein nicht wegzudenkender Bestandteil des indianischen Lacrosse, und obwohl er die Kleinen auf dem Reservat mit Plastikschlägern anfangen läßt, weil es sich damit leichter übt, geht er zu hölzernen über, wenn die Kinder etwa 12 oder 13 Jahre alt sind. Im Vergleich zu der modernen Variante aus Plastik besitzt die traditionelle Onondagaversion, wie alle Schläger der Irokesen, einen besonderen Charakter, und jeder Schläger scheint eine eigene Persönlichkeit zu sein. Sie sind auch viel härter im Spieleinsatz — man möchte damit nicht unbedingt einen Schlag abbekommen. Wenn man einen Gegner hat, der einen mit einem Holzschläger deckt, kann es durchaus passieren, daß man seinen Ball abgibt. Bossy lacht innerlich. Vor kurzem mußte er mit einem modernen Plastikschläger spielen, dessen Ende lose war. Dew hatte seinen traditionellen Schläger mit zu seinem Cousin genommen und ihn dort anschließend vergessen. Der Hund des Cousins hatte dann fast eine Seite des herumliegenden Schlägers sowie ein Stück der Darmbespannung abgekaut.

Bossy begibt sich zu Joni ins Schlafzimmer und erzählt ihr vom Spiel am Nachmittag. Nachdem er sich eine Weile hin- und herwälzt, fällt er allmählich in einen tiefen Schlaf.

Er befindet sich in einem alten Dorf in grauer Vergangenheit. Die Häuser sind alle klein. Ihre Dächer sind rund und mit Rinde bedeckt. Die Menschen sprechen Onondaga, aber er kann sie nicht verstehen. Sie zeigen auf ihn und lachen ihn aus. Er schaut hinunter auf den Aluminiumschaft in seinen beiden Händen und sieht den Plastikkopf

27

am Boden liegen. Ein alter Mann schüttelt eine Schildkrötenrassel in seine Richtung, aber Bossy befindet sich nicht im Langhaus und versteht nicht warum. Irgendeine Zeremonie steht unmittelbar bevor. Er hört ein erschreckend lautes Geräusch, dann noch eins und ein weiteres. Der Mann mit der Rassel fängt an zu stolpern, dann verliert er sein Gleichgewicht und fällt zu Boden. Krach!

Bossy rappelt sich hoch und sieht die frühmorgendlichen Sonnenstrahlen auf zerbrochenes Glas und das Loch im neuen Schlafzimmerfenster fallen, das er erst letzte Woche eingesetzt hat. Ein Gummiball rollt über den Fußboden. Drew war früh aufgestanden, weil er trainieren wollte. Dazu hat er die Rückwand des Hauses benutzt. Drew will unbedingt mit nach Washington fahren.

1

Das Land der Huronen im Jahr 1637

Ein lauter, vielstimmiger Schrei ertönte. Noch bevor er ganz verklungen war, folgte ein neuer, noch etwas lauter. Sie müssen wieder ein Tor geschossen haben, dachte der Priester, als er sich mühsam auf seinem rauhen Lager umdrehte und vergebens versuchte, seinen Nachmittagsschlaf fortzusetzen. Das Spielfeld von *Ihonatiria*, einem der hoch im Norden gelegenen indianischen Huronendörfer, lag ein gutes Stück außerhalb der dörflichen Palisadenbegrenzung. Trotzdem durchdrangen die wilden Schreie fast ungehindert die dünnen Rindenwände seiner kleinen Hütte (Abb. 6), nur unwesentlich abgeschwächt durch die nahe liegenden Wälder. Pater François Joseph Le Mercier, ein erfahrener Missionar, ließ plötzlich alle Hoffnung auf weiteren Schlaf fahren. Dem herannahenden Geschwätz konnte er entnehmen, daß das Spiel vorbei war und die Dorfbewohner allmählich zurückkehrten. Da diese dumme, teuflische Angelegenheit für den Augenblick beendet war, sollte er sich jetzt wohl erheben und sich seinem Dienst an der Arbeit des Herrn widmen. Aber er blieb weiter liegen, weil er sich die folgende Szene ersparen wollte, die er zu Genüge kannte. Er konnte sich gut vorstellen, wie sich alle lärmend durch die enge Pforte ins Dorf drängten – die Frauen, die aufgeregt ihren Bekannten den gewonnenen Halsschmuck und die Porzellanketten vorzeigten, die Spieler mit blutigen Nasen und zerschmetterten Gliedern, manche humpelnd, manche vielleicht auf Bahren, während die Gewinner ihre Stöcke als Siegeszeichen krachend in der Luft zusammenschlugen, wenn sie auf Mannschaftskameraden trafen. Nichts konnte ihn bewegen aufzustehen, um dieses scheußliche Spektakel erneut mitzuerleben. Er wollte lieber etwas warten, bis sich die Dorfbewohner von ihren Nachmittagsvergnügungen erholt hatten und sich am frühen Abend ihren häuslichen Arbeiten zuwenden würden.

Einige hatten schon das Dorf betreten. Er konnte das Lachen junger Frauen hören, als sie an seiner Hütte vorbeigingen. Zweifellos hatten sie gesündigt, weil sie auf das Spiel gewettet und etwas gewonnen hatten. Welch ein Eigennutz, um persönlicher Profite willen zu wetten und zu spielen. Verstanden sie nicht die Worte „Gesegnet sind die Einfältigen, denn ihrer ist das Himmelreich"? Konnten sie nicht

Abb. 6
Indianisches Palisadendorf unter Beschuß in Neu-Frankreich (Anfang 17. Jh.)

verstehen, daß das ewige Leben, das ihrer harrte, mehr Wert war als alle Schmuckplatten, Halsketten und feinen, mit Elchhaar bestickten Ledermäntel zusammengenommen, die das ganze Dorf auf dieses lächerliche Spiel verschwendete? Nun näherten sich die Spieler dem Tor. Er konnte es immer daran merken, daß einige ihre Schlägerköpfe über die äußeren Palisaden schleifen ließen, wenn sie daran entlang gingen. Die Stöcke krachten dann jeweils auf die senkrecht stehenden Stämme und verursachten ein schreckliches Geräusch. Die Schläger erinnerten ihn an den furchtbaren Lärm, den die einfachen Bauern in Frankreich machten, wenn sie am Allerheiligen-Tag abergläubisch hölzerne Rasseln schwangen, um mit diesem Lärm das Böse zu vertreiben.

Ein junger Kopf, bedeckt mit einer Fellmütze, erschien in seiner Tür. Es war Giles, einer der französischen Jungen von der Mission. Er trug einen großen toten Habicht, in dem noch ein Pfeil steckte. Der schlaksige Vierzehnjährige hatte sich im Bogenschießen geübt, das er von den Huronenjungen gelernt hatte. Mit der anderen Hand hielt er seine Hosen hoch, die er von einem Händler geerbt hatte; sie waren zu groß für seine schmalen Hüften, selbst die Kordel half da wenig. Giles erklärte, wie er ein verwundetes Kaninchen als Köder ausgelegt hatte, um den Vogel anzulocken. Er wurde in seiner Erzählung unterbrochen, als einer seiner indianischen Freunde plötzlich im Eingang erschien, den Habicht schnappte, dem toten Vogel zügig mehrere Schwanzfedern ausriß, Giles den Vogel wieder zuwarf und verschwand — alles geschah in einer einzigen Bewegung, so schien es. Le Mercier zog betrübt seine Stirn in Falten. „Die Federn," Giles zeigte auf die wenigen, die übrig geblieben waren, „sie brauchen die Federn, wißt Ihr," und während er dies sagte, machte er die Bewegung, als schlüge er mit einem Schläger nach einem Ball; dann wies er auf sein Haar. „Sie verbessern ihr Sehvermögen." Le Mercier verstand. Er hatte sich erhoben und nahm ein Pelzcape von dem Haken über seinem Lager. Es war Spätnachmittag, und es wurde kühl. Er hatte noch kein Feuer angemacht. Ja, er wußte nur zu gut, daß die Wilden sich diese Federn ins Haar banden, bevor sie zum Spielfeld aufbrachen. Aber welch merkwürdige Vorstellung, daß die Habichtsfeder im Haar die Sicht so verbessern sollte, daß man den kleinen hölzernen Lacrosseball aus der Entfernung im Gras erkennen konnte, als wäre man ein Habicht, der oben seine Kreise zieht und unten im Unkraut eine winzige Feldmaus erblickt. Im Dorf herrschten soviel Unwissenheit und Aberglauben, daß ihm manchmal seine Aufgabe unlösbar erschien. Reichte es nicht, daß er in dieser miserablen, von Insekten heimgesuchten Hütte leben mußte, sich darüber hinaus noch mit einem Stamm abzugeben hatte, dessen Federn, Körperbemalung und Knochenhalsbänder in starkem Kontrast zu seinen schwarzen Gewändern standen, die Frömmigkeit und Bescheidenheit ausdrückten? Der Priester bekreuzigte sich und öffnete die Bibel. Giles nahm es als Zeichen, daß er gehen sollte.

Eine Woche darauf, in den frühen Abendstunden des 21. Mai 1637, kehrte Le Mercier mit einem Arm voll Feuerholz in seine Hütte zurück. Das kleine Dorf erschien ihm besonders verlassen, seitdem sich die Patres Jean de Brébeuf und Pierre Pijart sowie zwei angeheuerte Franzosen in *Ossossane* aufhielten, wo sie mit Eifer das neue Missionszentrum aufbauten, nachdem der Häuptling des Dorfes sein Einverständnis dazu gegeben hatte. Als er die glimmenden Scheite geschürt hatte, entzündete er einen Zedernspan und trug die größer werdende Flamme zu der großen Kerze auf seinem Schreibtisch, wo er sein Tagebuch für die Einträge der abgelaufenen Wochenereignisse vorbereitete. Trotz der Belastung für seine Augen führte er diese Tätigkeit relativ unbemerkt und heimlich aus, denn den des Lesens und Schreibens unkundigen Indianern erschien das Tagebuchschreiben verdächtig. Das Schreiben galt ihnen als ein weiteres Beispiel der Verschlagenheit, das die Franzosen gegen sie einsetzten. Sie konnten nicht begreifen, wie sich Mitteilungen und Anweisungen auf einem Blatt Papier niederschlagen konnten. Manche Huronen sahen in der Fähigkeit der

„Schwarzmäntel", Informationen auf Papier zu verschicken, einen klaren Beweis dafür, daß sie mächtige Schamanen waren.

Als Jesuit hatte Le Mercier gelernt, genau zu beobachten und seine Erkenntnisse für die Nachwelt festzuhalten. In der Wildnis von Neufrankreich bestand sein Auftrag nicht nur in der Missionierung der Wilden, die ihn umgaben, sondern auch darin, ausführlich seine eigenen Aktivitäten sowie die Gebräuche, Sprache und Überlieferungen seiner eingeborenen Zöglinge festzuhalten. Diese Informationen würde zukünftigen Missionaren helfen, die Menschen besser zu verstehen. Damit verbunden würde ihr unaufhörliches Trachten, Seelen zu erretten und der Zivilisation Eingang in Huronia zu verschaffen, erleichtert.

Eine von Le Merciers Aufgaben bestand darin, seine gesammelten Notizen einmal jährlich zu einem Bericht zusammenzustellen und an seinen Vorgesetzten in Quebec zu schicken. Nach dem Eintreffen der Jahresberichte aller Missionare aus den verschiedenen Verwaltungsdistrikten erstellte der Superior eine summarische Zusammenfassung, die sogenannte „Relation". Dieses Dokument wurde nach Frankreich verschickt, wo der Text von den Jesuiten herausgegeben und veröffentlicht wurde.

Die „Relationen" wurden stets ungeduldig von Mitgliedern des französischen Hofes sowie von frommen Seelen, die die Missionen in der Neuen Welt unterstützten, aufgenommen. Diese Sponsoren erwarteten Nachrichten darüber, wie es den Missionen ergangen war, sowie eine Namensliste der neu Konvertierten. Pater Le Merciers Tagebucheintrag an jenem Abend würde sie sicherlich darin bestärken, daß sie ihre Mittel nicht umsonst eingesetzt hatten. Die Ereignisse der laufenden Woche hatten seine Position im Krieg um die Seelen der Huronen gestärkt.

Vor zwei Tagen, etwa eine Woche nach dem Aussäen der Maiskörner, hatte ein für das späte Frühjahr ungewöhnlicher Schneesturm aus Richtung des nördlichen Großen Wassers das Land der Huronen mit etwa einem halben Fuß hohem Schnee überzogen. Die Temperatur war unter den Gefrierpunkt gefallen, wodurch sich auf dem Neuschnee eine dicke Kruste gebildet hatte. Der heftige Sturm und das unverhoffte Schneegewicht hatten bewirkt, daß der hintere Teil von Le Merciers baufälligem Rindendach eingestürzt war. In der folgenden Nacht konnte er in der Hütte seines Nachbarn *Tsiouendaentaha* unterschlüpfen, einem der wenigen Dorfbewohner, die dem Priester nicht gänzlich ablehnend gegenüberstanden und der ihn deshalb bei sich aufnahm. Am folgenden Tag halfen Le Mercier der junge Giles und Petit-Pré, einer der angeheuerten Männer, den Schnee aus seiner Hütte zu entfernen und das Dach aus Schwarzlindenrinde wieder mit einer Schnur an den Rahmen aus jungen gebogenen Baumstämmen zu befestigen.

Unverständnis und Zorn über das rauhe Wetter machten sich im Dorf breit. Drei Tage vor Sturmausbruch hatten fast alle männlichen Dorfbewohner zum erstenmal in dieser Saison ihre Lacrosseschläger von den hölzernen Haken in den Hütten heruntergeholt. Außerhalb der schützenden Palisaden gegen das Spielfeld zu, wo die Lacrossespiele des Dorfes seit altersher ausgetragen wurden, machten sie sich an die Reparatur der Stöcke. Danach hatten die Männer den ganzen Tag lang fieberhaft gespielt. Clan spielte gegen Clan, und jedermann war am Ende erschöpft. In *Ihonatiria* spielte der Hirsch-Clan gegen den Wolf-Clan, den er bezwang, nur um vom Falken-Clan besiegt zu werden; in einem heftig umkämpften Spiel in *Arente* trug der Stachelschwein-Clan den Sieg über den gegnerischen Bären-Clan davon.

Diese Flut von Lacrosse-Wettspielen im zeitigen Frühjahr ging auf niemand anderen als den Zauberer *Sondacouane* zurück, den größten Gegenspieler des Missionars und Diener Satans in Person. Nachdem die Saat sicher im Boden eingebracht war, ordnete *Sondacouane* die Spiele im gesamten *Attignawantan*-Gebiet an, das heißt im Gebiet des Bären-Stammes, um das günstigste Wetter für das Keimen der Saat sicherzustellen. Da die Huronen davon überzeugt waren, daß die Spiele nicht nur Heilung von Krankheiten sondern auch günstige Wetterverhältnisse bringen, richteten sie sich natürlich nach den Vorschriften des ewig Pläne und Ränke schmiedenden Wahrsagers.

Nun kam der Schneesturm wie ein Schlag ins Gesicht des unglücklichen *Sondacouane*, der, zumindest für den Augenblick, an Glaubwürdigkeit bei seinem Volk verloren hatte. Bloßgestellt als Scharlatan, verordnete der Zauberer derzeit Patienten mit kleineren Gebrechen verschiedene Kräuterkuren. Dabei reiste er eilig von Dorf zu Dorf, vergebens hoffend, der Blamage zu entgehen. Aber Le Mercier befürchtete, daß die Menschen nur kurzfristig ihr Vertrauen zu *Sondacouanes* Voraussagen verlieren würden.

Während Le Mercier dieses Ereignis in sein Tagebuch notierte, wunderte er sich, wie hartnäckig die Menschen an ihren abergläubischen Überzeugungen festhielten. Und dies trotz seines unermüdlichen Einsatzes, sie in die Wege des Kreuzes einzuweihen. Zeigten diese uralten Glaubensinhalte nicht klar die geistige Primitivität dieser Wilden und das niedrige Niveau der indianischen Kultur? War es möglich, daß die Indianer wirklich glaubten, durch ihr Ballspiel das Wetter beeinflussen zu können? Oder daß die über dem Eingang ihrer Rindenhütten angebrachten menschlichen Strohpuppen den Teufel vertreiben würden? Bei jeder Gelegenheit hatte der verdammenswerte *Sondacouane* seinen festen Griff über sein Volk demonstriert.

Le Mercier berührte das billige hölzerne Kreuz, das er um den Hals trug. Es war ein ärmlicher Ersatz für das kleine Silberkruzifix, das er vor so vielen Jahren anläßlich seiner Ordination von seinen Eltern bekommen hatte. Vor einer Woche hatte er sich von der Silberarbeit getrennt in der Hoffnung, daß dessen geistige Kräfte auf eine der jungen Familien im Dorf einwirken würden. In letzter Zeit hatte er den größten Teil seiner Missionarsarbeit auf sie verwandt, und sie hatten diese silberne Figur sehr bewundert. Sobald sie seiner ansichtig wurden, rieben sie ihre Finger über den zarten Körper Jesu, und so hatte er ihnen das Kruzifix ausgeliehen. Er hoffte, daß es nicht auch bloß für eine menschliche Puppe, wie die Strohpuppen, angesehen würde.

Seine Gedanken wanderten zurück zu einem anderen Vorfall, der sich Anfang März ereignet hatte. Als er *Ossossane* einen Besuch abstattete, war er eines Morgens nach dem Aufwachen nahe ihrer Hütte im Schnee auf die Leiche eines jungen Mannes gestoßen. Die Dorfbewohner waren überzeugt, daß ein Diebstahl die Todesursache war, den der junge Mann kurz zuvor im nahe gelegenen Winterlager der Algonkin begangen hatte. Sie erinnerten sich alle an die eindringliche Mahnung *Sondacouanes*, sich von der Angelausrüstung und den ausgebrachten Ködern der Algonkin fernzuhalten. Jeder Dieb, so seine Drohung, würde der Epidemie zum Opfer fallen, die damals unter den Indianern wütete. Diese veranlaßte die armen Priester, von einem Todkranken zum nächsten zu hasten, um die Taufe zu vollziehen, bevor die Seelen den Körper verlassen hatten.

Es war mehr als nur ein wenig naiv, dachte Le Mercier, durch ein Lacrossespiel gutes Wetter herbeiführen oder einen besonders begabten, verstorbenen Spieler ehren zu wollen. Auch der Einsatz des Spiels durch die *arendiwane* oder Zauberer der Huronen zum Zwecke der Krankenheilung lief jeder christlichen Lehre zuwider. Allein durch Gott und Christus konnte die wahre Heilung kommen. Le Mercier erkannte, daß er nicht der einzige war, der mit Schwierigkeiten zu kämpfen hatte, den Wilden diesen Glauben nahezubringen. Aus dem gleichen Dorf hatte sein Landsmann Pater Jean de Brébeuf nur ein Jahr zuvor in der „Relation" Berichte über die Heilpraktiken der Huronen veröffentlicht. Auch Brébeuf hatte bedauert, daß sich die Huronen bei Erkrankungen an Zauberer wandten, um Prognosen zu erhalten. Zu deren Kuren zählten Feste, Tänze und Spiele, abgewandelt je nach Art der Krankheit. Insbesondere hatte Brébeuf auf die Spiele als das Mittel hingewiesen, das am häufigsten in der heidnischen Medizin angewandt wurde. Darunter schien Lacrosse die wirksamste und zugleich differenzierteste Heilmethode der Huronen zu sein:

Von den drei Arten von Spielen, die bei diesen Völkern verbreitet sind – nämlich dem Lacrosse, dem Stein-Schale- und dem Strohspiel – sind nach ihrer Aussage die ersten beiden die heilbringendsten. Muß man da nicht Mitleid haben? Für einen armen kranken Mann, der hoch fiebert und kurz vor dem Sterben steht, ordnet irgendein lächerlicher

Zauberer als abkühlende Maßnahme ein Lacrossespiel an.
Manchmal hat der Kranke auch angeblich selbst geträumt,
daß sein Tod nur abgewendet wird, wenn im ganzen Land für
die Wiederherstellung seiner Gesundheit Lacrossespiele
durchgeführt werden. Und ob sie ihm auch wenig Glauben
schenken mögen, treten doch alle auf einem wunderschönen
Spielfeld Dorf gegen Dorf im Wettkampf um das beste
Ergebnis gegeneinander an. Darüber hinaus schließen sie
Wetten ab und verspielen Biberkleidung und Muschelketten
und heizen sich damit noch mehr an.[1]

Brébeufs Beschreibung war zutreffend, dachte Le Mercier, und
dürfte den Leser der „Relationen" daheim in Frankreich die besonderen
Umstände aufzeigen, mit denen die Missionare in Huronia zu kämpfen
hatten. Abgesehen von der verachtenswerten Tatsache, daß bei einem
Heilungsprozeß sündhafte Wettgeschäfte eine Rolle spielten, bedauer-
te Brébeuf, daß die Lacrossespiele eine der Maßnahmen waren, die die
Zauberer benutzten, um sich das Vertrauen der Menschen zu erhalten.
„Manchmal kommt es vor, daß einer der Zauberer behauptet, der ganze
Landstrich sei krank. Daraufhin verschreibt er als Heilungsmaßnahme
ein Lacrossespiel. Noch näher darauf einzugehen erübrigt sich; seine
Anordnung wird ohne Verzögerung überall bekanntgemacht, und die
Häuptlinge eines jeden Dorfes geben Befehl, daß alle jungen Männer
dabei ihre Pflicht erfüllen sollen. Im gegenteiligen Fall würde ein großes
Unglück über das ganze Land kommen.[2]

Nach der Veröffentlichung hatte Le Mercier den besagten *arendiwane* kennengelernt, den Brébeuf im Sinn gehabt haben mußte. Er
wußte seinen Namen und hatte folgendes in sein Tagebuch vermerkt:
„Zwischenzeitlich spielte der Teufel an anderen Orten auf. Er sprach
durch den Mund des Zauberes *Tonnerananont* und hielt dieses Volk
von Gott ab. ... Dieser kleine Bucklige hatte erklärt, daß das ganze Land
krank sei, und so hatte er ein Gegenmittel für seine Wiederherstellung
ersonnen, nämlich ein Lacrossespiel."[3] Trotz des Einsatzes der jungen
Spieler auf dem Spielfeld, notierte Le Mercier, breiteten sich Windpok-
ken und Masern verheerend weiter unter den Huronen aus. Innerhalb
von drei Jahren sollten europäische Krankheiten die halbe Nation
ausrotten, was die Huronen auf etwa 9.000 Seelen reduzierte.

Sogleich nach seiner Ankunft in diesem Lande hatte Le Mercier
versucht, den Denkmustern der Huronen auf die Schliche zu kommen
sowie die Feinheiten ihrer Sprache verstehen zu lernen. Nur wenn er
diese Werkzeuge beherrschte, konnte er seine Mission ausführen. Die
Jesuiten waren nicht die ersten Franzosen, die in jener Wildnis aufgetaucht waren. Aber zusammen mit den Franziskaner-Rekollekten
waren sie die ersten, die sich lange genug bei den Indianern niederlie-
ßen, um ihre Kultur schriftlich festhalten zu können. Die wenigen
Pelzhandelsagenten, die ihnen vorausgegangen waren, waren entweder

des Schreibens und Lesens nicht mächtig oder zu sehr damit beschäftigt Profite zu machen, um die Aktivitäten der Huronen schriftlich festzuhalten. In Begleitung von vierzehn Soldaten hatte Samuel de Champlain das Volk zwei Jahrzehnte zuvor aufgesucht. Wahrscheinlich hatten seine Soldaten ihnen den Namen «*hurens*» oder Wildschweine verpaßt wegen ihrer merkwürdigen Haartracht. Während die meisten Indianer im Norden ihre schulterlangen Zöpfe frei fallen ließen, stellten sich die männlichen *ouendat*, wie sich die Huronen selbst nannten, außerordentlich eigen an, was Frisur und Schnitt ihres Kopfhaares betraf. Der Rekollekten-Laienbruder Gabriel Sagard, der sich kurz bei den Huronen aufgehalten hatte, beschrieb diesen Brauch in «Grand Voyage», das fünf Jahre zuvor in Paris erschienen war und gegenwärtig (von Quebec aus) unter den Jesuiten in Huronia zirkulierte. Le Mercier blätterte durch die Seiten seiner Ausgabe und stieß auf die entsprechende Stelle: „Die männlichen Huronen tragen zwei große Haartollen wie Schnurrbärte über ihren Ohren, manche auch nur eine, in die sie häufig Federn und andere Kleinigkeiten wickeln und binden. Das restliche Haar tragen sie kurz; zuweilen ist es auch nur teilweise geschnitten oder ein Haarkranz umgibt den kahl geschorenen Oberkopf."[4]

Le Mercier war gewarnt worden, daß er alle Hände voll zu tun hätte inmitten dieser „Wildschweinköpfe", die sonderbaren Überzeugungen anhingen und eine barbarische Folterpraxis ausübten. Nun war *Sonda-couanes* Gesichtsverlust wegen des unerwarteten Schneesturms tatsäch-

Abb. 7

lich so gut wie in Vergessenheit geraten wegen der Aufregung über die Gefangennahme eines feindlichen Räubers. Während sich die meisten Männer des Dorfes auf einer Handelsmission befanden, waren ein paar junge Krieger, die als Wachen zurückgelassen worden waren, auf eine Truppe kriegerischer Irokesen gestoßen und hatten einen davon gefangen genommen. Ziel der Irokesen war der Raub einiger Huronenfrauen und deren Kinder, die etwas entfernt vom Dorf Maisfelder hackten und von Unkraut befreiten.

Der Gefangene erlitt nun die normalen Folterungen. Der nackte Irokese stand drei Tage lang gefesselt am Marterpfahl auf einer erhöhten Plattform. Vorher waren ihm die Zehennägel herausgerissen worden (Abb. 7). Später wurde sein Skalp zur Hälfte entfernt und erhitztes Kiefernharz, das man für die Kanureparatur bereithielt, in die offene Wunde geträufelt. In der Zwischenzeit übersäten die Dorfbewohner seinen Körper mit Brandwunden und legten die rotglühenden Klingen ihrer Tomahawks auf seine Fingerspitzen und Hoden. Während der gesamten Prozedur bemühte sich der Gefangene heldenhaft, mutig und unberührt zu erscheinen, während er von Zeit zu Zeit sein Todeslied anstimmte. Seine Standhaftigkeit, Schmerzen nicht herauszuschreien oder um Gnade zu bitten, wurde typischerweise den Jesuiten angelastet, die bei den Huronen in Verdacht standen, den Irokesen beizustehen.

Dem guten Pater war es gelungen, sich heimlich zur Plattform zu schleichen und den gefangenen Irokesen in der Nacht, bevor er starb, zu taufen. Wäre er dabei von den Huronen ertappt worden, hätte es zahllose Schwierigkeiten geben können. Die Huronen ließen kaum Unterschiede gelten zwischen ihrer Folterpraxis und den christlichen Beschreibungen von Höllenqualen für die Verdammten. Tauften die Jesuiten die Feinde der Huronen vor deren Ableben, verhinderten sie damit, daß die Irokesen noch jenseits ihres Grabes von Folterqualen verfolgt wurden. Jetzt konnte man das häßliche Schauspiel beobachten, wie kleine Kinder mit Stöckchen durch das Dorf rannten, auf denen Teile des aufgeschlitzten Körpers des Gefangenen aufgespießt waren.

Le Mercier knotete die Kordel über seinem Gewand auf und machte sich bettfertig. Diese grausamen Praktiken waren ihm ebenso unverständlich wie die Auffassung der Huronen über das Universum. Sie glaubten, daß alles von einem Geist beseelt sei – gleich, ob es sich dabei um Tier oder Mensch, Stein oder Felsen, Baum oder Pflanze handelte. Ihren mächtigsten Geist nannten sie *öokiö*. Alle zusammen – besonders der Himmelsgeist – kontrollierten ihr tägliches Leben. Dieser Glaube fand seine Entsprechung in den merkwürdigsten Überlieferungen: Zum Beispiel legten die Huronen alle Knochen von einem Rehwild, das sie wegen des Fleisches getötet hatten, beiseite und säuberten sie sorgsam, um den Geist des Tieres nicht zu beleidigen. Besonders achteten sie darauf, daß die Knochen nicht unter die Hunde fielen, denn Hunde galten als unrein und waren nur als Opfertiere nützlich.

Le Mercier schlug das Elchfell zurück, das ihm als Zudecke diente. Solche Glaubensvorstellungen, dachte er, führten auch zu der zwanghaften Beschäftigung der Huronen mit ihren Träumen. Darunter verstanden sie alle möglichen unerfüllten Wünsche des menschlichen Geistes. Erfüllte man sie nicht, konnten diese Wünsche zu Krankheiten, ja sogar zum Tod führen. Da die meisten Indianer unfähig waren, ihre Träume selbst zu deuten, wandten sie sich gewöhnlich zur Beratung an die Zauberer. Nur diese Männer waren in der Interpretation von Träumen bewandert und schrieben vor, was zu machen war, um den aufgestörten Geist zu besänftigen. Die Zauberer konnten eine drohende Krankheit verscheuchen; sie konnten sie aber auch heilen, wenn die Krankheit schon ausgebrochen war. Dieses Glaubenssystem, das für die Huronen die Basis für ihr Konzept von Krankheiten bildete, erklärte den großen Einfluß der Zauberer über das Volk. Und deshalb erschienen den Jesuiten die vorgeschriebenen Mittel der „großen Betrüger" als ein kompletter Unsinn.

Im letzten Herbst nach der Maisernte, als Frauen und Kinder damit beschäftigt waren, die Maiskolben zu enthülsen und die Kerne in großen hölzernen Mörsern zu Mehl zu zerstampfen beziehungsweise die Kolben mit ihren Hüllblättern als Wintervorrat zusammenzubinden, ereignete sich in einer Hütte am südlichen Dorfrand eine „Traumepisode". Ein respektierter Alter aus dem Biber-Clan namens *Aenons*, auf den Le Mercier mit Stolz als auf einen vorbildlichen Christen hinweisen konnte, begann plötzlich zu fiebern und fiel bald darauf ins Koma. Aus Furcht vor seinem baldigen Tod rief seine Tochter die Verwandten zusammen, die die Totenklagen anstimmten und Beerdigungsgeschenke entgegennahmen. Für die Totenwache wurde der Körper des Alten in gebeugter Position auf eine besondere Matte im hinteren Teil der Hütte gelegt. Plötzlich erwachte er aus seiner Erstarrung und verlangte aufgeregt, und zu Le Merciers großem Ärger, die Anberaumung eines *arendiwane*. Daß *Aenons*, ein Bekehrter und enger Begleiter Brébeufs, sich in der Stunde seiner größten Not wieder den primitiven religiösen Praktiken zuwandte, war zugleich eine große Überraschung wie auch eine bittere Enttäuschung für den Missionar.

Le Mercier mußte hilflos mit ansehen, wie Läufer nach *Karenhassa* geschickt wurden, dem nächsten südlich gelegenen Dorf, wo der Bucklige *Tonnerananont*, dessen physische Anomalie als Zeichen seiner Macht gedeutet wurde, eine kranke Frau versorgte. Gegen Mittag kehrten sie mit dem Zauberer zurück und begaben sich auf direktem Weg zu dem leidenden Mann. *Tonnerananont* trug wie üblich seinen dicken Kragen aus verwobener Schlangenhaut und sein langes Cape aus Krähen- und Adlerfedern. Er ließ die Hütte räumen. Dann führte er seine Anrufungen über *Aenons* durch, während er seine Schildkrötenrassel dazu schüttelte. Von Zeit zu Zeit hielt er sein Ohr dicht an den Mund des Kranken und hörte genau zu, als *Aenons* die Vision wiedergab, die er während seiner Bewußtlosigkeit gehabt hatte.

Aenons hatte von seinem eigenen Begräbnis geträumt, als sei er selber Zeuge gewesen. Er hörte das Weinen und Singen zu seinen Ehren, die Bekanntmachung seines Todes durch den Dorfhäuptling und die Aussendung von Boten in die anderen Dörfer. Er sah die Zubereitungen des *Sagamite* – das Hauptnahrungsmittel der Huronen aus Maisschleim mit Fisch und Muscheln –, verschiedener Sorten von reifem Kürbis, Schildkrötenfleisch und Rehwild für das Begräbnisfest, sowie den Austausch von Geschenken und Gaben für seine Frau und die Kinder. Er sah zu, wie sein Körper eingewickelt und auf das Gerüst hinaufbefördert wurde. Er spürte, wie sein Fleisch in Fäulnis überging und wie die Sonne seine Knochen trocknete und bleichte (Abb. 8). Er beobachtete, wie seine Familie die Knochen einsammelte, sie reinigte und in ein Biberfell hüllte für das Fest der Toten. Dort warfen sie die Knochen zusammen mit den Begräbnisgaben in die große Grube und bedeckten sie mit Rinde und Sand. All dies erzählte *Aenons Tonnerananont*, der weiter sang und seine Schildkrötenrassel schwang. Dann rief er den Dorfhäuptling zu sich und verlangte die Ausrichtung eines Lacrossespieles als einzigem Mittel, den armen alten Mann vor seinem Traum zu erretten. Sie sollten auf der Stelle irgendein Nachbardorf herausfordern.

Gleichzeitig tagte eine Stammesversammlung im Beratungshaus von *Ihonatiria*, wo die Häuptlinge aus *Toanche,* dem unmittelbar im Westen gelegenen Dorf, zusammengekommen waren. Die Häuptlinge von *Ihonatiria* hatten sie hergebeten um sich zu beschweren, daß auf den festgelegten Handelsrouten von *Ihonatiria* zu den Nipissing-Indianern mehrere junge Männer von *Toanche* beim Wildern beobachtet worden waren. Sie hatten keine Erlaubnis zum Jagen eingeholt, und nun versuchten die Vertreter von *Toanche* den Disput zu bereinigen. Insbesondere waren sie bemüht, Sachleistungen auf Kosten der jungen Männer festzulegen, sollten diese weiterhin die strittigen Routen benutzen. Le Mercier hatte im Laufe des Vormittags in Abständen die Ankunft der *Toanche*-Häuptlinge mit ihrer Begleitung beobachtet. Nach dem traditionellen Austauch von Grüßen und Geschenken für die mächtigeren Häuptlinge hatten die Ältesten aus beiden Dörfern bis spät in den Nachmittag hinein Ansprachen gehalten. Sie standen kurz vor der Zusammenfassung der Argumente und einer grundsätzlichen Einigung, als *Tonnerananonts* Befehl, ein Lacrossespiel durchzuführen, bekanntgegeben wurde.

Mitglieder des Biber-Clans waren auf beiden Seiten zahlreich vertreten. Einige waren sogar eng mit *Aenons* verwandt und deshalb besonders engagiert, die Dörfer zu organisieren, um zu seiner Heilung beizutragen. Das Spiel sollte in drei Tagen stattfinden, obwohl dadurch die Arbeiten, die nach der Ernte fällig waren, in beiden Gemeinden unterbrochen werden mußten. Obwohl *Aenons* kritischer Zustand nach sofortigen Taten verlangte, boten die drei Tage doch die notwendige Zeit für die Vorbereitungen. Vor einem derartigen rituellen Spiel hatten sich die Spieler dem Tabu der sexuellen Enthaltsamkeit zu beugen, vor dem Zusammentreffen zum „Fest des Aufbruchs" zu fasten und sich mit ihren Zauberern zu beraten. Sie mußten ihre Körper nach ritueller Weise bemalen, Amulette an ihren Lacrosseschlägern befestigen und in beiden Dörfer einen Ballspiel-Tanz aufführen. Die Dorfbewohner brauchten auch Zeit, um die Sachen zusammenzutragen, die sie als Wetteinsatz für das Spiel einbringen wollten.

In der Zwischenzeit hatte *Tonnerananont* den Alten bis zur Hüfte entkleidet und begann, geheimnisvolle Zeichen, deren Bedeutung nur er allein kannte, auf Arme, Gesicht und Brust des Kranken zu malen. Darüber hinaus instruierte er die Dorfbewohner – besonders diejenigen, die im Besitz von Mini-Lacrosseschlägern waren, die sie durch Traumdeutung oder Freundschaftsrituale erworben hatten – diese Amulette und Talismane zur Unterstützung für das Team von *Ihonatiria* zum Spiel mitzubringen.

Am Abend vor dem Spiel versammelten sich die *Toanche*-Spieler zu den letzten Beratungen mit ihrem Zauberer. Dann brachen sie im Gänsemarsch auf, als gingen sie auf den Kriegspfad, und schlugen den hochgelegenen Pfad nach Osten in Richtung *Ihonatiria* ein. Im Sommer war dieser überwachsen, aber nach der Herbsternte hatte man ihn freigelegt, um gegenseitige Dorfbesuche zu sozialen und politischen Zwecken zu ermöglichen, so wie dies gegenwärtig geschah.

Etwa sechzig Ballspieler waren für jede Seite vorgesehen. Sie waren von den Spielführern der Clans nach Beweglichkeit, Schnelligkeit, Fertigkeit in der Behandlung des Schlägers sowie Ausdauer ausgewählt worden. Le Mercier hatte die Sorgfalt bemerkt, mit der die Anführer bei der Zusammenstellung der Spieler ihre Runde durch das Dorf machten. Die meisten jungen Krieger erfüllten die Qualifikationsanforderungen – besonders aufgrund ihrer Erfahrung im Kampf Mann gegen Mann. Das Spiel war äußerst rauh, und die Spieler kamen mit ihren Mannschaftsgegnern in engen Kontakt.

Fast jeder Hurone männlichen Geschlechts lernte als Kind Lacrosse zu spielen. Die Jungen waren nach Ablauf des Winters des Schneeschlangen-Spiels längst überdrüssig geworden, bei dem sie um die Wette leicht gekrümmte Stöcke so weit wie möglich einen vereisten Abhang hinabwarfen. Sie warteten sehnlichst auf den Frühling, wenn sie die aus Zedernholz geschnitzten Lacrossebälle auf den ausgetretenen Pfaden oder „Dorfstraßen" wieder einander zuschlagen oder die Baumstammpalisade als Wand benutzen konnten. Der Abprallwinkel hing davon ab, wo der Ball auf den vertikalen Stämmen auftraf, und gewöhnlich kämpften ein paar von ihnen darum, den Ball aus der Luft zu fangen. Le Mercier hatte mehr als einmal erlebt, daß ein Ball als sogenannter „Querschläger", wie die zu Streichen aufgelegten Jungen sich ausdrückten, durch seinen Eingang geschossen kam. Das war nur einer ihrer ärgerlichen Streiche. Einmal hatten sie heimlich seine Türangeln aus Rohleder durchtrennt, so daß die Felltür zu Boden fiel, als er seine Hütte verließ.

Da die Zahl der Jungen, die Lacrosse übten, in jedem Frühjahr anwuchs, wurden die Bälle, die geräuschvoll durch die Gassen fegten, zu einer gefährlichen Angelegenheit. Le Mercier war sehr wachsam, wenn er seine Hütte verließ. Das immer wiederkehrende Aufprallen der Bälle auf die Palisadenwand war unerträglich laut und störte seinen Mittagsschlaf. Schließlich ermunterten die sonst allzu nachsichtigen Eltern die jungen Spieler, ihren Vergnügungen außerhalb der befestigten Dorfanlage auf dem Lacrossefeld nachzugehen, wo sie ihre Tore mit aufgetürmten Felsbrocken kennzeichnen und nach Herzenslust üben konnten.

Das Lacrossefeld von *Ihonatiria* lag etwas westlich dicht entlang eines kleinen Bachlaufs, wo die Spieler sich während der Pausen erfrischen und Schweiß, Schmutz und Blut von den während des Spiels erlittenen Verletzungen abwaschen konnten. Der Bach war auch Ort für geheime Zeremonien, die der Zauberer vor den Spielen anordnete, und in den die Spieler dann eintauchten. Le Mercier hatte nur wenig über diese Rituale herausgefunden. Er hatte sich einmal in der Nähe des Baches versteckt, um einen Blick auf die Vorgänge werfen zu können, aber seine Anwesenheit war schnell entdeckt worden, woraufhin sich die Gruppe zerstreute. Die Faszination, die er für diesen Aspekt der Kultur der Huronen empfand, gipfelte in einer Nachsicht, die möglicherweise an Sünde grenzte, so überlegte er. Wahrscheinlich hatte Gott die Spieler vertrieben als Warnung für den Missionar.

Die Nähe des Feldes zum Dorf war wichtig: Sollten die Irokesen überraschend einen Überfall auf die spielenden Kinder oder während eines Spieles machen, so wäre es relativ leicht, in das von Palisaden geschützte Dorf zu fliehen. Außerdem bot sich das Spielfeld auch an für die Vorbereitungen, die Feste und die Tänze, die ein Spiel begleiteten. Aktivitäten dieser Art fanden üblicherweise innerhalb der Dorfpalisaden in einem der größeren Langhäuser statt – dem Rats- oder dem Kriegshaus – oder auf dem Dorfplatz. Außerdem war das Spielfeld der ideale Lagerplatz für Mannschaften von außerhalb, denn obwohl sie Verwandte in *Ihonatiria* durch Familienzugehörigkeit und Clan besaßen, konnte das kleine Dorf keine große Gästeschar beherbergen. Die Gemeinde lebte bereits eng zusammengedrängt. Auch der Boden der nahegelegenen Maisfelder war fast ausgelaugt.

Das Lacrossefeld gab es schon seit Menschengedenken. Die Alten erinnerten sich, davon gehört zu haben, daß es ein oder zwei Jahre nach der Gründung von *Ihonatiria* angelegt worden war. Ursprünglich wurde der Spielbereich von drei Familien als Maisfeld genutzt, die es in der üblichen Weise hergerichtet hatten, indem sie Büsche und Gras entfernt und Bäume sowie Baumstümpfe in großen Haufen zum Verbrennen aufgeschichtet hatten. Jedes Jahr vergrößerten sie ihren Acker bis auf die Fläche von etwa zwölf *acres*— das Ausmaß des gegenwärtigen Lacrossefeldes. Eine Familie erweiterte die Felder in nördliche Richtung entlang des Baches. Sie verließ den alten Platz, weil der Boden nichts mehr hergab. Die zweite zog wegen einer Heirat in ein anderes Dorf. Die dritte Familie kam bei einem Überfall der Irokesen um. Das zusammenhängende verlassene Land fiel an das Dorf zurück, welches darauf mit der Erlaubnis des Dorfhäuptlings ein Spielfeld anlegte.

Mit der gleichen Hacke aus Elchgeweih, mit der sie auch die Löcher für den Maissamen vorbereiteten, trugen sie allmählich die Erhebungen ab, lasen kleine Steine, Stöcke und alles andere vom Boden auf, woran sich ein Spieler mit bloßen Füßen verletzen konnte. Danach mußte man nur gelegentlich Unkraut ausrupfen und jährlich im Frühjahr die Fläche abbrennen, um eine wunderbare glatte Grasnarbe zu erhalten. Die Dörfler aus den benachbarten *Toanche* und *Karenhassa* spielten am liebsten in *Ihonatiria*, weil das Feld so groß und seine Oberfläche so gepflegt war. Das Spielfeld in *Karenhassa* war entschieden schmaler und entlang einer Seitenlinie mit Felsen durchsetzt, was zwar ideale Zuschauerplätze abgab, andererseits jedoch den Spielfluß behinderte. Über das Feld von *Toanche*, das in einer Mulde mit schlechtem Wasserabfluß lag, klagten alle Spieler von *Ihonatiria* und *Karenhassa*, da sie allzu häufig im Schlamm stünden. In manchen Jahren war es bis Mitte Juni nicht bespielbar.

Zu der gegenwärtigen Veranstaltung erschienen die Spieler und ihr Zauberer am frühen Abend auf dem Spielfeld von *Ihonatiria*, um dort ihr Lager aufzuschlagen und die Kochstellen am Bachlauf zu entfachen. *Ihonatiria* hatte ihnen einige Frauen mit speziellen Nahrungsmitteln geschickt, ihnen war ausdrücklich verboten, mit den *Toanche*-Spielern zu sprechen oder sie gar zu berühren. *Tonnerananont* hatte diesen Befehl deutlich erteilt, da er es war, der die Vorschriften für *Aenons* Kur bestimmte. Außerdem hatte er befohlen, daß sich alle außer den Nachtwachen des Dorfes von Sonnenuntergang bis Spielbeginn am folgenden Tag hinter den Palisadenzaun zurückziehen sollten. Kurz nach Sonnenaufgang hatten die Späher der Dorfwache von den Wachtürmen herab in Abständen die Ankunft von mehreren hundert Menschen aus *Toanche* gemeldet. Fast jeder zweite trug einen Biberfellsack voller Gegenstände zum Wetten und als Austauschgeschenke für ihre Gastgeber bei sich. Le Mercier stand in der Nähe des Tores und staunte über die riesige Warenmenge, die in das Dorf hineinströmte.

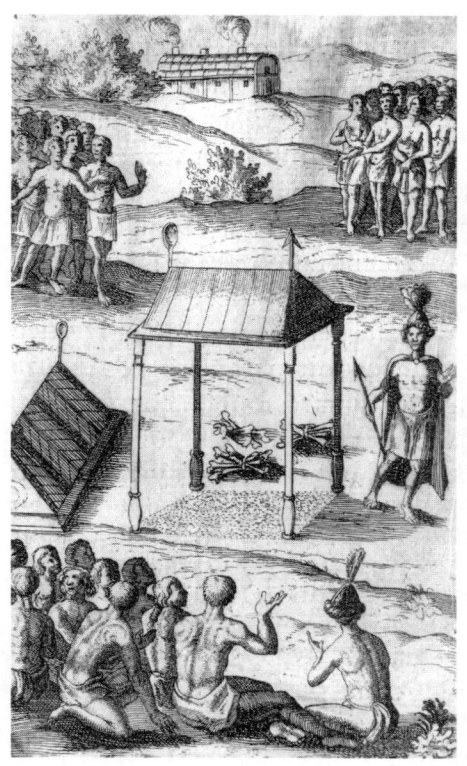

Abb. 8   Abb. 9

Mit dem Erscheinen der Besucher baute sich *Tonnerananont* im *endionrra ondaon* oder Rats-Langhaus auf, wo sich die sechzig Spieler von *Ihonatiria* zum rituellen Fasten und sexueller Abstinenz vor dem Spiel zurückgezogen hatten. Der Zauberer hatte spezielle Salben sowie Federn präpariert, die die Spieler auf ihre Lacrosseschläger streichen beziehungsweise daran befestigen konnten. Er ordnete an, die „Traumschale" für seine Wahrsagerei herbeizuschaffen. Dabei handelte es sich um eine große hölzerne Schale, die in einem anderen Spiel, das beim Heilen von Krankheiten als wirksam galt, Verwendung fand. *Tonnerananont* zog sich in eine Ecke des langen Beratungshauses zurück. Während er sang, schüttelte er seine Rassel aus Schildkrötenpanzer über der Schale und warf die sechs Kerne von wilden Pflaumen hinein, die man zum Schale-Würfelspiel benutzte. Diese Steine waren auf einer Seite schwarz und auf der anderen weiß angemalt. Der Zauberer schüttelte sie in der Schüssel hin und her. Dann warf er sie plötzlich in die Luft und fing sie wieder in der Schüssel auf. Aus der Anzahl der schwarzen und weißen Steine konnte er nach eigener Aussage den Ausgang des Lacrossewettkampfes bestimmen, die stärksten Spieler auswählen sowie die Strategie des Spieles planen. Wenn die Steine ungünstige Vorhersagen machten, würde er auf andere Tricks zurück-greifen, die ein erfolgreiches Spiel und die Gesundung des kranken Mannes bewirken würden.

Pater Le Mercier erwachte aus seinem Spätnachmittagsschlummer. Ausrufer liefen durch das Dorf und kündeten den Lacrosse-Tanz für den Abend auf dem Dorfplatz an. Sie ermahnten jeden einzelnen zu kommen, weil nur die volle Teilnehmerzahl eine erfolgreiche Kur garantiere. Gewöhnlich fanden solche Zeremonialtänze in einem der zwei riesigen Langhäuser statt, aber in diesem Falle waren sie einfach zu klein für die erwartete Menge. Die Leute hatten begonnen, ihre Festtagskleidung herzurichten und Körperbemalung aufzulegen, damit sie für diesen feierlichen Anlaß entsprechend gut aussahen. Um nicht in Verdacht zu geraten, Anhänger von *Tonnerananonts* Wahrsagerei zu sein, hatte es Le Mercier abgelehnt, zu dieser heidnischen „Feierlichkeit" zu erscheinen. Jedoch konnte er kaum verhindern, den dadurch verursachten Lärm wahrzunehmen. Er hatte schon zahlreiche ähnliche Zeremonien gesehen und konnte sich deshalb leicht den Ablauf der Abendereignisse vorstellen. Natürlich war er verstört darüber, daß all diejenigen, die sich aufgrund der unsäglichen Mühen der Missionspriester zum Christentum bekehrt hatten, dem Ereignis beiwohnen würden. Le Mercier hatte versucht, Giles und die anderen Jungen von den Ritualen fernzuhalten, aber er war sicher, daß seine Ermahnungen nichts gefruchtet hatten.

Er wußte, daß man Matten am Rand des viereckigen Platzes für die Alten und die Kinder auslegen würde. *Aenons* würde man auf einer Trage herbeibringen. Er erhielte einen guten Platz, von wo aus er dem Tanz zuschauen und den Teilnehmern danken konnte, die alle Talismane und Anhänger tragen würden – jedoch mit Sicherheit nicht die christlichen Medaillen, die er so großzügig an die Konvertiten verteilt hatte.

Zuvor war ein leichter Regen gefallen, aber nun hatte es sich aufgeklärt. Die restlichen Dorfbewohner mußten sich jetzt hinter den am Boden Sitzenden aufstellen, während der allgemeine Tumult zunahm. Dann müssen plötzlich die zeremoniellen Begleiter der Ballspieler und die Tänzerinnen aus dem Beratungshaus erschienen sein, was unterdrücktes Kriegsgeschrei in der Menschenmenge hervorrief. Jedem Spieler war eine Frau zugeordnet, so daß die sechzig Paare eine lange Kette bildeten, angeführt von *Tonnerananont* und seinem Helfer. Die vielerlei Ketten aus Glitzerzeug, Muscheln und anderen Anhängern, die der Zauberer um den Hals trug, würde kaum von seinem Buckel ablenken, dachte Le Mercier. Die Tänzer würden den Platz betreten und das große Feuer in der Mitte gegen den Uhrzeigersinn umtanzen. Die Spieler würden lediglich einen Lendenschurz tragen, Muschelperlenketten um den Hals und Federn im Haar. Ihre Körper wären mit Zeichen und Farben bedeckt wie auf dem Kriegspfad. Die

Tänzerinnenn wären nackt bis auf einen kurzen Rock, und ihre Körper wären wahrscheinlich mit Phantasiemustern unterschiedlichster Art geschmückt.

Le Mercier lauschte auf die Schildkrötenrasseln der beiden Zauberer, die mit ihrem übereinstimmenden Rhythmus die Schritte der Tänzer leiteten (Abb. 9). Vier Männer saßen am Boden und schlugen im gleichen Takt hölzerne Wassertrommeln zu den Rasseln. Die aus einem Stück Zedernholz ausgehöhlten beziehungsweise ausgekratzten Trommeln waren zum Teil mit Wasser gefüllt. Über jede war ein Stück ungegerbtes Hirschleder gespannt, das durch einen hölzernen Reifen festgehalten wurde. Ihr hoher Ton trug über weite Entfernungen.

Die Frauen tanzten mit ausgestreckten Armen und hielten dabei ihre zusammengeballten Fäuste übereinander. Die Spieler hielten ihre geballten Fäuste hoch in den Himmel. Die Tanzschritte wurden durch den stetigen Rhythmus von Rasseln und Trommeln bestimmt — die Tänzer stampften mit ihren Füßen von einem Bein auf das andere, ebenfalls in Übereinstimmung mit dem Gesang der Zauberer, die diese eingeborene „Musik" leiteten. (Le Mercier besaß eine umfassende Musikausbildung und hielt das liturgische Repertoir für weit überlegen.) Er konnte *Tonnenaranont* hören, wie er das Fragment einer Melodie wiedergab, auf nur drei Tonhöhen zu einigen lächerlichen Silben — *He ho ho* — welche dann von den Tänzern wiederholt wurden. Totaler Unsinn, dachte Le Mercier, der an die mitreißende Schönheit von gregorianischen Gesängen in lateinischer Sprache gewöhnt war. Während sich die Tänzer um das Feuer drehten, wurden die melodischen Fragmente höher angestimmt. Nach jeweils vier oder fünf Wiederholungen hielten *Tonnenaranont* und sein Helfer inne, um ihre Rasseln in einem Tremolo ertönen zu lassen als eine Art choreographisches Signal. Daraufhin änderten die Tänzer ihre Schrittfolge, wobei die Frauen sich ein wenig niederbeugten und sich auf der Stelle drehten, während die Spieler sich zu ihnen hinwendeten. Nach dieser Pirouette schauten sie wieder nach vorne und wiederholten das ganze erneut, indem sie das Feuer umkreisten.

An diesem Abend gab Le Mercier alle Hoffnung auf Schlaf auf. Das Tanzen und der allgemeine Lärm dauerten fast die ganze Nacht an. Er versuchte in seinem Brevier zu lesen, aber sein Ärger über *Tonneranonts* Kontrolle über das Dorf war stärker als seine Konzentration. Stattdessen wandte er sich dem 10. Kapitel von Sagards «Grand Voyage» zu, in welchem der Rekollektenmönch „Tänze, Lieder und andere lächerliche Zeremonien" der Huronen beschreibt. Sagard entsetzte sich ebenfalls über viele Instruktionen der Zauberer, insbesondere über die Anweisung an die Teilnehmer, nackt zu tanzen. Bei einer Gelegenheit, klagte Sagard, wurde ein Mann veranlaßt, in den Mund einer kranken Frau zu urinieren, die gezwungenermaßen diese widerliche Flüssigkeit schlucken mußte. In einer anderen „bösen Zeremonie" wurden die Mädchen eines Dorfes genötigt, sich junge männliche Partner zu suchen, um mit ihnen in der Hütte des Kranken Unzucht zu treiben. Zauberer begleiteten diese entsetzliche Untat mit Singen und Rasseln. Sagard schloß sein Kapitel mit den Worten: „Möge es dem Herrgott gefallen, solchen verdammenswerten bösen Zeremonien ein Ende zu bereiten sowie allen anderen, die diesen ähnlich sind. Und mögen die Franzosen, die sie mit ihrem üblen Beispiel ermutigen, erkennen, welch strengen Bericht sie eines Tages dafür vor Gott ablegen müssen."[5]

Le Mercier lag auf seinem hölzernen Lager. Er döste vor sich hin und rieb sein bärtiges Kinn, als die Morgendämmerung durch die Rauchöffnung des Daches kroch. Die Moskitos begannen ihn zu belästigen, auch war das gewohnte Trappeln der Mäuse zu hören, die es darauf abgesehen hatten, seinen mageren Maisvorrat noch zu verringern. Als er den Arm austreckte, um seinen Stock auf dem Schreibtisch niedersausen zu lassen und eine Maus zu vertreiben, die an seinem Tagebuch nagte, fiel sein Blick auf das Gemälde des letzten Gerichts, das über seinem Schreibtisch hing. Er dachte zurück an die Angst und Unruhe, die es bei seinen Nachbarn in *Ihonatiria* hervorgerufen hatte, als er es zum erstenmal auspackte. Die Zauberer hatten fest behauptet, daß die Jesuiten die Irokesen zu Angriffen auf ihre Dörfer anstiften wollten. Diese Reaktion der Zauberer war typisch für ihre mißtrauische, intrigante Einstellung gegenüber den Priestern, die sie für alles verantwortlich machten, angefangen von sommerlichen Dürreperioden bis hin zu den Krankheiten, die ihren Lauf durch Huronia nahmen.

Dem Missionar erschien es naheliegend, daß er die Heiden nur durch Analogie zu ihren eigenen abergläubischen Praktiken von der Überlegenheit des Christentums überzeugen könne. Der Pater Superior hatte Le Mercier erzählt, wie er anläßlich einer Reise in das Dorf *Ekhiondaltsaan* dringend gebeten wurde, den Sinn des Weihwassers zu erklären. Viele Indianer hatten die Kapelle in Quebec besucht und überlegt, was für eine Bedeutung wohl der Wasserbehälter am Eingang hatte. Als der Pater Superior ihnen darlegte, daß es ebenso gut den Teufel vertreiben könne wie ihre Strohpuppen, äußerten sie nach kurzer Beratung den Wunsch, eine kleine Menge des magischen Wassers zu erhalten.

Doch die Zauberer deuteten auch weiterhin die Träume von Leidenden und verordneten Mittel für ihre Heilung. Die Medizinmänner waren die einzigen, denen die Kranken Einzelheiten aus ihren Visionen anvertrauen wollten. Deshalb fragte sich Le Mercier, ob sich die Zauberer die Details der Zeremonie nicht in ihrer Phantasie zurechtlegten. Es war bekannt, daß sie den Besuchern von Kranken unter anderem auferlegt hatten, Grimassen zu schneiden, eine große Mahlzeit zu essen und wieder hochzuwürgen oder – trotz einer Vorliebe für die *andataroni* oder Kleieplätzchen, die fast jede Mahlzeit begleiteten – 24 Stunden lang unter Androhung der Todesstrafe keine Winde abzulassen.

Wie er nun unter seiner Elchfelldecke lag, fiel ihm deutlich wieder das Ende von *Aenons* „Kur" im letzten Herbst ein: Rund um die Hütte des Jesuiten machte sich das ganze Dorf für den Marsch zum Lacrossefeld bereit. Le Mercier hatte schon einige Frauen mit winzigen Lacrosseschlägern zu Gesicht bekommen, die sie wie religiöse Medallions an Lederschnüren um ihren Hals trugen. Diese Frauen waren dazu bestimmt, während des Spiels dicht bei *Aenons* zu sitzen. Gegen neun Uhr tauchten die Spieler aus dem Beratungshaus hintereinander mit ihren Lacrosseschlägern auf, angeführt von *Tonnerananont*. Sie marschierten im Gänsemarsch zu der Zeremonie am Bach, um danach ihre Positionen auf dem Spielfeld einzunehmen. Bis auf den Lendenschurz waren sie nackt, aber die meisten hatten Federn in ihr Haar geknüpft von Vögeln, die für ihren scharfen Blick, ihre Schnelligkeit und blitzschnelles Ausweichen bekannt waren. Ihre Körper hatten sie größtenteils rot bemalt wie für den Krieg. Auf die Spieler folgten *Tonnerananonts* Helfer, die *Aenons* auf einer Bahre trugen. Danach folgte ein Strom von Dorfbewohnern in ihren besten Kleidern mit Säckchen aus Biberfell, die den Wetteinsatz enthielten. Einige alte Männer wurden von den stärksten Jugendlichen auf den Schultern zum Spielfeld getragen. Einmal hatte sich Le Mercier nach dieser Transportart näher erkundigt und erfahren, daß diese Männer oft Träume hatten oder durch das Lacrossespiel geheilt worden waren. Durch ihre Anwesenheit würden sie das Team von *Ihonatiria* besonders unterstützen.

Le Mercier wußte, daß die Wetteinsätze für dieses Spiel hoch waren. Obwohl die Missionare diese Praktiken ablehnten, erzählten sie doch gerne Geschichten über die großen Gewinne und Verluste, die die Indianer beim Wetten erlitten. Die Verluste konnten sich auf den Wert von mehr als 200 Kronen belaufen; ein Dorf hatte angeblich dreißig Wampumstränge verloren, jeder aus eintausend Muscheln bestehend, die in Frankreich den Gegenwert von fünfzigtausend Perlen betragen hätte. Süchtige Spieler hatten angeblich die Kleidung, die sie auf ihrem Körper trugen, verwettet, auch ihr Haar oder sogar den kleinen Finger, den sie sich stoisch ohne Anzeichen von Schmerz, Ehrlosigkeit oder Scham abschnitten. Le Mercier wartete, bis die Wetten abgeschlossen waren und das Spiel angefangen hatte, bevor er sich zum Lacrossefeld aufmachte.

Es war reine Neugier gepaart mit simplem Vergnügen, gestand sich Pater Le Mercier ein, das ihn bewog, den Wettkampf zwischen den beiden Dörfern zu beobachten. Er befand sich in einiger Entfernung und blieb forschenden Blicken verborgen. Die Dorfbewohner wußten ohnehin, daß er jeder Aktivität, in die *Tonnerananont* verwickelt war, ablehnend gegenüberstand. Dennoch erschienen ihm viele Aspekte der

Hauptsportart der Indianer einerseits faszinierend, andererseits auch fragwürdig. Die hölzernen Schläger, mit denen sie spielten, erinnerten ihn entfernt an die Tennisschläger, die er mit anderen Priestern in wenigen raren Momenten im französischen Kloster geschwungen hatte. Allerdings wiesen diese hier eine viel kleinere Schlagfläche aus Rohledergeflecht auf. Auch schlugen die Indianer den Ball damit nicht wirklich, sondern fingen und balancierten ihn eher mit dem Schläger, bevor sie damit losrannten oder ihn in die ungefähre Richtung eines anderen Spielers schleuderten. Der Ball selbst hätte mit Sicherheit einen Tennisschläger durchbohrt, da er aus Holz geschnitzt war und gewöhnlich mit großer Kraft geschleudert wurde.

Das Spiel begann etwa wie Tennis, überlegte der Jesuit, indem der Ball hochgeworfen wurde. Dort hörten die Gemeinsamkeiten auf, denn Tennis war ein Spiel zwischen zwei Spielern, wie tatsächlich alle anderen auch, die er jemals in Europa zu Gesicht bekommen hatte. Man stelle sich vor — vierzig oder mehr halbnackte Körper rennen unermüdlich von einem Ende des langen Spielfeldes zum anderen auf der Jagd nach einem einzigen Ball! Das erschien ihm ebenso sinnlos wie der Grund, aus welchem *Tonnenaranont* das Spiel veranlaßt hatte. Der Priester war auf keinen Fall bereit, den Ausgang des Spiels abzuwarten, wenn die Huronen, die gewettet hatten, mit diebischer Freude ihre Beuteanteile einstecken würden. Das war eine sündige Betätigung!

Auf dem Weg zu seiner Hütte fiel Le Mercier plötzlich das kranke Kind am Nordende des Dorfes ein. Er machte einen Umweg. Später würde ihm genügend Zeit bleiben, noch bevor die schwatzende Menge der Dorfbewohner bei ihrer Rückkehr vom Spiel seine Konzentration stören würde, seine Niederschriften über den heutigen Tag abzuschließen. Wenn er seine geheime Mission in der Hütte des sterbenden Knaben hinter sich gebracht hätte, würde er alleine an seinen Tagebucheintragungen arbeiten, solange das Tageslicht seinen Schreibtisch in Helligkeit tauchte. Er hatte ebenso wie die anderen Jesuiten wichtige Neuigkeiten für Frankreich — wie er diese Woche elf kranke Babies versorgt und wie Pater Pijart die sterbende Frau des Kriegshäuptlings auf ihrem Totenbett bekehrt hatte. Er fand die Rindenhütte ohne Schwierigkeiten. Das restliche Dorf war bei dem Spiel. Jedoch von weitem konnte er die junge Mutter erkennen, die allein vor ihrer Behausung Maiskörner in einem Mörser zerstieß. Als er herantrat, schien sie sich zu freuen, gleichzeit machte sie einen sehr ängstlichen Eindruck. Der Priester folgte ihr ins Innere. Das Befinden des Kindes hatte sich weiter verschlechtert. Der Vater saß unbewegt auf einer Matte neben seinem Sohn und benetzte mit langsamen Bewegungen dessen Stirn mit einem Stück Moos, das er in einen Rindeneimer voll Wasser tauchte. Das Kleinkind würde mit Sicherheit bald der Epidemie erliegen, und Le Mercier blieb nur wenig Zeit, die Taufe verstohlen durchzuführen. Er mußte es heimlich tun, denn die Eltern hatten oft

Einspruch dagegen erhoben, ihr Kind dem fremden Glauben zu überlassen. Sie fürchteten, daß er im Himmel, nur von Franzosen willkommen geheißen, ein Fremdling bleiben würde. Der Priester führte seine Mission unbeobachtet durch. Er gab vor, dem Kleinkind ein wenig Zuckerwasser zu offerieren, um sein Leiden zu erleichtern. Dabei goß er schnell ein wenig von der Flüssigkeit auf die Stirn des Babies, während er dabei leise das *In nomine Patris, et Filii et Spiritus Sancti* murmelte.

Le Mercier erschauderte trotz der Wärme seiner Felldecke. Nach Beendigung seiner Mission erhob sich der Priester und wandte sich zum Gehen. Dabei blieben sein Augen an etwas Glitzerndem in der Ecke nahe dem Eingang hängen. Die Sonne schien in schrägem Winkel durch das Abzugsloch direkt auf ein silbriges Objekt, das etwas erhöht an einem der jungen Bäume, die den Rahmen der Hütte bildeten, befestigt war. Er ging etwas näher heran, um es besser sehen zu können. Auf den ersten Blick erkannte er sein Silberkruzifix und lächelte milde. Darunter lagen mehrere Gegenstände, aber wegen des Rauches vom Feuerholz konnte er sie nicht direkt erkennen. Sie hatten einen kleinen Altar gebaut, dachte er — zuerst voller Hochgefühl. Eine kleinere Version dessen, den sie aus der Dorfkapelle kannten. Aber etwas war falsch daran, schien ihm, irgendwie unpassend. Er ging noch näher heran. Dabei kniff er seine Augen zusammen um festzustellen, was sie da aufgestellt hatten. Auf einem Rindentablett unterhalb des Kruzifixes entdeckte er eine kleine Anhäufung runder Objekte. Zuerst hielt er sie für Tannenzapfen, aber als er erkannte, daß es sich um einen Haufen neu hergestellter Lacrosebälle handelte, verfärbte sich sein Gesicht und wurde rot vor Zorn. Jesus als Hüter der Bälle Satans? Der Heiland als Segensbringer für diese sündigen Objekte? Das Ausmaß dieses Verbrechens erschütterte Le Mercier. Wie er dann erneut auf das Kruzifix schaute, überkam ihn ein Schock. Die Wilden hatten horizontal hinter den niedergesunkenen Kopf Christi einen Mini-Lacrosseschläger eingefügt, der auf seinen erhobenen Armen auflag und dem verwundeten, durchbohrten und gebrochenen Sohn Gottes das Aussehen eines müden, niedergeschlagenen Ballspielers gab. Welche Blasphemie!

„Christus wird zum zweiten Mal gekreuzigt!" rief der Missionar, indem er das Rindentablett umstieß, seinen Inhalt verstreute, das Kruzifix vom Baumstamm an sich riß, den kleinen Lacrosseschläger entzweibrach und ins Feuer warf und aus der rauchigen Hütte in den strahlenden Sonnenschein und in das von ferne erklingende Hurrageschrei stürzte.

2

Wie die Fledermaus ihre Flügel bekam

Die Geschichte von Le Merciers Enttäuschung bei der Missionierung der Huronenseelen in Neufrankreich stellt nur eine Episode dar in der langen Geschichte des Bemühens der Missionare, „heidnische" Praktiken auszumerzen. Daß sie sich auch mit dem Bereich des Sports befaßten, ist nicht weiter erstaunlich, denn in vielen Kulturen der Welt sind Spiele im Gegensatz zu der christlichen Lehre tief verwurzelt in religiösen Überzeugungen. In seiner Empörung gegen die „Entweihung" des Silberkruzifixes durch die Huronenfamilie übersah Le Mercier völlig, daß die Indianer Christus in der Tat Ehre erwiesen: Indem sie sein Abbild als Ikone benutzten, wollten sie nur bewirken, daß die Macht dieses Gottes auf magische Weise in ihre Lacrosseausrüstung überging und ihnen Erfolg im Spiel brachte.

Die Ursprünge vieler Sportarten wie Lacrosse liegen in den alten Mythen. Die Teilnahme an diesen Spielen erfolgte nach allgemeiner Überzeugung in Übereinstimmung mit den göttlichen Wünschen. Dementsprechend wurden die Spiele als Bestandteil von religiösen Feiertagen und Überlieferungen organisiert oder man legte sie auf bestimmte Jahreszeitenwechsel und Sternpositionen. Häufig bezweckte man damit, irgendeinen Gott oder Geist zu ehren oder etwas von ihm zu erbitten – siehe den Lacrosse-„Altar" für Jesus in *Ihonatiria*. Zum Beispiel fand in Nordamerika in Zuñipueblos zur Wintersonnenwende ein kriegerischer Wettkampf mit Wurfpfeilen statt, um das Wetter zu beeinflussen. Die Wettkämpfer streuten heiliges Maismehl rund um einen großen Ball, auf den sie dann Pfeile warfen, die am Schaft Federn trugen. Die erste Person, die den Ball traf, nahm ihn auf und sprach Gebete für die Götter, die ihnen Regen schicken sollten.

Alte Glaubenssysteme dieser Art schrieben jeden ernsten Verlust oder Unfall während eines Spiels dem Umstand zu, daß man einen Gott oder eine Göttin nicht in angemessener Weise verehrt oder die Gottheit verärgert hatte. Die Verse Homers berichten uns davon, daß Apoll die direkte Verantwortung für den Erfolg der Athleten trug. Verfehlte ein Bogenschütze sein Ziel, so hatte er wahrscheinlich vergessen, Apoll ein Opfer darzubringen. Ein Wagenlenker verlor seine Peitsche nicht ohne

Grund: Apoll, aus irgendeinem Grund verärgert, schlug sie ihm aus der Hand.[1]

Die Jesuiten hatten anscheinend keine besonderen Anstalten getroffen, das Lacrossespiel der Huronen zu verdammen oder einzuschränken. Jedoch betrachteten sie das Spiel, das irgendwie mit fremdartigen religiösen Glaubensinhalten in Zusammenhang stand, mit Mißtrauen. Von ihrer Haltung läßt sich sagen, daß sie das Spiel selbst für relativ unbedenklich hielten. Allerdings wurde es ihrer Meinung nach von den religiösen Führern des Volkes, zu dem sie mit ihrem Missionsauftrag geschickt worden waren, zu unmoralischen Zwecken mißbraucht. Weit davon entfernt, dem bloßen Vergnügen zu dienen, war das Spiel tatsächlich tief in uralten indianischen Legenden verwurzelt. Die Jesuiten scheinen gewußt zu haben, daß ein Lacrossewettkampf eine sehr zeremonielle, religiöse Angelegenheit gewesen ist – die Spieler mußten sich vor Beginn und nach Beendigung eines Spiels rituellen Reinigungen unterziehen. Das Spielergebnis war durch Geister vorherbestimmt, wie alle glaubten, und Erfolg oder Mißerfolg beruhten weniger auf der Gewandtheit der Athleten als auf der jeweiligen Macht von religiösen Führern, die Spieler und Wettkämpfe gleichermaßen beherrschten. Diese Führer waren es, die die Spiele anberaumten, die einleitenden Vorbereitungen verfügten, die Sportausrüstung weihten sowie den Spielern Kleidung und Strategie vorschrieben.

Ob sie nun Zauberer, Schwindler, Hexenmeister oder Medizinmänner von den Europäern genannt wurden, diese Personen übten in etwa die gleiche Funktion aus wie die heutigen Trainer, nur daß sie über ein Arsenal von magischen Kräften verfügten, womit sie das Spielergebnis beeinflußten. Für manche nordamerikanischen Stämme stellte ein Spiel in der Tat eher ein Duell zwischen Schamanen als einen Wettkampf zwischen zwei Mannschaften dar. Die Anthropologen James Mooney und Frans Olbrechts beschrieben ein Spiel der Eastern Cherokee folgendermaßen: „Die ganze Angelegenheit trägt den Aspekt eines Kampfes zwischen den okkulten Mächten der beiden Medizinmänner, die ihre Beschwörungen für ihre Mannschaften einsetzen. ... Bevor man die Spieler selbst lobt oder kritisiert, macht man für Sieg oder Niederlage eher den Medizinmann verantwortlich."[2]

Die Wurzeln des Lacrossespiels reichen tief in die Mythologie und die mündlichen Überlieferungen der Stämme zurück, in denen das Spiel ausgetragen wurde. Eine der am besten dokumentierten Legenden berichtet von einem mythischen Spiel zwischen Vögeln und Landtieren (s. Anhang A, Nr. 1). Man hat verschiedene Versionen der Geschichte bei fast allen größeren südöstlichen Stämmen von Nordamerika gesammelt – Beweis für die weite Verbreitung. Geschichten werden mit der Zeit wie materielle Güter, Bräuche und Praktiken von Nachbarstämmen übernommen, die gewöhnlich Einzelheiten einer

Erzählung verändern, doch den Kern des Erzählstranges beibehalten. Wie sich die Mohawk-Geschichte über den Ursprung von Lacrosse auch einmal angehört haben mag, derzeit scheinen sie der Cherokee-Legende von dem mythischen Tierwettkampf den Vorzug zu geben.

In indianischen Berichten über das Spiel zwischen Vögeln und Vierfüßlern taucht als Hauptfrage auf, zu welcher Partei man die Fledermaus rechnen muß — das heißt, in welcher Mannschaft sie spielen soll (s. Anhang A). Eine Version der Creek nimmt sich dieses Problems an. Bei der Diskussion um die Aufstellung jeder Seite einigten sich die Vögel darauf, alle Kreaturen mit Zähnen auf eine Seite zu stellen und die mit Federn auf die andere. Nach altem Brauch wurde der Tag des Wettkampfes festgesetzt, die Vorbereitungen getroffen und das Feld hergerichtet. Die Medizinmänner besprachen die Lacrosseballe (behandelten sie mit Magie). Als sich dann die Fledermaus den mit Zähnen ausgestatteten Tieren zugesellte, wiesen diese sie zurück mit der Behauptung, da sie fliegen könne, gehöre sie zu den Vögeln. Aber die Vögel ihrerseits wiesen sie ab wegen ihrer Zähne. Mit der Begründung, sie sei zu klein für ihre Mannschaft, schickten sie die Fledermaus zu den Vierfüßlern zurück, die sie notgedrungen bei sich duldeten. Mit fortschreitendem Spiel lagen die Vögel vorne, weil sie den Ball in der Luft fangen konnten. Anfangs war der schwerfällige Kranich der beste Spieler, aber letztlich spielte die Fledermaus ihre Schnelligkeit beim Starten aus und gewann das Spiel für die Landtiere. „Sie kamen überein, daß sie trotz ihres kleinen Wuchses stets ihren Platz bei den Tieren mit Zähnen finden solle."[4]

Eine Cherokee-Version der Geschichte enthält einen Epilog, der in anderen Cherokee-Überlieferungen nicht auftaucht. Aus der Geschichte geht nicht klar hervor, welche der beiden Mannschaften als Herausforderer auftritt, aber im Vergleich zu den Vögeln, die nur wenig sagen, erscheinen die Tiere anmaßend und darauf versessen, sich zu beweisen. Die Vorbereitungen werden getroffen, und die Mannschaften nehmen das Training auf. Beim traditionellen Ballspiel-Tanz, der jedem Cherokeespiel vorausgeht, machen zwei Nagetiere den Versuch, der Tiermannschaft beizutreten, werden aber abgewiesen. Danach wenden sie sich an die Vögel, die sie aufnehmen, aber zuvor mit Flügeln ausstatten und sie so in Fledermäuse verwandeln. Nach Abschluß der Wetten beginnt das Spiel. Aufgrund ihres Talentes, den Ball zu fangen und ihren Gegnern zu entwischen, machen die Fledermäuse sofort zehn Punkte und entscheiden dadurch das Spiel für sich. Die Tiere verlassen frustriert das Spielfeld. Die Vogelmannschaft, die den Fledermäusen auf Dauer die Flügel zum Geschenk gemacht hat, spielt sich nun auf und versucht die Vierfüßler zu demütigen. Der Bär als Mannschaftskapitän der Tiere findet sich jedoch mit der Niederlage ab und verspricht den Vögeln, an ihrer Siegesfeier teilzunehmen. Im Epilog zu dieser Geschichte, die in der Creek-Version und anderen Cherokee-Versionen fehlt, taucht nun der Hase auf, die berüchtigte Tricksterfigur in Cherokee-Legenden. Der Hase gesellt sich zu der Tiermannschaft und fädelt einen Rachefeldzug gegen die Vögel ein, indem er Frauen zum Siegestanz mitbringt und damit alles durcheinander bringt. Das Fest verwandelt sich in eine Art Orgie. Die Tiere freuen sich darüber, weil sie nun gerächt sind.[5]

Diese breit erzählte Geschichte steckt im Detail voller Allegorien. In amerikanischen Indianerlegenden verhalten sich Tiere wie Menschen und umgekehrt und verkehren ganz selbstverständlich miteinander. Die Beschreibung der Festlegung eines Spiels, die Vorbereitungen und der Tanz, sogar die Spieltechniken – den Ball in der Luft zu halten als sicherste Voraussetzung für den Sieg – beschreiben alle das Vorgehen von menschlichen Ballspielern. Aber der Einsatz von Vögeln und Tieren als Hauptdarsteller ordnet die Geschichte in die mythologische Vergangenheit von „Es war einmal..." ein. Sicherlich bestand eine Intention der Geschichte darin, die Anomalie von fliegenden Säugetieren zu erklären, und in diesem Sinne ist die Erzählung einzuordnen in die große Kategorie von Kausallegenden, die häufig erzählt werden, um Kindern die Launen der Natur zu erklären („Wie der Leoparde zu seinen Flecken kam" und so weiter).

Lacrossegeschichten wurden nicht nur bei den südöstlichen Stämmen benutzt, um gewisse Merkwürdigkeiten in der Tierwelt zu erklären. In dem Zyklus von Ojibwageschichten über *Weneboshoo*, den Trickster aus dem Gebiet der Großen Seen und Kulturheros, der sehr stark dem Hasen der Cherokee ähnelt, taucht eine Geschichte auf mit dem Titel „Wie der Truthahngeier zu seinem schorfigen roten Kopf kam". Als direkte Erklärung dafür dient das rauhe Spiel im Lacrossewettkampf (s. Anhang A, Nr. 4). *Weneboszhoo* in Gestalt eines Karibu stellte sich tot und wurde langsam von Tieren und Vögeln verzehrt. Als nur noch sein Hinterteil übrig war, machte sich der Truthahngeier mit Behagen darin zu schaffen. Aber *Weneboshoo* spannte seine Schließmuskeln an und hielt damit den Kopf des Vogels in seinem Anus gefangen. Später, während eines Lacrossespiels, stolperte er. Dabei schlüpfte der Truthahngeier heraus und entkam, aber nicht ohne Schaden zu nehmen an Kopf und Nacken. Dies ist der Grund dafür, warum dieser Vogel so schrecklich aussieht und so schlecht riecht.[6]

Mehrere algonkinsprechende Stämme besaßen Geschichten, die Ursprung und Zweck des Lacrosse näher erklärten. Sie waren den Menschen auf übernatürliche Weise durch Träume oder auf direktem Wege als Geschenke des großen Geistes anvertraut worden. Eine Ojibwa-Überlieferung besagt, daß einem Jungen, der in seinem Kanu eingeschlafen war und in die tiefen Gewässer der Chequamegon Bay (nahe der Bad River Reservation) abtrieb, in einem Traum die Spielregeln des Spiels offenbart wurden. In diesem Traum sah der Junge ein weites, offenes Tal und eine Gruppe Indianer, die sich ihm näherten.

Ein jüngeres Mitglied der Gruppe lud ihn ein, an ihrem Fest teilzunehmen. Er betrat einen Wigwam, „wo ein Medizinmann ‚Medizin' für ein großes Spiel zubereitete". Die Lacrosseschläger wurden über die rauchende Medizin gehalten, um sie zu „verarzten" und ein erfolgreiches Spiel sicherzustellen. Nachdem die Spieler zwei Mannschaften gebildet und die Torpfosten aufgerichtet hatten, gab der Medizinmann das Zeichen zum Einwurf. Der Ball wurde unter lautem Rufen und Trommelschlagen in die Luft geworfen. In seinem Traum schoß der Junge ein Tor. Als er aufwachte, erzählte er den Alten seine Vision mit allen Einzelheiten. Diese interpretierten alles als Geschenk der Donnervögel. Das war der Anfang des Lacrossespiels.[7]

Die Menominee, enge Nachbarn der Ojibwa, schreiben *Manabush*, ihrem mythischen Kulturhelden (entspricht dem *Wenebozhoo*), die Erfindung von Lacrosse zu. Er wollte sich dadurch für den Tod seines Bruders Wolf bei den bösen Geistern aus der Tiefe rächen. In der Geschichte lud *Manabush* die Donnervögel ein, gegen die bösen Geister zu spielen, wonach das Spiel ihnen gehören sollte. Der Goldadler folgte ihrer Einladung und brachte den Ball für das Spiel mit. „Er kam in Begleitung aller anderen Donnerer, seiner Brüder und jüngeren Brüder. Dann tauchten sie [die bösen Geister] aus dem Untergrund auf. Zuerst erschienen die großen Häuptlinge in Gestalt von Bären — der eine ein mächtiger silbrig-weißer Bär, der andere trug ein graues Fell. Ihnen folgten ihre Brüder und jüngeren Brüder."[8]

Die Überlieferungen der Algonkin, die sich mit dem Jenseits beschäftigen, betonen ebenfalls die heilige Natur des Spiels. Die Nordlichter (aurora borealis) zum Beispiel werden gewöhnlich als Erscheinung der Geister aus dem Dorf der verstorbenen Seelen erklärt. Während die Ojibwa darin die Geister der Toten beim Hin- und Hertanzen erkennen, behaupten die Abenaki, daß dieses himmlische Phänomen ihre Vorfahren beim Lacrossespiel zeigt. Der weitaus größte Teil der Algonkintradition spricht von einer viertägigen Reise der Verstorbenen zum Dorf der Toten. Die Potawatomi glauben, daß die Seele dorthin geführt wird von *Chibia'bos*, dem jüngeren Bruder ihres Trickster-Kulturhelden *Wi'ske*. Erreichen sie ihren Bestimmungsort, so unterrichtet *Chibia'bos* die Verstorbenen, daß sie dort für immer bleiben können, daß es im Dorf der Toten weder Krankheit noch Mühsal gibt, daß alle dort glücklich sind und die Verstorbenen „ohne Ende Lacrosse spielen [können]."[9]

Zusätzlich zu den Legenden, die sich mit Tieren oder historischen Inhalten befassen, taucht Lacrosse auch in Geschichten auf, die sich eher mit magischen Ereignissen und moralischen Lehren abgeben. So behaupteten zum Beispiel die Eastern Cherokee um 1823, daß Lacrossespiele vor langer, langer Zeit nur bei Vollmond stattgefunden hätten, da der Mond der Schutzgeist der Spiele gewesen sei:

Zur Zeit von *Te-shy-ah-Natchee* fand ein Ballspiel zwischen zwei Häuptlingen statt, dem das ganze rote Volk beiwohnte, Männer, Frauen und Kinder. Der Kampf zwischen den Mannschaften wurde über lange Strecken mit viel Einsatz ausgetragen. Wegen der überragenden Fähigkeiten eines einzelnen jungen Mannes lag schließlich eine Mannschaft vorne. Sein Gegenspieler auf der anderen Seite erkannte, daß er durch faires Spiel keinen Erfolg haben würde. Deshalb versuchte er es mit Betrug. Als er den Ball hochwarf, blieb er im Himmel stecken und nahm die Form des Mondes an, um die Indianer daran zu erinnern, daß Betrug und unehrenhaftes Verhalten Verbrechen sind. Immer wenn der Mond klein und bleich wird, liegt das an dem Ball, der im Spiel unfair benutzt wurde.[10]

Die Ursprünge des Lacrosse sind manchmal in historische Legenden verwoben. Ein ehemaliger Häuptling des Creek-Volkes namens *Ispahihtca* erzählte die Geschichte einer Wanderung, die die Entstehung seines Stammes und den Anfang des Lacrosse erklärt. Aufgeteilt in drei Gruppen — die Chickasaw, die Kasihta und die Coweta — begannen sie ihre Wanderung in östliche Richtung. Unterwegs mußten die Coweta einem Bruyéregehölz ausweichen, dadurch wurden sie von der Gruppe getrennt. Als sie alle wieder beisammen waren, kam es zu Auseinandersetzungen mit den Kasihta. Diese schnitten Gerten ab und verdroschen die Cowetakrieger tüchtig. Als die Gruppen endlich den Ozean erreichten, stellten sie ihre Streitigkeiten vorübergehend ein. Sie vereinten ihre Kräfte, um die Einheimischen zu unterwerfen. „Im Lauf der Zeit gab es niemanden mehr, der ihnen widerstehen mochte, und sie suchten nach neuen Feinden. Daraufhin forderten die Coweta die Kasihta zu einem Ballspiel heraus, um sich bei den Kasihta für das Durchprügeln mit den Gerten zu revanchieren. So entstand damals der Brauch, Ballwettkämpfe durchzuführen und ist bis auf den heutigen Tag lebendig geblieben." In einer weiteren, viel längeren Version der Legende ist die Strafe, die die Kasihta den Coweta ursprünglich auferlegten, sehr viel härter: Sie zwingen sie zum Tanz, stoßen sie ins Feuer, schlagen sie mit Stöcken auf die Waden, schneiden ihnen die Ohren ab und hängen ihnen Ketten aus Hundeexkrementen um den Hals. Später vertragen sie sich wieder, und im Mittsommer zur Erntezeit feiern sie zusammen ein großes Fest. Sie tanzen ein paar Tage lang und nehmen an vorbereitenden Ritualen für ein Lacrossespiel teil. Die Geschichte geht weiter mit der Schilderung eines Lacrossespiels, wie es für den Südosten typisch war.[11]

Historische Legenden anderer Stämmen stellen heraus, daß Lacrosse das Geschenk eines Geistes an die Indianer gewesen sei. Aber typischerweise sehen sie sich selbst immer als die ersten Beschenkten an, wie im Falle der Fox, die in grauer Vorzeit angeblich östlich der großen Seen gelebt haben sollen: „Dort geschah es, daß *Manitou* [der Geist] unter ihnen erschien und ihnen das Wissen und die Fähigkeit für das

Lacrossespiel übermittelte. Er kam mit dem Lacrosseschläger in der einen und einem Wildlederball in der anderen Hand. Der Ball war rot gefärbt. Er übergab ihnen Schläger und Ball und lehrte sie zu spielen. Er sagte, daß das Spiel ihnen gehörte, auch wenn andere Völker das Spiel von ihnen lernen würden."[12]

Zweifellos besaßen die Huronen des 17. Jahrhunderts ebenfalls Geschichten, in denen Lacrosse eine herausragende Rolle spielte. Ob die Jesuiten wie Le Mercier damit vertraut waren, ist nicht bekannt. Die Priester scheinen sich nicht die Mühe gemacht zu haben, sie zu sammeln und zu veröffentlichen. Die Sprachbarriere war sehr hoch, und manche indianischen Legenden waren so alt, daß sie in altertümlicher Mundart erzählt wurden. Falls die Geschichten heilig gehaltene Dinge berührten, wurden sie wahrscheinlich in Gegenwart von Missionaren gar nicht erwähnt. Was die christlichen Proselytenmacher aber „erkannten" und berichteten, war die Tatsache, daß die indianischen Medizinmänner für die Heilung von Krankheiten Lacrossespiele einsetzten.

Als *Tonnerananont* im Jahre 1637 ein Lacrossespiel zur Heilung des kranken *Aenons* ansetzte, war er sicherlich nicht der einzige, der derartige Anweisungen in Nordamerika gab. Seit der Zeit der Jesuiten in Neufrankreich haben Berichte über Heilungspraktiken der eingeborenen Amerikaner immer wieder gezeigt, wie eng religiöse und heilbringende Funktionen bei bestimmten Spielen zusammenlagen. Viele Stämme, wie zum Beispiel die Potawatomi in Wisconsin, machten strenge Unterschiede zwischen profanen und heiligen Spielen. Während das Mokassinspiel der Potawatomi als nicht religiös betrachtet wurde, galten in der Kultur der Huronen sowohl Lacrosse als auch das Schüssel-Würfel-Spiel als heilige beziehungsweise heilende Unterhaltungsformen. Die Potawatomi, die glaubten, Lacrosse von einem Gott erhalten zu haben, spielten das Spiel immer dann, wenn jemand seinen Schutzgeist ehren wollte. Ein Spiel zu veranstalten hieß, Spielführer für die Mannschaften auszusuchen sowie Vorbereitungen für ein Festmahl zu treffen. Die Spieler wurden nach altem Brauch durch ein Tabakgeschenk eingeladen, und wenn der Tag gekommen war und alle zugestimmt hatten, wurden Nahrungsmittel und Tabak als Opfergaben für den Geist auf dem Boden ausgebreitet. So wie die Huronen Lacrosse benutzten um Krankheiten zu *heilen*, bedienten sich die Potawatomi des Sports um sie zu *verhindern*: „Allgemein glaubte man, daß eine Person, die nicht ein- oder zweimal jährlich ein Spiel ausrichtete, bei ihrem Schutzgeist in Ungnade fiel und sogar krank werden konnte."[3]

Wie die Huronen fühlten sich auch die Menominee verpflichtet, „zu bestimmten Zeiten und auf vorgeschriebene Weise entsprechend den Anweisungen im Traum" diese Spiele zu veranstalten, wenn sie davon geträumt hatten. Wenn ein männlicher Menominee beispiels-

Abb. 10
Zuschauer vor einem Gaben-Pfosten der Menominee bei einem
Lacrossespiel in Keshena im Menominee-Reservat (ca. 1916).

weise von den Donnervögeln geträumt hatte, mußte er ein Lacrossespiel ausrichten, wollte er die versprochene Hilfe der Donnervögel in
Anspruch nehmen. Darüber hinaus machte es ein Traum erforderlich,
alle Einzelheiten vor dem Wettkampf bekanntzugeben. Wer das Spiel
ausrichtete, sorgte für ein Festmahl, bei dem es stets auch eine große
Menge von wildem Reis gab – das Hauptnahrungsmittel, das den
Menominee ihren Namen gab – und gewöhnlich irgendein großes Tier.
Oft gab es Schnappschildkröte, denn man glaubte, die Donnerer
schätzten diese Delikatesse besonders und würden jedem Festmahl
beiwohnen, bei dem es Schildkröte gab. Auf dem Spielfeld wurde ein
„Geschenkpfahl" errichtet, bestehend aus einer waagerechten Stange
über zwei aufgerichteten Pfosten (Abb. 10). Baumwollwaren wurden
über die Stange drapiert als Preise für die Gewinner. Gewann ein
unverheirateter Mann ein Baumwolltuch, konnte er es an eine weibliche Verwandte weitergeben, die gewöhnlich einen schrillen Triller oder
Freudenschrei ausstieß, den die Donnervögel hören konnten, wie man
glaubte, und der sie erfreuen sollte.[14]

Vor den Geschenkpfahl legte der Menominee-Sponsor für die
Dauer des Spiels sein Lacrosse-Medizinbündel geöffnet auf eine Matte,
so daß man den Inhalt sehen konnte. In den 1920er Jahren erzählte der
Menominee David Amab, daß sein Großvater immer, wenn er ein Spiel
organisierte, eine hohe Pelzmütze trug, an der hinten eine Adlerfeder
befestigt war. Das Material des großväterlichen Medizinbeutels bestand
aus weichem, weißen Wildleder, das in der Mitte rot gefärbt war. Es
enthielt einen halb roten, halb blauen (für den Himmel) Lacrosseball,
ein kleines Kreuz, das auf der einen Seite weiß, auf der anderen schwarz
gefärbt war, sowie einen kleinen Tabakbehälter. Die exakte Bedeutung
der Gegenstände in einem Kriegsmedizinbeutel hielt man gewöhnlich
geheim. Nur dem Besitzer des Bündels war sie bekannt. Falls der Anlaß
ein zeremonielles Spiel war, brachte man die kranken Menschen herbei,
damit sie geheilt würden. Waren alle eingetroffen, so wurde ein
besonderes Lied angestimmt. (Die Menominee spielen das Spiel noch
heute im Frühjahr vor dem ersten Donner, um Krankheiten zu
heilen.)[15]

Ähnlich wie die ursprünglichen Olympischen Spiele wurden manche Lacrossespiele in Verbindung mit religiösen Anlässen ausgetragen.
Lewis Henry Morgan beschreibt die „Nationalspiele" der Irokesenliga,
von denen Lacrosse eines der wichtigsten war, wie folgt: „[Sie] wurden
nicht nur anläßlich ihrer religiösen Feste gespielt, wobei sie häufig den
sehenswerteren Teil der Unterhaltung darstellten. Man wählte auch oft
besondere Tage für die festliche Spielaustragung aus." In ähnlicher
Weise spielten die Winnebago ihren Lieblingssport Lacrosse meistens
bei zeremoniellen Anlässen, und die mexikanischen Kickapoo trugen
Lacrosse viermal jährlich als religiöses Fest aus, wobei sie zu Neujahr mit
der Erneuerungszeremonie begannen.[16]

Eine besondere eintägige, mittwinterliche Zeremonie wird von den Cayuga zu Ehren der Donnergeister ausgetragen, die in den Langhaus-Gebeten eine Rolle spielen. Sie appellieren damit an die „Großväter", den Menschen weiterhin zu helfen. Den größten Teil der Tagesaktivität nimmt ein „altmodisches" Lacrossespiel ein, das zwischen jungen und alten Männern ausgetragen wird. Die rituelle Zahl sieben zieht sich bedeutungsvoll durch das ganze Spiel: Die Torpfosten liegen sieben Schritte auseinander, und der Gewinner braucht sieben Punkte. Dabei spielt es keine Rolle, welche Partei gewinnt. Nach Spielende stimmen die Spieler das Lied zum Donner- oder Kriegstanz an und tanzen dazu. Dann verschwinden sie im Zeremonienlanghaus.[17]

Lacrosse wurde ebenfalls gespielt als Teil von Begräbnis- und Gedenkzeremonien. Der Linguist Truman Michelson, der außergewöhnlich viel über die Kultur der Fox geschrieben hat, trug eine Menge zum Verständnis der Fox-Praktiken bei und darüber, „was sie tun und wie sie beten bei einem Todesfall". Sie richten ein Abschiedsfest aus um sicherzustellen, daß der Entschlafene nicht zurückkehrt. Wird dieses Fest nicht innerhalb von vier Jahren nach dem Todesfall gefeiert, verwandelt sich der Geist der Person ihrer Meinung nach in eine Eule und muß auf der Erde weiterleben: „Und wenn ein Abschiedsfest für diese Männer gefeiert wird, ... wird gewöhnlich ein Ballspiel organisiert. ... Sie benutzten Lacrosseschläger. Es ist so, als würde man ein letztes Mal mit [den Verstorbenen] spielen, heißt es. Auf diese Weise spielen sie Ball."[18]

Den frühesten Berichten kann man entnehmen, daß Lacrossespiele zum Gedenken an berühmte Spieler angesetzt wurden. Das geschah auch noch weit im 20. Jahrhundert. Der Menominee Mitchell Wakau organisierte jedes Jahr solch ein Spiel zur Erinnerung an seinen Vater *Ke'sigabeta* (Der im Himmel lebt). Als Wakau selbst starb, erwartete man von seinem Sohn die Weiterführung der Spiele: „In seiner Jugend war *Ke'sigabeta* einer der schnellsten Läufer im Reservat. Wenn er Lacrosse spielte, setzten seine Gegner vier Mann als Bewacher auf ihn an, denn wenn er einmal in Ballbesitz war, konnte man das gleichsetzen mit einem Tor." Als seine Todesstunde nahte, erklärte Wakau's Vater seinen Verwandten, daß er um Mitternacht sterben werde. Sie würden dann eine Wolke am Horizont aufsteigen sehen. Sobald sie den höchsten Punkt am Himmel erreicht habe, sei der Moment des Hinübergehens für ihn gekommen, wobei *Ke'sigabeta* glaubte, er würde im Reich der Donnerwesen weiterleben.[19]

Die heilige Natur des Lacrosse erklärt die vielgestaltige Rolle der Medizinmänner in fast allen Bereichen. Obwohl sie selbst nicht am Spiel teilnahmen, hielt man ihre Dienste für unverzichtbar für ein erfolgreiches Abschneiden. Darüber hinaus erwarteten sie eine Vergütung für ihre Dienste. Da einige Medizinmänner für mächtiger gehalten wurden als andere, wählten Lacrossespieler die allerbesten für sich aus. Der Anthropologe J.B.N. Hewitt beschreibt die Ungewißheit der Irokesen über das Resultat: „Einzelne Spieler engagierten Schamanen, um deren übernatürliche Kräfte auf sich und ihre Mannschaft zu lenken. Nahm sich ein sehr bekannter Zauberer der Sache einer Partei an, war den Spielern der anderen Mannschaft gewissermaßen der Elan genommen."

Die Cherokee engagierten gewöhnlich mehr als einen Zauberkundigen für eine Mannschaft. Sie wählten die Medizinmänner mit aller Sorgfalt aus, um durch besondere magische Besprechungen und Zauberkunststücke den Sieg sicherzustellen, die Gegner zu schwächen oder um ihr eigenes Team unschlagbar zu machen. Die Wurzeln einer Knöterichart waren dafür ein beliebtes Mittel. Da sie gegabelt sind, sahen sie menschlichen Figuren sehr ähnlich. Die Zauberer benutzten diese „Puppen", um die Gegner zu verhexen. Sie gaben ihnen die Namen von gegnerischen Mannschaftsspielern und schoben sie unter das heilige Ballspielfeuer. Angeblich sollte dieses Ritual bei den genannten Spielern Schwäche, Fieber und Kurzatmigkeit hervorzurufen, so daß sie vorzeitig das Spielfeld verlassen mußten. So wie sie einerseits gegnerische Spieler schwächten, vermochten die indianischen Ballspiel-Medizinmänner andererseits die Spielstärke ihrer eigenen Mannschaft zu fördern. Choctaw-Doktoren, die sich an den Seitenlinien aufhielten, benutzten während des Spiels Spiegel, um Sonnenstrahlen auf ihre Spieler zu reflektieren und sie damit zu stärken.[20]

Es gab eine Zeit, da Cherokee-Zauberer auch politische Macht ausübten. Sie begleiteten die Krieger, und diese verließen sich auf sie, wenn die Stärke des Feindes eingeschätzt und eine Strategie entwickelt werden mußte. Obwohl sich ihre politische Macht mit dem Rückgang der Kriegszüge gegen Ende des 18. Jahrhunderts verringerte, blieben sie weiterhin hoch angesehen. Ihre Heilkräfte wurden von Traditionalisten noch weit bis in das 20. Jahrhundert hinein in Anspruch genommen. Eine Cherokee-Spielmannschaft wählte ihren Zauberer meistens aus der nahen Umgebung der Heimatstadt. Er konnte natürlich auch in anderen Städten arbeiten, spielte dort aber gewöhnlich eine weniger angesehene Rolle. Meistens arbeitete er mit deren Hauptmedizinmann zusammen oder unterstützte einen bestimmten Spieler in der Stadt — gewöhnlich einen Verwandten — durch individuelle Zeremonien. Ein Medizinmann würde sich niemals dazu hergeben, gegen seinen Geburts- oder Wohnort zu wirken.

Wurde ein Zauberer für ein Lacrossespiel verpflichtet, mußte die Mannschaft seine Dienstleistungen formal festhalten, indem sie eine vertragsmäßige Vereinbarung abschloß. Demzufolge bekam er einen Geldbetrag und außerdem die verschiedenen Materialien, die er für die zahlreichen Rituale und Zeremonien brauchte, die bei der Vorbereitung für ein Spiel unerläßlich waren. Sein Entgelt umfaßte normalerweise auch ein Stück Stoff, etwa ein großes Halstuch, bunte Perlen für die Weissagungen sowie eine kleine Menge „alten Tabak." Zusätzlich mochte er persönliche Dinge wie Kleidungsstücke oder Schuhe bekommen. Die Cherokee nannten diese Transaktion, durch die der Zauberer verpflichtet wurde, für seine Mannschaft zu arbeiten, einen „Einstieg".[21]

Sobald die Mannschaften ihrer Zauberer sicher waren und für das Spiel trainierten, war jeder Medizinmann für die Dauer des Spiels und eine Zeit darüber hinaus aktiv beschäftigt. Mooney und Olbrechts fanden bei der Entzifferung eines Manuskriptes aus dem Besitz eines Cherokee-Medizinmannes namens Swimmer heraus, daß diese Bräuche noch weit im 20. Jahrhundert in der Cherokee-Gesellschaft von Bedeutung waren: „Sogar noch heute [1929-31] macht der Medizinmann seinen Einfluß und seine Persönlichkeit geltend, wenn zwei Orte für das Ballspiel trainieren, für die Cherokee ein Wettkampf mit sowohl sozialen als auch sportlichen Komponenten. Die ganze Angelegenheit wird dadurch eher zu einem Wettkampfes zwischen den okkulten Mächten der beiden Medizinmänner, die sich für die Mannschaften einsetzen, als zwischen zwei gegnerischen Teams."[22]

Während bei den Cherokee die Identität der Ballspiel-Zauberer auf lokaler Ebene durchaus bekannt war, hielt man solche Informationen bei anderen Stämmen häufig geheim. Selbst wenn die Stammesmitglieder über die Zauberer Bescheid wußten, hielt man doch ihre Tätigkeiten sehr sorgsam verborgen und enthüllte sie mit Sicherheit niemals Außenstehenden. George White, ein Pfarrer in Georgia um die Mitte des 19. Jahrhunderts, konnte die Zauberer während eines Spiels sehr einfach ausmachen, weil diese Männer, deren Alter er auf mehr als hundert Jahre schätzte, nahe der Mitte jeder Seitenlinie saßen. In ihren Händen hielten sie „Muscheln, Schlangenknochen und so weiter" für die Prophezeiungen. Sie waren absolut nicht bereit, das Wesen ihrer Aktivitäten zu enthüllen: „Als ich einen von ihnen ansprach, ließ er sich nicht einmal herab, seinen Kopf zu heben; als ich ihn noch einmal fragte, warf er mir einen furchterregenden Blick zu. Im gleichen Moment tauchte eine Indianerin auf und sagte *Conagatee Unaka* — scher' dich fort, weißer Mann."[23]

Bei den Creek blieb die Identität eines Lacrosse-Doktors stets geheim. Während des Spiels zog er sich „zurück in die Wälder, wo er so intensiv wie möglich Medizin für seine Mannschaft machte." Die Medizinmänner praktizierten während der Trainingsspiele, wie zwischen den Kaplako-Indianern im Juli 1913. Sogar der Lacrosse-Wettkampfplatz wurde bis zur letzten Minute geheimgehalten wegen der großen Macht der Zauberer. Im Vorhinein einigten sich acht Männer auf den Standort. Er wurde dann erst kurz vor Spielbeginn bekanntgegeben. Beide Seiten fürchteten, daß er sonst von den Gegnern „verzaubert" würde. Das war augenscheinlich auch der Grund, warum der Anthropologe John Swanton nicht den Austragungsort eines Spieles in Erfahrung bringen konnte, das er gern gesehen hätte. Es fand im Sommer 1913 zwischen den Talahasutci und den Kiwahali-Seminolen statt.[24]

Ein weiteres Zeichen für die heilige Natur des Spiels ist die Behandlung der Spielausstattung, vor allem der Schläger und der Bälle. In einigen Fällen wurden Spezialisten innerhalb des Stammes mit deren Herstellung betraut. Wenn sie fertiggestellt waren, wurden sie häufig dekoriert oder zwecks Steigerung ihrer Effektivität besonders behandelt. Spezielle Funktionen der Sportgeräte außerhalb von Spielen deuten darauf hin, daß man sie für außerordentlich mächtig hielt. Einige dieser Praktiken und Überzeugungen haben weit bis in die Mitte des 20. Jahrhunderts Bestand gehabt.

Die Herstellung eines Lacrosseballs wurde dem Mitglied eines speziellen Clans anvertraut, oder aber ein Medizinmann unterwies andere, die benötigten Teile zusammenzutragen. Das Leder für die Oberfläche eines Cherokee-Balles mußte von einem Eichhörnchen stammen, das aber nicht durch Schußwaffen getötet worden sein durfte. Die Spieler schickten gewöhnlich die Jungen aus, das Tier für den Ballhersteller zu besorgen. Dieser mußte sich dann einer rituellen Reinigung unterziehen, bevor er das Eichhörnchenfell für die Ballumkleidung weiterbehandeln konnte. Während der Nacht vor dem Spiel legte der Ballhersteller den Ball auf ein Rotwildfell aus dem Besitz des Mannschaftszauberers und fastete dann bis Spielende. Während einer Serie von Wettkämpfen bei den Dakota (Sioux) im Jahr 1852 gewannen die Verlierer des ersten Wettspieles dann das zweite Spiel, nachdem sie einen ganz besonderen, alten Ball ins Spiel gebracht hatten, dem magische Eigenschaften nachgesagt wurden. Er war vor Jahren von einem alten „Kriegspropheten" namens *Ehakeku*, einem Mitglied von *Wabashas* Gruppe, hergestellt worden.[25]

Manche Lacrossebälle waren ausgestopft und enthielten im Inneren verborgene Objekte, die heimlich für Kraft sorgen sollten. Wegen der Umhüllung des Balles waren diese Teile der gegnerischen Mannschaft nicht sichtbar, die daher von der Potenz des Balles nichts ahnte. Durch Sympathiezauber wurden die Eigenschaften der Tiere und Vögel, deren Teile im Inneren verborgen waren, auf den Ball selbst übertragen. Diese Praxis war besonders bei den südöstlichen Stämmen verbreitet. Wenn Creek-Indianer miteinander spielten, hielt jede Seite einen speziellen „Häuptlingsball" bereit, der eine Spannerraupe enthielt. Sobald eine Mannschaft drei Tore erzielt hatte, wurde der reguläre Ball durch diesen ersetzt. Man nahm an, daß Raupen für Vögel unsichtbar waren. Demnach sollte analog dazu die im Ball versteckte Raupe bewirken, daß die Gegner den Ball nur schwer erkennen konnten.[26]

Abb. 11
Vor einem Spiel im Herbst 1946 tauchen Eastern Cherokee-Spieler ihre
Schläger in den Oconaluftee(?)-Fluß. Ihr Ballspiel-Zauberer steht hinter ihnen
und scheint ihren Erfolg mittels der Perlen in seiner Hand vorherzusehen. Die
Flügelfedern des wilden Truthahns im Haar zweier Spieler sollen ihnen im
Spiel die Schnelligkeit und Unermüdlichkeit dieses Vogels verleihen.

Ein Häuptlingsball konnte auch etwas Nestmaterial der Cordu-
roy- oder Krawattenschlange enthalten. Eine Geschichte handelt von
einem alten Creek-Medizinmann aus Oklahoma. Dieser schickte einen
in magischen Dingen einigermaßen bewanderten Mann los, der die
Schlangen beruhigen und dann etwas Nestmaterial an sich nehmen
sollte. Aber er versagte, weil er sich fürchtete, etwas von dem Nest zu
nehmen. Also wurde ein anderer losgeschickt mit einem besonderen
Stab, dem beruhigende Kräfte innewohnten. Er sollte diesen gegen die
Schlangen richten und dann etwas von dem Schlangennest für den

Abb. 12
Schlägerständer der Oklahoma Creek (um 1938). Beide Schläger eines jeden
Spielers sowie dessen Spielkleidung werden eine Nacht lang vor dem Spiel
dort aufgehängt, damit sie sich mit Kraft aufladen. Damit sie dort hängenblei-
ben, steckt man den Stock eines Schägers durch das Netz des anderen.

Medizinmann nehmen. Die Krawattenschlange bewegt sich angeblich
durch Hüpfer oder Luftsprünge „stark genug, um ein Pferd wegzutra-
gen". Diese Eigenschaft sollte dann auf den Ball übergehen, wobei es
natürlich den Gegnern schwerfallen dürfte, in Ballbesitz zu kommen.
Von Lloyd Sequoyah, einem berühmten Ballspielzauberer der Cherokee, hat man erfahren, daß manchmal Flöhe in einen Ball hineinprak-
tiziert wurden „um ihn herumhüpfen zu lassen"; Moses Owl aus
Birdtown aus dem gleichen Reservat stopfte die Bälle mit Menschen-
haar, Raupen und bestimmten Kräutern, um sie lebendig zu machen.[27]

Obwohl die Herausforderer eines Spiels bei den Cherokee gewöhnlich den Spielball stellten, brachte jedes Team seinen eigenen Ball
mit zu den speziellen Tänzen, die in den beiden heimatlichen Siedlungen vor einem Spiel stattfanden. Dann war der Zeitpunkt gekommen,
daß jeder der rivalisierenden Zauberer seinen Mannschaftsball „verarz-
tete" sowie auch die Schläger der Spieler. Danach legte man den Ball
während fast der ganzen Nacht in das Schlägernetz eines der „Mittel-
stürmer" (die Spieler, die sich beim Einwurf im Mittelfeld gegenüberstehen). Eine derartige magische Behandlung der Sportausrüstung

wurde nach vorliegenden Berichten noch Mitte der 1930er Jahre von den Ojibwa in Wisconsin vorgenommen. Vor einem Spiel zwischen der Bad River- und der Red Cliff-Mannschaft wurden Medizinmänner aus *Odanah* (Bad River Reservation) dabei beobachtet, wie sie die Schläger der heimischen Mannschaft, die auch später gewann, „mit indianischer Medizin behandelten". (#28)

Vermutlich war die Bedeutung der Verzierungen auf der Lacrosseausrüstung nur dem Künstler oder dem Besitzer bekannt. Die Bälle der Menominee sollen symbolisch rot und schwarz eingefärbt gewesen sein – möglicherweise ein Abbild der Teilung des Stammes in zwei Hälften. Der deutsche Kartograph Johann G. Kohl, der sich im Jahre 1855 auf der Insel Madeline im Lake Superior bei den Ojibwa aufhielt, um die jährlichen Zahlungen [der US-Regierung; Anm.d. Übers.] an die Indianer zu beobachten, war enttäuscht, nicht einem Spiel beiwohnen zu können. Die Behörden hatten es verboten. Dennoch war es ihm möglich, tief in den Wäldern Indianer beim Herstellen runder Bälle aus Weidenholz zu beobachten, „auf denen Kreuze, Sterne und Kreise … eingeschnitzt waren." (#29)

Die Cherokee brannten, malten oder gravierten Verzierungen auf ihre Schläger. Die Bedeutung von einigen war allgemein bekannt. Zickzacklinien stellten Blitze dar und doppelt schraffierte Rauten Klapperschlangen. Beide Zeichnungen sollten auf den Schläger die Fähigkeit des raschen Zuschlagens übertragen. Klapperschlangen standen außerdem in dem Ruf, kraft ihrer machtvollen Ausstrahlung ihre Beute – Hasen, Eichhörnchen, Rebhühner – direkt in ihr Maul zaubern zu können. Deshalb sollte analog dazu eine Klapperschlangenzeichnung auf einem Lacrosseschläger bewirken, daß der Ball direkt ins Netz des Schlägers gezaubert wurde. (#30)

Bei den Vorbereitungen der Mannschaften auf das Spiel kümmerten sich die Medizinmänner in besonderem Maße um die Schläger, die im Spiel benutzt werden sollten. Besonders bei den Cherokee wurden die Schläger einer Reihe von Behandlungen unterzogen, bevor sie kraftvolle Werkzeuge waren. Flüsse und Bäche waren den Cherokee heilig. Vor einem Spiel versammelte deshalb der Mannschaftszauberer seine Spieler am Flußufer. Dort mußten sie ihre Schläger über das Ufer hinaus ins Wasser tauchen, um auf diese Weise deren Kraft zu verstärken (Abb. 11). Während dieses Eintauch-Rituals rezitierte er eine bestimmte Formel „um den Schläger magisch aufzuladen, damit er den Ball vom Boden aufnehmen kann." Im Text dieser Formel bezieht er sich auf die rote Fledermaus im Flug – eine Anspielung auf eine Figur in der Cherokee-Legende vom Spiel zwischen Vögeln und Tieren. Wenn ein Spieler verhindert war, am Tanz teilzunehmen, durfte er seine beiden Schläger einem Mannschaftskameraden mitgeben. Auf diese Weise wurden sie am Fluß ebenfalls magisch behandelt. Die Fledermaus, der in dem legendärem Drama die Hauptrolle zufiel,

Abb. 13
Ballspiel-Tanz der Eastern Cherokee (1888). Die Frauen, die während ihres Gesanges auf der Stelle tanzen, werden von dem sitzenden Trommler begleitet. Dessen Wassertrommel besteht auseinem Zuber oder Faß. Dazu schüttelt ein Medizinmann im Rhythmus der Trommel seine Kürbisrassel.

wurde sehr verehrt. Darum heftete man Teilchen von diesem Tier, besonders den Flügel, an vielerlei Zeremonialgegenstände, die mit dem Ballspiel in Beziehung standen, zum Beispiel die Rassel des Sängers beim Ballspieltanz oder die Pfosten, an die man die Schläger zur Weihe vor dem Spiel hängte. Am Netz eines Cherokee-Lacrosseschläger konnte ein kleines, eingewickeltes Fledermausflügelteilchen befestigt sein, außerdem Federstückchen von anderen Luftbewohnern, die für ihre pfeilschnellen Flugkünste bekannt sind wie etwa der Kolibri, die Lachmöwe und die Schwalbe. (#31)

Allein der Medizinmann konnte das Zaubergebräu für die Ausrüstung herstellen. Allerdings trugen es die Spieler häufig selbst auf. Auf den Rat ihres Medizinmannes strichen die Creek-Spieler die „Medizin" auf die Saiten ihrer Lacrosseschläger, um den Ball anzulocken. Wenn die Spieler ihre Schläger von dem Gestell (Abb. 12) herunterholten, nahm jeder etwas von dem Gebräu des Medizinmannes und goß es über seine Schläger. Gleichzeitig benetzte der Mannschaftsführer die Bälle mit der Flüssigkeit. (#32)

Eine andere Art, Kraft auf die Schläger zu übertragen, erfolgte durch Musik und Tanz. Beide Ausdrucksweisen spielten ganz allgemein beim indianischen Lacrosse eine bedeutende Rolle, ebenso wie bei

anderen wichtigen Aktivitäten wie die Vorbereitungen für den Kriegspfad und die Siegesfeiern bei Rückkehr der Krieger (beim Sieges- oder
Skalptanz). Der Ballspieltanz am Vorabend des Spiels war bei fast allen
südöstlichen Stämmen, die Lacrosse spielten, fester Bestandteil. Der
Yuchi-Tanz fand statt „zu Ehren der Schläger, die im Spiel verwendet
wurden, und der ihnen innewohnenden übernatürliche Kraft." Während die Schläger auf einer Plattform ruhen, gewöhnlich in der im
Westen gelegenen Hütte auf dem Zeremonienplatz, nimmt eine Reihe
Frauen hinter der Plattform Aufstellung. Sie stehen einer Reihe Männer
gegenüber (einschließlich der Lacrossespieler). Alle singen und stampfen mit den Füßen. Aus einem frühen Bericht über die Choctaw
berichtet Bossu über diesen Tanz, daß alle Männer und Frauen „in
ihren schönsten Kleidern zusammenkommen. Sie verbringen den
ganzen Tag mit Singen und Tanzen; sie tanzen sogar die ganze Nacht
hindurch zum Schlagen der Trommel und der *chichikois* [Rassel]."[33]

Die meisten Ballspieltänze der Cherokee fanden im Freien auf dem
versteckten Lagerplatz der einzelnen Mannschaften statt (Abb. 13). In
der „Geschichte von Nordcarolina" (1714) beschreibt der Engländer
John Lawson dagegen eine Spielart, die in einem geschlossenen Raum
abgehalten wurde:

> „Nachdem die Hunde den Raum fluchtartig verlassen hat-
> ten, wurde die Gesellschaft vom Schlagen der Trommel
> herbeigerufen; die Musik wurde mit Hilfe eines Stückes
> präparierten Rotwildleders gemacht, das fest über einen
> irdenen Topf gespannt war. Nun kamen schöne, mit Federn
> geschmückte Männer herein, deren Gesichter von Kürbis-
> masken verdeckt waren. Um Fesseln und Knie trugen sie
> unterschiedliche Glöckchen, in den Händen breite hölzerne
> Säbel (wie sie die Fechter auf der Bühne gewöhnlich benut-
> zen). In dieser Kleidung tanzten sie etwa eine Stunde lang.
> Dabei machten sie merkwürdige Verrenkungen und führten
> ihre hölzernen Waffen so wild, als wollten sie einander
> bekriegen."

Als die Spieler (Tänzer) den Raum verließen, nahmen dreißig oder
mehr Frauen ihren Platz ein und begannen einen Rundtanz, „die Form
des Feuers darstellend, das sie umkreisen. ... Diese weibliche Tanz-
gruppe beendete ihren Tanz nach etwa sechs Stunden. Alle waren mit
weißem Schaum bedeckt wie Rennpferde nach gelaufenem Rennen."[34]

Eine weitere rituelle Verwendung fand die Musik bei Lacrossespielen der Choctaw durch Flötenmelodien, die von Medizinmännern
entlang der Seitenlinien vor, während und nach dem Spiel geblasen
wurden. Diese Melodien sollten einerseits die Gewinnchancen auf
magische Weise erhöhen, andererseits die bösen Beschwörungen des

Abb. 14a
Will E. Morris, ein Trommler der Mississippi-Choctaw im „Nationalkostüm", etwa um 1908. Das Schwanzteil aus Pferdehaar, das ihm von der rechten Hüfte herabhängt, wird im Spiel als Schmuck getragen.

Abb. 14b
Gemäß der Tradition führt der Choc-
taw-Trommler die Spieler aufdas Foot-
ball-Feld, wo das Spiel stattfindet (um
1978).

Zauberers der gegnerischen Seite entkräften. Die Ojibwa vom
Lake Superior begannen ihre
Spiele mit einem Sänger im
Mittelfeld. Bei einem Wettkampf im Jahre 1948 zwischen
den Bad River- und den Red
Cliff-Mannschaften eröffnete
der 99-jährige Frank Gishkok
das Spiel mit seiner Trommel
(und wahrscheinlich einem
Lied). Einige Stämme begleiteten den Marsch auf das Spielfeld mit zeremoniellen Trom-
melschlägen. Baxter York, ein
inoffizieller Stammeshistoriker
der Mississippi Choctaw, beschrieb, wie sich die Spieler und
ihre Begleitung auf das Spielfeld begaben: „Die Mannschaften marschierten im Gänsemarsch den Pfad entlang. ... Die
Trommel schlug, und die Menschen konnten sie näherkommen hören.
Der Anführer der Mannschaft stimmte ein Lied an, auf das der Rest der
Mannschaft mit einem ‚*Yoo!*' antwortete. Mit der anderen Gruppe,
ihren Spielgegnern, trafen sie etwa auf halbem Weg zusammen. Dabei
kam lautes Geschrei auf, das hin und her wogte. Manchmal kam es auch
zu körperlichen Auseinandersetzungen." Diese Praxis hat in stark
verkürzter Form bis heute überlebt. Vor den Spielen in den 1970er
Jahren versammelten sich beide Mannschaften bei ihren Stammesbüros
etwa 180 Meter vom (Football-) Feld entfernt, das für das Spiel benutzt
wurde. Danach marschierten sie im Gänsemarsch auf das Spielfeld in
Begleitung eines Trommlers, der auf einer kleinen, gekauften Trommel
einen langsamen, gleichmäßigen Rhythmus schlug (Abb. 14 a, b).[35]

Während zeremonielle Musik und Tanz dem Spiel spirituelle
Kraft verleihen konnten, stellten doch die Mannschaftszauberer die
wahren Quellen der Stärke dar. Man traute ihnen die Fähigkeit zu,
Kontrolle über jede Bewegung von Schlägern und Bällen während des
Spiels auszuüben. Sie erreichten diese Kontrolle auf die folgenden zwei
Arten: Erstens durch Sympathiezauber, wodurch ihre Mannschaft ein
Tor erzielt, oder durch „Hexerei", wodurch der Gegner daran gehindert
wird, seinerseits ein Tor zu machen. Ein Zauberer der Creek stellte
nicht nur Medizin her für die Bespannung und die Griffe der Schläger
sowie für die Körper der Spieler; darüber hinaus stellte er hinter die
Torpfosten ein Gefäß mit der Haut eines Schildkrötenmännchens.

Diese soll bewirken, daß der Ball „heimkommt". Man glaubte allgemein, daß der Ball vom Gefäß angezogen werde wie eine Schildkröte vom Wasser. Der Zauberer konnte aber genauso gut hinter den Torpfosten seiner Mannschaft sitzen und „den Ball nach Hause bringen" mittels einer versteckten Raupe, die eine magische Anziehungskraft auf den Ball ausüben sollte. Bei zeremoniellen Spielen von heute kann man bei den Creek immer noch einen Medizinmann hinter dem Tor sitzen sehen, der während des gesamten Spiels seine Rassel schüttelt, vermutlich um den Ball herbeizulocken.[36]

Das „Verhexen" des Tors der gegnerischen Mannschaft, um sie vom Toreschießen abzuhalten, war ebenfalls gebräuchlich. Wenn eine schwangere Yuchi-Frau irgendwie dazu bewegt werden konnte, das Tor der Gegner zu umkreisen, dann würden diese dadurch das Spiel verlieren. Noch vor kurzer Zeit besaßen die Ojibwa „magische" Bälle. Warf man diese in der Nähe des gegnerischen Tors wie zufällig in die Luft, verhinderten sie, daß die Gegner zum Zuge kamen. Zum erstenmal hörte ich davon 1990 von Franklin Basina, einem Bewohner von Red Cliff. Nachdem er mir einen 350 Pfund schweren Bären gezeigt hatte, der im Hinterhof zum Ausbluten hing, erzählte er mir bei einer Tasse Kaffee, wie man dem „Verhexen" entgegenwirken kann:

> „Wir spielten im Northland College [ca. 1950] auf dem Footballfeld. Da haben wir dann die zwei alten Odana-Frauen entdeckt, die den Red Cliff-Pfosten hüteten, damit wir keinen Treffer landeten. Und dann warfen sie ihre *jiibik-* [magischen] Bälle hoch. Eine auf jeder Seite, der Pfosten in der Mitte, und sie standen etwas hinten auf jeder Seite. Und dann war da eine Wasserpfütze hinter ihnen. Es mußte dort einige Tage lang geregnet haben, und einer der Jungen sagte: ‚Ich sorge dafür, daß eine von den alten Frauen verschwindet. Ich will probieren, ob ich ihr den Ball nicht wegschlagen kann, wenn sie ihn hochwirft.' Wegschlagen, verstehst du, hieß ihn in das Wasser hauen. Denn wenn der Ball ins Wasser fällt, dann taugt er nichts mehr. Das tötet seine Kraft. … Sie töteten den Ball der beiden Squaws. Der Ball war nichts mehr wert, sie hätten ihn wegwerfen sollen. [Aber] sie warfen ihn nicht weg. Ich glaube, sie nahmen ihn mit nach Hause und brachten ihn zum Medizinmann, damit er ihn bearbeitete [d.h. ihn wieder stark machte]."[37]

Es war bekannt, daß Medizinmänner regelrecht Krieg gegeneinander führten um die Kontrolle über die Lacrosseschläger. Bei den Menominee fürchteten die Mitglieder der Medizinhütte, die für die Ballspiele die Verantwortung trugen, ständig die Zauberkräfte ihrer Gegner. Da ein Medizinmann die Fähigkeit besaß, „die Kraft der Schläger wegzunehmen", war der gegnerische Zauberer verpflichtet, seinen Gegner zu verfolgen und „die Schläger zurückzubringen" (ihre Kraft wiederherzustellen). Verfügte er allerdings nicht über ausreichende magische Macht oder wurde er irgendwie betrogen, dann lief er Gefahr, selbst durch die Zauberei seines Gegners getötet zu werden: „Gewöhnlich zwingt der Verfolger seinen Rivalen, die Wirksamkeit oder Kraft der Schläger vor Heraufkommen des Spieltages wiederherzustellen."[38]

Anderweitige Verwendungen von Lacrosse-Ausrüstungsstücken außerhalb des Spielzusammenhangs zeigen die spezielle Natur dieses Sports. Berühmte oder besonders fähige Spieler werden von ihren Stämmen noch immer mit ihren Schlägern begraben. Dahinter steht der Glaube, daß ihre Spielausrüstung sie ins Jenseits begleitet, wo ohne Ende Lacrosse gespielt wird. Freeman Bucktooth erzählte, daß beim Tod seines Vaters 1989 in Onondaga „mein Sohn ihm seinen hölzernen Lacrosseschläger mitgab [damit er mit ihm begraben werde]; daß er jetzt für den Schöpfer spielt, daran glauben wir ganz fest."[39]

Großeltern von männlichen Neugeborenen stellten winzige Lacrosseschläger her, um ihre Enkel zu inspirieren, das Spiel zu erlernen. Der Indianer Peter Jones, der sich zum Christentum bekehren ließ, bringt in seiner „Geschichte der Ojibwa-Indianer" (1861) die Abbildung eines etwa zwanzig Zentimeter langen Miniatur-Lacrosseschlägers der Missisauga. Dabei handelte es sich um ein Gerät zum Wahrsagen, „in Gebrauch bei Zauberern, wenn sie einen Blick in die Zukunft werfen." Kleine Teile der Lacrosseausrüstung konnten sich im Medizinbeutel eines Menominee befinden, der durch einen Traum das Recht darauf erworben hat. Medizinbeutel galten als Geschenke der Donnervögel oder des Morgensterns. Ihr Inhalt kann sehr unterschiedlich aussehen. Ein typischer Donnervogelbeutel kann eine Miniatur-Kriegskeule, einen Miniatur-Lacrosseschläger oder -ball enthalten, wahrscheinlich sogar alle drei Gegenstände.[40]

Die spirituellen Aspekte des Spiels gingen weit über die Spielausrüstung hinaus bis hin zur Örtlichkeit und Ausrichtung des Spielfeldes. Die Spielfelder der Cherokee lagen gewöhnlich aus religiösen und symbolischen Gründen entlang oder zumindest dicht bei Flüssen oder Bächen, um das Ritual des „Zum-Wasser-Gehens" zu erleichtern. Die Lacrossefelder der Ojibwa waren von Osten nach Westen ausgerichtet, möglicherweise in Übereinstimmung mit der rituellen Orientierung der Medizinhütte und der Zeremonialtrommeln. Die letzteren waren von Osten nach Westen aufgebaut. Über die gesamte Trommeloberfläche verlief ein gelber Streifen, der den „Pfad der Sonne" darstellen sollte.[41]

Wie die Felder wurden auch die Spieler auf die unterschiedlichste Weise behandelt. Es gab alle möglichen speziell gebrauten Tränke und Extrakte, die Erbrechen (innere Reinigung) herbeiführten. Zu festgesetzten Zeiten wurden die Spieler angehalten, in heiligem Wasser zu baden. Bestimmte Körperteile wurden mit schützenden Salben und Tinkturen eingerieben. Gewisse Nahrungsmittel sowie Geschlechtsverkehr vor den Spielen unterlagen einem Tabu. Männer von schwangeren Frauen wurden von der Mannschaft isoliert und bekamen spezielle Medizin. Bei manchen Stämmen war es Brauch, daß ihre Spieler von den Medizinmännern mit scharfen Instrumenten bis aufs Blut geritzt wurden. Der allgemeine Sinn dieser Praktiken lag darin, die Spieler „zu reinigen", bevor sie sich dem Kampf auf dem Spielfeld stellten. Auf diese Weise konnten sie mit aller Kraft ihr Bestes geben und Verletzungen vermeiden.

Die Anwendung von Brechmitteln war unter Lacrossespielern weit verbreitet. Neben dem Fasten und Baden vor dem Spiel tranken Spieler der Irokesen ein Brechmittel, das aus der Rinde der Roten Weide und der Gefleckten Erle gewonnen wurde. Bei den Yuchi bereitete der Häuptling der Siedlung aus dem gekochten Sud, der den Saft von Rotwurz und Schlangenwurz enthielt, ein besonderes Brechmittel zu. Diesen Trank hielt man für ein Geschenk der Sonne. Ihr Symbol schmückte alle Gefäße, die diese Flüssigkeit enthielten. Alle Männer des Ortes tranken daraus. Sie waren in Viergruppen aufgeteilt und schauten nach Osten. Das Trinken begann um zwölf Uhr mittags, wenn die Sonne ihren höchsten Stand am Himmel einnimmt. In Wetumcka bereitete 1913 ein Medizinmann der Creek (*yatika*) ein Brechmittel zu, während die Spieler auf Baumstämmen rund um den Tanzplatz saßen. Die Medizin wurde in zwei Behälter aufgeteilt, die unterschiedlich behandelt wurden. Sein Gesicht zeigte nach Osten, „und er arbeitete sehr besonnen. Lange Zeit saß er ohne Bewegung da, dann blies er eine Weile lang auf die Medizin." Als er damit fertig war, forderte der *yatika* die Spieler, die bereit waren das Brechmittel zu schlucken, auf, sich in zwei Reihen in Richtung Osten aufzustellen. Sie tranken aus jedem Behälter um das Erbrechen herbeizuführen.[42]

Auch im Gebiet der großen Seen spielten die Brechmittel eine wichtige Rolle. Bevor sie die Torpfosten aufrichteten, nahmen die Winnebago-Männer des Mane'gi-Stammes ein Brechmittel ein, das sie durch seine Wirkung innerlich reinigte. Auf das Erbrechen folgte ein Schwitzbad, das sie weiter reinigen und stärken sollte. Ob der Trank, der den Ojibwa-Spielern bei einem Spiel im Bad River-Reservat um 1936 gereicht wurde, Erbrechen hervorrufen sollte, ist nicht bekannt. Beschrieben wurde es „als eine Flüssigkeit zur Stärkung der Spieler." Sie gewannen das Spiel.[43]

Andere Arten von Medizin waren für die äußerliche Anwendung am Körper eines Spielers bestimmt. Die Schultern von Creek-Spielern wurden mit einer Flüssigkeit eingerieben, die „aus der Fährte eines Wolfes und der Höhle eines Flußkrebses" hergestellt war. Der Creek Jackson Lewis berühmt wegen des Erfolges seiner Einreibemittel.

Deshalb wurde er einmal von einer Choctaw-Mannschaft gebeten, für sie eine spezielle Medizin zum Einreiben ihrer Körper vor einem Spiel herzustellen. Die Mannschaft gewann daraufhin. Ihre Gegner hatten nur ein einziges Tor erzielen können. Ähnliche Medizin wurde früher auch von den Lacrossespielern der Menominee verwendet, die ihre zahllosen Siege darauf zurückführten.[44]

Um ihren Armen und Beinen mehr Kraft zu verleihen, wuschen sich Cherokeespieler mit Katgutblättern, deren starke Wurzeln man kaum durchbrechen kann. Oder sie badeten ihre Glieder in einem Auszug von Binsen (*Junus tenuis*), „damit sie wieder schnell auf ihre Füße springen können, wenn sie zuvor zu Boden gegangen waren, [denn die kleine Binse], so sagt man, richtet sich immer wieder auf, egal wie oft sie niedergetreten wurde." Ein weiteres potentes Mittel war Holz von einem Baum, in den der Blitz gefahren war. Ihm schrieben viele Stämme große magische Kräfte zu. Ein Medizinmann der Cherokee verbrannte Holzsplitter von solch einem Baum zu Kohle, mit der sich die Spieler anmalten, um „ihre Gegner mit der ganzen Kraft eines Donnerschlages zu fällen."[45]

Alle diese Praktiken wurden äußerlich am Körper des Spielers angewendet. Darüber hinaus gab es noch eine Art Chirurgie zur Körperertüchtigung. Diese Opferungspraxis oder das rituelle Ritzen der Lacrossespieler scheint auf die südöstlichen Stämme wie die Cherokee, Creek und Yuchi beschränkt gewesen zu sein. Das Ritzen, eine alte Heilmethode in Nordamerika, wurde mit einem einheimischen medizinischen Instrument vorgenommen, um das Blut an die Oberfläche der Haut zu ziehen. Diese Praxis wurde auch bei der Behandlung von Rheumatismus angewandt, ähnlich dem Aderlaß oder dem Ansetzen von Blutegeln zur Bekämpfung von Krankheiten in der Volksmedizin, um das angeblich „schlechte Blut" abzulassen. Während John Lawsons Aufenthalt bei den Esaw äußerte sein indianischer Gastgeber den Wunsch, dessen lahmen Reisegefährten zu heilen. „Er

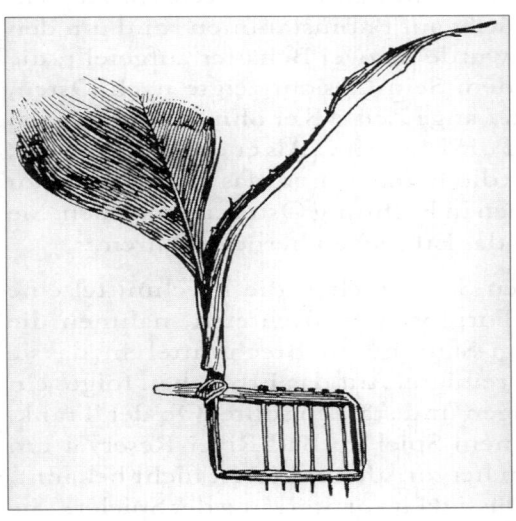

Abb. 15
Kratzer der Yuchi, bestehend aus einer Truthahnfeder mit sechs eingefügten Zähnen, Anfang des 20. Jahrhunderts (?). Dem Kratzer wurde ein Blatt der Klapperschlangenwurzel beigefügt.

zog ein Instrument hervor, das Ähnlichkeit mit einem Kamm aufwies. Es bestand aus einem aufgespaltenen Schilfrohr und 15 Klapperschlangenzähnen, die wie in einem grobzinkigen Hornkamm darin saßen. Damit kratzte er über die Stelle, wo die Lahmheit hauptsächlich saß, bis das Blut floß. Er badete die Stelle sowohl vor als auch nach den Einschnitten mit warmem Wasser, das er aus dem Mund spuckte." Später beobachtete Lawson bei den „Tuskeruros" (Tuscarora) einen Arzt, der „eine junge Frau mit Anfällen" behandelte. Zuerst ritzte er sie laut Lawson mit Klapperschlangenzähnen, dann saugte er ihr fast einen Liter Blut ab.[46]

Das Ritzen von Athleten verfolgte unter anderem den Zweck, ihre Ausdauer beim Laufen zu erhöhen und Müdigkeitserscheinungen vorzubeugen. Es scheint ein doppelter Zweck hinter dieser schmerzhaften Tortur für die Ballspieler gestanden zu haben: Erstens war es eine Demonstration der Tapferkeit, die man brauchte, um sich einem Gegner zu stellen; zweitens gab es einen magischen Grund. Deshalb war ein Spezialist nötig, um das Kratzen zeremoniell durchzuführen. Solche heiligen körperlichen Martern finden bei anderen nordamerikanischen Stämmen ihre Entsprechung wie etwa im Sonnentanz der nördlichen Plains. Dabei wird das Fleisch eines Teilnehmers durchstochen und gezerrt als Teil seiner Gelübde an den Sonnengott.

Die Ritzinstrumente, die in Verbindung mit Lacrosse benutzt wurden, konnten auf unterschiedliche Weise zusammengebaut sein. Alle verwendeten jedoch natürlich vorkommende spitze Gegenstände wie Zähne, Federkiele, Knochen und Stacheln. Sie wurden entweder einzeln oder zu mehreren wie bei einem Kamm in einer Art Griff befestigt, um mehrere subkutane Schnitte gleichzeitig ausführen zu können. Welcher Art das spitze Objekt auch sein mochte, es trug eine Bedeutung, denn die besonderen Eigenschaften der Pflanze oder des Tieres, von dem es stammte, glaubte man auf den Spieler zu übertragen. Bis ins 20. Jahrhundert benutzten die Cherokee bei der Herstellung eines *kanuga* (Ritzinstrument) Knochensplitter vom Bein des wilden Truthahns, der für seine Schnelligkeit und seine Ausdauer bekannt war. Quellen des 19. Jahrhunderts berichten dagegen von der Benutzung von Klapperschlangenzähnen bis etwa gegen 1880. Die Zähne waren zusammengebunden und befähigten einen damit behandelten Spieler, seinen Gegner wie eine Schlange zu fällen. Ein weiteres *kanuga*, das beschrieben wurde, bestand aus einem einzelnen Giftzahn aus dem Oberkiefer einer Klapperschlange, eingebettet in den Federkiel einer weißen Ente. Der Kiel war gespalten worden zur Aufnahme des Giftzahns und mit einem weißen Faden, in der Mitte mit einem Band aus rotem Faden, umwickelt. Dieses Instrument vereinigte nicht nur die Attribute von Schlangen und Vögeln, sondern auch die symbolische Bedeutung von Farben: „Die Feder symbolisiert die Schnelligkeit und ein roter Faden ... den Blitz und seine wilde Zerstörungskraft."[47]

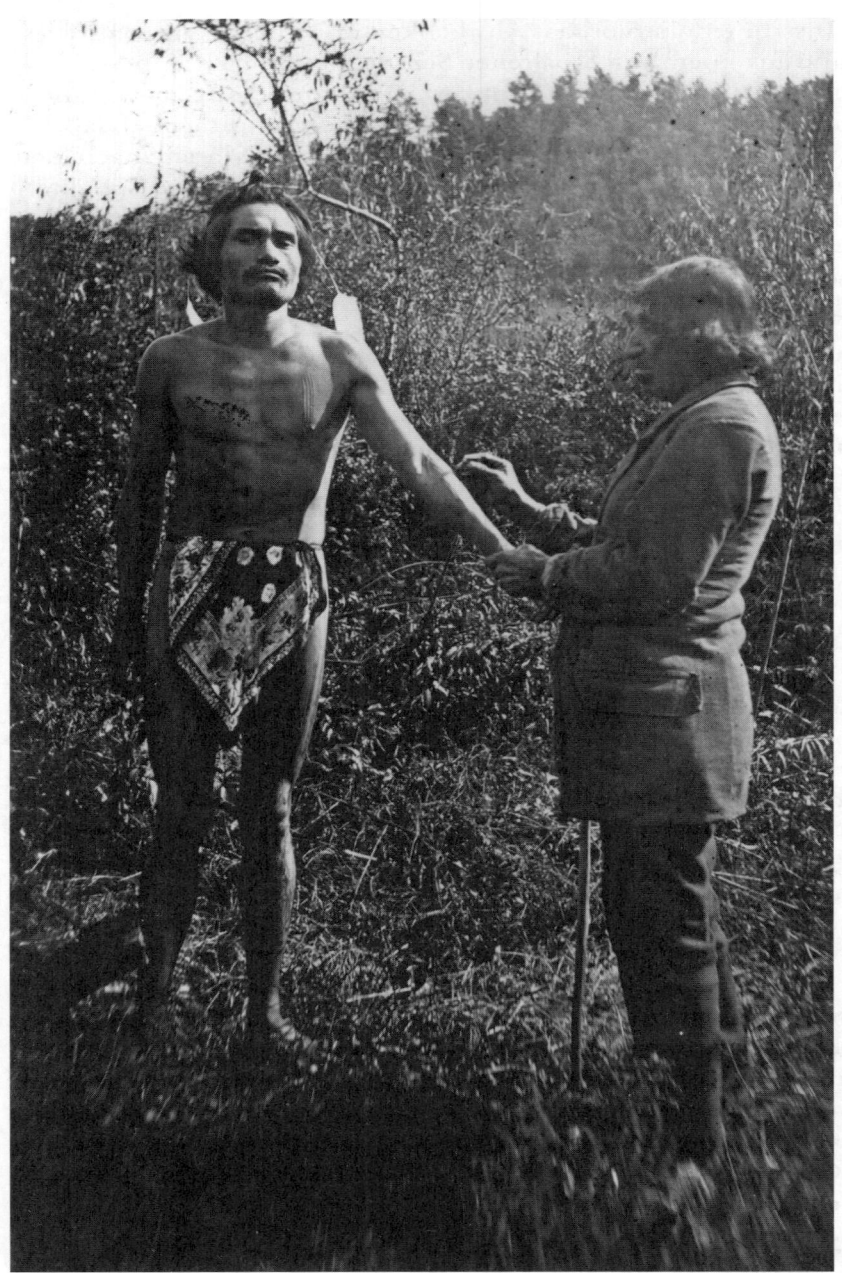

Abb. 16
Der Eastern Cherokee-Ballspieler Jim Johnson aus Wolf-Town wird
von Standing Water gekratzt (1888). Johnson trägt ein bedrucktes
Tuch als Lendenschurz. Bereits ausgeführte Kratzer sind auf seiner
Brust zu sehen.

Bei den Yuchi in Sand Creek im Juli 1904 und 1905 tauchten die Zauberer vor dem Ritzen ihr Instrument in ein Gefäß mit heiligen Pflanzensäften. Diese Form von Impfung sollte das Blut der Spieler von Krankheiten reinigen (Abb. 15). In einer Legende der Yuchi wird die Sonne zum Regenbogen geführt und geritzt. Als ihr Blut auf die Erde tropfte, entstand daraus der erste Yuchi. Während dieses Yuchi-Ritus durfte sich niemand an einen Pfosten oder Baum lehnen oder einschlafen. Falls das doch passierte, wurde die betreffende Person mit Stöcken geschlagen.[48]

Anfang des 19. Jahrhunderts unterzogen sich nur wenige Cherokee dem Ritzen. Ab 1890 bis etwa 1940 waren jedoch ausnahmslos alle Spieler zu dieser Tortur verpflichtet. Die Mannschaftsmitglieder konnten sich auf Wunsch einzeln oder in Gruppen ritzen lassen. Das Ritzen in Big Cove fand unmittelbar nach einem Trainingsspiel statt, als die Körper der Spieler noch schweißnaß waren. Den meisten Berichten ist jedoch zu entnehmen, daß die Spieler das Ritual am Spieltag selbst, manchmal sogar unmittelbar bevor sie auf das Spielfeld zogen, auf sich nahmen. Manche wollten die Prozedur früh hinter sich haben, damit die Einschnitte vor dem Spiel verheilt waren. Andere dagegen zogen es vor, mit ihren Wunden ins Spiel zu gehen. Dadurch würde sich ihre Haut taub anfühlen, und so könnten sie die Schläge der gegnerischen Lacrossestöcke besser ertragen.[49]

Viele verspürten durch das Ritzen eine besondere Art von Hochgefühl, das ihre bereits „aufgeputschte" Verfassung vor dem Spiel noch steigerte: „Viele [Cherokee] sagen, daß das Ritzen in ihnen ein Gefühl von beschwingter Leichtigkeit angesichts des Spiels hervorruft. Ein Mann erzählte, daß er während des Spiels ein Brennen am ganzen Körper verspürte, sobald er im Gras lag oder von einem Gegner zu fest umklammert wurde. Die einzige Art, sich Erleichterung zu verschaffen, war vom Boden aufzustehen und sich aus dem Griff des Gegners zu befreien."[50]

Die Cherokee-Spieler blickten während des Rituals nach Osten. Dabei standen sie auf einem von der Sonne ausgeblichenen Stein oder nahe einem Flußufer (Abb. 16). Die Nähe des Wassers hatte neben religiösen auch hygienische Gründen, um das fließende Blut von der Haut zu waschen. Aus alten Zeiten wird tatsächlich berichtet, daß sich der Fluß blutrot verfärbte, wenn sich eine ganze Gruppe von Spielern nach dem Ritzen hineinstürzte.[51]

Die Bedeutung dieses Rituals wird ebenfalls betont durch die Herstellung besonderer Kräuterauszüge, mit denen die Wunden vor oder nach dem Waschen behandelt wurden. Unter dem Pflanzenmaterial sticht die „Messerklinge" mit ihren klebrigen Blättern hervor. Sie sollten bewirken, daß der Spieler seine Lacrosseschläger nicht verliert beziehungsweise den Gegner festhalten konnte. Eine weitere wichtige

Pflanze war der „große Rohrkolben", dessen Stengel nach dem Nieder-
beugen immer wieder in seine aufrechte Position zurückfedert. Diese
Eigenschaft sollte sich auf den Spieler übertragen, damit er, wenn er zu
Boden gegangen war, schnell wieder auf die Füße kam. Außerdem hat
die Pflanze einen hohlen Stengel, der Luft enthält. Dadurch sollte die
Atmung des Spielers unterstützt werden.[52]

Den frühen Missionaren sind anscheinend die differenzierten
Praktiken der Medizinmänner in Verbindung mit sportlichen Ereignissen gänzlich entgangen, ebenso die große Zahl indianischer Legenden,
die sich auf den Sport beziehen. Le Mercier und seine Jesuitenkollegen
im Huronia des 17. Jahrhunderts – die ersten Missionare, die die
Europäer mit einer ungewöhnlichen nordamerikanischen Sportart
bekanntmachten – ahnten anscheinend nichts von den Überlieferungen, die mit Lacrosse in Verbindung standen. Sie selbst skizzierten
lediglich kurz und oberflächlich die Rituale rund um das Spiel. Das
einzige, worüber sie sich annähernd klar gewesen sind, war die Tatsache, daß Lacrosse in gewisser Weise heilige Funktionen erfüllte. Als sich
die Kolonien von Neuengland fest etablierten und die amerikanische
Grenze weiter nach Westen vorrückte, blieb es den späteren Chronisten
überlassen, Lacrosse-Legenden zu sammeln, die zahlreichen magischen
Aspekte des Spiels ausführlicher zu beschreiben und die äußerst spirituelle Natur des Spiels bis auf den Grund auszuleuchten. Auch heute
noch tauchen manchmal Spuren aus der Vergangenenheit, der uralten
magischen Welt der Indianer auf, auch wenn sie kaum wahrnehmbar
sind. Sie erinnern uns an vergangene Zeiten, als Zauberer den Ausgang
eines Spiels beeinflußten, und Medizinmänner ein Spiel als Heilmaß-
nahme verordneten.

Lacrosse als Heilmittel tauchte 1990 wieder bei den Mohawk auf,
als die Stadt Oka in Quebec ihren Plan bekanntgab, die städtische
Golfanlage bis auf die Begräbnisstätte der Mohawk zu erweitern. Die
Indianergemeinde reagierte darauf mit einem Aufschrei, der sich schnell
zu Demonstrationen und Zusammenstößen mit Polizei und Militär
steigerte. Der Widerstand erreichte auch das Akwesasne (St. Regis)-
Reservat, wo sich ein bereits in der Gemeinde gärender Konflikt um die
Einrichtung von Spielcasinos weiter ausweitete. Bevor er beigelegt
werden konnte, wurden mehrere Autos verbrannt und zwei Einwohner
von Akwesasne von den eigenen Leuten erschossen. In der Absicht, die
Gemeinde wieder zu „heilen" und den Zerfall der sozialen Ordnung zu
überwinden, wandten sich im Frühjahr 1992 einige Lacrossespieler mit
einer Idee an die Öffentlichkeit. Sie wollten eine Lacrosseliga gründen,
die Spieler beider Parteien aufnehmen sollte. Am Anfang kamen einige
ungute Gefühle hoch. Doch der Frieden in der Gemeinde wurde durch
das traditionsreiche Spiel, bei dem ehemalige Gegner zusammenspiel-
ten, einigermaßen wieder hergestellt. Der Mohawk Bruce Roundpoint
bemerkte dazu: „Ich glaube, die Gründung dieser Liga war eine gute

Idee. Jetzt stehen Typen in der gleichen Mannschaft, die noch vor zwei Jahren aufeinander geschossen haben, und sie spielen zusammen Lacrosse."[53]

Um 1980 herum lernte der Lacrossetrainer Roy Simmons Jr. von der *Syracuse University* einen kanadischen Oneida namens Eli Cornelius kennen. Cornelius erschien zu den Spielen von *Syracuse*. Aber Simmons erkannte bald, daß der ältere Mann ziemlich einsam war und von seinen eigenen Leuten nicht anerkannt wurde. Deshalb nahm er ihn immer öfter zu Auswärtsspielen mit. Die Syracuse-Spieler hörten ihm gerne zu. „Er war meistens im Bus bei den Jugendlichen und erzählte ihnen etwas über indianische Philosopie oder magische Tränke, deren Bestandteile im Frühling wuchsen – alles mögliche, etwa wie man frühzeitig während der Schneeschmelze Sumpfdotterblumen pflückt. Währenddessen machte er ihnen ihre Schläger zurecht." Simmons sprach Cornelius jedwede schamanistischen Fähigkeiten ab, die er gehabt haben mag, trotzdem wird eine gewisse ambivalente Haltung des Trainers erkennbar, wenn er von dem Oneida als von „meiner Hasenpfote" spricht. Und Cornelius konnte die Schlagkraft eines Lacrosseschlägers wirklich verbessern. Simmons meinte: „Ich mochte ihn sehr gerne. An der Seitenlinie ließ er von Zeit zu Zeit im hitzigsten Gefecht seine weisen Sprüche hören, ansonsten hielt er sich meistens zurück. Aber er war immer da für den Jungen, der vom Platz gerannt kam, weil sein Stock nicht richtig traf."

Im Jahre 1983 kämpfte *Syracuse* um den *NCAA*-Lacrossetitel gegen seinen Erzrivalen, die *Johns Hopkins University*. Wie gewöhnlich saß Cornelius auf der Trainerbank von *Syracuse*. Nach schweren Verlusten in der ersten Halbzeit (11:5) gelang es *Syracuse*, den Rückstand aufzuholen und mit 17:16 zu gewinnen. In einem Artikel über Trainer Simmons stellt der Reporter eine provokative Frage: „Cornelius gab den Spielern Tips und war ihr Vertrauensmann. Aber vielleicht tat er an diesem Tag noch etwas mehr. ... Cornelius starb kurz nach diesem Spiel. War der wunderbare Sieg von *Syracuse* vielleicht sein Abschiedsgeschenk?"[54]

3

Im Land der Irokesen, 1794

Im Land der Seneca herrschte noch immer Empörung über einen gravierenden Regelverstoß, den ein Lacrossespieler der Mohawk im letzten Grand River-Spiel begangen hatte. Es verbreiteten sich auch Gerüchte – besonders bei den Alleganies unter Seneca-Häuptling *Cornplanter* – welche Rolle *Shagoyewatha* (Red Jacket) insgeheim bei der Provokation des Zwischenfalles gespielt haben mochte. Vielleicht hatte er ein Komplott geschmiedet, um *Thayendanegea* (Joseph Brant), den großen Häuptling der Mohawk, damit in eine peinliche Lage zu bringen. War es nicht Red Jacket gewesen, der redegewandte Sprecher der Seneca, der sich für Mary Jemisons Sohn als Spieler eingesetzt hatte trotz dessen Ruf, ein extrem temperamentvoller Feuerkopf zu sein – eine Mischung aus irischem Blut und Seneca-Stolz? Und war es nicht Red Jacket selbst, der gegenwärtig seine außergewöhnliche Redegewandtheit dazu benutzte, die Seneca in einen Krieg gegen die Mohawk zu treiben, um dieses schlimme Vergehen zu rächen?

Die unterschiedlichen Meinungen der Seneca über den nächsten Schritt, der unternommen werden sollte, hielten sich fast die Waage. Diejenigen, die alles auf dem Spielfeld erlebt hatten, ergriffen natürlich Partei für Red Jacket, denn sie waren in ihrer Ehre gekränkt; und natürlich fühlten sich diejenigen düpiert, die gewettet hatten und glaubten, man habe sie ihrer fast sicheren Gewinne beraubt. Darüber waren sie immer noch sehr wütend. Die Bürger von Buffalo Creek, wo sich Red Jacket aufhielt, forderten am hartnäckigsten Rache. Kühlere Köpfe waren dagegen mehr in *Cattaraugus* und *Tonawanda* zu finden. Das Volk der Irokesen, die Mohawk wie die Seneca, waren des Kriegführens müde. Während des amerikanischen Truppendurchmarsches unter General John Sullivan hatten sie erlebt, wie man sich unter ihren Augen ihrer Länder bemächtigt, ihre Dörfer und Maisfelder in Schutt und Asche gelegt und ihre Obstgärten zertsört hatte. Die Irokesen wurden noch weiter nach Westen oder Norden getrieben, wo sie Schutz bei den Briten suchten, wie es Brant und seine Leute getan hatten. Zank und Streit untereinander würden nur ihre Position bei den bevorstehenden Friedensverhandlungen schwächen, wo es darauf ankam, das bißchen Land zu schützen, das ihnen geblieben war. In dieser Angelegenheit mußte eine Ratssitzung einberufen werden.

Das Ereignis hatte sich wie folgt abgespielt: In einer Zeit relativen Friedens mit den Amerikanern hatten die Seneca und die Mohawk, nach alter Tradition Brüder am Ratsfeuer, beschlossen, ein großes Spiel zwischen den beiden Stämmen auszurichten. Es war als Zeichen ihrer langjährigen Freundschaft sowie ihres tapferen Kampfes gegen das weitere Eindringen europäischer Siedler in ihre Länder gedacht. Briten wie Amerikaner hatten einen Friedensvertrag unterschrieben, und es herrschte Ruhe – zumindest für den Augenblick, was nicht ausschloß, daß erneut jeden Moment Feindlichkeiten ausbrechen konnten. Auch war es eine Weile her, daß ein bedeutendes Lacrossespiel zwischen den beiden Nationen stattgefunden hatte.

Die Seneca wußten um die Not der Mohawk, eine neue Heimat zu finden. Es war ihnen ebenfalls klar, daß die Mohawk wegen ihrer bitteren Gefühle gegenüber den Amerikanern sehr viel lieber in britischem Territorium bleiben würden. *Thayendanegea* hatte längere Zeit um ein Stück Land für sein Volk in *Upper Canada* verhandelt, aber das Angebot der Briten war inakzeptabel. Hätten sich die Mohawk am Nordufer des Ontariosees angesiedelt, wie ihnen anfangs von den Briten vorgeschlagen wurde, dann wäre die Entfernung zwischen ihnen und ihren traditionellen Brüdern riesengroß gewesen. Dadurch wären die Sechs Nationen der irokesischen Konföderation noch weiter zerstückelt worden. Der jährlich stattfindende Große Rat hätte nur unter schwierigen Umständen zusammentreten können, da eine Reise für die isolierten Mohawks nur mit großen Schwierigkeiten zu bewerkstelligen gewesen wäre. Die Lokalität verbot es, Läufer mit Nachrichten loszuschicken, da es keine Verbindungsroute von jenem Teil Kanadas in den Süden gab. Eine Verbindung hätte nur auf dem Weg über die rauhen Wasser des *Great Lake* hergestellt werden können.

Die Seneca machten sich ebenfalls Sorgen, sie könnten durch den Druck, den die Amerikaner auf ihr Land ausübten, gezwungen werden, nach Kanada auszuweichen. Auf keinen Fall wollten sie den Kontakt zu den Mohawk verlieren. Sie hatten ihnen sogar Teile ihres eigenen Landes zur Neuansiedlung angeboten, aber die Mohawk hatten abgelehnt. Aus diesem Grunde hatten sich die Seneca bemüht, ihrerseits eine neue Heimat für die Mohawk zu finden, und zwar am Grand River, der in den anderen großen See westlich von *Detkahskonsase* (Niagara) mündet. Würden die Seneca unter diesen Umständen gezwungen werden, wegzuziehen oder ihre Kräfte für den Kampf mit den Mohawk zu vereinen, wäre die Kommunikation untereinander um vieles einfacher. Die neue Nähe würde alte Freundschaften und Familienbande wieder aufleben lassen, denn wie bei allen Irokesen – Cayuga, Oneida sowie den Onondaga – gehen die Clanverbindungen quer über nationale Grenzen, und man hatte jahrhundertelang untereinander geheiratet.

Die Aufforderung zum großen Lacrossespiel war von den Mohawk nach der Ratssitzung ausgesprochen worden. Nach alter Sitte schickten sie von Grand River zwei Läufer los, die die Häuptlinge der Seneca in Buffalo Creek aufsuchen sollten. Die Läufer trugen den großen, rot gefärbten Lacrosseschläger, der mit Raubvogelfedern geschmückt war. Sie überbrachten die Einzelheiten der Herausforderung und zogen sich nach Übergabe der zwei Muschelketten und des Einladungsschlägers, wie es der Brauch vorschrieb, für die Nacht zurück, während der Rat anschließend über die Herausforderung beriet.

Die Seneca-Häuptlinge kamen überein, daß das Spiel stattfinden sollte. Die jungen Krieger der Nation hatten ihre Kräfte, die sie im Kampf um ihr Land verloren hatten, wiedererlangt und würden für das Spiel in guter Verfassung sein. Obwohl das Ereignis in der Gemeinde des Herausforderers stattfinden würde, was ihnen einen psychologischen Vorteil brächte, würden die besten Seneca-Spieler gegen die Mohawk antreten. Man würde nur die Stärksten aussuchen, von denen es eine Vielzahl gab. Die Häuptlinge glaubten, das Spiel schnell gewinnen zu können, da die Jahre des Kampfes und der Umsiedlung die Zahl der Lacrossespieler bei den Mohawk dezimiert hatten. Außerdem waren viele der besten und bekanntesten Mohawk-Athleten erst kürzlich von kriegerischen Auseinandersetzungen aus dem Westen zurückgekehrt. Sie wären körperlich nicht in bester Verfassung im Gegensatz zu den Seneca-Spielern, die gut ausgeruht und bestens vorbereitet waren für die Kämpfe auf dem Spielfeld.

Nachdem am nächsten Morgen die Kohlen des Ratsfeuers geschürt und neu entzündet worden waren, wurden die Läufer der Mohawk vor den Rat gerufen. Nun begannen ernsthafte Diskussionen über den Zeitpunkt des Spieles, die Anzahl der Spieler sowie die Anzahl der Tore für den Sieg. Man einigte sich darauf, das Spiel im Spätsommer anzusetzen, wenigstens eine Woche vor der letzten Herbsternte. Dieser Termin würde den Seneca genügend Zeit lassen, zu ihren Maisfeldern zurückzukehren und ihren Wintervorrat anzulegen. Man entschloß sich auch, die Zahl der Spieler pro Mannschaft auf einhundert zu begrenzen — diese Bedingung wurde von den Mohawk gestellt. Sie waren sich darüber im klaren, daß die Seneca über weit mehr Spieler verfügten als sie selbst. Beide Seiten kamen überein, daß man um zwanzig Punkte spielen wollte. Nach Klärung aller Einzelheiten für das Spiel machten sich die Läufer auf den Heimweg. Sie ließen den Einladungsschläger zurück, der zum Zeitpunkt des Wettkampfes wieder zurückgegeben wurde.

Kaum hatten sich die Mohawk-Läufer auf den Rückweg gemacht, wurde die Nachricht über das Spiel bereits unter den Seneca verbreitet. Man schickte Läufer aus, zuerst in das nördlich gelegene *Tonawanda* am Rande des großen Moors, dann in den Südwesten, um alle Bewohner am Cattaraugus Creek zu informieren, und dann in östliche Richtung zu den letzten Dörfern im Genesee Valley. Ihre Mission bestand darin, die besten Spieler der Nation zu gewinnen und sie über den Zeitpunkt und die vereinbarten Einzelheiten des Spiels zu informieren. Jeder, der im Seneca-Team mitspielen wollte, mußte den Herausforderungsschläger berühren. Dadurch verpflichtete er sich zur Teilnahme am Wettbewerb.

Dies war für die Seneca eine gute Gelegenheit, ihren Nationalstolz herauszukehren. In jedem Dorf konnte man ein geschäftiges Brodeln wahrnehmen, als die Familien begannen, Gegenstände zum Wetten auf ihre Spieler hervorzusuchen. Sie rechneten fest mit einem Sieg in diesem Spiel, deshalb schreckten sie vor nichts zurück, suchten die besten silbernen Halskragen und Wolldecken heraus und sogar Familienerbstücke. Viele fabrizierten neue Tomahawks, die sie als Watteinsatz einbringen wollten. Die Mütter arbeiteten an neuen *ke:onshae'* (Kinderwiegen), worin sie ihre Jüngsten zu dem Ereignis mitnehmen wollten. Die Hersteller von Lacrossestöcken waren eifrig damit beschäftigt, alte Schläger zu reparieren, neu zu bespannen oder ganz neue Schläger für das Spiel herzustellen. Die Frauen machten sich Gedanken, wieviel Maismehl sie für den Fußmarsch von zwei bis drei Tagen brauchten. Sie wußten, daß sie nach ihrer Ankunft von den Gastgebern verköstigt und ebenfalls für die Rückreise mit Lebensmitteln versehen würden. Sie machten auch neue *kenka:'*, die traditionellen Lendenschurze der irokesischen Lacrossespieler und Krieger. Sie schnitten feinen, blauen Baumwollstoff, den sie kürzlich erworben hatten, in Bahnen von etwa 180 cm zu und verzierten die Säume mit feiner Perlenarbeit. Die Spieler übten sich erneut in Fertigkeiten, die ihnen wegen fehlender Praxis abhanden gekommen waren. Jedes Dorf hatte eine Spielerquote zugeteilt bekommen, die insgesamt die vereinbarte Mannschaftsstärke von einhundert Spielern nicht überschritt. Also begannen sie, kleine Dorfspiele zu veranstalten, um schwache Spieler auszusondern und vielversprechende, begabte Anfänger zu entdecken. Ein Wettkampf gegen die Mohawk würde auch die jüngsten Spieler auf Trab bringen, sollten sie als Teilnehmer für dieses wichtige Ereignis ausgewählt werden.

Drei Tage vor der geplanten Zusammenkunft in Grand River versammelten sich Spieler und Familien und begaben sich auf die Reise nach Norden beziehungsweise Westen zum Treffpunkt am Buffalo Creek. Dort würden sie auf weitere Angehörige ihrer Nation stoßen. Auf diese Weise würden die fünfhundert Männer, Frauen und Kinder als große geschlossene Gruppe im Land der Mohawk eintreffen statt vereinzelt wie Nachzügler. Angetan mit ihren schönsten Kleidern würden die Seneca gleich zu Anfang durch Mannschaftszusammenhalt und Stammestreue einen starken Eindruck auf ihre Gegner machen.

In der Zwischenzeit hatte Red Jacket die geschäftigen Spielvorbereitungen seiner Gemeinde dazu benutzt, sich heimlich auf eine Reise nach Osten in das Genesee Valley zu begeben. Wäre er dazu befragt worden, hätte er als Vorwand vorgeschoben, Unterkünfte in *Canandaigua* für die bevorstehenden Friedensverhandlungen mit Timothy Pikkering als Verhandlungsführer der Vereinigten Staaten zu organisieren. Es lebten nur noch wenige Seneca am See, und für die große Delegation aus Buffalo Creek würden im Herbst Unterkünfte gebraucht werden. Aber Red Jacket kam niemals in *Canandaigua* an, denn sein wahres Ziel war Gardeau, wo Mary Jemison in einem kleinen Blockhaus lebte. Trotz ihrer weißen Haut und europäischen Gesichtszüge war Mary durch und durch eine Seneca. Geboren wurde sie auf einem Schiff während der Überfahrt von Irland. Später wurde sie als Kind bei einem Indianerüberfall auf die Farm ihrer Eltern von Indianern geraubt. Sie wuchs bei den Seneca auf und nahm sich später einen Seneca zum Mann, dem sie viele Söhne schenkte. Ein paar ihrer Söhne lebten trotz ihres fortgeschrittenen Alters immer noch bei ihr. Auf sie hatte es Red Jacket bei seiner persönlichen Rekrutierungskampagne für das Lacrossespiel abgesehen — Teil eines verzwickten Planes, den sich der Seneca-Redner zurechtgelegt hatte. Heimlich hatte er bereits die Bühne für das Drama, das sich hoffentlich abspielen würde, in Grand River aufgebaut. Jetzt mußte er nur noch den Hauptdarsteller finden.

Als Red Jacket den Hügel hinaufstieg, kam Marys Blockhütte in Sicht. Eine zarte Rauchfahne vom Morgenfeuer stieg aus dem primitiven Schornstein. Auf den ersten Blick schien sich niemand dort aufzuhalten, aber dann nahm er seitlich eine Bewegung in dem kleinen Garten wahr. Die Frau ging langsam durch die Reihen von Kürbispflanzen. Dabei schien sie das Unkraut zu entfernen. Der Redner aus Buffalo Creek kam näher heran und rief ihr einen Gruß zu. Sie hatten sich vorher nur einmal getroffen, aber sie erkannte Red Jacket sofort an seinem berühmten Kleidungsstück — einem Geschenk der Briten, dem er seinen Namen verdankte, der inzwischen sogar von seinen eigenen Leuten benutzt wurde. Er schaute auf seine abgetragenen Armstulpen, die sich langsam auflösten. Trotzdem war es sein wertvollster Besitz und, den Geistern sei Dank, Joseph Brant hatte kein solches Stück von den Briten bekommen, trotz ihrer engen, dauerhaften Zusammenarbeit mit ihm.

Mary warf ihren Eimer Unkraut auf einen Abfallhaufen und forderte Red Jacket auf, mit ihr ins Blockhaus zu treten. In einer Ecke entdeckte er sofort mehrere aneinandergelehnte Lacrosseschläger und wußte, daß er hier richtig war. Als er eine Unterhaltung mit Mary begann, ging er zu den Stöcken und untersuchte sie einzeln. Sie waren unterschiedlich lang und ziemlich abgenutzt. Einer war in der Rundung gebrochen und mit einem fest darumwickelten Lederband repariert worden. Von einem besonders strapazierten Stock war nur noch der Rahmen übriggeblieben. Bei einem anderen hatte sich das äußere Band gelöst, das das Netz zusammenhielt, wodurch es sich aufzudröseln begann. Mary entschuldigte sich für die unaufgeräumte Ecke und sagte, sie könne sich von dem zerbrochenen Spielzeug ihrer Kinder nicht trennen. Die unterschiedlich langen Stöcke waren ein sicheres Anzeichen dafür, daß die Jungen mit Lacrosse aufgewachsen waren und wahrscheinlich in sehr jungen Jahren angefangen hatten zu spielen, was die kleineren, kürzeren Schläger bewiesen.

Ihr zwangloses Gespräch wurde durch ein Geräusch hinter der Hütte unterbrochen. Mary rannte zur Hintertür und schimpfte ärgerlich auf zwei ihrer Söhne ein, die sich auf der Erde wälzten und heftig miteinander kämpften. Der ältere John hatte Buffalo Tom festgenagelt und trommelte mit einem primitiven Schaber aus dem Schienbein eines Rotwilds wie wild auf dessen Kopf ein. Angesichts von Johns überlegener Größe und Alter war es ein ungleicher Kampf. Red Jacket half Mary, die beiden voneinander zu trennen. Tom blutete aus der Nase, die gebrochen zu sein schien. Das irische Temperament, dachte Red Jacket. Er erinnerte sich wieder an Johns gemischte Herkunft beim Anblick der merkwürdigen Farbe seiner langen Zöpfe – ein seltsames rotbraun. Die Söhne waren losgeschickt worden, um die Haare von einem Kuhfell abzuschaben und es in dünne Streifen zu schneiden, womit Mary Lacrosseschläger bespannte, wenn es ihre Zeit erlaubte. Sie waren damit allerdings nicht weit gekommen. Das übelriechende Leder, das bereits zu verrotten begann, hing immer noch über dem Walkbalken. Nur an ein paar Stellen waren die Haare abgeschabt worden.

Red Jacket war überzeugt, daß er seinen Darsteller für die Hauptrolle gefunden hatte. Er nahm John beiseite und versuchte, ihn zu beruhigen. Waren die Mohawk-Läufer mit dem Forderungsschläger nach Gardeu gekommen? Wußte John überhaupt von dem baldigen Wettspiel? Red Jacket legte seinen Arm um die Schulter des jungen Mannes und führte ihn hinein. Er zeigte auf den Stapel Schläger und schaltete um auf Komplimente. Es habe den Anschein, als hätten Marys Jungen schon viele Jahre Erfahrung mit dem Spiel gesammelt, bemerkte er. Er wette, daß John in Anbetracht seiner Größe ein ziemlich starker Spieler sein müsse. Er sei sicher, daß die Wettkampfleiter ihn als einen der hundert Mannschaftsspieler aussuchen würden. Sie wollten, daß im Team die *gesamte* Seneca-Nation vertreten war, und er glaube, daß aus dieser Gegend noch keiner im Gespräch sei. Die Plätze füllten sich schnell mit den bekannten Spielern westlich von Genesee. *Cattaraugus* hatte bereits vierzig Kandidaten vorgeschlagen, wurde aber beschieden, daß nur die Hälfte der Spieler in die Endauswahl kämen. Red Jacket kannte die Spielführer persönlich und würde ein gutes Wort für John einlegen.

Obwohl Mary wegen der Rauferei noch immer ärgerlich auf ihre Söhne war, stimmte sie dennoch ein Loblied auf John als talentierten

Sportler an. Ja, er war stets der beste Spieler von den Jungen gewesen, jedoch, nein, die Läufer hatten den Abschnitt ihres Flußtals noch nicht erreicht. Ihr Stolz auf John siegte über ihren Zorn, und sie erinnerte ihn an das Seneca-Mädchen aus Grand River, mit dem er nach dem Spiel im vergangenem Sommer in *Tonawanda* einige Zeit verbracht hatte. Würde er in das Team aufgenommen, bestände die Möglichkeit, seine Bekanntschaft mit ihr wieder aufzufrischen —*nach*dem Spiel, natürlich.

Und so kam es, daß John Jemison seinen Platz im raffinierten Plan von Red Jacket fand, den dieser eingefädelt hatte, um seinen Erzrivalen, den großen Mohawkhäuptling Brant, in eine peinliche Lage zu bringen oder sogar zu demütigen. Er zählte darauf, daß John mit seinem Lacrosseschläger in Buffalo Creek auftauchte.

Als alle in Buffalo Creek versammelt waren, machte sich die ganze Gesellschaft auf den Hauptweg nördlich von *Detkahskonsase*. Dann überquerten sie den Fluß und zogen auf der kanadischen Seite weiter bis zum Dorf *Osweken* am Grand River. Aus einem Cayuga-Dorf auf ihrer Route, das etwa zwei Meilen vor ihrem Ziel lag, schickten die Seneca Läufer mit dem rotgefärbten Lacrosseschläger voraus. Sie sollten Brants Dorf die baldige Ankunft der herausgeforderten Mannschaft melden und den Mohawk Gelegenheit geben, Vorbereitungen für ein gemeinsames Fest zu treffen.

Am Abend unterbrach Red Jacket eine Rangelei, in die Jemison mit zwei Mannschaftskameraden verwickelt war. Er führte ihn abseits in den Wald und verlangte, seinen Schläger zu sehen. Red Jacket untersuchte das Ende der Rundung und zeigte auf den hakenähnlichen Vorsprung über der Rille, die die letzte Verschnürung der Bespannung enthielt. Er kam auf einen Trick zu sprechen, den er vor vielen Jahren, als er selbst noch Spieler gewesen war, gelernt hatte: Mit einer gekrümmten Messerklinge könne man den vorstehenden Haken noch feiner zurechtformen. Dadurch würde er schärfer gebogen und bekäme mehr Ähnlichkeit mit einem richtigen Haken, was natürlich eine größere Gefahr für die Rückseite einer gegnerischen Bespannung sei. Aber man mußte aufpassen, daß die Schiedsrichter nichts von dieser „Verfeinerung" merkten. Sollte dies doch geschehen, würden sie den Stock mit Sicherheit disqualifizieren und den Spieler möglicherweise aus dem Spiel nehmen. Sie könnten sogar einen oder zwei der von den Seneca bereits erzielten Torpunkte wieder abziehen.

Die Läufer kehrten bald zurück und meldeten, daß alles bereit sei. Also packte der große Trupp der Seneca seine Habseligkeiten wieder zusammen und legte das letzte kurze Stück des Weges zum Spielfeld zurück. Dort wollten sie ihr Lager ganz dicht beim Fluß aufbauen. Es war der Platz, den die Mohawk ihnen als Lagerstätte zugewiesen hatten. Als die Seneca aus dem Wald hervortraten, sahen sie, daß viele

Menschen aus Grand River zu ihrer Begrüßung auf das Spielfeld geströmt waren. Die Mohawk hatten eilig eine kleine Mannschaft aus ihren besten Spielern zusammengestellt, die nun für alle sichtbar vor den beiden Torpfosten am Ende des Spielfeldes trainierten – eine Sondereinlage der Mohawk-Mannschaft, um ihre Besucher mit ausgefallenen, hinterrücks und überkopf abgefeuerten Schüssen sowie schnellen Manövern rund um die Torhüter zu beeindrucken.

Die Seneca-Spieler gaben natürlich vor, diese Extraeinlage nicht zu sehen. Sie machten sich daran, mit ihren Familien ihr Lager aufzuschlagen und ihre Fellbetten abzuladen. Ihre Häuptlinge zogen sich in das Beratungshaus der Mohawk zurück, um mit *Thayendanegea* oder Joseph Brant, wie er von den Briten genannt wurde, und den anderen wichtigen Häuptlingen zusammenzutreffen. Nach dem Rauchen des Kalumet würden sie ihre beiderseitigen Angelegenheiten beraten, jedoch alle Gedanken an das Spiel des folgenden Tages bis auf den späten Abend verschieben, wenn die Leute ernsthaft begannen, auf den Ausgang des Spiels zu wetten.

Das Fest am Abend bot allen die willkommene Gelegenheit, alte Freundschaften zwischen den Clan-Mitgliedern beider Nationen zu erneuern, Neuigkeiten auszutauschen und entfernte Seneca-Verwandte zu besuchen, die vor einem Jahrzehnt nach Grand River gezogen waren. Für viele Seneca war dies der erste Besuch in der neuen Mohawk-Siedlung. Die Bewohner führten stolz ihre neuen Rindenhäuser und Blockhütten vor und wiesen auf ihre neu angepflanzten Obstgärten und großen Maisfelder hin. An jenem Abend führten die Mohawk einen speziellen Kriegstanz auf. Zwischen ihren Liedern erzählten die Krieger von ihren Abenteuern und Heldentaten in Detroit, wo sie zusammen mit den Miami gegen die Amerikaner unter Arthur St. Clair in die Schlacht gezogen waren. Überall herrschte eine kameradschaftliche Stimmung, und man sprach viel über das Spiel, das am folgenden Vormittag beginnen sollte. Manche Mohawk-Spieler nahmen den Mund sehr voll und äußerten, daß sie die zwanzig Gewinnpunkte bis zum Mittag zu erzielen gedachten, weshalb die Seneca sich das Auspacken eigentlich ganz sparen könnten!

Indessen wurden die Spieler beider Seiten von ihren Medizinmännern betreut, die aus abgeschabter roter Korbweidenrinde ein spezielles Gebräu zum Trinken sowie Salben zum Einreiben ihrer Glieder vorbereitet hatten. Die Spieler hielten sich vom Fest fern und fasteten stattdessen bis zum Beginn des Spiels. In Anbetracht der großen Menschenmenge rund um das Spielfeld und der Geschäftigkeit, mit der die Familien der Spieler die Gegenstände, die zum Wetteinsatz kommen sollten, herausputzten, war an Schlaf in jener Nacht nicht viel zu denken. Silberschmuck wurde blank gerieben, Stoffbahnen wurden sorgfältig zusammengefaltet und Perlenarbeiten wurden ein letztesmal festgezurrt.

Die Lacrosseschläger wurden Stück für Stück mit den persönlichen Merkmalen der Spieler versehen und dann in einer besonderen Rindenhütte zusammengetragen, wo sie während der ganzen Nacht von einem der Medizinmänner bewacht wurden. Einer der Lacrossezauberer der Seneca nahm die Bälle auseinander, die benutzt werden sollten, legte kleine magische Objekte hinein und reichte sie einer Frau zum Zusammennähen weiter.

Zur gleichen Zeit waren die Mohawk-Frauen damit beschäftigt, ein Abendessen für die Gäste zu kochen. Sie wußten, daß sie müde und hungrig von der Reise waren und unterwegs meistens nur von kleinen Zwischenmahlzeiten aus Maismehl gelebt hatten. Große Töpfe warteten darauf, mit grobgeschrotetem Mais, Bohnen und Kürbis gefüllt zu werden. Wild und zusätzlich Rindfleisch sowie Mais standen schon auf dem Feuer.

Während des Festes entdeckte Jemison das Mädchen aus Grand River, das er vom vergangenen Sommer her kannte. Er hatte vergessen, wie hübsch sie war. Ihre Beziehung in *Tonawanda* hatte sich schnell und heftig entwickelt. Es gab zwar ein paar junge Männer in seiner Mannschaft, die sie ebenfalls bewunderten, aber Jemison war in Liebesdingen ebenso aggressiv wie bei der Verfolgung des Balls auf dem Spielfeld, und so hatte er ihre Gunst gewonnen. Nach dem Abendessen, in dessen Verlauf sie über Anekdoten von früher gelacht hatten, lud sie ihn ein, ihre Familie kennenzulernen, die, wie sie sagte, ein paar Schritte vom Dorf weg lebte. Als sie außer Sichtweite der anderen waren, legte sie ihren Arm um seine Taille, und sie blieben stehen und küßten sich. Sie zeigte auf einen Nebenweg, der tiefer in den Wald hineinführte, und für einen Moment kam John in Versuchung. Aber die Realität war stärker als seine fleischlichen Gelüste. Er erinnerte sich an das strikte Verbot der Medizinmänner in bezug auf diese Art von Aktivitäten bis lange nach dem Spiel. Außerdem hatte er keine Ahnung, in welchem Teil ihres Monatszyklus sie sich befand. Zur großen Enttäuschung des Mädchens trug die Tradition den Sieg davon.

Am Morgen des Wettkampftages lag ein leichter Spätsommernebel über dem Gelände, aber bei Spielbeginn stand die Sonne bereits höher am Himmel und hatte den Nebel vertrieben. Stattdessen breitete sich der Rauch von den verschiedenen frühmorgendlichen Feuerstellen überall aus. Die Spieler legten ihren Lendenschurz an und liefen kurze Rennen, um ihre Beinmuskeln für das Spiel aufzuwärmen. Die Lacrosseschläger wurden aus der Rindenhütte geholt, und die Medizinmänner halfen mit, kleine Federn als Glücksbringer daran anzubringen. Ältere Krieger versorgten die Spielern Farbe für Gesicht und Arme, und die Frauen trugen die verschiedenen Fessel-, Handgelenk- und Schmuckbänder für die Fuß-, Arm- und Handgelenke herbei, die die Ausrüstung der Spieler vervollständigten.

Plötzlich erklang ein Gewehrschuß – das Signal für alle, sich zum Spielfeld zu begeben und mit ihren Besitztümern auf den Spielausgang zu wetten. Vier alte Männer – zwei aus jeder Nation – waren die Wächter der Wettgegenstände. Es wurden Wolldecken ausgelegt, auf denen die Artikel ausgebreitet wurden. Jeder Spieler wählte einen Gegner aus der anderen Nation, mit dem er sich auf die Gegenstände, die als Wetteinsatz gelten sollten, einigte. Dann gingen sie zusammen zum Wettplatz. Dort banden die alten Männer die beiden Gegenstände mit einem Wildlederriemen zusammen und legten sie offen sichtbar auf die Decken, so daß die Gewinner sie leicht nach dem Spiel einsammeln konnten. Die Schlange, die sich zu den Wettdecken begab, war beinahe so lang wie das Spielfeld, als die Spieler und ihre Familienangehörigen ihre Wettgegenstände herbeibrachten. Schnell wuchs ein Berg an aus Beilen, Silberbroschen, Tomahawks, Messern, Muscheln, Gewehren, Säbeln, Fellen und Glasperlenarbeiten. Die Warenmenge war so groß, daß man eine weitere Wolldecke ausbreiten mußte.

Gewöhnlich hätte einer der Mohawk-Häuptlinge die Eröffnungs-ansprache halten und den ersten Ball im Mittelfeld einwerfen müssen. Da die Herausforderung aber auf Brant zurückging, der einen heraus-ragenden Ruf als Krieger erworben hatte, überließ man ihm die Ehre. Brant hatte mit dem Lacrossespiel aufgehört, als er sich immer inten-siver mit den Angelegenheiten der Mohawk-Nation befaßte. Da er zweisprachig war, wurde er als Sprecher seines Volkes ständig in Anspruch genommen. Allerdings ging sein Aufstieg in der Kriegerkaste teilweise auf seine herausragenden Fähigkeiten als jugendlicher Lacros-sespieler zurück. Das Volk der Irokesen hatte einen scharfen Blick für talentierte junge Burschen auf dem Spielfeld und wählte seine Krieger unter den besten Lacrossespielern. Energie, Geschicklichkeit, Schnel-ligkeit und Ausdauer, mit denen sie gegen eine gegnerische Mannschaft antraten, waren die gleichen Eigenschaften, die einen Krieger auf dem Kriegspfad beim erfolgreichen Kampf Mann gegen Mann mit dem Feind auszeichneten.

Die Seneca-Spieler hatten am Flußufer Aufstellung genommen und standen ihren Gegern, den Mohawks, etwa 45 Meter auf dem Spielfeld gegenüber. *Thayendanegea* trat aus der Mitte der Mohawkrei-he hervor. Er war prachtvoll gekleidet und trug ein schweres Silberkreuz auf der Brust. Um seinen Hals hatte er ein rotes Taschentuch gebunden. In seinen Haarknoten waren kleine Federn eingearbeitet, und seine Stirn war mit feinen roten Linien in Kriegsfarbe geschmückt. Brant begab sich stolz ins Mittelfeld und begann seine Vorrede an die Spieler. Er ermahnte sie, keine unnötige Gewalt im Spiel aufkommen zu lassen und riet ihnen, nach den Regeln zu spielen. Er sprach zu beiden Mannschaften, indem er sich einmal an die einen wandte, dann an die anderen. Zuerst sprach er zu den Seneca, indem er seinen rechten Arm unter seiner Decke hervorstreckte:

„BRÜDER, ihr habt die Herausforderung der großen Mohawk-Nation angenommen, die mit euch über Jahrhunderte
auf der gleichen Seite des Ratsfeuers gesessen hat, das Spiel
unserer Vorfahren gegen uns zu spielen, so wie es dem
Großen Geist gefällt, seine Kinder stets vereint zu sehen,
auch wenn sie sich einmal gegenüberstehen. Wir sind unseren Seneca-Brüdern für dieses wunderbare Gelände dankbar,
denn unsere neue Heimat an den Ufern dieses großen Flusses
bietet uns eine perfekte Arena für alle sportlichen Ereignisse.
Eine Herausforderung, wie sie unser Rat ausgesprochen hat,
hätte unseren Seneca-Brüdern viel Ungemach bringen können, wenn sie sich nicht dafür eingesetzt hätten, daß wir uns
mit ihrer Erlaubnis auf Seneca-Boden ansiedeln konnten.
Solch ein Wettkampf zwischen unseren beiden großen Nationen wäre schwierig durchzuführen gewesen, hätten wir
uns an dem anderen großen See niederlassen müssen, wie es
die Briten vorgeschlagen haben. Die Nähe unserer beiden
Heimstätten sollte uns jedoch noch enger aneinander binden
und es uns ermöglichen, solche großen nationalen Spiele
öfter gegeneinander auszutragen."

Während seiner Ansprache bemerkte Brant, daß eine seiner zahlreichen britischen Medaillen, die er um den Hals trug, schief saß, da sie
ihm während des Ankleidens in der Frühe in aller Eile von seinem
Cousin umgehängt worden waren. Eines großen Häuptlings nicht
würdig, dachte er und faßte dorthin (hoffentlich unbeobachtet), um
König Georgs Gesicht mit dem anderen Schmuck, den er trug, besser
zu arrangieren. Dann fuhr er fort:

„BRÜDER, jetzt, da der Tomahawk von allen beiseite gelegt
wurde, ist uns klar, daß ihr viele gute Krieger in eurer
Mannschaft habt, deren kampferprobte Kräfte nun auf dem
Spielfeld zum Einsatz kommen werden. Diese Krieger möchten wir warnen, ihren Zorn im Spiel nicht an ihren Mohawk-
Brüdern auszulassen. Wir wissen so gut wie ihr, daß man
euch euer Land genommen und daß General Sullivan eure
alten Dörfer und Maisfelder verwüstet hat. Sogar jetzt noch
gieren die Amerikaner mit neidischen Blicken nach dem
Land, das laut Vertrag das eure ist. Auch wir haben einen
langen, schweren Marsch hinter uns von unserem alten
Wohngebiet am östlichen Ende des Großen Langhauses die
Irokesen-Konföderation. Aber wir wollen uns darauf besin-
nen, daß wir nicht Lacrosse spielen, um unsere durch die
Amerikaner erlittenen Verluste zu rächen, sondern wir wollen einen freundschaftlichen Wettkampf ausführen. Vor euch
seht ihr die vielen Preise, die gegeneinander gewettet wurden. Darum geht es beim Kampf in diesem Wettbewerb.
Heute kämpfen wir um Silberarmbänder und Wolldecken,
die wir mit nach Hause nehmen wollen, nicht um Skalps und
Kriegsbeute."

Jemison verlagerte sein Gewicht ungeduldig von einem Bein auf das andere. Er drehte den Griff seines Schlägers auf dem Boden hin und her, während er die obere Rundung mit den Händen fest umklammert hielt und ihn leicht im Rhythmus von Brants Rede wiegte. Mit den Augen hatte er seinen Mohawk-Gegner auf der anderen Seite fest im Visier und schätzte ihn ein. Sogar aus dieser Entfernung konnte er erkennen, daß er alle seine Kräfte und Fertigkeiten auf dem Feld würde einsetzen müssen. Der Mohawk war größer als er und hatte lange, dünne Beine – wahrscheinlich ein schneller Läufer, dachte Jemison. Er konnte sehen, daß sein linker Unterarm bandagiert war. Jemison würde natürlich bei jeder Gelegenheit diesen Arm mit einem tüchtigen Schlag seines Schlägers zu treffen versuchen. Er sah sich noch einmal das spitze Ende seines Schlägers an. Er hatte es gerade mit einem krummen Messer zurechtgeschnitzt und dabei helles Holz freigelegt, das er mit Erde eingerieben hatte, damit es sich nicht von der Farbe des übrigen Rahmens unterschied. Er hoffte, daß die Schiedsrichter nicht nah genug herankamen, um etwas zu entdecken. Gegen einen schnellen Läufer war er auf den „Haken" angewiesen.

Brant wandte sich dann an seine eigenen Leute. Vorher warf er einen kurzen Blick nach unten, um festzustellen, ob sich King George noch auf seinem angemessenen Platz befand.

> „Meine Verwandten, wie ihr seht, haben unsere Seneca-Brüder die Herausforderung der stolzen Mohawk-Nation zu einem Spiel unserer Ahnen angenommen, damit es den großen Geist erfreuen möge. Sie sind aus allen Teilen ihres Landes herbeigekommen, um die besten Spieler ihrer Dörfer in einer Mannschaft versammelt zu sehen. Sie wird antreten gegen unsere jungen Spieler, und man wird sehen, wer geschickter mit seinen Stöcken umgeht, wer den Ball am weitesten in Richtung des Tores werfen kann und wer den Ball aus dem gegnerischen Schläger schlagen und selbst aus der Luft mit seinem Stock fangen kann. Seitdem die Seneca die Herausforderung unseres Rates angenommen haben, wart ihr unablässig mit den Vorbereitungen für das Spiel beschäftigt und habt die gerissenen Saiten Eurer Stöcke wieder in Ordnung gebracht, die ihr zurücklassen mußtet, als ihr auf dem Kriegspfad wart. Es verging kaum ein Tag, an dem ich nicht Dutzende von euch beim Training angetroffen habe, wenn ich durch das Dorf ging. Ihr habt eure Wurfkraft gestärkt oder euch mit Wettläufen für das Spiel fit gemacht. Man kann auch nicht eure wunderschönen neuen Lenden-schurze übersehen, die eure Frauen für euch angefertigt haben. Tragt sie mit Stolz als Mohawk-Spieler, die sich anstrengen, den Wettbewerb auf ehrenhafte Weise für sich zu entscheiden. *NA HO!*"

Brant hob seinen Arm und zeigte allen den Ball. Sofort nahmen die Spieler auf dem Feld ihre Positionen für den Einwurf ein. Zehn auf jeder Seite stellten sich bei ihrem jeweiligen Tor als Bewacher auf, weitere zehn auf halbem Weg zum Mittelfeld, jeweils entsprechend der Position ihrer Gegner. Die zwei Anführer traten zu Brant in die Mitte. Brant drückte sie etwas auseinander, indem er seine Arme mit gesteckten Zeigefingern ausbreitete und sie in dieser Entfernung voneinander hielt. Dann, ohne Warnung, warf er den Ball auf den Boden und trat dabei ein paar Schritte zurück, um den Weg frei zu machen und das Startsignal zu geben mit dem Ruf „*Tahsatawhen!*"

Die zwei Mittelspieler stürzten sich mit ihren Schlägern auf den Ball, der zwischen ihnen verkeilt wurde. Während sie sich abmühten, ihn unter Kontrolle zu bringen, wurde der Ball leicht angehoben, und plötzlich sauste er geradewegs in die Luft. Beim Herunterfallen traf der Mohawk-Centerspieler ihn kräftig mit den Saiten seines Schlägers und schickte ihn ungefähr in Richtung des Mohawk-Heimtors. Ein anderer Mohawk-Spieler schaufelte ihn vom Boden auf, balancierte ihn auf seinem Schläger und begann loszulaufen. Halbwegs auf dem unteren Feld traf er auf vier Seneca-Spieler, die diagonal auf ihn zukamen. Er schlug plötzlich einen Haken nach links, wo ein anderer Mohawk-Spieler bereitstand. Er rannte direkt auf seinen Mannschaftskameraden zu, übergab ihm den Ball in seinen Stock und lief weiter, dicht gefolgt von den vier Seneca-Spielern. Diese hatten die Ballübergabe nicht bemerkt und verfolgten ihn weiter. Der wirkliche Mohawk-Ballbesitzer stürmte in die Mitte des Spielfeldes. Als er eine Lücke in der Abwehr entdeckte, warf er den Ball zwischen die beiden Pfosten und erzielte den ersten Punkt. Riesiger Beifall war von den Gastgebern zu hören. Die zwei Centerspieler kehrten für die nächste Runde zur Mitte zurück. Brants Pflicht war getan, da ab jetzt nach jedem Tor der Ball von einem der Häuptlinge, die als Schiedsrichter fungierten, auf den Boden geworfen wurde.

Den größten Teil des Vormittags über war das Spielergebnis sehr knapp gewesen. Dann geschah „der Vorfall". Das Spiel stand 10:8 für die Mohawk. Zwei Spieler, einer davon Jemison, waren besonders aggressiv gegeneinander vorgegangen. Jetzt kämpften sie um einen Ball, der am Boden lag. Der Mohawk wollte ihn gerade hochbringen, als er von Jemison heftig zur Seite gestoßen wurde und dabei fast aus dem Gleichgewicht geriet. Darüber wurde der Mohawk-Spieler wütend und verlor die Beherrschung. Beidhändig ergriff er seinen Schläger und ließ ihn auf Jemisons Gesicht niedergehen, der durch diesen Schlag zu Boden ging. Jedermann hatte diesen bewußt ausgeführten, häßlichen Angriff mit angesehen. Mehrere Seneca eilten zu ihrem verletzten Mannschaftskameraden, der bewußtlos zu sein schien. Er blutete heftig aus Nase und Mund. Jede Aktion kam zum Stillstand. Alle Seneca-Spieler ließen wie ein Mann ihre Schläger fallen, wo sie gerade auf dem Feld standen und zogen sich zu den Seitenlinien zurück. Es folgten hastige Besprechungen zwischen den Seneca-Häuptlingen und dem

Zauberer, während zwei Mannschaftskameraden dem verletzten Jemison halfen, das Spielfeld zu verlassen.

Bevor Brant das Feld überqueren konnte, um den Zorn der empörten Seneca zu besänftigen, begaben sich alle Gäste, die Wetten abgeschlossen hatten, zu dem Berg von eingesetzten Waren, um ihren Einsatz zurückzufordern. Deren Wächter sahen voraus, was geschehen würde und banden eilig die Wildlederschnüre auf, so daß die Seneca ihr Eigentum wieder an sich nehmen konnten. Die Frauen begannen, das Lager abzubauen, und junge Seneca-Buben rannten auf das Spielfeld, um die Schläger der Spieler einzusammeln. Der scharfe Wortwechsel zwischen Brant und Red Jacket führte zu nichts weiter, als daß der Senecasprecher hochmütig seine von einer Decke verhüllten Arme vor der Brust kreuzte und in Richtung des Ratshauses der Mohawk auf den Boden spuckte. Daraufhin machte er auf dem Absatz kehrt und schloß sich seinen Leuten an, die inzwischen schon den Heimweg auf dem Waldpfad angetreten hatten. Die dem Seneca-Spieler bewußt zugefügte Verletzung wurde als große Kränkung angesehen, als eine Beleidigung der gesamten Seneca-Nation, und das umso mehr, als die Mohawk die Initiatoren des Spiels waren. So brachen die Seneca gekränkt und wütend wegen dieser scheußlichen Begebenheit auf, um nach Hause zurückzukehren.

Red Jacket wanderte in seinem Blockhaus auf und ab. Dabei durchdachte er seine Strategie für das baldige Treffen mit den Häuptlingen und den Kriegshäuptlingen. Bis jetzt waren seine Pläne genau so gelaufen, wie er sie geplant hatte. Die Wahl des Jemison-Sohnes in die Mannschaft war auf Drängen von Red Jacket geschehen. Insgeheim mochte er „die weiße Frau", Jemisons Mutter, nicht, da sie häufig Brant bei sich bewirtete und ihn aufnahm, wenn er in der Gegend war. Aber in Gardeau hatte er die bekannte Gewalttätigkeit ihres Sohnes bestätigt gefunden, und genau das wollte *Shagoyawatha* auf dem Lacrossefeld der Mohawk sehen. (Er konnte nicht ahnen, daß Jemison in seinem späteren Leben zwei seiner Brüder töten und selbst von der Hand eines weiteren Bruders sterben würde.) Bevor Red Jacket seinen Plan entworfen hatte, war ihm bekannt gewesen, daß Jemison für seine Wutanfälle in der ganzen Siedlung gefürchtet war. Er würde zwangsläufig auf dem Spielfeld ein leichtes Ziel für einen ähnlich gewalttätig veranlagten Mohawk sein. Hellhäutig und von hellerer Haarfarbe stach er als einziges Mischblut in der Seneca-Mannschaft hervor. Das alleine reichte schon, um für Unruhe während des Spiels zu sorgen. Red Jacket hatte es über seine Kontakte in Grand River geschafft, insgeheim herauszufinden, welcher Spieler auf der Mohawkseite am leichtesten provoziert werden konnte. In gewissem Sinne übernahmen die zwei Spieler stellvertretend die Rollen von *Shagoyewatha* und dem verhaßten *Thayendanegea*. Der Vorfall selbst sowie die Machenschaften von Red

Jacket, die dazu führten, unterstrichen die Feinschaft zwischen den beiden Führern.

Mit einunddreißig Jahren war John Jemison, der immer noch zu Hause lebte, ein herausragender Lacrossespieler — wie seine Mutter ausdrücklich betonte. So war es Red Jacket nicht schwer gefallen, ihn zu ermutigen, sich für die Mannschaft aufstellen zu lassen. Auch Cornplanter, väterlicherseits von einem Holländer abstammend, war leicht zu überzeugen gewesen, daß Jemison trotz seiner gemischten Herkunft den Seneca auf dem Spielfeld zum Stolz gereichen würde. Trotzdem hatten einige aus der Siedlung leichte Bedenken, als sie hörten, daß er spielen sollte. Sie wußten, daß sein aggressives Verhalten schon oft zu tätlichen Auseinandersetzungen auf dem Spielfeld geführt hatte. Red Jacket hatte jedoch alles getan, um sie zu beschwichtigen, und am Ende wurde Jemison tatsächlich in der Mannschaft aufgenommen.

Red Jacket schmunzelte bei der Erinnerung daran, wie der Vorfall während des Spieles ausgelöst wurde. Während der Reise nach Grand River hatte er Jemison verstohlen einen Tip gegeben, wie man einen Schläger auf besondere Weise „herrichtet". Jemison hatte aufmerksam zugehört, während Red Jacket ihm die einzelnen Schritte dieser Technik ausführlich darlegte. Bei der Verfolgung eines Gegners in Ballbesitz war eines der sichersten Mittel, ihm den Ball abzujagen, indem man mit dem vorstehenden Ende des eigenen Schlägers von hinten in das Netz des gegnerischen Stockes einhakte und diesem dabei einen kräftigen Stoß versetzte. Dadurch verlor der Gegner unweigerlich die Kontrolle über seinen Schläger. In jeden Fall würde das Netz seitwärts kippen und dadurch der Ball auf den Boden rollen. Die nachgebesserte Spitze am Ende von Jemisons Schläger sorgte für ein leichteres „Ergreifen" und stellte damit sicher, daß das Manöver gelingen würde.

Überdies hatte Red Jacket für weitere Schikanen gesorgt. Bevor die Spielleiter die Spieler paarweise zusammengestellt hatten, war es Red Jacket gelungen, einen von ihnen heimlich zu bestechen, Jemison gegen jenen Mohawk-Spieler aufzustellen, dessen Neigung zu Gewalttätigkeiten er kannte. Als Grund dafür gab er an, daß beide an demselben Seneca-Mädchen aus Grand River interessiert seien (dabei erwähnte er nicht, daß Jemison verheiratet war). Da sie das Spiel besuchen würde, würden beide ihr Bestes geben, um ihr ihre Zuneigung zu beweisen. Der Spielleiter nahm die Bestechungssumme freundlich entgegen. Er fand die Ursache dafür amüsant und konnte das Ergebnis kaum abwarten. Red Jacket applaudierte sich selbst zu seiner wohlgelungenen List.

Nach Spielbeginn nahmen die Dinge ihren natürlichen Lauf. Jemison und sein Mohawk-Gegenspieler spielten von Anfang an sehr hart. Zwischen den beiden gab es bedeutend mehr Stöße, Schläge und Bodychecks als bei anderen Spielern auf dem Feld. Der Mohawk galt als starker Spieler. Er wurde er von seinen Mannschaftskameraden häufig angespielt, da er im Rufe stand, gegen jeden Torwart den besten Schuß zu haben. Aber jedesmal, wenn er mit dem Ball losrennen wollte, gelang es Jemison, sich in seine Saiten zu haken, wodurch der Ball verloren ging. Als diese ständigen Attacken nicht aufhörten, wurde der Mohawk immer ärgerlicher, und im Verlauf des Spiels wurde sein Ärger zur Wut. Mehrmals verdrehte Jemison den gegnerischen Stock mit solcher Kraft, daß er dem Mohawk aus der Hand geschlagen wurde und danach wie ein Fisch am Angelhaken am Ende von Jemisons angespitztem Schlägerende baumelte. Einmal, als es schien, als wollten sich ihm die Schiedsrichter nähern, um seine Spielausrüstunge zu untersuchen, löste Jemison eilig seine Beute vom „Haken", ließ den Mohawk-Schläger auf den Boden fallen und entfernte sich. Auf diese Weise entging er den Unparteiischen. Ein anderes Mal, als Jemison sein Manöver durchzog, lief er zusätzlich noch mit aller Kraft von hinten in den Mohawk hinein. Dadurch hatte er nicht nur dessen Schläger an seinem eigenen hängen, sondern sein Gegenspieler stürzte auch noch mit dem Gesicht auf das Spielfeld. Es gab Augenblicke, da schien es, als wollten die Schiedsrichter eingreifen und sogar möglicherweise vorschlagen, Jemison aus dem Spiel zu nehmen. Aber Red Jacket hatte Glück, und nichts geschah. Das Spiel ging weiter. So war der „Vorfall" schließlich unvermeidlich.

Der größte Schaden war den Seneca an ihrem Selbstwertgefühl und ihrem Stolz zugefügt worden. Jemison hatte eine Zeitlang eine blutige Nase und ein paar Kratzer auf dem Gesicht, aber das waren unwichtige Verletzungen, wie man sie in einem Lacrossespiel erwartete. Die beiden Spieler waren in Wirklichkeit Stellvertreter in dem endlosen Kampf zwischen Red Jacket und Brant, und Red Jacket war aus diesem Zusammenstoß als Sieger hervorgegangen.

Nach seiner Auseinandersetzung mit Brant nach dem Abbruch des Spiels stürmte Red Jacket vom Feld in Richtung Heimat, wo er laut und offen vor allen, die es nur hören wollten, seine gespielte Entrüstung bekundete. Auf der Rückreise nach Buffalo Creek schienen seine unaufhörlichen wütenden Bemerkungen den erhofften Effekt zu haben. Er wußte, daß er ein mächtiger Redner war und mit seiner Überredungskunst Krieger auf den Kriegspfad schicken konnte. In diesem Falle war er sicher, daß er nicht nur Brant in gehöriger Verlegenheit zurückgelassen hatte, sondern daß er auch Möglichkeiten für sich selbst geschaffen hatte, die Angelegenheit noch weiter zu treiben. Es stand jetzt unmittelbar eine Ratssitzung bevor, in der man seine Forderungen anhören würde, wie die Beleidigung der Seneca durch die Mohawk gerächt werden könnte. Um dieses Unrecht zu tilgen, würde er sich mit nichts weniger als einem Kriegszug zufrieden geben. Es war das reinste Spiel mit dem Feuer.

In der bevorstehenden Sitzung mußte er seine rednerischen Fähigkeiten an den richtigen Stellen überlegt und geschliffen einsetzen. Alles,
was den verachtenswerten Brant in einem kläglichen Licht erscheinen
lassen würde, wäre ihm nur recht. Insgeheim war er neidisch auf den
mächtigen Mohawk, der lesen und schreiben konnte, englisch und
französisch beherrschte und als Kriegshäuptling in hohem Ansehen
stand. Er war sich auch bewußt, daß Brant ihn für einen Feigling hielt,
was er auch offen aussprach. Red Jacket erinnerte sich nur ungern an ein
Essen, das einmal von Thomas Morris, dem Finanzier aus Philadelphia,
gegeben wurde, der zusammen mit den Holländern auf den Landbesitz
der Seneca spekulierte. Dem Essen wohnten Brant, Red Jacket und
Cornplanter, der Allegany-Häuptling und Halbbruder von Handsome
Lake, bei. Zum damaligen Zeitpunkt, als überall Kriegsgefahren lauer-
ten, hätte Red Jacket kaum vorhersehen können, daß sich Handsome
Lake – nach mehreren Visionserfahrungen – fünf Jahre später in einen
Friedensboten verwandeln würde, der neue religiöse Regeln aufstellen
sollte. Darin forderte er die Krieger auf, ihre Kriegskeulen niederzule-
gen und bei ihren Tänzen einander nicht mehr die Hände zu schütteln.
Red Jacket erinnerte sich, wie ihm unbehaglich wurde, als Brant
amüsante Geschichten zu erzählen anfing und besonders die von dem
„Kuhtöter" hören ließ. Brant hatte mit großem Vergnügen das Gerücht
verbreitet, daß Red Jacket wohl in der Lage sei, Seneca-Krieger in die
Schlacht zu schicken, es aber vorzöge, selbst zu Hause zu bleiben und
ihre Kühe heimlich für sich zu schlachten. Als Brant also die Geschichte
eines gewissen Seneca-Häuptlings namens *Kuhtöter* vortrug, wußten
nur die drei anwesenden Indianer Bescheid, wen er meinte. Cornplanter und alle anderen lachten über die Geschichte. Red Jacket lachte mit,
um seine Verlegenheit zu verbergen. Von Brant hatte er nichts anderes
als diese Art von öffentlicher Demütigung zu erwarten. Was ihn selbst
anging, versuchte Red Jacket ebenfalls alles, um Brant in Verlegenheit
zu bringen. Auf diese Weise bekämpften sich die beiden schon seit
Jahren.

Drei Wochen waren seit dem Spiel in Grand River vergangen. In
dieser Zeit hatte Red Jacket oftmals Gelegenheit gefunden, die Gefühle
der Seneca gegenüber den Mohawk auf dem Siedepunkt zu halten. Er
sah voraus, daß er für seinen Vorschlag, gegen die Mohawk das
Kriegsbeil auszugraben, Unterstützung auf breitester Ebene brauchen
würde. Gegenwärtig hatte er sogar Cornplanter dazu gebracht, sich
seiner Meinung anzuschließen. Als enger Freund der Jemisons war
Cornplanter bekümmert wegen der Verletzung, die man Marys Sohn
absichtlich zugefügt hatte. Aus diesem Grunde neigte er zur Haltung
von Red Jacket in der Frage, wegen des Vorfalls von den Mohawk eine
Art Entschädigung zu verlangen. Aber gleich Krieg? Red Jacket war sich
darüber im Klaren, daß er am kommenden Nachmittag vor dem Rat in
rednerischer Höchstform auftreten mußte.

97

Als das Ratfeuer brannte und die anderen ihre Meinung zu der Angelegenheit vorgebracht hatten, kam die Reihe an Red Jacket, das Wort an die Versammlung zu richten. Seine Eloquenz hatte seine Leute veranlaßt, ihn *„He-keeps-them-awake"* zu nennen, und das hatte er auch vor, als er zu seiner Rede ansetzte. Mit weit ausgebreiteten Armen begann er:

> „Mein Volk! Wir müssen uns fragen, warum uns die Mohawk den langen Weg nach Grand River machen ließen, nur um unsere Spieler zu beleidigen. Hatte der arrogante *Thayenda-negea*, besessen von Ergeiz und daran gewöhnt, in allen Angelegenheiten seinen Willen durchzusetzen, etwa nicht vorgehabt, die große Seneca-Nation zu erniedrigen? Sind wir nicht in Frieden gekommen, zu einem Spiel der Nationen im Geiste von Freundschaft und Brüderlichkeit, und mußten wir dann nicht diese große Beleidigung einstecken? Hat der große Captain Brant so wenig Kontrolle über seine Leute, daß er ihnen erlaubt, ohne Sinn und Verstand auf dem Lacrossefeld herumzurennen, damit sie ihre Gegner nach Lust und Laune verletzen und zu Krüppeln machen? Ist es nicht so, als würde er immer noch gegen die Amerikaner kämpfen, wenn er einen Spieler, der sich aufführt wie ein bissiger Hund, auf das Spielfeld schickt, um dann einem unserer besten Männer ein solches Unrecht zuzufügen? Wurde ihm nicht das Vorrecht eingeräumt, vor Spielbeginn eine Ansprache an seine Spieler halten und sie zu ermahnen, fair zu spielen und körperliche Auseinandersetzungen so gering wie möglich zu halten?"

Er schritt vor der Ratsversammlung auf und ab. Ein Jahrhundert später hätte Red Jacket als Weißer einen hervorragenden Ankläger vor Gericht abgegeben. Die Schöffen erwarteten nun seinen nächsten Anklagepunkt, und so griff er aus dem großen Vorrat von Einzelfällen den heraus, der genau hierhin paßte:

> „Mein Volk! Wir sollten uns daran erinnern, daß wir schon einmal in den Krieg gezogen sind, und zwar gegen das Volk der Erie, als wir während eines Spiels unserer Vorfahren eine ähnliche Beleidigung hinnehmen mußten. Damals haben wir auf dem Schlachtfeld gewonnen, was uns im Spiel verloren ging, und jene Köter für immer aus unserem Land vertrieben. Sollten wir unsere Mohawk-Brüder nicht wenigstens daran erinnern, daß wir jederzeit bereit sind, erneut eine solche Aktion zu unternehmen? Daß sie vom Kampf gegen die Amerikaner noch geschwächt sind und wir mit Sicherheit den Sieg davontragen würden. Daß ihr großer Führer die Freundschaft mit den Briten höher einzuschätzen scheint als die mit der Konföderation der Irokesen. Wir

kennen seine Absicht, die Anglikanische Kirche nach Grand River zu holen, um den Glauben seines Volkes an die traditionellen religiösen Werte zu schwächen. Werden wir nie mehr zu Neujahr das Weiße-Hund-Opfer in Grand River erleben oder unser Erntedankfest zu Ehren der Drei Schwestern, von Mais, Bohne und Kürbis, die wir vom Großen Geist erhalten haben?

Mein Volk! Es bleibt uns nichts anderes übrig, als Genugtuung von den Mohawk zu verlangen für den Affront ihres Spielers bei jenem Lacrossespiel. Wir müssen ihnen unseren Anspruch vortragen."

Und so geschah es, daß die Seneca auf Red Jackets Rat hin Läufer zu den Mohawk schickten, die wegen des Spielvorfalls heftig Beschwerde führten und mit Krieg drohten, falls keine ausreichende Wiedergutmachung geleistet würde. In der Zwischenheit hatte Brant, der einsah, daß sein Spieler falsch reagiert hatte, seine Häuptlinge zu einer Versammlung zusammengerufen und sie auf eine harte Reaktion der Seneca vorbereitet. Nach Erhalt der Botschaft vom Rat der Seneca wurden die Seneca-Läufer mit dem Vorschlag zurückgeschickt, daß sich alle Häuptlinge zu einer Ratsversammlung einfinden sollten, um alle Beschwerden dem Weg zu räumen.

Die meisten Führer der Seneca waren für diesen Plan, nachdem sie zuvor die ruhigeren Ansichten von Cornplanter und den älteren Häuptlingen angehört hatten. Red Jacket dagegen fuhr mit seinem Protest fort und traf sich sogar heimlich mit jungen Kriegern, um sie zum Krieg anzustacheln. Dabei überschritt er wieder einmal seine Befugnisse. Doch trotz seines Mißvergnügens an der Vereinbarung fand die Ratssitzung der zwei Nationen statt. Man fand zu einer Einigung, rauchte zusammen die Friedenspfeife und alle, die daran teilgenommen hatten, gingen auseinander als Freunde und Brüder der großen Irokesischen Konföderation – ausgenommen Red Jacket, der sich vom Rat zurückzog und mehrere Tage lang betrank.

Als sich der Herbst dem Ende zuneigte, beschäftigte sich Red Jacket jedoch mit wichtigeren Dingen. Das bevorstehende Treffen mit Pickering in *Canandaigua*, wo ein Entwurf für das Abkommen über den Landbesitz der Seneca aufgesetzt werden sollte, war für die indianischen Interessen lebenswichtig. Red Jacket traute Cornplanter und der Allegany-Delegation nicht zu, daß sie dem amerikanischen Druck auf die Seneca standhalten könnten, wenn mit Morris über den Verzicht auf Seneca-Landrechte verhandelt wurde. Pickering arbeitete mit Tricks, und Red Jacket war sich im klaren darüber, daß er alle seine intellektuellen und rednerischen Kräfte aufwenden mußte, wollte er ihn auf seinen Platz verweisen. Er würde bei den Verhandlungen als Sprecher für das Gebiet um Buffalo Creek auftreten und hatte schon

eine Vorstellung im Kopf, wie er die Seneca-Interessen bei Vertragsab-
schluß wahrnehmen und schützen wollte.

Während Red Jacket sich in *Canandaigua* aufhielt, traf er auf Mary
Jemison, die dort ihre Interessen wahrnahm zum Schutz ihres kleinen
Besitzes in Gardeau am Genesee River. Sie trafen sich zum erstenmal
nach dem „Vorfall", und sie wollte gerne wissen, was man, wenn
überhaupt, zu tun gedächte, um die Ehre ihres Sohnes zu verteidigen.
Die Verletzung hatte Johns Begeisterung für Lacrosse in keiner Weise
gedämpft. Derzeit machte er bei den Spätherbst-Spielen in Squawky
Hill mit. Red Jacket war zu stolz, seinen Mißerfolg einzugestehen, als
er die Seneca wegen dieser Sache zum Krieg überreden wollte. So spielte
er einfach den Vorfall herunter und versprach Mary, sich für ihren
Besitz einzusetzen, sobald die Zeit gekommen wäre, die Einzelheiten
des Vertrags auszuarbeiten. Keiner von beiden hätte voraussehen
können, daß zehn Generationen später einer von Marys Nachkommen
in *Canandaigua* zum Lacrossestock greifen würde, um das traditionelle
Spiel der Irokesen wieder aufzunehmen (s. Abb. 70). Was *Shagoyewatha*
betraf, so war er zufrieden mit dem Vertrag und setzte seine Unterschrift
darunter. Dabei trug er ein neues, rotes Jackett, das ihm vom Dolmetscher überreicht worden war. Die alte rote Jacke hatte schon lange
ausgedient, aber die Amerikaner wollten den Namen fortführen, den
die Briten dem Seneca-Redner gegeben hatten, als sie ihn mit dem
Originalkleidungsstück beschenkt hatten.

Als Teil der Wiedergutmachung für den Lacrosse-Zwischenfall
einigten sich die Seneca und die Mohawk auf ein neues Spiel zwischen
den Stämmen, welches dann drei Sommer später, im Jahre 1797,
stattfand. Es trug den Charakter eines „Rückspiels", da diesmal die
Seneca als Herausforderer auftraten. Um die seit dem Spiel von 1794
noch bestehenden unguten Gefühle zu besänftigen, einigte man sich
darauf, das Wettspiel ein wenig hinauszuschieben und dann wiederum
in Grand River stattfinden zu lassen als Zeichen des guten Willens der
Mohawk, die damit wieder als Gastgeber auftraten. Das Rückspiel stieß
auf große Resonanz. Die Zahl der Seneca-Spieler war auf das Doppelte
angewachsen. Man überbot sich beim Wetten – Waren im Werte von
annähernd zweitausend Dollar stapelten sich als Preise auf den Decken,
und mehr als fünfhundert Spieler pro Mannschaft waren einsatzbereit.
Die Mannschaftsstärke war entsprechend erhöht worden. Danach
spielten jeweils sechzig Spieler auf einer Seite. Alle zwanzig Minuten
wurden sie gegen eine neue Mannschaft ausgetauscht, so daß alle die
Chance hatten zu spielen. Das Spielergebnis war heiß umkämpft, aber
am Ende, nach drei Spieltagen, warfen die Seneca das Gewinntor und
sammelten ihre Preise ein. Damit demütigten sie die einstmals so
stolzen Mohawk.

Dieses Spielergebnis trug natürlich mehr als genug dazu bei, das Foul aus dem früheren Spiel auszugleichen. Aber der Sieg der Seneca, so süß er auch war, konnte das Feuer nicht löschen, das weiter in Red Jackets Brust glimmte. Er begann, neue Pläne zu schmieden, wie er die Machtfülle und Autorität seines Erzrivalen Brant ein für allemal vernichten könnte.

Wieder einmal war Red Jacket gescheitert. Zudem sollten persönliche Animositäten zwischen den Führern der Irokesen bald gänzlich bedeutungslos werden, als der unaufhörliche Strom weißer Siedler, unehrlicher Landspekulanten und anderer Betrüger und undurchsichtiger Gestalten in die Grenzgebiete einfiel und die alte Heimat der ehemals großen Irokesischen Konföderation verwüsteten. Innerhalb der nächsten zwei Jahrhunderte sollte überdies das kleine Stück Land, das den Mohawk geblieben war, von Eisenbahnlinien und Autobahnen zerrissen werden, die nach Manhatten Island führten, während die Seneca erleben mußten, wie man ihre Flüsse aufstaute und sie schließlich zur Umsiedlung zwang. Jeglicher Gedanke an ein Rückspiel für den Wettkampf von 1797 entschwand.

4

Der Bischofsstab
und andere Ungereimtheiten

Wie genau können wir eigentlich die Details des irokesischen Lacrossespiels von 1794 zwischen den Seneca und den Mohawk nachzeichnen? Welche Techniken wandten Jemison und seine Mannschaftskameraden an, wenn sie den Ball abgaben oder weiterbeförderten oder vom Boden aufgriffen? Wie umspielte der Mohawk, wenn er in Ballbesitz war und ein Tor schießen wollte, eine Meute von Seneca-Spielern? Es ist bedauerlich für die Geschichte dieses Sports, daß aus dem letzten Jahrzehnt des 18. Jahrhunderts kaum Informationen über irokesische Lacrossetechniken vorliegen – es gab keinen George Beers, der uns im Jahre 1869 die Spielweise der Mohawk beschrieb, noch einen Bob Scott, der uns 1976 bis in alle Einzelheiten aufgeklärt hat, wie sich das Indianerspiel bis heute darstellt. Die Europäer und später auch die Amerikaner waren offensichtlich fasziniert von diesem rauhen Mannschaftssport, doch leider unterließen sie es genauso wie Pater Le Mercier, nähere Angaben zu der Spielweise zu machen. Zwar teilen sie uns in ihren Berichten mit wo, wann und von wem indianisches Lacrosse gespielt wurde. Auch werden wir grob über die Spielfeldmaße, Mannschaftsstärke und die Tageszeit unterrichtet, zu der der Berichterstatter sein erstes Spiel beobachtet hat. Über eine allgemeine Beschreibung der eindrucksvollen Massenaktionen und der auftretenden Verletzungen hinaus erfahren wir fast nichts über die Handhabung des Schlägers. Glücklicherweise haben ein paar sehr alte Schläger in Sammlungen überlebt, wie etwa das Cayuga-Exemplar in der Universität von Pennsylvania sowie auch Seneca-Stöcke aus dem frühen 19. Jahrhundert, die Lewis Henry Morgan erworben hat. In jener Zeit gab es bei Irokesen-Stöcken keine großen Unterschiede von Stamm zu Stamm. Verglichen mit Mohawk- oder Tuskarora-Schlägern, die heute noch aus Holz hergestellt werden, erkennt man deutlich, daß sich die herkömmliche Form des Irokesenschlägers über fast zwei Jahrhunderte nicht verändert hat. Wäre es möglich, daß einer der Stöcke aus Morgans Sammlung 1794 im Spiel von Grand River oder 1797 im Rückspiel auf dem Feld dabei war?

Bei dem Versuch, eine Geschichte des indianischen Lacrosse nachzuzeichnen, stoßen wir in den frühen europäischen Berichten auf Grenzen. Sie waren bemüht, ihre Leser daheim zu informieren, daher verglichen sie dieses merkwürdige Spiel aus der „Neuen Welt" unweigerlich mit verschiedenen, ihnen vertrauten europäischen Schlagholzspielen, bei denen jedoch fraglos andere Techniken benutzt wurden. Wir finden Lacrosse beschrieben als ein „Spiel..., das mit Stab und Ball ausgetragen wird, ähnlich unserem Schlagball", oder „eine Art Übung ..., die die Jungen in England 'bandy' (eine Form von Feldhockey) nennen" oder aber „nichts weiter als ein Spiel, das häufig ... während der Schulzeit gespielt und 'shinny' genannt wurde."[1]

Am häufigsten wurde Lacrosse mit Tennis verglichen, das vielen Europäern seit seiner Erfindung im 13. Jahrhundert durch den französischen Klerus und Adel bekannt war. Einer der ersten Nordamerika-Forscher namens Peter Martyr hielt in seinem *De Orbe Novo* fest, daß die Indianer „Spiele lieben, besonders Tennis." Die Chronisten des 18. Jahrhunderts griffen die Tennis-Analogie auf. Der Forscher Jonathan Carver schreibt in seinen *Reisen* (1781) in einem Unterkapitel, das indianischen Sportarten im Gebiet westlich der Großen Seen gewidmet ist: „Sie vertreiben sich angenehm die Zeit mit verschiedenen Sportarten, aber am meisten schätzen sie ein Ballspiel, das sehr häufig gespielt wird und große Ähnlichkeit mit dem europäischen Tennis aufweist." Wenn Lacrosse nicht in die Nähe von Tennis gerückt wird, vergleicht man es mit einem ähnlichen Spiel wie „Federball" – einem Vorläufer von Badminton.[2]

Warum die Europäer in Lacrosse eine Ähnlichkeit mit Tennis entdeckten, das zwischen zwei Partnern auf einem kleinen Feld ausgetragen wird, ist nicht ganz einfach zu erklären. Als beliebter Mannschaftssport, der ihnen in Amerika begegnete, war am Lacrosse im Gegensatz zu Tennis eine große Zahl von Spielern auf einer riesigen Fläche beteiligt. Wahrscheinlich führte das gemeinsame Charakteristikum, daß ein Ball mit Hilfe von bespannten Schlägern hin- und hergeschlagen wurde, zu diesem Vergleich. Auch ist es durchaus möglich, daß die Technik beim Erscheinen der ersten Europäer eher an ein Schlagen des Balles als an ein Werfen denken ließ. Zu diesem Zeitpunkt könnten die Stöcke wie Schläger eine straffe Bespannung aufgewiesen haben statt der Taschen von jüngeren Indianerstöcken. Vor noch nicht langer Zeit beschrieb ein alter Seneca „die alte" Form der Stöcke, deren Netze so straff gespannt waren, daß ein Spieler den Ball in der Luft mit seinem Schläger abstoppen konnte, ihn dann aber mit dem Stock vom Boden aufnehmen, wieder in die Luft schlagen und einem Mannschaftskameraden zuspielen mußte. Eine solche Technik erscheint plausibel bei dem sehr dicht gewebten Netz eines erhalten gebliebenen Passamaquoddy-Schlägers aus den siebziger Jahren des 19. Jahrhunderts (s. Abb. 21a).[3]

In jedem Fall überdauerte die Analogie zu Tennis bis in die Anfänge des 20. Jahrhunderts, als die vermeintliche Verbindung von Lacrosse zu Tennis dazu führte, daß dessen kurzgefaßte Sportgeschichte den üblichen Tennishandbüchern beigefügt wurde. Diese miserabel recherchierten Berichte werden dem indianischen Sport wenig gerecht. Häufig wurden frühere Fehler und Ungereimtheiten übernommen und führten zu falschen Schlüssen. Ein typischer Fall dafür ist William H. Maddrens fünfseitige „Geschichte" des Lacrosse, die J. Parmly Parets *Lawn Tennis: Its Past, Present and Future* (1904) angehängt wurde. Dort macht er folgende groteske Aussage: „Eine Niederlage wurde so stark zu Herzen genommen, daß ein Krieger es häufig vorzog, sich selbst zu entleiben, als sich der Blamage vor seinem Stamm zu stellen, und viele legten vor einem (Lacrosse-)Spiel einen heiligen Eid ab, bei einer Niederlage durch eigene Hand zu sterben." Solche Äußerungen, die jeglicher Grundlage entbehren, sind einfach Märchen, die Nicht-Indianer auf erfundene Geschichten älterer Schriftsteller gründen. Maddrens Geschichte zum Beispiel stellt wenig mehr dar als eine grobe Verallgemeinerung der Lacrosse-Beschreibungen von George Catlin, der in den dreißiger Jahren des 19. Jahrhunderts als Künstler an der Grenze lebte.[4]

Tennis, *bandy* und *shinny* – das waren die englischen Spiele, mit denen man Lacrosse verglich. Dagegen rührt der Name Lacrosse von den Franzosen her, und man rätselt noch immer darüber, warum und wann das geschah. Zum erstenmal wird der Terminus *lacrosse* für den indianischen Sport in den Berichten der Missionare aus den dreißiger Jahren des 17. Jahrhunderts verwendet, die, wie Pater Le Mercier, im heutigen südöstlichen Ontario, besonders der Gegend um Thunder Bay, unter den Huronen lebten. (Bei dem Priester Jean de Brébeuf taucht der Begriff zum erstenmal 1636 in gedruckter Form auf.) Einige Sportwissenschaftler führen den Ursprung des Namens zurück auf ein altes französisches Volksfußballspiel namens «la soule» (auch: «choule»), das mit den französischen Kolonisten nach Quebec gekommen war. Im 14. Jh. wurde «soule» zum erstenmal mit gebogenen Stöcken gespielt, und wahrscheinlich stellten die Kolonisten eine Ähnlichkeit zwischen dem indianischen Schläger und ihren eigenen Stöcken fest. Andere behaupten wiederum, daß die Franzosen dem Spiel den Namen Lacrosse gaben, weil der lange Stiel des Schlägers in einer Art Bogen endet und an einen Bischofs- oder Hirtenstab erinnern soll. Diese irrige Behauptung taucht wiederholt in Schriften über den Ursprung des Lacrosse auf.[5]

Dem Lacrossestock eine kirchliche Assoziation unterzuschieben entspringt purer Volksetymologie und hat sehr wenig mit linguistischer Forschung zu tun. In der Zeit vor der Entdeckung Amerikas wurden die meisten gebogenen Spielschläger von den Franzosen «crosses» genannt, wie etwa die verschiedenen Sorten von *shinny*-Stöcken. (Noch heute heißt der Hockey- und der Golfschläger, sowie in bestimmten Teilen Frankreichs auch der Cricketschläger *«la crosse».*) Tatsache ist, daß bereits mehr als ein Jahrhundert bevor die Jesuiten den Namen veröffentlichten, ein Spiel mit Ball und gebogenem Schläger, das aus dem 13. Jahrhundert stammt,*«la crosse»*genannt wurde und in Rabelais *Gargantua* (1534) auftaucht. Der Begriff *«jouer à la crosse»* war also in Frankreich verbreitet und beschrieb alle Arten von Spielen, bei denen ein gebogener Stock und ein Ball zum Einsatz kamen. Das war lange bevor die Franzosen Nordamerika erforschten, dabei auf die Sportarten seiner Eingeborenen stießen und darüber nach Hause berichteten.[6]

Alexander M. Weyand und Milton R. Roberts stellten in ihrer *Lacrosse Story* (1965) eine interessante neue These vor. Die Autoren legen korrekt dar, daß die Franzosen *lacrosse* übereinstimmend für alle indianischen Stockballspiele benutzten. Sie weisen auf eine mögliche Beziehung hin zwischen einem Schlägertypus, der von den Indianern in der Gegend von Montreal benutzt wurde, und der Ähnlichkeit, die die Franzosen mit einem Schneeschuh zu entdecken meinten, denn beiden gaben sie den gleichen Namen, *«raquette»*. Da die ersten französischen Siedler den Begriff*«lacrosse»*benutzten, ziehen die Autoren daraus den Schluß, daß „der lange, mit einem breiten Netz versehene Stock erst später entwickelt wurde."[7] Allerdings benutzte Charlevoix 1721 ebenfalls den Begriff *«raquette»* und beschrieb damit die unterschiedlichen Stöcke der Miami an den Großen Seen. Vor kurzem tauchte er sogar bei den Kreolen französischer Herkunft auf, die die Doppelschlägerversion aus dem Südosten übernommen haben. Keine der beiden Stockarten weist jedoch ein Netz auf, das sonderlich erwähnenswert wäre – sicherlich nicht ausreichend, um einen Vergleich mit dem komplizierten Rohledergewebe von indianischen Schneeschuhen zu rechtfertigen.

Englische sowie französische Begriffe beschreiben versuchsweise, wie die Grundausstattung ausgesehen hat. Was jedoch die Handhabung der Schläger betrifft, gibt es darüber kaum Informationen. Auch die indianische Terminologie drückt sich darüber nicht klar aus. Die zahlreichen Namen für Lacrosse in der Algonkin-Sprache beispielsweise fußen alle auf dem Verbstamm (Morphem), der „mit etwas schlagen" bedeutet. Ihre große, weiträumige Verbreitung deutet darauf hin, daß sowohl der Begriff als auch der Schläger und seine Anwendungstechniken schon sehr lange existieren. Im Ojibwa (in Ontario, Wisconsin, Minnesota) ist es *baaga'adowe* („spielt Lacrosse"); im Potawatomi (in Kansas, Wisconsin)*peki'twewin*; im Nipissing (40 Meilen nördlich von Quebec) *pakatowan*; im Fox (in Iowa) *pa:kahatowe:wa*. Alle diese Wörter beginnen mit dem linguistisch verwandten algonkinischen Verbstamm, der „schlagen, treffen" bedeutet. In den irokesischen Sprachen taucht ein ähnlicher Begriff für Lacrosse auf. Im Onondaga heißt es *dehuntshigwa'es*, was „sie (die Männer) schlagen ein rundes

Objekt" bedeutet. Dieser Begriff und seine Variationen in anderen irokesischen Sprachen sind in der Vergangenheit falsch übersetzt worden mit „schlagen mit den Hüften" oder „Hüftschlag" – vermutlich unter Bezug auf den „rauhen Charakter" des Spiels, wie einem Autor berichtet wurde. Diese Interpretation ist ein weiteres Beispiel für Volksetymologie, ebenso wie die inkorrekte Übersetzung des Cayuga-Wortes für Lacrosse mit „beating the mush" (den Brei schlagen), was sich lediglich auf die Mahlzeit bezieht, die die Verlierer den Gewinnern vorsetzen (Maisbrei stellt ein Grundnahrungsmittel der Irokesen dar).[8]

Weil uns diese Begriffe bei der Suche nach den historischen Techniken des indianischen Lacrosse kaum weiterhelfen können, müssen wir uns auf die Untersuchung von Schlägern und Bällen konzentrieren, die in den Spielen der Vergangenheit eingesetzt wurden und die in Museen und Privatsammlungen oder als Familienerbe noch existieren. Mit Hilfe dessen, was man historischen Berichten entnehmen kann, und mit einer verständigen Auswertung historischer Fotografien und Illustrationen können wir wissenschaftliche Vermutungen über den Stil anstellen, der üblich war, als die Europäer zum erstenmal in Nordamerika das Lacrossespiel kennenlernten.

5

Wurfgeräte und Geschosse

Es gab zwei verschiedene Sorten von indianischen Lacrosse-Bällen – harte (meist hölzerne) Bälle und leichtere, elastische Bälle (gewöhnlich ausgestopftes Hirschleder). Allgemein gilt: Die harten, festen Bälle tauchten bei den südöstlichen Stämmen nicht auf, sie benutzten in der Regel einen kleinen Lederball. Ihre relativ leichten Schläger mit winzigen Netzen hätten der Belastung durch einen hölzernen Ball nicht standhalten können.

Die Sprachwissenschaft weist eine frühe, enge Verbindung zwischen dem hölzernen Ball und seiner Herstellungsweise nach. Baragas *Dictionary of the Otchipwe Language* gibt das Wort *pikwakwad* „Spielball" als Synonym an für „Baumknoten" – und genauso pflegten die Ojibwa ihre Bälle herzustellen. Sie kohlten einen Baumknoten an, schabten den verbrannten Teil ab und formten so den Ball. Manchmal durchbohrten sie den Ball, was dann beim Wurf einen Heulton hervorrief. Wie die Ojibwa benutzten auch die Dakota runde Knollen aus Holz oder sogar *Lehm*, die mit Hirschleder umwickelt wurden und angeblich übernatürliche Kräfte in sich bargen.[1]

Zur Dekoration wurde der Holzball in einer oder je zur Hälfte in zwei Farben angemalt. Bestand der Ball aus weichem Holz, konnten Zeichen auf seiner Oberfläche eingeritzt sein. Im Jahre 1855 beobachtete Johann Kohl auf *Madeline Island* einige Ojibwa dabei, wie sie im Wald Schläger und Bälle schnitzten: „Die Bälle werden aus weißer Weide gemacht und von Hand absolut rund geschnitzt: Dann werden Kreuze, Sterne und Kreise hineingeritzt."[2]

Es gab zwei Sorten von lederumhüllten Bällen – die einen wurden nach dem Stopfen zugenäht, und die größeren Bälle, die eher einer kleinen Tasche ähnelten, wurden mit einer Art Verschnürung geschlossen. Die erste Art gab es in verschiedenen Größen, und zum Ausstopfen wurde alles mögliche Material benutzt. Jonathan Carver beschrieb sie zum Beispiel in seinen *Reisen* (1766-68) im Gebiet westlich der Großen Seen als etwas größer als Tennisbälle, hergestellt aus Hirschleder und angefeuchtet „um sie weich zu machen". Der Lacrosse-Ball wurde „fest mit dem Haar desselben Tieres gestopft und mit dessen Sehnen

Abb. 17
Ein Choctaw-'towa' (Lacrosse-ball), Durchmesser knapp 4 cm, aus der Sammlung von Robert Henry, einem führenden Ball-sportler und Lacrossezauberer aus der Nähe von Philadelphia/Mississippi, um 1933. Der Ball besteht aus Lumpen und wird von im Ziegelsteinmuster geflochtenen Hirschlederstreifen ummantelt.

zusammengenäht." Manche Leder-bälle wie die der Choctaw bestan-den aus miteinander verwebten Lederstreifen (Abb. 17). Offen-sichtlich benutzten die Mohawk gegen Ende des 18. Jahrhunderts ähnliche Bälle. In seiner Biogra-phie über Joseph Brant beschrieb William Stone den Irokesen-Ball als „ein Netzwerk aus ungebleich-ten Hirschlederriemen, unter star-ker Spannung bei hoher Elastizität miteinander verwebt." Obwohl die Huronen gegen Mitte des 19. Jahr-hunderts das Lacrossespielen ein-stellten, benutzte man um 1820 herum in Lorette (in der Nähe von Quebec) einen Ball aus Wollstoff mit einer Hülle aus Hirschleder.[3]

Die weicheren, kleineren Bäl-le stopfte man mit „Rehhaut", wert-losen Resten, Baumschwamm, Bä-rensehnen, eng gewickeltem Garn und Lumpen aus Wollresten. Die Füllung war immer dicht zusam-mengepreßt. Gewöhnlich feuchte-te man die Hülle an, bevor sie ausgestopft und mit Hirschsehnen oder Garn wieder zugenäht wurde, ähnlich einem modernen Baseball. Mit zunehmender Trocknung schrumpfte die Hülle ein und preßte dadurch die Füllung noch mehr zusammen. Obgleich diese Lederbälle im Vergleich zu einem hölzernen Ball vom Gewicht her leicht wirkten, konnten sie doch sehr hart sein und einen Spieler durchaus verletzen.[4]

Manchen Lacrosse-Bällen, die von Spezialisten oder Medizinmän-nern hergestellt worden waren, sagte man nach, daß sie während des Spiels magische Eigenschaften entwickelten. Bei den mexikanischen Kickapoo war es üblich, die Herstellung eines Balles einem Mitglied des Adler-Klans anzuvertrauen. Dafür brauchte man ein neues Stück Hirschleder von zwanzig Zentimeter Durchmesser, dessen Außenkan-ten etwa einen Zentimeter nach innen umgeschlagen wurden. Der Saum wurde mit einem dicken Faden umheftet. Dann füllte man alles mit Hirschhaar und zog den Faden zusammen, um die Öffnung zu schließen. Nach einem Spiel beseitigte der Spielführer der siegreichen Mannschaft den Ball, indem er ihn weit in die Hügellandschaft warf. Falls Kinder ihn fanden, durften sie ihn behalten und damit spielen,

Abb. 18
Ein Paar Lacrossestöcke der Mississippi-Choctaw mit Ball (vor 1934).

aber nicht mit Lacrossestöcken und auch erst, wenn alle Adoptionszeremonien beendet und die Sommerhäuser bezogen waren. Man engagierte Medizinmänner der Choctaw, die einen Ball anfertigen sollten,
„der mit Sicherheit eine gerade Flugbahn hatte," und jeder versah
seinen Ball mit seiner eigenen Farbe. Es gibt eine Beschreibung von
einem anderen Balltyp, ebenfalls von Choctaw-Medizinmännern hergestellt, der mit einem langen Schwanz versehen war, „was es den
Gegnern erschwerte, ihn gegen den Wind zu werfen." Die Menominee
fertigten nach Traumanweisungen spezielle Bälle an. So fügten sie etwa
die Gräte eines Störs in die Füllung des Balles ein.[5]

Werden Lacrossebälle für bestimmte rituelle Spiele gebraucht, sind
weitere Zeremonien notwendig. Zum Beispiel findet bei den Creek in
Oklahoma am Ende der Grünkorn-Zeremonie und als Vorbereitung
auf den besonderen Lacrosse-Wettkampf, der das Ende des zeremoniellen Sommerzyklus markiert, ein besonderes Segnungsritual für die
Bälle statt, die für das Spiel vorgesehen sind. Wenn die Spieler zum
letzten Mal das zeremonielle Feuer umkreist haben, führt der Medizinmann die Spieler vom Platz. Dabei trägt er zwei Bälle (etwa in der Größe
von Golfbällen), die an Lederriemen von einem Stock herunterhängen.
Die Spieler nehmen hinter ihm in zwei Reihen Aufstellung, während er
einen Frage-und-Antwort-Gesang anstimmt. Die Bälle sind mit Kräutermedizin gefüllt, die speziell vom Häuptling oder Medizinmann
zusammengestellt wurde. Der Mann mit den Bällen läßt für einen
kurzen Moment einen Klagelaut ertönen. Danach stimmt sein Helfer,
dessen Augen auf den Boden gerichtet bleiben, ein langes, ansteigendes
Klagegeheul an, das im Kriegsruf aller Spieler endet. Danach stoßen alle
gemeinsam die Silben „huh, huh, huh, huh" aus. Zugleich schlagen die
Spieler ihre Lacrossestöcke gegeneinander und machen sich auf den
Weg zum Spielfeld.

Nach der Ankunft auf dem Spielfeld führt der Medizinmann, der
immer noch den Stock mit den daran baumelnden Bällen trägt, seine
Mannschaft mehrere Minuten lang entgegen dem Uhrzeigersinn um
das Tor herum, währenddessen er ein weiteres Frage-und-Antwortlied
anstimmt. Nach einigen Augenblicken bleiben sie hinter dem Tor
stehen. Der Medizinmann hält die Bälle nun hoch in die Luft, und die
Spieler begeben sich vor das Tor und stellen sich auf dem Feld
spielbereit auf.

Es hat immer eine untrennbare Verbindung gegeben zwischen den
Lacrossebällen und der Herstellung der Stöcke, die man zum Werfen,
Fangen, Aufgreifen und Tragen brauchte. Die ersten Berichte über
indianische Lacrosseschläger verglichen sie mit europäischen Gegenständen. Um 1790 verglich der englische Natur- und Kulturforscher
William Bartram sie zum Beispiel mit „einem Schläger oder Schlagstock, es ist ein Instrument von sonderbarer Bauweise und ähnelt

entfernt einem Schöpflöffel oder kleinen Ring, der mit einem Netz versehen ist." Anfang des 19. Jahrhunderts zieht I.P. Evans einen ähnlichen Vergleich heran, indem er Cherokee-Stöcke „Schlaghölzer, die großen Suppenkellen ähneln" nennt. Um die Sachlage, wie sie nun wirklich ausgesehen haben, noch weiter zu verwirren, griffen die Chronisten bei ihrer Beschreibung auf eine Analogie des menschlichen Körpers zurück. Ende des 18. Jahrhunderts beobachtete der Entdecker Jonathan Carver, daß am Ende des in dieser Gegend gebräuchlichen Lacrossestockes „eine Art Schläger befestigt war, der einer menschlichen Handfläche glich."[6]

Ungeachtet alter Beschreibungen fallen alle bekannten Beispiele für indianische Lacrossestöcke in eine von zwei Kategorien: die mit Netzbehältern, die vollkommen von Holz umrahmt sind und jene, bei denen das nicht der Fall ist. In die umschlossene Kategorie fallen Stöcke, die entweder einzeln oder in Paaren zum Einsatz kamen. Diese Formen findet man in den Gebieten, die man zur Erleichterung der Diskussion als den Südosten, die Großen Seen (besonders im Westen) und die Regionen der Irokesen (St. Lawrence Lowlands) bezeichnen kann. Die südöstlichen Stämme – Cherokee, Creek, Yuchi, Seminolen, Choctaw und andere – benutzten die Stöcke paarweise, in jeder Hand einen (Abb. 18). Die Indianer des Nordostens beiderseits der kana-

Abb. 19
Spieler in Ballbesitz mit überkreuzten Handgelenken zur Sicherung des Balles bei einem Spiel der Mississippi-Choctaw (1981).

113

disch-amerikanischen Grenze, hauptsächlich die Irokesen, aber auch
die algonquinischen Stämme weiter im Osten – wie z.B. die Passamaquoddy – benutzten einen nicht umschlossenen Einzelschläger. Gegen
die Mitte des 19. Jahrhunderts wurde dieser Typ Schläger von nicht-
indianischen Spielern in Montreal übernommen und entwickelte sich
allmählich zu dem „offiziell" anerkannten Stock, wie er heute bei
Lacrossespielern in Schul- und Collegemannschaften allgemein bekannt ist.

Von den drei Schlägervarianten ist der südöstliche aus Hickory der
kürzeste. Er mißt durchschnittlich etwa 60 bis 75 Zentimeter. Seine
Länge entspricht der Technik, die man bei der Ballbehandlung anwen-
det. Bei der Lacrosseform mit zwei Schlägern tragen die Spieler den Ball
zwischen den Netzen der beiden Stöcke eingeklemmt (Abb. 19). Die
Schläger werden paarweise hergestellt. Häufig ist eine Netztasche ein
wenig kleiner als die andere, so daß sich die kleinere, wenn sich ein Ball
dazwischen befindet, auf die größere legt und auf diese Weise den Ball
schützt. Auf Grund der unterschiedlichen Taschengröße gibt es einen
geringen Längenunterschied; der Stock mit dem kleineren Netz ist
etwas kürzer – unter Umständen nur 0,5 cm. Sind Bespannung und
Stöcke eines Paares identisch in Umfang und Länge wie bei den Eastern
Cherokee, kann ein Spieler in Ballbesitz losrennen und die beiden
Stöcke einfach in einer Hand zusammenhalten. Um den Ball zu
kontrollieren und zu bewahren, hält der Spieler den Schläger so nah an
seinem Körper wie möglich. Möglicherweise ist dies der nächstliegende
Grund für die relative Kürze dieser Schläger im Gegensatz zu den
nördlichen Varianten, bei denen beide Hände einen einzigen Schläger
kontrollieren.

Damit der Ball nicht durch das hohle Ende des Schlägers fällt,
werden Schnüre durch einige Löcher im Rand gezogen und so die
Tasche an jedem Schläger hergestellt (s. Anhang B). Heute besteht die
Verschnürung aus industriell bearbeitetem Leder, aber früher hat man
auf eine Vielfalt von Materialien sowohl tierischer als auch pflanzlicher
Herkunft zurückgegriffen. So haben offenbar die Eastern Cherokee
während der 2. Hälfte des 19. Jahrhunderts verzwirnte Rinde zur
Taschenverschnürung benutzt. Der Anthropologe James Mooney berichtet von einem Vorfall, der sich 1863 ereignete. Eine Gruppe
Cherokee, die sich als Freiwillige zum Bürgerkrieg gemeldet hatten,
bewachten eine Brücke in Tennessee und langweilten sich. Deshalb
beschlossen sie, Lacrosse zu spielen. Da keine Schläger vorhanden
waren, machten sie sich sofort an die Herstellung: „Bald hatten alle
Hände etwas zu tun ... die Hickory-Stöcke wurden geschnitzt und die
Rinde für das Netz verzwirnt." Die Haltbarkeit dieses Schnurmaterials
war so gering, daß in der Regel vor jedem Spiel Ersatzschnüre bereitge-
legt wurden.[7]

114

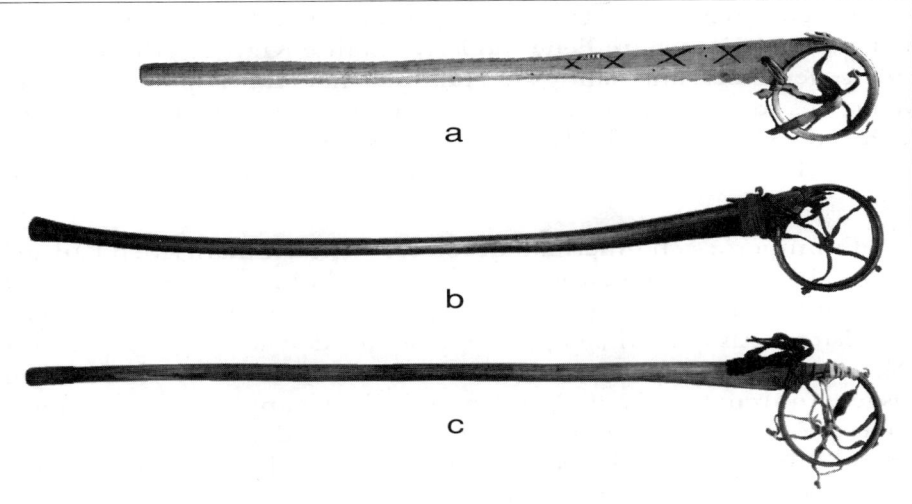

Abb. 20a, b, c
(Wahrscheinlich) Minnesota Ojibwa-Lacrosseschläger, ca. 55 cm lang, aus der Sammlung des adligen Forschers Giacomo Constantino Beltrami (1823). Dieses wunderschöne Exemplar in makelloser Verfassung stellt womöglich den ältesten erhaltenen indianischen Lacrossestock dar; — Fox (Mesquakie)-Lacrosseschläger, ca. 65 cm lang, aus Tama / Iowa; — Lacrosseschläger aus dem Menominee-Reservat, aus der Sammlung des Anthropologen Alanson Skinner (ca. 1916).

Die Spieler konnten ein Paar südöstlicher Stöcke bei einem anerkannten Meister bestellen, aber die meisten Männer beherrschten ebenfalls dieses Handwerk und stellten ihre Schläger selbst her. Dies ist auch der Grund für die unterschiedlichen Stocklängen. Einige Varianten sind auf die traditionelle Praxis der Indianer zurückzuführen, Teile ihres Körpers zur Vermessung von Gegenständen zu benutzen. So brachten die Waldland-Indianer die Löcher in ihren Flöten dort an, wo die Finger des Spielers natürlich auf das Holz trafen, oder sie benutzten die Spanne zwischen Daumen und kleinem Finger, um bei der Herstellung eines Kanus die Rippenabstände festzulegen. Moses Owl aus Birdtown auf der Eastern Cherokee Reservation in Nordkarolina berichtete, daß die ideale Länge von Lacrossestöcken der Abstand von den Fingerspitzen bis zum Boden sei — bei seitlich herabhängenden Armen. Die Länge des Schlägers und die Form des Netzes hingen in gewissem Umfang auch von der Position auf dem Spielfeld ab oder von persönlichen Vorlieben.[8]

Wie alle Lacrosseschläger waren auch die südöstlichen gewöhnlich auf irgendeine Weise verziert. Viel hing vom Geschmack des Besitzers ab, der auf die Oberfläche des Schlägers eine Verzierung schnitzen oder einbrennen mochte. Die Stöcke der Eastern Cherokee tragen typischerweise oben entlang ihrer Rahmen ausgebrannte Einkerbungen; manch-mal wurden sie auch im Feuer poliert, um ihre Kraft zu erhöhen. Die Stöcke der Creek sind häufig am Hals unterhalb des Topfes mit einem Wulst aus rotem Garn umwickelt. Heute finden es die jungen Creek schick, die Griffe ihrer Schläger mit schwarzem Isolierband zu umwik-keln; auch silberfarbenes Isolierband wird gerne als Verzierung genom-men.[9]

Es bürgerte sich innerhalb des südöstlichen indianischen Kultur-raums ein, den Lacrossestock selbst als Symbol zu benutzen und auf anderen materiellen Gegenstände anzubringen als Ersatz für rituelle Requisiten. Als die Mississippi Choctaw in den sechziger Jahren ihr „Nationalkostüm" wieder ausgruben, bestand das Dekor aus vielen ausgeschnittenen und auf Hemden und Kleider applizierten Mustern. Eines dieser Muster war ein Andreas-Kreuz, in dem man vor kurzem einen Hinweis auf das Lacrossespiel entdeckt zu haben meinte: Nach einem Spiel hängten die Spieler ihre Schläger überkreuz in der Form des Andreaskreuzes an die Wand, um damit auszudrücken: „Mögen sich unsere Wege wieder und wieder kreuzen."[10] Heutzutage trägt der Anführer des Büffeltanzes bei den Creek einen Stab, der in einem geschnitzten Büffelhuf endet; ist ein solcher Stock nicht vorhanden, kann er als rituelle Stöcke auch Lacrosseschläger benutzen, die die Vorderbeine des Tieres darstellen sollen.

Wie die Stämme des Südostens benutzten auch die Gruppen, die in den Wäldern um die westlichen Großen Seen lebten, Schläger mit geschlossenen Taschen (Abb. 20a, b, c). Zu diesen Stämmen gehörten die Ojibwa, Menominee, Potawatomi, Saulteaux, Miami, Sauk, Fox, Winnebago und eine östliche Gruppe der Dakota (Sioux). Obwohl die Dakota zum Zeitpunkt des ersten Kontaktes mit den Weißen haupt-sächlich in den Prärien und Ebenen lebten statt in den Wäldern, hatten sie doch Gebiete weiter im Osten bewohnt, wurden aber als Folge des Pelzhandels von den Ojibwa nach Westen abgedrängt. Mit ihren Nachbarn aus den Wäldern hatten sie jahrhundertelang Kontakte gepflegt – Kriegszüge, Heiraten untereinander, gemeinsame Tänze und Spiele in Friedenszeiten – und so hatten die östlichen Stämme der Dakota viel Gemeinsames mit den Waldlandstämmen, was Kultur und zeremonielle Gebräuche betraf. Da es offensichtlich bei den Dakota im Westen kein Lacrosse gibt, kann man daraus schließen, daß die östlichen Sioux wie die Santee das Spiel erst von den Ojibwa gelernt haben.

Die Hauptunterschiede zwischen den Schlägern aus dem Südosten und denen aus dem Gebiet der Großen Seen liegen in der Anzahl der Stöcke pro Spieler, ihrer Größe und der Taschenform. Die Beispiele von den Großen Seen sind um weniges länger als die südöstlichen Schläger, zeigen jedoch, was ihre Größe und Form betrifft, eine bemerkenswerte Uniformität über eine große geographische und zeitliche Ausdehnung hinweg. Der Längenunterschied bewegt sich um neunzig Zentimeter herum[11]. Die Tatsache, daß einige Stöcke tatsächlich länger waren, darf man der Praxis einiger Hersteller zuschreiben, die die Schläger lang ließen, so daß der Spieler sie auf die von ihm gewünschte Länge kürzen konnte. Die wenigen Handwerker, die heute noch die Great Lakes-Stöcke herstellen – die meisten werden an Touristen verkauft – benutzen noch immer die gleiche Form und Längenproportion.

Im Gegensatz zu den ovalen oder tropfenförmigen Taschen des südöstlichen Schlägers ist die Tasche an den Großen Seen rund und hat einen Durchmesser von zehn bis zwölf Zentimetern. Der Topf wird geformt, indem man das unbearbeitete blanke Holz an einem Ende verjüngt, es über Dampf hält und nach innen ringförmig in Richtung Schaft biegt, bis es eine Kreisform angenommen hat (s. Anhang B). Wenn es gegen den Schaft stößt, wird es dort mit ungegerbtem Leder festgebunden. Wie bei den Taschen im Süden wird die Bespannung durch gebohrte Löcher im Topf befestigt, und man erhält so eine Tasche, die etwa sechs bis sieben Zentimeter tief ist. Weil die hölzernen Bälle, die mit diesen Schlägern benutzt wurden, einen Durchmesser von etwa zehn Zentimeter aufwiesen, umfingen die Taschen den Ball ohne viel Zwischenraum. Lag der Ball im Netz, schaute eventuell nur ein Drittel seines Umfanges aus der Tasche heraus. Wenn er sicher darin lag, konnte man recht gut damit rennen; wenn er sich fest in die Taschenhöhlung schmiegte, konnte man ihn mit bemerkenswerter Zielgenauigkeit und Kraft werfen. Die Schläger von den Großen Seen waren bekannt für ihre Schleuderkraft, besonders

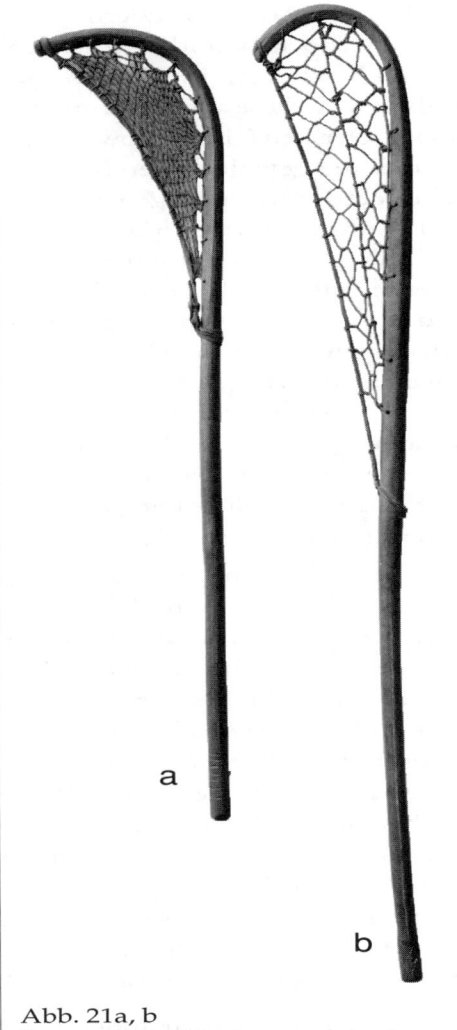

Abb. 21a, b
Passamaquoddy-Lacrossestock aus Pleasant Point/Maine (vor 1872); — Mohawk-Lacrosseschläger aus St. Regis/Akwesasne-Reservat (vor 1875).

bei Überkopfschüssen mit beiden Händen. Und die Entfernung entsprach der Genauigkeit. Im Jahre 1970 traf ich einen sechzigjährigen ehemaligen Ojibwa-Spieler, der lange nicht mehr gespielt hatte. Dieser Mann traf aus fast dreißig Meter Entfernung einen vorher ausgemachten Baum.

Wie ihre Gegenstücke aus dem Südosten waren auch viele Schläger aus dem Gebiet der Großen Seen verziert. Die Menominee und Ojibwa schnitten manchmal tiefe, eingekerbte Rillen entlang der Innenseite des Griffs – eine Art der Verzierung, die sich auch auf ihren zeremoniellen Trommelstöcken und Kriegsrasseln befand. Der Schlägerhersteller Wilbur Blackdeer, ein Winnebago, setzt ab und zu verstreut Brandmale, die wie Kleckse aussehen, auf die Griffe – „nur zur Dekoration," wie er sagt. Der Red Cliff-Ojibwa Franklin Basina behauptet dagegen, daß die meisten gewöhnlichen Stöcke, mit denen er zu tun gehabt hatte, keine Verzierungen trugen, weil sie während der Spiele oft zerbrachen und dann weggeworfen wurden: „Manche Burschen (verzierten ihre Schläger) ...wenn sie zu einem großen Powwow oder so gingen, wo man tanzt und all das, dann ist alles verziert, aber in einem normalen Spiel sind sie ganz schlicht, ...sie würden sie nicht verzieren, nur um aufzufallen." Und so, wie der Schläger von den Großen Seen verziert gewesen sein mag, wurde sein Abbild als Zierelement auf anderen materiellen Objekten der Gegend angebracht. So sind zum Beispiel in ein achtzig Zentimeter langes Kanupaddel der Menominee zwei einander zugewendete Lacrosseschläger eingeschnitzt dort, wo unterhalb des Griffes das Paddelblatt beginnt; in die andere Seite sind florale Muster geschnitzt, wie sie für die Kunst der Waldlandindianer typisch sind.[12]

Der irokesische Lacrosseschläger ist der größte der drei Typen. Er ist der Vorläufer aller modernen Formen aus Holz und Kunststoff, mit denen heute gespielt wird. Es handelt sich hierbei um einen einzelnen Schläger, wie das im Gebiet der Großen Seen üblich war. Der Unterschied zum vorher beschriebenen Schläger liegt darin, daß die Tasche nicht vollständig von Holz umgeben ist. Der Schlägerschaft ist am Ende gebogen. Das Netz reicht mit der äußersten Saite beziehungsweise dem Lederband vom Ende der Krümmung bis zum Griffholz – in vorliegenden Exemplaren aus dem 19. Jahrhundert erstreckt sich das Netz bis zur Hälfte des Schafts oder noch weiter nach unten. Das Netz ist bedeutend enger und komplizierter geflochten als bei den beiden anderen Schlägerarten – dadurch ist es straffer. Es füllt die gesamte dreieckige Fläche aus, die sich aus der Krümmung und der äußeren Schnur ergibt (später Halteschnur oder Darmwand) (Abb. 21b).

Im Unterschied zu anderen Schlägern zeichnen sich die irokesischen durch ihr straffes Netz aus. Das ist bei der Handhabung der Schläger von allergrößter Bedeutung. Im Laufe der Zeit vorgenommene Veränderungen des Netzes spiegeln Änderungen des Spiels und der Techniken wider. Die Schlägernetze aus früheren Zeiten waren sehr viel lockerer geflochten. Es gibt allerdings auch Beispiele aus östlich von den Irokesen gelegenen Gebieten, die als sehr straff beschrieben werden (s. Abb. 21a).

Die größte Veränderung, die der irokesische Schläger im Laufe der Zeit erfahren hat, ist die schrittweise Entwicklung des Netzes zu einer richtigen Tasche. Drei Cayuga-Beispiele zeigen die veränderten Schlägertypen in einer Familie über drei Generationen hinweg und bieten über fast 100 Jahre einen Überblick über diese Entwicklung. Der Anthropologe Frank Speck hat sie in den dreißiger Jahren dieses Jahrhunderts von Alexander T. General (in seiner Sprache *Deskaheh*), einem Häuptling der Irokesenliga, gesammelt. Der älteste der drei Stöcke gehörte seinem Großvater, der 1845 gestorben ist, obwohl ich diesen Schläger für bedeutend älter halte (s. Abb. 1).

Dieser Typ Schläger wurde bis etwa 1860 benutzt. Er hat keine Schutzsaite, woraus man schließen kann, daß es ganz stark auf Jonglierfähigkeiten ankam, um in Ballbesitz zu bleiben. Andere Irokesen-Schläger aus der gleichen Periode sind ähnlich gebaut, wie die Seneca-Stöcke, die Morgan gegen 1825 gesammelt hat. Bei diesen sitzt die äußerste Saite in einer Rille, die sich am Ende der Krümmung befindet. Die äußerste Saite wird in dieser Rille befestigt und zu einer anderen Rille am Griff heruntergeführt, ähnlich wie die Sehne an einem Bogen. Das geflochtene Netz bildet eine flache Oberfläche, wobei die äußerste Saite auf der gleichen Ebene liegt wie die anderen. Den Ball auf dieser etwas straffen Oberfläche zu balancieren oder zu halten muß ein Kunststück gewesen sein: Die einzige „Wand" wird von der Seite des gebogenen Holzes gebildet, die sich ein wenig über die Netzebene erhebt, fast senkrecht dazu, aber kaum von Nutzen, um den Ball auf dem Schläger zu halten.

Der Schläger von Alexander Generals Vater Isaac stellt eine Übergangsform dar, die in der Zeit benutzt wurde, die die Cayuga „das mittlere Spiel" nennen (zwischen 1860 und 1890). Der große, anderthalb Meter lange Stock aus eigener Fertigung entspricht den Standards von Lacrosseschlägern gemäß dem *Official Handbook* (1888). Obwohl das Netz flach ist, wie in der alten Tradition üblich, stellt dieser Cayuga-Schläger den ersten Prototypen dar, der Halteschnüre aufweist. Drei davon am äußeren Rand des Netzes bilden zumindest den Ansatz einer Tasche, obwohl man noch nicht von einer Ausbuchtung am oberen Griff sprechen kann. Obwohl er noch nicht so ausgeformt war wie ein moderner Schläger, so konnte man damit jedoch schon einen Ball vom Boden aufnehmen.

Deskahehs eigene „moderne" Schlägerversion aus dem Jahre 1932 entsprach ebenfalls den Handbuchregularien. Mit einer Länge von einem Meter und einer Krümmung von zwanzig Zentimetern war er kleiner als der seines Vaters. Das Netz trifft in einer Entfernung von fünfundsechzig Zentimetern vom Griffende auf den Schaft und bietet damit dem Spieler fast fünfundzwanzig Zentimeter mehr Grifflänge, als das beim Schläger seines Vaters der Fall war. Seine Wand ist im Schnitt wie ein gebogenes Dreieck geformt, und der Schläger sieht aus wie eine Schaufel. Die dünne, flache Krümmung machte es leichter, den Ball vom Boden aufzunehmen.

Das neueste Merkmal bei diesem Schläger ist eine regelrechte Tasche. Die drei Halteschnüre des Übergangsstocks werden beibehalten, und als Kette wird ölgetränktes Industrieleder benutzt, das mit ungegerbten Lederbändern durchkreuzt beziehungsweise durchwoben wird. Die Schlägertasche wurde ausgeweitet und geformt, wahrscheinlich durch die Faust des Besitzers, wie man es auch heute noch gewöhnlich bei Holz- oder Plastikschlägern macht. Die Halteschnüre und die gebogene Wand sind ausgezeichnete Seitenbegrenzungen für die Tasche.

Die neu auftretenden Halteschnüre sowie die nachfolgend entwickelte Tasche sind unzweifelhaft das Ergebnis einer Zunahme von nichtindianischen Lacrossespielern. Die offiziellen Handbücher haben bereits 1880 Halteschnüre gefordert. Da sie die äußerste Spitze der Krümmung bedecken, wurden sie besonders darumgewickelt. So konnte man verhindern, daß ein Spieler das Netz eines gegnerischen Schlägers mit dem (früher) vorstehenden Ende der Krümmung ergriff – eine Variante, die beim indianischen Lacrosse erlaubt war. Die ersten Halteschnüre wurden nicht mit dem Netzrand verwoben, sondern blieben frei. Sobald sie mit dem Netz verbunden wurden und dadurch eine komfortable Tasche bildeten, war der (hölzerne) Schläger, so wie wir ihn heute kennen, komplett.[13]

120

6

Fort Michilimackinac – 1763

„Ahaaw!" schrie er und *„zhigwa*!*"*, als er *Maji-giizhig* (*Bad Sky*) angriff. Er wiegte den Ball vor und zurück, wich nach links, dann nach rechts aus, bevor er direkt auf *Bad Sky* zuspurtete, der seine Füße in Erwartung der Attacke fest in den Boden gestemmt hatte. *Makoons* (*Little Bear*) raste auf ihn zu. Als sie nur noch wenige Schritte trennten, wechselten beide Männer gleichzeitig wie auf Kommando den Griff ihrer rechten Hand am Schläger. *Little Bear* packte jetzt auch mit der rechten den unteren Griff, während *Bad Sky* seine rechte Hand bis zum Anfang der Schlägerkrümmung hinaufgleiten ließ. Dabei hielt er den Schläger in Schulterhöhe auf Armeslänge horizontal von sich gestreckt und machte sich ganz breit, um den Schlag aufzufangen. „Krach!" *Makoons* ließ seinen Schläger von oben herab auf den ausgestreckten Stock von *Bad Sky* hinuntersausen. Durch den Zusammenprall der Schläger wurde der Ball dicht an *Maji-giizhigs* Kopf vorbeikatapultiert und flog dann in schrägem Bogen auf die beiden jungen Bäume zu, die etwa dreißig Schritt hinter ihm standen. Durch den kräftigen Schlag sauste der perforierte Ball mit hoher Geschwindigkeit sirrend durch die Luft. Aber *Makoons* hatte sein Ziel noch nicht erreicht, denn der Ball segelte an dem linken Baum etwa drei Schritt vor der markierten Stelle vorbei.

Makoons überlegte, daß sie dieses Manöver bereits seit einer halben Stunde übten, während er darauf wartete, daß einer der Ozaagii-Jungen den Ball holte und zurückgab. Sollte es an dem Ozaagii-Schläger liegen, den er sich für dieses Training ausgeliehen hatte? Die Schläger dieser Leute schienen schwerer und ein wenig länger zu sein als sein eigener Ojibwa-Stock, der leider immer noch an den Pfosten seines *wiigiwaam* aus Birkenrinde in seinem Heimatdorf auf der Insel *mooningwane-kaaning* („Platz des gelbgefleckten Spechtes") hing, das zwei Kanu-Reisewochen entfernt im Westen lag. Aber es blieben ihm zwei Tage, um sein Ziel doch noch zu erreichen. Außerdem hatte er bereits begonnen, sich einen eigenen Schläger mit Ojibwa-Abmessungen anzufertigen, ein Handwerk, das er von seinem Großvater gelernt hatte. Insgeheim arbeitete er an fünf neuen Stöcken für einige seiner Stammesbrüder, die, ebenso wie *Makoons* selbst, beim Fort eingetroffen waren, ohne in den geheimen Plan der Ojibwa eingeweiht zu sein. Gegen Nachmittag des folgenden Tages würden er und *Maji-giizhig* das Manöver mit einem Schläger üben, der ihm vertrauter war. Falls er jedoch zu grün wäre, um den Schlag auszuhalten ohne zu brechen, war ihm ein gut abgelagerter Schläger versprochen worden, der binnen kurzem per Kanu von Big Turtle Island gebracht würde. Als er dort Handel trieb, hatte er sich mit *Aanakwad* (*Cloud*), einem bekannten Krieger, angefreundet, der *Makoons* als erster von dem bevorstehenden Spiel erzählt hatte. Nachdem die Bälle, die die Spieler benutzen würden, von den Medizinmännern entsprechend behandelt worden waren, sollte *Cloud* sie ihnen bringen. Außer seinem eigenen Lacrosse-schläger sollte *Aanakwad* auch den seines Bruders zur Verfügung stellen.

Dieses Training wurde in ausreichender Entfernung vom Fort durchgeführt um zu verhindern, daß englische Patrouillen sie dabei überraschten und Alarm auslösten. Die jungen Bäume waren etwa vier Schritte auseinander als Ziel in den Boden gesteckt worden, und *Makoons* hatte vor, den Ball genau zwischen sie zu feuern. Das Katapul-tieren des Balles in dieser Weise galt nicht eigentlich als Torschußtech-nik; man ging vielmehr in dieser Weise vor, wenn man den Ball loswerden und schnell ins untere Feld schlagen wollte, wenn man von Gegnern in die Zange genommen wurde und ein Mannschaftskamerad nahe genug bei einem stand, um einem seinen Stock waagrecht ausgestreckt hinzuhalten. Spielten *Makoons* und seine Leute *baaga'adowe*, mußten sie sogar noch präzisere Schläge machen, um den einzelnen Torpfosten zu treffen und damit einen Punkt für ihre Seite zu erzielen. Für die derzeitige Übung waren die Bäumchen allerdings deshalb so aufgestellt worden, weil die Öffnung zwischen ihnen genau der Weite des Fort-Einganges auf der Landseite entsprach, und *Makoons* wußte, daß er nur einmal, auf dem Höhepunkt des Spiels, die Chance erhalten würde, den Ball exakt hindurchzuschießen. Er war stolz darauf, daß die Wahl der Häuptlinge für diese wichtige Rolle auf ihn gefallen war. Sein Ruf als großer Ballspieler mußte sich ziemlich schnell bei seiner Ankunft am Fort bei den Ojibwa- und Ozaagii- Häuptlingen herum-gesprochen haben.

Nach ein paar weiteren Übungsschlägen mit *Maji-giizhig*, wobei drei Schläge hintereinander genau trafen, war *Makoons* soweit zufrieden mit seiner Zielgenauigkeit, daß er Schluß machte. Er folgte dem Pfad durch den Wald zurück ins Lager, blieb kurz stehen, um ein paar Reiser eines abgestorbenen Birkenzweigs für das Lagerfeuer aufzuheben und entdeckte eine Stelle mit reifen Erdbeeren, von der er seiner Frau berichten wollte. Als er sich der Lichtung mit dem Lager näherte, konnte *Little Bear* zwei Rauchsäulen über den Bäumen aufsteigen sehen und wußte, daß ihn eine warme Mahlzeit erwartete. Kurz darauf wurde das große Birkenrinden-*wiigiwaam* sichtbar, und er hörte die kleinen

Kinder der Odaawaa-Familie, bei der sie wohnten, in dem nahe gelegenen Bach herumplantschen. Obwohl *Makoons* und seine Frau *Boodoonh* (*Polywog*) sich die Schlafplätze mit den Odaawaas teilten, hatte er aus Gründen der Höflichkeit ein paar Stangen geschlagen und eine zweite Feuerstelle errichtet, wo *Boodoonh* ihre eigenen Mahlzeiten kochen konnte. Über dem kleinen Feuer hing ein großer Kupferkessel, den er vor kurzem bei den Engländern gegen zwei Marderfälle eingetauscht hatte, und er konnte die Griffenden von sechs Lacrosseschlägern aus dem dampfenden Topf herausragen sehen. Inzwischen mußte *Badoonh* bereits mit der feuerrot erhitzten Ahle die Löcher für das Netz in die flachen Enden der Stöcke gebrannt haben und kochte sie nun aus, um die dünnen Enden geschmeidig genug zum Biegen zu machen. Sie würden bis zum Herz des Schlägers herumgebogen, um die runde Schlägertasche zu bilden, und mit ungegerbten Lederbändern festgebunden, damit sie in dieser Position blieben, während die Stöcke trockneten.

Little Bear hatte Glück gehabt, eine passende weiße Esche für die Schlägerherstellung zu finden. Die meisten Eschen in der Umgebung waren zu jung und zu dünn, um einen guten Lacrosseschläger abzugeben. Nachdem er den Baum mit seiner Axt gefällt hatte, kürzte er einen dicken Stammesabschnitt auf die richtige Länge ab. Diese ergab sich aus der Länge seines ausgestreckten Armes plus der Breite einer Hand. Am Umfang des Baumes konnte er erkennen, daß der Stamm sechs Schläger ergeben würde. Wieder im Lager, arbeitete er die Rohform der Schläger mit der Axt heraus. Danach benutzte er sein großes, gebogenes Messer und arbeitete weiter an der Form. *Makoons* saß dabei im Schneidersitz auf der Erde, hatte den Stockgriff in Magenhöhe eingeklemmt und zog die gebogene Klinge Span für Span durch das Eschenholz zu sich her. Dabei nahm es langsam die Form eines Lacrosseschlägers an. Er häufte die Späne auf einer Seite zusammen, wo sie zum Feuermachen trocknen konnten. Diese Arbeit war nicht allzu schwer, aber sie war zeitaufwendig. Weiße Esche war ideal zum Stöckeschnitzen. Das starke Holz wies eine glatte Maserung auf, und die Ojibwa benutzten es für vielerlei Gebrauchsgegenstände. Sie verwendeten es immer zur Verstärkung der Ränder von Birkenrindeneimern und der Worfelschütten für wilden Reis, ebenso um die Dollborde ihrer Kanus widerstandsfähiger zu machen.

Der Geburtstag des Königs rückte immer näher, deshalb war Eile geboten, diese Schläger für das Spiel fertigzustellen. *Makoons* erkannte, daß kaum oder gar keine Zeit bliebe für Verzierungen, wie etwa gezahnte Kerben an der Innenseite der Griffe. Die Engländer würden mit Sicherheit niemals herausfinden, daß die Schläger erst kürzlich mit einem ganz bestimmten Hintergedanken hergestellt worden waren. Sie würden wahrscheinlich vermuten, daß jeder Indianer selbstverständlich seinen Lacrosseschläger jederzeit mit sich führt oder in sein Kanu packt, wenn er auf Reisen geht. In jedem Falle würden die Schläger jedoch vor dem Spiel von den Medizinmännern behandelt werden, wodurch sie sich in den Händen der Ozaagii- und Ojibwa-Spieler in mächtige Waffen verwandeln würden. Sollte der Plan der Indianer Erfolg haben, dann würden diese von *Makoons* auf die Schnelle hergestellten Schläger für alle Mitspieler gesuchte Trophäen werden und als Familienerbstücke an zukünftige Generationen weitergegeben werden.

Makoons zog einen Stock aus dem Kessel und begann behutsam, das Ende zu krümmen, um die Biegsamkeit zu testen. Er war noch nicht so weit, stellte er fest, unter Umständen brauchten sie noch eine Stunde oder länger in dem kochenden Wasser. Er und seine Frau mußten sich ihr Essen über dem Feuer der Oddaawaas kochen oder an der Mahlzeit der anderen Familie teilhaben, die ihnen dies voraussichtlich ohnehin anbieten würde. Die Odaawaa-Familie hatte*Bodoonh*und*Makoons*seit ihrer Ankunft mit dem Kanu vor einer Woche überaus freundlich bei sich aufgenommen. Da die Großmutter der Familie vor kurzem in den Süden gezogen war, um bei Verwandten in Cross Village zu wohnen, gab es genügend Platz zum Schlafen. Über der Kochfeuerstelle der Odaawaas wurde bereits eine Suppe mit Weißfisch warmgehalten, und *Boodoonh*hatte schon zuvor ihren*makak*oder Vorratseimer aus Birkenrinde hervorgeholt, worin sie ihren beträchtlichen Vorrat an*manoomin* (wildem Reis) aufbewahrte. Die drei Handvoll Reis, die sie dazugegeben hatte, würde die Menge des Eintopfs fast verdoppeln — ihr Beitrag zu der Mahlzeit. Für die Odaawaa war *manoomin* ein Festschmaus, an den sie nur schwer herankommen konnten, da die Pflanze in ihrer Gegend nicht heimisch war wie der Mais, ihre Hauptnahrung, die sie in großen Mengen in Cross Valley anbauten und als Tauschware zum Fort brachten. Als die Franzosen noch das Kommando im Fort führten, hatten die *Omanoominii* oder *Wiinibiigoo*, die an der Westseite des großen Sees lebten, regelmäßig gegen wilden Reis Tauschgeschäfte mit ihnen gemacht. Die Odaawaa konnten sich erinnern, wie Unmengen von Reis in Rehkitzhäuten von den Kanus aus ans Ufer gebracht und durch das dem See zugewandte Tor in das Fort hineingetragen wurden. Aber als die Engländer die Stelle der Franzosen einnahmen, ging der Handel drastisch zurück, denn die Engländer geizten mit Geschenken für die Indiander, und Munition wollten sie ihnen schon gar nicht verkaufen.

*Makoons*steckte den Stock wieder in den brodelnden Kessel zurück und ging zu den anderen, die um das Kochfeuer saßen. Als sich seine Frau vorbeugte, um ihm den großen Ahornlöffel zu reichen, schaute ihr zartes Handgelenk mit dem erst vor kurzem fertiggestellten Muschelarmband unter dem Tuch hervor. Die schimmernden, weißen Perlen hoben sich wirkungsvoll von ihrer dunklen Haut ab. Immer, wenn sie etwas Zeit fand, hatte sie sich mit dem Armband beschäftigt und führte es nun stolz vor. *Makoons* tauchte seinen Löffel in den Kessel mit dem Fischeintopf. Während des Essens erkundigte er sich bei seinem Gastgeber nach Reparaturmaterial für sein Kanu. Die Odaawaa-Sprache war ziemlich eng mit der der Ojibwa verwandt, weshalb die Verständigung zwischen den beiden Familien nicht allzu schwierig war. Meistens genügte eine Kombination aus gesprochenen kurzen Sätzen und Zeichensprache, und alle fanden regelrecht Spaß daran, neue Wörter in der anderen Zunge zu lernen. Eine Verständigung mit den Ozaagii war dagegen schwieriger, deshalb griffen die Ojibwa meistens, wenn sie mit ihnen zu tun hatten, auf Dolmetscher zurück. Das traf besonders auf die entscheidenden Vorbereitungen für das große Spiel zu, damit sichergestellt war, daß die Pläne bis ins letzte Detail hinein koordiniert abliefen.

Makoons' Haß auf die Engländer war noch nicht allzu alt. Mit deren Ankunft in La Pointe vor einigen Monaten hatte sich der Lebensstil seines Volkes auf *mooningwanekaaning* abrupt gewandelt. Noch bevor die englischen Soldaten das Fort auf der Insel übernahmen, hatten die Franzosen die Hilfe von *Makoons* und der Inselbewohner in Anspruch genommen und sie fast jede Woche in ihren Kanus auf das Festland im Südosten der Insel geschickt, wo sie ihnen helfen sollten, die zahlreichen Grabungen der Franzosen wieder aufzufüllen, in denen sie nach Kupfer gesucht hatten. Da die Franzosen vermeiden wollten, daß die korallenfarbenen Erzbrocken in die Hände der Eroberer fielen, arbeiteten sie fieberhaft daran, die Position der Minen unkenntlich zu machen und zahlten den Ojibwa eine ansehnliche Summe für ihre Hilfe.

Die Übernahme der Insel durch die Engländer ging schnell und formlos vonstatten. *Makoons* erinnerte sich, daß der neue englische Kommandant fast umgehend ihren großen Häuptling *White Bird* und seine *oshkaabewis* (Berater) ins Fort bestellte und von den Indianern forderte, ihre Handelsgewohnheiten zu ändern. Er diktierte ihnen eine neue Fellpreisliste, die um mehr als die Hälfte unter den Preisen der Franzosen lag. Alle Proteste von *White Bird* führten zu nichts. Innerhalb einer Woche ersetzten die Engländer den großen Häuptling durch einen jungen Ojibwa, der ihnen mehr behagte. Er war ein Fremder aus *baawiting*, den die Engländer mitgebracht hatten. Die große Medaille mit dem Kopf des englischen Königs, die er um den Hals trug, wenn er von oben herab mit den eingesessenen Dorfbewohnern verhandelte, wurde bei allen schnell zu einem verhaßten Anblick. *Makoons* war noch immer aufgebracht über die plötzliche Entmachtung des gütigen und weisen *White Bird*. Er hatte mit den Engländern noch eine Rechnung zu begleichen.

In der Zwischenzeit hatte das kochende Wasser die abgeflachten Enden der Stöcke so biegsam gemacht, daß man sie krümmen konnte, ohne daß sie brachen. Er nahm die Stöcke einzeln nacheinander heraus

Tor der Ojibway

Spielfeldmitte

Tor der Sauk

Abb. 22 Fort Michilimackinac aus der Vogelperspektive mit Lageplan des indianischen Spielfeldes (1763).

und bog die Enden zu einer Rolle, die sich etwas überlappte. Normalerweise legte man einen Stock in diesem Zustand ungefähr eine Woche
beiseite. Man ließ ihn in Ruhe trocknen, so daß er seine neue Form
behielt. Aber da das Spiel schon bald stattfinden sollte, mußte der
Trocknungsprozeß abgekürzt werden. Zu diesem Zweck hatte *Makoons* ein kleines Gestell nahe am Feuer errichtet, an das er nun die Stöcke
hängte, damit sie schneller trockneten. Obwohl das Holz nicht abgela-
gert und die Lederschnur feucht war, rechnete er damit, daß die
Feuersglut sowie die heißen Sonnenstrahlen eines ganzen Tages ausrei-
chen würden, um die Stöcke für die Endbearbeitung vorzubereiten.
Dies war sicherlich nicht die beste Art, einen widerstandsfähigen
Lacrosseschläger herzustellen, überlegte *Makoons*, aber diese Schläger
würden nur bei einem einzigen Spiel eingesetzt werden und voraussichtlich das rauhe Spiel überstehen. Auch wenn einer oder zwei
während des Spiels brechen sollten, würde das zweifellos zum Amuse-
ment der Engländer beitragen, die daraus auf die Minderwertigkeit von
indianischen Produkten schließen würden. Vielleicht würden sie dadurch auch veranlaßt werden, ihre Wetten während des Spieles zu
erhöhen und das Fort in noch größerer Zahl zu verlassen, um die
Brutalität und Wildheit des indianischen Spieles zu bestaunen. Das
alles war Teil des großen Plans.

An jenem Abend begaben sich die vier wichtigsten Spieler aus jeder
Mannschaft einschließlich *Makoons* und *Bad Sky* sowie die Ojibwa-
und Ozaagii-Häuptlinge nebst Übersetzern in ein großes *wiigiwaam*,
um die Strategie für den Angriff zu planen. Ein hochgewachsener
Ozaagii-Häuptling, der seit Jahren Handel mit dem Fort trieb, rollte
eine der Bodenmatten zusammen. Er setzte seine Pelzmütze ab und
legte sie beiseite. Dann glättete er den Boden und begann dort mit
einem spitzen Stock eine rohe Ansicht der Südflanke des Forts zu
skizzieren, die genau die Lage des dem Land zugewandten Tores
anzeigte. *Bad Sky* griff in seine Schultertasche und holte ein paar kleine
Pflöcke heraus, die er im Laufe des Nachmittags geschnitzt hatte und
die, in den Boden gesteckt, die Spieler und ihre Positionen darstellen
sollten. Im Normalfall hätten diese Mannschaften auf einem Spielfeld
mit bis zu 1600 Metern Seitenlänge gespielt, aber unmittelbar vor dem
Landtor erstreckten sich südöstlich des Forts Ställe und Gärten, die das
Spielfeld deutlich eingrenzten, während nach Südwesten gelegene
Hügel es unmöglich machten, das Spielfeld sehr weit in diese Richtung
auszudehnen. Deshalb einigten sie sich darauf, einen der Torpfosten
nahe am Fuß eines Hügels aufzubauen und das Feld über die ganze
Länge in nordöstlicher Richtung, wo das Ufer lag, laufen zu lassen, also
diagonal zur südöstlichen Ecke des Fort. Sie würden es dann soweit
verlängern, daß das zweite Tor jenseits der Plattform lag, wo die
Engländer ihre Soldaten zu bestrafen pflegten oder Gefangene festhielten.

Der Ozaagii-Häuptling, der die Zeichnung auf dem Boden kniend angefertigt hatte, setzte sich auf und verlagerte sein Gewicht auf die Fersen. Er griff unter seinen Umhang und holte einen roten Pfeifenkopf hervor, der überaus kunstvoll mit hellglänzenden Bleieinlagen verziert war. Er machte einem Freund ein Zeichen, einen Pfeifenstiel und ein wenig Tabak zu besorgen. Der Plan, den er auf den Boden gezeichnet hatte, erschien aus mehreren Gründen vorteilhaft: Hiernach läge das Mittelfeld genau gegenüber der südöstlichen Bastion und würde die Zuschauer dazu veranlassen, sich dort in der Gegend einzufinden, was sie noch weiter vom Landtor wegbrächte (Abb. 22). Die Engländer würden sich mit Sicherheit auf die Mitte des Spielfeldes konzentrieren, wo das Spielgeschehen seinen heftigsten und brutalsten Fortgang nimmt und wo der Ball nach jedem erzielten Punkt neu eingeworfen wird. Waren sie einmal dort, wären die Soldaten zu abgelenkt, um den Eingang des Forts aufmerksam zu beobachten. Das brächte eventuell einen weiteren Vorteil mit sich, nämlich eine noch größere Anzahl von ihnen weit aus dem Fort herauszulocken, vielleicht sogar bis auf die östliche Flanke, wo sie einen besseren Überblick über das Spielgeschehen hätten, besonders dann, wenn die Ojibwa kurz davor ständen ein Tor zu machen, oder wenn der Ball „zufällig" im Wasser landete.

Bad Sky wurde die angezündete Pfeife als erstem gereicht, und er nahm einige Züge von dem aromatischen Rauch. Auch die Frauen beider Stämme sollten wichtige Rollen spielen. Der Plan sah vor, daß der größte Teil von ihnen aufgereiht im Schatten an der südlichen Palisadenwand stehen sollte, von wo aus sie das Spiel beobachten konnten. Der Schatten würde auch jegliche ungewöhnlich weit hervorstehenden Teile oder Ausbuchtungen unter ihren Wolldecken und Schals verbergen helfen, wo sie Tomahawks, Messer und Kriegskeulen versteckt hielten. Um so natürlich wie möglich aufzutreten, sollten dagegen einige andere ihre fest in die *dikinaagan* gewickelten Babies auf dem Rücken tragen. Sie sollten in Gruppen zusammenstehen, damit sich die Engländer unter sie mischen konnten. Man würde ihnen freundlich zunicken und sie allmählich tiefer in das Spielgeschehen hineinziehen, wenn die Frauen den Spielern beider Mannschaften aufmunternde Worte zuriefen. Diese Frauen, die keine Waffen trugen, sollten wertvolle Gegenstände unter ihren Schals verbergen, wie etwa Perlen, Fuchsfelle und Stoffbahnen. Ab und zu, wenn etwa ein Tor gefallen war, sollte eine Frau eine Freundin aus dem anderen Stamm aufsuchen und entlang der Seitenlinie vor den Augen der Engländer eine Wette mit ihr abschließen, wobei sich beide auf Waren von gleichem Wert einigen sollten, die von einer neutralen Person bis zum Ende des Spiels in Verwahrung gehalten wurden. Man hoffte, durch öffentliches Wetten in dieser Form mehr Engländer dazu zu veranlassen, untereinander zu wetten, um sie dadurch noch mehr an das Spielgeschehen zu fesseln.

Die Pfeife war in der Runde bei *Makoons* angekommen. Eine Frau sollte sich laut Plan über einen Dolmetscher an einen englischen Soldaten wenden und ihm zum Scherz ihr Baby als Wetteinsatz anbieten. Jene Frauen allerdings, die die meisten Waffen versteckt bei sich trugen, sollten sich beiderseits des zum Land hin offenen Tores aufstellen. Ein paar von ihnen sollten so tun, als ob ihnen die Sicht verstellt wäre, und da sie vermeiden wollten, das Tor zur Landseite hin zu blockieren, würden sie sich voraussichtlich unauffällig ein kleines Stückchen ins Fort zurückziehen, auf jeden Fall ohne Alarm auszulösen. Die diensthabenden Soldaten würden natürlich im Fort bleiben, wo sie locker ihrem Dienst nachgehen oder neu eingetroffene Handelsware begutachten würden.

An den zwei Tagen, die diesem Beratungsabend vorausgegangen waren, hatten die zahlreichen Odaawaa, Ozaagii, Odagaamii, Ojibwa und Boodewaadamii, die entweder ihr Lager im Wald in der Nähe des Forts oder ihre *wiigiwaamaak* entlang des Ufers des Großen Sees aufgeschlagen hatten, allerlei Tauschgeschäfte mit dem Fort betrieben. Obwohl sie so viele kleine Tomahawks und Messer wie möglich von den Händlern eintauschen wollten, gab es noch andere Gründe für ihre häufigen Besuche. Da eine ganze Reihe von ihnen noch nie zuvor im Fort Michilimackinac gewesen waren, war es wichtig, daß sie sich mit der inneren Anlage vertraut machten und versuchten, die genaue Kopfzahl der dort stationierten Truppen festzustellen. Außerdem galt es zu unterscheiden zwischen den Engländern und den mehreren Hundert kanadischen Siedlern, die dort lebten und nicht mit in das Gefecht hineingezogen werden sollten. Durch die Preise für die Waren, das vorhandene Lager und die englische Kleidung der Händler war es ihnen möglich herauszufinden, daß sich dort insgesamt vier Händler mit ihren Angestellten aufhielten.

Die militärische Stärke der Posten genau einzuschätzen war dagegen sehr viel schwieriger. Englische Patrouillen waren fast immer unterwegs auf Erkundigungen, und Verstärkungen trafen manchmal unbeobachtet mitten in der Nacht durch das zum Wasser gelegene Tor ein, so daß die Indianer die exakte militärische Stärke niemals genau kannten. Als sie jedoch ihre einzelnen Beobachtungen während der abgelaufenen Woche zusammentrugen, kamen sie zu dem Schluß, daß dort etwa zwanzig bis fünfunddreißig Soldaten stationiert waren, keinesfalls mehr als vierzig. Mit vierzig Spielern pro Mannschaft, die den Kampf anführen würden sowie den etwa hundert weiblichen Zuschauern, von denen jede wenigstens eine Waffe, normalerweise zwei trug, waren sie sicher, in dem Überraschungsangriff schnell die Überhand zu gewinnen, und danach würde noch Verstärkung eintreffen. Alle Engländer, die nicht unmittelbar getötet würden, sollten gefangengenommen werden. Bei den Kanadiern, die die Engländer ebenso sehr haßten wie die Indianer, konnte man mit Sicherheit davon ausgehen, daß sie sich nicht rühren und dem Abschlachten zuschauen würden.

Die Handelsbesuche hatten noch einen weiteren Grund. Die Indianer konnten im voraus das Warenlager der einzelnen Händler begutachten, das ihnen später nach der Attacke bei der Plünderung kostenlos in die Hände fallen würde. Die wertvollen Silberanhänger, die großen Messingkessel, die vielgestaltigen, unterschiedlich großen Silberkreuze mit Prägungen – es machte für die Indianer wenig Sinn, diese Schätze jetzt schon für ihre kostbaren Felle einzutauschen, konnten sie sie doch ohne Gegenleistung erlangen, wenn das Fort erst einmal gefallen war. Stattdessen konzentrierten sie sich bei ihren Tauschgeschäften auf kleine Tomahawks und Messer, die beim Kampf nützlich sein würden.

Aber es dauerte nicht lange, bis die Händler unruhig wurden wegen der Nachfrage nach diesen bestimmten Gegenständen und anfingen, sich Gedanken über das mangelnde Interesse an den teuren Objekten zu machen, die sie auf Lager hatten; ein solches Verhalten war ganz untypisch für die Indianer. Als diese Gefahr erkannt wurde, legten ein paar indianische Familien ihre Ersparnisse zusammen und kauften auch einige dieser Waren, um das Mißtrauen der Händler zu zerstreuen und um zu verhindern, daß ihre Beobachtungen dem Militär mitgeteilt würden. Außerdem wurde befürchtet, daß *Wawatam* eventuell einem englischen Händler, mit dem er sich angefreundet hatte, einen Tip gegeben hatte, denn man konnte beobachten, daß er und seine Frau eilig ihr Lager abbauten und ihr Kanu packten. *Wawatam* war ein Schwächling und Außenseiter, der sich gerne abseits hielt, sentimentalen Gedanken nachhing und sich jedermann öffnete, der bereit war ihm zuzuhören. Er hatte nicht das bei den Indianern übliche Rückgrat und er teilte auch nicht gerne mit anderen – von ihm und seiner Frau wurde behauptet, daß sie Vorräte anhäuften – daher machte *Wawatam* gemeinsame Sache mit den knauserigen Engländern, als diese das Fort übernahmen. Sein Aufbruch wurde mit gemischten Gefühlen beobachtet. Hatte er von dem Plan Wind bekommen und den Händler informiert? Auf jeden Fall war es ohne seine Anwesenheit leichter, die Handelsbesuche zu erledigen.

Am Anfang hatte *Makoons* auch an einem der Handelsbesuche teilgenommen. Eines Tages erschien eine Gruppe von etwa sechs Ojibwa, die zum Fort unterwegs waren, überraschend im Lager der Odaawaa und fragte *Makoons*, ob er sich ihrer Handelstruppe anschließen wollte. Da *Little Bear* und *Polywog* gerade erst von den Odaawaa aufgenommen worden waren, war *Makoons* klar, daß er einen neuen Kessel zum Kochen brauchte. Also holte er ein paar Marder- und kleine Biberfelle aus seinem Kanu, die er als Tauschware verwenden konnte, und folgte der Gruppe, die die Lichtung im Gänsemarsch verließ und den schmalen Pfad durch den Wald einschlug.

Die Handelsgruppe wurde von einem großen Ojibwa namens *Weniway* angeführt, der *Makoons* erzählte, daß er einen erst vor kurzem angekommenen englischen Händler im Fort kenne, dessen Tauschraten für Indianer günstiger lägen als die der anderen Händler. *Weniway* gehörte zum Ojibwa-Zweig der „Leute von den Wasserfällen", die auf Big Turtle Island lebten und von dem großen Fischreichtum in *baawiting* profitierten, wo sie in jedem Herbst Weißfisch in großer Zahl speerten und für den Wintervorrat räucherten. Es stellte sich heraus, daß er außerdem ein hervorragender Lacrossespieler war und in der Mannschaft von *Makoons* mitspielen würde. Wegen seiner beträchtlichen Größe würden sie ihn im Mittelfeld einsetzen, denn mit seiner enormen Reichweite könnte er den Ball beim Einwurf mit Leichtigkeit aus der Luft greifen und ihn gleich für die Ojibwa ins Spiel bringen. *Weniway* machte großen Eindruck und trat gewöhnlich bei Ballspielen und zeremoniellen Anlässen mit von Bärenfett und Kohlenstaub komplett eingeschwärztem Oberkörper auf, bis auf die Augen, die mit großen Kreisen aus weißem Ton eingerahmt waren. Durch seine imposante Erscheinung hob er sich gewöhnlich aus jedem Spielgetümmel auf dem Feld hervor und war damit für die Ojibwa-Spieler ein idealer Anspielpartner.

Als sich die Gruppe dem Fort näherte, trafen sie auf weitere Trupps handelswilliger Indianer, sie kamen aus verschiedenen Stämmen, waren unterschiedlich zahlreich und verließen oder betraten das Fort durch das Tor zur Landseite. Das Fort wurde von Kanonen geschützt, die auf den Ecktürmen jeder Bastion montiert waren, von wo aus mehrere englische Soldaten das Kommen und Gehen der Indianer beobachteten. *Weniway* führte sie im Gänsemarsch direkt zu einem Gebäude, wo der englische Händler mit seinen Gehilfen seine Ware lagerte und Musterstücke zur Auswahl für die Indianer bereithielt. Als die Ojibwa eintraten, feilschten zwei Boodewaadamii mit dem Händler um einen Kredit, wobei der Händler darauf beharrte, daß sie ihre Schulden aus der vorangegangenen Saison noch nicht beglichen hätten und es ablehnte, ihnen weitere Waren ohne Sicherheit mitzugeben. Sie redeten weiter auf ihn ein, ihnen wenigstens ein wenig „englische Milch" zu überlassen, worunter sich, wie die Ojibwa wußten, das tödliche *ishkodewaaboo* (Feuerwasser) verbarg. Der Händler lehnte kategorisch ab, denn er wußte, daß die beiden Boodewaadamii bereits eine größere Menge davon getrunken hatten. Eine weitere Portion Rum würde es ihm nur erschweren, diese beiden Quälgeister loszuwerden, um endlich mit *Weniways* Gruppe ins Geschäft zu kommen.

Die Gehilfen eskortierten die beiden widerstrebenden Boodewaadamii bis zur Tür und drohten ihnen, die englischen Soldaten herbeizurufen, wenn sie nicht sofort verschwänden. Mittlerweile hatten sich *Weniway* und seine Gruppe im Kreis auf dem Boden niedergelassen, und sein Pfeifenträger holte einen roten Steinpfeifenkopf hervor sowie einen langen, spiralig gedrehten Stiel, an dem er den Kopf befestigte. Nachdem er die Pfeife mit *apaakozigan* gefüllt hatte, zündete er den indianischen Tabak an, die Pfeife wanderte im Raum herum, bis jeder schweigend ein paar Züge genommen und sie an den nächsten weitergereicht hatte. So gelangte sie schließlich bis zu dem Händler und seinen Gehilfen, die ebenfalls rauchten.

Die Indianer hatten ihre Felle an einer Wand niedergelegt und begannen nun, die zahlreichen Tauschgüter in Augenschein zu nehmen. Sie prüften die Messer auf Schärfe, testeten die Ausgewogenheit der kleinen Tomahawks, zogen sich Silberarmbänder über – alles unter den wachsamen Augen der Angestellten. *Makoons* fiel ein hübscher silberner Anhänger mit Kette ins Auge, und als er ihn zum Fenster drehte, erkannte er in der Mitte einen eingearbeiteten Kranich. *Little Bear* stammte aus dem Kranich-Clan, und er legte den Anhänger aufmerksam wieder auf seinen Platz zurück. Der Händler machte ihm ein Angebot für drei Biberfelle, aber *Makoons* lehnte ab und erkundigte sich stattdessen nach einem kleineren Kupferkessel als dem, der ausgestellt war. Der Händler schickte einen Angestellten nach oben ins Lager, während er mit *Little Bear* über den Preis feilschte. Schließlich einigten sie sich auf zwei Marderfelle.

Nach jahrelangen Geschäftsbeziehungen mit den Franzosen waren *Makoons* und seine Leute beim Handeln an einen anderen Umgangston gewöhnt. Bei den Franzosen waren vor jeder Tauschaktion traditionell Geschenke überreicht worden. Ihr Wert spielte dabei kaum eine Rolle, die Hauptsache war, es gab gemäß indianischer Sitte ein Geschenk, das als fester Bestandteil jeglicher Verhandlungen angesehen wurde. Bei den verfluchten Engländern dagegen, die gegen die Franzosen und die Indianer um den Besitz Kanadas gekämpft hatten und nun seit drei Jahren das Kommando führten, war das Handeln eine ganz andere Sache. Die Indianer verglichen die gewöhnlich anmaßende Haltung der Engländer mit dem lässigeren Benehmen der Franzosen, deren König sie als ihren Großen Vater und sich selbst freiwillig als dessen Kinder angesehen hatten. Man brauchte lediglich den französischen mit dem englischen Lebensstil, ihre Kleidung sowie persönlichen Eigenheiten zu vergleichen, um zu verstehen, daß sich die Indianer unter der Obhut ihrer früheren Gebieter wohler gefühlt hatten. Die Franzosen kümmerte es wenig, wenn sie durch schwere Arbeit verschwitzte Gesichter und schmutzige Hände bekamen, und die locker sitzenden Hemden, die sie mit einer Kordel um die Hüfte zusammenhielten, hatten große Ähnlichkeit mit den indianischen Lederhäuten. Die Engländer schienen dagegen großen Wert auf ordentliche, gepflegte Kleidung zu legen und hielten ihre Haut pingelig sauber. Außerdem waren sie hartherzig. Geschenke gab es so gut wie nie. Darüber hinaus weigerten sich die Engländer, „den Wilden" das kostbare Schießpulver zu verkaufen, wodurch viele indianische Feuerwaffen wertlos wurden. Ihren französischen Schießpulvervorrat hatten die Indianer im Kampf gegen die Engländer fast vollständig aufgebraucht.

Als der Händler die zwei Marderfälle im Austausch für den Kessel beiseite legte, erkundigte er sich bei der Gruppe, warum die Nachfrage nach den billigeren Gegenständen wie Messern und kleinen Tomahawks so groß sei. *Makoons* ergriff diese Gelegenheit, um ihm von dem bevorstehenden Lacrossewettkampf zwischen seinem Volk und den Ozaagii zu erzählen. Über *Weniway*, der als Dolmetscher fungierte, ließ *Makoons* den Händler wissen, daß es bei den Indianern bei solchen Spielen Brauch war, auf den Ausgang zu wetten. Dabei spielte der Wert des Wetteinsatzes eine untergeordnete Rolle; er sollte lediglich dem Wert des gegen ihn eingesetzten Objekts entsprechen. Der Händler solle sich das Spiel ansehen, forderte er ihn nachdrücklich auf, und beobachten, wie so manche indianischen Frauen Gegenstände aus seinem Warenlager verwetten würden. *Little Bear* stellte die Bedeutung dieses Spiels besonders heraus. Er wies darauf hin, daß es sich um ein Rückspiel handelte, das die Ozaagii gefordert hatten, die im vorausgegangenem Sommer eine schwere Niederlage durch die Ojibwa auf Big Turtle Island hinnehmen mußten. Die Wetteinsätze würden wahrscheinlich sehr in die Höhe gehen, weil die Ozaagii ihren erlittenen Verlust wieder gutmachen wollten.

Während *Makoons* weitersprach, wurde ihm klar, wie wichtig es war, möglichst viele Engländer dazu zu bringen, sich außerhalb des Schutzes durch das Fort zu begeben, um das Spiel aus erster Hand zu beobachten. Hier bot sich die Chance, den Händler und seine zwei Helfer dafür zu gewinnen und ihre Neugier auf dieses einzigartige Sportereignis anzustacheln. *Makoons* hob besonders die Wendigkeit und Schnelligkeit der Ojibwa-Spieler hervor und drängte den Händler dazu, auf das Spiel zu wetten. Es gäbe für ihn dort die Gelegenheit, große Gewinne zu machen. Er sollte dem Beispiel des Fortkommandanten folgen, der bereits angekündigt hatte, er wolle auf die Ojibwa-Mannschaft wetten. Die Ojibwa könnten einfach nicht verlieren, stellte *Little Bear* klar, da sie mehrere solcher kräftigen Spieler wie seinen Freund *Weniway* hier hätten, der wegen seiner Größe besonders hervorragend auf dem Mittelfeld zum Einsatz käme. *Wenimay* mimte ein paar Balleinwurfbewegungen mit einem imaginären Lacrosseschläger und brachte dadurch den Engländer zum Lachen. Ja, sagte der Händler, während er eine Seite in seinem Rechnungsbuch umwendete und sein Inventar zu überfliegen schien. Vielleicht kämen sie tatsächlich heraus, um sich das Spiel anzuschauen, und sie würden über eine Wette auf die Ojibwa ernsthaft nachdenken. Er hätte auf seinen Reisen schon viel von dem Spiel gehört, es aber noch nirgendwo zu sehen bekommen.

Der Händler zählte einige Zahlen zusammen und legte dann seine Feder nieder. Ja, er hatte vermutet, daß irgendwo trainiert würde, denn ein paar Indianer, die bei ihm ihre Tauschgeschäfte abwickelten, hätten kürzlich ihre Lacrosseschläger und Bälle bei sich getragen, die er genau in Augenschein nehmen konnte. Er hatte keine Ahnung, durchfuhr es *Makoons*, daß die täglichen Rangeleien außerhalb des Forts ein Teil der groß angelegten Strategie waren. Der Händler griff unter den Ladentisch, holte ein billiges Messer hervor und übergab es *Makoons*. Er wandte sich an den Dolmetscher, der *Little Bear* übersetzte, er solle das Messer auf sich selbst setzen als Glücksbringer für das Spiel. Der Händler würde kommen, versicherte er ihnen, wenn er bis dahin alle fälligen Briefe geschrieben und sein Berichtsbuch auf den neuesten Stand gebracht habe.

Als die Engländer etliche Indianer mit Lacrossestöcken auftauchen sahen, wurde ihre Neugier auf das bevorstehende Spiel noch größer. Um ihnen einen Vorgeschmack auf das zu geben, was sie erwartete, hatte erst am vorangegangenen Tag eine Ozaagii-Handelstruppe zwei Jungen mit ihren Schlägern und Bällen mitgebracht. Während ihre Väter in einem Verkaufslager Geschäfte tätigten, wurden die beiden angehalten, im Freien auf dem großen Platz inmitten des Forts vor dem Lagerhaus Passieren und Einfangen zu üben. Ihre Mätzchen sowie die Neuartigkeit des Spiels lockten schnell ein paar Zuschauer an. Groß war ihr Erstaunen über die Fähigkeit der Jungen, mit einem solch kleinen Netz am Schläger einen Ball zu fangen, zumal die beiden ständig in Bewegung waren. Ein Junge, der den Ball im Schläger hatte, schwang ihn über seinem Kopf im Kreis herum, als ob er irgendein Spielzeug oder Krachmacher sei, während der andere bei dem Versuch, den anfliegenden Ball mit dem eigenen Schläger zu fangen, wie wild geworden hin- und hersprang. Kurze Begeisterungsrufe und ab und zu Applaus waren zu hören, als einer der Jungen den Ball fing, auf seinen Fersen herumwirbelte und ihn sofort wieder seinem Spielkameraden zuspielte. Es wurde gelacht, als einer von ihnen, der den Ball in seinem Schläger hin- und herschaukelte, den anderen dazu brachte, ihn kreuz und quer durch das Waffendepot zu jagen in dem vergeblichen Versuch, ihm den Ball abzunehmen.

Nachdem sie ihren Handel zuende gebracht hatten, verließen *Weniway* und die anderen das Lager des Händlers. Zuvor hatte der Dolmetscher den Händler im Scherz gefragt, ob er seine persönlichen Dienste bei dem Spiel auf ihn, *Weniway*, wetten würde. Sollten die Ojibwa verlieren, müßte *Weniway* drei Tage lang die Zahlenkolonnen des Händlers aufaddieren, würden sie aber gewinnen, was außer Frage stand, müßte der Händler in *Weniways* rauchigen *wiigiwaam* einziehen, sich dort mit Fliegen und Moskitos herumschlagen, sein Wasser selbst holen, das von ihm erlegte Wild ausnehmen und auf einer Binsenmatte am Boden schlafen – kurz, ein Leben führen, wie es einem englischen Gentleman nicht anstand. Der Händler lehnte diese Einladung ab, wünschte *Weniway* jedoch Glück im Spiel.

Die Häuptlinge und Dolmetscher begannen die kleinen Markierungsstöckchen in den Boden zu stecken, die die Positionen der Spieler bei Spielbeginn anzeigten. Zwei Torhüter aus jeder Mannschaft würden vor ihren entsprechenden Toren aufgestellt sein. Zehn Mann pro Seite sollten im Mittelfeld kämpfen und sich in zwei Reihen über das Feld verteilen. Die restlichen Spieler sollten sich im Zentrum zusammenballen, das hieß, daß sich dreißig Ojibwa und dreißig Ozaagii in einem Pulk gegenseitig bedrängen und wegschieben würden, während sie auf den Einwurf des ersten Balles durch einen als Schiedsrichter gewählten Alten warteten. Diese Zahl übertraf bei weitem die Anzahl von Stürmern in einem normalen Spiel, aber es war einfach wichtig, die Aufmerksamkeit der Engländer vom landseitigen Tor des Forts wegzulocken. Man konnte davon ausgehen, daß ein Großteil von ihnen sich zur südlichen Fortmauer begeben würde, um von dort aus die schärfsten Attacken zu beobachten, wo Körperverletzungen am häufigsten auftreten würden und wo die Rangelei um Bälle, die auf dem Boden gelandet waren, am größten wäre. Die besonders rauhen und ungestümen Spielphasen sollten vor allen Dingen in diesem Raum stattfinden. Den Rest des Feldes hielte man in beiden Richtungen frei, damit ein einzelner Spieler mit dem Ball einen Alleingang in Richtung Tor unternehmen konnte.

Den Zeitpunkt für das Spiel hatte man auf den Tag der englischen Feierlichkeiten anläßlich des königlichen Geburtstags gelegt. Die Garnison würde sich in gelöster Stimmung befinden. Die meisten Soldaten wären zwei Tage von ihrem Dienst entbunden, und es stände ihnen frei, sich durch das Spiel der Indianer etwas Unterhaltung zu verschaffen. Die Verteidigungsbereitschaft des Forts wäre auf ein Minimum gesenkt. Die Indianer, die in der Nähe des Forts lebten, erinnerten sich noch an die Zeiten, als die Franzosen dort residierten. Auch sie hatten den Geburtstag ihres Königs gefeiert und die Indianer zu besonderen Festessen ins Fort eingeladen. Aber mit der Zeit war ihr großer französischer Vater alt und schwach geworden. Er war es leid, mit den Engländern wegen Kanada im Kampf zu liegen. Er schlief nun zuhause jenseits des großen Sees im Osten. So erklärten sich die Indianer die Tatsache, warum die Engländer diese Situation ausnutzen und Kanada für sich erobern konnten. Die Indianer glaubten, daß ihr französischer Vater bald aufwachen und seine ehemaligen Territorien wiedererlangen würde. In der Zwischenzeit taten sie, was sie konnten, um die Engländer ihrerseits zu vertreiben. Ihr großer Prophet, Häuptling *Pontiac*, hatte ihnen durch seine Botschaften Mut gemacht und zahlreiche indianische Stämme erneut mit Waffen versorgt, die daraufhin

kleinliche Zänkereien wegen Territorialansprüchen und alte Animosi-
täten beiseiteließen und alle Kräfte in einer konzentrierten Aktion
sammelten, um die Engländer zu schlagen. Die Rückeroberung von
Fort Michilimackinac würde sich strategisch wie auch psychologisch
vorteilhaft auswirken. Das Fort diente den Engländern als zentraler
Stützpunkt bei ihrem Bemühen, immer weiter nach Westen jenseits der
Großen Seen vorzudringen und die Kontrolle über die Flüsse und
Waldgebiete zu erringen. Fast der gesamte Nachschub für Händler und
Militär im Innern des Landes lief über das Fort. Wer es unter seiner
Kontrolle hatte, konnte damit das Versorgungssystem der gesamten
Region lahmlegen. Hatten sie das Fort erst einmal an sich gebracht,
wären die Indianer möglicherweise in der Lage, die nächstgelegene
größere Niederlassung, nämlich Detroit, anzugreifen. Bis dahin war
unter Umständen auch der französische König aus seinem langen Schlaf
erwacht.

Als die Häuptlinge und Spieler die letzten Stöckchen in die Erde
gesteckt hatten, fingen sie an, über die Spielstrategie nachzudenken.
Auf Vorschlag von Häuptling *Minavavana* einigten sie sich darauf, das
Spiel kurz nach dem Mittagessen der Engländer anzusetzen, wenn sie,
vollgestopft vom guten Essen, träge und ermattet seien. Die Spieler
dagegen hätten einen ganzen Tag lang gefastet und wären versessen
darauf, sich ins Getümmel zu stürzen. Wenn die Medizinmänner sie
mit Segnungen und Gebeten entlassen hätten, wären sie auf dem
Spielfeld wie auch anderswo absolut kampfbereit und in der richtigen
psychologischen Verfassung, ihre Pläne ohne Zaudern und Zagen
durchzuführen. *Minavavana*, der gegenüber den Engländern besonders verbittert war, stellte sich das Gemetzel vor seinem geistigen Auge
vor und war fast außer sich vor Genugtuung. „*Gaawiin onizhishinzinoon, zhaaganaash!*"(„Nicht gut, Engländer!") rief er bei jedem Punkt,
der besprochen und erledigt wurde, aus.

Die Häuptlinge überlegten, wie lange es dauern würde, bis die
meisten Engländer das Fort verlassen hätten, um sich das Spiel anzusehen. Auch machten sie sich Gedanken, wie lange wohl die Aufmerksamkeit der Fremden zu fesseln sei, bevor das Schauspiel anfinge sie zu
langweilen und sie in das Fort zurückkehrten. Sie einigten sich auf eine
Spieldauer von etwa einer Stunde ohne erhebliche Torvorgaben für eine
Mannschaft, um so das Interesse am Spiel wachzuhalten. Vor Spielbeginn würde man die Engländer wissen lassen, daß vier Tore den Sieg
bedeuteten. Obwohl sich die Spieler laut Anweisung so aufführen
sollten, als gäben sie laufend ihr Bestes, war doch jeder Schritt des
Spieles vorher geplant und abgesprochen.

Das Ojibwa-Tor wollte man im Südwesten aufstellen. Am Anfang,
nach dem wahnsinnigem Geraufe beim Einwurf im Zentrum, sollte
Weniway den Ball fangen und ihn feldabwärts in Richtung auf das
Ozaagii-Tor schmettern. Dann sollte der Ball von einer Seite zur

anderen hin- und herwandern, immer unter Kontrolle der Ojibwa, die auch das erste Tor erzielen sollten durch einen rasanten Ausbruch einer ihrer hervorragenden Spieler auf der linken Spielfeldseite. Etwa in Höhe der englischen Pranger-Plattform sollte er direkt auf das Ozaagii-Tor zustürzen, den Torhütern gekonnt ausweichen, den Torpfosten anvisieren, den Ball – noch im Netz des Schlägers – beim Vorbeirasen an den Pfosten schlagen und damit das Tor erzielen. Die Torhüter sollten so tun, als verteidigten sie ihr Tor, den Gegner aber durchlassen. Auf diese Weise konnte man die Tore zeitlich besser plazieren und alles nach Plan ablaufen lassen.

Ein wichtiger Aspekt von Lacrosse, der den Engländern unbedingt schon zu Anfang des Spiels gezeigt werden mußte, war die große Zahl von ungenauen Abgaben. Wenn ein Spieler mit dem Ball losrannte, dicht verfolgt von seinem Gegner, gab er den Ball lieber ab – vorzugsweise an einen Mannschaftskameraden – als das Risiko einzugehen, ihn vom Gegner aus seinem Stock weggeschlagen zu bekommen. Fand er keinen freistehenden Mannschaftskameraden, schlug er den Ball in jedem Fall feldabwärts in Richtung der Torhüter in der Hoffnung, daß ein Mannschaftskamerad den Ball am Boden entdeckte, die Gegner austrickste und den Ball hoch bekam. Bei den Ojibwa gab es tatsächlich Regeln, die verhinderten, daß der Ball zu lange „festgehalten" wurde: Rannte jemand mit dem Ball los und hatte einen Gegner auf den Fersen, konnte dieser dreimal hintereinander *„Apagidoon!"* („Gib ihn ab!") rufen. Gab er den Ball nicht ab, sondern hielt ihn weiter fest, stand es dem Verfolger frei, ihm seinen Schläger über den Kopf zu ziehen oder nicht. Diese Regel verhinderte, daß man zu sehr auf Zeit spielte, etwa wenn ein Spieler nur über das Spielfeld flitzte, um seine persönlichen Qualitäten vorzuführen.

Noch vor dem ersten Tor sollte der Ball laut Plan wenigstens einmal gegen die Palisadenwand aus Kiefernstämmen prallen und dann wieder zurück ins Spielfeld schießen. Das sollte am abgelegenen südöstlichen Ende des Forts geschehen, in größtmöglicher Entfernung vom Eingangstor auf der Landseite. Wenn dann *Makoons* seinen Spezialschuß abgab, wären die Engländer inzwischen so daran gewöhnt, einen Ball frei irgendwohin durch die Luft fliegen zu sehen, daß sie nicht besonders darauf achten würden. Man hatte sich auch dafür entschieden, wenigstens einen „ungenauen" Ball links des Landeingangstores von der Wand abprallen zu lassen, so daß – sobald es *Makoons* gelingen sollte, seinen Schuß direkt auf das Eingangstor zu zielen und der Ball durch die Pforte hindurchpfiff – die Engländer annehmen mußten, es handele sich um nichts weiter als einen Teil des gewöhnlichen Spielgeschehens. Wahrscheinlich würden sie keinen Verdacht schöpfen, wenn dann ein paar Spieler aufgeregt in Verfolgung des Balles ins Fort stürzten, um ihn wieder an sich zu bringen. Allerdings wäre dann ihr Schicksal bereits besiegelt.

Die Häuptlinge gingen das Spiel Punkt für Punkt weiter durch. *Majikiwis* (*Elder Brother*) steuerte eine neue Überlegung bei. Nach ihrem ersten Tor sollte man den Ojibwa erneut die Gelegenheit bieten, ein Tor zu machen. Dann sollten die Ozaagii zweimal einen Treffer hintereinander erzielen, so daß es 2:2 stände. Ein weiteres Tor der Ojibwa brächte den Spielstand auf 3:2. Die Ozaagii sollten kurz danach aufschließen auf 3:3. Das wäre dann das Zeichen für alle, sich für die Attacke bereitzuhalten. Das Interesse der Zuschauer wäre nun auf dem Höhepunkt, und kaum ein Engländer würde jetzt zum Fort zurückkehren wollen, ohne den entscheidenden Spielausgang und das Einsammeln der Wetteinsätze durch die Gewinner zu erleben. Bis zum Zieltreffer sollte der Ball über das gesamte Spielfeld hin- und hergeschlagen werden. Das Spielgeschehen sollte sich intensiv steigern bis zu einem Beinahe-Tor durch die Ozaagi. Dies wäre das Zeichen für die Ojibwa-Torhüter, den Ball an sich zu bringen und ihn *Makoons* zuzuspielen. *Bad Sky* hätte sich bereits etwa zwanzig Schritt vor dem Festungstor plaziert in Erwartung von *Makoons*, der sich seinen Weg durch eine Reihe von Ozaagii im Mittelfeld erkämpfen mußte. Dann endlich sollte *Little Bear* den nun bereits oft erprobten Spezialschuß mit einem Hieb auf *Bad Skys* Schläger auslösen, der den Ball wie einen Vogel in hohem Bogen durch das Eingangstor ins Innere des Forts trug. Was dann folgte, würde in mündlichen Überlieferungen dieser Stämme von Generation zu Generation weitergegeben werden.

Das Treffen löste sich auf, und die Häuptlinge bestimmten die acht anwesenden Spieler als Läufer. Mit Tabak ausgerüstet sollten sie die Runde durch ihre Lager machen, Spieler für ihre Mannschaften aufstellen und insgeheim die Nachricht von der geplanten Attacke verbreiten. Insbesondere sollten sie darauf achten, daß die Odaawaa nichts von dem Plan erführen, da sie sich sonst sicherlich an der Plünderung nach dem Spiel beteiligen wollten. Um seinen Odaawaa-Gastgeber machte *Makoons* sich keine Sorgen. Er wußte in etwa Bescheid um die bevorstehenden Ereignisse, aber sein *wiigiwaam* lag so abseits, daß er — wenn überhaupt — kaum Kontakte zu anderen Odaawaa hatte. Andererseits ermunterte man die Handelsgruppen, die zum Fort unterwegs waren, untereinander in aller Offenheit Wetten auf das Spiel abzuschließen, um das Interesse der Engländer weiter anzufachen.

Nach Bekanntwerden der bevorstehenden Geburtstagsfeierlichkeiten zu Ehren des englischen Königs war eine Woche zuvor eine Abordnung von Häuptlingen losgeschickt worden, um beim Fortkommandanten vorzusprechen. Sie überbrachten den Vorschlag, zur Unterhaltung der Bewohner des Forts als Beitrag der Indianer zu den großen Feierlichkeiten ihre Athleten zu einem großartigen Lacrossespiel zwischen zwei Nationen gegeneinander antreten zu lassen. Die meisten Engländer hatten noch nie ein Lacrossespiel oder etwas dergleichen gesehen, obwohl sie fast alle bei Gelegenheit das Mokkassin- oder Topf-und-Würfelspiel kennengelernt hatten. Bevor der Kommandant seine Einwilligung gab, war er davon ausgegangen, die Indianer wollten entweder eine Vorführung mit Ball und Schlägern geben, wie er das bereits bei ihren spielenden Kindern beobachtet hatte, oder die Rangeleien und Kämpfe, vorgeführt von nur einigen wenigen Spielern, womit sich die Ojibwa in der vergangenen Woche miteinander vergnügt hatten. Er war nicht wenig erstaunt zu hören, daß zwei „Mannschaften" von je vierzig Mann einem „einzigen Ball" über ein größeres Feld nachjagten in dem Versuch, durch Schlagen gegen einen Torpfosten Punkte zu erzielen! Die Engländer brachten, und darin unterschieden sie sich nicht von den meisten anderen Europäern in der Neuen Welt, den Begriff Sport ausschließlich mit individuellen Wettkämpfen in Zusammenhang, wie das beim Boxen, Reiten, Fechten, Golf oder Tennis der Fall war. Eine derartige Neuheit wie das Lacrossespiel war allemal der Unterstützung wert, und so ging der Kommandant freudig auf den Vorschlag der Häuptlinge ein. Mit seiner Erlaubnis durften sie das Spielfeld abstecken, so wie sie es vorgeschlagen hatten.

Am Abend vor dem Spiel traten die beiden Mannschaften sowie ein paar Ersatzspieler für jede Seite in ihren jeweiligen Lagern zusammen. Weil das Spiel in regelrechte Kampfhandlungen übergehen würde, mußten besondere Vorsichtsmaßnahmen und rituelle Reinigungen befolgt werden. Normalerweise wäre in jedem Lager ein Kriegstanz aufgeführt worden. Da sie jedoch wußten, daß die hellen Trommelschläge mit Sicherheit auch im Fort gehört werden konnten, verzichteten sie notgedrungen auf diese Zeremonien, um nicht unnötigerweise Alarm beim Militär auszulösen. Darüber hinaus gab es noch genügend Maßnahmen, die getroffen werden konnten. Alle Spieler unterzogen sich dem rituellen Fasten. Sie nahmen weder feste noch flüssige Nahrung zu sich außer einem gelegentlichen Schluck Wasser. Die Lacrosseschläger und Bälle wurden eingesammelt, ebenso die Kriegswaffen – die Skalpiermesser, Kriegskeulen und Tomahawks – und die Medizinmänner machten sich daran, alles mit zinnoberroter Farbe einzureiben. Rot als Kriegsfarbe wurde auch auf Lacrossestöcke aufgetragen, die in besonders wichtigen Spielen zum Einsatz kamen. Kein Spieler durfte mit seiner Frau schlafen, und alle mußten ihre Körper von jeglichen Unreinheiten in den kleinen *madoodiswanan* oder Schwitzhütten reinigen. Dort traten sie nackt jeweils zu zweit ein, spritzten Wasser auf die rotglühenden Steine, was ein erstickend heißes Dampfbad auslöste, das sie gut eine Stunde lang über sich ergehen ließen. Als alle Abendrituale erfüllt waren, machte sich jeder Mann auf den Weg zu seinem heimischen Lager. Allen war klar, daß sie diese Nacht keinen Schlaf finden würden, weil jeder die Pläne wieder und wieder durchgehen würde.

Makoons ging am Ufer entlang, bis er das Feuer des Odaawaa-Lagers in der Ferne sehen konnte. Sie hatten ihre Odaawaa-Freunde eingeladen, sich das Spiel anzuschauen, und *Little Bear* hatte ihrer Odaawaa-Gastgeberin ein paar Felle überreicht, die sie unter ihrem Umhang verbergen konnte, um sie vielleicht später zu verwetten. Er hatte auch heimlich einen von den Medizinmännern behandelten Tomahawk sowie ein langes, scharfes Messer mitgebracht, das *Boodoonh* unter ihrer Wolldecke verstecken sollte. Ihr Platz war direkt am landwärtigen Festungstor, wo sie sich dieser Waffen entledigen würde, sobald die Spieler an ihr vorbeihetzten. Während sich das Odaawaa-Paar zum Schlafen niederlegte, fachten *Makoons* und seine Frau das Feuer neu an und bereiteten sich vor auf eine lange Nachtwache bis zum Morgen. Sie besprachen die Ereignisse der letzten Wochen und berieten, wer ihrem Kind, das sie in ein paar Monaten erwarteten, den Namen geben sollte. Sie sprachen über das Spiel am folgenden Tag und dachten über die Folgen nach, die ein erfolgreicher Angriff auf die Engländer haben würde. Die ganze Zeit über war *Makoons* damit beschäftigt, das Zeichen seines Clans, den Kranich, mit einer scharfen Ahle auf eine Seite des Schlägers zu ritzen. Wegen seiner speziellen Rolle im Spiel hatten die Priester eine Eisvogelfeder in seine Schlägerbespannung geknüpft. Der Eisvogel hatte ein scharfes Auge und konnte sehr schnell geradeaus fliegen. Die Feder sollte bewirken, daß er sein Ziel gut anvisierte, wenn er auf *Bad Skys* ausgestreckten Stock schlug.

Bei Anbruch der Morgenröte fingen die Moskitos an, lästig zu werden. *Makoons* nahm einen alten Eimer vom Ufer auf und gab einige Schaufeln Feuerglut hinein. Er füllte den Eimer mit Zedernabfällen, die er an dem Platz fand, wo sie ihr Holz hackten. Sofort stieg ein dicker, aromatischer Rauch empor. Es wehte ein leichte Brise. Also setzte er den schwelenden Eimer gegen den Wind ein wenig von der Stelle entfernt, wo er und *Boodoonh* auf einem Baumstamm saßen. Bald waren sie vom Rauch eingehüllt, der die üblen Insekten aus ihrer Nähe vertrieb.

Boodoonh erklärte *Little Bear* ihre Pläne für die Zeit nach dem Kampf gegen die Briten. Sie hatte Heimweh, besonders jetzt, da sie schwanger war. Obwohl die Nachricht von dem erfolgreichen Kriegszug *mooningwanekaaning* innerhalb weniger Wochen erreichte, würden ihre Eltern ängstlich auf ihre Rückkehr warten. *Makoons* versicherte ihr, daß er nicht die Absicht habe, an einem weiteren Kriegszug gegen Detroit teilzunehmen, und daß er ebenfalls ungeduldig auf den Aufbruch zur Rückreise wartete. Außerdem würden sie nach der Plünderung des Forts mit einem ansehnlichen Vorrat an Geschenken für die Verwandten zurückkehren.

Als der Morgen sich ankündigte, traf *Little Bear* seine Vorbereitungen für das Spiel. *Bad Sky* hatte ihm ein wenig Bärenfett überlassen, und *Boodoonh* entnahm der Asche ihres Feuers etwas Kohlenstaub und mischte beides zusammen, bis sie eine schwarze Paste erhielt, die für eine dekorative Körperbemalung geeignet war. Sein Odaawaa-Freund lieh *Makoons* einen kleinen, eingehandelten Spiegel, so daß er selbst sein Gesicht bemalen konnte. Er benutzte dazu einen teilweise angekohlten kleinen Zweig, mit dem er sorgfältig eine Linie über die Stirnmitte bis zu seiner Nasenspitze zog. Dann griff er zu dem Bärenfett und begann seine Gesichtsbemalung, indem er eine Hälfte ganz einschwärzte, während *Boodoonh* einen kleinen roten Punkt auf jede Wange setzte.

Makoons ließ seine Frau einen seiner Zöpfe umwickeln, während er sich den anderen vornahm. Von hinten band sie ihm zwei Kranichfedern in sein Hinterkopfhaar. Vorher war abgesprochen worden, daß die Ozaagii ihre Köpfe bis auf ein kleines Büschel ganz oben abrasieren würden. Alle Federn, die an dieses Haarbüschel gebunden wurden, mußten rot eingefärbt sein. Da das Spiel derart durchgeplant war bis auf die Rolle jedes einzelnen Spielers, war es unabdingbar, daß jeder seine Mannschaftskameraden schon aus der Entfernung erkannte. Die Köpfe mit Haarbüscheln waren mit Sicherheit am schnellsten zu erkennen – jeder andere Spieler mußte demnach ein Ojibwa sein.

Es war bereits später Vormittag, und der Himmel war verhangen. Obwohl es noch heiß war, schien das Wetter Regen anzukündigen. Deshalb wurde es nun höchste Zeit, zum Fort aufzubrechen und das Spiel zu beginnen. *Makoons* hob die zwei anderen neuen Schläger auf, die er mitnehmen wollte, falls ein Ojibwa während des Spiels einen neuen brauchte, und machte sich mit seiner Begleitung sowie den versteckten Waffen und den für die Wetten bestimmten Waren auf den Weg zum Spielfeld.

Als sie sich dem Fort näherten, stießen sie auf mehrere Indianer, die damit beschäftigt waren, einen Zederntorpfosten in ein frisch gegrabenes Loch zu setzen. Der in hellem Gelb glänzende Holzpfahl, von Ästen und Rinde befreit, trug oben an der Spitze einen hellroten Stoffstreifen – das Kriegsbanner.

Eine größere Anzahl von Ozaagii-Spielern spielten sich bereits am anderen Ende des Spielfeldes ein. Sie spielten einander zu und benutzten ihr eigenes Tor für ihre Schußübungen. Hinter dem Torpfosten standen jede Menge kleiner Jungen, die die verschossenen Bälle für sie zurückholten. Ein paar englische Soldaten beobachteten die Vorbereitungen. Sie lehnten an der Holzwand und rauchten in Ruhe vor sich hin. Einzelne Gruppen von kanadischen «*voyageurs*», mit Fellen unterwegs von weit entlegenen Außenposten, hatten sich in Ufernähe versammelt und saßen im Gras. Ihre großen, umgekehrten Kanus benutzten sie als Rückenlehne und warteten auf den Spielbeginn. Im Mittelfeld waren indianische Frauen des einen Stammes dabei, Wetten mit der gegnerischen Seite abzuschließen. Die beiden Männer, je einer aus den beiden gegnerischen Mannschaften, die man zu Wetteinsatzhütern ernannt hatte, banden emsig die Wettgegenstände zusammen –

eine Bahn Handelstuch mit einer Wolldecke, zwei Fuchsfelle mit einem neuen Kupferkessel, ein *dikinaagan* mit perlenverzierten Kniebändern. Das Wetten wollte nicht aufhören, und mehr und mehr Leute brachten aufgeregt ihre Wetteinsätze auf das mittlere Spielfeld. Der Warenberg hatte schon eine beachtliche Höhe erreicht. Einige Frauen berichteten, daß die englischen Soldaten untereinander zu wetten schienen. Einige hatten beobachtet, daß sie Münzen aus ihren Taschen holten und sie in einer Weise zählten, wie man das bei Geschäftsabschlüssen tat.

Aus der Entfernung erkannte *Makoons Weniway* – man konnte ihn kaum übersehen mit seinem großen, schwarzen Oberkörper und den weiß umrandeten Augen. Die glatzköpfigen Ozaagii machten die roten Federn an ihren Köpfen fest, während immer mehr Bewohner aus dem Fort herausströmten. Der Zeitpunkt für das Spiel war fast herangekommen, und bis jetzt war der Regen ausgeblieben.

Der Schiedsrichter gab das Zeichen, das Feld zu räumen, und die beiden Hüter der Wetteinsätze begannen, den Haufen zu dem Platz zu schaffen, den man ihnen an der Garnisonswand zugewiesen hatte. Alle achtzig Spieler versammelten sich nun im Zentrum. Von den Seitenlinien näherten sich ihnen der Häuptling der Ojibwa mit einer Pfeife und der Häuptling der Ozaagii. Sie gaben ihnen allerletzte Hinweise, ermahnten sie, fair zu spielen und wünschten ihnen Glück. Dort, wo ihnen kein englisches Ohr oder das ihrer Übersetzer lauschte, konnten die Häuptlinge noch einmal schnell die endgültigen Pläne für den Spielablauf und die nachfolgende Attacke auf das Fort durchgehen. *Minavavana* schoß finstere Blicke in Richtung der Soldaten und murmelte: *„Gaawiin onizhishinzinoon, zhaaganaash!"* In der Zwischenzeit hatten sich einige englische Offiziere zu den Zuschauern gesellt, aber es schien so, als entfernten sie sich nur ungerne weit vom Forteingang. *Makoons* erkannte *Boodoonh*, die sich mit dem Rücken am Palisadenzaun Stück für Stück langsam näher an das Tor heranschob. Dabei hielt sie ihre Wolldecke eng um sich geschlungen.

Der Schiedsrichter stand inmitten der drängelnden, sich anrempelnden Masse von Spielern. Ganz plötzlich, ohne Vorwarnung, warf er den Ball hoch in die Luft. Sofort stießen unter Gebrüll und Kriegsrufen zwanzig Stöcke in die Höhe. Das Krachen von Holz auf Holz verdeckte die Tatsache, daß *Weniway*, wie vorgesehen, genug Raum fand, um den Ball zu erreichen, und als dieser herunterkam, versuchte keiner der anderen ernsthaft, ihm ins Gehege zu kommen.

Das Spiel verlief genau nach Plan. Als das Spiel 2:2 stand, zählten die Indianer wenigstens achtzehn Soldaten und Offiziere unter den Zuschauern sowie noch etwa zwanzig weitere zivile Fortbewohner. Beim entscheidenden Unentschieden von 3:3 – dem Zeichen für alle, sich für den Angriff bereitzuhalten – waren es nicht weniger geworden. Der Schiedsrichter setzte eine kurze Spielpause an, so daß die durstig gewordenen Spieler auf ihrer jeweiligen Seitenlinie einen Schluck Wasser trinken konnten. Diejenigen Engländer, die unbedingt kurz vor Beendigung des Spiels ihre Wette noch erhöhen wollten – denn mit dem nächsten Tor würde der Gewinner feststehen – erhielten so die Gelegenheit, allerletzte Wettabschlüsse zu tätigen. Die Pause war natürlich darüber hinaus auch eine strategische Maßnahme der Indianer. Sie hatten so die Möglichkeit, sich den genauen Standort eines jeden Soldaten einzuprägen, der sich außerhalb des Forts aufhielt und der schon bald hoffnungslos das Opfer ihrer Kriegslist werden würde. Die Pause war ebenso das Signal für den „Wasserwurf", den man sorgfältig geplant hatte, um die neugierigen englischen Zuschauer noch weiter nach Osten vom Festungstor wegzulocken, um die „verrückten Wilden" nach ihrem Ball schwimmen zu sehen.

In der Zwischenzeit hatten die Frauen, die die Waffen unter ihrer Kleidung verbargen, das Fort betreten oder sich so dicht wie möglich zu jeder militärischen Gruppe gestellt. Auch *Boodoonh* und ein paar andere hatten sich unauffällig mit dem Rücken entlang der zwei Torflügel in das Fort hineingeschlichen. Den Spielern war klar, daß sie vorgeben mußten, weiterzuspielen, aber innerlich bereiteten sie sich auf den Kampf vor. Manche waren bereits voller Blut, das aus Wunden von Stockschlägen stammte, oder hatten bei Stürzen Blutergüsse davongetragen. Einige mußten während der vorangegangenen Unterbrechung ausgetauscht werden, einer hatte sich den Arm gebrochen, die anderen humpelten vom Feld. Mit dem letzten Einwurf hatte die fieberhafte Spannung ihren Höhepunkt erreicht, denn um das letzte Tor spielte man gegen die Engländer, nicht gegen ein indianisches Lacrosseteam.

Als der Ball in die drängelnde Masse ins Zentrum fiel, erwischte ihn sofort ein Ozaagii-Stürmer, der ihn fast genauso schnell wieder fallen ließ. Ein anderer Ozaagii bekam den Ball mit einer eleganten Bewegung aus dem Handgelenk vom Boden hoch und gab ihn nach hinten ins sichere Mittelfeld ab, wo er über eine Minute lang von den Ozaagii kontrolliert wurde, bis die Bedrohung durch die Ojibwa anwuchs. Dann entschied ein Ojibwa-Stürmer für sich, daß es an der Zeit wäre, die Soldaten durch einen Ball abzulenken, der im Wasser des großen Sees landete. Es gelang ihm, den fliegenden Ball aus der Luft aufzugreifen, stolperte ein paar Schritte vorwärts, gab vor zu fallen, und bei dem Versuch, den Ball abzugeben, schleuderte er ihn mit einer riesigen Bewegung in hohem Bogen in Richtung auf das Wasser.

Sofort rannten alle Spieler, die sich in der Nähe dieses Spielfeldendes aufhielten, schreiend auf das Ufer zu. Den hellrot eingefärbten Ball konnten sie etwa zehn Meter vom Ufer entfernt auf den Wellen tanzen sehen. Etwa zehn Spieler warfen sich in die Brandung und wateten auf

143

ihn zu. Dabei versuchten sie, ihre Gegner unter Wasser zu drücken. Drei Männer, zwei Ojibwa und ein Ozaagii, waren mit ihren Stöcken in Reichweite des Balles gekommen und schwammen fieberhaft hin und her, um ihn einzufangen. Dem Ozaagii gelang dies zuerst. Er hieb seinen Schläger über den Ball und wollte sich gerade umdrehen und ihn zum Ufer schlagen, als seine Gegner ihn an Kopf und Schultern ergriffen und, wie geplant, unter Wasser drückten. Mit dem Ball, der immer noch in seinem Schläger lag, machte er ein paar Schwimmzüge unter Wasser und tauchte dann plötzlich einige Meter von seinen Kontrahenten entfernt auf. Er wandte sich seinen Mannschaftskameraden am Ufer zu, spielte sie mit einem mächtigen Wurf an und verschwand wieder außer Sicht.

Der Ozaagii-Stürmer hielt den naß gewordenen Ball in seinem Schläger gut fest und wurde dabei von ein paar Mannschaftskameraden gedeckt. In einer Phalanx manövrierten sie sich geschickt einen Weg durch die Masse der Ojibwa, die ausgeschwärmt waren, um ihr Tor zu schützen. Plötzlich stürmte der Ozaagii in Ballbesitz direkt auf den Torpfosten zu, aber ein Ojibwa stellte ihm ein Bein und schlug ihm dabei den Ball aus dem Schläger. Ein anderer Ojibwa-Stürmer nahm den Ball sofort vom Boden auf und hielt feldaufwärts verzweifelt Ausschau nach *Makoons*, den er aber nicht entdecken konnte. Als dann *Weniway* nahe der Seitenlinie in sein Gesichtsfeld trat, gab der Stürmer mit einem hohen Pass an ihn ab.

Der hünenhafte Spieler fing ihn elegant aus der Luft auf und stürmte quer über das Feld auf die Ozaagii-Seitenlinie zu. Dann wechselte er abrupt die Richtung. Die ganze Zeit über hatte er *Makoons* Position im Auge behalten. Jetzt feuerte er einen Schnellschuß quer über das Feld ab. Bevor der Ball vor *Makoons* Füßen landete, hatte der ihn schon aufgenommen. *Bad Sky* stand bereits auf seinem Platz, das Gesicht dem Zentrum zugewandt. Ein Auge hielt er dabei stets auf *Makoons* gerichtet, der ihn jetzt angriff. Mit einer plötzlichen Bewegung warf er sich herum und streckte seinen Stock waagrecht von sich. „Krach!" *Makoons* ließ die zwei Schläger aufeinanderprallen, gerade so wie im häufig geprobten Training. Der Ball segelte haargenau in das Tor auf der Landseite, wurde vom rechten offenstehenden Torflügel abgelenkt, traf auf ein benachbartes Haus und schoß noch weiter ins Innere des Forts, wo er erst beim zentral gelegenen Waffendepot liegenblieb.

Sofort liefen die Spieler beider Mannschaften, die sich in der Nähe des Landtores aufgehalten hatten, dem Ball nach mitten ins Fort hinein. Die Zuschauer am Tor machten ihnen eilig Platz, um nicht selbst überrannt zu werden. Auf dem Spielfeld brach inzwischen wilde Unordnung aus. Die Spieler stürmten alle zu ihren Frauen am Zaun, ließen ihre Schläger fallen und griffen nach den Waffen, die unter den Wolldecken und Schals zum Vorschein kamen und ihnen entgegenge-

144

streckt wurden. Die Engländer waren vollständig überrascht von diesen feindlichen Aktionen. Ein paar von ihnen hatten bequem mit dem Rücken an die Palisadenwand gelehnt dagesessen. Sie fanden keine Zeit mehr aufzustehen. Vollkommen unbewaffnet liefen ein paar andere auf das Tor zu. Ihnen wurde der Weg abgeschnitten. Mehrere Soldaten waren bereits durch Messerstiche oder Tomahawkschläge umgekommen. Andere, die noch Lebenszeichen von sich gaben, wurden von den indianischen Spielern mit den Beinen in die Zange genommen und skalpiert. Am weiter abgelegenen Ende des Feldes beobachtete ein britischer Soldat, der noch nichts mitbekommen hatte, wie zwei Spieler auf ihn zurannten. Der vordere schien den Ball in seinem Netz zu haben, denn er ließ den Schläger vor sich hin- und herschaukeln. Es handelte sich jedoch dabei um eine Kriegskeule, deren scharfer Metalldorn aus Tarnungsgründen entfernt worden war. Sie sah tatsächlich so aus wie ein Lacrosseschläger mit einem Ball im Netz. Im nächsten Moment sauste der harte Ahornknoten am Ende der Kriegskeule auf den Kopf des Soldaten herab.

Die Indianer nahmen sich jeden Militärposten einzeln vor und schalteten ihn aus. Zur Belohnung dafür, daß er auf die Ojibwa gewettet hatte, wurden dem Kommandanten die Kleider vom Leib gerissen; er wurde an einem Strick in den Wald führte, wo ihm das von den Indianern bestimmte Schicksal zuteil wurde. Jenen, die man nicht sofort tötete, band man die Hände auf den Rücken und nahm sie gefangen. *Makoons* schloß sich der Menge an, die ins Fort strömte. Auf dem Weg dorthin bekam er den Messergriff zu fassen, den *Boodoonh* ihm hinhielt. Er folgte den anderen Spielern, die dabei waren, den unbewaffneten Soldaten durch das Fort nachzujagen und sie auszulöschen, bevor sie zu ihren Feuerwaffen greifen konnten. Als er um eine Hausecke bog, konnte er die Kanadier an ihren Fenstern stehen sehen, wie sie dem Abschlachten ihrer ehemaligen Feinde ohne Gemütsbewegung zuschauten. Ein glückloser Soldat, der eine offene Haustür sah, rannte wie wild darauf zu, um dort Schutz zu suchen. Ein kanadischer Hausbewohner schlug ihm die Tür jedoch vor der Nase zu. Ein Tomahawk traf seinen Kopf von hinten mit soviel Wucht, daß er nach vorne stürzte und die Tür unter dem Gewicht seines toten Körpers einbrach. *Makoons* rannte in einen englischen Soldaten hinein, der von einem Ozaagii verfolgt wurde. Er stieß ihm sein Messer in den Bauch und gellte bei diesem Racheakt für *White Bird* einen rauhen Kriegsschrei hinaus.

Das ganze Fort war von Geschrei und Lärm erfüllt. Einzelne Gruppen von Indianern durchsuchten bereits die Häuser. Kein Überlebender der gesamten Garnison sollte dem Tod oder der Gefangennahme entgehen. Eine Gruppe verschaffte sich Zugang in ein Warenlager und plünderte die Bestände. Die Krieger warfen die Waren durch die zerbrochenen Fenster ihren Frauen zu, die sich untereinander darum stritten. Ein paar andere waren auf den Rumvorrat gestoßen und löschten mit großen Schlucken ihren Durst. Aus einem Haus holten sie ein paar Pokale und füllten sie mit Rum. Währenddessen standen sie um das Waffendepot herum, erhoben ihre Becher, indem sie die englische Sitte nachäfften und einen Toast auf die Engländer ausbrachten. Auch die Kanadier beteiligten sich an den Plünderungen. Sie schleppten große Berge von Fellen in ihre Häuser und versteckten sie dort. Fast jeder Lacrossespieler hatte jetzt seine Hände mit englischem Blut besudelt. Viele tauchten sie in die aufgeschnittenen Bäuche der Toten und schmierten sich das Blut über ihre Oberkörper.

Makoons und *Bad Sky* schlossen sich zwei anderen an, die sich auf die Suche nach den englischen Händlern und ihren Angestellten gemacht hatten, die dem Gemetzel bisher entgangen waren. Sie betraten das Haus eines Kanadiers, der nachdrücklich beteuerte, keine Engländer zu verbergen, aber er ließ die Indianer sein Anwesen durchsuchen, damit sie sich selbst davon überzeugten. Sie stiegen zum zweiten Stock empor und stießen auf eine verschlossene Tür, die auf den Dachboden führte. Sie ließen sich von dem Kanadier die Tür mit dem Schlüssel öffnen, weil sie alles genauestens durchsuchen wollten. Bis auf einen großen Berg Birkenrindeneimer, die beim Sammeln von Zuckerahornsaft im Frühjahr benutzt wurden, war der obere Raum leer. *Makoons* hatte keine Ahnung, daß das Objekt ihrer Suche, der englische Händler, atemlos und vor Angst schlotternd zusammengekrümmt hinter dem Haufen Safteimer hockte, wo er sich versteckt hatte. Anderen Indianern im Forts war es entgangen, daß sich ein englischer Junge in einem Schornstein versteckt hielt oder daß der deutsche Händler sich unter einen Haufen Mais verkrochen hatte. Enttäuscht darüber, keine Engländer in dem Haus zu finden, trat *Makoons* gegen ein paar Eimer und stieg dann eilig mit seinen Kameraden die Treppe hinab.

Draußen erwarteten ihn *Boodoonh* und das Odaawaa-Ehepaar, die Arme voll mit Waren und englischen Trophäen. Der Odaawaa-Gastgeber hatte sich bereits die Uniformjacke eines britischen Offiziers übergezogen und fuchtelte mit dessen Degen in der Luft herum. *Boodoonh* hatte genug vom Töten und wollte ins Lager zurückkehren, bevor der Regen einsetzte.

Gerade wollten sie den Ort des Geschehens verlassen, als sich Spieler aus beiden Mannschaften um *Makoons* drängten, um ihn für seine brilliante Vorstellung zu loben, die die Verteidigung des Forts mit einem Lacrosseball zunichte gemacht hatte. Plötzlich erinnerte er sich an ein Vorhaben, das er noch ausführen wollte, und bat *Boodoonh*, ihn für einen Augenblick zu entschuldigen. Sie bat ihn, sich vom Feuerwasser fernzuhalten, denn sie fürchtete, er wolle sich den anderen Rumtrinkern anschließen. Auf dem Weg zu dem Lagerhaus, in dem er seine

Marderfelle eingetauscht hatte, sah er zwei Ozaagii mit den beiden gefesselten Angestellten aus der Tür herauskommen. *Makoons* betrat den Lagerraum und ging direkt zu einem Regal in der hinteren Ecke, das mittlerweile ziemlich leergeräumt war. Dennoch lugte ein kleines Stückchen Silber hervor, das fast ganz von einer zerrissenen Wolldecke verborgen wurde, und *Makoons* ergriff den Anhänger mit Kette, der sein Clan-Zeichen trug. Er warf sich die Kette um den Hals und trug den Anhänger triumphierend auf seiner von Blut und Schweiß verschmierten Brust, als er wieder auftauchte. Eine Generation später, dachte er stolz, würde sein jetzt noch ungeborener Sohn diese Kette bei Kriegstänzen tragen und von der Tapferkeit seines Vaters *Little Bear* berichten, des großen Lacrossespielers der Ojibwa.

7

Spiele und Wetten

Bei der Einnahme von Fort Michilimackinac hatten die Ojibwa und die Sauk Erfolg durch ihre List, die britische Garnison als Zuschauer bei einer ihnen unbekannten Sportart zu gewinnen. Auch die Aussicht, auf den Ausgang des Spiels zu wetten, lockte die Soldaten an. Ihre Neugier wie auch ihre Vorliebe, Wetten bei sportlichen Wettkämpfen abzuschließen, lenkte sie von ihrer eigentlichen Aufgabe, das Fort zu schützen, ab und führte zu ihrem Untergang.

Aber wie stand es um die indianischen Anhänger des Lacrosse und deren Einsätze auf den jeweiligen Spielausgang? Abgesehen von *Makoons* geheimen Absichten, als er den Händler Alexander Henry aufforderte, dem Beispiel des Kommandanten zu folgen und auf die Ojibwa zu setzen, tat er nichts anderes, als der indianischen Tradition zu folgen, denn das Wetten war fester Bestandteil aller Spiele der nordamerikanischen Eingeborenen. Tatsache ist, daß der Rückgang und das Verschwinden vieler traditioneller indianischer Spiele zum großen Teil auf den Widerstand der Missionare und Regierungsbeamten gegen das damit verbundene Wetten zurückzuführen ist. Die Beamten hielten diese Praxis nicht nur für sündhaft, sondern auch für ruinös und betrachteten sie als großes Hindernis bei ihren Bemühungen, die Indianer zu „zivilisieren" und sie in die amerikanische Gesellschaft einzugliedern. Vielerorts war das Wetten bei Spielen regelrecht verboten und zog unangenehme Konsequenzen nach sich. Das von der Regierung im Jahre 1920 ausgesprochene Verbot, im Nett Lake Reservat im nördlichen Minnesota Wetten bei den Mokassinspielen der Ojibwa abzuschließen, leitete nicht nur den Niedergang des Spiels ein, sondern führte auch zum Verlust des reichen Repertoirs an ehemals vorhandenen Mokkasinspiel-Liedern. Wenn das Ojibwa-Spiel heute noch gespielt wird, was sehr selten vorkommt – dabei müssen einzelne Mannschaften raten, unter welchem von vier Mokkasins ein bestimmtes Objekt versteckt ist – wird es von Trommeln begleitet, weil die Lieder, die früher dabei gesungen wurden, größtenteils in Vergessenheit geraten sind.

Wo immer Lacrosse gespielt wurde, nahm die gesamte Gemein-
schaft daran Anteil. Es lockte mehr Zuschauer an als beispielsweise ein
Mokkasinspiel, das auch in einem Wigwam gespielt werden konnte
oder im Schatten eines Baumes mit nur einer Handvoll Zuschauer.
Dagegen zogen viele Mannschaftsspieler auf einem ausgedehnten Spielfeld im Freien auch mehr Zuschauer an, und es gab genügend Platz für
noch größere Mengen. Weil ein Lacrossespiel eine wichtige Angelegenheit war, die lange vorbereitet wurde, breitete sich die Nachricht über
den angesetzten Spieltag in alle Himmelsrichtungen aus, und in der
Zwischenzeit erreichte die Spannung ihren Höhepunkt. George Copway hielt 1836 anläßlich eines Ojibwa-Spieles am Lake Superior fest,
daß zum Zeitpunkt des Spieles „alle Arten von Geschäften ruhten, nicht
nur bei den Indianern, sondern auch bei den Weißen aller Klassen." In
den Reservaten, wo zwei Dörfer gegeneinander spielten, wohnten
diesem Ereignis nicht nur die Bewohner dieser beiden Gemeinden bei,
sondern auch Zuschauer aus anderen Teilen des Reservats. Traten aber
zwei *Nationen* gegeneinander an, wie das im Sommer 1797 bei dem
Rückspiel zwischen den Seneca und den Mohawk der Fall war, steigerte
sich die Zuschauerzahl noch: „Auf einer Seite der Grünfläche hatten die
Seneca ihr recht unüberschaubares Lager aufgeschlagen, alles in allem
– Männer, Frauen und Kinder – mehr als tausend Menschen. Auf der
anderen Seite strömten die Mohawk in noch größeren Mengen zusammen." Bei einem Spiel zwischen den Creek und den Choctaw, bei dem
es um die Beilegung von Territorialansprüchen ging, sollen mehr als
zehntausend Zuschauer gezählt worden sein. Erst als es mit Lacrosse
zuende ging, blieben auch die indianischen Zuschauer weg. Als das
Spiel von den Mississippi-Choctaw in den späten Sechziger Jahren
dieses Jahrhunderts wiederbelebt wurde, gab es zwischen ein- und
zweitausend Zuschauer; die meisten davon waren allerdings neugierige
Weiße. Die eingeborene Bevölkerung hielt sich größtenteils fern. Das
lag zum Teil daran, daß sie sich von der überwiegend nicht-indianischen Zuschauermenge eingeschüchtert fühlte, zum andern störte sie
das ständige Gerede des Ansagers, der laufend „belehrende Kommen-
tare" zur Information der Zuschauer abgab.[1]

In seiner Glanzzeit war Lacrosse sowohl ein gesellschaftliches als
auch ein sportliches Ereignis für die indianischen Gemeinden. Es
ermöglichte den Menschen, die sich nicht häufig sahen, alte Freundschaften zu erneuern und sich mit einer größeren Gruppe zu identifi-
zieren. In der Weise, wie heutzutage große Sommer-Powwows Identität und Stolz der Indianer stärken, boten früher Lacrossespiele Gelegenheit, soziale Verbundenheit auszudrücken, und zwar auf der Verwandt-
schafts-, Dorf-, Reservats- und Stammesebene.

Bei einem gesellschaftlichen Ereignis dieser Art erschienen die
Zuschauer üblicherweise in ihrer besten Kleidung, wenigstens im 19.
Jahrhundert. Bei einem Spiel der Eastern Cherokee im Jahre 1848

Abb. 23
Eastern Cherokee-Indianerinnen im Sonntagsstaat, manche mit Babies im Tragetuch auf dem Rücken, vor einem Spiel (1888) auf dem Spielfeld. Mit langen Röcken, Sonnenhüten und Kopftüchern haben sie sich der euro-amerikanischen Kleidermode des 19. Jahrhunderts angepaßt.

versammelte sich die Menge ab etwa 10 Uhr vormittags. „Alle trugen ihre Feiertagskleidung, so daß es nur so wimmelte von Federn, gewickelten Turbanen, scharlachroten Gürteln und farbenfrohen Jagdhemden."[2] Vierzig Jahre später war der „Sonntagsstaat" auf demselben Reservat immer noch die Regel, obwohl die Cherokee inzwischen die entsprechende englische Kleidung dieser Zeit übernommen hatten. Die Zuschauer von heute tragen gewöhnlich Freizeitkleidung, wie die meisten Sportfans.

Vor Beginn des Cherokee-Spieles mischten sich die Mannschaftsanhänger frei unter die Spieler und sprachen ihnen Ermunterung zu (Abb. 23). Sobald die vorhergehenden Wetten abgeschlossen waren und die Spieler für das erste "toss-up" Aufstellung nahmen, zogen sich die Zuschauer während des Spiels an die Seitenlinien zurück. Vor der Einführung von Zuschauertribünen stellte man sich entweder irgendwo entlang der Seitenlinien auf oder nutzte vorhandene Hügel, Erhebungen oder Felsblöcke entlang der Seitenlinien, um besser sehen zu können. Viele Lacrossefelder lagen in kleinen Tälern, so daß sie von ganz natürlichen Erhebungen umgeben waren. Bei einem Spiel in Qualla Town im Jahre 1848 sammelten sich die Cherokee-Zuschauer in Gruppen von fünf bis zu fünfzig Leuten auf den bewaldeten, hügeligen Ausläufern der Great Smoky Mountains, die ihnen eine gute Sicht auf das Spielfeld boten.[3]

Sobald ein Spiel begonnen hatte, galten bestimmte Regeln, die von den Anhängern beachtet werden mußten, wollten sie den Spielverlauf

nicht stören. In manchen Orten zog man eine Begrenzungslinie um das
Feld, um den Abstand der Zuschauer zu den Spielern festzulegen.[4]
Wenn es keine Seitenbegrenzungen gab und die Spieler dem Ball
überallhin nachliefen, konnte es passieren, daß sich die Anhänger
mitten im Spielgeschehen befanden. Fiel ein Ball etwa bei ihnen zu
Boden, konnten sie von den Spielern überrannt werden, die auf kaum
jemanden Rücksicht nahmen, der ihnen im Wege stand. So kam es vor,
daß sich Zuschauer gelegentlich ernsthafte Verletzungen zuzogen, wie
aus dem Erlebnis von Basil Hall während eines Creek-Spiels im Jahre
1828 hervorgeht:

„Der Ball schlug in etwa einem oder zwei Meter Entfernung
von mir auf. Im nächsten Augenblick sausten ein oder zwei
Dutzend Indianer an mir vorbei, als hätte eine Kanone sie
dorthin geschossen. Ich sprang auf den nächsten Baum zu,
wie man [der Indianer-Agent] es mir geraten hatte, umfaßte
ihn mit Armen und Beinen und klammerte mich mit aller
Macht an ihn. Ein anderer armer Kerl neben mir, dem keine
Zeit blieb, es mir gleichzutun, wurde von der Meute überrannt, ein halbes dutzendmal am Boden hin-und hergewälzt
trotz seines Protestgeschreis, das im hellen Geklapper der
Stöcke, dem Brüllen und Schreien der Kämpfer unterging...
Mir war etwas seltsam zumute, muß ich zugeben, als sie an
mir vorbeihetzten und mich beinahe mit sich rissen; aber ich
hielt mich fest und kam mit einer ordentlichen Portion
Kiefernharz davon."[5]

Ein Zuschauer, der auf das Spielfeld zu gehen versucht oder auf
andere Art in das Spiel eingreift, muß mit einer strengen Verwarnung
rechnen, wie Nicholas Perrot von den Huron-Spielen aus dem 18.
Jahrhundert berichtet: „Wenn...jemand, der nicht am Spiel teilnimmt,
...den Ball trifft und damit einer Seite einen Vorteil verschafft, wird er
von den Spielern der anderen Mannschaft gerügt und gefragt, was er
mit dem Spiel zu tun habe und warum er sich da einmische."[6] In einigen
Fällen wurden Strafen verhängt. Mischte sich ein Fan der Mississippi-
Choctaw direkt in das Spiel ein, konnte das seine Mannschaft einen
oder mehrere bereits erzielte Torpunkte kosten.[7]

Weibliche Anhänger spielten bei indianischen Lacrossespielen
häufig eine aktive Rolle. Augenzeugen berichten übereinstimmend,
daß Frauen den Spielern manchmal Erfrischungen reichten – gewöhnlich Wasser oder Kaffee. Heutzutage spazieren bei Spielen der Creek
Frauen mit Wassereimern und Schöpfkelle frei über das Feld und bieten
durstigen Spielern zu trinken an. Eine Quelle deutet an, daß Choctaw-
Frauen auch kleine Gerten mit sich führten, mit denen sie auf ihre
Ehemänner einschlugen, wenn sie ihrer Meinung nach nicht ihr Bestes
gaben. An dieser Behauptung, die höchstwahrscheinlich falsch ist, wird

152

immer noch festgehalten, und sie wird in der Lacrosseliteratur weiter unwidersprochen verbreitet.[8] Solche Peitschenhiebe, wenn sie denn überhaupt vorkamen, wurden eher entlang der Seitenlinien ausgeteilt, jedenfalls *nicht* auf dem Spielfeld – im Gegensatz zu einigen Details einer Lithographie von George Catlin aus dem Jahre 1844, die als Quelle für diese Verwirrung gilt (s. Kapitel 10). Vor kurzem haben Kenner der Mississippi-Choctaw eine scheinbar ähnliche Praxis beschrieben. Laut Jackson Isaac geschah Folgendes: „Manchmal holten sich die Frauen eine Axt und fällten kleine Bäumchen [ca. 5 x 40 cm], die sie dicht am Tor in der Mitte aufstapelten. Wenn dann [die Spieler] eine Schlägerei anfingen, begannen [die Frauen], diese Stöcke nach ihnen zu werfen. Sie nahmen einfach diese Stämme und warfen sie in ihre Richtung; es war egal, wen sie trafen, Hauptsache war, sie machten dabei mit.“[9] Isaacs Bericht weist allerdings darauf hin, daß die Stöcke von der Seitenlinie aus geworfen wurden und stellt klar, daß es den Frauen nicht erlaubt war, über das Spielfeld zu wandern, um Spieler auszupeitschen, wie Catlin uns das glauben machen will.

Wie das alle Sportanhänger tun, feuerten auch die indianischen Lacrossezuschauer ihre Mannschaften durch Zurufe an. Laut Frank Speck trugen die Zuschauer bei einem Yuchi-Spiel zu Anfang des 20. Jahrhunderts durch ihre Ermunterungsrufe und Spielanweisungen an die Spieler zum allgemeinen Durcheinander bei. Am häufigsten konnte man *kyê* („hier“) oder *gyä* („mach schnell“) hören. Die Creek-Anhänger von heute stehen meist mit ihren Autos und Pritschenwagen um das Spielfeld herum und hupen, wenn ihre Mannschaften Tore erzielt haben sowie bei Spielende, wenn die Gewinner durch die Torpfosten wieder auf dem Feld erscheinen. Diese Anhänger ergreifen auch lautstark Partei für ihre Seiten mit *pazo'zah* („Osten“) oder *akalat'ka* („Westen“). In den meisten Fällen fällt jedoch bei indianischen Fans im Vergleich zum Verhaltenskodex von Euroamerikanern die ihnen typische Selbstbeherrschung und Zurückhaltung auf. Ein anonym gebliebener Reporter charakterisierte im „Literary Digest“ von 1928 die Zuschauer, die ein Cherokee-Spiel von den Seitenlinien aus verfolgten, wie folgt:

> „Das ganze [Spiel] hindurch verhält sich die Menge ruhig – außer wenn weiße Zuschauer da sind. Der Indianer empfindet große Befriedigung und Freude beim Beobachten des Spiels. Das kann man an seinen Augen ablesen, die äußerst intensiv jeder Bewegung folgen. Dabei gibt er nur selten einen Laut von sich. Man hört keine Begeisterungsausbrüche, kein aufgeregtes „Prima, Jungs!“ ... Auch bei Spielende gibt es keine Beifallsbekundigungen. Wenn die siegreiche Mannschaft vom Platz marschiert, zeigt sie vielleicht so etwas wie Triumph, aber man verliert darüber kein Wort.“[10]

Das heißt jedoch nicht, daß die *Spieler* sich ebenso zurückhaltend verhielten. Wenn Alexander Henry das Lacrosse-Spiel der Ojibwa beschrieb als „notwenigerweise verbunden mit viel Brutalität und Lärm ... alle voller Ungeduld und Kampfeslust, lauthals brüllend bei der rückhaltlosen Ausübung ihrer rauhen Sportart", so beschrieb er das Verhalten der Spieler, nicht das der Zuschauer. Inmitten des heißesten Spielgeschehens hat George Copway die Ojibwa-Spieler einander tatsächlich „*Ha! ha! yah!*" und „*A-ni-gook*" zurufen hören.[11]

Das Verhalten eines Cherokee-Zuschauers bei Lacrossespielen entspricht der verhaltenen Natur, die sich auch bei gesellschaftlichen Treffen der Indianer zeigt. Die nonverbale Kommunikation wie Nikken, Blickezuwerfen und stilles Lächeln spielt dort eine größere Rolle. Im Gegensatz zu den rüpelhaften amerikanischen Sportveranstatungen wird beim Cherokee-Lacrossespiel nach der Beschreibung von Raymond Fogelson „stattdessen ein leiser, gedämpft summender Strom von Gesprächen und zurückhaltendem Lachen" hörbar. Aber natürlich reagiert die Menge auch auf die gelegentlich während des Spiels vorkommenden humorvollen Zwischenfälle.[12]

Wie man nicht anders erwarten kann, zeigen die siegreiche indianische Lacrossemannschaft und ihre Anhänger nach einem Sieg offen ihre Freude. Aber die Herzlichkeit zwischen den eingeborenen Spielern und Verlierern nach einem Spiel steht in starkem Kontrast zum stets lärmenden Verhalten der nichtindianischen Zuschauermenge. Die Indianer zeigen nach einem Lacrossegewinn gewöhnlich eine gedämpfte Reaktion, wie im „Literary Digest" beschrieben. Auch wenn die indianische Begeisterung in ruhigen Bahnen verlief und nicht nach außen drang, schloß doch fast jeder vor dem Spiel eine Wette auf das Ergebnis ab.

Überall im alten, indianischen Nordamerika widmete man den Spielen einen großen Teil der Freizeit, und bei allen war es üblich zu wetten, sowohl seitens der Spieler als auch der Zuschauer. Den ersten Europäern in Nordamerika fielen besonders die hohen Wetteinsätze auf, und sie staunten über die Abgeklärtheit der Verlierer. Der Jesuit François du Peron listete 1639 die beliebtesten Vergnügungsarten der Huronen auf: „Sie vertreiben sich die Zeit mit Stroh-, Topf- und (La) Crossespielen, bei denen sie Verluste in Höhe von zwei- oder dreihundert Écus hinnehmen." 1761 verbreitete sich Pierre de Charlevoix in seiner Veröffentlichung eingehend über das Wetten unter den Huronen. Er berichtete, daß sie ihre Wetteinsätze so hoch schrauben, „bis sie keinen Faden mehr am Körper tragen und die gesamte bewegliche Habe aus ihren Hütten verloren haben. Manche sollen sogar ihre Freiheit für eine gewisse Zeit eingesetzt haben."[13]

Das Einsetzen von menschlichen Dienstleistungen als Wetteinsatz beschränkte sich nicht allein auf die Huronen. Man weiß von den

Choctaw-Männern, daß sie einstmals ihre Frauen verwetteten und letztenends für einen bestimmten, festgelegten Zeitraum sogar sich selbst. An der Praxis, Menschen als Wetteinsätze zu benutzen, wurde bis ins späte 19. Jahrhundert festgehalten. Die Ojibwa setzten beim Mokassinspiel Wolldecken, Hemden, Jagdfallen und ihre Kinder ein. Dan White (geb. 1905) von der Leech Lake Reservation erinnert sich: „Wenn die Leute an solchen Spiele teilnahmen, nun, dann verloren sie ihre gesamte Habe und sie verloren sogar … ihre Frauen und manchmal ein paar ihrer Kinder … Ich kann nicht begreifen, warum sie auch ihre Frauen verwetteten, ob sie wirklich so verrückt nach dem Spiel waren, aber ich denke, wenn diese Menschen erst einmal alles zu verlieren begannen, dachten sie vielleicht, das Glück würde sich ihnen wieder zuwenden." Die Cherokee, die früher einmal Sklavenhalter waren, verwetteten bei Lacrossespielen ihre Diener, gefangene Chickasaws sowie europäische Kinder. Ähnliche Berichte vom Wettverhalten bei den Spielen gibt es von den Dakota, Irokesen und anderen.[14]

Die Art und Weise, in der Indianer bei sportlichen Anlässen zu wetten pflegen, unterscheidet sich auffallend vom Verhalten der Euro-Amerikaner. Am besten läßt sich dies wahrscheinlich an der Haltung zeigen, die die Indianer bei Verlusten bewahren – was niemals seinen Eindruck auf Nichtindianer verfehlt[15]. Da Lacrosse die Möglichkeit für enorme Wetten bot, kann man daraus auf die indianische Haltung zum Thema Wetten im allgemeinen schließen. Man kann davon ausgehen, daß die Gewinne, die am Spielausgang winken, ein Spiel insgesamt zu einer ernsthaften Angelegenheit machten. Je höher die Wetten stiegen, desto härter und tapferer spielten die Mannschaften. Die Jesuiten konnten dies im Huronia der dreißiger Jahre des 17. Jahrhunderts feststellen[16]. Als Rückspiele angesetzt wurden, um die erlittenen Verluste wieder hereinzuholen, wurde immer waghalsiger gewettet und die Gewinne stiegen immer höher. *The American State Papers, Indian Affairs* berichtet im Mai 1792, daß der Cherokee-Häuptling *Eskaqua* den Gouverneur von Tennessee, mit dem er Geschäfte abzuwickeln hatte, zwei Tage lang warten ließ, in denen er sich auf dubiose Machenschaften einließ, um sich für die am ersten Tag erlittenen Verluste zu entschädigen:

> Die Wetten des Vortages hatten die Häuptlinge dermaßen erregt, daß sie ihre Kleidung auf das zweite Spiel gesetzt hatten, so daß ihnen nur noch ihr Lendenschurz blieb. *Eskaqua* machte seinen Verlust wieder gut. Der Gouverneur ergänzt: „Er betrank sich vorsätzlich am Montagabend. Dadurch wollte er die besten Spieler der anderen Seite dazu verleiten, es ihm gleichzutun, was ihm auch gelang. Er selbst war nicht am Spiel beteiligt. Von seinen eigenen Spielern trank keiner übermäßig viel."[17]

155

Vor kurzem konnte man von einem ehemaligen Choctaw-Spieler erfahren, daß die Höhe der Gewinne die Spieler anstachelte, alle Kräfte zu mobilisieren: „Es wäre wohl auch für die gesamte Mannschaft wichtig gewesen, das ganze Zeug [alle Wetteinsätze] zu gewinnen ... Ich bin sicher, ich hätte mich noch mehr angestrengt, wenn jemand soviel auf mich gesetzt hätte. Es kommt oft vor, daß sie auch eine Frau einsetzen. Und manchmal hält sich ein Mann für dermaßen gut, daß er sogar seine Kinder einsetzt. Der hat dann wirklich ein Ziel, wofür er spielen kann. Ich denke, der wird alles aus sich herausholen. Wenn ich meine Frau und meine Kinder einsetzen würde, dann würde ich auch wie der Teufel spielen."[18]

Es steht fest, daß die *Teilnahme* am Wetten den indianischen Zuschauern wichtiger war als der monetäre Gegenwert der gewonnenen Gegenstände, denn dadurch waren auch sie aktiv am Wettkampf beteiligt. Ein anonymer französischer Tagebuchschreiber berichtet in seiner «*Relation de la Louisiane*» über den relativen Wert von Wettgegenständen, die einst bei den Choctaw-Spielen eingesetzt wurden: „Sie verwetten ein neues Gewehr gegen ein altes, das nichts mehr wert ist, und scheinen sich nichts dabei zu denken. Als Beweggrund dafür geben sie an, daß sie im Falle eines Gewinns sowohl gegen ein schlechtes als auch gegen ein gutes Pfand gewinnen würden, und daß sie es vorzögen, ihren Wetteinsatz gegen irgendeinen beliebigen Gegenstand zu setzen, als überhaupt nicht zu wetten."[19]

Die indianischen Völker waren weit entfernt von dem Glauben, daß man durch Anhäufung von Besitztümern an materiellem Reichtum gewänne. Daher fing man auch erst recht spät an, bei Lacrossewettkämpfen um Geldbeträge zu wetten, eine Entwicklung, die viele Indianer mit verantwortlich machen für den Niedergang des traditionellen Lacrossespiels. Im Jahre 1823 fiel auf, daß *Pushmataha*, ein berühmter Anführer, Krieger und Lacrossespieler der Choctaw, kein Pferd besaß, als er eine Versammlung von Häuptlingen und Regierungsbeamten besuchte. Ein Agent rang sich dazu durch, *Pushmataha* ein Pferd zu verehren, unter der Voraussetzung, daß er es nicht verkaufte noch gegen Feuerwasser eintauschte. Als dieser die Agentur wiederum zu Fuß aufsuchte, stellte sich heraus, daß er das Pferd bei einer Lacrosse-Wette verloren hatte. „Aber hattest du Mr. Pitchlynn nicht versprochen," fragte ihn der Händler, „daß du sein Pferd nicht verkaufen würdest?" „Natürlich, das habe ich, und zwar in Anwesenheit von Ihnen und vielen anderen", antwortete der Häuptling, „aber ich habe nicht versprochen, es nicht bei einem Ballspiel zu verwetten."[20]

Gleichermaßen bestürzend für Europäer war die Tatsache, daß das Wetten auf Spiele als natürlicher Bestandteil der indianischen Lebenseinstellung von ihren geistigen Führern absolut akzeptiert wurde. In Lewis Henry Morgans „*League of the Ho-de-no-saunee or Iroquois*" (1851) beschwert sich dieser darüber, „daß ihre religiösen Lehrer diese

Praxis niemals verdammten, sondern sie im Gegenteil dazu ermutigten, was zu einer großen Charakterschwäche führte."[21] Es steht fest, daß für viele Stämme das rituelle Wetten zum Alltag gehörte. Bei der traditionellen viertägigen Totenwache beziehungsweise beim Totenfest der Winnebago kam es vor, daß die Männer während der letzten Nacht Spiele spielten, auf deren Ausgang sie Wetten abschlossen – Mokkasinspiele, Würfel- und Topf- sowie Lacrossespiele. Die Lacrosse-Medizinmänner bei den Eastern Cherokee rezitierten unmittelbar vor dem Spiel eine magische Formel, die bewirken sollte, daß alle, die auf die gegnerische Seite gewettet hatten, verlieren mußten: „Gerade ist der Bär gekommen und hat sich der anderen Bewunderer des Ballspiels bemächtigt. Deshalb werden sie auf keinen Fall Glück haben. Ausdauer und Kraft haben sie vollkommen verlassen. Die Gewinne hat er alle aus seinen Klauen gleiten lassen, und sie werden keinen Anteil daran haben."[22]

Durch Blanchards Analyse über das Wetten bei früheren *toli-* (Lacrosse-)Spielen der Choctaw erkennt man, warum dies so verblüffend und unverständlich auf Nichtindianer wirken mußte. Obwohl die Wetten zwischen Einzelpersonen abgeschlossen wurden, maßen die Choctaw dem persönlichen Verlust oder Gewinn wenig Bedeutung bei. Der gesamte Wetteinsatz jeder Seite lief auf eine *kollektive* Wette auf die spezielle Mannschaft hinaus. Es ging weder um Spekulationen noch Gewinnpunkte beziehungsweise Gewinnquoten, wie das bei den Weißen üblich war: Die Gewinner heimsten alles ein. Ganz gleich, wie hoch die Wetten waren, es spielte kaum eine Rolle, ob man verlor oder gewann. Obwohl das Wetten, wie man es früher ausgeübt hatte, lange vorbei ist, reagieren Indianer auch heute noch relativ gleichgültig auf Gewinn oder Verlust. Was früher einmal die kollektive *Wette* war, hat sich gewandelt zu einem kollektiven Gefühl der Zusammengehörigkeit. Oren Lyons aus dem Stamm der Onondaga, der in einer Lacrossefamilie aufgewachsen ist, geht darauf in seinen Erinnerungen folgendermaßen ein:

> Bei Lampenlicht beobachtete ich früher oft meinen Vater, wenn er damit beschäftigt war, seine Schutzpolster und seinen Schläger zu reparieren. Er ging dabei äußerst sorgfältig und behutsam vor, und ich konnte erkennen, welch große Befriedigung ihm diese Tätigkeit bereitete. Und ich durfte auch seine Sachen ausprobieren, seine Schutzpolster überziehen und damit herumrennen und ihm zuschauen, wenn er sich für ein Spiel fertigmachte. Und dann begleitete ich ihn zum Spiel ... Und hinterher gab es Gewinner und Verlierer, aber das schien eigentlich gar nicht so wichtig zu sein. Der Höhepunkt des Spiels war die Feier, das Gemeinschaftsgefühl, das stolze Zusammengehörigkeitsgefühl.[23]

157

Im Gegensatz dazu war die Gier der Weißen einer der Hauptfaktoren für den Untergang des Lacrosse bei den Mississippi-Choctaw um die Jahrhundertwende. Damals besuchten immer mehr dort ansässige Nichtindianer die Spiele und nahmen sie, wie die Hahnenkämpfe, zum Anlaß, Wetten abzuschließen. Diese Spiele waren immer mehr gekennzeichnet durch exzessives Trinken, Schlägereien unter den Zuschauern und brutales Vorgehen auf dem Spielfeld. Blanchard hielt dies wie folgt fest: „Todesfälle und Verletzungen waren nichts Neues bei Choctaw-*toli* in Mississippi, neu war jedoch die Besessenheit, mit der man seinen Einsatz auf das Spielergebnis zu maximieren versuchte."[24]

Es gab einen Unterschied zwischen den „Wetten", die die Spieler gewinnen konnten und den „Preisen", die ihnen zuerkannt wurden – diese Praxis war anscheinend auf die Stämme der westlichen Great Lakes beschränkt. Wenn zum Beispiel bei den Menominee ein Lacrossespiel angesetzt wurde, weil ein Traum dies erforderlich machte, verteilte der Ausrichter an die Spieler beider Mannschaften Preise in Form von Waren. Das Gestell aus Holzpfosten, an dem die dargebotenen Preise für jedermann sichtbar hingen, wurde etwa in mittlerer Höhe auf der Ostseite des Spielfeldes errichet (s. Abb. 10). Nach jedem erzielten Tor wurde das Spiel unterbrochen und es folgte das Ritual des Pfeiferauchens für die Spieler. Währenddessen verteilte der Ausrichter entsprechend dem Spielstand die Preise. (Es ist nicht ganz klar, ob die Siegermannschaft die Belohnung erhielt oder einzelne Spieler entsprechend ihrer Spielstärke.)

Die Indianer nahmen das Wetten auf Lacrossespiele in ihre Mythen auf und feierten es in ihren Liedern. Ein Lied der Cherokee, das von den Frauen während des Ballspieltanzes am Abend vor dem Spiel gesungen wird, bringt ihre Vorfreude auf einen besonders begehrenswerten Gewinn zum Ausdruck. In freier Übertragung beginnt der Text: „Wie schön das Pferd ist, das ich gewinnen werde! Ich werde ein braves Pferd gewinnen! Ich werde ein Pferd reiten, das im Geschirr geht! Ich werde ein bildschönes Pferd gewinnen!"[25] Bei den Cherokee gab es eine Legende über einen Kriegshäuptling der Seneca, dessen Volk die Cherokee vor langer, langer Zeit einmal besucht haben soll. Während dieser Zeit suchte ein Bote eines weiter im Osten lebenden Stammes die Gastgeber auf und forderte die Cherokee zu einem Lacrossespiel heraus:

> Sie erschienen am vereinbarten Tag, und am folgenden Morgen begannen sie, Wetten mit den Cherokee abzuschließen. Die Seneca waren immer noch da. Die Fremden verwetteten zwei schwere, sehr wertvolle Festgewänder neben anderen Gegenständen. Das Spiel begann, und die Cherokee verloren das Spiel. Daraufhin meldeten sich die Seneca zu Wort: „Wir wollen auch einmal spielen." Beide Seiten schlossen wiederum hohe Wetten ab, und das Spiel begann. Nach

einigen Läufen brachten die Seneca den Ball zu ihrem Tor und erzielten einen Punkt. Es dauerte nicht lange, bis sie alle Punkte und damit das Spiel gewonnen hatten. Daraufhin verdoppelte man die Wetten, und die Seneca gewannen erneut.[26]

In uralter Zeit, als die Mythen noch lebendig waren, galten „sehr schwere, kostbare [Pelz-]Roben" gewöhnlich als sehr wertvoll. In den fünfziger Jahren des 19. Jahrhunderts, noch bevor die Ojibwa Lacrossespiele auf Madeline Island spielten, soll der eingesetzte Warenwert der Wetten 1.000 Dollar oder mehr erreicht haben. In einem Spiel der Georgia-Cherokee im Jahre 1825 wurde der Wetteinsatz auf insgesamt 3.500 Dollar geschätzt. Jedermann wußte, „daß die Indianer sich bei solchen Anlässen wie wild gebärdeten und regelrecht alles, was sich nur irgend auftreiben ließ, als Wette einsetzten: Pferde, Rinder, Schweine, Feuerwaffen, Kupferkessel und Bekleidung." Vor einem Spiel zwischen den Hickory Log- und den Coosawattee-Cherokee im Jahre 1834 wetteten beide Häuptlinge je 1.000 Dollar auf das Spiel.[27]

Die Gesamthöhe der Wetten stand in engem Zusammenhang mit dem Zweck des Spiels sowie der Menge der Zuschauer. Kündigten die Eastern Cherokee einen „großen Wettkampf" an, durfte man erfahrene Spieler auf dem Feld und hohe Wetteinsätze erwarten. Bei einem „kleinen Spiel" setzte man dagegen gewöhnlich jüngere Spieler ein, die noch an Erfahrung gewinnen mußten, und auch die Wetten hielten sich in Grenzen. Da die meisten Lacrossespiele zwischen zwei Dörfern ausgetragen wurden, fielen die eingesetzten Wettbeträge verhältnismäßig bescheiden aus. Wenn sich dagegen zwei oder drei Städte zusammenschlossen gegen eine andere entsprechende Mannschaft, wuchsen die Wetteinsätze erheblich an.

Es wurden nicht allein Gegenstände und Geldbeträge verwettet, sondern auch Ackerboden und Anbaurechte. Nationale Auseinandersetzungen wegen Landesgrenzen wurden häufig durch Lacrossespiele bereinigt. Einer mündlichen Überlieferung zufolge gewannen die Cherokee den Anspruch auf ein riesiges Stück Land im heutigen Georgia durch einen Sieg gegen die Creek. Auf ähnliche Weise sollen sich die Creek und die Choctaw über die Nutzungsrechte an einem großen Biberteich in der Gegend des heutigen Noxubee County, Mississippi, durch ein Lacrossespiel geeinigt haben. Allerdings wurde dessen Ausgang angefochten, so daß es zu blutigen Kämpfen kam.[28]

Rückspiele wurden gewöhnlich angesetzt, um sich für erlittene Verluste zu entschädigen. Entsprechend wurde die Dauer von Spielen durch die Menge der zur Verfügung stehenden Waren für den Wetteinsatz bestimmt. George Tyosh von der Lac Court Reservation kann sich an Spiele erinnern, die sich im Frühling über mehrere Tage erstreckten. Sie dauerten „so lange, wie sie etwas zum Wetten hatten. War kein Geld mehr da, verwetteten sie Perlenarbeiten oder Kleidungsstücke."[29] Der Herausgeber des *"Dakota Friend"* berichtete über die Tendenz von Hin- und Rückspielen beziehungsweise -wetten, die sich immer weiter ausbreitete. Hiermit wollte er den Verarmungseffekt unterstreichen, den das Wetten auf die lokale indianische Bevölkerung hatte.

Im Juli 1852 hatte *Little Six* für seinen Stamm ein Spiel gegen eine Mannschaft aus Stammesmitgliedern der Häuptlinge *Good Road*, *Sky Man* und *Grey Iron* ausgehandelt, das in Oak Grove stattfinden sollte. Das Spiel begann am Tag nach ihrer Ankunft. Die Wettsumme auf das Spiel betrug insgesamt 1.600 Dollar. *Little Six* und seine Mannschaft trugen den Sieg davon. Es folgten zwei weitere Spiele, bei denen der Wetteinsatz niedriger ausfiel. Nachdem die Spieler um *Little Six* zusammen 2.600 Dollar gewonnen hatten, wollten sie sich am folgenden Tag vom Spiel zurückziehen. Am zweiten Tag wendete sich das Blatt, und die Sieger mußten jetzt eine Niederlage einstecken. Die neuen Sieger forderten *Little Six'* Mannschaft zu einem weiteren Spiel heraus: „Sie kehrten zu ihren Unterkünften zurück, fielen über ein Faß Schweinefleisch her, vertilgten zwei Fäßchen Schmalz, dazu zehn Sack Mais (den einer von *Sky Man's* Bauern gerade von der Agentur geholt hatte) und stellten die Wetteinsätze für den folgenden Tag zusammen." Am nächsten Vormittag um 10 Uhr wurden Decken, Mäntel, Tomahawks, Pfeifen und andere Gegenstände im Wert zwischen 300 und 400 Dollar „[als Wetteinsätze] entsprechend zusammengebunden, und das Spiel ging [mit dem *toss-up*] los." Als die Mannschaft von *Little Six* verlor, wurden erneut Wetten eingegangen:

> Während neue Wetteinsätze zusammengestellt wurden, entstand zwischen den Parteien ein Streit um einen Teil der Gegenstände, die *Little Six'* Stamm verloren hatte, jedoch nicht herausgeben wollte. Sie verließen das Feld wie gewöhnlich in einer Reihe hintereinander. *Grey Iron* und sein Stamm verließen den Platz zuerst, vorgeblich aus dem oben genannten Grund, in Wirklichkeit aber, weil *Six* und seine Leute gerade Verstärkung durch die Ankunft einer Gruppe von *Little Crows* Stamm erhalten hatte. Auf diese Weise endete also das dreitägige Ballspiel, in dessen Verlauf nicht weniger als 4.600 Dollar an Warenwert zum Einsatz gekommen war. Müssen die Dakotas unter diesen Umständen nicht bettelarm sein?[30]

Obgleich die Wetteinsätze unterschiedlich gewesen sein mochten, einigte man sich darauf, daß jeder Gegenstand den gleichen Wert besaß. Sowohl Spieler als auch Zuschauer beteiligten sich am Wetten. Während der Anhänger einer Mannschaft sich dazu womöglich an irgendeinen Bekannten aus dem Dorf der anderen Partei wandte, wetteten die Spieler gewöhnlich gegen ihre Gegner, die aus der anderen Mannschaft gegen sie aufgestellt wurden. Bei den Dakota wurde die Dorfbevölkerung, die ein Spiel veranstaltete, ebenfalls in zwei gleich große Gruppen aufgeteilt. Ein Spieler bot eine Wolldecke oder irgend ein Kleidungsstück an, indem er es auf den Boden legte. Daraufhin legte sein Wettpartner etwas Gleichwertiges dazu. Die beiden Gegenstände wurden beiseite gelegt, und die zwei nächsten gaben ihre Einsätze ab und so fort, bis das Wetten abgeschlossen war.[31]

Während der Spieldauer wurden die eingesetzten Waren nach altem Brauch von Männern bewacht, die als Hüter der Wetteinsätze gewählt wurden – gewöhnlich Stammesälteste, denen man vertraute. Stone beschreibt dies während eines Spiels im Jahre 1797 zwischen Mohawk und Seneca folgendermaßen: „Neben den Wetteinsätzen saß eine Gruppe alter Häuptlinge, ‚ernste, Ehrfurcht gebietende Greise,‘ deren Bärte der Frost vieler Winter silbern gefärbt hatte, und deren Antlitz von den Mühen des Krieges und der Jagd geprägt war."[32] Bei den Ojibwa war es Brauch, daß jede Mannschaft vor dem Spiel einen Anführer wählte, der wiederum den Hüter der Wetten bestimmte. Bei einigen Cherokee-Spielen wurden alle Wettgegenstände auf einen Haufen zusammengetragen und von Hütern beider Seiten bewacht, die spitze Stöcke in den Boden steckten, „um die Wetten zu erfassen." Bei den Cherokee wurden die einzelnen Wettgegenstände im Mittelfeld in Bündel gepackt, an die Seitenlinien getragen und dort aufgehäuft. Die eben beschriebenen Verfahrensweisen bezogen sich auf materielle Güter. Wetten in Form von Geld wurden gewöhnlich einer zuverlässigen dritten Partei anvertraut.[33]

Offenbar brachten die Cherokee einstmals die Wettgegenstände in geschlossenen Räumen unter und ließen sie nicht im Freien liegen. Ein Zuschauer beobachtete Mitte des 19. Jahrhunderts „mehrere in Eile aufgeschlagene Zelte voller Gegenstände meist indianischer Herkunft; das waren die Wetteinsätze". Die Choctaw ließen ihre Sachen auf einer speziell errichteten Plattform liegen, die entlang einer Seitenlinie auf Höhe der Feldmitte von einem einzigen Wetteinsatzhüter bewacht wurde. Die gegeneinander eingesetzten Gegenstände wurden zusammengebunden und auf die Plattform gelegt. Vier oder fünf berittene Männer bewegten sich vor Spielbeginn durch die Menschenmenge und sammelten die Wetten ein. „Alle eingesetzten Gegenstände werden mit dem verknüpft, was dagegen gesetzt wird. Sind es Taschentücher, werden sie miteinander verknotet, und der [berittene] Wetteinsatzhüter wirft sie sich über die Schulter. Handelt es sich um Geldbeträge, steckt er beide Summen in sein Notizbuch. Er verfügt über ein erstaunlich gutes Gedächtnis, und stets händigt er die Wetteinsätze korrekt aus."[34]

Abb. 24
Eastern Cherokee-Spieler mit Wetteinsätzen machen sich für den Marsch ins *"centerfield"* bereit (um 1908). Der „Antreiber" mit der langen Peitsche, ganz rechts im Bild, gibt das Kommando für die Schreie, die während des Marsches zu den Gegnern ausgestoßen werden.

Die Zuschauerbeteiligung am Wetten wurde von den Eastern Cherokee in ein Ritual eingebunden. Bevor die Wetten im Mittelfeld abgeschlossen wurden, stellte sich jede Mannschaft in einer Reihe beim Tor auf, ihre jeweiligen Anhänger hinter sich. Auf ein Signal hin marschierte die Mannschaft, die ihre Wettgegenstände bei sich trug, voran und führte ihre Anhänger in Richtung *centerfield*. Nach einem Drittel des Weges blieben sie stehen. Auf ein weiteres Signal hin tat es ihnen die gegnerische Mannschaft gleich, und so fort, bis alle in der Mitte angekommen waren. Dort geriet alles lärmend durcheinander, während Spieler und Zuschauer sich über die Wetten einigten.[35]

Wenn ein Lacrossespiel beendet und alle Wetten abgeholt waren, war die Stimmung in beiden Mannschaften meistens ausgeglichen. Rückspiele waren an der Tagesordnung, einmal, um Enttäuschungen abzubauen, zum anderen, um Verluste auszugleichen. Die freundliche, entspannte Atmosphäre nach einem Spiel war für Europäer offenbar unbegreiflich. Zu Anfang der historischen Zeit hielt Perrot diesen Charakterzug bei den Huronen fest. Er betonte besonders, daß die Zuschauer – vor allem jene, die sich nicht durch eigenes Wetten am Spiel beteiligt hatten – sich nicht einmischen konnten, ohne Konse-

162

quenzen befürchten zu müssen. „Zusätzlich zum Gewinn bekommen sie ihre Einsätze zurück, und es gibt auf keiner Seite Streit über die Zahlungsweise, egal bei welchem Spiel." Männer und Frauen der Huronen konnten ihre gesamte Habe einschließlich ihrer Kleidung verloren haben, dennoch zogen sie splitternackt aber freudig singend davon.[36]

Die großen Gewinne oder Verluste, die typisch für viele Spiele waren, wurden ruhig, ja stoisch hingenommen, denn, langfristig gesehen, wirkten sich die wirtschaftlichen Folgen der Spiele auf eine Gemeinde kaum negativ aus. Ein Dorf, das hohe Wetten auf seine Mannschaft abschloss und das Spiel verlor, hätte möglicherweise eine Zeitlang mit Nahrungsmittelknappheit, Mangel an Kleidung und Viehbestand zu kämpfen. Aber mit der Zeit konnten die Menschen ihren Besitz durch Rückkämpfe wiedergewinnen und damit ihre Verluste ausgleichen. Keine einzelne Mannschaft war imstande, die Szene dauerhaft zu beherrschen oder auf Kosten anderer Gemeinden große Reichtümer anzuhäufen. Da sich Gewinn und Verlust über einen längeren Zeitraum hinweg ausglichen, waren die Auswirkungen nicht allzu schwer zu ertragen, wie es in Ponds Bericht über die Rückkämpfe der Dakota-Stämme vermutet wurde.[37]

Es gab jedoch auch Ausnahmen von der ruhigen, gemessenen Haltung nach indianischen Spielen jeglicher Art. Als Vorsichtsmaßnahme gegen gewälttätige Auswüchse nach Lacrossespielen ließen die Choctaw aus Oklahoma von vornherein ihre Waffen zu Hause. Oft wurden bei indianischen Spielen die Wetter, die sich maßlos übernommen hatten, von Verzweiflung gepackt. Bei den Huronen sind ein paar Beispiele überliefert worden, die sich mit Spielverlusten beschäftigen. In einem Fall verwettete ein Mann, der nichts mehr besaß, sein Haupthaar, und verlor es ebenfalls — der Gewinner schnitt es ihm vom Kopf. Ein anderer spielte um seinen kleinen Finger — als er verlor, wurde er ihm abgeschnitten, ohne daß er eine Miene verzogen hätte. Es gab auch Verlierer, die sich selbst aufgaben. Im Jahr 1771 kehrte ein unterlegener Chunkey-Spieler der Choctaw, der seinen gesamten Besitz verloren hatte, nach Hause zurück, lieh sich ein Gewehr und erschoß sich damit. Die Jesuiten berichteten über den Sohn eines Huronenhäuptlings. Nach dem Verlust einer Biberrobe und eines Perlenhalsbandes bei einem Strohspiel war er äußerst niedergeschlagen und hatte so große Angst, sich seinen Verwandten zu stellen, daß er sich an einem Baum erhängte.[38]

Einige Vorkommnisse nach Spielen haben auch zu keiner friedlichen Einigung geführt, im Gegenteil. Zumindest ein Jesuit aus Huronia berichtete nach Frankreich, daß „Wetten beim Spiel niemals zu etwas Gutem führt; die Wilden behaupten sogar selbst, daß der alleinige Grund für Überfälle und Totschläge meist darin zu suchen ist." Auch wenn die Spiele selbst gewaltlos verliefen, geschah es doch häufig, daß größere Streitereien wegen Wetteinsätzen unmittelbar nach umstrittenen Spielausgängen ausbrachen. Die Sioux vom Mystic Lake mißtrauten den Medizinmännern und ihrer Rolle, die sie bei den Siegen spielten: „Ein weiterer dunkler Punkt bei den Spielen waren die Streitereien wegen der Wetteinsätze. Die Verliererseite behauptete oft, daß die anderen zuviel beziehungsweise ungerechtfertigt gewonnen hätten, oder daß zuviel Zaubermedizin im Spiel war, und verlangten sofortige Rückspiele."[39]

Im Falle von Lacrosse konnten große Spannungen ein Spiel sogar unterbrechen oder beenden. Bei dem zuvor erwähnten Lacrossespiel zwischen Creek und Choctaw, wo es um die Rechte an einem Biberteich in Mississippi ging, artete das Spiel in eine große Metzelei aus, und bevor der Kampf schließlich beendet wurde, hatte es mehr als fünfhundert Tote gegeben. Der Mississippi-Choctaw Jim Gardner gab vor einiger Zeit die folgende überlieferte Geschichte zum besten. Darin ging es um ein besonders strittiges Spiel gegen Ende des 19. Jahrhunderts. Als eine Seite kurz vor dem Sieg stand, „wandte der Regenmacher [ein Schamane] der Mannschaft, die gerade zu unterliegen drohte, den letzten Zaubertrick aus seinem Repertoir an, indem er es aus heiterem Himmel und mit solcher Gewalt regnen ließ, daß das Spiel abgebrochen werden mußte. Seiner Mannschaft ersparte er dadurch einen demoralisierenden Verlust, der sie überdies teuer zu stehen gekommen wäre. Unmittelbar danach rannten jedoch beide Parteien zu der Plattform, auf der die Wetteinsätze lagen ... Es kam zu wilden Auseinandersetzungen, in die sich jedermann hineinstürzte bei dem Versuch, das zu ergattern, was er für sein rechtmäßiges Eigentum hielt. Die blutigen Kämpfe gingen noch stundenlang so weiter."[40]

Das Wetten und die damit verbundenen Gewalttätigkeiten waren eindeutig die Faktoren, die mit zum Niedergang des indianischen Lacrosse beitrugen, der im späten 19. Jahrhunderts begann. Schon zuvor äußerten die Missionare ihr Mißfallen über das Wetten, das mit den Spielen einherging. Ein Cherokee-Lacrossespiel in New Echota veranlaßte im August 1825 einen Missionar vom *American Board,* von „einer Missetat nationalen Ausmaßes" zu sprechen. Angehörige des Klerus waren auch darüber unglücklich, daß der Wert der Wetteinsätze auf sündhafte Weise vergeudet wurde, während er doch ihrer Meinung nach rechtmäßig in die Hände der Mission gehörte.[41]

Es ist nicht zu bestreiten, daß Regierungsbeamte die Tradition des indianischen Lacrosse zu behindern begannen. Wahrscheinlich machten sie sich um das damit verbundene Wetten die größten Sorgen. Als sich die Ojibwa vom Lake Superior im Jahr 1855 versammelten, um ihre jährlichen Auszahlungen in Empfang zu nehmen, war dies für die einzelnen Stämme eine großartige Gelegenheit für Wettkampfspiele aller Art. Andererseits war es auch eine gute Gelegenheit für die Händler, ihr Geld für die Waren zurückzufordern, die sie den India-

164

nern während des abgelaufenen Jahres „auf Kredit" überlassen hatten. Angesichts der großen Menge an Bargeld in indianischer Hand wollte die Regierung vermutlich die Interessen der Händler schützen, als sie die Lacrossespiele verbot, bei denen mit Sicherheit gewettet wurde.[42]

H.S. Halbert beschwerte sich in den neunziger Jahren des 19. Jahrhunderts in seinen Aufzeichnungen darüber, daß sich die Lacrossespiele im vergangenen Jahrzehnt zum „größten Hindernis auf dem Weg zur Bildung und religiösen Erziehung" der Mississippi-Choctaw entwickelt hätten. „Milde ausgedrückt, stellt dieses Ballspiel die moralisch verwerflichste Einrichtung in Mississippi dar. Zum größten Teil wird das Spiel heute von einer Clique weißer Ganoven kontrolliert beziehungsweise manipuliert, und Wetten, Whiskeykonsum, Schlägereien, oft auch Blutvergießen, gehören wie selbstverständlich dazu."[43] Seine Beschreibung der negativen Entwicklung der Spiele, die sie zu Schlägereien unter Betrunkenen verkommen ließ, wird heute von einzelnen Choctaw bestätigt, die sich noch an diese Zeit erinnern können. Der eingeborene Führer und Geistliche Simpson Tubby erzählte von den Spielen während seiner Jugendzeit: „Ich werde diese brutalen Ballspiele aus der Zeit meiner Kindheit niemals vergessen. Die Indianer tranken bei solchen Gelegenheiten immer Whiskey. Manchmal wurden dann einige von ihnen – darunter Männer, Frauen und Kinder – so betrunken, daß sie anschließend durch die Gegend taumelten. Diese betrunkenen Dämonen, die mit Kriegsbeil, Tomahawk oder Messer bewaffnet waren, bedrohten sogar ihren besten Freund. Als Kind bin ich fünf oder zehn Meilen durch tiefste Finsternis gerannt, um ihnen zu entkommen." Das Auftreten von Weißen bei den Spielen führte zu einem rapiden Verfall der herkömmlichen Wetten bei Choctaw-Ballspielen: „Einmal verkaufte ein ansässiger Engländer während eines Lacrossespiels in der Pearl River-Gemeinde Erdnüsse. Wegen einer Wette geriet er in Streit mit einem anderen Weißen. Zuletzt trugen sie ihre Auseinandersetzung mit Revolvern aus, und ein in der Nähe stehender unschuldiger Choctaw mußte sterben."[44]

Halberts Sorgen erledigten sich im Jahr 1898, als der Staat Mississippi das Wetten bei allen indianischen Lacrossespielen, Hahnenkämpfen sowie Duellen verbot. Daraufhin verlor das Spiel sehr schnell an Popularität. Ganz im Sinne des Klerus entwickelte sich die Kirche zum neuen Mittelpunkt der Stammesgesellschaften. Inzwischen füllten langsam amerikanische Sportarten – allen voran Baseball – die Lücke, die das Lacrosse hinterlassen hatte.[45]

Die Eastern Cherokee mußten sich allerdings schon früher mit einschränkenden Maßnahmen gegen das Wetten und aggressive Ausschreitungen abfinden. Im Jahr 1848 wurde ein Plan erstellt, mit dessen Hilfe man die Cherokee „zivilisieren" wollte, indem man viele ihrer „Vergnügungen" verbot. Die einzige Ausnahme bildete „das mannhafte Ballspiel", das aber ebenfalls durch Regierungsmaßnahmen stark beschnitten wurde, vor allem bezüglich der Härte des Spiels und des Umfangs der Wetten, die beträchtlich eingeschränkt wurden: „Es ist ihnen verboten, wie früher ihren Besitz auf das Spiel zu setzen, abgesehen von Kleinigkeiten, etwa einem wollenen Gürtel oder Baumwolltaschentuch."[46]

In den meisten Gemeinden, in denen der Sport noch aktiv betrieben wurde, ging das Wetten bei indianischen Lacrossespielen langsam zurück. Nachdem die Wetteinsätze immer höher gestiegen waren, kamen Probleme mit Betrug und Bestechung dazu, was manchmal dazu führte, daß „viele erstklassige Spieler dazu verleitet wurden, falsch zu spielen [das Spiel ‚hochgehen' zu lassen]".[47] Um die Jahrhundertwende hinderte dann die vorherrschende Armut auf den Reservaten die meisten Indianer daran, größere finanzielle Summen auf Sportveranstaltungen zu setzen. Dieser Rückgang der traditionellen Beteiligung der Zuschauer ist ein Hauptgrund für die sinkende Popularität von Lacrosse und ist letztlich für sein Verschwinden bei vielen nordamerikanischen Stämmen verantwortlich. Dort, wo das Spiel überlebt hat wie bei den Eastern Cherokee, können die Mannschaften Bargeldpreise gewinnen, die von der Handelskammer oder vom Kommitee der *Cherokee Fair* für besondere Anlässe ausgesetzt werden, die Touristen anziehen sollen. (Die Verlierer bekommen ebenfalls eine Belohnung für ihre Beteiligung, allerdings fällt sie geringer aus als die für die Sieger.) Das öffentliche Wetten, wie es früher unter den Zuschauern üblich war, gibt es nicht mehr. Es mag aber sein, daß die kulturell konservativen Cherokee diese Tradition heimlich untereinander weiterleben lassen, wie das Fogelson andeutet: „Nach einem Spiel im Jahr 1958 fragte [ich] Mollie Sequoyah, wie ihr das Spiel gefallen habe. Sie zwinkerte mir verschmitzt zu und zeigte mir ihr neues Taschentuch, das sie soeben gewonnen hatte."[48]

8

Schwungvoller Überkopfschlag und Fangsprung

Wie bei allen Sportarten, bestimmt auch beim Lacrosse die spezielle Abstimmung von Ball und Schläger die besondere Spieltechnik. Wenn zum Beispiel ein Zuschauer von heute, der Lacrosse kennt, zum erstenmal das Spiel im Südosten sieht, wird ihm sofort auffallen, daß dort Strategie, Zusammenspiel, paßgenaues Abgeben und Ballgeschwindigkeit eine untergeordnete Rolle zu spielen scheinen. Man kann durchaus behaupten, daß sich der Ball in den dortigen Spielen öfter auf dem Boden als in der Luft befindet. Entsprechend der Schlägerkonstruktion und seiner Funktion als verlängerter Spielerarm unterscheiden sich alle Aspekte der Ballkontrolle – Aufnehmen, Weitergeben und Führen – wesentlich von den im Norden gespielten Lacrosseversionen.

Es ist schwierig, den südöstlichen Ball am Boden zu entdecken, besonders dann, wenn das Gras auf dem Feld etwas höher steht. Das liegt einmal an seiner Größe, die etwa einem Golfball entsprich, und an seiner Herstellungsart aus weichem Leder. Beide Faktoren sind verantwortlich dafür, daß man bei der Ballbehandlung zahlreiche Täuschungsmanöver zu sehen bekommt. Zuschauer und Schiedsrichter verlieren ihn leicht aus dem Auge. Deshalb kann ein Spieler, der insgeheim in Ballbesitz ist, so tun, als hätte er ihn nicht, bis er frei genug steht, um loszurennen und den Punkt zu machen. Wird der Ball zwischen zwei Stöcken gehalten, ist er praktisch unsichtbar. Ein Spieler kann sich also als Köder anbieten, um einen Mannschaftskameraden zu entlasten, der tatsächlich in Ballbesitz ist.

Wie man es immer wieder sehen kann, bilden fünf oder sechs Spieler einen engen Kreis um die Stelle, an der ihrer *Meinung* nach der Ball gelandet ist. Dabei entsteht durch das Aufeinandertreffen ihrer Schläger beim Herumstochern auf dem Boden eine Menge Lärm. Jeder versucht, den anderen wegzudrängen, ihn womöglich umzuwerfen. Der ganze Pulk läßt einen tatsächlich eher an das Gedränge beim Rugby als an Lacrosse denken, wenn man sieht, wie die Spieler im inneren Kreis mit ihren Stöcken herumfummeln, um die Gegner nicht an den

167

Abb. 25
Junge Spieler der Eastern-Cherokee drängeln sich um einen Bodenball. Der Spieler ganz links hält seinen Gegner davon ab, sich ebenfalls ins Gedrängel zu stürzen.

Ball herankommen zu lassen, während die an der Außenseite wild mit ihren Schlägern stoßen und schlagen, um ins Innere des Gewühles zu kommen, wo irgendwo der Ball liegen muß (Abb. 25). Auch wenn das Gras kein Hindernis für das Auffinden des Balles darstellt, führt die allgemeine Rangelei doch zu einem solchen Tumult, daß der Ball einige Zeit am Boden bleibt.

Basil Hall, der 1828 sein erstes Creek-Spiel zu sehen bekam, war offensichtlich beeindruckt von dem „großartigen Geklapper der Stökke, vermischt mit den Schreien der Wilden" und beschrieb, wie man versuchen konnte, sich aus dem Pulk zu befreien und ein Tor zu machen:

> Zum Schluß gelang es einem Indianer, der sich geschickter anstellte als die anderen, den Ball zwischen den Enden seiner Schläger ein paarmal blitzschnell hin- und herzurollen. Dabei konnte er ihn aufnehmen und sofort schoß er damit los wie ein Rehbock, die Arme hoch über den Kopf erhoben. Die ganze Truppe, die am ersten Gerangel beteiligt war, folgte ihm auf den Fersen. Der arme Junge wurde natürlich bei

seinem Lauf wenigstens zwanzigmal von seinen Gegenspielern abgefangen, die sich aus allen Richtungen wie Habichte auf seinen Fluchtweg stürzten, um ihm die Beute abzujagen oder ihn zu Fall zu bringen – kurz, ihn auf jede erdenkliche Art daran zu hindern, den Ball durch [die Torpfosten] zu werfen.[1]

Die Technik des Ballwurfs kann kaum als Abgabe bezeichnet werden. In den meisten Fällen wurde der Ball einfach feldabwärts geworfen in der Hoffnung, daß ein Mannschaftskamerad ihn fand und aufgriff. Es kam auch vor, daß der Ball einfach in die richtige Richtung abgegeben wurde, wenn man ihn loswerden wollte. Dabei rennt der Spieler geradeaus, faßt sein Ziel ins Auge und wirft die Schläger über seine Schulter (gewöhnlich die rechte). Indem er seinen linken Fuß belastet, dreht er sich seitwärts und wirft den Ball mit Schwung von sich unter Ausnutzung der Drehung des ganzen Oberkörpers, den er mit dem nachfolgenden rechten Bein abstützt. Dabei hat er natürlich die beiden Schläger voneinander getrennt. Diese Aktion erinnert etwas an einen Baseball-Pitcher, der ebenfalls vor einem Wurf beide Hände zurückreißt. Der Lacrossespieler kann allerdings vorher noch ein paar zusätzliche Schritte in die Wurfrichtung machen, um sich hochzuschrauben. Ist ein Spieler in Ballbesitz gelangt, steckt aber mitten im „Gedränge", dreht er sich mit dem Rücken zum inneren Kreis, reißt die Schläger nach oben über seinen Kopf, macht dabei gleichzeitig einen Satz in die Höhe und gibt den Ball über die Köpfe der Gegner hinweg ab. Manchmal wird er dabei von einem anderen Spieler von hinten um die Hüfte gefaßt in dem Versuch, ihn umzureißen (Abb. 26). Wenn es ihm dabei gelingt, den Ball weiter oben zu halten und im Gleichgewicht zu bleiben, kann er den Schuß auch aus kniender Position abgeben.

Die Zentrum-Spieler benutzen beim *toss-up* wieder eine etwas andere Stocktechnik. Gewöhnlich halten sie, vergleichbar dem Schlagmann, der auf einen Wurf wartet, ihre beiden Stöcke über die rechte Schulter zusammen nach hinten. Oder sie können auch beide Schläger nach hinten ausgestreckt oder seitwärts halten, bereit, sich auf den Ball zu stürzen, sobald er herunterkommt. Manche springen auch in die Höhe, wenn der Ball noch im Aufwärtsflug ist und versuchen, ihn mit beiden zusammengehaltenen Stöcken aus dem Gewusel herauszuschlagen. Ein andermal versuchen sie, den Ball beim Herabfallen zu ergreifen. Es gibt talentierte Zentrum-Spieler (meistens recht hochgewachsene), die das können.

Einen Ball vom Boden aufzunehmen ist nicht immer ganz einfach. Damit es gelingt, muß der Spieler beide Stöcke gleichzeitig auf den Ball niedersausen lassen, um ihn sicher ergreifen zu können (Abb. 27a,b). Häufig treffen die Spieler daneben und müssen einen zweiten Versuch machen. Manchmal springt ein Spieler auch in die Luft, um den Ball vom Boden aufzugreifen. Er exerziert dabei so etwas wie einen „Fang-

Abb. 26
Junge Spieler der Oklahoma-Choctaw beim *Festival of American Folklife,* ausgerichtet von der Smithsonian Institution (1976). Der Spieler in Ballbesitz hält den Ball zwischen seinen beiden Stöcken fest, während sein Gegner ihn von hinten umklammert.

Abb. 27a
Ausschnitt aus einem Spiel der Oklahoma-Creek um 1938. Der Spieler in weiß scheint gerade den Ball verloren zu haben (er hält seine Stöcke nach oben), weil ihn ein Gegner von hinten umklammert. Auch der stämmige Spieler vor ihm, der seine erhobenen Stöcke auseinander-bringt, macht Anstalten, ihn anzugreifen, um an den Ball zu kommen.

Abb. 27 b
Der umstrittene Ball ist auf den Boden gefallen. Nun versuchen ihn der stämmige und der Spieler in weiß, der ihn vorher in Besitz hatte, vom Boden hochzubringen – keine leichte Angelegenheit. Auch der Spieler mit dem weißen Stirnband beteiligt sich daran. Der Mann mit Krawatte und weißer Feder am Hut ist ein Schiedsrichter.

sprung", wenn er mit beiden Schlägern herunterkommt, und hat Ähnlichkeit mit einem Kojoten, der sich auf eine Feldmaus stürzt.

Heutzutage spielt im südöstlichen Lacrosse das genaue Paßspiel kaum noch eine Rolle. Kendall Blanchard, der das Paßspiel bei den Mississippi-Choctaw beschrieb, bemerkte dazu, daß man wohl *versuchte*, einander zuzuspielen, allerdings mit wenig Erfolg. „Der Flug des Balles durch die Luft verläuft meistens in eine falsche Richtung, und es folgen Konfusion und Kampfgerangel, um ihn wieder unter Kontrolle zu bringen." Älteren Berichten kann man dagegen entnehmen, daß die Fähigkeit, den Ball im Flug mit zwei Schlägern aus der Luft zu fangen, weit verbreitet gewesen sein muß. Der irische Händler James Adair, der Spiele der Chickasaw (möglicherweise der Cherokee oder Choctaw) beschrieb, führte an, daß die Spieler den Ball etwa hundert Meter weit werfen konnten, und daß er sich meistens in der Luft befand. Er betonte jedoch, daß den Spielern nicht erlaubt war, ihre Hände zu benutzen — ganz klar war dies eine uralte Spielregel. Der Maler George Catlin berichtete von ähnlichen Spieltechniken, die er in den dreißiger Jahren des 19. Jahrhunderts bei den Choctaw beobachten konnte: „Sie vollführen einen Luftsprung und fangen den Ball zwischen den beiden Netzen und werfen ihn weiter, ohne daß sie ihn mit der Hand berühren oder fangen." Die südöstliche Legende über das Spiel, in dem die Vögel die Landtiere besiegten, läßt allegorisch die Deutung zu, daß die Mannschaft, die den Ball in der Luft halten konnte, auch die Siegermannschaft war. Darin lag demnach der Wert dieser Technik.[2]

Zum Toreschießen trägt im südöstlichen Spiel weniger eine vorher aufgestellte Stategie bei als eine Kombination aus Glück und persönlicher Begabung. Da man von Zielgenauigkeit beim Werfen strenggenommen nicht sprechen kann, gibt es natürlich viel mehr Schüsse auf das Tor als tatsächliche Treffer. Wenn die Spieler mit einem Wurf auf das Tor rechnen, stellen sie sich wie eine menschliche Mauer davor auf — wie die Fußballspieler beim Strafstoß. Dabei halten sie ihre Schläger überkreuz in die Luft, um den Schuß damit abzublocken.

Das südöstliche Spiel wird mehr durch das individuelle Können der einzelnen Spieler als durch Mannschaftsspiel und entsprechende Strategien bestimmt. Die Spieler werden berühmt, wenn sie eine besondere Begabung mitbringen (beziehungsweise sie vermissen lassen) und erhalten dafür entsprechende Spitznamen. Die Mississippi-Choctaw beziehen sich dabei auf Schnelligkeit — *palki* (ein schneller Spieler), *sala'ha wasoha* (ein langsamer Spieler). Oder sie nennen einen bestimmten Spieler *siti* (Schlange), *cana'sa* (Mokkasinschlange) oder *opa niskin* (Eule beziehungsweise Eulenauge). Damit verbinden sie das Sich-Herauswinden, Entkommen, kraftvolles Zuschlagen oder Scharfblick. Den gänzlichen Mangel an Spielstrategie bei den Eastern Cherokee hat bereits Fogelson erkannt. Pässe an Mannschaftskameraden wurden eigentlich nur abgegeben, wenn sich keine anderen Möglich-

keiten anboten. Nur in einem einzigen Spiel konnte Fogelson „Spielzüge" beobachten, als nämlich „der Zentrum-Spieler, ein ungewöhnlich ausladender, starker Spieler, zwei Gegenspieler festhielt, während
seine Mannschaftskameraden ihre jeweiligen Gegner in Ringkämpfe
verwickelten. Durch diese Situation wurde ein Wolftown-Spieler frei-
gestellt, der die [für den Sieg] erforderliche Anzahl Tore warf."[3]

Wollte man seinen gegnerischen Deckungsspieler behindern, griff
man ihm gewöhnlich von hinten um die Hüfte („tying up"). Das führte
unweigerlich dazu, daß beide beteiligten Spieler ihre Schläger fallen
ließen und sich einen Ringkampf lieferten. Folgene Beobachtung
wurde Anfang des 19. Jahrhunderts gemacht: „Manchmal sind acht
oder zehn oder sogar noch mehr Spieler paarweise miteinander in
Einzelkämpfe verwickelt. Jeder versucht dabei, durch Einsatz aller
Kräfte und durch Geschicklichkeit die Oberhand zu gewinnen. Ein
Außenstehender sieht mit Grausen die rohe Gewalt, mit der sie sich
gegenseitig auf den Boden werfen." Wird der Ball nicht innerhalb
kürzester Zeit in der Spielermenge entdeckt, können derartige Ringkämpfe ausarten und zu einem Haufen von Menschenleibern anwach-
sen (s. Abb. 25). Als Charles Lanman 1848 ein Cherokee-Spiel besuchte, beschrieb er es treffend folgendermaßen: „Im Kampf um den Ball
bieten sie den Anblick von einem Dutzend Gladiatoren, die eine

Abb. 28 a, b
Mayers Zeichnungen von Dakota-Spielern in *Traverse des Sioux* anläßlich
einer großen Vertragsabschluß-Versammlung: (a) Ballhaltung während des
Laufens; (b) Ansatz zum langen Überkopfwurf.

Abb. 29
Ölgemälde von Charles Deas von einem Dakota-Lacrossespiel (ca. 1850?).
Der Spieler links versucht, einen Bodenball aufzunehmen, während der
rechte Spieler versucht, seinen Schläger zu blockieren. Beachtenswert ist die
unterschiedliche Körperbemalung, der Federschwanzschmuck und die Mokassins, die einige Spieler tragen.

Riesenschlange zu besiegen versuchen." Fogelson, der einmal bei den
Eastern Cherokee an einem Übungsspiel teilnahm, äußerte sich dazu,
wie kräftezehrend diese Art zu spielen sein konnte: „Das Ausmaß an
Energie [bei dem Versuch, sich selbst zu befreien beziehungsweise einen
Gegner daran zu hindern, frei zu kommen], das bei diesen anstrengen-
den Auseinandersetzungen mit dem Gegner eingesetzt werden muß, ist
extrem hoch. Zu diesem ständigen Klammern und Zerren kommt noch
die Tatsache, daß die Spieler von Zeit zu Zeit lange Strecken mit
äußerster Schnelligkeit laufen müssen. Man kann sich also gut vorstellen, wie groß das Durchhaltevermögen sein muß, das gute Ballspieler
mitbringen."[4]

Waren die Spieler nicht gerade in Kämpfe verwickelt oder suchten
im Gedränge mit ihren Stöcken den Boden nach dem Ball ab, so
standen sie herum und ruhten sich aus, ließen dabei aber das Spielgeschehen nicht aus den Augen. Ihre Schläger hielten sie dabei zusammen,
oder sie ließen ihre Arme am Körper herunterhängen. Gelegentlich
praktizieren die Eastern Cherokee so etwas wie einen „Doppelangriff",

wenn gleich zwei Spieler einen Gegner in die Mangel nehmen. Dieses Manöver ist jedoch nicht ganz ungefährlich, da dadurch ein Spieler ohne Deckung bleibt und unbehelligt ein Tor werfen kann, falls er in Ballbesitz kommt.[5]

Im Süden hat Lacrosse überlebt und wird noch häufig gespielt. Im Gebiet der Großen Seen ist es dagegen fast verschwunden. Etwa vor zwei Generationen wurde es dort größtenteils aufgegeben. Die meisten Alten können sich noch an das Spiel in ihrer Jugendzeit erinnern. Ein paar versuchen auch, das Spiel mit ihren Kindern wieder zum Leben zu erwecken, wie etwa Wilbur Blackdeer, ein Winconsin-Winnebago. Dabei haben sie jedoch nur geringen Erfolg. In dieser Region Nordamerikas scheint Baseball den Platz von Lacrosse als beliebtestes Spiel im Sommer eingenommen zu haben.

Ein einzelner Schläger zur Ballkontrolle während des Laufens machte eine andere Technik erforderlich als die, welche im Südosten angewandt wurde. Walter James Hoffmans Bericht über den Schlägereinsatz bei den Menominee aus dem späten 19. Jahrhundert enthält eine gute allgemeine Beschreibung: „Wird der Ball aufgefangen, trägt ihn der Läufer im Schläger fast waagrecht vor sich her, wobei er ihn ständig schnell hin- und herbewegt. Gleichzeitig macht er eine Drehbewegung mit dem Stock, damit der Ball vorne nicht aus dem Netz herausspringt. Dieses ständige Schwingen und Drehen soll die gegnerischen Spieler daran hindern, den Ball direkt herauszuschlagen oder den Stock zu treffen, sodaß er heraushüpft."[6]

Im Gebiet der Großen Seen erfolgte die Ballbehandlung entweder mit zwei Händen oder auch nur mit einer Hand am Schläger. Saulteaux-Spieler um 1804 hatten „eine merkwürdige Art, ihre Hände und Arme während des Laufens zu halten, damit der Ball nicht aus dem Netz heraussprang." Die Ottawa praktizierten damals eine ähnliche Technik, den Ball im Netz zu halten: Der Läufer in Ballbesitz stieß den Stock während des Drehens sehr schnell vor und zurück, um den Ball am Herausfallen zu hindern. Allerdings hieß es, der Gebrauch beider Hände wirke sich ungünstig auf seine Schnelligkeit aus. Die Skizzen, die Frank Mayer 1851 von Dakota-Spielern angefertigt hat, zeigen diese beim Laufen und Werfen mit beiden Händen am Schläger (Abb. 28 a,b). Franklin Basina hält dagegen den Gebrauch beider Hände bei den Ojibwa am Oberen See für eine Übertreibung und behauptet, daß der Spieler „damit wedelt, wenn der Ball drin ist. Er rennt mit einer Hand zum Tor". Einmal wurde ich Zeuge einer einhändigen Demonstration des „schwungvollen Überkopfschlages", wobei der Stock im Kreis oberhalb des Kopfes geschwungen wird. Wilbur Blackdeer, ehemals Winnebago-Spieler und Schlägerhersteller, erinnert sich an Spieler, die ihren Stock oberhalb ihres Kopfes unentwegt durch die Luft kreisen lassen konnten, ohne daß der Ball herausfiel.[7]

Abb. 30
Menominee-Spieler in Erwartung eines in hohem Bogen abgeschlagenen Balles, wahrscheinlich ein rückwärtiger Überkopfschlag des Spielers, dessen Schläger in Bewegung ist (die verschwommene Stelle im Photo), um 1910.

Das Aufgreifen von Bodenbällen wurde gewöhnlich auch nur mit einer Hand bewerkstelligt (Abb. 29). Diese Technik setzt voraus, daß der Schläger auf den Ball hinuntersaust, mit einer Drehung aus dem Handgelenk herumgerissen wird, der Ball dabei ins Netz rollt, und das alles in einer fließenden Bewegung. Während einer Diskussion über das Aufgreifen von Bodenbällen stellte Basina die Vor- und Nachteile von kurzen und langen Stöcken einander gegenüber. Er behauptete, lange Schläger eigneten sich besser für Passierbälle, während kürzere ideal zum Aufgreifen von Bodenbällen seien.

Die Größe des Netzes wirkte sich auf die Wurfgenauigkeit aus. Historische Berichte deuten an, daß einzelne Spieler der Großen Seen über außergewöhnliche Fähigkeiten beim Schlagen von Passierbällen und beim Werfen verfügten. Um 1850 gab es unter den Great Lakes-Ojibwa „große Ballspieler, die den Ball so hoch schlagen können, daß er außer Sichtweite gerät [und dadurch] ebensolchen Ruhm bei den Indianern ernten wie gefeierte Läufer, Jäger oder Krieger." Alte Einwohner der Lac Court Oreillles-Reservation in Wisconsin meinten Anfang der vierziger Jahre, daß der Ball häufig in hohem Bogen geworfen wurde (Abb. 30). Einer von ihnen sagte: „Je höher der Ball

176

flog, desto schneller rannten die Jungens." Copway scheint die gleiche Ojibwa-Technik beschrieben zu haben, wenn er auf die Fähigkeit der Spieler hinweist, einen heruntersausenden Ball aus der Luft aufzugreifen und ihn „dermaßen geschickt… zu treffen, daß er den Blicken entschwindet. Ein anderer trifft ihn beim Herunterkommen, und weitere zehn Minuten lang läuft das Spiel so geschickt, daß der Ball nicht einmal den Boden berührt."[8]

Der Wurf in hohem Bogen wurde manchmal beim Abgeben eingesetzt, besonders von außerhalb des Spielfeldes. Dazu Basina: „Man muß ihn auch wirklich hoch genug kriegen, wissen Sie; man muß ihn so hoch werfen, daß dieser Kerl nicht drankommt, der da seinen Schläger hoch hält, in hohem Bogen also." Es gehörte auch einiges an Geschick dazu, einen Passierball zu fangen. Einige Spieler waren dafür berühmt, besonders solche, die mit längeren Schlägern spielten wie die Mitglieder der Bear-Familie auf ihrem Reservat: „Jeder machte seinen eigenen Schläger, wie es ihm gerade paßte … manche mochten vielleicht dicke Stöcke, so dick, und lange … Das waren die Bear-Jungen, Billy Bear, Simon Bear und all die anderen … das waren die Burschen, die [den Ball] noch im Flug erwischten, geradeso wie ein *catcher* oder ein *outfielder*. Sie hielten einfach ihren Stock in die Luft, und schon war der verdammte Ball im Netz."

Aufgrund seiner Konstruktion war zwischen einem Great Lakes-Schläger für Links- oder Rechtshänder kein wesentlicher Unterschied festzustellen, wie das bei den südöstlichen Stämmen sowie den Irokesen der Fall war. Das weiche Gewebe aus gegerbtem Leder, selbst wenn es aus festeren Stricken bestand, fiel leicht auf die eine oder andere Seite des Schlägers, je nachdem, in welcher Position er sich befand, so daß ein Ball damit von jeder Seite gefangen oder gehalten werden konnte: „Wenn man rennt, hat man keine Zeit, auch noch groß nach dem verdammten Stock zu gucken, auf welcher Seite gerade sein Netz runterhängt. Man fängt damit von jeder Seite, Hauptsache, das Netz ist weich. Verstehen Sie, das ist der Fanghandschuh oder meinetwegen auch irgendein Handschuh: je weicher er ist, desto besser ist das für die Sache. [Wenn] er hart ist, taugt er nicht [zum Spielen]."[9]

Gute Läuferqualitäten spielten bei den Great Lakes-Spielen ebenfalls eine große Rolle. Im 18. Jahrhundert bemerkte Jonathan Carver dazu: „Sie verfolgen einander mit erstaunlicher Schnelligkeit, und wenn einer gerade den Ball weit von sich schleudern will, kommt schon ein anderer und holt den Ball mit einem schnellen Stockschlag herunter." Vor noch nicht allzu langer Zeit (1968) schätzte sich Fred Jones aus Mille Lacs Lake, Minnesota, nur als schwachen Spieler ein, weil er seinen Gegnern nicht entwischen konnte. Er erwähnte jedoch einen Verwandten namens John Percy, der zwar durch seine langjährige Tätigkeit als Rodeoreiter starke O-Beine davongetragen hatte, dennoch ein guter Lacrossespieler war, eben weil er so schnell laufen konnte. „Er ist überall gleichzeitig; er trägt einen riesigen Cowboyhut und dazu seine Cowboystiefel. Ich sagte zu ihm, John, sagte ich, du kannst nicht schnell genug laufen, nicht mit den O-Beinen, die du hast. Komm mit raus aufs Feld und zeig uns, was du kannst. Und, bei Gott, wie er es uns zeigte. Dieser Bursche konnte wirklich rennen, auch mit O-Beinen. Er holte jeden Ball, wissen Sie, er war schon da, bevor der Ball ankam, das war immer gelungen. Es gab keinen, der schneller war als er."[10]

Einem alten Bericht über Spiele der Huronen kann man entnehmen, daß es im Gebiet der Großen Seen auch die Praxis der Raumdeckung gegeben hat. „Jede Mannschaft versucht, den Ball auf die eigene Seite zu werfen. Einige Spieler rennen dem Ball nach, die anderen halten auf beiden Seiten ein wenig Abstand, um jederzeit überall einspringen zu können." Andererseits gibt es Berichte über eine Art Phalanxverteidigung des Läufers, der in Ballbesitz ist, woraus man schließen kann, daß diese Räume verlassen wurden, wenn ein Spieler mit dem Ball in Richtung Tor rannte. Er wurde von seinen Mannschaftskameraden abgedeckt, die so die Gegner von ihm fernhielten: „Er scheitert aber meist daran, daß man ihm den Ball abjagt, falls es ihm nicht gelingt, ihn in Richtung auf das eigene [Tor] zu werfen, was aber nicht immer machbar ist." Hier wird deutlich, daß das Great Lakes-Spiel zwischen dem südöstlichen und dem heutigen Lacrossespiel steht: konnte ein Spieler den Paß nicht an einen Mannschaftskameraden abgeben, warf er den Ball in Richtung Tor.[11]

Eine besondere Technik scheint sich auf das Gebiet der Großen Seen beschränkt zu haben, nämlich den Ball zu katapultieren – den Bombenschuß, den *Makoons* und *Bad Sky* abgaben, als Fort Michilimackinac nach dem Vorbild des Trojanischen Pferdes eingenommen wurde. Basina erklärt das so: „Also, wenn diesem Burschen in Ballbesitz ein anderer auf den Fersen ist, und ihr habt einen schnellen Läufer in eurer Mannschaft, der vor dem Burschen mit dem Ball her läuft, und dieser sieht dann, daß er verfolgt wird und daß der Verfolger aufholt, dann läuft er einfach so auf ihn zu, und dieser Bursche kommt angerast und haut mit seinem Schläger drauf, und der Ball fliegt nach vorne davon." Colonel Landmanns Beschreibung des Ottawa-Lacrosse im Jahre 1799 macht deutlich, daß diese Technik alt und sehr verbreitet war. Augenscheinlich signalisierte der horizontal ausgestreckte Stock dem Spieler in Ballbesitz, den Ball abzugeben. In jedem Fall trug die Konstruktion der Schläger an den Großen Seen dazu bei, diesen „Bombenschuß" zu ermöglichen. Dasselbe Manöver wäre mit einem südöstlichen oder einem Irokesenschläger ungleich schwieriger.[12]

Es ist eine Ironie des Schicksals, daß die Spieltechniken der Irokesen, aus denen sich das heutige Lacrosse entwickelt hat, am schlechtesten dokumentiert sind. Die Veränderungen, die an der Konstruktion des irokesischen Schlägers vorgenommen worden sind, entsprechen eindeutig einer veränderten Ballbehandlung (Abb. 31).

Abb. 31
Zwei Onondaga-Spieler, um 1910. Von links: Howard Hill (?), Frau mit Kind
(unbekannt) und John Isaacs. Achten Sie auf die Seitenbegrenzung und die
dreieckige bzw. abgerundete Biegung, die im Gegensatz zu dem älteren
Schläger viel flacher gehalten ist, um das Werfen zu erleichtern. Beachten Sie
auch den kurzen Griff, der weniger als ein Drittel der gesamten Stocklänge
ausmacht. Isaacs Stock ist für Rechthänder gearbeitet, der andere für Linkshänder. Der kommerziell hergestellte Gummiball entspricht ungefähr der
Vorschrift über die Ballgröße der frühen 90er Jahre.

Die jeweiligen Einzelheiten tauchen jedoch in keiner veröffentlichten Beschreibung ihres Spiels auf. Von den Irokesen wird durchgehend behauptet, sie zögen den *alten* Stil den neueren Spielarten vor, da jener den Spielern erlaubte, ihre individuellen Fertigkeiten mehr herauszustellen. Wahrscheinlich führten die Wettkämpfe gegen kanadische Mannschaften in der letzten Hälfte des 19. Jahrhunderts zu einem ausgeprägteren Mannschaftsspiel.[13]

Lewis Henry Morgan bietet eine der wenigen Quellen über die Spieltechniken des historischen Irokesen-Spiels. Er führte seine Feldforschung zwischen 1825 und 1845 durch. Dabei widmete er sich an erster Stelle den Seneca, aber seine Studien können auch ganz allgemein für andere irokesischer Stämme dieser Periode herangezogen werden.

Morgans Schriften kann man entnehmen, daß das Spiel bei den Irokesen ebenso schwerfällig und holperig verlief wie im Südosten. Es kam nur stoßweise in Gang, weil der Ball in diesem oder jenem Teil des Spielfeldes „festhing". Morgan scheint von einem Ball zu sprechen, der als Paß abgegeben und entweder aufgefangen oder vom Schläger eines anderen Spielers auf andere Weise abgefangen wurde. Daraus ergab sich ein Kampf um den Ball, wonach dieser entweder auf den Boden geworfen oder als Passierschlag abgegeben werden konnte. Dies scheint zu bedeuten, daß die Spieler um den Ball kämpften, wenn er sich noch in (oder auf) dem Schläger eines Spielers befand, bis er weggeschlagen wurde. Dann konnte er auf den Boden fallen, weggeschlagen oder durch die Luft geworfen werden. Der Spieler lief mit dem Ball los, indem er den Schläger gerade vor sich trug. Dabei hielt er die Fläche des „Netzes" so parallel wie möglich zum Boden, denn damals gab es noch keine Schutzsaiten, die verhinderten, daß der Ball bei Schräglage des Schlägers herausrutschte.[14]

Einen Ball mit der Sorte Stöcke zu beherrschen, die Morgan gesammelt hatte, muß einem Balanceakt geglichen haben. Der Schläger hatte kein Körbchen, deshalb mußte auch der kleinste Stoß zum Verlust des Balles führen. Aus diesem Grunde kann man mit einiger Sicherheit behaupten, daß es sich vor der Einführung von Schutzsaiten mehr um ein Lauf- als um ein Passierballspiel gehandelt haben muß. Diese alten Lacrossestöcke unterscheiden sich auch dadurch von den späteren, daß die Krümmung am oberen Ende im Querschnitt aus demselben runden Schaft besteht wie der Griff, allerdings mit geringerem Durchmesser. Mit dieser Konstruktion kann man die modernen Techniken, den Ball hochzubringen, kaum — wenn überhaupt — anwenden. Meines Wissens gibt es nirgendwo Unterlagen darüber, wie ein irokesischer Spieler mit dieser Art Schläger einen Bodenball hochgebracht hat.

Alle Lacrossespieler, die ich dazu befragt habe, zeigten sich sehr verwundert darüber, daß es überhaupt Schläger *ohne* Schutzsaiten gegeben hat. Linley Logan, ein Seneca-Spieler, meinte, man solle Lacrossespieler versuchsweise mit Schlägern ohne Saitenrahmen spielen lassen und beobachten, wie sie mit dem Ball umgehen. Vielleicht könne man auf diese Weise herausfinden, welche Techniken man möglicherweise früher benutzt hat. Daß es tatsächlich *möglich* ist, einen Ball auf straffgespanntem Netz im Spiel zu halten, machte mir Logan klar, als er mir von seinen Lacrosseanfängen in seiner Jugend erzählte. Immer wenn er und seine Freunde gerade keine Lacrossestöcke zur Hand hatten, benutzten sie stattdessen alte Tennisschläger.[15]

Morgan liefert zwei weitere Einzelheiten über das irokesische Ballspiel – einmal über die Schlägerhaltung, wenn man unter Druck gerät, und zum andern über eine Art von Mannschaftsstrategie. Seiner ersten Aussage kann man entnehmen, das man sich von einem Ball durch einen Wurf über den Kopf nach hinten befreit: „Wenn der Weg des Läufers [in Ballbesitz] von einem Gegner gekreuzt wurde, der sich ihm diagonal näherte, drehte er sich um und warf den Ball über ihrer beider Köpfe in Richtung des eigenen Tores – vorausgesetzt er fand keine Möglichkeit, ihn durch eine List oder einen anderen Trick abzuschütteln. Er konnte den Ball auch einem Spieler seiner Mannschaft zuwerfen, wenn sich gegnerische Spieler vor dem eigenen Tor aufhielten." Die andere Passage beschreibt ein Mittel, wie man den Spieler in Ballbesitz daran hindert, ein Tor zu werfen: „Aus der Gruppe, die um den Ball kämpfte, lösten sich einige Spieler und nahmen dort Aufstellung, von wo aus sie einem gegnerischen Läufer diagonal in die Arme fallen würden, falls sich dieser des Balles bemächtigen sollte."[16]

Wenn man George Beers' Buch von 1869 noch einmal zur Hand nimmt und nachliest, wie *nicht*-indianisches Lacrosse zu spielen sei, kann man in der Tat eine Vorstellung davon bekommen, wie das Mohawkspiel Mitte des 19. Jahrhunderts ausgesehen haben muß. Viele Techniken, die Beers propagiert, sind vom indianischen Stil abgeschaut *oder* sollen Alternativen (d.h. Verbesserungen) zum irokesischen Lacrosse darstellen[17]. Außer bei Beers kann man auch in Zeitungsberichten des 19. Jahrhunderts über Spiele zwischen Irokesen und Kanadiern nachlesen, um etwas über die Unterschiede zwischen den beiden Spieltechniken zu erfahren. Am *Dominion Day* 1874 wurde zum Beispiel ein Spiel zwischen den *Brampton Excelsiors* und der *Six Nations Reserve* ausgetragen, bei dem viel gewettet und gekämpft wurde, und das schließlich *Brampton* gewann. Der Bericht über die Vorgänge läßt vermuten, daß die Indianer noch keine geeignete Abwehrtechnik gegen die kanadischen Täuschungsmanöver entwickelt hatten:

Die Indianer fingen ein paar fantastische Bälle und „spielten einander flüssig zu", hatten aber beim Laufen gegen die *Excelsiors* das Nachsehen, deren Täuschungsmanöver den Gegnern ebenfalls Kummer zu machen schien. Laut McClelland trugen die Indianer nur ihren Lendenschurz und waren angetan mit Kriegsfarbe und Federn. Sie waren stark und sehr beweglich, und ihr Häuptling und Mannschaftskapitän *"White Eagle"* war ein phantastischer Läufer und „konnte mit Leichtigkeit über den Kopf eines anderen Mannes hinwegspringen."[18]

Seit die Irokesen in der Mitte des 19. Jahrhunderts in der Gegend um Montreal begannen, regelmäßig gegen die Kanadier anzutreten, haben sich zweifellos auch ihre Spieltechniken entsprechend gewandelt. Um mehr über diesen Spielstil zu erfahren, muß man die nicht-indianischen Standardhandbücher über Lacrosse befragen, die seit der letzten Hälfte des vergangenen Jahrhunderts erschienen sind.

9

Fort Gibson, Indian Territory, 1834

Die merkwürdige Bitte wurde von *Snapping Turtle* überbracht, der auf direktem Weg von der Indianer-Agentur kam. Anscheinend stattete ein berühmter weißer Medizinmann Fort Gibson einen Besuch ab. Dieser besaß ungewöhnliche Kräfte, die sich darin äußerten, daß er Darstellungen von Menschen zu Papier brachte. Dabei arbeitete er sehr schnell mit Stöcken, von denen einige kleine Tierschwänzchen am Ende zu tragen schienen, während andere dünne Markierungen an den Stellen hinterließen, wo man sie auf das Papier drückte. Der weiße Mann tauchte die Schwänze in eine Reihe von kleinen Töpfen, von denen jeder eine andersfarbene Medizin enthielt. Dabei konnte man nicht genau sagen, welche Blätter und Wurzeln er dafür benutzt hatte. Wahrscheinlich gehörte das zum Geheimnis des Medizinmannes. *Snapping Turtle* hatte viele der magischen Zeichnungen gesehen, die der Mann bei sich trug, und er konnte einige erkennen, nachdem ihm gesagt worden war, wen sie darstellen sollten. Auch wenn er keine Ähnlichkeit feststellte, wußte er doch zu sagen, ob es sich um Creek oder Cherokee handelte. Wie die Sache stand, hatte der Medizinmann bereits ein Bild von *Snapping Turtle* angefertigt. Auch hatte er ihm eine Abbildung von Häuptling *Mo-sho-la-tub-bee* gezeigt. Sie mußte schon älter sein, weil der Häuptling in der Zwischenzeit an der Rote-Flecken-Krankheit der Weißen gestorben war. Oder vielleicht war er dem Medizinmann im Traum erschienen.

Auch wenn das große Spiel erst in einer Woche stattfinden sollte, hatte man *Snapping Turtle* gebeten, *Thirsts-for-Stone* eine Einladung zu überbringen, in seiner kompletten Ballspielkleidung sowie mit seinen Stöcken in der Agentur zu erscheinen. Der Medizinmann hatte es offensichtlich darauf abgesehen, nur die besten Häuptlinge, Krieger und Sportler abzubilden, und *Thirsts-for-Stone's* Ruhm als herausragender Lacrossespieler war bis in die Agentur zu den Offizieren gedrungen.

Thirsts-for-Stone ging unruhig in seiner Hütte auf und ab. Er hielt inne und hob einen schmutzigen Kessel vom Fußboden auf. Wortlos reichte er ihn seiner Frau mit einem Blick, der besagte: „Den könntest du wirklich mal putzen." Der talentierte Choctaw-Sportler reagierte anfangs zögerlich und ängstlich. Sobald der Medizinmann seinen Kopf auf einem Stück Papier hatte, konnte man nicht wissen, was er damit tun mochte. Angenommen, er wäre ein Zauberer, könnte er ihn nicht mit sich fortnehmen und böse Mächte auf ihn herabrufen? *Thirsts-for-Stone* befand sich bereits im Training für das Spiel. Seine Diät bestand derzeit aus ungekochter Nahrung, und Kaninchen war ganz vom Speiseplan gestrichen. Auch hatte er begonnen, auf der anderen Seite des Zimmers, getrennt von seiner Frau, zu schlafen. Könnte es nicht sein, daß der weiße Mann alle diese Vorbereitungen zunichte machte und irgendwie eine Niederlage für *Thirsts-for-Stone's* Mannschaft herbeiführte?

Ein räudiger Hund versuchte, sich unauffällig durch die Tür zu drücken, aber dem Choctaw-Ballspieler entging das nicht. Er schnappte sich einen kleinen Topf und warf ihn nach dem Hund, der laut heulend mit eingeklemmtem Schwanz aus der Hütte rannte. *Thirsts-for-Stone* wandte sich wieder *Snapping Turtle* zu, um ihm noch weitere Fragen zu stellen. Und was würde eigentlich mit seinen Lacrosseschlägern passieren? Wenn der Medizinmann sie auf dem Papier einfing, konnte er sie damit nicht unbrauchbar machen für das kommende Spiel? *Snapping Turtle* spielte jedoch auf seine Eitelkeit an. Die Komplimente über sein Können als Lacrossespieler sowie auch die merkwürdige Anfrage an sich machten *Thirsts-for-Stone* schließlich so neugierig, daß er seiner Frau befahl, die notwendigen Gegenstände, die er für sein Erscheinen bei der Agentur später am Tage brauchen würde, herbeizuschaffen. Die Spielausrüstung wurde sorgfältig im hinteren Teil der kleinen Blockhütte aufbewahrt, in der sie wohnten, und obwohl sie derzeit den Tod ihres kleinen Sohnes betrauerten, der an den roten Flecken gestorben war, so war es immer klug, den Bitten der Agentur nachzukommen.

So nahm *Laughing Bird* die Kleidungsstücke aus dem Regal, die ihr Mann auch in ein paar Tage während des Spiels tragen würde. Sie begann, jedes Teil sorgfältig nach Zeichen von Verschleiß zu untersuchen, um festzustellen, ob sie für den Besuch bei der Agentur irgendetwas sofort behelfsmäßig ausbessern mußte. Dabei fiel ihr das Schwanzstück ins Auge. Ein Teil der Pferdehaare war von einem früheren Spiel her verfilzt und durcheinandergeraten. Sie fing an, die Haare sanft durchzukämmen und paßte auf, an der Stelle nicht zu stark zu zerren, wo sie an der Rute befestigt war, die die Haare beim Tragen hochhielt. *Thirsts-for-Stone* bemühte sich in ähnlicher Weise um seinen Halsschmuck aus Pferdehaar, den er tragen würde. Er glättete mehrere zerzauste, bunt eingefärbte Strähnen und ordnete sie so, daß jede Farbe für sich ordentlich herunterhing. Wie gewöhnlich trug er nur einen Lendenschurz und Mokassins, um in dem heißen, staubigen Klima der neuen Heimat nicht zu sehr ins Schwitzen zu kommen. Er zog seine Fußbekleidung aus und machte sich daran, seine Unterschenkel zu bemalen.

184

Mehrere kleine Lederbeutel enthielten die verschiedenen Pulversorten, die *Thirsts-for-Stone* brauchte. Er verrührte sie mit Wasser und verteilte die Masse in Form von dekorativen Mustern auf seinen Körper. Gute Ballspieler hatten sich angewöhnt, fast den gesamten Körper zu schmücken. Zerstoßene Holzkohle ergab die Farbe Schwarz, Zinnoberrot tauschte man in der Agentur ein und Dunkelgelb erhielt man aus einem bestimmten Stein, den man in einem nahegelegenen Bachlauf finden konnte. Er ließ sich leicht pulverisieren und ergab dann eine Paste. *Thirsts-for-Stone* arbeitete schnell. Er bedeckte seine Füße und Waden durchgehend mit Rot und trug rote Zickzackornamente auf seine Vorderarme und in seinem Gesicht auf. Dann spülte er seine Finger in einem Eimer ab und machte sich an die gelbe Farbe. Hände und Handgelenke färbte er voll damit ein, dann trug er in gewissen Abständen parallel laufende Linien im Gesicht und um die Oberschenkel herum auf. Zum Schluß tauchte er seine Fingerspitzen in die Holzkohle und umrahmte damit die diversen Ornamente, die er bereits aufgemalt hatte.

Man bewunderte *Thirsts-for-Stone's* große Sorgfalt, mit der er seinen Körper für das Kampfspiel vorbereitete. Jedes Ornament hatte eine Bedeutung, jeder Kreis einen Sinn — alle zusammen sollten sie die Geister ehren, die über das Spiel wachten und seinen herausgehobenen Status als großer Ballspieler beweisen. Indessen suchte seine Frau ihren Perlenvorrat. Es galt einige Perlen zu ersetzen, die sich offenbar in den handfesten Auseinandersetzungen früherer Spiele vom Gürtel gelöst hatten.

In voller Bemalung, aber ohne sein Schwanzstück, begab sich *Thirsts-for-Stone* nach hinten in die Hütte, um seine beiden Lacrosseschläger zu holen. Als er nach oben auf den Haken schaute, an dem sie gewöhnlich hingen, bemerkte er plötzlich, daß einer fehlte. Er war in der vergangenen Woche bei einer Rangelei zu Bruch gegangen, und er hatte vergessen, sich beim Schlägerhersteller ein neues Paar zu beschaffen. Noch reichte die Zeit, da die Sitzung für die Skizze erst kurz vor dem Abendessen stattfinden sollte. Er zog jetzt wieder seine Mokassins an und machte sich, so wie er war — in Kampfbemalung — zu Fuß auf den Weg nach *Wildcats* Hütte, die er in etwa zwanzig Minuten erreichen konnte.

Wildcat war einer der wenigen Choctaw-Schlägerhersteller, die den langen, tragischen Fußmarsch überlebt hatte, der etwa zwei Jahre zurücklag. Die Neuansiedlung seines Volkes im *Indian Territory* war ihnen durch die in Dancing Rabbit Creek ausgehandelten Vertragsbedingungen aufgezwungen worden. Obwohl die Regierung versprochen hatte, für den Transport Pferde, Wagen oder Dampfboote bereitzustellen, mußten die meisten in Wirklichkeit den langen, strapazenreichen Marsch zu Fuß machen. Als Begründung dafür erklärten die Behörden plötzlich, daß kein Geld zur Verfügung stünde, ihnen andere Reisebedingungen zu ermöglichen. *Thirsts-for-Stone* und seine Frau, die damals schwanger war mit ihrem Sohn, hatten es irgendwie geschafft. Viele andere hatten nicht soviel Glück. Seine Tapferkeit und sein Durchhaltevermögen, die er sich durch die Wettkämpfe auf dem Spielfeld in langen Jahren erworben hatte, zahlten sich in dieser tragischen Schicksalswende, die das Volk der Choctaw hinnehmen mußte, für ihn aus.

Da das große Spiel am Ende dieser Woche bereits seit mehreren Monate geplant worden war, waren fast alle Schlägerhersteller voll damit beschäftigt, Aufträge zu erfüllen. Nun zählte *Wildcat* zu den besten Herstellern. Zuhause, noch in der alten Heimat, hatte er die Schläger für *Thirsts-for-Stone's* Vater hergestellt. *Thirsts-for-Stone* brauchte ein komplettes Paar neuer Stöcke. Es machte keinen Sinn, nur den zerbrochenen zu ersetzen. Choctaw-Schläger wurden immer paarweise hergestellt, wobei von den beiden Körbchen eines etwas kleiner war. Wurde der Ball nämlich „eingesackt", so lag er dort bequem und sicher, und ein Gegner hatte es schwer, an ihn heranzukommen. Die Stöcke stellten eigentlich die verlängerten Arme der Spieler dar, und ihre wie Löffel geformten Körbchen übernahmen die Funktion der Hände.

Als *Thirsts-for-Stone* sich *Wildcat's* Hof näherte, traf er einen Mannschaftskameraden, der gerade das Anwesen mit einem Paar neuer Hickorystöcke verließ, und er sprach ihn an. Sein Freund lachte und zeigte auf ihn, das erinnerte *Thirsts-for-Stone* daran, daß er seine volle Wettkampfbemalung trug. Der andere Spieler mußte sich gefragt haben, ob er sich nicht im festgesetzten Spieltag vertan habe. Auf dem Hof gingen mehrere Spieler kritisch *Wildcat's* Bestände durch auf der Suche nach einem Paar Schläger, das ihren Vorstellungen bezüglich Länge, Balance und Fangkapazität entsprach. Sie hatten Übungsbälle mitgebracht und probierten ein Paar Schläger nach dem anderen aus. Den Schläger mit dem kleineren Körbchen hielten sie dabei in der linken Hand. Von oben herab ließen sie ihn dann auf den Schläger der rechten Hand niedergehen, so daß ihre Handgelenke eng aufeinander zu liegen kamen, und das kleinere Körbchen fest in dem größeren verankert war. Manche schwangen die Stöcke über ihren Köpfen, um deren Gewicht und Balance zu prüfen. Andere drehten sich um ihre eigene Achse und feuerten Bälle auf ein imaginäres Tor.

Während *Wildcat* wegen eines Schlägerpaars einen Tauschhandel mit einem Spieler abschloß, arbeiteten seine beiden Söhne fleißig an neuen Schlägern, die in unterschiedlichen Fertigungsstadien auf einem Tisch an der Hauswand lagen. Es war deutlich zu sehen, daß viele erst kürzlich hergestellt worden waren und das Holz wahrscheinlich noch zu frisch war, um ein richtiges Spiel durchzuhalten. Einer der Söhne setzte Axtblätter als Keile ein, mit denen er soeben einen etwa 1,20 m dicken Hickorystamm der Länge nach in zwei Hälften geteilt hatte. Nun prüfte er jeweils die Maserung, um zu sehen, welche Hälfte er am einfachsten erneut teilen konnte. Der andere Junge war gerade damit fertig geworden, den mittleren Teil eines von der Rinde befreiten, V-förmig abgespaltenen Rohlings zu verjüngen. Dieser Teil bildete später das Körbchen, wenn das Endstück wieder zum Schaft zurückgebogen und dort mit einer Schnur aus Rohleder festgebunden wurde. Hinter der Hütte konnte *Thirsts-for-Stone Wildcat's* Frau und Töchter entdekken, wie sie mit der Hand Löcher bohrten, durch die dann später die Lederschnüre für das Netz gezogen wurden. Eine der Frauen schmirgelte mit Feuerstein die Griffe ab und kantete die Ränder der Körbchen ab.

Als *Thirsts-for-Stone* näher kam, schien auch *Wildcat* überrascht, mehrere Tage vor dem großen Ereignis einen Spieler in voller Spielmontur zu sehen. Daraufhin erzählte ihm *Thirsts-for-Stone* von dem weißen Medizinmann in der Agentur. Der Schlägerhersteller, der seine Wette immer auf die Mannschaft dieses großartigen Spielers setzte, holte ein besonders elegantes Paar Choctaw-Lacrossestöcke aus seiner Hütte, die er vor einem Monat fertiggestellt hatte. *Thirsts-for-Stone* unterzog sie einer sorgfältigen Prüfung. Er ließ einen Finger über den Rand eines Körbchens gleiten und zog am Netz, um dessen Stärke zu testen. Er führte die Stöcke zusammen, so daß die Körbchen aufeinander lagen. Er schwang sie zusammengelegt über seinen Kopf, um ihre Balance zu prüfen, dann ließ er sie, jeweils einen Stock in jeder Hand, wie Windmühlenflügel herumwirbeln. Es waren wunderbare Schläger, wie er das nicht anders erwartet hatte.

Als *Thirsts-for-Stone* ausführlicher von der Bitte der Agentur berichtete, verschwand *Wildcat* wieder kurz und kam mit ein paar roten Garntroddeln zurück, die er unterhalb der Fangkörbe an den Schlägern befestigte, um ihre Wirkung noch zu erhöhen. Sie einigten sich über den Preis für die Stöcke – falls sie sich im Spiel gut bewährten, erbrächte der Gegenwert wenigstens zwei neue Messer, vielleicht sogar einen Kupferkessel. *Thirsts-for-Stone* machte sich auf den Heimweg, um sein Schwanzstück zu holen. Dann schwang er sich auf sein Pferd und ritt los zu seiner Verabredung in der Agentur.

Als er Fort Gibson erreichte, schien die Gegend rund um die Agentur vor Aktivität zu sprühen. Eine große Zahl von Choctaws hatten ihr Lager außerhalb des Fort aufgeschlagen, und obwohl er für ein Ballspiel gekleidet war, zog *Thirsts-for-Stone* kein besonderes Augenmerk auf sich. Kleine Jungen rasten in allen Richtungen hin und her. Ein paar von ihnen rannten ihn beinah über den Haufen, als sie um ein Zelt bogen. Andere übten sich im Ringkampf – alles Fähigkeiten, die ihnen später im Leben auf dem Ballfeld zu besseren Leistungen verhelfen würden. In der Nähe konnte er das Donnern von Hufen hören und stellte fest, daß irgendwo ein Pferderennen stattfinden mußte. Dem Dröhnen der Trommeln in einiger Entfernung konnte er entnehmen, daß an anderer Stelle im Lager getanzt wurde. Der spezielle

Abb. 32 a   Abb. 32 b

Trommelrhythmus deutete womöglich auf eine Probe des Adlertanzes, der dem Medizinmann vom Kommandanten des Forts als Teil der Unterhaltung für wichtige Besucher in Aussicht gestellt worden war.

Thirsts-for-Stone vertraute sein Pferd einem jungen Mann an und begab sich zum Eingang des Forts, wo er *Snapping Turtle* bereits entdeckt hatte. *Snapping Turtle* war einer der wenigen, die die Sprache des weißen Mannes beherrschten. Bei fast allen Verhandlungen in der Agentur trat er als Übersetzer auf. Nachdem sie ihre Absicht erklärt hatten, wurden sie von einem jungen Soldaten zum Haus des Agenten geführt, wo der weiße Medizinmann mit seinen kleinen Stöcken arbeitete. Der Mann hatte auf den Ballspieler gewartet und schien über dessen Kommen und den Anblick, den er bot, sowohl erstaunt als auch erfreut zu sein. *Thirsts-for-Stone* hatte erwartet, den Mann in dem üblichen Jacket mit Weste anzutreffen, wie dies alle bedeutenden weißen Männer trugen. Aber über seinem weißen Rüschenhemd trug dieser Mann eine neue Lederjacke eindeutig indianischen Ursprungs — wahrscheinlich Cherokee, dachte *Thirsts-for-Stone*, und er fand das sehr merkwürdig. Er saß an einem Tisch und hatte ein Skizzenbuch in der Hand, und nachdem sich *Thirsts-for-Stone* gesetzt hatte, begann er mit schnellen Strichen, Teilansichten des jungen Ballspielers festzuhalten. Sobald er eine Skizze beendet hatte, blätterte er eine Seite weiter. Dann nahm er sich ein größeres Stück Papier vor und ergriff einen einzelnen aus einer Vielzahl von Stöcken mit Tierschwänzen, die alle aus einer Tasse herausragten. Er tauchte ihn erst in die eine und dann in eine andere von acht kleinen Schalen, die die bunte Medizin enthielten.

188

Jedesmal, bevor er sie erneut benutzte, tauchte er den Schwanz jedoch in eine Tasse mit klarem Wasser. Er will verhindern, daß sich die Medizinsorten untereinander schädigen, dachte *Thirsts-for-Stone* für sich, vielleicht würden sie sonst unwirksam werden und ihre Macht verlieren.

Der Ballspieler, der natürlich neugierig war und sehen wollte, was auf dem Papier festgehalten wurde, versuchte ständig, einen Blick zu erhaschen. Jedesmal wurde er jedoch ermahnt, still zu sitzen und geradeaus zu sehen (Abb. 32a). Er hatte unabsichtlich seine Schläger auf dem Tisch liegen lassen, und nach ein paar Rohskizzen ergriff sie der Medizinmann und legte sie *Thirsts-for-Stone* in die Hände, aber falsch herum. Der Sportler drehte sie instinktiv wieder richtig herum. Etwas später bat der Mann den Ballspieler durch *Snapping Turtle*, den Übersetzer, eine Haltung wie im Spiel einzunehmen. *Snapping Turtle* half ihm dabei, seinen Stoffturban abzunehmen und sein Schwanzstück einzupassen und so zu richten, daß es in elegantem Bogen von seinem Perlengürtel nach unten hing.

Thirsts-for-Stone hatte das Schwanzstück nicht getragen, als er in die Agentur kam. Er wollte es möglichst schonen, wenn er auf einem Stuhl, wie ihn die Weißen gewöhnlich benutzten, Platz nahm. Jetzt konnte er es mit Stolz tragen und das Bild eines Krieger-Spielers abgeben, der er war. Da man ihn gebeten hatte, so zu tun, als befände er sich mitten im Spiel, begann *Thirsts-for-Stone*, seine Schläger über

Abb. 33

dem Kopf zu schwingen, bückte sich, um einen imaginären Ball vom Boden aufzuheben und – wurde aufgefordert, damit aufzuhören. Er sollte vielmehr wie „eingefroren" verharren, solange der weiße Mann arbeitete. Der Ausdruck „eingefroren" machte ihn nervös, dennoch ging er auf den Wunsch des Mannes ein.

Unterdessen war der Agent hinzugetreten, um den Medizinmann bei der Arbeit zu beobachten. Jedesmal, wenn dieser eine Bitte äußerte, leitete sie *Snapping Turtle* weiter. Mit seiner Übersetzung ins Choctaw erklärte *Snapping Turtle* dem Sportler, wie er posieren sollte: „Dreh den Kopf etwas zur Seite." „Den Kopf etwas zurück." „Jetzt setze den rechten Fuß etwas hinter den linken und tritt dabei nur mit den Zehen auf." „Gut." Das alles kam dem Sportler, dem langsam ein Krampf in der linken Wade zu schaffen machte, äußerst gekünstelt und unnatürlich vor (Abb. 32b).

Die ganze Prozedur dauerte kaum eine Stunde. Dann meldete der Adjutant, daß das Abendessen serviert würde. Der Medizinmann erhob sich und zeigte dem Ballspieler eine der entstandenen Skizzen. *Thirsts-for-Stone* war nicht wenig aufgebracht, einen Kopf ohne Körper zu sehen, dem das rechte Ohr und das rechte Auge fehlten. Allerdings konnte er deutlich seine Gesichtszüge erkennen. Der weiße Mann schüttelte ihm die Hand und versprach, bei dem Spiel dabeizusein und eine große Wette auf *Thirsts-for-Stone's* Mannschaft zu setzen.

Der wichtige Spieltag brach an. *Thirsts-for-Stone* war zusammen mit seiner Familie und seinen Freunden zum Austragungsort aufgebrochen. Bei ihrer Ankunft schlugen sie ihr Lager im Wald auf, nahe dem Spielfeldende ihrer Mannschaft. Er hatte sich bereits mit dem gegnerischen Mannschaftsführer getroffen, um die Einzelheiten des Spiels festzulegen. Sie einigten sich über die Anzahl der Spieler und der zu erzielenden Tore, wählten etliche Alte als Schiedsrichter und bestimmten vertrauenswürdige Männer zu Wächtern der Wetteinsätze. Seitdem sie ihre alte Heimat im Osten verlassen mußten, wodurch ihre Bevölkerungszahl stark zurückgegangen war, hatten die Choctaw die strengen Regeln über die Teilnahme von Spielern in einer Mannschaft ziemlich gelockert. Daraus ergab sich, daß die Spiele je nach Jahreszeit an Unterhaltungswert gewannen und mehr dem Freizeitvergnügen dienten. Dinge wie Klanzugehörigkeit, eheliche Verbindungen und so weiter, die früher ausschlaggebend für die Wahl in eine Mannschaft gewesen waren, spielten nun keine Rolle mehr. Da die Choctaw damals über ziemlich viel Freizeit verfügten, ließen sie gewöhnlich Mannschaften aus unterschiedlichen Distrikten gegeneinander antreten, und nicht länger Spieler aus bestimmten Dörfern oder Stammesgruppen. Dementsprechend zogen diese Spiele riesige Menschenmengen an. Auch das Wetten hatte in den nur zwei Jahren, seit die letzte Gruppe indianischer Flüchtlinge im *Indian Territory* eingetroffen war, stark

Abb. 34

zugenommen, und es wurden Dinge des täglichen Gebrauchs und Wertgegenstände in großen Mengen eingesetzt.

Wie versprochen, tauchte der Medizinmann bei dem großen Ereignis auf. Man konnte ihn in Begleitung zweier Soldaten aus dem Fort durch das Lager reiten sehen, während noch Besucher aus allen Teilen des Landes herbeiströmten und ihre Unterkünfte aufbauten. Die zwei Tore mit den Querbalken standen schon. Auch die Linie für das Wetten war bereits zwischen ihnen gezogen worden. Nun ergoß sich ein Strom von Frauen, Kindern und auch Spielern dorthin, wo sie sich paarweise einander zugewandt mit ihren Wetteinsätzen aufstellten, die sie gegeneinander setzen wollten. Diese Wetten würden die Wächter der Einsätze über Nacht in Obhut nehmen. Der Medizinmann zu Pferd schien sich Notizen zu machen, während er mit großem Interesse alles wahrnahm, was sich um ihn herum abspielte. Mit Anbruch der Dunkelheit zog sich jede Mannschaft unter den wachsamen Blicken ihrer geistigen Führer in die abgelegenen Unterkünfte zurück. Dort würden sie ihre letzten Instruktionen erhalten. Die ganze Nacht hindurch wurde zu festgelegten Zeiten der wichtige, rituelle Ballspieltanz aufgeführt. Dafür stellten sich die ausgewählten Frauen in Reihen auf und tanzten auf der Stelle, indem sich sich abwechselnd auf Zehen und Fersen erhoben. Rasseln und Trommeln erklangen dazu als Begleitmusik (Abb. 33).

Obwohl sie die ganze Nacht hindurch getanzt und weder Essen noch Trinken zu sich genommen hatten, befanden sich *Thirsts-for-Stone* und seine Mannschaftskameraden am Morgen des Spieltages in Hochstimmung. Auf ein Zeichen der vier Schiedsrichter marschierten beide Mannschaften zu ihren Torpfosten und umrundeten sie gegen den Uhrzeigersinn. Da man anläßlich dieses besonderen Spiels so viele Spieler aufgestellt hatte, bewegten sie sich in Fünferreihen an beiden Enden des Spielfeldes im Kreis herum. Auf ein weiteres Signal aus der Mitte des Spielfeldes hoben alle Spieler ihre Stöcke in die Luft in Richtung auf des obere Pfostenende und ließen sie mit großem Getöse aufeinanderkrachen, während sie selbst dabei ein gräßliches Kriegsgeschrei ausstießen. Inzwischen ritt der Medizinmann auf seinem Pferd langsam um das Spielfeld herum. Von Zeit zu Zeit hielt er an, um sich Notizen zu machen.

Danach löste sich der dichte Kreis auf. Jede Mannschaft stellte sich nun quer über das Spielfeld in einer Reihe auf und begann, zum Centerfield zu marschieren, wo sie auf ihre Gegenspieler traf. Nachdem ein Alter an sie appelliert hatte, fair zu spielen, fanden sich die jeweiligen Gegenspieler zusammen und verteilten sich ungefähr gleichmäßig über das Spielfeld. Nur bei den Toren und im Mittelfeld standen sie für den ersten Einwurf etwas enger zusammen. Der Schiedsrichter mit dem kleinen Lederball begann in einem Singsang ein Gebet herzusagen. Plötzlich wurde an der Seitenlinie ein Schuß abgegeben, der ihm bedeutete, den Ball in die Luft zu werfen — und sofort entstand ein großes Tohuwabohu. *Thirsts-for-Stone* hatte die Bewegungen des weißen Medizinmannes beobachtet und sich besorgt gefragt, welche Ziele er wohl verfolgen mochte, aber jetzt mußte er seine Aufmerksamkeit dem Spiel zuwenden.

Da *Thirsts-for-Stone* die meisten seiner Mannschaftskameraden an Größe überragte, war er beim Einwurf meistens im Mittelfeld zu finden. Seine Größe war von Vorteil, wenn es darum ging, den Ball beim Herunterkommen zwischen den Stöcken zu fangen. In diesem Falle gelang dies weder ihm noch dem gegnerischen Mittelspieler, so daß der Ball irgendwo zwischen ihnen zu Boden fiel. Sofort bildete sich ein Getümmel von Spielern, die sich gegenseitig mit ihren wild herumfuchtelnden Schlägern wegzudrängen suchten und den Boden abklopften, um den kleinen Ball aufzuspüren — keine einfache Sache bei dem kurzen, trockenen Gras, das zu dieser Jahreszeit fast dieselbe Farbe hatte wie der Ball. Dann erhob ein Mannschaftskamerad plötzlich in einer Geste des Triumphes seine Schläger über die Köpfe der anderen in die Höhe. Der Ball, den er irgendwie gefunden und zwischen seine Stöcke bekommen hatte, flog los. Er landete feldabwärts, blieb aber nur kurz auf dem Boden liegen, bevor ihn ein anderer Spieler aus *Thirsts-for-Stones* Mannschaft fand und aufgriff. Allerdings wurde er sofort von Spielern der gegnerischen Mannschaft umzingelt. Er versuchte, aus der

Umklammerung auszubrechen, aber der Spieler neben ihm ließ seine Stöcke mit Wucht auf seine eigenen heruntersausen, wodurch der Ball frei kam. Sofort nahm er ihn auf — und fand sich selbst drei gegnerischen Spielern gegenüber.

Daraufhin streckte er Arme und Schläger nach links, drehte sich um und rannte los. Da die Zahl seiner Verfolger groß war, stellte er sich darauf ein, den Ball schnell abzugeben. Er nahm die Schläger hoch über den Kopf und tat so, als wolle er loswerfen. Durch dieses Manöver abgelenkt, warfen die Gegner einen kurzen Blick in jene Richtung. Diese Täuschung erlaubte ihm, sich frei zu laufen, und er entschloß sich, den Ball noch zu halten. Unter Geheul und Gebrüll befreite er sich aus dem Pulk und rannte los, wobei er über verletzte, auf dem Bauch liegende Spieler hinwegsprang. Er kam gut voran im unteren Feld. Dabei schwang er stets seine Stöcke über dem Kopf von einer Schulter zu anderen und manövrierte so einen Gegner nach dem anderen aus. Ein Spieler ganz in seiner Nähe kreuzte seinen Weg und wirbelte dabei seine Stöcke einzeln wie Dreschflegel durch die Luft in der Hoffnung, die Schläger des Ballbesitzers zu treffen. Aber er kam zu spät. Der Spieler mit dem Ball hatte die Gefahr erkannt, und es gelang ihm noch, den Ball mit einem Schuß in die ungefähre Richtung auf das eigene Tor abzugeben in dem Moment, da Augenblicke später der Stock des Gegners mit Wucht zuschlug (Abb.34).

In der Zwischenzeit hielt sich der weiße Medizinmann auf der anderen Seite des Feldes nahe bei den Torpfosten auf. Ihm hatte sich eine weitere Person zugesellt, mit der er in ein lebhaftes Gespräch verwickelt war. *Thirsts-for-Stone* befand sich ganz in der Nähe und meinte, in dieser Person mit dem hohen Hut den Franzosen zu erkennen, den er zuvor in der Agentur gesehen hatte. Aber ich sollte mich nicht vom Spiel ablenken lassen, dachte er. Dann landete der Ball plötzlich ganz dicht bei *Thirsts-for-Stone*, so daß er ihn fangen konnte. Aber kaum war er in Ballbesitz, als sich schon sechs Verfolger auf ihn stürzten und ihn zwangen, den Ball abzugeben. Er rannte nach vorne mit fest aufeinandergepreßten Handgelenken, zielte und brachte die Schläger nach hinten über die rechte Schulter. Auf dem vorangestellten linken Fuß drehte sich *Thirsts-for-Stone* zur Seite und warf den Ball unter Einsatz des ganzen Oberkörpers weit von sich, wobei die Stöcke auseinander flogen und er das rechte Bein nachsetzte. Etwas weiter entfernt war ein Mannschaftskamerad gerade in einen Faustkampf mit einem Gegner verwickelt. Beide hatten ihre Schläger abgelegt, um erst einmal diese Angelegenheit aus der Welt zu schaffen.

Die meisten Spieler hatten keine Ahnung, wo der Ball gelandet war. In Anbetracht der Vielzahl von Spielern auf dem Feld und des allgemeinen Durcheinanders, bei dem viele Spieler in entgegengesetzte Richtungen rannten, dauerte es eine Weile, ehe ein Spieler den Ball tatsächlich erwischte und mit ihm loszurennen begann. Aber nein, er täuschte es nur vor – er war bloß Lockvogel für einen Kameraden, der sich ein paar Meter seitwärts befand und vorgab, keinen Ball zu haben, während dieser sich doch sicher zwischen seinen Schlägern am Boden befand. Diese Pose hielt er solange bei, bis die anderen genügend abgelenkt waren und ihm keine Aufmerksamkeit mehr schenkten. Das verschaffte ihm Luft für einen rasend schnellen Spurt zum Tor, wo er den ersten Punkt holte. Aus jenem Teil der riesigen Zuschauermenge, der zu seiner Mannschaft hielt, erhob sich ein Getöse aus Kriegsrufen und Geschrei. In der kurzen Pause nach dem Tor hielt *Thirsts-for-Stone* Ausschau nach dem Medizinmann, aber er konnte ihn nicht mehr entdecken. Er seufzte dankbar auf und dachte, der weiße Mann habe sich vielleicht gelangweilt und sei deshalb aufgebrochen.

Nach einer kurzen Ruhepause nahmen die Spieler wieder ihre Plätze wie zu Beginn des Spiels ein. *Thirsts-for-Stone* kehrte auf das Mittelfeld zurück und erwartete den Schuß als Signal für den nächsten Einwurf. Als er an seinem Gegner vorbeischaute, nahm er aus dem Augenwinkel die Gestalt des weißen Medizinmannes wahr. Er stand auf der linken Seite des Feldes und hielt sein grasendes Pferd am Zügel. Der Mann hatte wieder sein Skizzenbuch zur Hand genommen und schien einige Spielszenen festzuhalten. *Thirsts-for-Stone* wurde dadurch erheblich in Unruhe versetzt. Warum führte der Mann hier unten beim Spielfeld seinen Zauber durch? Darin lag etwas Verdächtiges und Hinterhältiges, aber bevor *Thirsts-for-Stone* noch weiter darüber nachdenken konnte, wurde das Gewehr abgefeuert. Mit beiden Stöcken weit rückwärts geneigt, sprang er dieses Mal noch höher in die Luft, und tatsächlich gelang es ihm, den Ball zu fangen. Kaum daß *Thirsts-for-Stone* wieder auf den Füßen gelandet war, griff ein Gegner dem Champion von hinten mit beiden Armen gewaltig wie ein Bär um die Hüften und machte ihn dadurch völlig bewegungslos. Er konnte den Ball nicht einmal an einen Mannschaftskameraden abgeben. Der Gegner lehnte sich mit aller Kraft zurück und wollte *Thirsts-for-Stone* mit sich nach hinten auf den Boden ziehen, damit er dadurch den Ball verlor. Aber es gelang ihm, den Ball trotzdem einem in der Nähe stehenden Kameraden zuzuwerfen, der ihn hochschleuderte und dann mit einem Luftsprung mit beiden Stöcken zu fassen bekam. Dieser Spieler ließ die Verfolger schnell hinter sich, hielt dem, der ihm am nächsten war, sogar seine Stöcke mit dem Ball ins Gesicht, als wolle er ihn verspotten. Dabei lief er rückwärts und brüllte den Gegner an.

Und so nahm das Spiel ohne Unterbrechung mehrere Stunden lang seinen Fortgang. Das Feld war mit zerbrochenen Schlägern übersät, die jedesmal nach einem erzielten Tor weggeräumt werden mußten. Bei den Spielern, die am Anfang so gut ausgesehen hatten, war inzwischen die leuchtende Kriegsfarbe verschmiert und verlief in unentwirrbaren Mustern über ihre Körper. Das rauhe Spiel hatte auch Spuren an den Schwanzstücken, Mähnen und perlenbesetzten Gürteln hinterlassen, obwohl jeder Spieler zwischen den Toren versuchte, seine Kleidung so gut wie möglich wieder in Ordnung zu bringen. Trotzdem ließen die vielerlei Handgemenge, Stürze, Stockhiebe und das große Gewühl eine ziemlich zerschlagen wirkende Mannschaft auf dem Spielfeld zurück. Jedoch unverzagt setzten sie dieses große Spektakel fort, bis am Ende schließlich die gegnerische Mannschaft die erforderliche Punktzahl erzielte und mit einem spektakulären letzten Tor den Sieg davontrug – der Spieler war fast über die gesamte Spielfeldlänge bis zum Tor gerannt.

Thirsts-for-Stone's Mannschaftskameraden warfen bereits wütende Blicke in seine Richtung. Manche schnitten ihn sogar vollständig. Sie hatten alle von seinem Besuch in der Agentur gehört, auch davon, daß der weiße Medizinmann an seinem Bild herumgepfuscht hatte. Vielleicht besaßen jene Gefäße voller bunter Medizin, die *Snapping Turtle* so nebenbei erwähnt hatte, doch größere Macht als sie vermutet hatten. Die Nachricht von Köpfen ohne Körper und losgelösten Armen und Beinen, die die Seiten des weißen Mannes füllten, hatte sich herumgesprochen. Das Spiel war ungewöhnlich brutal gewesen, und während des Gerangels gingen mehr Gliedmaßen zu Bruch als gewöhnlich. War der Medizinmann auch dafür verantwortlich? Hatte er seine ganze Zauberkraft zusammengenommen wegen der Sache, die mit seinem Pferd passiert war? *Thirsts-for-Stone* verließ niedergeschlagen das Feld und suchte seine Frau. Innerlich war er wütend und fast in Panik. Voller Angst suchte er *Snapping Turtle* auf. Es war lebenswichtig, die Skizzen, die in der Agentur gemacht worden waren, wieder an sich zu bringen, bevor weiterer Schaden angerichtet werden konnte. Inzwischen holten sich die Sieger ihre Wetten bei den Wetthütern ab. Dann machten sie sich sorglos daran, ein paar Züge aus den Whiskeykrügen zu nehmen, die sie für die Nachfeier mitgebracht hatten. Und sie taten recht daran, hatten sie doch diesen „kleinen Krieg" verdient gewonnen.

So spielte sich Choctaw-Lacrosse im *Indian Territory* im Jahr 1834 ab. Aber noch ein Vorfall während des Spiels verdient Erwähnung. Wie versprochen, war der weiße Medizinmann auf der Seite von *Thirsts-for-Stone's* Mannschaft erschienen und folgte dem Spiel interessiert vom Pferderücken aus, aber aus irgendeinem Grund nicht auf normale Art. Eine gewisse Zeit lang saß der Mann verkehrt herum. Wie ein indianischer *Contrary* saß er rückwärts auf dem bloßen Pferderücken. Gelegentlich lehnte er sich weit nach vorne und stützte sich auf seine Ellenbogen. Versuchte er, einen *Contrary* nachzuahmen, um seine Macht vorzuführen? Das Spiel schien ihn genauso zu faszinieren wie seine lächerliche Sitzposition die Choctaw zu amüsieren schien, die mit den Augen den Bewegungen des Pferdes folgten, das während des Grasens ungezwungen umherging. In einem außerordentlich heftigem Kampf wie diesem verlagerten sich die Spielaktionen manchmal bis in die Zuschauermenge. Die meisten indianischen Zuschauer haben aus langer Erfahrung gelernt, dann schnellstens auszuweichen, um nicht von den Spielern überrannt zu werden. Nachdem das Spiel zur Hälfte gelaufen war, landete der Ball aus großer Entfernung nahe der Seitenlinie auf dem Boden, wo das Pferd des weißen Medizinmannes die wenigen Halme abgraste, die während dieser Jahreszeit noch dort wuchsen. Als ein Spieler den Ball aufnahm und ihn gerade in Richtung auf sein Tor abwerfen wollte, wurde er von einem Gegner umgerannt, der seine Stöcke mit solcher Wucht auf die des Ballbesitzers schlug, daß der Ball mit großer Geschwindigkeit direkt auf das Pferd zuflog. Er traf es direkt auf der Hinterbacke. Durch diesen unerwarteten Schlag gegen seinen Körper aufgeschreckt, stieg das Tier kerzengerade in die Höhe. Dadurch wurde sein lästiger Reiter sehr unschicklich auf dem Boden abgeladen. George Catlins Hut segelte hinter ihm her. Der Aufschrei von beiden Seiten des Feldes über diesen lächerlichen Anblick glich jenem lärmende Getöse, mit dem jeder Sieg nach einem hart umkämpften Lacrossewettkampf endete. Noch Wochen später war dieses Ereignis das Gesprächsthema in der Choctaw-Nation. Es nahm sogar fast ebensoviel Raum ein wie die Diskussion über den Spielausgang. Allerdings fand *Thirsts-for-Stone* all dies überhaupt nicht zum Lachen.

10

„Die Indianer-Galerie"

Man kann [George] Catlin nach seinen „Studio"-Portraits günstigsten-
falls zu den besseren Portraitmalern seiner Zeit rechnen. ... Catlins
Skizzenstil unter freiem Himmel war dagegen impressionistisch. Er
entwickelte diesen Stil entsprechend seinen Arbeitsbedingungen – als
kühne, schnelle Technik für die bildhafte Reportage. ...

Um in der Kürze der ihm zur Verfügung stehenden Zeit eine möglichst
vollständige Anzahl von Skizzen unter freiem Himmel anzufertigen,
konnte Catlin nicht alle künstlerischen Möglichkeiten ausschöpfen, die
jedem Thema innewohnten. Er entwickelte sogar einige Schnellverfah-
ren, um seine Arbeitsweise effektiver zu machen – sein eigenes System
einer Stenografie in Bildern.

John C.Ewers: „George Catlin", Seite 505

Was können uns Kunstwerke über die Sportarten amerikanischer
Indianer mitteilen? Vor der Erfindung der Fotografie stellen künstlerische Wiedergaben wie die von Catlin die einzigen visuellen Quellen
dar, die uns vorliegen. Aber wie zuverlässig sind sie?[1] Die Kamera war
das erste Gerät, mit dessen Hilfe man ziemlich genaue Bilder festhalten
konnte. Im Falle von Lacrosse verging ein halbes Jahrhundert seit
Catlin, ehe wir genau herausfinden konnten, wie das Spiel wirklich
ausgesehen hat; welche Kleidung die Spieler trugen, wie sie ihre
Schläger hielten, welche Positionen sie auf dem Spielfeld einnahmen,
welche Techniken beim Abgeben und Aufnehmen des Balles vom
Boden angewandt wurden und wie das Bodychecking vor sich ging.
    Catlins Lacrossebilder wirken äußerst lebendig, und seine Spielsze-
nen sind ungemein spannend dargestellt, darum sind sie oft reprodu-
ziert worden und weithin bekannt. Was sie aus einer Zeit vor mehr als
eineinhalb Jahrhunderten zeigen, unterscheidet sich grundlegend von
dem Spiel, wie es heute von Nichtindianern in Schulen gespielt wird.
Diese Zeugnisse haben stets die Phantasie von Spielern und Fans
entzündet, und deshalb trugen sie auf vielerlei Art zu den stereotypen
Betrachtungsweisen über das ehemals indianische Spiel bei.

Dennoch stellen bildliche Wiedergaben, wie unvollkommen und irreführend sie auch sein mögen, unsere frühesten visuellen Quellen über Lacrosse dar. Catlins Skizzen und Gemälde füllen unsere Wissenslücken über die indianischen Spielweisen. Vorher mußte man sich ausschließlich auf Augenzeugenberichte oder mündliche Berichte aus zweiter Hand verlassen, die kein umfassendes Bild ergaben, zudem subjektiv gefärbt waren und nur selten und in großen Zeitabständen auftauchten. Die Jesuiten des 17. Jahrhunderts steuerten wenig dazu bei, was über die Tatsache hinausging, daß das Spiel von Indianern gespielt wurde und einen europäischen Namen trug. Catlins Kunst stellt uns zum erstenmal in der Geschichte Lacrosse lebendig vor Augen. Es gibt, wenn überhaupt, aus dieser Zeit nur wenige erhaltene Gegenstände für das Spiel – Stöcke, Bälle und Spielkleidung sind seit langem verschollen oder den Elementen zum Opfer gefallen. Auch die Landschaften, in denen die Spielfelder lagen, kann man nicht mehr wiedererkennen. Entweder ist sie überwachsen, oder dort liegen heute bewirtschaftete Felder. Catlin gestattet uns, in den dreißiger Jahren des vergangenen Jahrhunderts wenigstens einen kleinen Blick auf die Lacrossepraxis von zwei Stämmen zu werfen. Geht man vorsichtig an die Auswertung, so hat er uns eine Menge zu sagen.

Bei solchen Überlegungen muß man die zeitgenössischen schriftlichen Berichte, einschließlich die von Catlin selbst, miteinbeziehen und zu dem inzwischen angesammelten Wissen über das Spiel, das wir von späteren, objektiveren Berichterstattern erhalten haben, in Beziehung setzen. James Mooneys Bericht von 1890 über die Eastern Cherokee beispielsweise erweist sich als geeignet, einige Gesichtspunkte der Choctaw-Techniken zu untermauern, die Catlin in seinen künstlerischen Werken darstellt. Die meisten südöstlichen Stämme spielten im wesentlich den gleichen Stil, auch nach ihrer Umsiedlung ins Indian Territory in den dreißiger Jahren des vorigen Jahrhunderts. Deshalb dürfen wir uns zeitlich ein halbes Jahrhundert vor Mooney zurückversetzen. Dort finden wir eine einleuchtende, wenn nicht sogar überzeugende Bestätigung für viele Details, die Catlin bei den Choctaw festgehalten hat. Dazu gehören zum Beispiel die Benutzung von zwei Schlägern, die Reihe der Sängerinnen im vorausgehenden Ballspieltanz, die Ringkämpfe zwischen gegnerischen Spielern – alles Anzeichen für eine kontinuierliche Tradition. Dennoch sollte uns eine Überprüfung von Catlins künstlerischen Methoden sowie seiner Motivation zu einer kritischen Haltung gegenüber seinen Illustrationen bewegen. Grundsätzlich müssen wir davon ausgehen, daß Catlins Lacrossegemälde eine Mischung von Fakten und Phantasie darstellen. Als er sie schuf, spielten seine vorgefaßten Ideen über das Leben der Indianer ebenso eine Rolle wie das, was sich tatsächlich vor seinen Augen abspielte. Seine Lacrossebilder waren so konzipiert, daß sie sich seiner Vorstellung, wie diese wilde, aggressive Kampfsportart auf der Leinwand aussehen *sollte*, angeglichen haben. Er ließ sich eindeutig von dem Geschehen, das er wahrnahm, hinreißen. Catlin selbst beschrieb seine Haltung in dieser Periode seines Lebens wie folgt: „In der letzten Zeit bin ich so sehr Indianer geworden, daß mein Bleistift nur Lust hat, Themen darzustellen, die mit Wildheit und Gefahr verbunden sind."[2] Lacrosse bot ihm die perfekte Gelegenheit, diese Wildheit auf das Papier zu bannen.

Als Jugendlicher hatte George Catlin Pfeilspitzen und andere indianische Zeugnisse im ländlichen Umkreis der elterlichen Farm am Susquehanna River in New York gesammelt. Sein Interesse für Kunst war früh erwacht. Trotzdem setzte er seine Ausbildung zum Rechtsanwalt fort. Er übte seinen Beruf zusammen mit einem älteren Bruder zwei Jahre lang in Pennsylvania aus. Dann beendete er diese Laufbahn und entschloß sich, Maler zu werden. In der Nähe von Buffalo traf er auf den Seneca *Red Jacket*. Dadurch wurde sein altes Interesse am „edlen Wilden" wiederbelebt. Das führte schließlich dazu, daß der dreißigjährige Künstler 1826 sein erstes Indianerportrait malte — ein unvollendet gebliebenes Portrait des alternden Häuptlings. 1828 stieß er zufällig auf eine Delegation von Winnebago, die Washington einen Besuch abstatteten, was zu weiteren neun Indianerportraits führte. 1830 brach Catlin ins Grenzgebiet auf, um sich dort intensiver seinem großen Ziel zu widmen, der „Indianer-Galerie". 1832 verließ Catlin an Bord des Dampfers „*Yellowstone*" St. Louis. Seine Reise sollte ihn 2.000 Meilen weit den Missouri hinaufführen. Er war beseelt von dem ausdrücklichen Wunsch, „die Geschichte und Gebräuche des [indianischen] Volkes durch bildhafte Darstellungen aufzuzeichnen, eine würdevolle Lebensaufgabe für jeden Mann." Catlins Entschluß stand fest: „Nichts außer dem Verlust meines Lebens soll mich daran hindern, ihr Land zu besuchen und ihr Historiker zu werden."[3]

Catlin kam seiner Aufgabe mit fieberhafter Eile nach. Es gab einige andere Maler, die sich ungefähr zur gleichen Zeit im Land jenseits des Mississippi aufhielten und ebenfalls malten, etwa der Schweizer Karl Bodmer am oberen Lauf des Missouri — aber keinem gelang es, eine derart große Anzahl beziehungsweise Vielfalt von Bildern herzustellen, wie Catlin das mit seiner Dokumentation der Westgrenze tat. Nach Beendigung seiner Missouri-Reise folgten später Aufenthalte in den südlichen Plains und im Gebiet des Mississippi-Oberlaufs. Fast von Anfang an stellte Catlin die Produkte seiner Reisen aus. 1833 wurde eine Ausstellung in Pittsburgh eröffnet, die später nach Cincinnati ging. Im Jahr darauf kehrte der Künstler an die Grenze zurück. Im Jahre 1834 besuchte Catlin Fort Gibson und nahm als Zuschauer am großen Choctaw-Lacrossespektakel teil, wo er Gelegenheit hatte, das anspruchsvolle Thema zu mehreren Gemälden und Skizzen zu verarbeiten. 1837 war das Eröffnungsjahr seiner Indianer-Galerie in New York. Die Zahl der Zuschauer war so groß, daß sie von *Clinton Hall* ins *Stuyvesant Institut* am Broadway umziehen mußte, um der Vielzahl von Neugierigen Platz zu bieten, die sich alle danach drängten, einen ersten

Eindruck von der Grenze zu erhaschen. Catlins Schaffenskraft war in jeder Hinsicht ungeheuerlich groß: Als er zwei Jahre später mit seiner Kollektion ins Ausland ging und in London ausstellte, hatte er etwa 500 Gemälde fertiggestellt. Weit über die Hälfte waren Portraits, der Rest setzte sich aus Landschaften und Szenen aus dem Alltagsleben der Indianer zusammen.

Catlins zweibändiges Werk „Letters and Notes on the Manners, Customs, and Conditions of North American Indians" gehört heute zum Standardwissen. Erstmals im Jahr 1841 erschienen, wird es in regelmäßigen Abständen neu aufgelegt. Catlins Text, eine Mischung aus Abenteuerbericht und ethnologischer Studie über die von ihm besuchten Stämme, war mit grob vereinfachenden Bleistiftzeichnungen vieler seiner Gemälde versehen. „Letters and Notes" enthält eine Beschreibung des Choctaw-Lacrosse, mehrere Illustrationen zu Spielen, die er nach eigenen Angaben gesehen haben will, sowie Portraits mehrerer „berühmter Spieler", einschließlich einiger Dakotas (Sioux) – letztere skizzierte er auf seinen Reisen entlang des oberen Mississippi.

Mit welcher Genauigkeit und Akkuratesse sind diese Lacrossespiele und Spieler wiedergegeben worden, und welche Angaben können wir von Catlins schriftlichen Berichten übernehmen? Zu seinen künstlerischen Techniken machte er nur wenig Angaben. Innerhalb von kurzer Zeit hat er eine enorme Bilderflut hervorgebracht. Daraus läßt sich schließen, daß er viele Details in seinen Gemälden später aus dem Gedächtnis hinzugefügt haben muß – möglicherweise unter Zuhilfenahme von Artefakten wie Lacrosseschlägern, die er gesammelt hat. Angesichts der Tatsache, daß viele Details und Eigenheiten in Catlins Portraits wahrscheinlich nicht während der Sitzungen ausgeführt wurden, hat der Kunsthistoriker William Truettner Folgendes dazu bemerkt: „[Catlins] Stundenplan war zuweilen dermaßen ausgefüllt, daß er pro Tag ein halbes Dutzend grobe Portraitskizzen hineinzwängen mußte. ... Eine Anzahl von Waffen, die die männlichen Modelle in der Hand hielten, wurden vermutlich zu einem späteren Zeitpunkt gezielt hinzugefügt." Wo ihn das Gedächtnis verließ, erfand er zweifellos Details zum Lacrosse, die seiner Vorstellung über dieses Spiel entsprachen. Manche Kritiker vermuten, daß er einzelne Szenen womöglich nur innerhalb von Minuten auf das Papier geworfen hat. Diese Maltechnik unterscheidet sich gravierend von der extremen Sorgfalt, mit der etwa ein Karl Bodmer vorging.[4]

Man geht allgemein davon aus, daß Catlin eine künstlerische Stenografie entwickelt hat, die es ihm erlaubte, den allgemeinen Eindruck einer bestimmten indianischen Szene oder eines Ereignisses mit ein paar schnellen Strichen festzuhalten. Diese Rohskizze lieferte ihm genügend Anhaltspunkte, nach denen er das Werk zu Hause im Studio fertigstellen konnte. Manchmal erfolgte die Fertigstellung auch

Monate oder sogar Jahre später. Während des Reinigens einiger seiner Bilder ist es den Historikern gelungen, einige seiner Methoden zu rekonstruieren: „Gewöhnlich malte er zuerst den Hintergrund für seine Landschaften und Szenen. Dann zeichnete er die Figuren auf den Hintergrund. Auf manchen Bildern sind die Figuren so leicht aufgelegt, daß der Hintergrund durch sie hervorscheint. Catlin fügte die Figuren mit braunen Umrissen ein. Hatte er genügend Zeit, malte er die Umrisse aus. ... Manchmal hielt er von einem Bild nur den Kopf fest; mit den anderen Teilen gab er sich gar nicht erst ab. Ein andermal fügte er nach seiner Rückkehr in die Zivilisation noch einige Details hinzu beziehungsweise fügte Ergänzungen an."[5]

Catlin verfügte über einen großen Erfahrungsreichtum, auf den er zurückgreifen konnte. Aus der Fülle seiner Erinnerung standen ihm zahllose Objekte, Kostüme und Haltungen vor Augen. In wenigstens einem Fall änderte er Kleidung und Haltung seines Modells: In seiner Indianer-Galerie erscheint das Portrait des Blackfoot *Iron Hand*. Dieser Krieger trägt ein mit Stachelschweinsborsten geschmücktes Hemd und ist sitzend dargestellt. Im Album des *Duke of Portland* erscheint er jedoch in aufrechter Haltung, angetan mit einer bemalten Büffelrobe.

In einzelnen Fällen ist es möglich, Catlins Genauigkeit anhand von Museumsartefakten zu überprüfen, die aus der Zeit stammen, in der er gemalt hat. Das trifft insbesondere auf die indianischen Musikinstrumente zu. Wie die meisten Euroamerikaner fand Catlin an der indianischen Musik selbst keinen Gefallen. Seine Meinung dazu wird deutlich in solchen veröffentlichten Bemerkungen wie: „Seit meiner Ankunft dröhnen meine Ohren unaufhörlich von ihrem Geschrei und Trommelschlag." Nichtsdestoweniger zeigt sich Catlin bei der Wiedergabe von indianischen Trommeln, Flöten und Rasseln auf der Höhe seiner ethnographischen Darstellungskunst trotz seines Bekenntnisses, diese seien „primitiv und ausgesprochen mangelhaft." Die drei bekannten Blasinstrumente der Sioux finden sich beispielsweise Seite an Seite auf einer Skizze. Die Proportionen sind exakt angeordnet, und die anderen Konstruktionsdetails sind ebenso akkurat wiedergegeben. Das trifft auf die nur einen Ton hervorbringende *'si'yotanka"* zu, die er „geheimnisvolle Flöte" nennt, die sechslöcherige Flöte für Männer auf Freiersfüßen und die von ihm als solche bezeichnete Kriegsflöte, die aus dem Oberschenkelknochen eines Adlers besteht – alle drei entsprechen den Museumsexemplaren aufs Haar.

Es gibt allerdings eine Reihe von Gemälden, deren ethnographische Genauigkeit in Frage gestellt werden muß. Sie lassen vermuten, daß Catlin seiner Phantasie gelegentlich freien Lauf ließ. Er verfolgte sein eigenes Programm mit seiner Indianer-Galerie, in der er die Besucher aus dem Osten mit merkwürdigen, manchmal ans Wundersame grenzenden Bräuchen aus der Wildnis versorgte. Er pflegte die

Indianer als eine Rasse für sich zu porträtieren, nämlich in der Weise, wie er persönlich sie wahrnahm. Eine Illustration, die Anlaß zur Skepsis bietet, ist Catlins Skizze vom „Schneeschuhtanz", dessen Authentizität nie erhellt werden konnte. Seinen Angaben zufolge handelt es sich dabei um Ojibwa (Chippewa). Allerdings zeigt die Abbildung Tänzer, die sowohl die lang und spitz zulaufenden Sioux-Schneeschuhe als auch die kürzere Ojibwa-Variante tragen, welche Ähnlichkeit mit einer Bären-pfote aufweist. (Auf separaten Blättern zeigt er beide Schneeschuhstile noch einmal im Detail.) Catlin beschränkt sich in seinem Kommentar über den Tanz auf folgendes: „Der ‚Schneeschuhtanz' ... wirkt äußerst malerisch, wenn die Tänzer die Schneeschuhe zu Winterbeginn beim ersten Schneefall an den Füßen tragen. Sie bringen dem Großen Geist ein Dankeslied dafür dar, daß er ihnen erneut den Schnee geschickt hat, auf dem sie mit ihren Schneeschuhen ihrer geliebten Jagd nachgehen und die Beute für ihren Unterhalt mühelos erlegen können."[6]

Darüber hinaus existieren in der Literatur über die Ojibwa keine weiteren Hinweise auf diesen Tanz. Catlin spricht nicht ausdrücklich davon, ihn jemals gesehen zu haben. Die Frage, weshalb die Ojibwa (und/oder die Sioux) ihre Schneeschuhe (oder in diesem Fall ihre Winterleggings, die sie mitten im Sommer tragen, als er das Bild wahrscheinlich gemalt hat) nach Fort Snelling geschleppt haben sollen, bleibt unbeantwortet. Möglicherweise haben sie diese Fußbekleidung jedoch damals hergerichtet, was ihm Anlaß genug war, sie auf einer Skizze festzuhalten. Es ist durchaus denkbar, daß sie sich, angetan mit den Schneeschuhen, im Rhythmus der Trommel hin-und herschieben konnten, aber wahrscheinlich in größerem Abstand zueinander, als Catlin dies in dem Tanz festgehalten hat. Eine weitere Frage wirft das mit Adlerfedern versehene Kriegsbanner auf Catlins Bild auf, das innerhalb des Kreises, den die Tänzer bilden, im Boden steckt. Da es dabei nicht um die Jagd geht, scheint es sich um eine weitere künstle-rische Freiheit zu handeln, in diesem Falle an gänzlich unpassender Stelle. Vermutlich handelte es sich bei dem Tanz um einen Danksa-gungstanz. Auch das hoch oben aufgehängte Paar Schneeschuhe, das den Eindruck macht, als wäre es an einem Opferpfahl befestigt, könnte eine weitere Erfindung sein.

Schneeschuhe scheinen eine indianische Erfindung zu sein, von der Catlin sehr angetan war und die womöglich seine Phantasie in Bezug auf deren Anwendung angeregt hat. Ein anderes Bild, dessen Authentizität infrage gestellt wurde, sogar auch von Catlins Zeitgenos-sen Rudolph Kurz, zeigt Indianer mit Schneeschuhen auf der winter-lichen Büffeljagd. Kurz malte wie Catlin am oberen Missouri, wenn auch zu einem etwas späteren Zeitpunkt. Er behauptete, daß Catlin seine Berichte aus Effekthascherei verzerrend darstellte. Er vertrat die Meinung, daß viele Zeichnungen in „Letters and Notes" einfach „geschmacklos und in höchstem Grade ungenau" waren. Die winterliche Büffeljagd ist ein Beispiel dafür, da Catlin sich niemals im Winter auf den Great Plains aufgehalten hat, wenn die Indianer ihre Schnee-schuhe trugen. Darüber hinaus zeigt das Bild die ungewöhnliche Situation, daß die Jäger kaum etwas anhaben; sie tragen nämlich nur ihre sommerliche Kriegsbekleidung.[7] Mit Sicherheit machten diese zusätzlichen lebendigen Szenen — unabhängig davon, ob sie auf Tatsa-chen oder auf Phantasie beruhten — seine „Wildwest-Show" für die naiven Zuschauer lebendiger, die ansonsten mit überwiegend gleichar-tigen Porträts konfrontiert wurden. Auf diese Weise vermittelte er ihnen die „Wildheit" seiner Themen.

Der Text von Catlins „Letters and Notes" sollte den Leser ebenso erregen wie die Illustrationen. Daher wird in den Berichten reichlich übertrieben und unverhohlen geflunkert. Zum Beispiel wurde die sexuelle Freizügigkeit sicherlich als ein weiterer „unzivilisierter" Zug der Indianer dargestellt. Catlin hatte offensichtlich etwas von einem Lästermaul an sich. Gelegentlich setzte er seine Leser mit Themen sexuellen Inhalts in Erregung und fiel dann in eine Sprache zurück, die wie Indianerdialekt klingen sollte, so als schriebe er „obszöne" Worte in lateinisch nieder. Dies trifft auf seinen Bericht über die Okipa-Zeremo-nie der Mandan zu, in dem er die lustigen Streiche einer Art Clown festhielt. Nach Angaben des Autors gehörte zu dessen Kostüm ein etwa 2,50 Meter langer Phallus, der in einem roten Ball endete, mit dem er die Zuschauerinnen zu bedrohen vorgab. Catlin erzählt, wie dieser Clown seine „obszönen" Gesten ausführte, allerdings nicht auf eng-lisch, sondern auf Pseudo-Mandan und erhöhte die Erregung und Frustration seiner Leser durch Ausrufungszeichen.

Catlins individuelle Porträts von Lacrossespielern — seiner Mei-nung nach „die schönsten Modelle, die die Natur zu bieten hat" — zeigen ausgesprochen edle männliche Wesen. Deshalb sollte man nicht verschweigen, daß der Künstler häufig den sozialen Status seiner Modelle überzog, sowohl nach oben als auch nach unten, und zwar in Form von Details in Bekleidung und Körperschmuck. Catlin suchte sich für seine Porträts immer die berühmtesten Indianer heraus, seien sie Häuptlinge, Krieger oder bekannte Athleten. Daher überrascht es nicht, daß diese die prächtigsten Kleidungsstücke besaßen, die sie bei wichtigen Anlässen zu tragen pflegten und äußerst dekorative, überaus kunstvoll geschmückte Objekte bei sich trugen. Und in dieser Ausstat-tung malte er sie. Ob die äußerst aufwendige Bemalung von Kleidung und Körper, die die führenden Choctaw- und Dakota-Lacrossespieler in seinen Porträts tragen, auch von durchschnittlichen Spielern ange-legt wurde, wissen wir leider nicht. Der normale Indianer war für Catlin uninteressant. Er beschäftigte sich ausschließlich mit den elegantesten und exotischsten Vertretern, die seinem Vorurteil darüber, wie India-ner auszusehen hätten, entgegenkamen, .

War der ungewöhnliche Schmuck, den *Thirsts-for-Stone* trug – der perlengeschmückte Gürtel, die geflochtene Mähne um den Hals, der hoch aufgerichtete, lange Pferdeschwanz, die sorgfältig ausgeführte Körperbemalung – nur den besten Spielern als besondere Auszeichnung vorbehalten? Trugen alle Spieler eine ähnliche Kleidung während des Spiels, wie die mehr als hundert Gestalten auf dem Spielfeld, die er auf seinen Gemälden festgehalten hat, nahelegen? Oder wurde diese Kleidung nur zu speziellen Einleitungszeremonien oder zu speziellen Spielen aus religiösen Anlässen, bei denen die Teilnehmerzahl geringer war, getragen? Kleideten sich Choctaw-Spieler so für ihr Training? Wir wissen, daß ein Großteil der prächtigen Kleidung, die indianische Krieger nach ihrer Rückkehr ins Heimatdorf anläßlich des Siegestanzes trugen, *nicht* auf ihren Kriegszügen zum Einsatz kam. Weil jegliche elegante Zusatzausstattung nur hinderlich wäre, trugen sie dort nur die notwenigsten Kleidungsstücke. Was Lacrosse betrifft, geben uns Catlins Erzählungen keinen Hinweis auf diese Fragen. Man muß sich auch fragen, wie eine derartige Kleidung auch nur die ersten paar Minuten der Balgereien des Spiels überstehen konnte. Trotz der wilden Zusammenstöße und Catlins schriftlichen Aufzeichnungen über die Brutalität dieses Wettkampfes ging nicht ein Schwanzstück zu Bruch, nichts davon wurde verbogen, abgerissen oder auf andere Weise beschädigt oder in Unordnung gebracht. Im Gegenteil, alle Spieler ähneln Miniaturausgaben von *Thirsts-for-Stone*, sie wirken nicht weniger elegant und wohlbehalten wie dieser, als Catlin sein Porträt außerhalb des Wettkampfes festhielt.

In seiner Studie über einen anderen Maler aus dem Grenzgebiet namens Seth Eastman beurteilt John McDermott Catlins Arbeit wie folgt: „Obwohl er zeitweise ausgezeichnet malte, blieb er doch immer ein Mensch, der sich selbst darstellen mußte. Durch seine ununterbrochene Reisetätigkeit blieb ihm keine Muße, das alltägliche Leben genauer zu beobachten. Er bezweckte eine ‚Wildwest-Show' aufzubauen. Dafür hielt er Ausschau nach dem umfassend Repräsentativen und dem Besonderen ... eine ausgezeichnete Auswahl für eine Wanderausstellung, die der fernen Welt Glanzlichter aufsetzte." McDermott vertrat natürlich die Ansicht, daß alles, was Eastman gemalt hat, den Tatsachen entsprach und daß Catlin das indianische Alltagsleben vernachlässigte, indem er stets das Sensationelle der Alltags-„Realität", die sich auf Eastmans Leinwand wiederfand, vorzog:

> „Der Anblick eines abgeworfenen Reiters, der von einem verwundeten Büffel verfolgt wird, erschien [Catlin] spannender als ein flüchtiger Blick auf einen Indianer, der mit einem kleinen Bogen auf einen Fisch schoß; ein stolzer indianischer Krieger in seinem Festkleid zog mehr Blicke auf sich als ein normal aussehender Bursche, der in seinen alten,

kurz vor der Auflösung stehenden Leggins herumschlurfte.
Wer den Geruch des Wilden Westens einatmen möchte, der
wende sich an Catlin. Den täglichen Ablauf eines Indianer-
alltags findet man bei ihm nicht. ... Catlin lieferte aufregende
Ausschnitte, aber seine bedeutende Galerie von Ansichten
aus einer Welt, die weit zurückliegt und unseren Blicken
entschwunden ist, vermochte es nicht, die Realität ihres
Alltags festzuhalten."[8]

Wir müssen davon ausgehen, daß die „wahre" oder genaue Darstellung irgendwo zwischen den Arbeiten dieser beiden Künstler lag;
letztlich haben wir keine Möglichkeit zu entscheiden, welcher von
beiden es „richtig" gemacht hat.

Eingedenk dieser Einschränkungen stellt sich die Frage, was wir
von Catlin über die Lacrosse-Praktiken westlich des Mississippi in den
dreißiger Jahren des 19. Jahrhunderts lernen können? In seiner Schilderung bekennt George Catlin, daß er von dem Spiel von Anfang an
fasziniert gewesen sei. Lacrosse bildete das Thema von acht der annähernd 500 Gemälde seiner Indianer-Galerie. Vier davon stellen Porträts
von herausragenden Choctaw- und Dakota-Spielern dar. Die restlichen zeigen entweder ein laufendes Spiel oder vorbereitende Zeremonien wie den Ballspiel-Tanz der Choktaw. Man sollte sich bewußt
machen, daß die meisten Europäer vor ihrer Ankunft in der Neuen
Welt noch niemals einen *Mannschaftssport* gesehen hatten. Diese
Tatsache trägt sicher dazu bei, daß Catlin sich veranlaßt sah, alles aus
seinen Lacrossebildern herauszuholen: Diese Spiele kamen den echten
Kämpfen von Mann zu Mann unter den „kriegerischen Wilden" am
nächsten. Näher konnte man sie nicht miterleben. Das Spektakel, wie
sich eine große Zahl von Sportlern um den Besitz eines einzigen Balles
balgt, in einer Sportart mit kaum erkennbaren Regeln zur Einschrän-
kung von aggressivem Verhalten, muß die Zuschauer in großes Erstaunen versetzt haben. Damals hatte man nur Erfahrung mit Sportarten
wie Tennis, Boxen, Ringen und Laufen – alles Einzeldisziplinen mit
festen Spielregeln. Das Wissen darum hat Catlin sicherlich dazu
veranlaßt, seine Leser darauf hinzuweisen, daß „dieses wunderbare
Spiel ... von keinem geschätzt werden kann, der nicht in der glücklichen
Lage war, es mit eigenen Augen gesehen zu haben."

Catlin schätzt die Einwohnerzahl der vor kurzem ins *Indian
Territory* umgesiedelten Choctaw mit 15.000 Köpfen ziemlich genau
ein. Als Neuankömmlinge hatten sie sich noch nicht vollständig auf
seßhaften Ackerbau umgestellt wie die zu einem früheren Zeitpunkt
umgesiedelten Cherokee und Creek. Deshalb hatten die Choctaw viel
freie Zeit, in der sie sich ihren traditionellen Tänzen und Spielen
widmeten. Durch diese erst beginnende kulturelle Anpassung fand
Catlin bei ihnen seine bevorzugten Themen. Eine ähnliche Anzie-

Abb. 35 a

hungskraft übten die Osage auf ihn aus. Diese Gruppe ging nach wie vor auf die Jagd. Ihre Kleidung bestand aus Tierhäuten. Sie rasierten ihren Kopf und trugen lange Wampum-Bänder in ihren geschlitzten Ohrläppchen.[9] Catlin berichtet ebenfalls durchaus korrekt, daß Lacrosse die beliebteste Sportart bei allen südöstlichen Stämmen war, und daß es überall im gleichen, zumindest ähnlichen Stil gespielt wurde.

Die erste Aussage in Catlins Bericht, die man hinterfragen muß, betrifft die Mannschaftsgröße. Er behauptet, daß sich gewöhnlich 600 bis 1000 Spieler während eines Spiels auf dem Spielfeld aufhalten. Diesen Eindruck gewinnt man deutlich aus seinen Bildern, die die Choctaw während eines Spiels zeigen. Aber im Vergleich zu anderen zeitgenössischen Berichten über das Spiel nehmen sich Catlins Zahlen atemberaubend aus. Sie sind offensichtlich übertrieben, um bei einem Publikum, das an „zivilisierte" Sportarten gewöhnt war, Erstaunen auszulösen. Das Spiel, das Catlin seinen Angaben zufolge mit eigenen Augen gesehen und skizziert hatte, war von der Indianer-Agentur als „ein großes [Ball-]Spiel" angekündigt worden. Immer wenn der Begriff „großes Spiel" in der historischen Lacrosse-Literatur auftaucht, wird damit ein besonderes Ereignis bezeichnet, an dem gewöhnlich eine größere Zahl von Spielern als normal teilnimmt.

Abb. 35 b

Ob das Choctaw-Spektakel, dessen Zeuge Catlin wurde, speziell
für ihn als bedeutenden Besucher aufgeführt wurde, ist nicht bekannt.
Es steht fest, daß unter etwa 15.000 Choctaw mehr als tausend gute
Spieler zu finden gewesen wären, da fast jeder männliche Stammesan-
gehörige mit Lacrosse groß geworden ist. Auch eine Menge von
mehreren tausend Zuschauern wären plausibel angesichts der Beliebtheit dieser Sportart und der vielen Freizeit des umgesiedelten Volkes.
Man muß aber auch an die praktischen Probleme denken: Spielten auf
jeder Seite 500 oder auch nur 300 Mann bei einer Seitenlänge des
Spielfeldes von zirka 300 Metern? Abgesehen von dem allgemeinen
Gedränge – gut zu sehen in Catlins Bildern – scheinen alle Spieler eine
fast identische Bekleidung zu tragen. Wie konnte man unter diesen
Umständen einen Mannschaftskameraden ausmachen, wenn man
einen Paß spielen wollte?[10] Oder bestand das Spiel einfach aus einem
großen Gerangel, bei dem man hoffte, mit dem Ball einen Spurt durch
die Masse in Richtung auf das Tor zu machen? Ein Massenzusammen-
lauf, wie Catlin ihn darstellt, schließt von vornherein jegliche Form von
Mannschafts-Koordination beim Torewerfen aus, und doch stellte sie
mit Sicherheit ein Charakteristikum bei dem südöstlichen Spiel dar.

In seinem Bericht beschreibt Catlin, daß die „wild durcheinander-laufende Masse sich um [den Ball] drängt" und dabei viel Staub aufwirbelt. Dadurch wird es schwierig, den Ball auf dem Boden zu entdecken. Die Suche kann manchmal fünfzehn Minuten dauern, während insgeheim der Ball bereits in einem anderen Spielfeldsektor aufgetaucht ist. Eine solche Situation ist sehr gut auf einem seiner Bilder dargestellt, die diverse Spielszenen wiedergeben, und auf denen schein-bar mehrere unterschiedliche Spiele gleichzeitig auf einem Feld stattfin-den.

Wie Catlins Angaben zur Mannschaftsgröße erscheint auch sein Kommentar über das Toreschießen übertrieben. Es läßt sich vermuten, daß bei einer derart großen Spielerzahl auf dem Feld, ungeheuer vielen toten Zeitabschnitten, die mit der Suche nach dem Ball vertan werden, und der fast übereinstimmenden Kleidung beider Mannschaften das Spiel nur im Schneckentempo vorankommen konnte. Doch Catlin möchte uns glauben machen, daß diejenige Seite, die zuerst hundert Punkte erzielt hat, der Sieger ist! Das ist eine grotesk hohe Zahl – wahrscheinlich soll sie den „grotesken" Erwartungen seiner Leser entgegenkommen –, die höchste, die jemals genannt geworden ist, ähnlich seiner Zahl der Mannschaftsmitglieder. Sie stimmt auch nicht mit zeitgenössischen Berichten überein. Und wie hätten sich 600 durcheinandergeratene Spieler auf dem Feld neu ordnen und aufstellen sollen, entweder gegenüber ihren zugeordneten Gegnern (wie das in den meisten südöstlichen Spielen Brauch war) oder zumindest in übereinstimmender Anzahl von Spielern und Gegenspielern in ver-schiedenen Feldsektoren – und all dieses innerhalb einer einminütigen Pause zwischen Tor und nächstem Einwurf (toss-up), wie Catlin beteuert?

Obwohl diese Aspekte von Catlins Arbeit hinterfragt werden dürfen, hat vieles Bestand, was unsere Anerkennung verdient und uns weiterhilft: Die Lager der gegnerischen Mannschaften und Familien, die am jeweiligen Ende der ebenen Fläche, auf der das Spiel stattfinden sollte, in etwa achthundert Meter Entfernung voneinander aufgeschla-gen wurden; die Abmessung des Spielfeldes und das Aufstellen der Torpfosten; die als Juroren gewählten alten Männer (wahrscheinlich Zauberer); die verblüffend hohe Wettbeteiligung am Spiel und die Hüter der Wetteinsätze, die besonders für diese Aufgabe ausgewählt wurden; die Art der zum Einsatz kommenden Schläger und das Verbot, den Ball mit den Händen zu berühren; die „Ausrichtung" des Spiels durch den Einsatz von Läufern; der Ballspiel-Tanz während der Nacht vor dem Spiel; der Beginn des Wettkampfes am Morgen darauf; und die Art des Einwurfes, für den ein Pistolenschuß das Signal gab. Diese Praktiken ähneln in starkem Maße dem Spiel, das Mooney ein halbes Jahrhundert später bei den North Carolina-Cherokee beschreibt. Mit Catlins Hilfe wird die Tatsache erhärtet, daß alle südöstlichen Stämme

Lacrosse nach etwa den gleichen Spielregeln spielten. Die Spielpraxis und die damit einhergehenden Zeremonien stellten lebendiggebliebene, kulturelle Traditionen dar, die sich trotz ihrer tragischen Umsiedlung ins *Indian Territory* kaum geändert hatten.

Einige Details in Catlins Bildern, die er 1834 bei den Choctaw gemalt hat, zeigen eine erstaunliche Übereinstimmung mit Fotografien, die Mooney bei den Eastern Cherokee 1888 bei einem Spiel aufgenommen hat. So berichtet uns Catlin, daß eine Philosophie vorherrschte, nach der praktisch alle Griffe erlaubt waren, um den Gegner vom Ball fernzuhalten, was häufig zu Einzelkämpfen führte: „Diese Festhaltetaktiken [um jemanden daran zu hindern, in Ballbesitz zu gelangen] stoßen oft auf verzweifelte Gegenwehr, die in rauhe Balgerei, manchmal auch in Faustkämpfe übergeht. Sobald sie ihre Schläger fallengelassen haben und sich frei bewegen können, gehen sie daran, diese Angelegenheit untereinander zu regeln."[11] Mooney war von den zahlreichen Ringkämpfen auf dem Spielfeld offensichtlich so angetan, daß er relativ viel Filmmaterial dafür einsetzte. Ein Detail aus einem Bild von Catlin zeigt einen „Lacrosse-Ringkampf", der fast identisch ist mit der Szene, die Mooney ein halbes Jahrhundert später eintausend Meilen weiter östlich aufgenommen hat (s. Abb. 35a,b).

Die Cherokee hatten besonders kenntlich gemachte „Stockmänner". Wenn die Spieler zu lange in Ringkämpfe verwickelt waren, ohne daß einer die Überhand gewann, sorgten diese Aufsichtspersonen mit einer langen Hickory-Peitsche dafür, daß die Kämpfer sich wieder am Spiel beteiligten. Wahrscheinlich kannten die Choctaw eine ähnliche Einrichtung. Ein merkwürdiges Detail auf einem von Catlins Bildern (ich nehme an, daß er – wenn auch irrtümlich – auf seine Art darauf hinweisen wollte) zeigt eine Choctaw-Frau mit einer Handvoll Stöckchen oder einem Baumast, die damit offensichtlich auf den Rücken eines Spielers eindrischt, der entweder gerade einen vorbeieilenden Gegner anhalten will, indem er ihn von hinten mit den Armen umfaßt, oder aber ihn gerade losläßt (Abb. 36a). (Wahrscheinlich hat die Frau ihn geschlagen, damit er losläßt.) Diese Form von Umklammerungsmanöver beziehungsweise „Abblocken", wie Catlin es nennt, war in der südöstlichen Lacrosse-Version tatsächlich erlaubt, wie das von Mooney bei den Cherokee 1888 aufgenommene Foto beweist (Abb. 36b). Ob es jedoch tatsächlich *Frauen* waren, die solches Blockieren auflösten, ist mehr als zweifelhaft. Allerdings haben sich in letzter Zeit mehrere Schriftsteller dazu verleiten lassen, Catlins Behauptung für bare Münze zu nehmen. Demnach schlugen Frauen ihre Männer während eines Spiels mit der Peitsche, um ihren Kampfgeist anzufeuern.[12]

Catlin schuf mehrere Versionen vom „Ballspiel der Choctaw". Abgesehen von einigen Details entlang den Seitenlinien unterscheiden sie sich nicht. In einem Falle fügte er eine Reihe von Zelten auf der abgelegenen Seitenlinie ein; auf einem anderen Bild sieht man Catlin in Person auf seinem Pferd Charley, wie er zusammen mit einem weiteren Weißen von einem Ende des Spielfeldes aus das Spiel beobachtet. Die Szene mit der Frau mit Peitsche erscheint lediglich in seiner „Portfolio“-Ausgabe (Tafel 23), die 1844 in London erschien, also zehn Jahre nach Catlins Aufenthalt in Fort Gibson. Diese Szene kommt nicht auf den Ölgemälden vor, die ein Jahrzehnt zuvor entstanden sind, ebensowenig tritt sie in der Skizze zu „Letters and Notes“ in Erscheinung. Dort hatte er ausdrücklich vermerkt, daß „es niemandem erlaubt war, den streitlustigen Kämpfern auf irgendeine Weise in den Weg zu treten.“ Dagegen geht er im Begleittext zum „Portfolio“ ziemlich ausführlich auf eine Choctaw-Frau ein, die in den Wald geht, um dort Material für eine „Peitsche“ zu holen, dann ihre Röcke anhebt und „laut schreiend“ auf das Spielfeld rennt, wo sie ihren Mann zu überholen versucht, um ihn an alle von ihnen beiden auf dieses Spiel gesetzten Gegenstände zu erinnern. Dabei, so schreibt der Autor, „läßt sie ihre Peitsche auf seine nackten Schultern heruntersausen, häufig so fest, daß ihm die liebevollen Hinweise seiner Frau das Blut über den Rücken fließen lassen ... er solle ihrer beider Interessen durch mannhaften Einsatz beim Spiel schützen und den gewetteten Besitz retten.“[13]

Am Ende des 19. Jahrhunderts beobachtete George Starr diverse Choctaw-Frauen, die herumrannten und den Spielern Kaffee anboten. Dabei trugen sie jedoch auch eine geflochtene Reitgerte bei sich, mit der sie diejenigen Spieler bedachten, die ihrer Meinung nach zu lasch spielten. Aber mit Sicherheit wurden solche Erfrischungen und Zurechtweisungen an den Seitenlinien verteilt und nicht auf dem Spielfeld. Angesichts des zeremoniellen Charakters von Lacrosse war es Frauen grundsätzlich verboten, das Spielfeld zu betreten, um zu vermeiden, daß sie mit den Schlägern in Berührung kamen (ein Tabu). Darüber hinaus erscheint die Annahme problematisch, eine Frau könne in einem Haufen von 600 Männern ihrem Ehemann auf der Spur bleiben, um ihm eine Abreibung zu verpassen. Etwa fünfzig Jahre nach Catlin befaßte sich Halbert mit den Choctaw-Spielen. Er besteht hartnäckig auf den strengen Regeln, die für die Zuschauer gelten und auf den Strafen, die fällig werden, wenn jemand in das Spielgeschehen eingreift: „Während des Spiels darf unter keinerlei Umständen ein Außenstehender in das Spiel eingreifen. Geschieht dies trotzdem, wird von der Mannschaft, zu der der Täter gehört, erwartet, daß sie auf eine Runde (Tor) verzichtet oder auf andere Weise Wiedergutmachung leistet.“[14]

Es erscheint glaubhaft, daß Catlins Detail, das eine Auspeitscherin zeigt, eine Abweichung vom normalen Verhaltenskodex darstellt, die der Künstler mit eigenen Augen gesehen, dann aber seiner sehr persönlichen Sichtweise vom Leben der Indianer angepaßt hat. Wir sollten nicht vergessen, daß Catlins „Portfolio“ in erster Linie für die Förderer

Abb. 36 a

Abb. 36 b

211

aus den Reihen der damaligen englischen Aristokratie bestimmt war, die sich sicherlich königlich amüsiert haben dürften beim Anblick einer Frau, die ihrem Ehemann eine Abreibung verpaßt! Schließlich trägt das Titelbild des „Portfolio" den speziellen Vermerk, daß der Künstler seine Themen bei „den barbarischsten und abgelegensten Stämmen der Wilden in Nordamerika" fand. Wie exotisch und undenkbar mußte es auf die „zivilisierte" Gesellschaft gewirkt haben, daß weibliche Wesen auf ein Sportfeld eilen, um dort die männlichen Sportler mit Strafe in Form von Peitschenhieben zu belegen! Wenn Catlin den Eindruck erwecken wollte, daß das Spiel barbarisch sei, dann verstärkte er diesen Eindruck noch gegenüber den früheren Bildnissen durch Hinzufügung dieses Miniatur-Dramas. Weitere Anomalien in dieser Lithographie sind das Kleid, das die Frau mit der Peitsche trägt, welches einwandfrei vom Stil her den nördlichen Plains und nicht den Choctaw zugeordnet werden muß, sowie die Tatsache, daß die vier Schiedsrichter mitten im Feld sitzen, wo sie zweifelsfrei von den Spielern umgerannt worden wären. Hinzu kommt noch, daß sie den aus Federn bestehenden Kriegskopfschmuck der nördlichen Plains tragen.

Auf diese Weise nahm sich Catlin, womöglich unbewußt, gewisse Freiheiten bei seinen Bildern heraus. So sehr er die Indianer bewunderte, nahm er ihnen gegenüber dennoch eine voreingenommene Haltung ein. Für ihn stellten sie zwar eine exotische, jedoch niedrigere Rasse dar. Mit seinen „Änderungen" beabsichtigte er, die Unterschiede, die für ihn gefühlsmäßig zwischen Weißen und Indianern bestanden, deutlicher herauszuarbeiten. Ein Beispiel dafür ist eine Skizze über die Wildreisernte bei den Dakota. Darauf sind Frauen beim Sammeln jener Wassergrassamen dargestellt. Sie sitzen dabei in Kanus, die sie den Ojibwa abgekauft hatten. Eines der Kanus trägt auch noch zwei männliche Jäger, die auf Enten schießen. Nun ist es durchaus zutreffend, daß sich Enten zur Erntezeit von reifendem Wildreis ernähren und daß sich die Männer mit Kanus zur Entenjagd in die Reisbetten aufmachten. Auf keinen Fall aber konnten die kleinen Reiskanus der Ojibwa zugleich Jäger und Sammler tragen. In diesem Fall hat Catlin einfach zwei Tätigkeiten, die beide in der gleichen Saison abliefen, zusammengelegt.[15] „Wilder" Reis war an und für sich für sein damaliges Publikum eine unerhörte Neuheit. Welch eine exotische Nahrung für ein „wildes" Volk! Selbst die Jagd auf Enten von einem Birkenrindenkanu aus war ein merkwürdiger Sport, obwohl der technologische Beitrag der Euroamerikaner nicht zu übersehen war – für diesen Anlaß war das Gewehr an die Stelle des alten Bogens und der Pfeile getreten. Eine wunderbare Gelegenheit, dieses alles zu einer Zeichnung zusammenzukomponieren!

Bei Catlins Lacrossebildern sind die wilden Gruppenszenen sowie die tätlichen Auseinandersetzungen zwischen zwei Gegnern am besten getroffen. Er war eindeutig tief beeindruckt von dem, was er sah.

Außerdem war er dankbar, die Indianer so aggressiv und wild zu erleben, wie man es von ihnen erwartete. Darüber geriet er ins Schwärmen: „Ich halte eine solche Szene, die von Hunderten der schönsten Modelle bevölkert ist, die die Natur zu bieten hat — sie sind fast nackt und mit unterschiedlichen Farben bemalt; sie rennen und machen Luftsprünge auf höchst ungewöhnliche und vielerlei Weise und kämpfen mit größtem Einsatz um den Ballbesitz — für die einzige wahre Schule für jeden Maler oder Bildhauer, vergleichbar nur mit jener, die die Hand des Künstlers bei den Olympischen Spielen oder auf dem Forum Romanum geführt hat." Hinter den zahlreichen Freiheiten, die Catlin sich beim Malen nahm, verbargen sich demnach aufrichtige Gefühle, denn, wie Catlin selbst zugab, „war es unmöglich, nur mit Feder und Tusche beziehungsweise Pinsel ... etwas besseres als nur ein *Zerrbild*[wie übertrieben auch immer] einer solchen Szene zu liefern!"[16]

Sieht man einmal von Catlins Gemälden ab, stellt sich die Frage, in welchem Maße wir seinem Begleittext über Lacrosse in „Letters and Notes" trauen dürfen. Glücklicherweise liegt uns das Choctaw-Spiel von Anfang an ziemlich gut dokumentiert vor, so daß man ältere, zeitgenössische und jüngere Berichte einander gegenüberstellen kann. Allerdings weichen die Zahlen zu Mannschaftsgröße und Gewinnpunkten in diesen Berichten über die Choctaw, die sich über einen Zeitraum von zwei Jahrhunderten erstrecken, erheblich von Catlins viel höheren Angaben ab. Bei einem Choctaw-Spiel bewegt sich laut Berichten die Gesamtzahl der Spieler auf dem Feld zwischen sechzig und zweihundert im Gegensatz zu Catlins Angabe von tausend Spielern. Und wie verhielt es sich mit den erforderlichen Torpunkten? Die Forscher sprechen von zehn bis sechzehn Punkten — dagegen steht Catlin mit einhundert Punkten!

Darüber hinaus gibt es jedoch eine Anzahl von Tatsachen in Catlins Begleiterzählung, die von anderen Beobachtern bestätigt werden. Einige der Choctaw-Praktiken, die er beschreibt, haben sich sogar weit bis in unser Jahrhundert hinein erhalten. Man nehme zum Beispiel den „Ballspiel-Tanz", der während der ganzen Nacht vor dem Spiel mit Unterbrechungen aufgeführt wird. Ein ähnliches Ritual wurde siebzig Jahre zuvor von Bossu festgehalten, der schrieb: „Männer und Frauen versammeln sich in ihren schönsten Kleidern und verbringen den Tag mit Singen und Tanzen; sie tanzen in der Tat die ganze Nacht zum Klang von Trommel und Rassel."[17] Halberts Manuskript vom Ende des 19. Jahrhunderts zeigt, daß diese Praxis noch lebendig ist, obwohl der zeremonielle Gesang der Frauen bei den Torpfosten und nicht im Mittelfeld stattfand, wie auf Catlins Skizze dargestellt. Da jedoch jede Mannschaft ihre eigenen Zeremonien abhielt, und zwar in einigem Abstand voneinander und damit wahrscheinlich im Verborgenen, muß bezweifelt werden, daß sie das Ritual koordiniert und in einem gemeinsamen großen Tanz aufgeführt hätten, wie das Catlins Gemälde

213

nahelegt (s. Abb. 33). Es mag sein, daß er zum wiederholten Male zwei separate Handlungsstränge zusammengelegt hat und sie gleichzeitig präsentiert. Andererseits paßt Halberts Beobachtung so gut zu Catlins Bild, daß man sich fragt, ob er es als Vorlage benutzt hat.[18]

Geht man verständig an die Sportdarstellungen heran, so kann man viel über das amerikanisch-indianische Lacrosse von Malern wie Catlin, Zeitungsillustratoren aus jüngerer Zeit und Photographen wie Mooney lernen. Zu allererst wird aus den Dokumenten über die Jahre hinweg die Veränderung an Kleidung und Ausrüstung ersichtlich. Eine Darstellung der anderen Aspekte des Spiels, wie etwa Spieltechniken, setzt den Einsatz von Film- und Videotechnik voraus, um gleichwertige Informationen zu erhalten.

11

Barfuß mit Lendenschurz

Man kann Catlins Wiedergabe von Lacrosse-Kleidung, die grund-sätzlich aus bloßen Füßen und Lendenschurz bestand, nichts entgegen-halten, da die Spieler in Nordameria bis in die 2. Hälfte des 19. Jahrhunderts fast überall in dieser Ausstattung auftraten. Auch das weit verbreitete Auftragen von Körperfarbe in den unterschiedlichsten Formen und die Federn im Haar, wie Catlin es darstellt, werden durch die später im gleichen Jahrhundert aufgenommenen Fotografien bestä-tigt. Darüber hinaus nahm sich Catlin bei der Abbildung seiner „edlen Athleten" einige Freiheiten. *Thirsts-for-Stones*Porträt beispielsweise ist, alles in allem, ziemlich glaubwürdig bis auf das Schwanzstück, dessen Eleganz aus Effekthascherei maßlos übertrieben erscheint.

Aus den ältesten Quellen geht hervor, daß die Choctaw-Spieler tatsächlich die Schwänze bestimmter Tiere als rückwärtigen Schmuck trugen. Bossu berichtete zum Beispiel, daß die Körper der Spieler „mit unterschiedlichen Farben bemalt waren, hinten einen Tiger-[Wildkat-zen-?]Schwanz trugen und sowohl auf dem Kopf als auch an den Armen Federn trugen, die sich während des Laufens bewegten, was ganz merkwürdig aussah." In einem Spiel zwischen den Bezirken *Toucksey* und *Sugarloaf*der Choctaw-Nation „bestand der einzige Schmuck [der Spieler] in einem Waschbärschwanz, den sie entlang der Wirbelsäule hochgebunden hatten, oder einem Pferdeschwanz, der hinten auf den Lendenschurz fiel. Er wurde an einem Gürtel, einem Stück Leder oder Revolvergürtel befestigt."[1] Als die Choctaw das Spiel in diesem Jahr-hundert wieder aufleben ließen, wurde ein Schwanz, der hinten am Gürtel hing, Teil der Lacrosse-Kleidung (Abb.37a,b,c). Undatierte Exemplare aus der Vergangenheit der Mississippi-Choctaw weisen auf ähnliche Praktiken hin (Abb. 37b,c); darunter fällt ein montiertes Schwanzstück auf, das dadurch etwas Schwung bekommt, aber keines-falls so kunstvoll und lang wie *Thirsts-for-Stones* Schwanzstück ist. Vielleicht ist Catlin bei seiner Abbildung von den unnatürlich hocher-hobenen Schwänzen europäischer Rassepferde ausgegangen. Vom künst-lerischen Standpunkt aus bildet seine elegante Länge ein Gegengewicht zu den beiden ungewöhnlich langen südöstlichen Ballstöcken, die der Choctaw-Sportler vor sich hält. Außerdem macht es sich gut zu der

Abb. 37a
Junger Mississippi-Choctaw mit zeitgenössischem Schwanzstück (Pferdehaar?) an breitem Ledergürtel.

„Mähne", die er um den Hals trägt und zum meist zurückgekämmten
Haar des Spielers. Kurz, Catlin scheint eher einen Rassehengst gemalt
zu haben als einen typisch gekleideten Choctaw-Lacrossespieler.

Wenn also Catlins Porträt eines Choctaw-Spielers nur unter
Vorbehalt beurteilt werden kann, wie sollte man unter diesen Umständen an seine Gemälde der „zwei hervorragendsten" Dakota-Spieler
herangehen, nämlich *Ah-no-je-nahge* („Der auf beiden Seiten steht",
Abb. 38a) und *We-chush-ta-doo-ta* („Der rote Mann")? Der Künstler
behauptet, daß er einige „sehr temperamentvolle Spiele" gesehen habe,

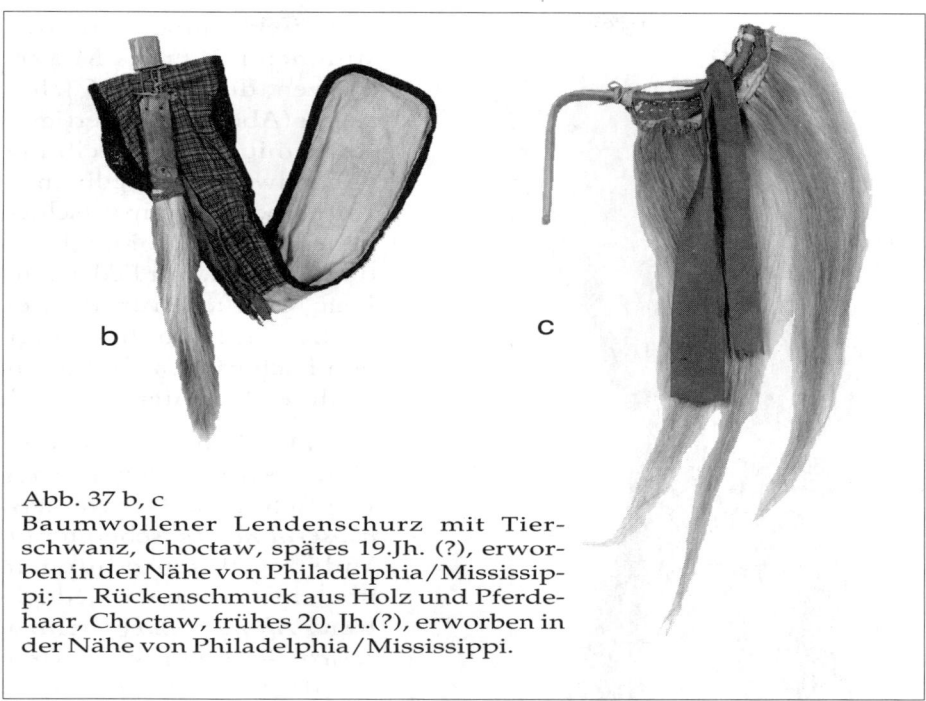

Abb. 37 b, c
Baumwollener Lendenschurz mit Tier-
schwanz, Choctaw, spätes 19.Jh. (?), erworben in der Nähe von Philadelphia / Mississippi; — Rückenschmuck aus Holz und Pferdehaar, Choctaw, frühes 20. Jh.(?), erworben in
der Nähe von Philadelphia / Mississippi.

daß beide Spieler jeweils danach auf direktem Wege in sein Atelier
gekommen waren „in der Kleidung, in der sie soeben noch gekämpft
hatten" und daß er ihre Porträts „in Spielhaltung" gemalt hatte.

Es ist fraglich, wieviele Spiele Catlin tatsächlich gesehen hat. Er hat
sich nur kurz in Fort Snelling aufgehalten, und die Tatsache, daß er im
Hintergrund des Porträts eines der beiden Dakota-Spieler das Doppel-
pfostentor der südöstlichen Stämme abbildet und nicht den im Great
Lakes-Gebiet üblichen einzelnen Torpfosten läßt vermuten, daß er
einfach auf das zurückgriff, was er als Eigenheit der Choctaw beobachtet hatte. Er vermerkt weiter, daß die Spieler in den späten Morgenstun-
den des 4. Juli 1835 „nur mit einem Lendenschurz bekleidet erschienen
und an einem Gürtel beziehungsweise an einer verzierten Schärpe einen
Schwanz trugen, der beinahe den Boden berührte und aus einem
auserlesenen Arrangement von Stacheln, Federn oder weißen Pferde-
schwanzhaaren bestand." Diese Details sind alle entsprechend abgebildet, aber der Great Lakes-Schläger, den die Spieler tragen, scheint zu
dünn zu sein (vgl. Abb. 3 und Abb. 20). Bei diesem Spiel konnte es sich
lediglich um eine kurze Vorführung zwischen den dort lagernden
Dakota und Ojibwa gehandelt haben, denn die Indianer zogen sich
bald zum Büro des Agenten zurück, um dort Tänze aufzuführen und
über die Geschenke zu feilschen, die man ihnen für ihre „Theaterauf-
führungen" versprochen hatte. Andererseits scheint Catlins Dakota-

217

Abb. 38 a
Catlins Ölgemälde von dem Dakota *Ah-no-je-nahge* mit dem Titel *"He Who Stands on Both Sides"* (Der, welcher auf beiden Seiten steht), einem ausgezeichneten Ballsportler (1835).

Lacrossekleidung übereinzustimmen mit Frank Mayers Skizzen, die dieser 16 Jahre später (Abb. 38b) anfertigte, sowie mit der Beschreibung von Edward D. Neill: „mit Körperbemalung in verschiedenen Farben, ohne Kleidungsstücke, mit Federn im Haar, Glöckchen um die Gelenke und Fuchs- oder Wolfsschwänzen, die hinten an ihnen herunterhingen."[2]

Die Ballspieler beider Stämme trugen dekorativen Kopfschmuck. Der von *We-chush-ta-doo-ta* scheint mit anderen Beschreibungen übereinzustimmen, jedoch trägt *Ah-no-je-nahge* einen *Roach* – einen verzierten Kopfschmuck aus dem Schwanz eines Rotwildes, dem Pferdehaar oder Stachelschweinstacheln beigeknüpft waren. Gewöhnlich gehörte der *Roach* zu einem Tanzkostüm, wie das heute noch der Fall ist, aber ob *Roaches* auch während der Lacrossespiele getragen wurden, ist fraglich. Es gibt ein paar Fotografien aus laufenden Spielen, auf denen man einen *Roach* sehen kann. In unserem Jahrhundert übernahmen allerdings die Teilnehmer an „Indianischen Messen" (Indian Fairs) beziehungsweise historischen Darstellungen die verschiedensten Rollen wie Tänzer, *Handgame*-Spieler und Lacrossedarsteller. Aus diesem Grunde trugen sie für eine Reihe von unterschiedlichen Darstellungen dieselbe zeremonielle Kleidung, in der sie auch, mit einem Lacrosseschläger in der Hand, fotografiert worden sein könnten. Catlins Dakota-Spieler kamen von einem kurzen Spiel und waren unterwegs zu einer Tanzaufführung, deshalb ist die Frage,

Abb. 38 b
Frank Mayers Zeichnung von *Makah mon Oton mahnee* (*"The Sounding Earth That Walked"*), einem Dakota-Lacrossespieler in Traverse des Sioux während der Vertragsverhandlungen 2.7.1851).

welches Kostüm sie trugen – für das Spiel oder für den Tanz – schwer zu beantworten. Wenn sich die Great Lakes-Spieler für ein Spiel zurechtmachten, so lauten meine Informationen, dann legten sie allen Staat ab und „machten sich frei für den Kampf."

Es bietet sich an, die Kleidung von Catlins Dakota-Lacrossespielern mit derjenigen auf Seth Eastmans Bildern zu vergleichen. Ungleich Catlin, der sich nur recht kurz am Oberlauf des Missouri sowie des Mississippi aufhielt, war Eastman sieben Jahre lang seit 1841 in Fort Snelling stationiert. Dort hatte er ausreichend Gelegenheit, das Lacrosse der Männer und das *Shinny*-Spiel der Frauen zu beobachten und zu malen. Eastman war ausgebildeter Landschaftsmaler, und sein Interesse am Leben der Indianer war genauso stark ausgeprägt wie bei Catlin.

Wie nimmt sich die Kleidung von Eastmans Dakota-Ballspielern gegenüber den beiden Catlin-Porträts aus? Was zuerst auf Eastmans „Ballspiel auf der Prärie" und „Ballspiel auf dem Eis" auffällt, ist die Tatsache, daß die Kämpfer ihre normale Alltagskleidung tragen, nämlich weite Lederhemden mit Fransen. Abgesehen von ein paar Federn im Haar, die übrigens in der damaligen Zeit zur Standardbekleidung gehörten, trägt nicht ein einziger von Eastmans Spielern die charakteristischen Tierschwänze, noch sieht man irgendwelche Körperbemalung oder andere elegante Beigaben, die Catlin zeigt. Eastmans Spieler auf dem zugefrorenen Fluß in den vierziger Jahren des 19. Jahrhunderts tragen alle die gleiche, konventionelle Winterausrüstung, manche auch Umhänge mit Kapuzen – eine indianische Erfindung, gefertigt aus den zum Tauschhandel bestimmten Wolldecken der *Hudson's Bay Company*. Andererseits sind auf Mayers Skizzen von 1851 in *Traverse des Sioux* Spieler dargestellt, die eine Art Kopfschmuck (*Roach*?) tragen, ebenso Tierschwänze oder Felle, die von der Hüfte herabfallen. Dort hatten sich Tausende von Indianern zu Friedensverhandlungen eingefunden. Die entsprechenden Sportler und die Lacrossespiele scheinen einen Teil des Alltagslebens ausgemacht zu haben, um die freie Zeit zu verbringen. Es hat sich demnach wahrscheinlich um keine speziell für nicht-indianische Honoratioren arrangierten Spielvorführungen gehandelt[3]. Läßt sich aus dieser Diskrepanz nun die Behauptung ableiten, daß die verschiedenen Dakota-Stämme unterschiedliche Lacrossekleidung getragen haben?

Die beträchtlichen Unterschiede, auf die man bei der Spielkleidung der Dakota auf den Abbildungen der Künstler stößt, dürfen nicht außer Acht gelassen werden. Sollte es sich bei Eastmans schlicht gekleideten Figuren um informelle, „spontane" Dorfvergnügungen gehandelt haben, während Catlins sorgfältig bemalte und geschmückte Spieler bei besonderen Spiel-„Vorführungen" zum Einsatz kamen und Mayers Spieler irgendwo dazwischen lagen? Leider können wir das nicht mit letzter Sicherheit sagen.

Andererseits vermerken bis zum 19. Jahrhundert fast alle Quellen über Lacrosse deutlich, daß die Spieler nur den Lendenschurz trugen, und das mit gutem Grund: Jede andere Kleidung als diese kärgliche Hülle wäre bei dieser schnellen, beweglichen Sportart nur hinderlich gewesen. Als sich die kanadischen Victorianer diesem Sport zuwandten, verurteilten sie zwar die unanständige indianische Lacrossebekleidung, erkannten aber gleichzeitig ihren Vorteil. George Beers bemerkte dazu: „Obwohl wir nicht für die Nacktheit der eingeborenen Spieler eintreten, halten wir es für die beste Lösung, so wenig leichte Kleidung wie möglich zu tragen."[4] Der annähernd nackte Zustand der indianischen Spieler bot den Gegnern so gut wie keine Haltegriffe, um sie am Fortkommen zu hindern, etwa vergleichbar den griechischen Athleten, die mit Bedacht ihr Haar kurz hielten, um beim Ringkampf und Ringboxen keinen Halt zu bieten. Die Cherokee gingen tatsächlich noch einen Schritt weiter, indem sie sich mit Aalhaut, glitschiger Ulmenrinde oder Sassafras einrieben, wodurch sie es den Gegnern schwer machten, sie an ihren eingeölten Gliedern festzuhalten. Auch das Band, das ihren Lendenschurz hielt, war nicht besonders stark. Es sollte sogar reißen, wenn ein Gegner es in einem Gerangel erwischte.[5] Als sie im 20. Jahrhundert begannen, abgeschnittene Baumwollhosen zu tragen, trennten sie die Gesäßtaschen ab, um sich einer weiteren „Griffmöglichkeit" zu entledigen (s. Abb 25). Abgesehen von der dekorativen Körperbemalung und den Federn im Haar stellte der Lendenschurz die alleinige Spielkleidung dar. Aus denselben praktischen Gründen war die Lacrossekleidung der Creek genauso minimal wie die Kleidung für den Kriegspfad: „Die Spieler beider Mannschaften tragen Körperbemalung auf und schmücken sich in derselben Weise, als zögen sie in den Krieg. Fast ohne ein Kleidungsstück am Leib, das doch nur hinderlich wäre, brechen sie, solchermaßen geschmückt, zum bezeichneten Spielfeld auf."[6] Das *gä-kä* (Lendenschurz) der Irokesen ist in etwa repräsentativ für alle Stämme: Es besteht aus einem etwa 20 bis 25 cm breiten und 100 cm langen Stück Leder oder festem Baumwollstoff, das an beiden Enden mit Perlen oder mit Stacheln verziert ist. Es wurde mit einem Ledergürtel getragen.[7]

Es spricht kaum etwas für die Annahme, daß indianische Männer vor der Begegnung mit Europäern jemals ohne Lendenschurz anzutreffen gewesen wären, weder in der Öffentlichkeit noch beim Sport. Sie hatten ihren eigenen Anstandskodex. Derartige Behauptungen, die von unbekleideten Menschen ausgehen, unterstützen lediglich das allgemeine Vorurteil der Kolonisten, der Kontakt mit Europäern hätte überall in der Welt einen „zivilisatorischen" Einfluß auf eingeborene Völker gehabt. Diesen falschen Eindruck gibt zum Beispiel auch John Lawson wieder in seinem Bericht über die Carolina-Indianer: „Zwischen ihren Beinen tragen sie ein Stück Stoff, das von einem Gürtel

Abb. 39
Ohne Titel, unbekleidete Lacrossespieler in Umklammerung, Zeichnung von
Henry Kirke Brown, um 1850.

gehalten wird, und zwar vorne als auch hinten. Damit bedecken sie ihre
Nacktheit; das tun sie mit großer Schicklichkeit, allerdings erst, seitdem
sie Bekanntschaft mit den Christen gemacht haben.“[8] Es existiert
jedoch eine Abbildung, die nackte indianische Lacrossespieler zeigt –
eine Zeichnung aus dem Jahre 1853 von Henry Kirke Brown (1814-
1886), den sogenannten Vater der amerikanischen Bildhauerei. Seine
Skizze zeigt zwei nackte Indianer mit langem Haar, von denen der
hintere den vorderen im traditionellen südöstlichen Armgriff hält bei
dem offensichtlichen Versuch, diesen beim Aufnehmen eines Boden-
balles zu hindern (Abb. 39). Brown hatte als einer der ersten Anatomie
studiert und wurde stark von den klassischen Skulpturen beeinflußt. Er
war nach Europa gereist, wo er Modelle von Adonis und David kopiert
hatte, bevor er wieder in sein Atelier nach Brooklyn zurückkehrte.
Soweit wir wissen, hatte er sich niemals in den Westen aufgemacht.
Aber er erschuf eine weitere „frei erfundene“ indianische Arbeit, den

222

„Indianer mit Panther" (1846). Darauf verteidigt sich ein Indianer, in dessen Begleitung sich ein Kind befindet, gegen einen angreifenden Berglöwen. Die zeitgenössischen Kritiker beurteilten Browns Werk wie folgt: „Seine Studien zählen zu den reinsten und besten in der Tradition der Antike, in vollkommener Übereinstimmung mit der lebendigen Natur."[9]

Brown hat bei seinem Lacrossebild deutlich klassische Elemente der griechischen Skulptur mit Details des Indianerspiels kombiniert, die er, wie ich vermute, Catlins Gemälden und Schriften entnommen haben dürfte. Diese nackten, mit Muskeln bepackten Körper haben so gut wie nichts gemein mit den typisch hageren Choctaw von damals. Die Vogelschwingen auf dem Kopf des Spielers mit dem Schläger lassen eher an den alten Hermes beziehungsweise Merkur denken als an Indianer, die niemals in dieser Art Federn im Haar trugen. Der Armgriff taucht in Catlins Choctaw-Bildern auf. Aber während der Schläger seiner Konstruktion nach auf Südosten weist, scheint das Körbchen dafür zu rund ausgefallen zu sein. Außerdem ist das Netz zu dicht geflochten (ein Tennisschläger?), und es ist auch nur ein Schläger abgebildet statt der üblichen zwei. Auch der Ball ist zu groß. Das bedeutet, daß Brown, der niemals ein Spiel gesehen hat, seine Vorstellungskraft, diverse klassische Ideale sowie Catlins Information einbrachte und damit ein falsches Bild von der Ballspielkleidung der Indianer erschuf.

Während der Lendenschurz überall die übliche indianische Sportbekleidung darstellte, gehen die Berichte darüber, ob die Männer in der Regel barfuß spielten oder nicht, auseinander. Es heißt, daß bei den Spielen zwischen den Weißen und den *Tcilokis* (Creek) Mokassins getragen worden seien, aber auf einem Foto um etwa 1900 erscheinen die Creek-Spieler barfuß. Die mexikanischen Kickapoo trugen Anfang der fünfziger Jahre außer dem Lendenschurz und hohen Gamaschen auch Mokassins mit verstärkten Sohlen. Aber das lag hauptsächlich an dem harten, felsigen Boden von Sonora und an den Dornenranken. Catlins Dakota- und Choctaw-Spieler sind dagegen barfuß dargestellt, ebenso die Cherokee auf den alten Fotografien (1888). Aber in ein und demselben Spiel zeigt Charles Deas Dakota, von denen einige Mokassins tragen und einige barfuß sind (s. Abb. 29). Scheinbar hatte das Wetter keinen Einfluß auf die Fuß- und andere Bekleidung: Von den Ojibwa-Spielern in *International Falls* an der kanadischen Grenze hieß es, sie spielten beinahe nackt auf dem zugefrorenen *Rainy River*, und bei einem rituellen Cayuga-Spiel, das für einen Kranken mitten im Winter durchgeführt wurde, waren alle Spieler barfuß und bis zur Hüfte entblößt.[10]

Da auf den Abbildungen zu Lacrosse von Catlin, Eastman und anderen kaum deutliche Unterschiede in der Spielkleidung von gegnerischen Mannschaften auszumachen sind, stellt sich die Frage nach der

223

Einheitlichkeit der Mannschaftskleidung.[11] Bei den heutigen Sportarten mit Wettkampfcharakter tragen die unterschiedlich eingefärbten Trikots, Vereinslogos und Helme der Spieler sichtbar zur Strategie und Mannschaftskoordination bei. Da es jedoch früher diese Mittel zur Unterscheidung der Mannschaften nicht gegeben hat, kann man daraus schließen, daß eine solche Betrachtungsweise nicht besonders wichtig beziehungsweise völlig unerheblich war. Das Toreschießen blieb dem Glücksfall vorbehalten, daß irgendein Spieler seine Deckung abschütteln und seine persönlichen Vorzüge im Hinblick auf Schnelligkeit und Wendigkeit ausspielen konnte. Im Laufe der Zeit, etwa gegen Ende des 19. Jahrhunderts, trugen einzelne indianische Lacrosseclubs ebenfalls Mannschaftstrikots in Anlehnung an die nicht-indianischen Lacrosse-Sportler und andere Sportarten. Diese Übernahme von euroamerikanischen Sitten brachte wichtige Änderungen für das Spiel selbst mit sich, ganz abgesehen von der Tatsache, daß Indianer nun gegen weiße Mannschaften antraten.

Manche indianische Stämme hielten dennoch gegnerische Mannschaften in gewisser Weise auseinander, entweder durch die Farbe der Körperbemalung, des Lendenschurzes oder anderer Dinge wie zum Beispiel der Federn, die zur Lacrosse-Spielerkleidung gehörten. Ob es allerdings eher praktische oder mehr symbolische Gründe dafür gab, kann man nur schwer sagen. Bei vielen traditionellen Spielen war es üblich, daß Clan gegen Clan und Stadt gegen Stadt spielten. Bereits schon dadurch fielen bestimmte besondere Merkmale oder gewisse Kleidungsstücke ins Auge, die zur Identifizierung von Personen bei allen wichtigen Anlässen beitrugen. Wenn sich die mexikanischen Kickapoo-Lacrossespieler für das Spiel ankleideten, dann legten sie wie selbstverständlich weiße Asche oder schwarze Holzkohle auf, um ihre Zugehörigkeit zu der einen oder anderen Stammesgruppe klarzustellen. An dieser Sitte wurde noch 1955 festgehalten: „Für das Spiel wird die Farbe (weiße Asche und Holzkohle) auf Gesicht, Brust, Arme und Beine aufgelegt, kurz, auf alle Körperteile, die nicht von Lendenschurz, hohen Gamaschen und Mokassins bedeckt sind."[12]

Die aufgebrachten Ornamente dienten grundsätzlich der Verschönerung, seien sie nun symbolischer Natur oder „Glücksbringer". Dieser Brauch, der einen Teil der Lacrossekleidung ausmachte, starb nach und nach aus, wohl zur gleichen Zeit, als auch die Gesichtsbemalung im Alltag aus der Mode kam. Einer der Gründe, warum man die Gesichtsbemalung aufgab, war die Tatsache, daß sich die Weißen darüber lustig machten. Sie bezeichneten diesen Schmuck abwertend als „Kriegsbemalung" und ihre Träger als „Böcke" oder ironisch als „tapfere Krieger". Zur Zeit der Kontaktaufnahme mit den Europäern war die Körperbemalung fast durchgehend bei allen indianischen Sportlern verbreitet. Im 20. Jahrhundert blieben nur winzige Spuren davon zurück, wahrscheinlich nur als Symbol für den Stolz auf die eigene Tradition.

Schwänze und Federn wurden wegen ihres Symbolgehalts getragen. Man wollte damit bewirken, daß die besonderen Fähigkeiten des Tieres, von dem sie stammten, auf den Spieler übergingen. Die Creek-Spieler trugen hinten „einen Tigerschwanz" über ihrem Lendenschurz, weil diese Tiere für besonders stark und mutig galten. War der Vater eines Spielers Angehöriger des Panther-Clans, war das für ihn ein weiterer Grund, ihn zu

Abb. 40
Musselin-Hose mit Verzierungen aus rotem Stoff und Hornknopf, Eastern Cherokee, aus der Sammlung von James Mooney, wahrscheinlich um 1888.

tragen. Darüber hinaus trugen die Creek Bisonschwänze, Adler- und Spatzenhabichtsfedern. Sie waren alle deshalb begehrt, weil sie von „hoheitsvollen Tieren" stammten. Die Cherokee-Spieler trugen auch Reh- oder Fuchsschwänze, weil diese Tiere schnell waren. Auch den Schwanz vom fliegenden Eichhörnchen banden sie sich um, weil dieses Tier so gut zugreifen konnte.[13]

Federn gehörten ebenfalls traditionell zur indianischen Lacrosseausrüstung. Amerikanische Indianer trugen Federn in der Regel als Schmuck, und gewöhnlich wurde jeder Federnart eine bestimmte Bedeutung zugeordnet. Fogelson stellte eine Liste zusammen über „Federn oder Tierschwänze von [Cherokee] Ballspielern". Zu den Tieren, deren Eigenschaften sich auf den Spieler, der deren Federn, Flügel oder andere Körperteile trug, übertragen sollten, zählten der Kaminfeger wegen seiner Flinkheit und Beweglichkeit, die Klapperschlange, deren Rasseln manchmal ins Haar gebunden wurden, wegen ihrer Kraft beim Zuschlagen, der Sandpfeifer wegen seiner Ausdauer und sagenhaften Beschleunigung, der *Pewee* wegen seines Rufes, ein schneller Starter zu sein, der Rabe oder *Screech Hawk* wegen seiner scharfen Augen – alles wünschenswerte Eigenschaften für einen Lacrossespieler.[14]

Wahrscheinlich ist der mit der Zeit eingetretene Wandel in der Lacrossekleidung bei den Eastern Cherokee am besten dokumentiert.

225

In alten Quellen wird annähernd übereinstimmend berichtet, daß Lendenschurz und Federn im Haar die einzigen Bekleidungsstücke waren. Es gibt allerdings Hinweise, daß die Cherokee-Spieler früher einmal Tier- oder Fuchsschwänze getragen haben, wie andere südöstliche Stämme auch. Cherokee-Informanten konnten sich erinnern, daß noch gegen 1914 Schwanzstücke während des Ballspieltanzes getragen wurden. Dies könnte bedeuten, daß sie zum zeremoniellen Kostüm gehörten und deshalb nur vor dem Spiel getragen wurden, beim eigentlichen Spiel jedoch nicht.[15] Andererseits geht aus der Literatur wie auch aus Mooneys Fotografien hervor, daß sie sowohl bei den Tänzen als auch beim Spiel getragen wurden.

Den größten Wandel in der Cherokee-Lacrossekleidung brachte die Abkehr vom Lendenschurz zugunsten von kurzen Hosen mit sich, die sich im Schnitt an den Shorts der Weißen orientierten. Dieser Wandel ging allmählich vor sich. Das zeigen Mooneys Fotografien von 1888, auf denen eine Reihe von Spielern zu sehen ist, die noch am alten Lendenschurz aus gemustertem Tuch festhalten. Zum damaligen Zeitpunkt tragen die meisten Spieler, besonders die jüngeren, weiße Shorts aus leichter Baumwolle mit aufgenähten Ornamenten wie Sternen, Kreuzen und Kreisen. Der Stern steht für einen erstklassigen Spieler; das Kreuz bezeichnet ein großes Talent, das aber noch kein „Star" ist.[16] Deutlich erkennt man auch die Logos, die die Mannschaftszugehörigkeit darstellen. Ein Spieler von *Big Cove* trägt beispielsweise hinten auf seinen Shorts ein „BC" in Großbuchstaben. Obwohl Mooney Schwarzweiß-Fotografien gemacht hat, wissen wir aus den Feldskizzen des holländischen Ethnologen Frans Olbrechts aus den zwanziger Jahren und von einigen existierenden Museumsexemplaren, daß die Logos meistens rot oder blau waren (Abb. 40). Fotografien aus den Jahren um 1916 zeigen junge Cherokee-Spieler, die ihre leichten Baumwollshorts gegen alte, abgeschnittene Baumwollhosen aus schwerer Qualität eingetauscht haben. Abgeschnittene Bluejeans oder sogar Badehosen werden heute nicht nur von den Cherokee, sondern auch von anderen südöstlichen Spielern getragen. Wenn sie barfuß in langen Hosen spielen, rollen sie die Hosenbeine meistens bis zur Wade auf, bis sie eng anliegen.

Das Aufgeben der traditionellen, noch vor dem Kontakt mit Europäern getragenen Lacrossekleidung und das Aufkommen von Kleidung und Mannschafts-Sportausrüstung der vorherrschenden Kultur gingen schrittweise vor sich. Anfang der neunziger Jahre des 19. Jahrhunderts stellte Körperbemalung für irokesische Spieler bereits ein Relikt aus der Vergangenheit dar. Um 1910 konnten sich die Informanten der Creek kaum noch an die farbenfrohen Ornamente erinnern, die früher als Glücksbringer aufgebracht worden waren. Ein Augenzeuge eines Creek-Spiels vom Juli 1913 namens Swanton konnte eine Beschreibung liefern über die Übergangsformen, die sich an der

Spielkleidung ablesen ließen: Einige trugen weiße, fertig konfektionierte Kleidung; andere trugen nur den traditionellen Lendenschurz; ein paar hatten rote Farbe im Gesicht aufgetragen, und wenigstens einer trug einen sogenannten Tigerschwanz, „den er aufwärts an seinem Rücken festgebunden hatte". Einige traditionelle Ausrüstungsgegenstände wie Adlerfedern wurden rar, da wilde Tiere und Vögel von der Ausrottung bedroht waren. Da diese Tiere aber weiterhin Träger symbolischer Werte waren, begann man, Federn und andere Utensilien zu importieren. Ab etwa 1890 gab es keine Adler mehr im Eastern Cherokee-Reservat. Als der Ballspiel-Medizinmann Lloyd Sequoyah im Jahr 1958 die Oklahoma-Cherokee besuchte, kaufte er dort in einem Kunstgewerbegeschäft in Anandarko 20 Adlerfedern, die er offensichtlich den Spielern zur Verfügung stellen wollte.[17]

Vor der Erfindung der Fotografie waren wir, wenn wir etwas über indianische Lacrossekleidung erfahren wollten, auf die Bildnisse von Catlin und Eastman angewiesen. Selbst wenn ihre künstlerischen Wiedergaben durch mündliche Beschreibungen verdeutlicht oder bestätigt werden, besitzen wir keine Möglichkeit, den Grad der Subjektivität in ihren Arbeiten zu stimmen. Als die Fotografie zur Dokumentation des Lacrosse-Spiels eingesetzt wurde, war auf die visuellen Belege erheblich mehr Verlaß. Leider liefern alte Fotografien aber nicht notwendigerweise mehr Information, wenn sie nicht entsprechend mit Daten versehen sind. Von einer großen Zahl alter Fotografien ohne Datum kann man unmöglich sagen, wann sie aufgenommen wurden. Man weiß nicht, welche Personen abgebildet sind, ob das festgehaltene Spiel besonders wichtig war oder sich nur zufällig ergab oder auch, ob das Eingreifen des Fotografen, wenn er etwa den Spielern Anweisungen gab, sich für die Aufnahme aufzustellen oder sich auf andere Weise vor der Kamera zu präsentieren, das Dokument verfälschte. Allerdings wurde ein Aspekt des Sports, nämlich die Spielkleidung, durch das Fotografieren von Lacrosse deutlicher herausgestellt. Daraus geht hervor, daß die Spieler gegen Ende des 19. Jahrhunderts zunehmend fertig hergestellte Kleidung trugen, die etwas abgeändert wurde, um daraus ein Sporttrikot zu machen, ebenso übernommene Sportkleidung aus anderen Sportarten, oder sie spielten einfach in ihrer normalen Alltagskleidung. Gegen des 20. Jahrhunderts hatte eine Vielfalt an Lacrossekleidung vielerorts den alten, traditionellen Stil abgelöst. Manche Spieler sind sogar wegen ihrer neuartigen Bekleidung in Erinnerung geblieben: Der Mille Lacs-Ojibwa Fred Jones erinnerte sich an seinen o-beinigen Freund John Percy, der beim Lacrosse einen riesigen 10-Gallonen-Hut und Cowboystiefel trug. Was die Manitoba Bungi (Plains Ojibwa) trugen, die vor 1930 Lacrosse zu Pferde spielten, darf sich jeder selbst ausmalen.[18]

Als die Kanadier anfingen, sich mit Lacrosse zu beschäftigen, gab es eine Reihe von Veränderungen, die vor der Spielkleidung beider

Rassen nicht haltmachten. Als Lacrosse im Gebiet um Montreal populär wurde, interessierten sich auch Fotografen und Lithographen zunehmend für diese Sportart. Aus diesem Grunde liegen uns von dort umfangreichere Angaben über Veränderungen der irokesischen Lacrossekleidung vor als aus anderen Gebieten des Kontinents. Die Indianer fingen auch an, die üblichen Mannschaftsaufnahmen beim Sport zu übernehmen, wie das bei den Weißen Tradition war (Abb. 41). Die Indianer posieren darauf wie die Sportler auf den zeitgenössischen Collegeaufnahmen: Hinter einer Reihe sitzender Spieler steht eine zweite Reihe, und ein oder zwei Spieler stützen sich im Vordergrund mit dem Ellenbogen auf den Boden.

Die Fotografie macht den kulturellen Austausch zwischen Indianern und Euroamerikanern deutlich, der auch bei der Lacrossekleidung stattfand. Obwohl man im traditionellen irokesischen Spiel barfuß spielte, trugen in den sechziger Jahren des 19. Jahrhunderts die meisten Kanadier Mokassins beim Lacrosse. Später wechselten die Montrealer von der indianischen Fußbekleidung zu leichten Stiefeln, die dem Fuß einen besseren Halt boten, und aus den Fotografien ist ersichtlich, daß die indianischen Mannschaften ihrem Beispiel folgten. Unabhängig davon, in welchem Aufzug die Irokesen beim Spiel innerhalb ihres Reservats auftraten, trugen sie bei Spielvorführungen vor nicht-indianischem Publikum stets irgendetwas an ihrer Kleidung, das sie als Indianer auswies. Als das Six Nations-Reservat 1867 nach Troy, New York, eingeladen wurde, um vor einer Menschenmenge, die sich wegen eines Baseballturniers versammelt hatte, zuvor einen Showkampf auszutragen, trugen die Spieler leuchtend bunte, enge Hosen und unterschiedlichen Federkopfschmuck.

Von einem gewissen Zeitpunkt an begannen die Indianer, beim Lacrosse die gleiche Sorte Spielertrikots zu tragen, die bei anderen angloamerikanischen Sportarten (vor allen Dingen Football) getragen wurden. Auf einer Mannschaftsaufnahme mit 12 Caughnawaga-Indianern, die den Montreal Lacrosse Club 1876 nach England begleiteten, um dort Schaukämpfe vorzuführen, tragen alle 12 quergestreifte Trikots, außerdem lange Beinkleider und Lederstiefel. Zwei Spieler haben helle Tücher um den Hals gebunden. Der Mannschaftskapitän (?) „*Sawatis Aientonni* Baptiste Canadien – Häuptling ‚Big John'" sitzt in ihrer Mitte. Wahrscheinlich trägt er als Ausdruck der indianischen Herkunft seiner Mannschaft den nach Irokesenart gefiederten Kopfschmuck, von dem die Federn senkrecht in die Höhe stehen.

Zwei Fotos aus dem Onondaga-Reservat, die Anfang des 20. Jahrhunderts aufgenommen wurden, machen deutlich, daß Trikots weiterhin getragen wurden. Auf einer Fotografie um 1902 ist auf die Vorderseite eines jeden Hemdes ein großes weißes „O" genäht als Zeichen für die Herkunft der Mannschaft (Abb. 42). Die Spieler tragen weiße Shorts oder weiße lange Hosen und Tennisschuhe. Von dersel-

Abb. 41
Fotografie des Caughnawaga-Lacrosseclubs, 1867.

ben Reservatsmannschaft existiert ein Foto, das drei Jahre später aufgenommen wurde. Darauf tragen sie auch Football-Trikots. Ihre Shorts (aus Stoff?) sind weiß, und an den Füßen haben sie wahrscheinlich Tennisschuhe. Ein unbekannter Spieler in der Mitte trägt einen gefiederten Kopfschmuck, aber dieses Mal eine Plains-Haube mit nach außen ausgestellten Federn.

Diese Lacrossekleidung war größtenteils eine Nachahmung der zeitgenössischen Kleidung der Weißen und weist auf fortdauernde Wettspiele mit ihnen hin. Jedoch griffen die irokesischen Spieler im Reservat damals und sogar noch heute beim zeremoniellen Langhaus-Lacrosse auf ihre indianische Kleidung von früher zurück. Wenn die Six Nations Cayuga ihr Spiel für eine kranke Person anläßlich ihrer Winterzeremonien abhalten, dann treten immer noch Männer auf, die barfuß und bis zur Taille nackt sind.[19]

Wo immer heute Lacrosse auf zeremonielle Weise gespielt wird, darf man erwarten, auf einige Anklänge an die alte Spielkleidung zu stoßen. Das trifft in besonderem Maße auf die Oklahoma Creek zu, wenn sie während des Zyklus ihrer Sommerzeremonien ihre traditio-

Abb. 42
Onondaga-Mannschaftsaufnahme. Erste Reihe von links: Joshua Scanando-
ah, Ike Lyons, Emmett Lyons, Adam Jones; sitzend: unbekannt, unbekannt,
Eli Scanandoah, Mose Logan (Manager), Sidney Isaac; stehend: unbekannt,
Adam Thomas, unbekannt, unbekannt, Jesse Lyons, unbekannt, Bill Beck-
man, unbekannt.

nellen Kostüme bei Lacrossewettkämpfen anläßlich der *Green Corn
Ceremony* (Ernte-Zeremonie des grünen Mais) tragen. In früheren
Zeiten stellten der Lendenschurz aus Lederstücken von kleinen Tieren
und die bloßen Füße ihre traditionelle Spielkleidung dar. In der 2.
Hälfte des 19. Jahrhunderts löste roter Wollstoff, der mit in geometri-
schen Mustern verlaufenden Samtbändern verziert war, die Lederstük-
ke ab. Dieser neue Schurz hatte eine rechteckige Form. In den vierziger
Jahren tauchte eine an einer Seite spitz zulaufende Form auf. Heutzu-
tage tragen die Spieler ihren Lendenschurz über ihrer Unterhose oder
Badehose.

Noch heute tragen die Creek ihre traditionelle Kleidung, man sieht
sie aber auch in ihrer normalen Alltagskleidung. Besonders jugendliche
Stockballspieler tragen gerne T-shirts, Footballtrikots, Freizeitsport-
schuhe, Jeans oder Schwimmshorts mit weißen, langen Socken. Dabei
kann es durchaus vorkommen, daß einer oder auch zwei ein rotes
Halstuch tragen als Erinnerung an die ursprüngliche Nähe dieses Spiels
zum Krieg.

Die moderne Lacrossebekleidung hat ebenfalls in die Spielversion der Great Lakes Eingang gefunden. Franklin Basina erwähnte, daß die Ojibwa, die früher beim Spiel Mokassins getragen hatten, auf Tennisschuhe umgestiegen sind, sobald sie auf dem Markt erschienen, aber gleichzeitig bemerkte er, daß die restliche Spielkleidung ziemlich leger war. Nachdem er wegen eines Bildes befragt worden war, auf dem zwei ehemalige Spieler aus seinem Reservat in perlenverzierten Westen und Kopfschmuck aus Pferdehaar um einen Bodenball kämpfen, betonte er: „Also, na ja, das ist doch nur zum Angeben. ... Im Spiel kann man das nicht tragen." Basina wies das Tragen von Kopfschmuck mit eingearbeitetem Pferdehaar während eines Spiels weit von sich. Er wies jedoch darauf hin, daß bei Spielen zwischen einzelnen Reservaten der Ojibwa aus dem nördlichen Wisconsin eine Art buntes Schweißband getragen wurde, das sowohl als Mannschaftszeichen diente als auch dem praktischen Zweck, den Schweiß nicht in die Augen rinnen zu lassen.[20]

Die indianischen Lacrossespieler trugen keine Art von Schutzkleidung, bis sie im 20. Jahrhundert als Standardsportausrüstung für jedermann zugänglich war. Aussagen wie die des kanadischen Sportchronisten William Bull, daß „die Spieler schwere Felle und Häute als Schutz vor den Hieben der gegnerischen Schläger trugen", sind absolut abwegig. Nach Hörensagen, wie Bull zugibt, „wurden die Schläge nicht alle im aktuellen Spielverlauf ausgeteilt und ertragen; vielmehr war es ein Vorrecht der Frauen, die tapferen Krieger nach dem Spiel ordentlich durchzuprügeln, wenn sie im Spiel Schwächen gezeigt hatten." Diese Behauptung geht auf Catlin und andere zurück, die für diese Verwirrung gesorgt haben. Tatsächlich erschienen erst, als die Kanadier Lacrosse zu spielen begannen, alle Arten von Wattierungen, Gesichtsmasken und dergleichen auf dem Lacrossefeld. Die Mannschaften aus Montreal waren noch nicht wesentlich anders als ihre Mohawk-Gegner gekleidet. Erst als George Beers die „Spielregeln" aufzustellen begann, wurde zum erstenmal über eine Schutzausrüstung nachgedacht. In seinem Buch „*Lacrosse*" (1869) machte Beers darauf aufmerksam, daß die Indianer niemals einen Ball hart ins Tor schlugen, wenn sie gegeneinander spielten. Im Gegensatz dazu, so Beers, ziehen die Kanadier Schuhe den Mokassins vor und werfen aus kurzen Abständen, weshalb der Torhüter „Beinschützer" wie ein Cricketspieler tragen sollte, um seine Schienbeine zu schützen. Beers machte auch den Vorschlag, doch lieber auf der Oberseite wattierte Handschuhe zu benutzen.[21] Schließlich haben auch die indianischen Torhüter damit begonnen, solche Schutzkleidung zu tragen (Abb. 43), ebenso wie die indianischen Spieler von heute auch die Helme, Schulterpolster, Handschuhe, Trikots und sogar die Plastikschläger ihrer nicht-indianischen Gegenspieler übernommen haben.

Außerdem übernahmen indianische Mannschaften auch die Vereinbarungen über Sportausrüstung und -kleidung, auf die sich die

Abb. 43
Der Allegany Seneca-Torhüter Clarence Watt verteidigt das Tor in einem
Spiel im Allegany State Park / New York. Die Schutzkleidung ist von anderen
Sportarten der damaligen Zeit ausgeborgt, größtenteils vom Baseball. Das
Aufnahmedatum der Fotografie ist nicht bekannt, aber der gepolsterte Kör-
per- und Beinschutz lassen auf den Beginn der zwanziger Jahre schließen. Die
Handschuhe könnten vom Hockey übernommen worden sein.

Euroamerikaner zuvor geeinigt hatten. Die Praxis, Herkunftsbezeich-
nungen in Form abgekürzter Großbuchstaben auf Shorts (BC=Big
Cove) oder Trikots (O=Onondaga) aufzunähen, wurde von den indianischen Spielern übernommen. Aber an diesem Punkt hörte für sie die
Aufdeckung der Spieleridentität auf. Es war allein Sache der euroamerikanischen Lacrossegemeinde, Anhängern die Namen von Spielern an
die Hand zu geben, damit sie auch auf dem Spielfeld auszumachen
waren. Im Protokoll der *Montreal Amateur Athletic Association* findet
sich unter dem 14. Juli 1909 ein Eintrag, in dem das Komitee
aufgefordert wird, „den Vorschlag zu verwirklichen, die Spieler durch-
zunumerieren und ein Programm mit einem gedruckten Beilagezettel
herauszugeben, auf dem die Nummern der Spieler ausgedruckt sind."[22]
Damit die Zuschauer die einzelnen Spieler von den Tribünen aus besser
auseinanderhalten konnten, mußte jeder Spieler ab 1930 laut Klei-
dungsregel-Änderung hinten auf seinem Trikot eine 15 cm große
Nummer tragen. Diese Art von Eitelkeit ist dem traditionellen indianischen Lacrosse fremd.

Die Diskussion der Lacrossekleidung hat gezeigt, wie allmählich
im Spiel nicht-indianische Kleidungs- und Ausrüstungsartikel Eingang
gefunden haben. Einige tragen improvisierte Kleidung, wie zum Beispiel die Eastern Cherokee mit ihren abgeschnittenen Baumwollhosen,
von denen sie vorher die Gesäßtaschen entfernen. Andere haben sich
der Entwicklung, die die Mannschaftskleidung im nicht-indianischen
Sport durchgemacht hat, angepaßt, wie die Irokesen-Mannschaften zu
Anfang dieses Jahrhunderts mit ihren gestreiften Trikots. Die Spielerkleidung ist häufig der wichtigste Faktor beim Auseinanderhalten von
zwei Mannschaften auf dem Spielfeld. Deshalb ist es notwendig, das
Thema Mannschaft – Aufstellung, Spielerauswahl, Trainer, Training –
zur Sprache zu bringen.

Unabhängig davon, welche Kleidung indianische Mannschaften
während des Spiels tragen, werden sie auch heute noch von zivilen oder
religiösen Anführern organisiert. Auf ihren Schultern ruht die Verantwortung für die Spieleraufstellung und die Ereignisse, die dem Spiel
vorangehen. Der Unterschied, ob es sich um ein alltägliches, inoffizi-
elles Lacrossespiel handelt oder um das ernstere, heiliggehaltene Spiel,
ist ausschlaggebend für die Zusammensetzung einer Mannschaft. Bei
Spielen, die nur als Ausgleichssport betrieben werden, spielt es keine
Rolle, wer daran teilnimmt. Bei rituellen Spielen – zum Beispiel wenn
sie mit den religiösen Langhaus-Riten der Irokesen zusammenhingen –
mußten allerdings stets strenge Auflagen hinsichtlich der Art der
Austragung sowie der Auswahl der Teilnehmer beachtet werden.

Es gibt eine Person, die bei der Mannschaftsaufstellung keine Rolle
mehr spielt. Dabei handelt es sich um den Kriegshäuptling, der früher
fast überall darüber bestimmt hat, ob ein Spieler geeignet war oder

nicht. Bei den Creek, deren Nation von altersher auf städtischer Ebene organisiert war, wurden Lacrossespiele von den *Großen Kriegern* der beteiligten Städte arrangiert. Zu ihren Pflichten zählten die Bekanntmachung von im Rat beschlossenen Kriegserklärungen, Bestrafung von Rechtsbrechern der Ratsbeschlüsse oder wegen Fernbleibens von den jährlich stattfindenden Erntezeremonien, sowie Planung und Durchführung von Lacrossespielen in Übereinstimmung mit den *Großen Kriegern* anderer Städte. Gemeinsam trafen sie die Entscheidung darüber, ob ein Mann, der in die Stadt eingeheiratet hatte, berechtigt war mitzuspielen, und ob ein Mann, der zwar aus der Stadt gebürtig war, aber nach auswärts geheiratet hatte und nun woanders wohnte, spielberechtigt war. Ein *Großer Krieger* konnte unter Umständen den Vorschlag machen, Schwiegersöhne aufzustellen, wogegen ein anderer Einspruch erheben konnte. Während der ganzen Verhandlungen achteten sie sorgfältig darauf, keine Seite zu benachteiligen. Letztendlich einigten sie sich entweder über die Bedingungen der Mannschaftsaufstellung oder sie sagten das Spiel ab.[23]

Gewöhnlich wurden die Spiele zwischen Dörfern, Stämmen und Nationen jedoch von zivilen Amtspersonen vereinbart. Als Seneca und Mohawk 1794 gegeneinander antraten, waren die Entscheidungen in ihren jeweiligen Ratsversammlungen gefallen. Die Choctaw vertrauten ihrem lokalen Häuptling die Mannschaftsaufstellung an. Seine Bezeichnung lautete *miko*, und er löste Probleme, wenn es um die Zugehörigkeit zur Gemeinde ging. Sein Rat war besonders dann gefragt, wenn zwei Mannschaften denselben Spieler beanspruchten. Der *miko* trug auch die Verantwortung, wenn Spieler illegal aufgestellt oder unfaire Trainingsmethoden praktiziert wurden. Seine Entscheidung gab immer den Ausschlag, und er hatte die Machtbefugnis, Spieler ganz und gar vom Spiel auszuschließen.[24]

Diese Anführer leiteten Spiele zwischen mehreren Gemeinden, in denen ein oder mehrere Dörfer oder Gruppen desselben Stammes geschlossen gegen eine ähnlich zusammmmengesetzte Zahl antraten. Diese Form der Organisation von indianischen Lacrossespielen taucht in den ältesten Quellen auf. Die Europäer dieser Epoche waren mit dieser Auffassung von Mannschaftssport gewöhnlich nicht vertraut, auch der Wettkampf zwischen größeren Gemeindeverbänden war ihnen neu. 1636 berichtete der Jesuit Paul Le Jeune, Missionarskollege von Pater Le Mercier, über Spiele, in denen zwei Huronendörfer gegeneinander antraten. Bossu erwähnte 1759 die Spöttelei, die mit einer Herausforderung durch die Choctaw einherging: „Sie fordern die Männer aus benachbarten Dörfern zum Spiel auf und machen sich über sie lustig, indem sie ihnen Beleidigungen zurufen." Carver wies auf Lacrossespiele zwischen den Stämmen der Great Lakes in den Jahren 1766 bis 1768 hin: „Das Spiel wird von großen Menschengruppen gespielt, die sich manchmal auf mehr als 300 Köpfe belaufen. Es kommt

Abb. 44
Vor Beginn des Spiels in Keshena im Menominee-Reservat stehen sich beide
Mannschaften gegenüber, ca. 1916.

dabei häufig vor, daß verschiedene Gruppen gegeneinander antreten."
Das einzige noch bedeutendere Wettkampfspiel – das *große* Spiel
zwischen den Nationen – wurde zuweilen angesetzt, um territoriale
Ansprüche zu klären und damit offenen Krieg zu vermeiden.[25]

Auf Gemeindeebene war die Mannschaft natürlich viel kleiner.
Wenn bei den Great Lakes-Stämmen ein Spiel bevorstand, wurden
zwei Spielführer gewählt, die die Mannschaften aufstellten. Handelte es
sich dabei um ein zeremonielles Spiel, das aus ritueller Pflichterfüllung
ausgerichtet wurde, trug derjenige für die ganze Organisation die
Verantwortung, der zuvor im Traum den Befehl zu spielen erhalten
hatte. Bei den Potawatomi wählte ein solcher Mann zwei Anführer.
Wenn danach alle Spieler auf dem Spielfeld eintrafen, legten sie ihre
Schläger auf einen Haufen. Daraufhin wurden einem der beiden
Anführer die Augen verbunden, und er wählte die beiden Mannschaften, indem er einzelne Lacrossestöcke von dem Haufen nahm und sie
auf zwei getrennte Haufen legte. Die Schläger waren alle persönlich
gekennzeichnet, so daß jeder Spieler seinen Stock leicht wiedererkennen und an sich nehmen konnte. Dann gesellte er sich zu seiner

235

Abb. 45
Oklahoma Creek-Spieler umkreisen die Torpfosten als Teil der psychologischen Vorbereitung für einen „Fehde-Wettkampf", zwischen 1930 und 1940.

Mannschaft. (Der Ojibwa-Schläger in Abb. 20a trägt zum Beispiel vier kleine, kaum wahrnehmbare Einschnitte an der Griffunterseite, die ich für die Erkennungszeichen des Besitzers halte.) Gewöhnlich spielten bei den Potawatomi auf jeder Seite fünf Spieler, manchmal aber auch neun. Anfang des 20. Jahrhunderts verfolgten die Menominee eine ähnliche Strategie. Ihre Anführer sammelten die Schläger der Spieler ein, mengten sie durcheinander und breiteten sie dann in zwei parallelen Reihen aus (Abb. 44). Im Glauben, die Wahl sei von den Geistern gelenkt worden, nahmen die Männer auf der Seite Aufstellung, wohin die Donnergeister ihre Stöcke hatten fallen lassen. Zuweilen kam es vor, daß dieselbe Menominee-Mannschaft am gleichen Tag zwei Spiele hintereinander für unterschiedliche Sponsoren austrug, damit diese ihren religiösen Verpflichtungen nachkommen konnten. Es kam auch vor, daß mehrere Mannschaften für ein großes Spiel mit der doppelten Anzahl Spieler zusammengelegt wurden.[26]

Bei einzelnen Stämmen war die Zahl der Spieler für rituelle Spiele festgelegt. Das geschah aus symbolischen Gründen. Im Donner-Ritus der Cayuga standen sich auf jeder Seite sieben Mann gegenüber – eine Mannschaft setzte sich aus älteren Männern einer bestimmten Stammesgruppe zusammen, die andere aus jüngeren Männern der entgegengesetzten Gruppe. Alle sieben Spieler jeder Seite repräsentierten die sieben Donnergötter, und das Spiel wurde so verstanden, daß Väter gegen Söhne kämpften. (Cayuga-Spiele für die Genesung von Kranken

236

wurden manchmal mit noch weniger Teilnehmern pro Seite ausgetragen.)[27]

Clansysteme und Verwandtschaftsgrade spielten im Sozialgefüge der Stämme eine große Rolle und wirkten sich auf das gemeinsame Vorgehen bei Spielen, Kriegszügen und anderen wichtigen Angelegenheiten aus. Gegen Ende Mai scheiden die Onondaga immer noch ihre Spieler nach Clanzugehörigkeit gemäß ihrer Verbindung zum *Mudhouse* oder zum *Longhouse*. Da das Spiel von Grund auf religiöse Wurzeln hat, ist es unerheblich, ob die Anzahl der Spieler pro Seite übereinstimmt. Es wird einfach solange gespielt, bis drei Tore gefallen sind.[28] Andere Stämme wie die Winnebago kannten zwei Stammes-Abteilung, nach denen die Mannschaften bei den Dorfspielen aufgestellt wurden. Die Aufteilung umfaßte mehrere Clans: zu den *WañgEre'gi* (Diejenigen, welche oben sind) gehörten die Clans des Donnervogels, der Kriegsleute, des Adlers und der Taube, während die Clans von Bär, Wolf, Wassergeist, Wild, Elch und Büffel den *Mane'gi* (Diejenigen, welche auf der Erde sind) zugezählt wurden. Dieses Clansystem wurde berücksichtigt, wenn man sich auf dem Kriegspfad befand, bei großen Festen und bei zeremoniellen Lacrossespielen. (#29)

Der Wettkampfgeist, der den Lacrossespielen innewohnte, stärkte das Gruppengefühl, und zwar sowohl auf Clan- als auch auf Stammesebene. Beziehungen zwischen verwandten Familien wurden enger geknüpft, wenn die Spieler in vereinter Anstrengung gegen die andere Mannschaft antraten. Gleichzeitig hat Lacrosse Machtkämpfen auf lokaler Ebene den Boden entzogen und Spaltungen Einhalt geboten. In der Adlertanz-Gesellschaft der Irokesen kamen die heftigen Aggressionen zwischen verschiedenen Clangruppen nicht zum Ausbruch, da der freundschaftliche Wettkampf beim zeremoniellen Lacrosse und die Clan-Scherze und -späße die feindseligen Emotionen auflösten.[30]

Die meisten Spiele innerhalb des dörflichen Rahmens gingen gewöhnlich friedlich aus. Doch es konnte auch geschehen, daß eine Identifikation machmal dazu führte, daß alte Streitigkeiten zwischen einzelnen Familien wieder ausbrachen und sogar Anlaß zur Fehde boten. Eine historische Fotografie zeigt Creek-Spieler, die vor einem Spiel ihre Torpfosten umkreisen (Abb. 45). Der Creek Archie Sam, der 1967 die Archive aufsuchte und dabei dieses Foto fand, schrieb mit Bleistift hinten auf die Rückseite, was diese Fotografie darstellte: „Austragung von Fehde-Wettkämpfen gegen Clans oder Familien bis zum Verbot durch die Regierung.“

Auf der Gemeindeebene stellt Lacrosse auch weiter eine normale Freizeitbeschäftigung für die indianische Bevölkerung dar. In historischen Quellen kann man über ein Cherokee-Spiel (wahrscheinlich in den zwanziger Jahren des 19. Jahrhunderts) zwischen den Städten *Chicamunga* und *Chatooga* nachlesen, dem heutigen Walker County,

Georgia, wo sich 50 Spieler „angeführt von ihren Häuptlingen" gegenüberstanden oder über ein Spiel im Jahre 1834 zwischen Hickory Log
und *Coosawattee* in der Nähe des heutigen Jasper. Um 1880 trafen sich
häufig die Rainy Lake Ojibwa (Ontario) mit den Nett Lake Ojibwa zu
Winterspielen. Beide Stämme, die durch Heirat eng miteinander
verwandt waren, spielten in der Nähe von International Falls an der
kanadischen Grenze auf dem zugefrorenen Rainy Lake. Im Red Cliff-
Reservat arrangierten Historiendarsteller in den zwanziger Jahren für
die Sommertouristen diverse Lacrossespiele zwischen vier oder fünf
Mannschaften aus verschiedenen Ojibwa-Reservaten Wisconsins. Jedes Reservat hatte sein Lager in seinem eigenen kleinen „Dorf" aufgeschlagen. Sie spielten für die Touristen Schau-Turniere, in denen jeder
gegen jeden spielte. Dabei wurden die Mannschaften und ihre Gegner
durch Lose aus einem Hut ermittelt. Wer zwei von drei Spielen
gewonnen hatte, war der endgültige Sieger.[31]

Manchmal taten sich zwei oder noch mehr Gemeinden, die einem
bestimmten Stamm angehörten, für größere Spiele zusammen, so zum
Beispiel, als drei Dakota-Gruppen im Jahr 1852 in einem auf drei Tage
angesetzten Spiel gegen die Gruppe von *Six* antraten. Ein Bericht
darüber besagt, daß 250 Männer und Jungen daran beteiligt waren. Im
Sommer 1836 lagerten mehrere Ojibwa-Gruppen aus dem Inland auf
Madeline Island im Lake Superior, wahrscheinlich um dort Handel zu
treiben. Spieler von Sandy Lake, Lac Court Oreilles und Lac du
Flambeau forderten die Gruppen vom Lake Superior zu einem Spiel
heraus. Alles in allem kamen etwa 250 Spieler zu diesem Ereignis
zusammen.[32]

Beim Aufstellen von Mannschaften aus mehreren Gemeinden
konnte es Schwierigkeiten geben. Als sich zwei oder drei Cherokee-
Städte in den dreißiger Jahren des 19. Jahrhunderts zusammentaten,
mußte man davon ausgehen, daß das Wetten eine erhebliche Rolle
spielen würde. Aus diesem Grunde wurden die Grenzen der Städte, die
im Wettkampf gegeneinander antraten, im Vorfeld der Beratungen
stets genauestens festgelegt. Diejenigen, die das Spiel aushandelten,
waren bemüht, jeden Betrug auszuschalten, der sich durch Unklarheit
über die Herkunft eines Spielers einschleichen konnte. Auch mußten
Maßnahmen gegen Erpressung ergriffen werden; dieses Problem tauchte
immer dann auf, wenn der Wetteinsatz sehr hoch stieg.

Wenn zwei Creek-Städte für ein Spiel gegeneinander aufgestellt
wurden, waren die Schwierigkeiten vorprogrammiert. Es gab einmal
eine Zeit, als die Creek ihre Städte mit den Farben Rot oder Weiß
identifizierten. Die Einwohner trugen jeweils Perlen in den Farben
ihrer Städte, woran man ihre Herkunft erkennen konnte. Die roten
Städte gingen auf den Kriegspfad, und die weißen Städte hielten immer
Frieden. Lacrosse scheint der einzige Anlaß gewesen zu sein, bei dem sie

aufeinandertrafen. Sonst machten sie einen Bogen umeinander. Es gab so gut wie keine Heiraten untereinander, und die Träger der jeweils anderen Farbe wurden niemals im Herbst zu den Erntezeremonien eingeladen. Bei Spielen traten die weißen Städte traditionell gegen die roten Städte an. Die Städtebündnisse änderten sich allerdings, als die Creek ins *Indian Territory* umgesiedelt wurden. Aber das Muster Rot gegen Weiß dauerte fort. Als die Anthropologin Mary Haas in den Jahren 1938-39 Feldforschung bei den Creek betrieb, stellte sie jedoch fest, daß es in der Sprachterminologie keine Umschreibung mehr für die alte Aufteilung in Rot-Weiß gab. Trotzdem wurden die Städte weiterhin in *anhíssi* (mein Freund) oder *ankipá-ya* (mein Feind oder Gegner) unterteilt, und die Spiele wurden dementsprechend organisiert.[33]

In der Vergangenheit zeichneten sich Choctaw-Lacrossespiele häufig dadurch aus, daß man gegen Gruppen antrat, denen man verwandtschaftlich verbunden war. Diese Einstellung hat sich bis in die siebziger Jahre gehalten, besonders bei eher konservativen Gemeinschaften. Sie zeigten ein hohes Maß an Gruppenzusammengehörigkeit, und sie wären wahrscheinlich die letzten gewesen, ein Spiel etwa wegen schlechten Wetters einfach ausfallen zu lassen oder nicht zu erscheinen. Auch interessierten sie sich mehr für das Geschehen innerhalb der Lacrosseliga als weniger traditionell eingestellte Gemeinschaften: „Ihr Einsatz [gegenüber der Gemeinschaft] ist dermaßen ausgeprägt, daß viele Choctaw öffentlich zugeben, sich ihren jeweiligen Mannschaften mehr verpflichtet zu fühlen als ihrem Arbeitgeber. Man kann zu spät zur Arbeit kommen oder auch einmal unentschuldigt wegbleiben, ohne die Verpflichtung gegenüber der Familie zu verletzen. Das ist bei einem Ballspiel nicht der Fall.“[34]

Wieviele Spieler waren an einem typischen indianischen Lacrossespiel beteiligt? Diese Frage kann man nur beantworten, wenn man die wirklichen Augenzeugenberichte von den Berichten nach Hörensagen trennt. Dabei sollte man in Betracht ziehen, daß es sich in der mündlichen Überlieferung durch ständige Wiederholungen eingebürgt hat, im Zusammenhang mit „großen Spielen“ einzelne Details maßlos zu übertreiben. Natürlich sollte man auch den *vollständigen* Spielbericht berücksichtigen. Oberflächliche Leser von William Stones veröffentlichter Wiedergabe über das Rückspiel von Seneca und Mohawk im Jahre 1797 halten häufig vor Erstaunen inne, wenn sie lesen: „Die Zahl der Spieler belief sich auf jeder Seite auf etwa 600 Jugendliche und Männer mittleren Alters, alle flink zu Fuß, athletisch und muskulös.“ Diese Zahl ist häufig zitiert worden ohne Berücksichtigung des folgenden Absatzes, in dem diese Aussage modifiziert wird. Darin heißt es, daß jeweils nur 60 Spieler pro Seite auf dem Platz waren. Alle 15 oder 20 Minuten wurden sie im Rotationsverfahren durch neue Spieler ersetzt, bis alle Gelegenheit gefunden hatten, sich am Spiel zu beteiligen.[35]

Als Erklärung für die große Anzahl von Spielern, die sich auf dem Feld befunden haben sollen, mag das Verhalten der Indianer dienen. Womöglich haben sie diese Art von Spielen jenen Besuchern als Ehrerweisung vorgeführt, die sie für hohe Persönlichkeiten hielten. Für Catlin wurde ein derartiges Spiel durchgeführt, als er 1835 Fort Snelling besuchte. Mit der Unterstützung von Major Lawrence Talliaferro, des dort stationierten Indianer-Agenten, wandte der Künstler dieselbe Strategie an, die bereits ein Jahr zuvor *Thirsts-for-Stone* veranlaßt hatte, für ihn zu posieren:

> „Um mir für meine Skizzen zu vermehrten Ansichten über ihre Sitten und Gebräuche zu verhelfen, erläuterte [der Agent] ihnen, daß ich ein bedeutender *Medizinmann* sei, der eine Vielzahl von indianischen Stämmen besucht und ihre Sportarten studiert habe. Ich sei gekommen um festzustellen, ob die Sioux und Chippeways sich ebenso gut auf das Ballspiel und andere Sportarten verstünden wie ihre Nachbarn. Wenn sie bereit wären, am *nächsten* Tag (4. Juli) in ihrer besten Aufmachung zu erscheinen und ein Ballspiel und ein paar Tänze vorzuführen, so würde er die *große Kanone* einundzwanzigmal Salut schießen lassen (der übliche Brauch an diesem Tag). Das legten sie natürlich als großes Kompliment für sich aus."

Über das Lockmittel eines Salutes von 21 Kanonenschüssen hinaus (der auch unabhängig davon abgefeuert worden wäre) versprach Catlin den Indianern noch einige Faß Mehl, Schweinefleisch und Tabak. Ihr Schaukampf dauerte nur zwei Stunden. Danach zogen sie zum Haus des Agenten, wo sie mehrere Tanzvorführungen gaben.[36]

Angesichts einer wichtigen Vorführung vor einer durchreisenden hohen Persönlichkeit hat wahrscheinlich jeder Spieler den Wunsch verspürt, „dabeizusein und mitzumachen". Obwohl dies so ist, tauchen in vielen Arbeiten über Lacrosse immer wieder die riesigen Teilnehmerzahlen bei derartigen Schaukämpfen als die Regel und nicht als die Ausnahme auf. An einem Spiel im 17. Jahrhundert sollen angeblich mehr als 2000 Miami-„Krieger" teilgenommen haben. Allerdings war dieses Spiel eindeutig als Vorführung geplant, möglicherweise sogar als Machtdemonstration gegenüber dem neuen französischen Indianer-Agenten. Übrigens sagt der Bericht über dieses Ereignis nicht viel mehr aus, als daß 2000 Miami mit ihren Lacrosseschlägern zusammengeströmt waren, nicht etwa, daß sie alle mitgespielt hätten.[37]

Wenn man diese „Schauwettkämpfe" mit den Spielen vergleicht, die innerhalb eines Stammes von Indianern derselben Stammeszugehörigkeit im Rahmen ihrer gewöhnlichen Alltagsbetätigung geplant werden, dann schrumpfen die Spielerzahlen gewaltig zusammen. Beispielsweise führten die Cherokee im Jahre 1797 in Tellico vor dem Herzog von Orléans, dem späteren König Louis Philippe von Frankreich, ein Spiel auf, an dem angeblich 600 Spieler teilnahmen. Diese Zahl übersteigt die größte Spielerbeteiligung, die jemals für ein Cherokee-Spiel bekannt geworden ist, um das zehnfache. Es steht außer Frage, daß es sich hierbei um ein außergewöhnliches Ereignis gehandelt hat. Der Herzog hatte den Gewinnern 6 Gallonen Branntwein in Aussicht gestellt, und die zu Besuch weilenden Franzosen wurden unter dem Trommelwirbel der Garnison zum Spielfeld eskortiert. Im Gegensatz dazu zählte Mooney in seinem Bericht über ein Cherokee-Spiel im Jahre 1890 nur neun bis zwölf Spieler pro Seite. Eine Spielerzahl von 22 war die höchste, die seinen Informanten je zu Ohren gekommen war.[38]

Unabhängig von der Mannschaftsgröße sorgten die Organisatoren von indianischen Lacrossespielen meistens dafür, daß die Spielerzahl und ihre Fertigkeiten einigermaßen ausgeglichen waren. Die Mannschaften der Creek und Cherokee verglichen die Zahl der Spieler, indem sie in der Spielfeldmitte aufeinandertrafen und ihre Schläger zu Füßen der Gegner ablegten (Abb. 46). Dann gingen gewöhnlich die Ausrichter zwischen und hinter ihnen hin- und her, um Körperumfang, Gewicht, Größe und andere Faktoren der einzelnen Spieler festzustellten. Wo es nötig war, nahmen sie Änderungen vor, indem sie einzelne Spieler von ihrer ursprünglichen Position in der Reihe zu einem anderen Platz führten, wo sie auf Gegner trafen, die ihnen besser gewachsen waren.[39]

Forscher der Mohawk, die sich mit ihren eigenen Lacrosse-Traditionen auseinandersetzen, machen für das Absinken der Spiele sowohl soziale Umwälzungen als auch neue Spieltaktiken verantwortlich. Wo früher vielleicht einmal 100 Spieler pro Mannschaft angetreten sind, nahm die Zahl der Teilnehmer allmählich immer mehr ab. Das lag teils an dem Bevölkerungsrückgang, teils an den kriegerischen Auseinandersetzungen mit Europäern sowie an der Aufsplitterung von Stämmen in gesonderte Siedlungen und Reservate. Nach Meinung der Mohawk begann das Massenspiel an Glanz zu verlieren, ebenso die Feldstrategie. Wenn früher ein Tor umkämpft wurde, stellten die Mohawk in der Regel alle Abwehrspieler vor dem Tor auf, um den Wurf auf das Tor abzublocken, ähnlich wie die Fußballmannschaft bei einem Strafstoß eine Wand aus Menschenkörpern aufbaut. Als dann weniger Spieler zur Verfügung standen, begannen die Mohawk, ein oder zwei Spieler als Freischußspezialisten auszubilden. Ihrer Behauptung nach war das die Geburtsstunde des „Torwarts".[40]

Die Cherokee haben einen ähnlichen Abbau der Mannschaftsgröße erlitten und mehr und mehr Geschick und Fertigkeiten auf den einzelnen Spielerpositionen ausgebaut. Wo früher zwei Mittelspieler

Abb. 46
Eastern Cherokee-Spieler zweier Mannschaften erwählen sich die Gegner
(1888).

pro Mannschaft eingesetzt wurden, hat man im Laufe der letzten 75
Jahre die Zahl auf einen reduziert. Der größte und stärkste Mannschaftsspieler, der sogenannte *„shortstop"* oder *„center knocker"*, wie er
heute auch manchmal genannt wird, ist meistens zugleich auch Mannschaftskapitän. In den vierziger Jahre spielten die Mannschaften aus der
Stadt lediglich drei Spiele pro Sommersaison. Sie wurden vom Mannschaftskapitän organisiert, dem zwanzig Spieler zu Verfügung standen,
von denen er nur zwölf aufstellte.[41]

In einer ungewöhnlichen Variante des indianischen Lacrosse, in der Männer gegen Frauen spielten, waren beide Mannschaftsseiten womöglich nicht ausgeglichen. Die Dakota räumten den Frauen zum Beispiel ein Verhältnis von 5:1 gegenüber den Männern ein. Im Großen und Ganzen kam es jedoch nach einem nur von Männern ausgetragenen Lacrossespiel häufiger vor, daß Frauen anschließend zu einem *Shinny*-Spiel auf dem Spielfeld antraten, das mit einem Doppelball und einseitig zugespitzten Stöcken gespielt wurde. Trotzdem haben sich auch Männer und Frauen im Lacrosse gegenübergestanden oder sogar in der gleichen Mannschaft gespielt. Als die Männer und Frauen der Shawnee im *Indian Territory* Lacrosse spielten, benutzten die Frauen dazu ihre Hände, während die Männer mit Schlägern spielten. Die Torpfosten wurden auch etwas näher aneinandergerückt.[42]

Alte Quellen weisen daraufhin, daß Frauen das Spiel in der Kindheit erlernten. Perrot ging näher auf die Mannschaftszusammensetzung bei den Huronen ein: „Männer und Frauen, Jungen und Mädchen spielen alle zusammen auf der einen oder anderen Seite, und ihre Wetten bewegen sich im Rahmen ihrer Mittel." Im Juli 1826 befand sich Thomas McKenney auf einer Reise zu den Lakes in Sault Ste. Marie und beobachtete kleine Indianerkinder beiderlei Geschlechts beim Spiel (wahrscheinlich Ojibwa). Während ihre Eltern dabei saßen und rauchten, „tollten nackte kleine Indianerjungen und kaum mehr bekleidete Indianermädchen über die Grünfläche und spielten *baggatiway* [Lacrosse]."[43]

Über Lacrosse mit weiblichen indianischen Teilnehmerinnen ist nur wenig an die Öffentlichkeit gedrungen. Es war jedoch bekannt, daß diese Variante neben anderen von mehreren Stämmen gespielt wurde. Bereits 1765 wies Timberlake auf lacrossespielende Cherokee-Frauen hin. Die Mutter des Informanten von James Mooney, Will West Long, konnte sich erinnern, daß sie Lacrosse mit den Händen statt mit Schlägern gespielt hatte, genau wie die Shawnee. Aus den zwanziger Jahren existieren Fotos von diesen Spielen bei den Oklahoma-Creek.

Spiele dieser Art, an denen innerhalb der Stammesverbände beide Geschlechter beteiligt waren, dienten meistens dem Freizeitvergnügen. Wie Hoffman bei den Dakota festhielt: „Ein solches Mixed-Spiel [ist] äußerst vergnüglich." Im Gegensatz dazu berichtete 1968 Paul Buffalo vom Leech Lake-Reservat in Minnesota, daß in seiner Gemeinde Männer und Frauen der Ojibwa ernste Lacrossespiele miteinander austrugen, und er bezeichnete diese Spiele als rauh und aggressiv.[44]

Der Mannschaftsaufstellung ging eine einfache, formlose Herausforderung einer Mannschaft beziehungsweise eines Ortes an einen anderen voraus. Viele benachbarte Städte spielten regelmäßig gegeneinander, deshalb gab es häufig Rückspiele. Diese wurden oft nach

Beendigung eines Spiels aufgund der Herausforderung der Verlierer-
mannschaft vereinbart. Eine siegreiche Cherokee-Mannschaft, die
mehrere Male ein Rückspiel abgelehnt hatte, mußte sich irgendwann
einer Herausforderung stellen, um dem Verlierer die Chance zu geben,
verlorenes Prestige wiederzugewinnen. Die Rückspiele bei den Cherokee fanden immer auf dem Feld der herausgeforderten Sieger statt, und
sie stellten auch die Spielbedingungen auf. Wenn es jedoch um eine
neue Serie von Wettkämpfen ging, wurden sie auf neutralem Boden auf
halbem Weg zwischen den beiden Gemeinden ausgefochten. (Laut
Lloyd Sequoyah, einem Lacrosse-Medizinmann der Cherokee, war es
früher üblich, „die Schiefertafel sauber zu wischen", d.h. die neue
Saison ganz von vorne anzufangen, ohne an alte Siege und Niederlagen
zu denken.)[45]

Hatte man sich zu einem Spiel entschlossen – ob auf Wunsch eines
Stadt- oder Clanhäuptlings, zu Ehren eines berühmten, verstorbenen
Spielers oder einfach, weil die Spieler gerne ein Spiel machen wollten
– trat ein Rat zusammen, der die Bedingungen der Herausforderung
festlegte. Dann wurden Läufer mit der Herausforderung losgeschickt,
die aus diesem Anlaß „Botschafts-Stöcke" als Zeichen ihrer Mission bei
sich trugen. Wenn eine Stammesgruppe bei den Winnebago eine
andere herausforderte, hängten sie Tabak an die Einladungsstöcke.
Früher einmal wurden die Herausforderungsstöcke bei den Choctaw
dazu benutzt, die Spieltermine festzuhalten. Der Häuptling des herausgeforderten Dorfes warf jeden Tag einen Stock beiseite. Wenn der letzte
an die Reihe kam, wußte er, daß das Spiel am folgenden Tag stattfand.[46]

Bevor die Cherokee-Läufer ausgesandt wurden, beobachteten der
Mannschaftsführer und der Zauberer oder „ole cunjer-man", wie die
Cherokee ihn noch heute in ihrem breiten North Carolina-Englisch
nennen, sehr genau drei oder vier Trainingsspiele, um ihre Gewinn-
chancen abzuschätzen. Bei diesem Gerangel konnten verheiratete
Männer aus der Gemeinde unverheirateten gegenüber stehen oder
Spieler aus verschiedenen Teilen der Stadt gegeneinander antreten. Die
Mannschaften wurden ausgeglichen nach Gewicht, Größe und Fertig-
keiten aufgestellt. Prophezeite der Zauberer einen Sieg für die Mannschaft, wählte man einen Sprecher als Überbringer der Herausforderung an die andere Stadt, der auch Verhandlungen führen konnte.
Dieser Mann mußte sprachlich überzeugend auftreten können und alle
Tricks von Lacrosse kennen. Dennoch durfte er *nicht* aktiv am Spiel
teilnehmen. Sollte er nämlich bei seinen Verhandlungen irgendwelche
Prahlereien auftischen, würde er sofort anfällig für die Zaubersprüche
des gegnerischen Medizinmanns.[47]

Beide Parteien mußten mit der Festlegung der Details einverstanden sein, sonst wurde das Spiel abgesagt. Deshalb beriefen die Seneca
eine Ratssitzung ein, nachdem sie 1794 die Herausforderung von Brant
erhalten hatten. Zu den Punkten, die geklärt werden mußten, gehörten

244

die Zustimmung zur Spieleraufstellung, Spielerzahl, Größe und Lage des Spielfeldes sowie der Zeitpunkt der Austragung. Auch mußte abgeklärt werden, ob man ein „großes Spiel" mit älteren, sehr erfahrenen Lacrossespielern aufziehen wollte, ein „Spiel mit hohem Wetteinsatz", bei dem man mit vielen Wettabschlüssen rechnen konnte oder nur ein „kleines Spiel" mit unerfahreneren Spielern, bei dem das Wetten nur eine Nebenrolle spielte.

Zur Vorbereitung auf das Spiel übten die Spieler ihre Fertigkeiten zu zweit oder in kleinen Gruppen. Die meisten waren seit ihrer Kindheit mit dem Spiel vertraut und kannten es aus improvisierten Lacrossespielen auf freiem Gelände in der Nachbarschaft, wo man sich ungezwungen traf. Es gehörte beim Hineinwachsen in die Gesellschaft einfach dazu.

In der Literatur über Lacrosse sind nur wenige spezielle Trainingspraktiken veröffentlicht worden. Eine davon ist die Methode zur Stärkung der Beinmuskeln, die die Ojibwa befolgt haben. Die Spieler trugen kleine Beutel mit Bleikugeln um die Fesseln, „während sie ihren täglichen Verrichtungen nachgingen". Wenn sie die Beutel entfernten, fühlten sie sich „leichtfüßig". Besonders im Südosten mußten Lacrossespieler strenge Einschränkungen befolgen, die ihre Beziehungen zu Frauen, zum Essen und Trinken sowie zur Dauer der Nachtruhe regelten. Sobald für die Choctaw ein Wettkampftermin feststand, durften Spieler wie *Thirsts-for-Stone* kein Schweinefleisch oder Fett mehr essen und mußten vor dem Spiel sexuell enthaltsam leben. Zwei Tage vor dem Spiel war Fasten angesagt. Sie durften dabei nur winzige Mengen essen und trinken und nur wenig schlafen.[48]

Während des Tainings besuchten die Spieler Schwitzhütten und tranken bestimmte Flüssigkeiten, um ihre Körper zu reinigen. So verhielten sich auch die Ojibwa in Fort Michilimackinac. Sobald die Winnebago sich über die Größe des Spielfeldes und die Anzahl der Gewinnpunkte geeinigt hatten, tranken sie gewisse Flüssigkeiten, die zum Erbrechen führten und begaben sich in Schwitzhütten, um Kräfte zu sammeln und ihren Körper von Unreinheiten zu befreien. Bei den Irokesen mußten die Spieler „strenges Fasten, Baden und Einnehmen von Brechmitteln" auf sich nehmen. Die zum Erbrechen führenden Getränke enthielten Rindenauszüge der gefleckten Erle und der roten Weide.[49]

Wie bereits erwähnt, gab es für das rituelle Ritzen als Teil der Vorbereitung auf das Spiel sowohl körperliche als auch religiöse Gründe. Im 19. Jahrhundert ritzten die Mississippi-Choctaw ihre Kinder, um die Blutzirkulation zu beschleunigen, was vermehrten Fleiß und Antriebsstärke verursachen sollte. Wenn Eltern sich Sorgen machten, ihre Kinder könnten der *itakobi* (Faulheit) anheimfallen, zwangen sie sie, bei kalter Witterung zu schwimmen, schwere Gewichte zu heben und Lacrosse zu spielen.[50] Die Creek praktizieren auch heute noch das rituelle Ritzen bei zeremoniellen Ballspielen während der Grünkorn-Zeremonie. Am Rande des Stampf- und Tanzplatzes macht der Häuptling „Medizin", indem er durch ein Bambusrohr in einen mit Wasser gefüllten Eimer bläst und leise heilige Gesänge vor sich hinsingt. Wenn die Frauen sich mit dieser Medizinflüssigkeit versorgt haben, wird jeder Spieler viermal hinten in die Waden und Ober- und Unterarme geritzt. Sie baden die Wunden in dem Medizinwasser und stampfen dann mit Rasseln zum Federtanz auf. (Der Begriff dafür ist „Medizin berühren".) Durch das Ritzen soll die Medizin besser in die Muskeln eindringen und dort große Kräfte auslösen.

Als Teil der mentalen Vorbereitung und Einstellung zum Spiel wurden die indianischen Lacrossespieler von ihren Anführern oder Häuptlingen dahingehend unterwiesen, sich psychologisch auf die Spielhandlung einzustellen und dabei alles zu geben. Im 18. Jahrhundert „feuert[e] der Kapitän jeder Mannschaft seine Spieler an und nennt [nannte] ihnen die genaue Zeit des Spielbeginns;" das traf auf die Huronen zu, jeweils am Nachmittag vor den Spielen. Bei einem Creek-Spiel im Jahre 1913 trafen die Spieler gegen acht Uhr morgens auf dem Spielfeld ein. Jede Mannschaft trat dann beiseite, um sich zu beraten. Wenn die Anführer ihre Reden beendet hatten, verließen sie den Platz, um sich umzuziehen. Die Spieler hörten den Ermahnungen aufmerksam zu und nahmen sie sich zu Herzen.[51]

Eine solche Rede lief immer nach dem gleichen Muster ab. Darin wurden die Spieler an ihren Lokalstolz und frühere Siege erinnert, offensichtlich um sie „anzufeuern". Ende des 18. Jahrhunderts hielt ein alter Häuptling in der Eastern Cherokee-Stadt Cowe eine Rede, nachdem alle zu einem Ballspiel-Tanz, der unter einem schützenden Dach aufgeführt wurde, Platz genommen hatten. Er sprach von den Spielen, die Cowe in der Vergangenheit gewonnen hatte „als ehrenhafte Auszeichnung für die mannhafte Ausübung des Ballspiels, zur Erinnerung an die zahlreichen großartigen Siege, die die Stadt Cowe gegen die anderen Städte der Nation erzielt hatte und vergaß dabei nicht, auch seine eigenen Heldentaten zu erwähnen" sowie die der anderen anwesenden Alten.[52] Ähnliche anspornende Reden wurden auch während der Vorbereitungen für Kriegszüge gehalten, wenn erprobte Krieger ihre Abenteuer auf dem Kriegspfad zum besten gaben. Das geschah meistens in Zusammenhang mit einer Abschiedszeremonie.

Der alte Brauch der Creek, kurz vor Spielbeginn die Torpfosten zu umkreisen, was noch in den achtziger Jahren gemacht wurde, findet seine Entsprechung im letzten Umrunden des zeremoniellen Feuers, das jedes Jahr stattfindet. Sie tragen dabei ihre Lacrosseschläger und die Spielausrüstung. Ihre Anführer stoßen währenddessen hohe, durchdringende Schreie aus, die als Abschiedsgruß an das Feuer und zu Ehren der Bälle, mit denen das Spiel ausgetragen wird, gedacht sind. Wenn sie in ihrer Spielerkleidung auf das Feld zurückkehren, wiederholen sie diese Torumkreisung. Diesmal geschieht es, um das Tor zu schützen und die Moral und Spielfreude der Spieler aufrechtzuhalten (s. Abb. 45). (Nach einem Spiel umkreisen die Sieger ihre Torpfosten. Möglicherweise wollen sie damit symbolisch ausdrücken, daß sich das Tor noch „in Sicherheit befindet", d.h. daß es diverse „Attacken" oder Torwürfe heil überstanden hat.)

Vor einem Spiel vergaß man nicht, die Spielausrüstung zu segnen, um sie vor bösen Zaubersprüchen zu schützen. Jeder Menominee-Spielführer wählte dafür einen einflußreichen Medizinmann aus, der für die Unversehrtheit der Schläger garantierte, die tags zuvor auf dem Spielfeld zurückgelassen wurden. Er brauchte dafür nicht persönlich auf dem Spielfeld auszuharren. Er hatte nämlich die Macht, „die Schläger auch aus der Ferne zu bewachen".[53] In den achtziger Jahren packten die Creek-Spieler immer noch ihren Schläger, Lendenschurz und Gürtel zu einem Bündel zusammen und hängten dieses während der Nacht vor dem Spiel an einen bestimmten Baum (s. Abb. 12). Unter lautem Schreien und Rufen holten sie sich ihre Sachen am folgenden Morgen zurück.

Am Spieltag selbst koordinierten die Mannschaften ihre Ankunft, um gleichzeitig dort aufzutreten. Das vereinbarte Spielfeld lag häufig in einiger Entfernung zum Wohnort der Spieler. Deshalb wurde die Reise dorthin in mehreren Stationen zurückgelegt. Am ersten Tag legte man nur eine Teilstrecke zurück. Bei Cherokee-Spielen wurde diese abschnittsweise Fortbewegung nach dem tatsächlichen Eintreffen der Spieler auf dem Spielfeld rituell wiederholt. Basil Hall beschrieb im Jahr 1828 das Eintreffen von Creek-Spielern auf dem Spielfeld. Aus dem Wald erklang ein lauter Schrei, und plötzlich tauchte eine Mannschaft auf: „Sie näherten sich dem Spielfeld und gebärdeten sich wie toll. Sie schrien aus vollem Halse, stießen spitze, hohe Töne aus, brüllten laut herum, ließen ihre Schläger durch die Luft sausen, schlugen Purzelbäume [sic] und vollführten alle möglichen Eskapaden, die man sich nur vorstellen kann." Nach altem Creek-Brauch umkreisten sie ihr Tor und marschierten dann zur Spielfeldmitte, wo sie auf das Erscheinen ihrer Gegner warteten: „Sie setzten sich dort bis zum Auftauchen ihrer Gegner dichtgedrängt zusammen." War die andere Mannschaft eingetroffen, „nahmen sich die zwei Gruppen gegenseitig lange und ausführlich ins Visier. Ab und zu riefen sie einander Herausforderungen zu."[54]

Wie die Eastern Cherokee bewegen sich auch die Oklahoma-Creek noch heute in einer Reihe ins Mittelfeld, um dort auf ihre Gegner zu treffen. Diese Praxis wurde bis in die achtziger Jahre befolgt. Wenn die Spieler ihre Torpfosten umkreist haben, stellt sich der Medizinmann hinter den Torpfosten auf. Er hält zwei Bälle auf einem kurzen Schläger in die Höhe, während sich die Mannschaft in zwei parallelen Reihen hinter ihm aufstellt. Ein langes Aufheulen, durchsetzt von

Kriegsgeschrei, setzt ein, das in ein lautstarkes, helles Geräusch über-geht, wenn die Spieler ihre Lacrosseschläger hoch in der Luft krachend aufeinanderschlagen. Das erinnert an das allgemeine, große Tohuwa-bohu unmittelbar vor Beginn eines Fußball- oder Footballspiels. Dar-aufhin nehmen die Spieler vor dem Tor auf dem Spielfeld hinter dem Medizinmann Aufstellung. Er beginnt, heilige Texte in monotoner Weise sehr schnell herunterzusingen und führt dabei die lange Reihe der Spieler zur Spielfeldmitte, wo die andere Mannschaft, die ebenso vorgegangen ist, sie bereits erwartet.

Der Ursprung dieser Praxis liegt im Dunkel. Die Ähnlichkeit des abschnittsweisen Voranschreitens der Linien mit der Art der Kriegsfüh-rung, die die Europäer in Nordamerika eingeführt haben, ist dabei jedoch nicht zu übersehen. Ob die Indianer tatsächlich die stetig voranschreitenden Linien der mit Gewehren ausgerüsteten Soldaten imitierten, kann man nicht mit Sicherheit sagen. Allerdings läßt die kriegerische Natur von Lacrosse sowie das Auftauchen von Kriegssym-bolen in einer Reihe von Lacrosse-Ritualen diese Deutung als nicht gänzlich ausgeschlossen erscheinen.

Sobald die Mannschaften ihre Positionen eingenommen hatten, ließen die Schiedsrichter das Spiel beginnen.

12

Auf der Cherokee-Reservation im Jahr 1888

Unser Training lief schon seit zwei Wochen, als dieser Weiße namens Mooney auftauchte und mit seiner Kamera ein Bild von unserer Mannschaft machen wollte. Gewöhnlich steigt er bei dem Medizinmann in Yellow Hill ab, aber da wir nicht gegen Yellow Hill antreten würden, sahen wir keine große Gefahr darin, ihn ein paar Bilder machen zu lassen. Also stellten wir uns auf, wie sie uns hier sehen (Abb. 47). Eigentlich hatten wir uns noch nicht lange zusammengerauft, und manche Spieler waren noch gar nicht zum Training erschienen. Deshalb waren auch nicht alle Spieler von Wolf-Town auf dem Photo, die am Samstag in zwei Wochen gegen Big Cove spielen würden.

Ich bekam dieses Bild erst etwa 25 Jahre später zu Gesicht, als Mooney in das Cherokee-Reservat zurückkehrte mit der Bitte, ihm bei der Identifizierung der Spieler behilflich zu sein. Meines Erachtens schauen wir auf diesem Bild ziemlich ernst in die Welt, vielleicht sogar ein wenig böse. Der Grund dafür war, daß dieses Spiel ziemlich riskant war, und falls dieses Bild vor dem Spiel nach Big Cove gelangte, wollten wir recht verwegen aussehen, als ginge es uns wirklich ums Ganze. Die Federn hoben wir uns gewöhnlich für den zeremoniellen Ballspiel-Tanz und das Spiel auf. Aber da dies unser erstes offizielles Mannschaftsbild werden würde, wollten wir alle gut aussehen, und so kramten wir irgendwo ein paar Federn hervor und steckten sie uns ins Haar.

Also, das bin ich, Twister, in der Mitte der hinteren Reihe, der vierte von links. Damals war ich zweiundzwanzig und Kapitän der Wolf-Town-Mannschaft. Das lag zum Teil daran, weil ich Mittelspieler war, auch wenn ich nicht viel wog. Gewöhnlich nehmen sie jemanden, der schwerer ist, aber ich hatte eine ziemlich große Reichweite und konnte den Ball beim *toss-up* im Mittelfeld leicht erreichen. Das ist einer der Gründe, warum sie mich auf diese Position gestellt haben. Außerdem war ich der Längste, wie sie sehen. Weiter unten am Rand, rechts von mir, stehen die beiden Brüder Crow, Eldredge und

Joe. Die Familie Crow hat schon immer mit die besten Spieler von Wolf-Town gestellt, und diese beiden Burschen bildeten keine Ausnahme. Seit ihrem achten oder neunten Lebensjahr spielten sie Seite an Seite, und sie wußten, wie man mit dem Ball umzugehen hatte. Sie waren bekannt für ihre schnellen Starts, deshalb setzten wir sie beim *toss-up* als Abwehrspieler vor unserem Tor ein, für den Fall, daß der Ball direkt runter in diese Richtung geschossen wurde. Manchmal wurden sie auch als Stürmer in den hinteren Reihen eingesetzt, auf der Seite des Spielfeldes, wo es an den Fluß grenzt, aber auch vorne spielten sie hervorragend. Auf alle Fälle wurden sie meist paarweise aufgestellt.

Der kleine Bursche zwischen mir und Joe ist Duck oder *Kuwa'na* auf Cherokee. Er gehörte zu den älteren Spielern, aber er war ein wirklich guter Verteidiger. Woran man die älteren Spieler auf Photos erkennen kann ist die Kleidung. Sowohl Duck als auch Jim Johnson zu meiner linken tragen den altmodischen Lendenschurz, wie ihn mein Vater und seine Freunde zum Spiel zu tragen pflegten. Alle anderen von uns tragen modernere Kleidung, diese knielangen Shorts. Die wurden bei jüngeren Spielern immer beliebter, und gewöhnlich wurde uns erlaubt, daß unsere Freundinnen oder Mütter Ornamente darauf nähten wie rote oder blaue Kreuze, oder Sterne und Streifen und so weiter. Wenn man wirklich gut war, durfte man Sterne auf den Shorts tragen. Jeder wollte ein wenig anders aussehen. Ich war der Kapitän. Deshalb dachte sich meine Mutter etwas Blitzartiges für mich aus, so ähnlich wie Gewitterblitze. Die Shorts blieben während der rauhen Spielphasen viel besser am Körper sitzen, besonders wenn man einen Gürtel trug. Vielleicht wurden wir zu schamhaft, wie die Weißen, aber man konnte mit dem alten Leinenschurz wirklich in Verlegenheit geraten. Ein Bursche der gegnerischen Mannschaft konnte mit Leichtigkeit die lockere Kordel lösen, wenn man mit ihm ins Gerangel kam. Bei einem Ringkamp mit ihm konnte sie auch leicht ganz durchreißen. Ich hab' mal von einem Burschen gehört, der mit dem Ball losrannte und von hinten festgehalten wurde. Sein Gegner erwischte ihn am Lendenschurz, als er gerade ein Tor schießen wollte. Obwohl er ohne Lendenschurz war, lief er vollkommen nackt weiter durch die Reihen der Verteidiger, um seinen Punkt zu machen. Aber er war doch ziemlich verlegen, deshalb gab er den Ball ohne sich umzudrehen über seinen Kopf weg nach hinten ab, machte sich auf den Nachhauseweg und verschwand vom Spielplatz auf Nimmerwiedersehen.

Der Spieler neben Johnson heißt *Sawanuka*, und der kniende Bursche neben ihm ist Lewis Hornbuckle. Beide waren gute Abwehrspieler wie die Brüder Crow. Vor ihnen steht Joe Standing Deer oder *Ahawi-Kata'ga*, wie sie ihn nannten. Er gehörte zu den schnellsten Läufern im Reservat. Wenn ein Spieler der gegnerischen Mannschaft erfuhr, daß er gegen ihn aufgestellt worden war, also – dann lief der

250

Abb. 47

meistens auf direktem Weg zu seinem Medizinmann und bat um besondere Zeremonien, damit er mit ihm mithalten konnte.

Der älteste Mannschaftskamerad im Bild ist Peter Crow, der vor mir kniet. Sein Cherokee-Name lautet *Kagu-Ayeltiski*, was auf englisch bedeutet „Der sich über Krähen lustig macht." So einer kann das Gekrächze von Krähen ziemlich gut nachmachen, immerhin so gut, daß er die Vögel dazu bringen kann, daß sie ihm antworten. Pete ist der Onkel von Joe und Eldredge. Auch wenn er auf diesem Foto um den Bauch herum ein wenig füllig aussieht, steckte in dem Kerl großes Durchhaltevermögen. Mit seinem Gewicht konnte er jeden Gegner erdrücken. War er einmal in Fahrt, konnte ihn nichts aufhalten, und er rannte einfach alle über den Haufen, die ihm in den Weg traten.

Ein paar unserer Stammspieler fehlen auf diesem Photo. Sie sind aus der Mannschaft ausgeschlossen worden, weil sie eine Trainingsregel gebrochen haben. Am vergangenen Wochenende war Jim Welsh mit seiner Freundin ausgegangen, um einen zu trinken, und ein paar andere haben die beiden dann im Wäldchen erwischt. Das war natürlich sehr dumm von Jim, weil wir schon etwas Ähnliches vermutet hatten, und er auch gewarnt worden war. Sehen Sie, man darf sich nicht mit Mädchen einlassen, bis man vom alten Medizinmann nach dem Spiel losgesprochen wird. Das ist wegen ihrer Blutung. Man weiß niemals, wann das losgeht, und eine unreine Frau kann der Ruin für einen Spieler sein und der ganzen Mannschaft schaden. Darum verstecken sie auch während der Nacht vor dem Spiel die Schläger vor den Frauen,

251

denn wenn sie auch nur einen davon berühren, muß der sofort weggeworfen werden. Die Medizinmänner achten sehr streng darauf, daß diese Regeln auch wirklich eingehalten werden. Der andere Spieler, der aus der Mannschaft geflogen ist – wirklich schade, das war ein guter Abwehrspieler – hieß Pete Otter-Lifter, dessen Frau einen Monat zuvor schwanger geworden ist. Wenn so etwas passiert, wird man automatisch aus der Mannschaft ausgeschlossen, denn beim Babymachen verliert man eine Menge Energie, und man wird phlegmatisch. Deine ganze Kraft wurde aufgebraucht, und du bist für die Mannschaft keine Stütze mehr.

Ein anderer Mannschaftskamerad, auf den wir verzichten mußten, war Joe Doublehead. Es gelang ihm zwar, seine Finger von den Mädchen zu lassen, obwohl sie ihm ständig nachstellten, weil er so gut aussah. Aber dafür aß Joe für sein Leben gern, und ich schätze, er war durch die Essregeln beim Training einfach überfordert. Die meisten von uns gewöhnten sich an die salzlose Kost und ungekochte Nahrung vor jedem Spiel. Wenn es jedoch Zeit wurde fürs Essen, fand Joe die *gaktûn'-ta*-Regeln zu hart für sich. Er konnte sie nicht einhalten. Uns kam folgende Geschichte zu Ohren: Während eines Verwandtenbesuches in Bird-Town, wo niemand wußte, daß er sich auf ein Ballspiel gegen Big Cove vorbereitete, wurde ihm natürlich von dem Kanincheneintopf, der auf dem Ofen stand, und *atûnka*, unserem Lieblingsgemüse, aufgetischt. Da weit und breit kein Mannschaftskamerad in Sicht war, langte er bei diesen vorbotenen Nahrungsmitteln tüchtig zu. Nun verhält es sich aber so, daß man auf *keinen* Fall auch nur irgendwie mit Kaninchen in Berührung kommen darf, vom Essen ganz zu schweigen. Das schlägt sich sonst auf die Spielweise nieder. Jedermann weiß, daß die Kaninchen ängstliche Tiere sind. Jagt man sie, geraten sie sofort in Panik und verlieren ihren Verstand. Dadurch laufen sie wie verrückt in alle Richtungen zugleich. Ißt man nun Kaninchenfleisch während des Trainings, verhält man sich im Spiel genauso, und deshalb wird man aus der Mannschaft ausgeschlossen.

Joe wäre vielleicht davongekommen, wenn sein Cousin seine Zunge im Zaum gehalten hätte. Jenes Gemüse ist auch nicht gut für dich. Auch auf Froschschenkel, eine weitere leckere Mahlzeit, müssen die Spieler verzichten. *atûnka*-Stengel kann man sehr leicht abbrechen. Ißt man diese Blätter, muß man damit rechnen, sich gleich bei Spielbeginn einen Arm oder ein Bein zu brechen. Aus diesem Grunde sollen Spieler, die sich im Training befinden, auch keine kleinen Babies auf den Arm nehmen, ebensowenig junge Tiere *aller* Art, weil ihre Knochen zerbrechlich und schwach sind.

Also, wir hatten unser Training mit etwa zwanzig Spielern aufgenommen. Das waren zweimal so viel, wie wir für das Spiel gegen Big Cove brauchten. Der Medizinmann mußte noch die endgültige Mannschaftsauswahl treffen. Gewöhnlich passiert das kurz vor Spielbeginn, und er benutzt dazu seine Perlen, unten am Flußufer. Zusatzspieler, die so weit gekommen waren, konnten immer noch als Medizineimerträger und Gertenmänner eingesetzt werden, die man immer braucht, auch wenn sie zum Spiel nicht taugen. Der Medizinträger ist eine Art von Wasserlieferant. In seinem Eimer trägt er ein besonderes Getränk auf dem Spielfeld herum. Es setzt sich aus Fichtennadeln, Holzäpfeln und Wasser zusammen, und man trinkt durch einen Pflanzenhalm wie durch einen Strohhalm direkt aus dem Eimer. Man kann ihn auf diesem Photo (Abb. 48) im Hintergrund sehen. Er trägt einen Hut und hält den Eimer in der Hand. Womöglich hat er gerade jene beiden Burschen beim Ringkampf entdeckt und macht sich dorthin auf den Weg. Sie dreschen ganz schön aufeinander ein. Nach überstandenem Kampf werden sie sich beide über einen Schluck Wasser freuen. Die Gertenmänner haben die Funktion, Schläger vom Boden aufzuheben. Man wirft die Schläger zu Boden, bevor man auf einen Gegner losgeht, und der Gertenmann hebt sie auf und hält sie solange fest, bis der Kampf vorbei ist, damit sie nicht unter die Kämpfenden geraten und durchbrechen.

Warum wir dieses Spiel gegen Big Cove organisiert haben – also, letztes Jahr im Spätherbst haben wir sie furchtbar eingemacht. Mehr als zwei Tore konnten sie bei uns nicht anbringen. Sie haben sofort ein Rückspiel verlangt, aber der Winter kam früh und brachte Bodenfrost. Wenn es derart kalt ist, läuft man nicht gerne barfuß mit nacktem Oberkörper herum und spielt Ball. Deshalb beschlossen wir, das Spiel auf das folgende Jahr zu verschieben. Zwei Wochen, bevor Mooney unsere Mannschaftsaufnahme machte, schickte Big Cove seinen Unterhändler vorbei, und wir setzten den Spieltermin fest. Sobald der Termin feststeht, gibt es viel zu tun, weil man viele Leute zur Unterstützung der Mannschaft braucht. Einer muß sich um die Vorbereitungen für den Ballspiel-Tanz kümmern. Ein Sänger mit Trommel und ein *talala* (Specht), der einen prima „Kriegsschrei" loslassen kann, müssen herbeigeschafft werden sowie ein Medizinmann, der die Lieder für den Tanz kennt. Er muß auch die Rasseln schütteln, wenn wir um das Feuer herumgehen. Außerdem mußten wir Frauen finden, die bereit waren, für uns zu singen, zu kochen und zu tanzen.

Aber die wichtigste Person, die wir sofort brauchten, war ein alter Medizinmann, der sich mit allen Zeremonien auskannte, die vor einem Spiel durchgeführt werden mußten. Wenn man den nicht hat, kann man die Herausforderung einer anderen Stadt sofort vergessen. Als ich damals Mannschaftsführer war, gab es etwa vier alte Ballspielkenner in Wolf-Town, die wir uns nacheinander vornahmen. Old Man Swimmer war das Jahr zuvor unser Medizinmann gewesen, aber er war „ausgebucht". Eine Mannschaft aus Bird-Town hatte ihn bereits für ihr Spiel engagiert, und ein Ballspielspezialist hat viel zu viel zu tun, als daß er

Abb. 48

zwei Mannschaften gleichzeitig betreuen könnte. Wir einigten uns schließlich auf den alten John Panther, obwohl er irgendwie komisch geht – er soll bereits so geboren sein, mit einem längeren Bein. Aber manchmal bedeutet das auch, daß solche Leute besonders viel Macht haben. Mit denen will sich keiner anlegen. Wir besuchten ihn also in seiner Hütte. Er saß dort in einem Schaukelstuhl und hatte einen alten, durchlöcherten Strohhut auf dem Kopf. Er strich sich über seinen langen grauen Bart. Wir brachten gleich unseren Wunsch vor, aber er erinnerte uns daran, daß wir ihm noch etwas aus dem vergangenem Sommer schuldig waren. Also mußten wir ihn erst auszahlen, bevor er überhaupt gewillt war, über unseren Wunsch nachzudenken. Dafür brauchte er jedoch nicht lange, denn die Spieler hatten auf die Schnelle ein paar Nahrungsmittel aus ihren Gärten zusammengebracht, und die meisten Mütter hatten bereitwillig ein paar Stücke Stoff oder Stirnbänder gespendet. John Panther forderte Standing Water als Assistenten an, weil dieser Spezialist im Ritzen war und alle Sprüche kannte, die man beim *kanuga* aus Truthahnknochen aufsagen muß. Er sollte auch organisatorische Aufgaben übernehmen und ihm bei der Endauswahl der Mannschaft behilflich sein.

Alle wußten, daß Big Cove uns herausgefordert hatte. Wir hatten dann ein Treffen, zu dem eine große Menge Spieler kamen, viel mehr als wir brauchten. Das ist nun mal so, und es ist Sache des Medizinmannes herauszufinden, wer die Besten sind. Man weiß bis zum letzten Augenblick nicht genau, ob man dabei ist oder nicht. Das stellt sich erst heraus, wenn man auf das Spielfeld geht, und man sich für das Spiel umkleidet. Sie halten geheim, wer zum Schluß mitspielt, damit die andere Mannschaft nichts herausfinden kann. Sonst würde sie womöglich ihren Medizinmann auf bestimmte Spieler ansetzen.

Sehen Sie, der Medizinmann muß mit seinen Perlen herauszufinden versuchen, wer ein guter Spieler ist und wer nicht, weil der letztere nur im Spiel verletzt werden würde. In jeder Stadt gehen sie ein bißchen anders vor, aber es läuft auf das gleiche hinaus. Soweit ich weiß, fordern sie alle Männer in Yellow Hill auf, die gerne mitspielen möchten, sich im Fluß aufzustellen. Währenddessen nimmt der Medizinmann seine Perlen zur Hand, spricht einige Gebete über sie und drückt sie dann fest in den Uferschlamm. Tauchen die Perlen dann aus dem Matsch auf und springen in die Hand des Zauberers, während ein Spieler ans Ufer watet, dann bedeutet das, daß dieser Spieler etwas taugt. Aber normalerweise machen sie noch etwas anderes mit den Perlen. Obwohl sich alle auf dem Spielfeld einfinden, um sich zusammenzuraufen und die Mannschaft als Ganzes auf Vordermann zu bringen — dabei werden jedermanns Fang- und Laufqualitäten mit dem Ball, falls sie etwas eingerostet waren, wieder aufpoliert — pickt der Medizinmann schwache Spieler mit Hilfe seiner Perlen heraus. Er erkennt dies daran, wie sich die Perlen bewegen. Eigentlich sollte man nicht hingucken, wenn er bei der Arbeit ist. Aber manchmal steckt er mittendrin, während man gerade zum Wasser geführt wird, und man kann gar nicht anders als zu gucken, was er und sein Assistent am Flußufer treiben.

Diese zwei Burschen suchen sich gewöhnlich ein geheimes Plätzchen am Fluß, und zwar am Freitagnachmittag vor dem Spiel. Der Medizinmann breitet ein Taschentuch aus und läßt für jeden Spieler zwei Perlen wie Würfel darauf fallen. Der Assistent hat die Liste und liest die Namen einzeln vor, während der Medizinmann die Perlen hinwirft. Die rote stellt die eigene Mannschaft dar, die schwarze die gegnerische Mannschaft, gegen die man antritt. Er schaut sehr genau hin, damit ihm nicht die kleinste Bewegung entgeht. Bewegt sich die rote Perle schnell, ist das ein gutes Zeichen, und der Spieler wird endgültig in die Mannschaft aufgenommen. Bewegt sich jedoch die rote Perle langsam, sollten sie ihn komplett aus der Mannschaft nehmen oder bloß als Schlägereinsammler einsetzen. Bewegt sich die schwarze Perle langsam, wird die Sache brenzlig, denn das bedeutet, daß die Rivalen sehr mächtig sind. Er macht noch andere Sachen mit der schwarzen Perle, zum Beispiel drückt er sie fest in die Erde und spricht magische Beschwörungen dazu. Er sagt so etwas Ähnliches wie: *„Ske!* Big Cove kriecht den gewundenen Pfad entlang und verliert schmählich. Die Herzen unserer Gegner sind voller Gewürm" oder so ähnlich.

Sie klingen wie die, die der Medizinmann murmelt, wenn man krank ist und er einen behandelt, aber sie reden in ganz altem, merkwürdig klingenden Cherokee, und meistens versteht man nicht, was sie sagen.

Wenn sie die Mannschaftsauswahl früher treffen als am Tage zuvor, benutzen sie auch manchmal jene spitzen Stöckchen, die für die gegenerischen Spieler stehen. Die Mannschaft bildet einen Kreis um den Medizinmann. Dieser steckt eines der hölzernen Stöckchen in den Boden und zeigt auf einen Spieler. Dieser Mann muß nun seine Schläger hochnehmen, in jeder Hand einen, über das Stöckchen springen und dabei ein lautes Gebrüll ausstoßen. Gefällt dem Medizinmann die Art und Weise, wie er brüllt, darf er am Spiel teilnehmen.

Sobald die Cherokee das Training für ein bestimmtes Spiel aufnehmen, versuchen sie herauszufinden, auf welche Gegenspieler sie auf der anderen Seite treffen werden. Das ist besonders bei Rückspielen wichtig. Sie beobachten die andere Mannschaft heimlich beim Training, so daß sie eine ziemlich gute Vorstellung davon bekommen, wie deren Aufstellung aussehen wird. Der Medizinmann braucht solche Informationen, damit er sofort seinen Zauber gegen die feindliche Mannschaft anbringen kann. Man muß sich auch selbst auf allerhand gefaßt machen, denn der andere Medizinmann arbeitet gegenauso hart für seine eigene Mannschaft und damit gegen dich, und natürlich haben sie auch Spione. Beispielsweise muß man besonders vorsichtig sein, wenn man irgendwohin spuckt und jemand das mitkriegt - die können deine Spucke aufsammeln und ihrem Medizinmann bringen, der dich dann irgendwie verzaubert. Soweit ich weiß, machen sie etwas damit, was dir deine Kräfte rauben soll. Die Spucke wird mit Regenwürmern und wilder Pastinake, einem Giftkraut, vermischt, und dann kommen noch ein paar Splitter von einem Baum dazu, in den der Blitz gefahren ist. Direkt neben so einem Baum graben sie ein Loch und kippen das ganze Zeug da 'rein. Oben drauf kommen noch ein paar Kieselsteine, und das Ganze wird zugebuddelt. Dann wird ein Feuer über der Stelle entzündet. Wenn sie deine Spucke in die Finger gekriegt haben, wird dir ganz plötzlich furchtbar heiß, du kannst nicht mehr trainieren und kannst das Spiel vielleich ganz vergessen. Wenn du vorher schon irgendeine Schwäche in dir spürst, kannst du davon ausgehen, daß jemand einen Zauber über dich gelegt hat. Damit gehst du zu deinem Medizinmann. Er wird dann etwas tun, um diese schädlichen Zauberkräfte abzuwehren und kann dich vielleicht noch rechtzeitig retten.

Von meinem Großvater weiß ich, daß sie früher mit ihrer Zauberei noch ganz andere Dinge angestellt haben. Sie konnten sogar jemanden umbringen, noch bevor das Spiel überhaupt begonnen hatte. Dafür mußte der Medizinmann sieben Tage lang vor dem Spiel jeden Morgen vor Sonnenaufgang aufstehen und zum Schein ein kleines, etwa 15 Zentimeter tiefes Grab buddeln. Auf den Boden kratzte er mit einem Stöckchen die Umrisse des Spielers, sozusagen sein Abbild im Schmutz, mit dem Kopf nach Westen. Dann machte er ein Loch in die Stelle, wo vermutlich sein Herz saß und warf schwarze Perlen hinein, die in Spinnenweben eingewickelt waren. Dazu sagte er Zaubersprüche auf und magische Worte, die ihm die Kräfte rauben oder den Tod bringen sollten. Hatte der Medizinmann seine Spieler um sich versammelt, gab er jedem einzelnen einen Splitter von einem Baum, in den der Blitz gefahren war. Dann legte er Feuer in dem kleinen Grab. Jeder Spieler gab seinem Splitter den Namen und Clan des Burschen, gegen den er im Spiel aufgestellt wurde. Alle legten dann einzeln nacheinander ihren Splitter ins Feuer. Der Medizinmann beobachtete ganz genau, was geschah. Während ein Splitter abbrannte, sprach er Gebete in der alten Cherokee-Sprache und sah sehr genau hin, wie die einzelnen Splitter brannten. Rollte sich der Splitter zu einem Kringel zusammen, so hieß das, daß der feindliche Spieler, für den der Splitter stand, im Spiel eine ziemlich aktive Rolle spielen würde – wahrscheinlich schwer unterzukriegen. Brannte der Splitter einfach ab, ohne sich zu kringeln, hieß das, daß er auf dem Spielfeld wenig Mühe machen würde. Mein Großvater sagte, wenn ein Splitter beim Abbrennen brach, bedeutete das, daß der Spieler sich beim Spiel mit Sicherheit einen Arm oder ein Bein brechen würde. Das war alles ziemlich starker Tobak, und falls die Splitter sich immer weniger bewegten, wenn sie im Feuer lagen, so hieß das, daß die feindliche Mannschaft langsam immer schwächer wurde. Zum Schluß legten sie einen weißen Stein auf alle brennenden feindlichen Splitter, damit der Druck nicht von ihnen wich und es ihnen wirklich schlecht ging. Wenn man hörte, daß einige Spieler aus der anderen Stadt Unfälle vor dem Spiel hatten oder ihre Nerven verloren und gar nicht erst antraten, wußte man, daß die Zeremonie gewirkt hat.

Am gleichen Nachmittag, an dem Mooney unser Mannschaftsbild aufgenommen hat, trafen sich alle diejenigen, die noch nicht geritzt worden waren, bei Standing Water. Das Ritzen ist nicht unbedingt erforderlich, aber die anderen Spieler gucken ein wenig auf dich herab, wenn du es nicht wenigstens einmal vor dem Spiel über dich ergehen läßt. Einige der älteren Mannschaftskameraden baten Standing Water, die Prozedur zu wiederholen, als der Spieltermin immer näherrückte. Es tut wirklich sehr weh, wenn der alte Mann jene scharfen Zähne in deinen Schultern ansetzt und das *kanuga* dann den Arm entlang herunterzieht, aber man weiß, was einen erwartet, weil es nicht das erstemal ist. Das erste Mal ist jedoch hart für die ganz jungen Spieler. Sie strengen sich an, keinen Ton von sich zu geben, aber man sieht einfach, wie sie zurückzucken, die Zähne zusammenbeißen und die Augen fest zukneifen. Danach stürzen sie sich regelrecht in den Fluß, um die Narben und vielen Schnitte am Körper zu kühlen. Manche Spieler wollen mit ihren Kratzern angeben und helfen mit Stöcken nach, damit mehr Blut fließt. Auf diese Weise soll jedermann in Wolf-Town erfahren, wie tapfer sie sind und wie eifrig sie sich auf das Spiel vorbereiten. Mein Vater erzählte mir, daß die Cherokee-Krieger dasselbe taten, wenn sie sich anschickten, auf den Kriegspfad zu gehen. Es bewies, daß sie wirklich Mut hatten, und es half ihnen, lebend den Kampf mit den Feinden zu bestehen.

Ich war als Nächster an der Reihe beim Ritzen, als Mooney dieses Bild mit dem guten, alten Standing Water aufnahm, während er sich an Jim Johnson zu schaffen machte (s. Abb. 16). Jim stammte aus einer recht konservativen Familie, deshalb trug er den altmodischen Lendenschurz. Sie können nachschauen, daß er ihn auch auf dem Mannschaftsfoto trägt. Es ist ein großes Kopftuch. Man kann eigentlich jedes Tuch nehmen; Hauptsache, es ist groß genug, um vorne die Geschlechtsteile zu bedecken und hinten in etwa den verlängerten Rücken. Ich schätze, er mochte das Tuch besonders gerne wegen der tollen Muster und Farben. Sie können die Kratzspuren sehen, wo Standing Water über seiner linken Brustseite rauf- und runtergeritzt hat. Diese Ritzer aus Truthahnknochen sind wirklich scharf, und die Schnitte schwellen sofort an. Standing Water lahmt ein wenig, und sie können seinen Stock vom rechten Arm hängen sehen. Hier hat er Jims Oberarm fertig behandelt und fängt jetzt am Ellbogen an bis zum Handgelenk. Jim hat das schon öfter mitgemacht, deshalb sieht er ziemlich gefaßt aus. Eigentlich war Mooney viel nervöser als Jim. Er erzählte später, er konnte das *kanuga* durch Jims Fleisch schneiden hören. In jener Jahreszeit war es ziemlich kalt, und Jim zitterte ein wenig wegen des Windes, nicht wegen der offenen Wunden.

Etwa eine Woche, bevor wir gegen Big Cove antraten, mußten wir jeden Morgen früh aufstehen und vor dem Frühstück den Medizinmann am Fluß treffen. Die Cherokee nennen das „zum Fluß gehen", und es ist ein wichtiger Teil unseres Lebens. Sehen Sie, man muß verstehen, daß das Wasser in unseren Flüssen und Strömen sehr mächtig und zauberkräftig ist. Es hilft einem, wenn jemand in der Familie krank ist, wenn jemand einen verzaubern will oder wenn man sich reinigen muß, weil ein naher Verwandter gestorben ist. Mein Großvater hat mir erzählt, daß die alten Cherokee-Krieger auch immer zum Wasser gegangen sind, bevor sie auf den Kriegspfad gingen, um den Kampf siegreich zu bestehen und gesund nach Hause zu kommen. Ich glaube, daß das Wasser einen auch schützt, wenn man sich einer gegnerischen Stadt zum Ballspiel stellt.

Seitdem uns Big Cove ihre Leute geschickt hatte, die die Herausforderung zum Rückspiel überbrachten, und wir John Panther für uns gewonnen hatten, sind wir zum Wasser gegangen. Man muß das tun, weil man nur so herausfinden kann, ob man die Herausforderung annehmen soll oder nicht. Es macht keinen Sinn, ein Spiel zu planen, wenn man vorher schon weiß, daß man verliert. Der Medizinmann ist der einzige, der das mit seinen Perlen herausfinden kann. Bevor wir also Big Cove eine Zusage machten, gingen alle Burschen, die mitspielen wollten, mit dem alten Mann runter zum Soco Creek, nicht sehr weit

258

weg von Wolf-Town. Er fand ein Plätzchen oberhalb der Mühle, wo der Bach eine Biegung macht und wo es keine Wege in der Nähe gab, dafür aber viel Unterholz. Niemand ging aus diesem Grunde jemals dorthin. Es war ein sicherer Ort, um ins Wasser zu gehen, weil niemand beobachten konnte, was wir dort taten – auch nicht die Spione von Big Cove, die waren zu weit weg. Der Medizinmann sucht sich ständig neue geheime Plätze am Bach, um sicher zu sein, daß er bei seiner Arbeit unentdeckt bleibt.

Also, als John Panther uns durch das Unterholz zu der Biegung des Soco Creek geführt hatte, mußten wir uns alle aufstellen und ganz still sein, während er sich hinter uns hinsetzte. Wir mußten häufig unseren Platz wechseln, weil zwischen den Büschen und dem Bach so wenig Platz war, und wir so viele Spieler waren. Der Medizinmann muß bachaufwärts schauen mit dem Gesicht nach Osten, wenn er die Perlen rollen läßt. Die Perle in der linken Hand stellt die feindliche Mannschaft dar, und die in seiner rechten Hand ist für die eigene Mannschaft. Während er etwas vor sich hinmurmelt, das man kaum verstehen kann, streckt er seine Arme vor und läßt die Perlen in seinen Händen hin- und herrollen. Das geht eine Weile so weiter. Dann scheinen die Perlen zu kapieren, was sie machen sollen, weil eine immer anfängt, sehr schnell herumzufahren, und das ist die Siegermannschaft. Da diesmal die Perle in der rechten Hand des alten Mannes ziemlich aktiv war, würden wir Big Cove schlagen. Er gab uns grünes Licht.

Mit Ballspielen sollte man nicht leichtfertig umspringen, und man muß wirklich sehr sorgfältig vorgehen, wenn man jemanden herausfordert beziehungsweise die Herausforderung einer anderen Stadt annimmt. Außerdem sollte vorher sicher geklärt sein, daß man einen Medizinmann an der Hand hat, bevor man anfängt herumzuposaunen, man werde die-und-die besiegen. Von meinem Vater habe ich einmal die Sache mit Raven's-Town erzählt bekommen. Die dortigen Spieler waren wild entschlossen, gegen Wolf-Town zu spielen, weil diese ein paarmal hintereinander verloren hatten. Die Raven's-Towner dachten halt, wir seien ziemlich schwach und könnten leicht geschlagen werden. Sie waren einfach viel zu voreilig, das Spiel in die Gänge zu bringen und schickten ihre Vertreter mit der Herausforderung los, ohne auch nur versucht zu haben, vorher einen Medizinmann aufzutreiben. Ich schätze, sie haben sich vorgestellt, das könnte man auch noch später machen. Als die Mannschaft meines Vaters angenommen hatte, hielt die Mannschaft von Raven's-Town endlich nach einem Medizinmann Ausschau, aber alle wußten bereits, daß sie versäumt hatten, die Dinge in der richtigen Reihenfolge zu tun. Sie mußten lange suchen, bevor sie einen Medizinmann fanden, der für sie arbeiten wollte. Sehen Sie, es ist einfach so: Es gibt ein paar Dinge, die man nicht in Angriff nehmen kann, bevor man nicht einen Medizinmann gefunden hat, der einem das Rückgrat stärkt. Dazu gehört auch die Planung eines Ballspiels.

Also, die Mannschaft von Raven's-Town stieß schließlich auf Ed Old Tassel, der für sie zaubern wollte, aber sie mußten ihm eine Menge dafür bezahlen, und selbst dann war er nicht überglücklich über die Aussichten. Trotzdem machte er sich an die Arbeit und versuchte herauszufinden, wie ihre Gewinnchancen standen. Er zündete zwei Schlangen aus Baumwolle an, um zu sehen, welche zuerst verbrennen würde. Das Ergebnis fiel nicht sehr gut für Raven's-Town aus. Er versuchte es also weiter und spießte eine Hirschzunge auf einen Stock. Er briet sie über einer Flamme um zu sehen, in welche Richtung das Fleisch aufplatzen würde. Aber auch das ging nicht günstig aus. Er machte der Mannschaft klar, daß sie höchstens fünf von den erforderlichen zwölf Siegpunkten erreichen könnten. Sie wollten aber die Herausforderung nicht zurücknehmen und wie dämliche Feiglinge dastehen. Deshalb baten sie den Medizinmann, sie zum Wasser zu führen und es noch einmal zu versuchen. Also führte er sie zum Raven's Fork Creek, ließ sie Aufstellung nehmen und hieß sie schweigen, während er seine Gebete sprach und die Samen in seinen Händen rollen ließ. Sehen Sie, früher in den alten Zeiten benutzte man bunten Samen statt der Perlen von heute.

Jedermann schaute stromaufwärts, wie sich das gehört, als plötzlich eine riesige Schnappschildkröte den Fluß heruntergeschwommen kam. Als sie die vielen Leute sah, bekam sie einen Schreck und versuchte zu tauchen, aber das Wasser war nicht tief genug. Dann versuchte sie, das steile Ufer auf der ihnen gegenüberliegenden Seite hochzuklettern. Dabei geriet sie dauernd aus dem Gleichgewicht, fiel um und versuchte es von neuem. Das jagte den Spielern tausend Ängste ein, und sie liefen in alle Richtungen davon. Old Tassel blieb allein mit seinen Samenkörnern zurück. Verstehen Sie, der Medizinmann von Wolf-Town wußte, daß sie ihre Herausforderung überbracht hatten, ohne für ihren Schutz zu sorgen. Deshalb zauberte er ein bißchen und ließ jene Schnappschildkröte den Fluß hinunterschwimmen. Er wußte, das würde ihnen den Garaus machen, denn normalerweise bleibt das Wasser ruhig, ohne daß irgendetwas vorbeischwimmt, wenn der Medizinmann dort zu Gange ist. Auf jeden Fall, mein Vater sagte, die Wirkung war durchschlagend. Wolf-Town zog Raven's-Town die Hosen aus, und jeder wußte weshalb. Danach war Raven's-Town sehr vorsichtig, wenn es um Herausforderungen an andere Städte ging — und sie haben nicht einmal ein Rückspiel gefordert.

Wenn man sich auf ein Spiel vorbereitet, geht man häufig zum Wasser. Meistens fängt man damit sieben Tage vorher an. Die Zahl sieben gilt als heilig, deshalb muß man ganz schön viele Sachen wie Lieder oder Tänze siebenmal nacheinander machen. Sobald man sich unten am Flußufer eingefunden hat, hält der Medizinmann schon ein zauberkräftiges Gebräu bereit, das er mit speziellen Pflanzenteilen aufgekocht hat, und das dich für das Spiel stark macht. Zu allererst trinkt man aus diesem Eimer und speit es aus in den Fluß. Das passiert alles noch vor dem Frühstück. Dann beobachtet man das Erbrochene, was damit geschieht. Sinkt es auf den Grund, ist das ein schlechtes Zeichen und bedeutet, daß man kein gutes Spiel macht. In diesem Falle muß der Medizinmann einem eine Sonderbehandlung verpassen, damit man stärker wird. Aber wenn das Erbrochene fußabwärts treibt, was meistens der Fall ist, ist das ein gutes Zeichen und bedeutet, daß man seiner Mannschaft zum Sieg verhilft.

Meine weißen Freunde drüben aus County Corner bringen für die Sache mit dem Erbrechen kein Verständnis auf und halten das für albern. Sie kommen nur dann mit Erbrechen in Tuchfühlung, wenn sie sich in mondhellen Nächten besaufen. Das finden sie dann nicht besonders angenehm. Deshalb können sie sich nicht vorstellen, warum wir Cherokee das extra herbeiführen sollten. Ich habe versucht, ihnen zu erklären, daß man seinen Körper sehr gut reinigen muß, wenn man vor solch einem extrem harten Körpereinsatz in einem Ballspiel steht. Man muß in Topform sein. Das heißt auch, daß man viel trainieren muß und bestimmte Sachen nicht essen darf. Und man muß sich eben auch innerlich reinigen. Sehen Sie, der Körper ist wie ein Rohr, durch das Luft fließt. Dieses Rohr kann leicht verstopfen durch Bazillen, Eiter oder Schleim, und man wird krank. Das Rohr kann sich auch irgendwie verdrehen, dann muß es wieder geradegezogen werden, und genau das bringt das Erbrechen. Man kriegt dadurch auch mehr Luft.

Besonders an dem Morgen vor dem Spiel dauert das Zum-Wasser-gehen sehr lange. Der Medizinmann muß eine Reihe von Extra-Gebeten hersagen und jeden Spieler einzeln behandeln. Was er sagte, war meistens schwer zu verstehen, weil er altes Cherokee sprach. Damals haben die meisten von uns versucht, möglichst bei allen Gelegenheiten nur englisch zu sprechen – in der Schule konnte man wirklich große Schwierigkeiten bekommen, wenn man Cherokee sprach! Aber von meinem Vater weiß ich ziemlich genau, was der Singsang des alten Mannes bedeutete. Sobald der Medizinmann sich im Namen der Mannschaft zum Fluß wendet, nennt er ihn „Langer Mann", so heißt Wasser bei uns in den Zeremonien. Er sagt, er habe Long Man's Körper aufgesucht und erinnert ihn, wie mächtig der Fluß werden kann, wenn er im Frühjahr während der Schneeschmelze in Rage gerät und schaum-sprühend dahertobt. Er bittet den Fluß um die Kraft, die er zeigt, wenn er treibende Baumstämme wie Zweige herumwirbelt und sie gegen die Felsen schleudert. In der gleichen Weise möchte er auch mit der anderen Mannschaft umgehen können. Danach betet er zu den Vögeln, die in unserer alten Geschichte im Spiel mit den Landtieren den Sieg davongetragen haben. Und er gibt ihnen allen die Farbe Rot, die unsere Mannschaftsfarbe ist. So, wie die rote Zauberperle uns darstellt und die schwarze Perle für die feindliche Mannschaft steht. Er richtet seine Gebete an die Rote Fledermaus, daß er, wie sie, imstande sein möge,

Abb. 49 a

seinen Gegnern blitzschnell in jegliche Richtung auszuweichen, an den Roten Habicht wegen seiner scharfen Augen, daß er während des ganzen Spiels niemals den Ball aus den Augen verliere. Er betet auch zur Roten Klapperschlange, damit er seine Gegener in Schrecken versetzen kann wie sie es tut.

Dann greift er einen Spieler heraus und nimmt ihn beiseite. Er fragt ihn nach Namen und Clanzugehörigkeit seines Gegenspielers, gegen den er wahrscheinlich aufgestellt würde. Zu diesem Zeitpunkt weiß man ziemlich genau, um wen es sich dabei handelt. Man flüstert dem Medizinmann den Namen zu, über den er dann einen Fluch ausspricht. Dann betet er zu den schwarzen Geistern, die deinen Gegner in Schwierigkeiten bringen oder sogar verletzen können, so daß er sich im Spiel vielleicht einen Arm oder ein Bein bricht. In den alten Zeiten, wußte mein Großvater zu berichten, soll der Medizinmann Gebete gekannt haben, die einen Burschen während des Spiels sogar töten konnten.

Egal, der Medizinmann bittet den Schwarzen Nebel, sich auf die feindliche Mannschaft zu senken, um ihnen die Sicht zu nehmen. Er fordert die Schwarze Klapperschlange auf, den Gegner mit ihrem ekelhaften Körper in den Würgegriff zu nehmen und bittet die Schwarze Spinne, die Seele des Gegners mit ihrem schwarzen Faden zu umspinnen, sie fortzuholen, in einen schwarzen Sarg zu stecken und zu begraben.

Hierbei handelt es sich beileibe um keine Spielerei. Ich habe es viele Male selbst miterlebt. Wenn er der Schwarzen Spinne befiehlt, den feindlichen Spieler zu begraben, beugt sich der Medizinmann hinunter und stößt seinen Finger in den Matsch, als wolle er jemandem ein Messer ins Herz stoßen. Dann läßt er die schwarze Perle in das Loch fallen, füllt es auf und stampft heftig mit seiner Ferse darauf herum. Die schwarze Perle war vorher schon verzaubert und mit Spinnenwebe umhüllt worden. Dadurch sollen die Augen der anderen Mannschaft geschwächt werden, so daß sie alles nur noch verschwommen wahrnehmen. Während er die Perle begräbt, soll man seine Schläger in den Fluß

tauchen, sie wieder herausziehen und die Körbchen-
enden mit den Lippen be-
rühren, als wolle man sie
küssen. Dann nimmt man
mit der hohlen Hand etwas
Flußwasser auf, wäscht damit über Kopf und Brust,
holt erneut etwas Wasser
und trinkt einen Schluck
davon.

Wenn alle diese Proze-
dur durchlaufen haben, sagt
der Medizinmann gewöhn-
lich der Mannschaft, wie die
Dinge laufen werden. Hat
er dabei irgendwelche Fehler gemacht oder es war etwas Merkwürdiges passiert
wie die Sache mit der
Schnappschildkröte, so hieß

Abb. 49 b

das, daß der andere Medizinmann ihm kräftig entgegenarbeitete, und
seine eigene Zeremonie nicht kraftvoll genug war. Deshalb ist es
manchmal nötig, das Ganze noch einmal von vorne durchzuführen.

Als unser letztes Wochentraining vor dem Spiel gegen Big Cove
anbrach, gingen wir jeden Abend nach dem Training zum Wasser.
Danach stand es jedem frei, zum Nachtessen nach Hause zu gehen. Ein
paar Spieler wie ich wohnten ziemlich weit weg vom Trainingsplatz in
West Fork Creek. Wir wohnten deshalb vorübergehend bei Mann-
schaftskameraden, die es näher hatten. Natürlich aßen wir mit ihren
Familien auch zu Abend. Ich wohnte bei John Standing Deer. Sein
älterer Bruder hatte geheiratet und war ausgezogen, es gab also reichlich
Platz für ein Gästebett. Damals besorgte seine Tante das Kochen, weil
Joes Mutter ein Kind erwartete, und man darf keine Speise anrühren,
die von einer Schwangeren zubereitet wurde. Außerdem zog etwa vier
Tage vor dem Spiel Joes Schwester plötzlich aus, aber niemand gab den
Grund dafür an. Ich denke, ihre Periode stand kurz bevor. Ihr wurde
verboten, den Pfad zum Trainingsplatz sowie den Weg dorthin, wo der
Ballspiel-Tanz stattfindet, zu benutzen.

Ein paar Tage vor dem Spiel am Samstag waren wir so gut in Form,
daß wir das Training am Freitag ausfallen ließen, um uns für den
Ballspiel-Tanz, der die ganze Nacht dauern würde, auszuruhen. Gewöhnlich fängt diese Zeremonie erst nach Einbruch der Dunkelheit an,
wenn die ersten Feuer brennen, aber Mooney wollte ein paar Bilder von
den Vorgängen machen. Also einigten wir uns darauf, früher anzufan-

gen, wenn es noch einigermaßen hell war. Ein paar der älteren Spieler waren überhaupt nicht glücklich über diese Fotografiererei, weil einfach vieles geheim ist. Der Medizinmann war auch tatsächlich sehr beunruhigt und fürchtete, Späher von Big Cove könnten zuschauen und etwas herausfinden. Mooney mußte versprechen, daß es keine Möglichkeit gab, die Bilder noch vor Spielbeginn fertigzustellen, sondern erst sehr viel später. Außerdem würde er eine hohe Wette auf die Wolf-Town-Mannschaft abschließen. John Panther erhielt eine kleine Geldsumme, um seine Nerven zu beruhigen. Und so bauten wir uns auf und posierten für ihn. Den Sängern, den sieben Tänzerinnen, dem *talala* und dem „*Whooper*" hatten wir vorher Bescheid gesagt, frühzeitig zu erscheinen.

Für den Ballspiel-Tanz benutzten wir denselben Tanzplatz wie im vorigen Jahr. Er lag in einer Mulde neben dem Wright's Creek. Zu diesem Zeitpunkt waren wir uns nämlich schon ziemlich sicher, daß wir gewinnen würden. Es gab einige, die meinten, Big Cove könnte unseren Tanzplatz entdeckt haben. Aus diesem Grunde wurden mehrere Tage und Nächte lang Posten aufgestellt, die aufpassen mußten, daß keine feindlichen Spione irgendwelche Medizin auf dem Boden verteilten. Dieses Zeug kann einem beim Spiel am folgenden Tag die Kräfte rauben.

Der Tanz fängt immer mit dem *talala* an, einem Burschen, der den Kriegsruf wirklich laut und schrill hervorbringen kann. Es heißt, daß man den lautesten noch in der feindlichen Stadt hören kann, wodurch deren Spieler nervös werden. Bevor der Tanz anfängt, stellen sich die Spieler immer in zwei Reihen auf, zwischen denen der *talala* hin- und herläuft. Er brüllt sechs kurze Rufe, auf die ein langer Ruf folgt, der einem Angst einjagen kann, worauf wir alle mit unseren eigenen Rufen antworten. Man stellt sich immer in Richtung der Stadt auf, gegen die man spielt. Deshalb sehen die aufgereihten Spieler ein bißchen wie Torwarte aus, zwischen denen der *talala* herumrennt, als wolle er ein Tor schießen.

Dann fängt der Tanz rund um die Feuer, die einige Zeit zuvor entfacht wurden, richtig an. Nachdem sie eine Weile gebrannt haben, streut der Medizinmann ein wenig alten Medizintabak auf die heiße Asche. Wenn er raucht, harkt er ihn etwas zur Seite. Alle Hexen oder bösen Geister, die sich in der Nähe herumtreiben, kriegen ein bißchen von dem Rauch ab. Das soll tödlich auf sie wirken oder sie zumindest vertreiben, so daß sie ihren bösen Einfluß auf die Vorgänge nicht ausüben können.

Die Tänze werden im Laufe der Nacht siebenmal aufgeführt, manchmal bis zum Sonnenaufgang. Wenn also alle im Kreis stehen, wie auf Mooneys Photo (Abb. 49a), gibt der alte Mann das Zeichen für den Beginn des Tanzes. Er steht außerhalb des Kreises, aber er macht die

Bewegungen mit. Während man sich im Rhythmus bewegt, stimmt er ein kleines „*Hey,ya*" an, das alle mit „*Hey,ya*" erwidern. Dann wird er vielleicht „*He ya ha*" singen, und man wiederholt das. Es ist eigentlich nicht schwer, in der Gruppe zu singen. Man muß einfach nur auf den Tanzführer hören und singen, was er vormacht. Wenn man aber keinen guten Vorsänger hat, kann man das Ganze gleich vergessen. An bestimmten Stellen im Lied läßt der „*Whooper*" seinen Schrei los. Dann richten alle Spieler ihre Schläger zu Boden, wie hier abgebildet (Abb. 49b), und tun so, als würden sie, wie im richtigen Spiel, einen Ball vom Boden aufheben.

Es gibt eine Fülle von Liedern zu diesem Anlaß. Sobald man eins beendet hat, stimmt der Anführer ein neues an, und so gehen sie irgendwie ineinander über. Manchmal denkt sich der Tanzleiter Beleidigungen für die feindliche Mannschaft aus, bevor er ein neues Lied anfängt. Das geht so etwa zwanzig Minuten lang. Dann wird es Zeit, zum Wasser zu gehen, wo der Medizinmann auf einen wartet. In der Zwischenzeit sind die Tänzerinnen dran. Wir nehmen unsere Schläger nicht mit. Sie bleiben auf dem extra dafür vorgesehenen Schlägergestell, wo sie noch magisch behandelt werden können, während die Frauen tanzen. Das passiert siebenmal im Laufe der Nacht. Die Stöcke werden dadurch mit immer größerer Zauberkraft aufgeladen (s. Abb. 13).

Es dauert jedesmal etwa eine Stunde, wenn wir zum Wasser gehen. Während dieser Zeit tanzen die Frauen. Beim Singen werden sie von einem Trommler begleitet. Er muß wirklich gut sein und einen Ersatzmann haben für den Fall, daß er heiser wird. Manchmal besorgt man sich die Trommler aus einer anderen Stadt, wenn diese wirklich gut sind, aber niemals aus der Stadt, gegen die man antreten wird. Meistens gibt es etwa drei bis vier gute Trommler im Reservat, und während der Ballspiel-Saison im Herbst sind sie wirklich gut im Geschäft. Als Bezahlung bekommen sie gewöhnlich ein Hemd oder ein Paar Schuhe oder etwas in der Art. Früher benutzten sie, glaube ich, Tontrommeln, die mit Wasser gefüllt und mit Hirschleder bezogen waren. Später zogen sie genagelte Fässer mit Abdeckungen aus Murmeltierfellen vor. Ich denke, die Keramiktrommeln sind leicht kaputtgegangen, weshalb sie zu den Holzfässern übergingen, die sie durch den weißen Mann kennenlernten.

In dieser Nacht kommt man nicht zum Schlafen, weil die Tänze siebenmal aufgeführt werden müssen. Der einzige Unterschied, den es dabei gibt, liegt darin, daß die Frauen beim letztenmal, wenn sie um das Feuer tanzen, Kiefernzapfen in die Flammen werfen, so daß es hoch auflodert und mächtig raucht. Die Spieler stellen sich daneben auf, damit ihre Körper durch den Kiefernrauch gereinigt werden. Sie benutzen den Kiefernrauch auch, um ein Haus zu reinigen, in dem ein Toter aufgebahrt lag. Ein paar Frauen heben einige Kiefernzapfen auf und werfen sie über das Schlägergestell, so als wollten sie Tore werfen.

Wenn sie mit allem fertig sind, werden sie vom Medizinmann ebenfalls zum Wasser geführt, denn sie müssen genauso rein sein wie die Spieler. Während sie sich dort unten aufhalten, zieht der Gehilfe einige brennende Zweige aus dem Feuer und läßt sie auf den Rücken und die Beine der Ballspieler niedersausen. Dadurch trägt ihr Körper viele Holzkohlenspuren, und sie demonstrieren damit, daß sie die Mächte des Feuers in sich tragen.

Die Atmosphäre ab Beginn des Ballspiel-Tanzes bis zum Spielbeginn ist relativ angespannt und nicht ungefährlich, weil man soviel Kräfte aufgebaut hat. Außerdem bekommt man nichts zu essen, und Zeit zu schlafen hat man auch nicht. Gelangt man dann endlich auf das Spielfeld, kann man das Spiel kaum noch erwarten. Der Medizinmann und sein Helfer achten darauf, daß man bestimmte Dinge nicht tut. Auch die Tänzerinnen dürfen erst nach dem Spiel wieder essen, genauso wie die Spieler. Und obwohl man von den ganzen Zeremonien ziemlich müde ist, darf man sich nicht hinlegen. Will man sich irgendwo anlehnen, muß man sich dazu einen Mannschaftskameraden wählen und nicht etwa einen Baum oder Felsen oder so etwas. Auch darf man nicht mit den Stöcken herumspielen, etwa einen Stein auflesen und ihn nur so zum Spaß fortschleudern – damit würde man die Kräfte unnütz vergeuden, die den Schlägern für das Spiel verliehen worden sind.

Bei Tagesanbruch überschlägt der Medizinmann, wie lange man brauchen wird, um das Spielfeld zu erreichen. Er teilt den Weg in vier Teilstrecken auf, zwischen denen man rasten und sich ausruhen kann. Findet das Spiel zuhause statt, braucht man natürlich nicht soviel Zeit, und der Aufbruch wird unter Umständen eine Stunde oder länger hinausgezögert. Die herausfordernde Mannschaft braucht fast immer einen ganzen Vormittag, um das Spielfeld zu erreichen. Man muß dabei überaus vorsichtig vorgehen. Die feindliche Mannschaft darf keinesfalls wissen, für welchen Weg man sich entscheidet. Sonst schickt sie ihre Späher, die magische Kaninchensuppe auf dem Pfad verschütten. Jeder, der seinen Fuß darauf setzt, wird beim Spiel schnell müde. Manchmal gießen sie die Suppe während des Spiels auch zwischen die Torpfosten, wenn gerade keiner hinschaut. Dann ist es schwer, ein Tor zu werfen.

Als ich noch klein war, half ich einmal John Panther, eine große Menge dieser Suppe zu machen. Er schickte mich los, die Sachen zu suchen, die dann alle zusammen aufgekocht werden, wie zum Beispiel Pflanzen, die Unglück bringen, etwa die Wurzeln der gezahnten Bruyere. Dann mußte ich ihm ein totes Kaninchen bringen und eine Maus. Er warf die Maus ins Feuer, bis sie fast verbrutzelt war. Dann nahm er sie beim Schwanz und warf sie in seinen Zaubertopf. Er entnahm dem Kaninchen die Blase und entleerte den Inhalt in den Topf. Dann warf er die Pflanzen hinein und kochte das ganze Zeug auf.

266

Was ich am schwersten herbeischaffen konnte, war die Spucke einer menstruierenden Frau. In diesem Zusammenhang fiel mir nur meine ältere Schwester ein. Ich war mir ziemlich sicher, daß sie ihre Periode hatte, weil sie so mürrisch war und bei jeder Gelegenheit anfing zu weinen. Ich brachte sie also dazu, sich mit mir auf eine Art Spuckwettbewerb einzulassen. Ich spuckte sie an, als sie ein Mittagsschläfchen hielt und weckte sie dadurch auf. Sie jagte hinter mir her, bis sie mich flach auf dem Boden hatte. Dann ließ sie einen langen Faden Spucke in mein Gesicht fallen. Als ich mich losmachte, wischte ich die Spucke mit meiner Hand ab und rannte auf direktem Wege zum alten Panther nach Hause, bevor sie eintrocknen konnte. Damals wußte ich noch nicht, wofür er all die merkwürdigen Sachen brauchte, aber er gab mir 10 Cents für meine Arbeit.

Die Plätze zum Ausruhen werden geheimgehalten und liegen am Fluß, so daß der Medizinmann einen wieder zum Wasser führen kann. Bevor man sich erneut auf den Weg macht, stellt man sich in zwei Reihen auf, und der *talala* zieht wieder seine Sache durch. Er stößt vier- oder siebenmal seinen Schrei aus – die genau Zahl habe ich vergessen – und dann stimmen alle Spieler in diesen Schrei ein und machen sich auf den Weg zum zweiten und dritten Rastplatz. Dort bekommt man nach etwa zwanzig Stunden seinen ersten Bissen Nahrung. Er besteht nur aus kaltem Maisbrot und Wasser, und davon nur eine kleine Portion, aber es schmeckt köstlich.

Der letzte Rastplatz wird „Platz, wo man sich frei macht" genannt. Erst hier erfahren die Spieler endgültig, ob sie mitspielen oder nicht. Sind sie dabei, machen sie sich frei bis auf die Spielerkleidung. Die anderen bekommen die Aufgabe zugeteilt, Medizineimer zu tragen oder Schläger aufzusammeln. Sie kümmern sich darum, wo man für die Ballschläger-Einsammler ein paar lange Hickoryäste herbekommt, von denen man die Blätter abstreift. Damit zeigen diese Burschen auf den Ball, wenn die Spieler ihn aus den Augen verloren haben. Sie benutzen den Stock auch dafür, solchen Spielern eins überzuziehen, die den Anschein erwecken, nicht mit vollem Einsatz zu spielen.

Den letzten Rastplatz erreicht man gewöhnlich am frühen Nachmittag. Dort versteckt man sich an einem geheimen Ort am Fluß und geht zum letzten Mal vor dem Spiel zum Wasser. Hier erteilt der Medizinmann für alle Spieler zum letztenmal vor dem Spiel seine Ratschläge. Er erklärt ihnen, wie sie im Spiel abschneiden werden, wieviele Torchancen sich ihnen bieten und wie lange sie es auf dem Spielfeld aushalten werden. An diesem letzten Rastort spricht der Medizinmann ein außerordentlich langes Gebet. Auch wenn man längst nicht alles versteht, erkennt man die Namen aller Vögel und Tiere, die einem entweder helfen oder die als Gegner auftreten. Sie kommen alle in der Ballspielgeschichte vor, die jedermann von klein auf wieder und wieder gehört hat. Dann gibt der Medizinmann die letzten taktischen Instruktionen und erklärt jedem Spieler, welche Position er einnehmen soll. Er benutzt einen spitzen Stock, um bestimmte Spielabläufe auf dem Boden aufzuzeichnen. Seine Perlen haben ihm gesagt, welche Spielabläufe die besten Ergebnisse gegen das feindliche Team versprechen. Er markiert ein kleines Miniaturspielfeld auf dem Boden und steckt für jeden Spieler ein kleines Stöckchen in den Boden. Das zeigt den Spielern ihre Stellung an, wenn das erste Tor gefallen ist. Auf vier oder sieben Spieler malt er bestimmte Zeichen mit Holzkohle, die von einem Baum stammt, in den zuvor ein Blitz gefahren ist. Das gibt ihnen besonders viel Kraft im Spiel. Wenn dies alles vorbei ist, stößt der *talala* sieben spitze Schreie aus — oder vielleicht auch vier. Alle Spieler antworten ihm mit Kriegsgeschrei, und die gesamte Gruppe bricht zum Spielfeld auf.

Unsere Spiele gegen Big Cove fanden in der Regel auf dem Hügel unterhalb von Rattlesnake Peak statt. Wir folgten meistens dem Westfork Creek durch die Berge, durchquerten ihn unten hinter *Calalsulas* Grundstück und machten dort zum letztenmal Rast. Dann geht es noch ein kleines Stück durch *Sah-an-ta-kahs* Grundstück, und schon ist man auf dem Hügel. Die Burschen von Big Cove müssen eine fast doppelt so lange Strecke marschieren, aber dafür können sie den ganzen Weg flußabwärts nehmen und brauchen nicht so viel zu klettern.

Wenn man dort eintrifft, ist das ganze Spielfeld voller Leute aus beiden Städten, die alle durcheinanderlaufen. Es ist eine Menge los, denn es wird immer noch gewettet. Ist doch klar, fast jeder will auf seine heimische Mannschaft setzen, und das ist bis kurz vor Spielbeginn möglich. Bei einem Ballspiel werden eine Menge Geld und Kleidungsstücke verwettet, und dafür setzt man seine ganze Kraft ein im Spiel. Von meinem Großvater weiß ich, daß sie früher auch Pferdegespanne und sogar Landbesitz verwettet haben, aber heutzutage geht es meistens um Geld und einfach alles, was irgendwie wertvoll ist wie Uhren, Schmuck oder Gewehre. Die Frauen verwetten meist Kleider, Halstücher und Stoff — lauter solche Sachen. Die Spieler selbst können auch wetten. Man geht einfach mitten aufs Spielfeld und setzt seine Wette. Hat man selber keine Zeit, schickt man einen Freund oder Verwandten los. Bei jenem Spiel gegen Big Cove ließ ich meine Mutter und Schwester den ganzen Familienkram zum Wetten herbeischaffen. Es dauerte eine ganze Weile, bis ich sie in der Menge fand, ebenso den Burschen aus Big Cove, mit dem ich die Wette vereinbart hatte. Ich mußte mich überzeugen, ob das, was er einsetzte, im Wert dem entsprach, was ich einbrachte. Auf diese Weise sind die Wetteinsätze etwa gleich hoch.

Während dieser Vorgänge herrschte ein ziemliches Durcheinander auf dem Spielfeld. Jeder wollte mit eigenen Augen sehen, wie hoch der

Haufen der Wetteinsätze anwuchs. Mooney war auch da und machte ein paar Photos, die er uns später zeigte. Auf diesem Foto sehen sie einen Spieler von Big Cove vor seinem Haufen von Gegenständen, die er auf dem Boden sortiert. Und hier ist er noch einmal ein wenig später, als noch weitere Sachen zum Wetten dazugekommen sind (Abb. 50). Vor ihm steht wahrscheinlich seine Freundin, möglicherweise auch seine Schwester, die noch ein Taschentuch dazulegen will. (Sie können auf diesem Bild Mooneys Schatten auf seinem Bein sehen.) Wenn er alle Wetteinsätze zusammenhat, geht er zurück zu seiner Mannschaft.

Hat man alle Gegenstände zusammen, die man verwetten will, sucht man sich jemanden, der sie in eine Wolldecke einschlägt und an die Seitenlinie bringt. Dort ist ein bestimmter Platz, wo alle Wetteinsätze von einigen Leuten aus jeder Stadt bewacht werden, so daß niemand während des Spiels heimlich mit ein paar Sachen verschwinden kann. Sind die Wetten hoch, kann man davon ausgehen, daß im Spiel mit hohem Einsatz gekämpft wird.

Sobald die Sachen weggebracht sind, wird man seinem Gegner gegenüber aufgestellt. Jede Mannschaft begibt sich an ihr jeweiliges Ende des Spielfeldes, um zum letztenmal alles zu überprüfen. Ausrüstung und Spielkleidung werden in Ordnung gebracht, Federn im Haar befestigt und ein kleines Stückchen von einem Fledermausflügel ins Netzwerk des Schlägers gebunden. Etwa eine halbe Stunde vor Spielbeginn stellt sich die Mannschaft in einer Reihe vor ihrem Tor auf. Ihr Gesicht ist den Feinden am anderen Spielfeldende zugewandt. Die Leute aus der eigenen Stadt stehen unmittelbar hinter einem und tragen die ganzen Sachen, die verwettet worden sind. Jetzt werden die allerletzten Wetten abgeschlossen, und die Leute überzeugen sich davon, daß sie nicht übers Ohr gehauen werden. Hier sieht man ein paar Big Cove-Spieler und Leute aus ihrer Stadt kurz bevor sie in die Spielfeldmitte aufrücken (Abb. 51). Man sieht ein paar Burschen, die die Hemden, Tücher, Wolldecken und anderen Sachen, die sie einsetzen wollen, über ihre Schläger gehängt haben.

Nachdem alle Sachen vom Spielfeld gebracht wurden und in mehreren Haufen zusammengetragen worden sind, werden die Spieler ihren Gegenspielern zugeordnet. Da man schon ziemlich im Bilde ist, gegen wen man spielen wird, sucht man ihn auf und legt seine Schläger auf den Boden vor ihn hin. Dabei zeigen die Körbchenenden auf ihn, wodurch man ihn zum Spiel auffordert. In den meisten Fällen geht er darauf ein, indem er *seine* Stöcke so hinlegt, daß die Körbchenenden auf dich zeigen. Da die Mittelspieler sowie die Verteidiger speziell für ihre Aufgabe trainiert haben, werden sie gewöhnlich von Spielern auf denselben Positionen in der anderen Mannschaft herausgefordert. Bei den anderen Spielern und den Torhütern sind die Rollen nicht so festgelegt, da manche Jungs auf beiden Positionen gut sind. Häufig

Abb. 50

versuchen die Spieler, gegen Partner zu spielen, denen sie durch Bluts- oder Clanverwandschaft verbunden sind. Wenn man ihm die Rippen, das Schlüsselbein oder etwas ähnlich Schlimmes brechen sollte, versuchen nicht gar zuviele Leute, einen dafür zur Verantwortung zu ziehen. So bleibt alles ziemlich unter Kontrolle, und Auswüchse werden vermieden.

Haben alle ihren Gegner gefunden, stellt sich die Mannschaft in einer Reihe mit dem Gesicht zu ihren beiden Torpfosten gewandt auf. Die andere Mannschaft stellt sich genauso auf, wo-

Abb. 51

bei die Zentrumsspieler jeweils in der Mitte der Reihe stehen. Dann geht ein dafür ausgewählter Mann wie der Bursche hier (Abb. 52), der über die Stöcke steigt, durch die Reihen und prüft, ob jeder Spieler einen Gegner gefunden hat, der ihm kräftemäßig in etwa gewachsen ist. Ist er mit allem zufrieden, gibt er das Zeichen für den Einwurf.

Abb. 52

Das Spiel beginnt damit, daß zwei alte Männer – meistens haben sie in ihrer Jugend selbst viel gespielt – im Mittelfeld eine kurze Ansprache halten, in der sie die Spieler auffordern, hart aber fair zu spielen (Abb. 53). Dann machen sich die zwei Zentrumsspieler für die Attacke bereit. Man weiß vorher nie, wann einer der alten Männer den Ball hoch in die Luft wirft, aber ist das geschehen, geht der Kampf los. Alle Schläger fliegen in die Luft, wenn die beiden Zentrumsspieler übereinander herfallen, um den Ball beim Herabkommen zu erwischen.

Aber jetzt will ich von dem Spiel gegen Big Cove erzählen. Es ist zwar schon fast dreißig Jahre her, aber Mooneys Bilder haben vieles wieder in Erinnerung gerufen. Ich bin immer noch aktiv in der Seniorenmannschaft, und wir reden häufig von früher, als wir gegen Big Cove gespielt haben. Ich meine, es war damals ein sehr wichtiges Spiel. So wie die Dinge lagen, hatten wir sie dreimal hintereinander geschlagen – das war ein toller Lauf. So etwas war im Reservat seit Jahren nicht mehr vorgekommen. Beim Betrachten von Mooneys Bildern fielen mir eine Menge Einzelheiten wieder ein. Wir waren eine tolle Mannschaft, wie sie Wolf-Town seit Jahren nicht mehr gesehen hatte, und alle im Reservat glaubten das auch. In jenem Herbst sind wir fast ohne Niederlage davongekommen, bis auf die eine gegen Raven's-Town. Egal, gleich nach dem ersten "*toss-up*" machten wir ein Tor, ein prima Zeichen dafür, daß der alte John Panther sein Handwerk verstand. Der Mittelspieler von Big Cove war viel stärker und schwerer als ich, aber ich hatte die größere Reichweite und nahm den Ball aus der Luft, bevor er rankam. Hier (Abb. 54) können sie sehen, wie wir uns beide dem Ball entgegenstrecken.

271

Abb. 53

Jawohl, an das hier erinnere ich mich noch. Ich spielte Crow an, aber als er werfen wollte, verpaßte er den Ball, weil ihm sein Gegner aus Big Cove einen Stoß versetzte, während der Ball noch in der Luft war. Der Ball schlug auf dem Boden auf und rollte ziemlich schnell weiter, aber Eldredge war noch schneller, nahm den rollenden Ball auf und gab ihn flugs nach hinten ab, was er gerade noch schaffte, wie man hier sehen kann (Abb. 55). Dort ist noch ein anderer Mannschaftskamerad, sein Bruder Joe, dessen Bauch von einem Big Cove-Angriffsspieler mit den Armen umklammert wird, so daß er dem Bruder beim Paßabgeben nicht in die Quere kommen kann. Ich finde, Mooney hat sich bei diesem Bild ein bißchen zu dicht an das Geschehen herangewagt.

Jedenfalls flog Crows Pass zu Joe Standing Deer, der genau neben dem linken Torpfosten stand. Er rannte direkt durch die Torpfosten hindurch und machte den Punkt. Ich sehe ihn noch vor mir. Alles in allem hatten wir für das erste Tor kaum drei Minuten gebraucht. Das hat uns alle richtig heiß gemacht. Wir schossen noch zwei Tore, bevor Big Cove den ersten Gegentreffer machen konnte, ein langer Schuß von ihrem Verteidiger von ganz unten quer durch die Mitte. Ich glaube, ihre Angriffsspieler konnten unsere beiden Männer dort unten gerade noch stoppen, sonst hätten sie es nicht geschafft.

272

Abb. 54

Im Vergleich zu dem Spiel, wie es meine weißen Kumpel spielen, wird im Cherokee-Spiel viel härter gespielt. Es sind fast alle Griffe erlaubt außer dem einen, den Ball mit den Händen zu berühren. Ich kann mich erinnern, daß mein Gegner einmal bei diesem Spiel den Ball zwischen den Körbchen seiner Schläger hatte. Ich rannte einfach auf ihn zu und rammte meine Schläger zwischen seine Arme, um an den Ball zu kommen. Es gelang, und der Ball flog irgendwohin. Es gibt viele Möglichkeiten, den Gegner zu behindern, wenn die eigene Mannschaft in Ballbesitz ist, und man ihn aus dem Spiel rausdrängen will. Ich habe meine Gegner früher gerne in die Armzange genommen. Damit bekam er seine Schläger nicht frei. Sobald man zugepackt hat, dreht man ihn seitwärts in diese Lage, so daß er nicht weglaufen und ins Spielgeschehen eingreifen kann. Kurz bevor John Standing Deer den ersten Punkt holte, hielt ich meinen Big Cove-Mann fest, indem ich sein Bein umklammerte. Er balancierte auf dem anderen, und es blieb ihm nichts anderes übrig als Joe zuzuschauen, ohne daß er ihn aufhalten konnte. Manchmal gelingt es einem auch, den Gegner von hinten in den

273

Abb. 55

Bärengriff zu nehmen, dann ist er völlig aufgeschmissen und kann keinen Fuß mehr vor den anderen setzen.

Es geht rauh zu, und ohne Verletzungen geht es nicht ab. In dem Spiel gegen Big Cove bekam Duck schon ziemlich am Anfang einen Treffer ab und mußte vom Spielfeld gehen beziehungsweise runtergeführt werden. Später stellte sich heraus, daß er sich keinen Knochen gebrochen hatte, aber damals sah es sehr danach aus. Einmal ging mir während dieses Spiels ziemlich die Puste aus, wahrscheinlich von einem Stoß in den Bauch mit dem Griffende eines Schlägers. Ich erinnere mich, daß ich danach mehrere Tage lang einen Krampf hatte. Da man ständig herumläuft, ist man schnell überhitzt. Deshalb gibt es nach jedem Torschuß eine kurze Pause. Dann kann man für ein paar Minuten auf die eigene Seitenlinie gehen und vor dem nächsten *„toss-up“* versuchen, wieder zu Atem zu kommen und Ausschau nach dem Medizineimerträger zu halten, um vor Wiederbeginn des Spiels noch einen Schluck aus dem Eimer zu nehmen. Joe Standing Deer war nach seinem Lauf dermaßen erhitzt, daß er sich den Eimer schnappte und sich den ganzen Inhalt über den Kopf goß.

Ist das Spiel voll im Gange, hat man bald genug Ärger über seinen Gegner aufgebaut. Dann wartet man die richtige Gelegenheit ab, um ihn flachzulegen. Ein Ringkampf bietet die beste Möglichkeit, dem anderen eins auszuwischen. Selbst wenn man unterdessen vorübergehend aus dem Spiel ausscheidet, sucht doch jeder wenigstens eine Gelegenheit für einen deftigen Ringkampf zu finden. Zuweilen wirft man die Schläger irgendwohin auf den Boden, und der zuständige Schlägermann hebt sie für einen auf. Kurz bevor Duck sich seine Verletzung zuzog, warf er seine Stöcke blitzschnell von sich, erinnere ich mich, so daß sie irgendwo seitwärts landeten. Der Schlägermann hatte keine Ahnung, wo er suchen sollte. Als Duck wieder freikam, schüttelte der Schlägermann seinen Kopf und hob die Arme gen Himmel. Also mußte Duck selbst überall herumlaufen und seine Schläger suchen. Sie lagen an zwei verschiedenen Stellen.

Beim Ringkampf kann man fast alles machen, was man will. Man kann den Gegner niederdrücken, seinen Kopf nach hinten reißen, seinen Arm hinter dem Rücken verdrehen – alles, was man will. Manchmal wird der Haufen immer größer, während zuunterst wahrscheinlich ein Bursche mit den Schlägern nach dem Ball angelt. Seine Mannschaftskameraden werfen sich auf die Gegner, um sie von ihm abzudrängen. Die offiziellen Beobachter lassen einen eine Weile machen. Kommt das Spiel aber zum Stillstand, oder läßt man den anderen Burschen einfach nicht hochkommen, dann tritt der Ringkampfpeitscher auf den Plan mit seinem Hickorystock und drischt solange auf einen ein, bis man losläßt. Sonst würde der Spielfluß unterbrochen. Schließlich hat man da draußen dafür zu sorgen, den Ball mit den Schlägern in Bewegung zu halten.

Alle haben sich auf den Weg gemacht, um dieses Spiel zu sehen, denn samstags braucht man nicht zu arbeiten, und am Sonntag kann man sich erholen. Alle Einwohner unserer Stadt waren bei dem Spiel anwesend, soweit ich weiß. Meine Freundin brachte noch eine Menge Freundinnen mit, die alle auf unsere Mannschaft wetteten, und nach dem Spiel zeigte sie mir den Berg von Sachen, den sie gewonnen hatten. Viele Leute haben bei diesem Spiel gewettet. An diesem Tag wurde sonst nirgendwo ein Spiel im Reservat ausgetragen, deshalb konnte man davon ausgehen, daß von überallher Besucher kommen würden. Viele Weiße, die in der Nähe wohnten und sich für das Spiel interessierten, mischten sich ebenfalls unter die Zuschauer.

Das Spiel gegen Big Cove dauerte alles in allem etwa drei Stunden. Beim Spielstand von 7:4 wurde es sehr spannend, aber dann machten wir mehr Druck und erhöhten auf 10. Wir bereiteten gerade das elfte Tor vor, als Lewis Hornbuckle einem der Brüder Crow in der Verteidigerrolle einen Paß zuspielen wollte. Ein „upper fielder" von Big Cove schlug genau in dem Moment mit Karacho auf seine Stöcke, als der Ball losflog. Der Ball landete auf der anderen Seite nahe der Seitenlinie, und einer ihrer Spieler nahm ihn auf, rannte über das ganze Feld und machte den Punkt. Niemand deckte ihn, und er war uns allen um eine Kopflänge voraus. Beim Stand von 1o:5 sprach sich herum, daß John

Panther in der Zuschauermenge entlang den Seitenlinien aufgetaucht war. Damit wußten wir, daß wir es ihnen gezeigt hatten. Mit den beiden letzten Toren – Peter Crow warf das eine, Lewis das andere – holten wir uns den Sieg, und die Wolf-Town-Zuschauer rasteten aus: drei Jahre hintereinander!

Die Leute holten sich ihre Wetten ab, und beide Mannschaften stiegen hinunter zum Fluß, um dort auf ihren Medizinmann zu treffen. Da wir gewonnen hatten, mußten wir ein letztes Mal mit John Panther zum Wasser gehen. Obwohl die Verlierer sich alle nett und freundlich benehmen, sind sie doch insgeheim sehr verärgert, besonders wenn sie ein Rückspiel gefordert haben. Man kann sicher sein, daß sie ihren Medizinmann veranlassen, einem noch weiterhin böses Zeug an den Hals zu wünschen. Um diese Flüche wirkungslos zu machen, geht man zum Wasser. Das dauert nicht besonders lange. Nachdem Panther seine Gebete gesungen hatte, tauchten wir alle ins Wasser, spritzten herum und befreiten unsere Körper von Schmutz und Schweiß. Wir waren schon mitten im Herbst, und der Fluß war recht kalt. Aber alle hatten blaue Flecken oder Quetschungen im Spiel abbekommen, und das Blut mußte abgewaschen werden. Aus diesem Grunde war ein kaltes Bad sehr willkommen. Außerdem standen dort unten ein paar Kräuterheilkundige bereit, die einem davon etwas auf die Wunden legten und einem beim Saubermachen halfen. Dann zog man seine Alltagskleidung an und kehrte aufs Spielfeld zurück, um seine Wette abzuholen. Die Frauen bringen eine Menge Essen mit aus der Stadt. Jetzt hat man die Gelegenheit, sich nach mehr als einem Tag richtig satt zu essen.

Die Burschen aus beiden Mannschaften versuchen, einander freundlich und kameradschaftlich zu begegnen – das gehört sich so für einen Cherokee – obwohl es auf Seiten der Verlierer viel Bitterkeit gibt. Die Gewinner dagegen würden am liebsten mit ihrem Sieg laut herumtönen und angeben. Es wird aber mit Sicherheit zu einem Rückkampf kommen, und allzu sehr will man sein Glück nicht auf die Probe stellen. Gewöhnlich brechen die Zuschauer vor Sonnenuntergang auf und machen sich auf den Heimweg.

Bevor der Medizinmann die Spieler freispricht, müssen sie den Siegestanz abwarten, der eine Woche nach dem Spiel aufgeführt wird. Bis dahin sind alle *gaktûn'-ta*, die man vor dem Spiel beachtet hat, noch voll wirksam. Das heißt, man achtet auf sein Essen und muß den Frauen bis zum Beginn des Tanzes aus dem Weg gehen. Also, alles, was ich noch weiß vom Siegestanz vor dreißig Jahren ist, daß ein paar Mannschaftskameraden danach ziemlich betrunken waren und Blödsinn machten und daß irgend jemand mit meiner Freundin durchbrannte. Aber das ist eine andere Geschichte.

276

13

Der kleine Bruder des Krieges

Hätte Twister, Spielführer der Wolf-Town-Mannschaft, seine Beschreibung der Ereignisse nach dem Sieg über Big Cove fortgeführt, wäre er auf seine Rolle im Siegestanz zu sprechen gekommen, der am Ende des Ballspielzyklus der Cherokee steht. Twister wäre sich womöglich nicht im klaren gewesen über das Alter dieser Tradition, deren Wurzeln weit in die Vergangenheit zurückreichen. An jenem Samstagabend etwa gegen 22.00 Uhr nahm die Mannschaft Aufstellung. Ihm wurde ein Federstab in die Hand gegeben. Dadurch verwandelte er sich symbolisch in einen siegreichen Cherokee-Krieger, der vor kurzem von einem Kriegszug zurückgekehrt war. Hätte Twister ein Jahrhundert zuvor gelebt, trüge er einen Skalp in den Händen.

Der obligatorische Siegestanz, in dessen Verlauf die Spieler „freigesprochen" werden, ist Teil der zahlreichen Rituale, die den Lacrossezyklus der Cherokee ausmachen. Die vielen vorsorglichen Taktiken, die die Spieler während des Trainings praktizieren, die Schutzmaßnahmen, die der Medizinmann vor dem Spiel für sie ergreift, der zeremonielle Marsch auf das Spielfeld – diese Maßnahmen deuten insgesamt auf eine ernsthafte Angelegenheit hin, die mehr auf echte Kampfhandlungen hinweist als auf ein einfaches Ballspiel, das nur zum Zeitvertreib stattfindet. In der Tat stößt man bei der Entschlüsselung der Symbole, die in dieser Sportart stecken, auf eine enge Verwandtschaft zwischen Lacrosse und indianischen Verhaltensweisen im Kriegsfall. Auf dem Boden des indianischen Nordamerika verdeutlicht dieses Beispiel die alte, universale Verbundenheit zwischen Spiel und Kampf. Im alten Olympia war die Statue des Agon, Gott der Spiele, nicht bloß zufällig neben der des Kriegsgottes Ares auf dem Tisch mit den Preisen aufgebaut.

Auf dem Kriegspfad und bei Lacrosse handelte es sich um die gleichen Rituale. In indianischen Glaubenssystemen hielt man sie sogar für untereinander austauschbar. Das wird deutlich an der Austauschbarkeit der Terminologie sowie an den unterschiedlichen Namen, die dem Lacrosse-Spiel beigegeben wurden. Die Creek nannten das Spiel häufig *hótti icósi* oder „jüngerer Bruder des Krieges". Dazu äußerte sich der ehemalige Creek-Spieler James Hill: „Der Wettkampf ähnelt dem Krieg. So wie die Vereinigten Staaten einen Krieg beginnen gegen eine andere Nation, und die U.S. es ihnen zeigen, wie sie es den Philippinen gezeigt haben." Hill griff auf die Analogie des Kampfes zurück, als er auf freundschaftliche Abmachungen zwischen zwei Gemeinden zu sprechen kam, die gewohnheitsmäßig Lacrosse gegeneinander gespielt hatten: „*Okchai* wurde es leid, besiegt zu werden. Sie wollten das Kämpfen aufgeben und vereinbarten deshalb, sich ‚auf freundlichen Fuß' mit *Hilabi* zu stellen.[1]

Der gebräuchliche Cherokee-Ausdruck für das Spiel lautet *a-ne-tsó*. Ein anderer Name dafür, der früher häufig in der Eingeborenensprache benutzt wurde, war *da-na-wah'uwsdi'*, das heißt „kleiner Krieg". Laut Mooney ist die Redensart „zum Ballspiel gegen sie antreten" – einer von verschiedenen Slangausdrücken der Cherokee, die 1890 geläufig waren – „ein bildhaft geprägter Ausdruck für Wettkämpfe jeglicher Art, insbesondere kriegerische Auseinandersetzungen." Zum erstenmal taucht Lacrosse am 4. Mai 1714 in historischen Dokumenten über die Cherokee – Notiz der Indianerbehörde von South Carolina – auf. Darin ist eine Einladung der Cherokee an die Yuchi zum Spiel ausgesprochen, um ihnen „den Weg abzuschneiden", was an einen militärischen Hinterhalt denken läßt. Raymond Fogelson vermutet (zu Recht, wie ich meine), daß hinter der Herausforderung zum Spiel eine versteckte Kriegserklärung gelegen haben könnte.[2]

In einer Legende der Creek über ein skrofulöses Kind auf der Suche nach *Uñtsaiyî'*, dem Spieler, wird die Verwandtschaft zwischen Lacrosseschlägern und Kriegskeulen ganz deutlich (s. Anhang A, Nr. 6). Es heißt: „Sein Vater gibt ihm eine Kriegskeule und spricht: ‚Nun mußt du ein Ballspiel gegen deine beiden älteren Brüder spielen. ...' Er sprach von einem Ballspiel, aber er meinte, daß der Junge um sein Leben kämpfen mußte." Die Verbindung zwischen Lacrosseschläger und Kriegszug geht auch aus einer Menominee-Legende hervor. Darin teilt ein Donnerer einem Indianer namens „*Uncooked*" mit, daß er einen Blitz in einen Baum fahren lassen werde. Die hinterlassenen schwarzen Spuren sollen ihm anzeigen, wo er das Holz für die Lacrosseschläger herausschneiden soll (s. Anhang A, Nr. 7). Bei den Creek endeten Spiele so, als sei eine Schlacht gewonnen worden. Die Gewinner rannten zu ihrem Tor und umkreisten es unter wildem Kriegsschreien und Gebrüll. Dazu rief der Torhüter „*Ilátitô'tô'tô*", was „Er ist tot, tot, tot, tot" bedeutete. Anläßlich eines Spieles, das in den vierziger Jahren stattfand, ermahnte der Cherokee-Schiedsrichter die Spieler beider Mannschaften kurz vor dem *toss-up* in der Spielfeldmitte: „Dies ist ein Ballspiel, also nur ein kleiner Krieg, kein großer Krieg. Ihr sollt dem Ball hinterherjagen und nicht Jagd auf die Leute machen, um sie zu verletzen."[3]

Nicht nur die Stämme des Südostens vertraten die Ansicht, Krieg sei ein Spiel, was sich in ihrer Alltagssprache niedergeschlagen hat. In einer prahlerischen Rede beschwerte sich der Winnebago-Häuptling *Little Priest* über die Einmischung der Regierung in die Kampfestradition seines Volkes. Einem nicht näher bekannten Mitglied eines westlichen Stammes erklärte *Little Priest*:

> „Eines unserer liebsten Spiele ist das Kriegsspiel. ... Früher einmal zählte unser Volk viele Köpfe. Bevor unser Bruder, der weiße Mann, gekommen ist. ... Ich spielte dieses Spiel gegen die anderen Stämme sehr gerne, aber niemals stieß ich auf wirklich *Männer*. Alle Indianer der anderen Stämme pflegten mich ... Älterer Bruder zu nennen, denn ich war einer der größten Krieger. Seitdem unsere Freunde, die Weißen, gekommen sind, habe ich mich vom Kampf zurückgezogen. Alles ist jetzt anders geworden. Wir können dieses Spiel nicht mehr spielen."[4]

Die Indianer benutzten die Farbe Rot symbolisch, um Lacrosse mit Krieg in Verbindung zu bringen. Im traditionellen Farbschema wurde die Farbe Rot nicht nur mit Krieg, sondern auch mit Erfolg und Sieg verbunden. Aus Mythen und heiligen Gebeten der Cherokee geht hervor, daß diese Farbe vielen spirituellen Helfern zugeordnet wurde, etwa dem Roten Habicht und der Roten Klapperschlange. Dagegen wurde alles, was sich auch nur im geringsten auf den Feind bezog, mit schwarz, der Farbe des Todes, in Verbindung gebracht.

Rote Pigmentierung wurde von alters her auf alle Ausrüstungsgegenstände aufgetragen, die im Kampf, ob in den Wäldern oder auf dem Spielfeld, eingesetzt wurden. Als Kriegsfarbe stand bei Kriegern vieler Stämme das Zinnoberrot hoch im Kurs, das eine gesuchte Handelsware darstellte. In Anlehnung daran malten Creek-Ballspieler ihre Körper vor einem Spiel rot an. Cherokee-Krieger färbten ihre Pfeile, Bögen und Kriegskeulen rot ein. Ebenso verfuhren sie mit der weißen Friedensfahne, wenn sie sich auf den Kriegspfad vorbereiteten. Aus demselben Grund malten die Yuchi ihre Lacrossestöcke rot, bevor sie für die Dauer der Nacht vor dem Spiel an das zeremonielle Gerüst gehängt wurden „als Symbol ihrer kriegerischen Funktion". Bei der Herstellung des Lacrosseballes fügten die Yuchi einen kleinen, roten, magisch besprochenen Stoffball ein, bevor die zwei runden Hirschlederstücke für die Hülle, die ihn verbargen, zusammengenäht wurden.[5]

Wenn Lacrosseschläger mit Kriegskeulen gleichgesetzt werden, sind sie rot eingefärbt. Der Text eines Schutzgebetes der Cherokee, das „Was diejenigen, die im Krieg waren, getan haben, um sich zu helfen" heißt und in dem die Rot/Schwarz-Allegorie von Siegern und Verlierern wieder auftaucht, beginnt mit: *„Hayî! Yû!* Hört zu! Eben im

Augenblick haben wir die rote Kriegskeule erhoben. Seine Seele soll sofort still werden und ruhen. Dort unter der Erde, wo die schwarzen Kriegskeulen umherschlagen wie die Ballstöcke während des Spiels, dort soll seine Seele verweilen und niemals wiederkehren." Diese Formel wurde an vier aufeinanderfolgenden Nächten vom Medizinmann rezitiert, bevor sich Cherokee-Krieger auf den Kriegspfad begaben.[6]

Die Farbe Rot wurde auch auf Artikel ausgedehnt, die zur Lacrossekleidung gehörten, wie zum Beispiel die Federn im Haar. Vor Spielen und vor Schlachten befestigte sie der Helfer des Cherokee-Medizinmannes an den Teilnehmern. Außerdem malte er ihnen die Gesichter rot an mit einer Substanz aus bestimmten weichen Steinen, die gebrannt und pulverisiert worden waren. Die Federn, die als sehr heilig galten, wurden vorher von Spezialisten bearbeitet. Sie wurden auf Verlangen der sieben wichtigsten Mitglieder des Kriegsrates gesammelt und zum „heiligen Maler" gebracht. Die einzigen Unterschiede, die bei den Vorbereitungen zum Krieg oder zum Ballspiel in solchen Dingen sichtbar wurden, lagen in den Gebeten während des Auftragens der Körperfarbe, sowie in der Tatsache, daß die jeweilige Bitte von anderen Leuten ausgesprochen wurde. Für „einen allgemeinen Kriegszug" wurden die Federn auf Bitten des Kriegsrates behandelt, während „im Falle einer kleinen Kriegsexpedition oder eines Ballspiels [die Federn] auf Bitten des Anführers eingefärbt wurden."[7]

Alle diese Haltungen gegenüber der Farbe Rot gehen letztlich darauf zurück, daß man sie mit Blut als dem lebenserhaltenden Element in Verbindung bringt. Dadurch erklärt sich, warum Cherokee-Krieger und -Ballspieler sich angeblich in „roter Verfassung" befanden, und zwar während des gesamten Zyklus ihrer Handlungen. In dieser Zeit waren sie empfänglich für Gefahren, Verletzungen und Tod. Deshalb führten sie ihre Rituale auch noch nach dem Hauptereignis (Schlacht, Spiel) fort, bis sie vom Medizinmann durch ein Reinigungsritual während einer Zeremonie davon „entbunden" wurden. Dies erklärt auch ihre Angst vor menstruierenden Frauen, denen sie unter allen Umständen aus dem Weg gingen. Sie galten wegen ihrer Blutungen ebenfalls als „unrein" und darum als gefährlich.

Das Reinigungsritual der Cherokee-Ballspieler nach einem Spiel ist fast identisch mit der Behandlung, der vor zweihundert Jahren jede Kriegergruppe nach ihrer Rückkehr unterzogen wurde. Die Krieger wurden als *u-ta-la'-wa-shu-hi'* angesehen, das heißt in „roter" oder blutiger Verfassung. (Dieser Begriff wird auch benutzt, um den Zustand von Ärger zu beschreiben.) Sie waren alle unrein, weil sie in der Schlacht direkten Kontakt zum Tod hatten, Blut vergossen und Skalps zurückgebracht hatten. In dieser Lage bedurften sie der Reinigung. Alexander Long, der als Händler von 1711 bis 1725 bei den Cherokee war, berichtete Folgendes: Zurückgekehrte Krieger mußten sich vier

Abb. 56
Menominee-Spieler halten ihre Schläger hoch, als wären es Skalpstöcke. In früheren Zeiten, als man noch auf den Kriegspfad ging, wurden die im Kampf erbeuteten Skalps auf kleinen Reifen getrocknet, wo sie mit ungegerbten Lederschnüren festgespannt wurden (ähnlich der Lacrosseschläger-Verschnürung), so daß die Haarlocke im Mittelpunkt des Rings saß. Diese Reifen wurden dann auf lange Stöcke montiert und von den Frauen beim Skalptanz, einer Siegesfeier, hochgehalten.

Tage lang am „Kriegsfeuer" niederlassen und „abführende Getränke" zu sich nehmen. In der vierten Nacht wuschen sie ihre Kleider und Körper und streckten ihre Arme durch das Feuer als Geste der Reinigung. Ein ähnliches Verlangen nach Reinigung beschrieb ein Cherokee namens „*The Little Carpenter*" in einem Brief, der an einen englischen Captain gerichtet war. Darin ging er auf den siegreichen Kampf der Indianer gegen die Franzosen ein. Er verlangte insbesondere, daß für die zurückkehrenden Krieger weiße Hemden bereitliegen sollten, wenn sie sich ihrer blutigen Kriegskleidung entledigten als Zeichen ihrer Reinigung.[8]

Der Siegestanz als letztes Ereignis im Reinigungsritual erfolgreicher Ballspieler ist im Ansatz unzweifelhaft der Skalptanz aus früheren Zeiten (Abb. 56). Nach dem Revolutionskrieg endete die Beteiligung der Cherokee am Kriegsgeschehen. Ihre erzwungene Umsiedlung Anfang des 19. Jahrhunderts ins *Indian Territory* bzw. nach Oklahoma zerstörte ihre gesellschaftlichen Strukturen und fügte ihrer traditionellen Kultur großen Schaden zu. Der Skalptanz schlummerte derweilen wahrscheinlich irgendwo im Verborgenen. Er wurde erst später unter einem weniger kriegerisch klingenden Namen in Verbindung mit dem

281

Ballspielzyklus wieder zum Leben erweckt. Bestimmte Elemente der neuen Tanzversion lassen jedoch ganz zweifellos eine enge Verbindung zu den Kriegspraktiken aufscheinen, die uns aus dem 18. Jahrhundert überliefert worden sind.

Lassen Sie uns zum Beispiel die Notizen von Leutnant Henry Timberlake näher anschauen, der 1762 eine zurückkehrende Kriegergruppe beschrieb. Die Krieger trugen vier Shawnee-Skalps, die sie als Kriegstrophäen mit nach Hause brachten. Dort umkreisten sie dreimal das „Stadthaus" (Ratsgebäude), während sie den „Todesruf" ausstießen – wahrscheinlich eine Art Kriegsschrei, um ihren siegreichen Kriegszug zu verkünden. Dann zogen sie sich ins Innere zurück, rauchten und erzählten ihre verschiedenen Kriegstaten. Im Rahmen eines Tanzes beschrieb jeder Krieger abwechselnd seine Heldentaten. Für dieses Vorrecht hatte er zuvor eine Spende auf ein Hirschfell gelegt. Nach Abschluß des Tanzes wurden die Spenden an die armen Leute verteilt.[9]

Im Siegestanz aus etwas späteren Zeiten schritten die aufgereihten Ballspieler rund um den Tanzplatz und ließen ab und zu Kriegsgeschrei ertönen. Ein Zeremonienmeister oder „Tanzleiter" zeigte dann irgendwann mit seinem Stock auf einen einzelnen Spieler und rief: „*Ka!*" Das Tanzen hörte unmittelbar auf, und alle stellten sich hinter diesem Spieler auf, der seine „Heldentaten" beim siegreichen Spiel aufzählte. Wenn er damit geendet hatte, stimmten ihm alle lauthals zu. Dann wurde der Tanz wieder aufgenommen. Der Tanzleiter suchte sich nun einen anderen Spieler heraus und so weiter, bis jeder die Chance erhalten hatte, von seinem Einsatz zu berichten. Der Tanz endete mit dem Einsammeln der gefiederten Stäbe – früher hingen einmal Skalps daran. Darauf folgte eine Geste, die vergleichbar mit dem Austeilen von Beutestücken an die Armen war, nämlich die Belohnung der verschiedenen Ballspielhelfer für ihre geleisteten Dienste. Die Spieler verteilten Nahrungsmittel, einzelne Waren und Geld an die Fahrer, den Organisator, die Sängerinnen, Medizinmänner und andere als Ausdruck ihrer Dankbarkeit.[10]

Bei den südöstlichen Stämmen weisen die Reinigungsrituale für heimkehrende Krieger und für Ballspieler nach einem Spiel noch andere Aspekte auf wie etwa die Einhaltung sexueller Tabus. Bevor Cherokee-Krieger auf den Kriegspfad gehen, müssen sie vor dem Aufbruch drei Tage lang Enthaltsamkeit üben, ebenso weitere drei Tage nach ihrer Rückkehr. Ballspieler waren ähnlichen Einschränkungen unterworfen. Die Isolation der Teilnehmer war eine weitere Maßnahme, die Krieger wie Ballspieler gemeinsam traf. Statt sich nach dem Spiel weiter auf dem Spielfeld aufzuhalten, um die Glückwünsche der Gemeindemitglieder entgegenzunehmen, begaben sich die Ballspieler direkt zu jenem abgelegenen Platz am Fluß, wo ihr Medizinmann sie zum Wasser führte und wo sie sich von Schweiß, Schmutz und gelegentlich Blut vom Spiel reinigten. Dies entsprach der Isolation der heimkehrenden Krieger. Eine Chickasaw-Kriegergruppe wurde eine gewisse Zeit lang im Ratsgebäude von allen abgeschieden, wo sie sich durch Fasten, Singen, Baden und Einnehmen von Brechmitteln reinigten.[11]

Twisters Erzählung steckt voller Töne, Gesten und Handlungen von Männern, die kurz vor einem Kampf stehen. Der durchdringende, kriegsmäßige Schrei des *talala* beim Ballspieltanz, während sich die Spieler gegenüber dem „feindlichen Lager" (gegnerische Stadt) aufstellen, das Schwingen der Lacrossestöcke wie Waffen, das ständige Ausschauhalten nach feindlichen „Spähern", die Federn im Haar — alle diese Ballspielvorbereitungen suggerieren Ersatzhandlungen für kriegerische Aktionen. Die Creek, die ähnliche Vorbereitungen für das Spiel trafen, führten den kriegerischen Aspekt noch einen Schritt weiter. Während ihres Ballspieltanzes banden sie den Ball, mit dem gespielt werden sollte, an einen Zweig und steckten diesen in den Boden. Das Zweigende wies in Richtung des gegnerischen Lagers, und Swanton bemerkt dazu: „So werden Kanonen auf den Feind gerichtet."[12]

Das ständige Ausstoßen des Kriegsschreis während der Spiele ist auffällig. Im Südosten wurde er „Koller-Schrei" genannt, weil er in einem stark pulsierenden Koller tief in der Kehle, ganz ähnlich wie bei einem Truthahn, endet. Die Yuchi behaupteten, daß er dem Wolf nachgemacht sei und von einem Krieger ausgestoßen wurde, wenn er einen Skalp nahm. Derselbe Schrei ertönte, wenn ein Yuchi-Ballspieler ein Tor erzielt hatte: „Hat ein Spieler ein Tor geworfen, wirft er seinen Körper nach vorne, hebt seine Ellbogen an und läßt den „Koller-Schrei" los, der in einem Tremolo endet und auch beim Skalpnehmen ausgestoßen wird. Er stellt eine Verspottung des Gegners dar."[13]

Der Marsch auf das Spielfeld imitiert den früheren Kriegspfad. Die Richtung, die man einschlägt, wird vom Medizinmann festgelegt. Ein Späher wird vorausgeschickt, der feststellen muß, ob „der Weg frei ist", das heißt daß keine magischen Substanzen vom Feind darauf verteilt worden sind. An sogenannten „Rastplätzen" werden die vier erforderlichen Halts gemacht, um zum Wasser zu gehen. Die Spieler marschieren im Gänsemarsch und reden kein Wort. Treten sie auf einen Zweig, müssen sie ihn aufheben und bis zum Spielfeld mitnehmen.[14]

Man sollte diese Praktiken mit Buttricks Bericht aus dem Anfang des 19. Jahrhundert über den Cherokee-Kriegspfad vergleichen. Seine Information, die er von früheren Kriegern erhalten hat, weist erstaunliche Ähnlichkeiten mit dem Marsch der Ballspieler auf:

> *„Ska-li-lo-ski* [ein bedeutender Kriegshäuptling] führte den Marsch an und bestimmte die Lagerstätten. Er setzte den Zeitpunkt für das Aufstehen am Morgen fest. Beim Mar-

schieren war es nicht erlaubt, oberflächliche oder nebensächliche Themen anzuschneiden. Besonders über Frauen durfte nicht gesprochen werden. Brach jemand während des Marsches einen Zweig oder Ast entzwei, weil er nicht aufgepaßt hatte, durfte er ihn nicht liegen lassen, sondern mußte ihn in der Hand tragen, bis sie ihr Nachtlager aufschlugen. Während sie rasteten, hieß es, daß der große Krieger, jetzt *The Raven*, einen Zwei-Tages-Marsch vorausging und noch in derselben Nacht zurückkehrte [um sicherzugehen, daß „der Weg frei war"].“[15]

Wie das Wasser war auch das Feuer den Cherokee heilig. Und so stellte das kleine Feuer, das am Abend des Ballspieltanzes angefacht wurde, ein weiteres wichtiges Überbleibsel aus den Tagen der Kriegszüge dar. Wenn sie sich auf dem Kriegspfad befanden, führte der bedeutendste Krieger oder der Kriegspriester ein Gefäß mit sich, in dem ein kleines heiliges Feuer brannte. Man trug große Sorge, daß es nicht ausging. Es war wichtig, mit dem Feuer zurückzukehren. Es wurde bei den Reinigungsriten eingesetzt, wenn der Medizinmann es nach der Nachtwache für das Morgenopfer verwendete. Damals verbrannte man noch ein Fleischopfer im Feuer. Erlosch das Feuer dabei, deutete das auf weitere Schwierigkeiten mit den Feinden hin. Wurde das Fleisch vom Feuer verzehrt, konnte man mit Frieden rechnen. Der Sieg in einem Kampf und auch das Zusammenhalten des Trupps wurden durch das heilige Feuer, das in einem Gefäß am Leben erhalten wurde, gewährleistet. Drohte das Feuer zu verlöschen, schrieb Longe in seinem Bericht zu Beginn des 18. Jahrhunderts, „so laufen sie alle auseinander. Brennt aber das Feuer kontinuierlich, setzen sie ihren Zug fort. Wenn sie den Kampf eröffnen, setzt sich der Kriegskönig [Anführer] nieder und bläst in das Feuer, damit sie ihre Feinde bezwingen.“

Das Feuer spielte bei Zeremonien generell eine Rolle. Die Medizinmänner benutzten es für ihre Voraussagen. Longe berichtet von einem Vorfall, der die große Verehrung der Cherokee für das heilige Element Feuer zeigt. Einmal entzündete Longe seine Pfeife am heiligen Ratsfeuer. Sofort riß ihm ein Indianer die Pfeife aus dem Mund, leerte sie aus und brachte die glühende Asche zum Verlöschen. Longe hatte unwissentlich ein Tabu verletzt. Das heilige Feuer durfte niemals den Ort verlassen, wo es unterhalten wurde.

Etwa zwei Jahrhunderte später erwähnte Twister die große Sorgfalt, mit der das Ballspielfeuer angefacht und später gehütet wurde, damit nichts von dieser heiligen Substanz gestohlen werden konnte. Die moderne Methode, das Ballspielfeuer zu erhalten, bestand darin, es in eine Laterne oder ein „tragbares Säckchen" zu geben. Unter Umständen konnte der Medizinmann auch damit seine Pfeife gefüllt haben. In dem Falle stünde er hinter dem Tor seiner Mannschaft und würde

Rauch ausblasen, um den Ball herbeizulocken. Die Ballspieler fürchteten, daß feindliche Späher heimlich das Ballspielfeuer „stehlen" könnten, indem sie unauffällig ihre Zigarette daran entzündeten und sie ihrem Medizinmann brachten. Ein solcher Versuch galt als ein Akt der Verzweiflung, der darauf hinwies, daß der gegnerische Medizinmann durch eine Offenbarung erkannt hatte, daß die Gewinnchancen für seine Mannschaft nicht gut standen.[16]

Als Fogelson sich die Geschichte der Kriegsführung der Cherokee vor Augen führte, erkannte er den auf den „Einzelkämpfer" abzielenden Kampfstil. Dieser hat im Ballspiel seine Fortsetzung gefunden. In den Zeiten vor dem Kontakt hatten feindselige Auseinandersetzungen der Cherokee und vieler anderer nordamerikanischer Stämme häufig den Charakter von Überfällen, ausgeführt durch kleinere Trupps. Diese schlossen sich zusammen, um irgendeinen Affront durch Angehörige eines anderen Stammes zu rächen. Den Cherokee steht es frei, ihren persönlichen Abneigungen im Rahmen von Lacrossespielen durch physischen Zweikampf Ausdruck zu geben. Diese Einstellung könnte auf ihre traditionelle Kriegerrolle zurückzuführen sein, in der der Kampf von Mann gegen Mann charakteristisch war. Oberflächlich gesehen könnte das Spiel als Wettkampf zwischen zwei Mannschaften durchgehen, aber in Wirklichkeit bietet es ein Ventil für „individuelle" Auseinandersetzungen. Man braucht sich nur die zahlreichen Ringkämpfe ins Gedächtnis zu rufen, in die das Spiel zu zerfallen droht, wenn die Spieler ihre Schläger beiseite werfen und in Nahkampfmanier „aufeinander losgehen."

Fogelson macht darauf aufmerksam, daß es im Cherokee-Lacrosse kaum Regeln gab und von Mannschaftskoordination (im modernen Sinn) keine Rede sein konnte. Außerdem konnte sich jeder Spieler, der glaubte, genug zu haben, vom Spielfeld zurückziehen. Fogelson vergleicht diesen Individualismus mit den Cherokee-Kriegszügen aus alter Zeit. Der Beitritt zu einer Kriegertruppe geschah freiwillig. Niemand wurde dazu gezwungen. Befand man sich auf dem Kriegspfad, konnte jedermann auf Wunsch jederzeit nach Hause zurückkehren. Der Kriegshäuptling führte durch sein Vorbild, nicht durch Befehle. Darin ähnelte er dem Zentrum-Spieler beziehungsweise Kapitän einer Ballmannschaft, der ebenfalls eher dazu da war, seine Mannschaftskameraden zu „inspirieren" als ihnen Einsatzzeichen zu geben oder bestimmte Spielzüge vorzuschreiben. Aus einer Kriegsrede, die im Jahre 1840 vor einem Kampf gehaltenen wurde, ist diese ziemlich lockere Haltung deutlich zu erkennen. Darin ging es um die Teilnahme an einer Kriegsexpedition, wobei die persönlichen Vorbehalte im Vordergrund standen: „Wenn jemand von euch eine junge Frau zurückläßt, die er heiraten will und sich Sorgen um sie macht, der soll hierbleiben. Wenn jemand von euch eine Frau zurückläßt und befürchtet, daß ein anderer Mann mit ihr schlafen will, der kehre um. Wenn jemand von euch

Besitz zurückläßt, um den er sich sorgt, der kehre zurück und kümmere sich darum."[17]

Fogelson wertet das Ende der Kriegszüge am Ende des 18. Jahrhundert als möglichen Wendepunkt in der Entwicklung des Spiels innerhalb der Kultur der Cherokee. Er kommt zu dem vorläufigen Schluß:

> „Das Spiel hat möglicherweise eine größere Anzahl von Attributen aus dem Kriegswesen übernommen. Wahrscheinlich wurden die Spiele mit größerer Ernsthaftigkeit ausgetragen, da sie nun unter Umständen die einzige Aktivität darstellten, bei der junge Männer jene Art von Prestige und Stellung erringen konnten, die ihnen auf dem Kriegspfad offengestanden hatten. Große Teile der Aggression, die sich früher nach außen gegen Weiße und andere Indianerstämme gerichtet hatte, zielten nun auf Nachbarstädte oder Distrikte, die ebenfalls von Cherokee bewohnt wurden. Die Spiele nahmen eine ernsthaftere Bedeutung an."[18]

So kam es, daß die Beendigung der Kriegszüge, auf denen die jungen Männer die aggressive Seite ihrer Natur ausleben konnten, dazu beitrug, daß sie sich vermehrt dem Lacrossespiel zuwandten. Dies ist vielleicht einer der Gründe, warum das Spiel bei den Cherokee bis auf den heutigen Tag überlebt hat.

Bei anderen nordamerikanischen Indianern sind Belege, die diese These über Lacrosse als Ersatz für kriegerische Handlungen stützen, weniger dicht gesät. Zum Teil liegt das an ihrer größeren Isolation sowie an der Tatsache, daß ihre Kultur erst sehr viel später dokumentiert wurde. Da die Cherokee an diesem Spiel in scheinbar ungebrochener Tradition festgehalten haben, ist ein großer Teil der traditionellen Zeremonien, die damit in Zusammenhang stehen, lebendig geblieben. Zumindest können sich die Alten noch daran erinnern. Aber anderswo in Nordamerika, etwa im oberen Mississippi-Tal, ist das Spiel vollkommen ausgestorben, und zwar in den meisten Fällen bereits seit mehr als einer Generation. Dennoch gibt es ein paar zaghafte Hinweise, die den Schluß erlauben, daß für die Menschen in dieser Region während eines gewissen Zeitraums Lacrosse etwa in der gleichen Weise als Kriegssurrogat gedient hat wie für die Cherokee. Bei den Winnebago ist zum Beispiel vor einem Lacrossespiel auch das Prahlen mit Heldentaten bekannt, um die Gegner einzuschüchtern (s. Anhang A, Nr. 14).[19] Als Francis B. Mayer im Jahr 1851 in *Traverse des Sioux* Zeuge mehrerer Spiele zwischen verschiedenen Dakota-Gruppen wurde, marschierte jede Mannschaft unter Leitung ihres Anführers (wie bei den Cherokee) auf das Spielfeld unter „lautem, herausforderndem Gebrüll und Geschrei, das sich gegen ihre Gegner richtete."[20]

Die häufige Verbindung von Lacrosse zu den Donnergeistern (auch Donnervögel, Donnerer), die man ebenfalls in anderen Teilen des westlichen Great Lakes-Gebiets kennt, ist ein weiterer Hinweis auf seine enge Verbindung zum Kriegswesen. Die Menominee sahen im Lacrossespiel einen pantomimisch dargestellten Kriegszug. Das Spiel war Eigentum der Donnergeister, die es den Indianern geschenkt hatten. Die Spiele der Menominee wurden von einem Mann angeordnet, der unter dem persönlichen Schutz des Donnervogels stand, zu dessen Ehre das Spiel stattfand. Nach altem Brauch besaßen solche Männer Kriegsbeutel, die kleine zauberkräftige Päckchen enthielten, die seinen Trägern zu Sieg und Glück im Krieg verhalfen. Diese Zaubermittel konnten auch Verwundete wieder gesund machen.

Das Herstellen eines Bündels wurde von einem Traum diktiert. Alle Gegenstände in der Hülle aus Hirschleder besaßen eine besondere spirituelle Bedeutung, die nur dem Bündeleigentümer bekannt war. Ein typisches Donnervogelbündel der Menominee enthielt die Miniaturausgabe einer Kriegskeule sowie einen kleinen, geschnitzten Lacrossestock und Ball. Beide spiegelten den Glauben der Menominee wider, daß sowohl Kriegskeule als auch Lacrosseschläger eine Gabe der Donnerer waren, die den Indianern ihren ersten Kriegsmedizinbeutel schenkten. Er soll angeblich eine Kriegskeule enthalten haben. Die Donnerer verlangten, daß der Lacrossestock nach dieser Waffe geformt wurde. Die Verkleinerung der jeweiligen Objekte im Bündel besagte, daß der Besitzer die ihnen innewohnenden Aktivitäten unter seiner Kontrolle hatte. Enthielt das Bündel eine kleine Kriegskeule, war der Besitzer ein bekannter Krieger. Enthielt es einen Miniaturlacrosseschläger, hatte er Glück im Spiel. Zu Beginn des 19. Jahrhunderts enthielt ein Potawatomi-Bündel „für den normalen Mann" aus dem Wisconsin-Territorium je eine kleine Ausführung eines Kanus, eines Tanzstabes, einer Kriegskeule und eines Lacrossestockes – alles repräsentative Darstellungen für die männlichen Hauptbeschäftigungen (Abb. 57).

Obwohl die Ojibwa nicht länger Lacrosse spielen, taucht seine frühere enge Verbindung zu kriegerischen Aspekten im kulturellen Leben immer wieder auf, wenn auch nur zaghaft. Während der Sommer-Powwows ist es für die älteren, „traditionellen" Tänzer normal, irgendetwas in die Hand zu nehmen, wenn sie den Tanzbaum umkreisen. Gewöhnlich handelt es sich dabei um nachgeahmte Waffen, etwa einen Tomahawk oder eine Kriegskeule. (Der Anlaß selbst ist ein direkter Ableger des Gras-Tanzes einer Kriegergesellschaft der Plains.) Kürzlich habe ich *"Porky"* White beobachtet, einen alten Herrn und Kriegsteilnehmer aus Leech Lake, der dabei einen Lacrossestock trug. Beim „Großen Einzug" der Tänzer während dieser Powwows marschieren Flaggenträger mit der amerikanischen und kanadischen Flagge sowie der Flagge von Veteranenvereinen voranweg. Aber noch vor ihnen kommt eine Parade aus Männern mit „indianischen Flaggen". Sie bestehen aus langen, gebogenen Stöcken, an deren Stamm eine Reihe von Adlerfedern hängt. Solche Banner wurden einstmals als „Coup-Stöcke" im Kampf getragen. Sie sollen als Markierung in den Boden gesteckt worden sein für den Punkt, hinter den die Krieger nicht zurückweichen würden. Bei den Ojibwa-Powwows im Sommer 1992 gab es eine ungewöhnliche indianische Flagge mit Adlerfedern. Sie war rot angemalt. Das gebogene Ende hatte man nach innen heruntergeführt bis an den Schaft. Einige Hirschlederriemen durchkreuzten die Mitte des so geformten Kreises. Nach näherer Untersuchung erkannte ich darin einen riesengroßen Great Lakes-Lacrosseschläger!

Kriegssymbole haben auch in das Lacrossespiel der Irokesen Eingang gefunden. Wenn die Irokesen Lacrosse als religiösen Ritus spielten, standen sich pro Mannschaft sieben Mann gegenüber als Personifizierung der sieben Donnergötter. Sie glaubten, daß diese Götter während des Gewitterdonners Lacrosse spielten, wobei der Blitzschlag die Rolle des Balls übernahm. Das Spiel wird immer noch auf diese Weise in zahlreichen irokesischen Gemeinden gespielt, um Kranke zu heilen. Als der große Seneca-Prophet *Handsome Lake* 1815 in einer Hütte in Onondaga im Sterben lag, wurde für ihn ein Lacrossespiel angesetzt. Allgemein glaubt man, daß das Spiel ausgerichtet wurde, um ihn aufzumuntern oder daß er selbst danach verlangt hatte, um sich daran zu erfreuen. Ich glaube dagegen, daß es ein verzweifelter Versuch war, sein Leben zu retten.[21]

Schließlich wurde oft behauptet, die Indianer spielten Lacrosse, um sich für ihre Kriegszüge in Form zu halten. Natürlich bot Lacrosse Gelegenheit zu körperlicher Ertüchtigung, aber es war nicht notwendigerweise ein Training für den Kampf. Immerhin stammten nicht wenige der besten Lacrossespieler aus den Reihen der Krieger. William Stone erfuhr von der Mutter des Spielers, den *Red Jacket* herausgepickt hatte, damit dieser einen Schuß Gewalttätigkeit ins Spiel gegen die Mohawk brachte, daß die Irokesen ihre Krieger aufgrund der sportlichen Leistungen, die sie beim Lacrossespiel zeigten, auswählten: „Mary Jemison erklärt, daß jene sportlichen Fertigkeiten nicht nur trainiert wurden, um ihre Körper geschmeidiger zu machen und abzuhärten, sondern daß man aus ihrer Mitte die Fähigsten als Häuptlinge für den Rat der Nationen und als Kriegsanführer wählte."[22]

Wegen seiner kriegerischen Aspekte wurde das Thema Gewalttätigkeit innerhalb des amerikanisch-indianischen Lacrosse stets überbetont. Beschreibungen über den gewöhnlich aggressiven Charakter des Spiels tauchten schon früh auf und haben die Zeiten überdauert. Alle Nichtindianer gewannen dadurch den Eindruck, daß die überwiegende Anzahl der Spieler ihre Gegner zu Krüppeln machten und viele Tote auf dem Spielfeld zurückließen. Diesen Vorstellungen wurde Vorschub geleistet durch Chronisten wie Peter Grant, der um 1804 schrieb, daß

Abb. 57
Portrait des Forschers Beltrami in einem Kanu mit Gegenständen, die „reine Männersache" waren, 1823 von ihm gesammelt, wahrscheinlich bei den Ojibwa im Quellgebiet des Mississippi. Beachten Sie, daß Kriegskeule und Lacrosseschläger zusammen am Boden des Kanus liegen; eine Kriegstrommel lehnt am Bug. Bei dem Schläger handelt es sich um denselben von Abb. 20 a.

Abb. 58
Ein Cherokee-Spieler, der verletzt zu sein scheint, hält seine Brust
umklammert. Möglicherweise hat er sich beim Laufen veraus-
gabt oder er hat einen Schlag mit einem gegnerischen Stockende
abbekommen.

bei Rückkämpfen in Saulteaux „alles, was den Spielern [beim Vorpre-
schen] im Wege war, erbarmungslos umgeworfen und niedergetrampelt wurde, und noch vor Spielentscheid der Anblick nicht ungewöhnlich war, daß eine Anzahl von ihnen mit verletzten Beinen und
aufgeschlagenen Köpfen über den Boden verteilt lag."[23] Allerdings
waren ernsthafte Verletzungen und sogar Todesfälle nicht auszuschließen. Trotzdem waren zahlreiche Berichte maßlos übertrieben, um der
Vorstellung vom „noblen, wilden Krieger" zu entsprechen, der noch

nicht durch die künstlich aufgestellten Regeln des modernen Lacrosse eingeschränkt war.

Man sollte unterscheiden zwischen zufälligen Verletzungen, die auf grobe Keilereien, wie sie gewöhnlich im Spiel vorkamen, zurückzuführen waren, und absichtlich zugefügten Verwundungen. Letztere beruhten häufig auf plötzlich aufwallendem Ärger, seit langem angewachsener Gruppenrevanche, persönlicher Animosität oder nur auf dem Wunsch, einen starken Widerstand zu brechen. Bis vor kurzem trugen indianische Lacrossespieler keine Schutzkleidung, weder Schulterpolster noch Ellbogenschützer, wie sie heute gang und gäbe sind. Aus diesem Grunde waren sie besonders anfällig für Blutergüsse und ausgekugelte Gelenke (Abb. 58). Es gab noch keine Helme, die den Kopf vor Schlägen und Verletzungen schützten. Eine blutende Nase konnte leicht durch einen herumwirbelnden Stock verursacht werden, denn die Gesichtsmaske fehlte noch. Die fast unbekleideten Spieler trugen durch Kontakte mit dem Boden, mit Schlägern und Bällen überall Blutergüsse davon. Um das Jahr 1700 bemerkte Baron Lahontan in diesem Zusammenhang zu einem Spiel der Huronen: „Dieses Spiel ist so rabiat, daß sie sich häufig in der Hatz nach dem Ball Fleischwunden holen und Beinbrüche davontragen."[24]

Jede körperliche Attacke, die heutzutage als Foul gewertet würde, war erlaubt, also Klammern, Ringen, Bein stellen, Angreifen, Abdrängen, Hineinlaufen, Schlagen und Stockschläge. Ein paar dieser Aktionen wurden auf ein gewisses Maß eingeschränkt, aber die Regeln griffen nicht fest durch (Abb. 59). Ein Cayuga durfte seinen Stock gebrauchen, um einen Gegner vom Boden abzuheben und wieder fallen zu lassen – Grund für eine Menge gebrochener Schlüsselbeine – oder er durfte mit seinem Stock auf einen anderen Spieler einschlagen, vorausgesetzt, er hielt in diesem Moment den Schläger mit beiden Händen umklammert. Die Cherokee durften ebenso vorgehen. Allerdings sollten sie ihren Stock am Ende nur mit einer Hand festhalten. Diese Regel wurde jedoch stets beim "toss-up" im Spielfeldzentrum außer Acht gelassen. Franklin Basina teilte mit, daß der hölzerne Ball, der im Great Lakes-Gebiet zum Einsatz kam, eine besondere Gefahrenquelle darstellte: „Mein Onkel Tom Soulier wurde einmal von dem Ball an der Wade getroffen. Dieser verdammte Ball wird aus dem Astgabelknoten einer Fichte geschnitzt unter Einfügung von Pech. Das macht ihn ziemlich schwer. Wenn man damit getroffen wird, dann hat's einen *voll erwischt*!" Leonard Marksman, Kapitän der *Big Bear*-Mannschaft von Bad River, erhielt im Schaukampf gegen die *Chief Medicine*-Mannschaft aus dem gleichen Ojibwa-Reservat im Jahre 1948 „einen Schlag auf den Kopf" – ob von einem Ball oder Stock ist unklar – „und sank zu Boden. Er war etwa zehn Minuten lang betäubt, dann nahm er das Spiel wieder auf." Es ist vorgekommen, daß Spiele aufgrund solcher Verletzungen abgebrochen wurden. Einige Mississippi-Choctaw kön-

Abb. 59
Zwei Eastern Cherokee-Spieler, kurz bevor sie aufeinander losgehen. Die
Aufsicht, rechts im Bild, verwahrt für die Zeitdauer der Auseinandersetzung
ihre Schläger.

nen sich noch heute an sehr rauhe Spiele von früher erinnern, in denen
die Zahl der Verletzten so groß war, daß sie abgebrochen wurden. In
einem Cherokee-Spiel von 1947 wurden innerhalb der ersten vierzehn
Spielminuten sechs Spieler in ein Krankenhaus gebracht.[25]

Wie Perrot bei den Huronen beobachtete, konnten verletzte oder
ermüdete Spieler aus eigenem Antrieb aus einem Spiel ausscheiden. An
ihre Stelle traten Ersatzspieler. Man achtete darauf, daß die ursprüngliche Spielerzahl pro Seite eingehalten wurde. Stand bei den Cherokee
kein Ersatzspieler für einen verletzten Spieler zur Verfügung, nahmen
sie dessen Gegenspieler aus dem Spiel. Die Mannschaften standen sich
nun wieder mit gleicher Spielstärke gegenüber. Ging bei den Creek ein
Spieler während des Spiels vom Platz, warfen die Spieler ihre Stöcke

zum erneuten Abzählen zu Boden. So stellten sie fest, ob die Mannschaftsstärke ausgeglichen war.[26]

Obwohl es noch keine Schutzausrüstungen gab, ergriffen die Spieler dennoch gewisse Maßnahmen, um sich vor den zuvor beschriebenen zufälligen Verletzungen zu schützen. Davon waren einige ganz praktischer Natur. Die Cherokee rieben ihren Körper mit zähflüssigen Ölen ein. Dazu zählten Aalhaut, Sassafras und eine besondere Ulmenart. So konnten sie sich dem Zugriff von Gegnern leichter entwinden. (Laut Henry T. Malone wurden Verletzungsgefahren durch Körperöle etwas gemindert: „Das Aufbringen schlüpfriger Körperöle machte es schwierig, einen Mann sicher in den Griff zu bekommen. Trotzdem war es nicht ungewöhnlich, daß gute Spieler mit Absicht bewußtlos geschlagen wurden.") Andere Öle besaßen magische Schutzkräfte. So glaubte man, daß ein Auszug aus ,Teufelsschnürsenkel' (*devil's shoestring*) und Bärengras [eine Yukka-Art; d. Übersetzer] nach Auftrag auf den Körper die Gliedmaßen eines Cherokee-Spielers stärkte und ihm ermöglichte, nach einem Niederschlag sofort wieder auf die Füße zu kommen. In ähnlicher Weise verteilte man das Blut von Landschildkröten auf Glieder, Nacken und Rücken. Davon versprach man sich Bodenhaftung und Standfestigkeit.[27]

Vor einem Spiel ließen die Cherokee ihre Medizinmänner die besonders schwachen Spieler herausfinden. Ihnen wurde dann geraten, frühzeitig aus dem Spiel auszuscheiden, bevor sie erschöpft und leicht verletzbar waren. Die Medizinmänner rezitierten die magische Zauberformeln nicht nur, um die eigenen Spieler zu schützen, sondern auch, um die Gegner zu schädigen und kampfunfähig zu machen.[28]

Eingeborene Kräuterheiler standen stets an den Seitenlinien zur Verfügung, um heilenden Kräutersud auf Verletzungen aufzutragen. Zuweilen war die Wirkung so positiv, daß die Spieler wieder auf das Spielfeld zurückkehren konnten. Die Heiler zelebrierten auch rituelle Heilungszeremonien über den Wunden. Etwa um das Jahr 1905 setzten die mexikanischen Kickapoo einen Saugheiler ein, der die durch Lacrosseschläger verursachten Wunden behandelte. Da das Spiel recht rauh war, bekamen die Spieler häufig Hiebe ab, die starke Blutergüsse verursachten. Dieser Spezialist übernahm die notwenige Behandlung. Dazu benutzte er eine Saugtasse aus Hirschgeweih. Die Dakota glaubten, daß ein spiritueller Anführer dort besonders verletzbar sei, wo seine persönliche Gottheit beziehungsweise sein Schutzgeist in seinem Körper Wohnung genommen hatte. Aus einem Spielbericht um 1850: „Kurz vor Ende des Spiel wurde "*Visible-Mouth*", ein junger ,Medizinmann', von einem Stockhieb getroffen, und zwar seitlich unmittelbar über der Stelle, wo der Medizingott in ihm wohnte. Dieser Schlag fällte ihn zu Boden. Es hieß, der Gott wurde von dem Hieb benommen, aber kurz darauf durch die *wakon* [magische] Behandlung der anwesenden Medizinmänner wiedererweckt."[29]

Die Zahl der gebrochenen Schlüsselbeine war besonders groß. Die Spieler wurden häufig von den Gegnern in die Luft geschleudert und landeten dann kopfüber auf dem Boden. Um ihren Kopf vor größerem Schaden zu bewahren und einen Armbruch zu vermeiden, drehten Cherokee-Spieler beim Fallen ihren Kopf instinktiv auf eine Seite, während sie beide Arme horizontal von sich streckten. Allerdings riskierten sie damit einen Schlüsselbeinbruch. Wenn es dazu gekommen war, blies der Naturheiler zur Behandlung des Bruchs einen Auszug aus Pappelrinde auf Schulter und Brust des verletzten Mannes und hieß ihn, seinen Arm in einem Winkel von fünfundvierzig Grad vor seiner Brust zu tragen, bis der Knochen geheilt war.[30]

Als Ende des 19. Jahrhunderts der aus indianischem Gummi kommerziell hergestelle harte Ball in Gebrauch kam und den ausgestopften Hirschlederball der Indianer ersetzte, wurde damit eine neue Verletzungsgefahr auf dem Lacrossefeld ins Leben gerufen. Da die Mohawk gegen kanadische Mannschaften nach deren Regeln spielen mußten, lernten sie sehr schnell, mit diesem neuen Ausrüstungsgegenstand umzugehen. Viele Irokesen begannen, ihre hohe Treffsicherheit weiter zu perfektionieren. Einzelne Spieler wurden wegen ihrer harten Schüsse berühmt. Wenn man sich heute mit irokesischen Spielern unterhält, kommt die Sprache unweigerlich auf Angus Thomas. Angus Thomas war Verteidiger bei den St. Regis-Mohawk, und zwar beim Feldlacrosse wie auch beim Bandenlacrosse [gespielt in einem Eishokkey-Ring mit dessen Banden; d. Übers.]. Aufgrund seiner legendären Begabung wurde eine Straße im Reservat nach ihm benannt. Frank Benedict kann sich daran erinnern, als kleiner Junge diesen außerordentlichen Spieler auf dem Feld beobachtet zu haben: „Die Genauigkeit und die unterschiedlichen Wurftechniken hoben ihn von allen anderen ab. Alle Torhüter fürchteten die Kraft und Kontrolle, die dieser Mensch in seine Schüsse hineinlegte. Seine Schüsse waren mit die härtesten in der Liga. Hätten seine Schüsse die Torhüter getroffen, wären sie alle hinter die Torlinie zurückgefallen."[31]

Einmal passierte es, daß Thomas einen Spieler mit seinem berühmten „Donnerschuß" tötete. Daraufhin zog er sich eine Zeit lang vom Lacrosse zurück. Als er wieder spielte, verletzte er einmal Oren Lyons schwer. Seinerzeit versuchte sich der jugendliche Onondaga als Torhüter. Der Sportreporter Robert Lipsyte schreibt in seinem Interview mit Lyons folgendes: „Lyons Augen verengen sich, während er sich erinnert... [Thomas] kam über das Bandenfeld auf ihn zugerast. Oren stand seinen Mann und war fest entschlossen, es seinem Vater gleichzutun [ebenfalls ein berühmter Torwart]." Der Spielstand war 6:6 unentschieden, und die Spielzeit war fast abgelaufen. Thomas ließ seine Arme rotieren und schoß den Ball von seitwärts unten ab. Er traf den Torwart und brach ihm drei Rippen. Lyons vergleicht diesen Treffer mit dem Schlag eines Baseballschlägers mitten auf die Brust. Der Schock holte ihn von den Füßen und warf ihn ins Netz. Es gab keinen Ersatztormann. Er brauchte fünfzehn Minuten, bis er sich, hinlänglich erholt, wieder auf den Beinen halten und das Spiel bis zum Ende durchstehen konnte. Die Verletzung hatte ihm alle Kräfte geraubt. So mußte er vier weitere Tor durch Thomas' Mannschaft hinnehmen, die den Sieg davontrug. Orens Sohn Rex macht zum Teil den Mangel an Schutzkleidung, die es damals noch nicht gab, für die Verletzung seines Vaters und den zufällig verursachten Todesfall, die beide auf Angus Thomas zurückgehen, verantwortlich: „[Thomas] hatte einen wirklich harten Schuß, und die Polster waren einfach noch nicht so perfekt, wie sie heute sind, einschließlich Kopfschutz und dem ganzen Kram."[32]

Auch wenn es sich um schwerere Verletzungen handelte, passierten sie eher zufällig. Kraft und sportliche Fertigkeiten waren dafür verantwortlich. Meistens wurden sie verziehen (jedoch nicht immer vergessen). Dagegen konnten ‚absichtlich' zugefügte Verletzungen häufig zum Abbruch eines Spiels führen und Anlaß zu bösen Gefühlen bei den Spielern geben. Man denke an den Zwischenfall beim Spiel von 1794 zwischen Seneca und Mohawk, der beinahe zum Krieg geführt hat. Als Jemisons Gesicht getroffen wurde, geschah das mitten im Spiel. Es gab jedoch auch magische Möglichkeiten, einen Gegner zu verletzen, indem man ihn vor einem Spiel „verhexte". Der Eastern Cherokee W. David Owl berichtete von einem Eimer voller Brühe, in dem das linke Hinterbein eines Hasen gekocht worden war. Diese Flüssigkeit konnte man auf den Weg sprenkeln, den die Gegner zum Spielfeld einschlagen würden. Wenn ein Spieler dann unwissentlich darauf trat, würde er Krämpfe im Bein bekommen, gerade wenn er ein Tor machen wollte. Diese Praxis geht auf folgende bekannte Legende zurück: „Vor langer Zeit wurde in einem Ballspiel, in dem die Vögel gegen die Tiere antraten, der Hase am linken Hinterbein verletzt. Seit dieser Zeit konnte der Hase dieses Bein nicht mehr richtig benutzen. Bis auf den heutigen Tag hinterläßt er beim Rennen nur drei Spuren."

Manche Mannschaften stand im Ruf, unfair zu spielen. In den zeremoniellen Spielen der Yuchi wurden Männer aus dem Häuptlings-Clan gegen die „traditionell gemeinen" Krieger aufgestellt, die noch im Jahr 1900 „Fouls und Gewalt beim Spiel" anwendeten. Das Hineinrennen in die Gegner führte oft zu Streitereien, und andere Spiele wurden durch regelrechte Kämpfe verdorben. Faustkämpfe zwischen zwei Gegnern nahmen gewöhnlich so ihren Lauf, wie der Maler George Catlin es schilderte: „Beide Parteien lassen ihre Schläger fallen, und mit freien Händen machen sie sich dann daran, diese Angelegenheit untereinander zu regeln."[33]

Nicht selten kam es auch zu größeren Schlägereien. Bei den Creek konnte ein Spiel bis zum Einbruch der Dunkelheit dauern, wenn es vorher nicht zum Kampf kam. Basil Hall wartete das Ende des Creek-Spiels, das er 1828 beschrieb, nicht ab. Der Indianer-Agent hatte ihn nämlich gewarnt, daß die Spieler häufig nach einem hitzigen Wettkampf in äußerst erregtem Zustand „erst richtig [loslegten] und die Strapazierfähigkeit ihrer Stöcke auf den Köpfen der anderen [ausprobierten]." In einem Wettkampf zwischen den Städten *Eufaula* und *Abihka* Anfang des 20. Jahrhunderts brach beim ersten "toss-up" ein allgemeines Handgemenge aus, das erst nach drei Stunden zum Erliegen kam. Der Bezirkssheriff und seine Stellvertreter wurden herbeigerufen, konnten aber an dem Tatbestand nichts ändern. Dem Mississippi-Choctaw Jim Gardner erzählte sein Großvater: „Bei den Stockspielen brachen früher oft Kämpfe aus. Der Häuptling gab das Zeichen zum Spielbeginn und ermahnte sie, nicht zu kämpfen, aber davon ließen sie sich auf keinen Fall abbringen. Sobald zwei Leute anfingen zu kämpfen, waren kurz darauf alle in dem Kampf verwickelt."[34]

Viele Schrammen in Lacrossespielen sind auf Mißgunst und Groll zurückzuführen, die entweder persönlich waren oder von Gruppen wie Familie oder Clan ausgingen. Walter Hoffman vermutete, daß die von den Spielern gehegten aggressiven Gefühle ein Grund für die Verletzungen in Ojibwa-Spielen um 1890 waren. Die Spieler in Ballbesitz erhielten Stockschläge auf Arme und Beine, die häufig so schwerwiegend waren, daß sie aus dem Spiel ausscheiden mußten. In Friedenszeiten brachen zwischen Stämmen, die sich früher bekriegt hatten, schnell Aggressionen aus. Anläßlich einer Friedensverhandlung organisierten die Yankton Dakota und Red River-Ojibwa ein Lacrossespiel. Während das Spiel lief, schrieb der Historiker William Warren, selbst teilweise Ojibwa:

> „Einer der sieben Dakota-Krieger, der die Schlacht [gegen die Ojibwa] in Long Prairie überlebt hatte, brach gegen einen Ojibwa einen Streit vom Zaun, indem er ihm aus geringem Anlaß mit seinem Lacrosseschläger einen Hieb versetzte. Der Schlag wurde zurückgegeben, und der Kampf hätte sich schnell ausgeweitet, wenn nicht der junge *Wa-nah-ta*, der Sohn von *Shappa* [Häuptling der Yankton] eingeschritten wäre und die Streitenden unsanft voneinander getrennt hätte, wobei er eine summarische Bestrafung und eine Schimpfkanonade auf seine Dakotabrüder niedergehen ließ, die den Kampf angezettelt hatten."[35]

Bis weit ins 20. Jahrhundert existieren Berichte über bösartige Auftritte in Zusammenhang mit Spielen, auch bei anderen Stämmen. In einem anonymen Bericht über ein Spiel in den dreißiger Jahren zwischen Oklahoma-Creek und Cherokee kommt es fast zu einem Kampf, als es den Cherokee, die völlig untrainiert waren, gelang, das

Ruder herumzuwerfen, nachdem die Creek mehrere Tore geschossen hatten: „Als die jungen Cherokee die Krise überwunden hatten, kamen sie gut ins Spiel und gingen nach kurzer Zeit als Sieger vom Platz. Das paßte den alten Creek überhaupt nicht. Sie warfen einfach ihre Ballschläger zu Boden und wollten auf der Stelle einen Kampf beginnen." Adair, ein Augenzeuge von Chickasaw-Spielen (wahrscheinlich Choctaw) im Jahre 1775, führte die Gewalttätigkeiten auf Feindschaften zwischen einzelnen Familien zurück. Fogelson beobachtete einmal zwei Brüder, die es „scheinbar besonders genossen, sich vor und während des Spiels prügelnd über das ganze Gelände zu verfolgen."[36]

Die Irokesen scheinen eine weniger brutale Spielweise bevorzugt zu haben. In seinem *"Lacrosse"* (1869) erwähnt George Beers das unnötig grobe Verhalten von Montrealer Spielern, als sie anfingen, Lacrosse zu spielen, und stellt es der Spielweise der Mohawk aus den benachbarten Reservaten *Caughnawaga* und *Akwesasne* gegenüber. Beers hatte den Wunsch, aggressives Draufhauen und Kaputtschlagen, Schuhe mit Spikes und andere verletzungsbringende Aspekte des frühen kanadischen Lacrosse zu beseitigen. Als es noch keine Spielregeln gab, schrieb er folgendes: „Die besten Männer hatten den Ruf, willkürlich auf andere einzuschlagen und den Ball in einer Weise zu verfolgen, als handelte es sich um einen Überfall und dabei ,soviele Spieler wie möglich außer Gefecht zu setzen.' Auf diese Weise wurde früher ohne Spielregeln verfahren, als [Lacrosseclubs] ernsthaft über die Anstellung von Chirurgen beziehungsweise Anschaffung von Club-Ambulanzen berieten." Beers erzählte, daß er ein Spiel in *Caughnawaga*, „einen hartumkämpften einstündigen Wettkampf", gesehen habe. Der Häuptling, der Beers dazu eingeladen hatte, gab ihm gegenüber seiner Meinung über die Spielweise der Kanadier in gebrochenem Englisch Ausdruck: „Man kann so wirklich nicht Lacrosse spielen. Ihr haut euch die Köpfe ein, zerschmettert euch die Hände und bringt das Blut zum Fließen. Wir spielen den ganzen Tag Lacrosse. Bei uns gibt es *nur* Verletzungen, wenn *getrunken* wurde."

Beers betont, daß es in den Spielen der Mohawk kaum Verletzungen gab. Er behauptet weiter, daß sie die ruppige Spielweise, die sie vorführten, von den Kanadiern abgeschaut hätten. Demzufolge kam es nur zu gewalttätigen Zwischenfällen, wenn die beiden Rassen aufeinandertrafen. „Unfälle" gab es besonders häufig in Tornähe, schreibt Beers, weil die Indianer die Gewohnheit hatten, sich zu einem „Haufen" zusammenzuklumpen, wenn ein Tor bevorstand: „In solch einem Gedrängel nehmen sie auf nichts Rücksicht. Bei einem indianischen Spiel bekamen wir von einem indianischen Schläger einen Hieb über den linken Handrücken gezogen, der einen etwa vier Zentimeter langen offenen Riß hinterließ. Einem Liebhaber der Anatomie wurde dadurch eine hübsche Ansicht auf die Gelenkverbindungen der Fingerknöchel geboten."[37]

Wie es scheint, ist eine absichtliche Gewaltanwendung in indianischen Spielen vergleichsweise spät aufgetreten. Das könnte mit dem im 18. und 19. Jahrhundert stattgefundenen verstärkten Vordringen der Weißen auf indianisches Gebiet zusammenhängen. In dieser Periode dehnte sich die amerikanische Grenze immer weiter aus, während das Territorium der Indianer durch Umsiedlungen und die Einrichtung von Reservaten immer mehr zusammenschrumpfte. Statt die nationale Einheit zu fördern, um diesem Angriff standzuhalten, begnügten sich die Eastern Cherokee lediglich damit, die Zahl der Wettkämpfe zwischen ihren einzelnen Städten zu erhöhen. Als Hauptventil dafür bot sich das Lacrossespiel an, das unweigerlich zu einer Kette von Gewalttätigkeiten führte.[38]

Es gab auch Todesfälle, die aus Spielverletzungen resultierten, aber nicht zu Hunderten, wie sich das manche Nichtindianer heute vorstellen. Solche Unfälle mit fatalem Ausgang ereigneten sich meist unter extremen Bedingungen. Bei dem Wettkampf Tallulah gegen Lufty im Jahr 1845 wurde besonders brutal gespielt. Es waren mehrere hundert Zuschauer zusammengekommen, und der Wetteinsatz an Vieh und Besitz betrug mehrere tausend Dollar. Als Harry Morris, ein Halbblut-Tallulah, gerade den Gewinnpunkt für die westliche Mannschaft werfen wollte, jagten ein paar Lufty-Indianer zwei Pferde in seine Bahn, um ihm den Weg abzuschneiden. Morris gelang es jedoch, ein Pferd zu umlaufen und auf das andere aufzuspringen. Bei diesem Manöver sollen drei Spieler ihr Leben gelassen haben. Es gab ein große Zahl von Verletzten, und ihre Wunden waren so schwer, daß viele Spieler auf dem Ballfeld bleiben mußten, um dort zu genesen – manche bis zu neun Tage lang.[39]

Die Ursachen für zahlreiche Todesfälle, die man mit Lacrosse in Verbindung bringt, mögen während des Spiels aufgetreten sein, aber die Todesfälle selbst ereigneten sich in der Regel außerhalb des Spielgeschehens, gewöhnlich als Folge von Auseinandersetzungen. So geschah es nach einem Spiel der Creek gegen die Choctaw um das Jahr 1790, das die Klärung von Stammesrechten an einem großen Bibersee bringen sollte. Als die Creek zu Siegern erklärt wurden, gingen die Choctaw mit allen möglichen Waffen zum Angriff auf sie über. Die Krieger schlossen sich dem Kampf an, und am nächsten Tag zählte man fünfhundert Tote. Ein weiteres Spiel um Territorialansprüche zwischen Creek und Choctaw, in dem sich Tombigbee und Black Warrior Rivers gegenüberstanden, endete ebenfalls in einer Schlacht. In der mündlichen Überlieferung der Seneca heißt es, daß der Krieg von 1654, durch den die Erie aus dem westlichen New York vertrieben wurden, auf einen „Vertrauensbruch oder Verrat" der Erie zurückgeht. Diesen hatten sie sich in einem Lacrossespiel, zu dem sie zuvor die Seneca herausgefordert hatten, zu Schulden kommen lassen. Im Jahre 1958 wurde ein Cherokee namens Big Joe Toineeta, der für Wolf-Town spielte, von seinen neidischen Schwägern in einen Hinterhalt gelockt und ermordet. Vorher hatte er ein Spiel gegen Big Cove ausgetragen. Obwohl die Mörder nicht aus Big Cove kamen, waren die Traditionalisten im Reservat davon überzeugt, daß der Medizinmann von Big Cove über Toineeta den Bann gelegt hatte. In dem Moment, in dem er das Spielfeld betrat, sei sein Schicksal besiegelt gewesen.[40]

Trotz der Liste von Unfällen, schweren Verletzungen und sogar Todesfällen, legten indianische Lacrossespieler eine bemerkenswerte Zurückhaltung an den Tag. Überdies gab es durchaus Regeln gegen Gewaltanwendung im Spiel. Die Schiedsrichter, gewöhnlich angesehene Stammeshäuptlinge oder Alte, übernahmen auf dem Spielfeld häufig die Rolle des Schlichters bei aufkommenden Disputen und explosiven Begegnungen. Schon die ältesten Berichte geben Auskunft über ihre Bemühungen. Bossu notierte 1759 über die Choctaw: „Die Spieler werden niemals wütend, und die alten Männer, die als Schiedsrichter auftreten, ermahnen sie, daß sie einer Sportart nachgehen und sich nicht auf dem Kriegspfad befinden." Wenn die Grobheiten auf dem Spielfeld zu heftig ausfielen, stand es dem Ausrichter einer Mannschaft frei, einen besonders brutalen Spieler zu bestrafen, aus dem Spiel zu nehmen oder ihn offiziell zu ermahnen. In einem Choctaw-Spiel, das um die Mitte des 19. Jahrhunderts stattfand, waren Kopfschläge ausdrücklich verboten. Eine Regelverletzung konnte die jeweilige Mannschaft fünf Torpunkte kosten. Die Mohawk im Umkreis von Montreal waren gegen 1860 für ihre moderate Spielweise bekannt. Die Indianer sollen angeblich die Ansicht vertreten haben, daß das Schlagen von Spielern „Indiz für schlechtes Spiel" sei. Es gab Regeln für alle Arten von Behinderungen, Umklammern, Zufallbringen, Umwerfen und Stoßen. Eine Übertretung führte zu einem Spielstop, und ein Einwurf erfolgte an der Stelle, wo die Regelverletzung begangen worden war. Setzte sich ein und derselbe Mohawk-Spieler kontinuierlich über die Regeln hinweg, „macht er sich selbst einen schlechten Namen."[41]

Die Europäer waren weniger beeindruckt von der Brutalität, die sie zu sehen bekamen als von dem Ausbleiben von Wut und Ärger über erlittene Verletzungen oder Verluste. Die meisten Schriftsteller erwähnen diesen „stoischen" Charakterzug der Indianer. Bossu bemerkt 1759, daß die Choctaw negative Gefühle leichter unterdrückten, wenn ein Rückspiel in Aussicht war: „Nach einem harten Spieltag geht jedermann, beladen mit Ehre oder Scham, nach Hause. Es gibt keine Bitternis. Alle wollen beim nächsten Spiel wieder mitmachen, und der Beste soll wieder gewinnen." In einem ganz frühen Bericht über das Spiel der Creek macht Pope auf die Haltung der verletzten Spieler aufmerksam: „Ausgerenkte Gelenke und gebrochene Knochen kommen häufig vor. Wieviel Schmerzen sie auch immer ertragen, man sieht bei ihnen niemals ein böses Gesicht oder hört irgendwelche Drohungen."[42]

Die Ausgeglichenheit der Gefühle angesichts von Verletzungen während eines Lacrossespiels ist größtenteil Ausdruck eines charakteristischen Ideals der Indianer, Tapferkeit zu beweisen. Gemäß ihrer Tradition sahen die Irokesen im Lacrosse ein ideales Training für die Jugend, Disziplin und Haltung angesichts von schwierigen Situationen zu bewahren. Frances Eyman betont die Schulung, die irokesische Jungen natürlicherweise durchlaufen, wenn sie an einem Spiel teilnehmen. „Sie lernen, aggressive Impulse im Rahmen eines ritualisierten Verhaltensmusters auszuleben anstelle mörderischer Attacken im Duell oder Krieg. Ihre Erziehung zielt darauf ab, sie nicht zu ‚verbrannten Messern‘ [Verbrechern] zu machen." Mayer, der 1851 einige Dakota-Spiele besuchte, bemerkte zu der generell zurückhaltenden Art der Spieler: „Niemand darf wütend werden oder beleidigt sein wegen einer ihm zugefügten rauhen Behandlung."[43]

Ende des 19. Jahrhunderts gab es anscheinend Bemühungen, das Ausmaß an Brutalität in indianischen Lacrossespielen einzuschränken. In dieser Hinsicht findet man Parallelen zum amerikanischen Football. Der berühmte „fliegende Keil" sorgte für einen so großen Anstieg von Todesfällen – im Herbst 1905 gab es achtzehn Todesfälle beim Football – daß Präsident Theodore Roosevelt die Vertreter der drei großen *Ivy League*-Schulen aufforderte, der Brutalität ein Ende zu bereiten.

Um die Mitte des Jahrhunderts gab es Versuche, die Würgetaktiken abzuschaffen, die von Beobachtern Anfang des 19. Jahrhunderts unter den Cherokee beschrieben wurden. Einer davon war I.P. Evans, der notierte, daß ein Fremder vor der Brutalität auf dem Feld zurückschrecken würde: „Bevor ich ein indianisches Ballspiel sah, wußte ich nicht, daß die Wirbelsäule dermaßen flexibel ist, wie einem das bei solchen Anlässen vorgeführt wird. Die Luftröhre wird dermaßen ungehobelt behandelt, daß der Kiefer ungewollt aufspringt und die Zunge hervorschießt." Bei einem Spiel im Jahr 1848 in Qualla Town tauchten zwei neue Einschränkungen auf, die wahrscheinlich auf den Druck der Regierung und der Missionare zurückzuführen waren: Besitztümer durften nicht länger beim Spiel verwettet werden, und das Würgen und Brechen von Knochen wurde verboten (Abb. 60). Der Mississippi-Choctaw Jim Gardner erinnert sich, daß die Kampfhandlungen auf dem Spielfeld zur Zeit seines Großvaters zu dem Versuch geführt haben, die Aggressionen in neue Kanäle zu leiten: „Der Grund für die Änderung der Spielweise des Stockspiels waren die Kämpfe. Die Häuptlinge forderten die Leute auf, nicht zu kämpfen. Wollten sie es jedoch unbedingt, so ließ er sie ringen bis zu zweimaliger Bodenberührung. Der erste, der zweimal fiel, war der Verlierer. Damit war der Ringkampf beendet. Dann standen sie auf und gaben sich die Hand, und der Häuptling ermahnte sie, nicht mehr zu kämpfen."[44]

Abb. 60
Ein Spieler der Bären-Mannschaft im Eastern Cherokee-Reservat würgt während eines Spiels Kapitän Noah Powell von den Wölfen, um ihn zu zwingen, den Ball herauszuspucken, den er im Mund hält (1946). Am rechten Fuß trägt der Spieler in Ballbesitz zum Schutz einer Verletzung einen Socken.

Zu Beginn des 20. Jahrhunderts beklagten ein paar Alte, daß das Spiel an Feuer verloren habe und nur noch ein Schatten des Lacrosse sei, wie sie es einmal gekannt hatten. Ältere Choctaw hielten die zeitgenössische Version für eine schlechte Kopie und behaupteten, den derzeitigen Spielern fehle es an Kraft, Einsatz und Fähigkeiten im Vergleich zu früher. Einer beklagte sich: „[Mein Vater] hat seit langem keine guten Ballspieler mehr gesehen. ... Die alten Männer sagen, daß die Spieler von heute nicht so stark sind wie damals. Sie würden die Schläge, die damals ausgeteilt wurden, heute nicht mehr überstehen. ... Damals war es ein richtiges Männerspiel. Wenn du nicht Manns genug warst, ließen sie dich nicht mitspielen." In den letzten Jahren haben sich die Spiele durch eine maßvolle Spielweise ausgezeichnet. Anstatt auf dem Spielfeld in die Luft zu gehen, wird sich ein angerempelter Cherokee-Spieler zusammenreißen und auf eine Gelegenheit warten sich zu revanchieren, wenn der Gegner nicht damit rechnet. Während eines Spiels, das Fogelson in den sechziger Jahren besucht hat, schieden nur vier Spieler pro Mannschaft aus dem Spiel aus. Er glaubt, daß alle Spieler den Platz auf Anraten ihres Mannschafts-Medizinmannes verließen und nicht, weil sie übermüdet oder verletzt waren. Tatsächlich bemerkte er *nur* eine einzige Verletzung. Ein Big Cove-Spieler trug einen Bluterguß am Arm davon, der so unbedeutend war, daß er weiter im Spiel blieb.[45]

Zum Schluß sei noch erwähnt, daß es in der jüngsten Vergangenheit Fälle gegeben hat, in denen das indianische Lacrosse zwei seiner traditionellsten Rollen — nämlich die des Heilens sowie die Umwandlung von Gruppenaggressionen in friedlichen Wettbewerb — erfüllt hat. Als sich im Sommer 1990 Gewalttätigkeiten im St. Regis-Reservat ereigneten, lag der Schwerpunkt der Bemühungen, die Gemeinde wieder zusammenzuführen, in der Einführung einer neuen Mohawk-Lacrosseliga. Man wollte mit ihrer Hilfe die Spannungen abbauen und die sozialen Gräben im Reservat wieder zuschütten. Ernie Mitchell war einer der Hauptorganisatoren in dieser Angelegenheit. Ein Zeitungsartikel beschreibt sehr gut, wie er und seine Helfer sich beim Aufbau von Mannschaften und Spielplänen abmühten: „Zu diesem Zeitpunkt eine Liga zusammenzustellen war nicht ganz ungefährlich und [Mitchell] erinnert sich, daß er bei seinen Planungen äußerst vorsichtig vorgegangen ist. Zuerst war wichtig, eine Regel aufzustellen, die jeden Körperkontakt untereinander ausschloß. Zweitens mußte ein kompliziertes System der Mannschaftsaufstellung ausgearbeitet werden, das sicherstellte, daß in keiner Mannschaft ein Übergewicht von Leuten aus der Pro-Casino-Partei oder der Anti-Casino-Partei bestand."

Am Ende brachte dieser Plan den erwünschten Erfolg. Vorher mußten jedoch einige Anfangsschwierigkeiten überwunden werden. Die Organisatoren einschließlich des Großen Häuptlings Mike Mitchell, Anführer der Anti-Casino-Partei, sahen sich erheblichen Bedrohungen ausgesetzt. Angesichts der rauhen Spielweise beim Bandenlacrosse waren sie sich nicht sicher, ob eine Liga ohne Körperkontakt zwischen den einzelnen Mannschaften überhaupt durchführbar war. Sie befürchteten, daß die Spiele insgesamt in reine Faustkämpfe ausarten könnten. Als Gegenmaßnahme stellten sie eine Anti-Kampf-Regel auf. Jedermann, der dagegen verstieß, mußte das Spielfeld verlassen und wurde für wenigstens drei Spiele gesperrt.

In den ersten Spielen faßte man sich allerdings nicht gerade mit Samthandschuhen an. Sobald die Schiedsrichter nicht hinschauten, wurde mancher harte Brocken ausgeteilt und zurückgegeben. Wirklich ernste Zwischenfälle wurden jedoch nicht gemeldet, und die Spieler schienen nicht viel davon zu halten, Sport und Politik zu vermischen. Man führte erneut Nachwuchsligen ein. Dadurch wurden Eltern aus unterschiedlichen Lagern gezwungen, zugunsten ihrer Kinder zusammenzuarbeiten. Diese Umleitung von Aggression im Reservat unterstrich Mike Mitchell wie folgt: „Ich denke, wenn die Leute sehen, daß die Burschen, die einmal aufeinander geschossen haben, jetzt zusammen Lacrosse spielen, dann müssen sie begreifen, daß sich das Leben langsam wieder in normalen Bahnen zu bewegen beginnt."[46]

14

„Achtung, Einwurf"

Indianisches Lacrosse wurde auf großen, ebenen Flächen gespielt. Die an beiden Enden aufgestellten Tore grenzten das Spielfeld ein. Flache Ebenen und Prärien eigneten sich besonders gut als natürliche Spielflächen. Der Händler Peter Pond, der sich von 1773 bis 1775 im heutigen Wisconsin aufhielt, beschrieb einen solchen Platz, der den Namen *Prairie du Chien* trug. Er lag am Zusammenfluß von Mississippi und den Winsconsin-Flüssen, wo sich das Indianerlager über eine Länge von zweieinhalb Kilometer erstreckte. Dieser Platz war ideal für Lacrossespiele unter den Stammesangehörigen, die sich jedes Jahr im Frühling über drei bis vier Wochen hinzogen. Es waren genügend Spieler vorhanden, und auch an Zuschauern mangelte es nicht. Pond zählte allein einhundertdreißig Kanus vom Haupthandelsposten in Fort Michilimackinac.[1]

Gewöhnlich übertraf die Spielfläche bei weitem ein nach den heutigen Regeln bemessenes Lacrossefeld, dessen Tore bei einer Spielfeldlänge von 100 Metern lediglich 73 Meter voneinander entfernt stehen. Die Seitenlinien wurden meistens nicht ausgewiesen. Heute bietet ein Fußballfeld genügend Platz für ein Lacrossespiel, und ein Hockeyring reicht aus für seine Banden-Version. Im Gegensatz dazu breiteten sich die indianischen Spiele früher nach allen Richtungen hin aus, da die Massen von Spielern den Ball da verfolgten, wo er zufällig landete.

Der Abstand zwischen den Toren wurde in jedem Einzelfall ausgehandelt. Für die Festlegung spielten verschiedene Gesichtspunkte eine Rolle. Gewöhnlich war die Zahl der Spieler ausschlaggebend. Bereits 1721 hielt der Jesuit Pierre de Charlevoix fest, daß die Miami-Indianer in der Gegend des heutigen Chicago die Frage der Torpfosten „im Verhältnis zur Spielerzahl" klärten. Bei achtzig Spielern betrug die Länge „eine halbe *,league*' – grob gerechnet etwa 2,5 bis 3 Kilometer. Die Menominee behaupten, daß „in den alten Zeiten" ihre Felder 1,5 bis 3 Kilometer lang waren, als „die Indianer noch wieselflink und zäh waren und Atemnot nicht kannten". Im Vergleich dazu messen die Felder bei den heutigen rituellen Spielen der Onondaga zwischen zirka 75 und 430 Meter je nach Teilnehmerzahl.[2]

In bestimmten Gebieten — besonders im Westen der Great Lakes — ist die Spielfeldlänge laut den Quellen über einen großen Zeitraum hinweg ziemlich konstant geblieben. Bei den dort lebenden Stämmen betrugen die Seitenlängen selten weniger als 400 Meter. Meistens variierten sie laut Angaben zwischen 400 und 800 Metern Länge. Bei den Menominee betrug die Seitenlänge laut einer Quelle 1600 Meter und mehr. Dabei handelte es sich oft um große Waldlichtungen (Abb. 61). Franklin Basina erinnerte sich an seine Jugendzeit im Reservat, von dem aus man auf den Lake Superior blickte: „Wir waren ständig auf der Suche nach einem Feld, einer Wiese oder so, oder einer Rinderweide, wenigstens 200 oder 250 bis 280 Ar groß. Also, ein Ar ist schon ein ganz schön großes Stück Land." Hewitt vertrat die Ansicht, daß das Mohawk-Spielfeld auch für andere Sportarten genutzt wurde, wie zum Beispiel „Ballspiel, Weit-und Hochsprung, Wettlauf, Boxen, Ringen und so weiter."[3]

Viele Felder wurden entlang den Flußläufen oder Seen angelegt. Das erklärt, warum zahlreiche Städte mit Namen, die sich auf das Spiel beziehen, am Wasser liegen, wie etwa *La Crosse*, Wisconsin, am Mississippi. Früher hieß der Ort *Prairie de la Crosse*. Die Winnebago

Abb. 61
Ein typisch indianischer Lacrosseplatz während eines Menominee-Spiels in Keshena, ca. 1910. Die Seitenlinien sind kaum von Zuschauern besetzt. Die

waren von Green Bay dorthin ausgewandert und hatten ein großes Dorf gegründet. Weil die Landschaft dort für Spiele besonders gut geeignet war, gaben die Franzosen dem Dorf diesen Namen. In *Ball Club/ Minnesota*, im Leech Lake-Reservat, wurde früher am ausgetrockneten Ufer des Ball Club Lake Lacrosse gespielt. Das Wasser mußte allerdings so weit zurückgegangen sein, daß eine ausreichend große Spielfläche vorhanden war. Mooney erwähnte ein altes Dorf namens *„kanuga"* (das Cherokeewort für das Ritzinstrument, das zur Vorbereitung der Spieler rituell verwendet wird) am Pigeon River in Haywood County, North Carolina. Seiner Meinung nach wurde es bereits vor der historischen Zeitrechnung verlassen, wahrscheinlich aufgrund seiner exponierten Lage. Bei der Untersuchung einiger Erhebungen auf einer Farm am Ostufer des gleichen Flusses kam der Archäologe George Heye im Jahre 1915 zu dem Schluß, daß es sich nicht um Begräbnisstätten handelte. Er kam vielmehr zu der Überzeugung, daß sie die Endmarkierungen von uralten Cherokee-Lacrossefeldern darstellten. Solche Plätze nahe an einem Fluß oder Strom kamen dem Cherokee-Ballspielritual des „Zum-Wasser-Gehens" sehr entgegen.[4]

Spieler in der Mitte versuchen einen Punkt zu machen, indem sie an den Einzelpfosten schlagen. Das andere Feldende muß etwas weiter entfernt sein, da der zweite Torpfosten nicht zu sehen ist.

Abb. 62

Radierung (1850) nach '*Ball Play of the Dahcota (Sioux) Indians,*' Gemälde von
Seth Eastman (verloren gegangen), wahrscheinlich neben bzw. in der Nähe
von Fort Snelling, zwischen 1841 und 1848, möglicherweise am St. Peter's
River. Man sieht einige (Mdewakanton?)-Dakota beim Lacrossespiel auf
einem zugefrorenen Fluß oder kleinen See. Im Vordergrund liegt ein zerbro-
chener Lacrosseschläger. Ein Spieler beugt sich herunter, um einen Stock vom
Eis aufzuheben. Der Spieler in Ballbesitz wird von zwei Gegnern verfolgt, die
auf seinen Stock einschlagen wollen, um den Ball zu befreien. Bei der
Ansammlung von Eimern, Pfeilen, Köchern und Kleidung im linken Bildvor-
dergrund könnte es sich um Wetteinsätze auf den Ausgang des Spiels
handeln.

Die Stämme in den westlichen Waldlandschaften spielten gerne an
Seeufern. Im Winter begaben sie sich einfach aufs Eis (Abb. 62). Um
1880 spielten die Nett Lake Ojibwa aus Minnesota gegen ihre Verwandten aus Ontario auf dem zugefrorenen Rainy Lake an der kanadischen Grenze. Ihre Tore hatten sie beide an einer schmalen Stelle des
Sees aufgebaut.

Dort, wo heute Lacrosse noch in den Reservaten lebendig geblieben ist, finden sich die Halbwüchsigen locker zu „Spontan-Spielen"
zusammen. Der Platz spielt so gut wie keine Rolle. Als Begrenzung
dienen Häuser, Straßen und Bäume. Im Jahr 1978 beobachtete ich im
Onondaga-Reservat ein typisches Sonntagsnachmittags-Lacrossespiel.
Das Gelände war nicht weiter markiert. Ein Haus samt vorderer

Abb. 63
Ein zufälliges Sonntagnachmittagsspiel irgendwo im Onondaga-Reservat,
Mai 1978.

Veranda begrenzten die eine Seite und die Autos der Zuschauer die
andere (Abb. 63).

Da es keine feste Seitenbegrenzung beim Lacrossefeld gab, konn-
ten die Spieler im Eifer des Gefechts leicht im Wald landen, wie es dem
Onondaga-Spieler gegen Hobart widerfuhr (siehe Prolog). In einem
anderen Falle geriet der hölzerne (und schwimmende) Ball in einen See,
wie bei der Einnahme des britischen Forts im Jahre 1763 geschehen.
William Warren bestätigte aus Erfahrung, daß nichts die Ojibwa bei der
Verfolgung eines Balles aufhalten konnte: „Auf dem Höhepunkt der
Spielwut gibt es für sie keine Hindernisse, wenn es darum geht, an [den
Ball] heranzukommen ... Fällt er in eine hohe Umzäunung, wird sie
überklettert oder in Sekundenschnelle niedergerissen, und der Ball wird
wieder in Besitz genommen. Und selbst wenn er in den Schornstein
eines Hauses fiele, würde niemand auch nur einen Augenblick davor
zurückschrecken, durch's Fenster zu springen oder die Haustür einzuschlagen."[5]

Obwohl die Breite eines Spielfeldes andeutungsweise durch die
Zuschauer markiert wird, konnten die Spieler bei der Verfolgung des
Balles leicht unter sie oder hinter sie hinaus geraten. Bei dem jährlichen
Herbstmarkt im Jahr 1992 beobachtete ich, wie der Ball während eines
Cherokee-Spiels in North Carolina direkt vor einem Stand mit india-
nischem Röstbrot landete. Unmittelbar danach wurde er von einem
halben Dutzend Spielern, die um den Ballbesitz kämpften, gestürmt.

Abb. 64
Torwurf von Robert Tubby am Mississippi-Choctaw-Tor, Ende der siebziger
Jahre. Die ältere Form eines *aiulbi* bestand aus 6 Meter langen, geteilten
Baumstammhälften, die dicht aneinander in den Boden gebracht wurden. Die
zeitgenössische Version besteht aus 2,5 x 15 zentimeter starken Brettern, die
angestrichen und mit Draht an den beiden Torpfosten auf dem Footballfeld
festgemacht werden, wo heute Lacrosse gespielt wird.

Die Theke wurde umgestoßen und der ganze Stand fast zerstört. Die Spieler nahmen in ihrer Hatz nach dem Ball überhaupt nicht war, was ihnen da im Weg stand.

In Anbetracht der zeremoniellen Wurzel von Lacrosse wurde das Spielfeld häufig nach den Haupthimmelsrichtungen ausgerichtet. Möglicherweise stand das Ojibwa-Spielfeld früher einmal in Verbindung zur Ost-Westachse, nach der viele heilige Objekte wie die Medizinhütte, die Grabstätten und die zeremonielle Große Trommel ausgerichtet sind. Die Lage des Spielfeldes orientierte sich nach diesen Hauptrichtungen, obwohl das Spiel frei von religiösen Untertönen war. Anfang dieses Jahrhunderts waren die Spielfelder im Umkreis des Lake Superior laut Basina von Ost nach West ausgerichtet und in Abständen mit kleinen, weißen Flaggen markiert, „genauso wie ein Footballfeld."[6]

Während Seitenbegrenzungen in der Regel fehlten, wurde die Länge eines Spielfeldes von den beiden Toren markiert. Es gab insgesamt drei unterschiedliche Tor-Typen: den einzelnen Torpfosten (der Ball mußte ihn berühren oder daran vorbeigeworfen beziehungsweise -getragen werden), zwei aufrechte Stämme (durch die der Ball passieren mußte) oder ein umschlossener Raum, der sich aus zwei aufrechten Pfosten, verbunden durch einen Querbalken, der etwas unterhalb der Pfostenenden befestigt war, ergab. Die Winnebago hatten ihre eigene Variante, die aus einem einzigen, wie ein Croquet-Hindernis gebogenen Stamm bestand. Aus den Quellen geht hervor, daß die meisten Stämme über lange Zeiträume hinweg eine dieser drei Torvarianten benutzten. Die meisten irokesischen und südöstlichen Stämme bevorzugten die Zwei-Pfosten-Version, während die Stämme im Gebiet der Great Lakes häufiger nur einen Pfosten aufstellten.[7]

Der einzelne Pfosten bestand aus einem einfachen Baumstamm, der gewöhnlich gekürzt und von Rinde befreit wurde. Eine Variation dieses Pfostens – die Ausnahme unter den üblichen Toren im Südwesten – stellte der „aiulbi" der Mississippi-Choctaw dar. Er bestand aus zwei Pfosten oder flachen Brettern (10-15 cm breit), die man nebeneinander zusammenband oder Seite an Seite aufstellte, wodurch man eine etwa 30 Zentimeter breite Aufschlagfläche erhielt (Abb. 64). Wurde der Torraum von zwei Pfosten eingegrenzt, wählte man dafür zwei junge, hochgewachsene Bäume, etwa zwischen 3 und 4,5 Meter hoch. In der Regel wurden die Äste entfernt. Die Cherokee ließen jedoch die Blätter an ihren 2,50 m hohen Weidenpfosten hängen.

Die am häufigsten anzutreffende Torvariante war der mit einer Querlatte umschlossene Torraum. Heutzutage messen die Torpfosten bei den Oklahoma Creek etwa 2,50 Meter in der Höhe. Die etwas unterhalb der Pfostenenden angebrachte Querstange mißt etwa 1,20 Meter. Manchmal wurde die Querlatte auch durch ein Seil zwischen

311

Abb. 65
Zwei Eastern Cherokee-„Antreiber" während eines Spieles zwischen Big Cove und Wolf-Town im Jahr 1888. Ihre „Uniform" besteht aus Alltagskleidung und einer Art Turban, wodurch sie sich von den fast unbekleideten Spielern unterschieden.

den Pfosten ersetzt, oder es wurden entsprechend einem Mohawk-Brauch in vorher abgesprochener Höhe Zeichen angebracht. Ein Spieler mußte den Ball für einen Torpunkt unterhalb dieser Zeichen durch die Pfosten werfen. Als Provisorium benutzten die Dakota statt der Pfosten gelegentlich zwei Haufen von Decken in etwa 6 Meter Abstand voneinander.[8]

Ein ungewöhnliches Tor stellte die große Grube auf dem *Lac Court Oreilles*-Reservat dar. Sie maß 15x18 Meter und war etwa 3 Meter tief. Die beiden Tore lagen etwa 500 Meter auseinander. Die dortigen Anwohner bestätigten, daß der Ball nur in die Grube geworfen werden mußte, um einen Punkt zu machen. (Abwehrspieler an der Grube fingen diejenigen Bälle auf, die nicht hoch genug eingeworfen wurden.) Im Winter zogen die Spieler aus diesem Reservat zu einem See. Dort setzen sie allerdings in etwa 100 Meter Entfernung Pfosten in vorher ins Eis geschlagene Löcher und ließen sie darin festfrieren.[9]

Da eine feste Umgrenzung des indianischen Spielfeldes nur im Ansatz oder gar nicht vorhanden war, entstand häufig der Eindruck, daß es auch an entsprechenden Spielregeln fehlte wie zum Beispiel dem „Aus", und demzufolge niemand für irgendetwas zuständig war. Es gab indessen Handlungsanweisungen, die bei Regelübertretungen befolgt wurden, und es gab auch offizielle Beobachter, die für deren Umsetzung sorgten. Zu den zahlreichen Tätigkeiten von alten Respektspersonen gehörte die Überwachung von Lacrossespielen. Ein und derselbe Häuptling, Trainer oder Medizinmann konnte verantwortlich sein für die letzten Ermahnungen vor dem Spiel an die Spieler im Mittelfeld, für den Einwurf, und später an den Seitenlinien für das Schiedsrichteramt und die Spielstandüberwachung. Ein gutes Beispiel dafür ist der Schiedsrichter bei den Mississippi-Choctaw, der *apisaci*. Gewöhnlich wird er von führenden Gemeindemitgliedern aus einer Gruppe von Anwärtern gewählt, die sich in rituellen Dingen auskennen. Er hatte den *toss-up* auszuführen, Fouls aufzudecken und entsprechend zu bestrafen und den Spielstand zu überwachen, wofür er eine Reihe von Stöckchen benutzte, die er entsprechend der Anzahl der erzielten Tore in die Erde steckte.

Die Cherokee hatten eine besondere Kaste von offiziellen Beobachtern, die „Antreiber" genannt wurden. Sie fungierten als Schiedsrichter und Aufdecker von Fouls. Man konnte sie (in der Vergangenheit) an ihren langen Peitschen und Turbanen erkennen (Abb. 65). Meistens sorgten sie für den Abbruch von Ringkämpfen, die zu lange dauerten, so daß das Spiel darüber zum Stillstand zu kommen drohte. Außerdem hatten sie die Knäuel zusammengerotteter Spieler aufzulösen und den Ball wieder ins Spiel zu bringen. „Die Antreiber befehlen dem Spieler, den Ball herauszugeben, während ihre Peitschen drohend über ihm kreisen, um ihrem Befehl Nachdruck zu verleihen." Ein Spieler wird von einem Antreiber des Fouls bezichtigt, wenn er den Ball nicht abgibt, obwohl er irgendwo feststeckt und bereits zum zweitenmal dazu aufgefordert werden muß. Mit ihren Peitschen deuten sie auch auf den Ball am Boden, wenn die Spieler ihn aus den Augen verloren haben.[10]

Streitereien über Entscheidungen beziehungsweise Nichtentscheidungen der Schiedsrichter waren unter indianischen Fans so gut wie unbekannt, ganz im Gegensatz zum Verhalten der Fans, Spieler und Trainer im stark geregelten Sport der Weißen, wo deren Entscheidungen lauthals angefochten werden. Die Tatsache, daß sie nicht häufiger im Streit aneinandergerieten, muß besonders hervorgehoben werden angesichts der minimalen Standardisierung indianischer Lacrosseregeln, die häufig genug Anlaß zu Widerspruch geboten hat. Auch wenn die Cherokee nicht-indianische, rein amerikanische Sportarten betreiben, in denen sehr viel mehr Regeln Geltung haben, fechten sie gewöhnlich Schiedsrichterentscheidungen nicht an.[11]

Lange bevor es den *face-off* gab, fingen indianische Spiele fast überall damit an, daß jemand den Ball im Mittelfeld senkrecht hoch in die Luft warf, sobald sich die Spieler über das Spielfeld verteilt hatten (Abb. 66). Nach jedem einzelnen Torpunkt wurde diese Prozedur wiederholt. Während die Irokesen das heutige *face-off* im Lacrosse der kanadischen Version des Spiels entnommen haben, haben die südöstlichen Stämme wie die Creek und Choctaw bis heute den *toss-up* beibehalten. Bei rituellen Cayuga-Spielen lehnen die Irokesen aus Ehrfurcht vor der Tradition den Torkäfig ab und ziehen das Tor mit zwei Pfosten, wie es früher üblich war, vor. Ebenso verfahren sie mit dem *toss-up* in der Spielfeldmitte, das sie dem *face-off* vorziehen.[12]

Von der ausgewählten Person, die den Ball hochwerfen sollte, erwartete man Unparteilichkeit. Gewöhnlich fiel die Wahl auf ältere männliche Respektspersonen. Eine große Zahl alter Quellen verweist auf „irgendeinen alten Mann", aber mit größter Wahrscheinlichkeit handelte es sich um eine angesehene Person wie zum Beispiel einen Häuptling, Medizinmann, einen guten Redner oder einen extra berufenen Schiedsrichter. Ganz früher holte der Spielführer einer Mannschaft bei einem Menominee-Spiel den Ball aus seinem Lacrossebündel, warf ihn im Mittelfeld hoch in die Luft und stieß vier laute Kriegsschreie aus. Damit informierte er die Donnerer (Donnergeister), daß das Spiel unmittelbar bevorstand und bat um ihre Aufmerksamkeit. Die einzige Ausnahme in der Art, wie der Ball im Great Lakes-Gebiet ins Spiel gebracht wurde, stellte der Brauch der Winnebago dar, den Wilbur Blackdeer beschrieb. In ihrem Spiel, so sagt er, spielte im Mittelfeld eine kleine, nicht sehr hohe Erdaufschüttung eine Rolle. Anstatt den Ball hoch in die Luft zu werfen, warf ihn der Schiedsrichter dorthin auf den Boden. Beim Hochspringen versuchten die Mittelfeldspieler, ihn mit ihren Stöcken zu ergreifen.[13]

Vor dem *toss-up* wurde gewöhnlich eine Rede im Mittelfeld gehalten ähnlich wie die Ansprache des Joseph Brant vor dem Spiel gegen die Seneca im Jahr 1794. Der Cherokee-Spielleiter hielt eine lange Rede, in der er die Spieler ermahnte, sich an die Regeln zu halten und nicht zu viel Zeit mit Ringkämpfen zuzubringen. Dann warf er plötzlich den Ball hoch und machte, daß er an die Seitenlinie kam, um dem Gedränge zu entgehen. Beim heutigen Spiel der Oklahoma-Creek im Rahmen der *Green Corn Ceremony* marschieren beide Mannschaften auf das Mittelfeld. Dort geht einer der beiden Alten die Spielregeln durch und erklärt das Spiel als eröffnet. Der Alte geht zwischen den Reihen der Spieler auf und ab und singt dabei Anrufungen. Zu Streifenhemd und Cowboyhut trägt er den Adlerfeder-Roach (schmük-

Abb. 66
Eastern Cherokee-Spieler haben sich annähernd gleichmäßig über das Spielfeld verteilt. Spieler (ohne Hemd), Beobachter im weißen Hemd und vollständig bekleidete Zuschauer mit Hüten vor Beginn eines Spieles im Jahr 1888.

kender Kopfputz) auf seinen Rücken gebunden. Unter Rufen und Schreien wird er von den Spielern umkreist. Sie warten auf die Kriegsschreie, die ihnen signalisieren, ihre Positionen für den *toss-up* einzunehmen. Ohne Vorwarnung wirft der Alte plötzlich den Ball in die Luft und rennt schnell aus der Gefahrenzone.

Ausschlaggebend beim Einwurf war das Überraschungselement. Lacrosse-Zentrum-Spieler hielten beim Schiedsrichter scharf nach Anzeichen Ausschau, ob er sich bereitmachte, das Spiel zu starten. Beim Hockey warten die Zentrum-Spieler in ähnlicher Weise auf den Einwurf des Pucks auf die Eisfläche. Er versuchte natürlich absichtlich, ihre Aufmerksamkeit abzulenken und den Ball dann zu werfen, wenn sie am wenigsten damit rechneten. Im Jahr 1890 beschrieb Mooney, wie ein alter Cherokee am Ende einer Reihe von Spielern die übliche Ansprache hielt und ihnen klar machte, daß der Sonnengeist auf sie herabschaute und „sie aufforderte, sich dem Spiel in der Weise hinzugeben, wie es bereits ihre Väter vor ihnen getan [hatten]". Er warnte sie davor, ihren Gefühlen freien Lauf zu lassen und endete kurzangebunden „mit einem lauten ‚*Ha! Taldu-gwu*!' Jetzt geht's um die zwölf [Siegpunkte]!". Damit warf er den Ball in die Luft.[14]

Niemand weiß, wie das *face-off*, mit dem heute standardmäßig Lacrossespiele gestartet werden, entstanden ist. Eine Beschreibung von Samuel Woodruff, dem Augenzeugen einer Begegnung zwischen Sen-

315

eca und Mohawk im Jahre 1797, gibt Aufschluß darüber, daß es bereits vor dem Ende des 18. Jahrhundert so etwas wie einen *face-off* im irokesischen Lacrosse gegeben haben muß. Zu Anfang des Spiels formierten sich fünfzig Spieler auf jeder Seite im Mittelfeld, während jeweils zehn Mann bei ihren Toren zurückblieben. „Das Spiel begann damit, daß sich zwei gegnerische Spieler dem Ball näherten und ihn gleichzeitig mit vereinten Schlägern vom Boden aufhoben bis in eine Höhe, von wo aus sie einen guten Schlag ausführen konnten. Schnell wie der Blitz flog er von dort los und raste fast wie eine Kanonenkugel durch die Luft. Vom ersten Schlag hängt viel ab, und man muß viel Übung haben, damit er gelingt."

Ein halbes Jahrhundert später liefert Morgan in seiner „*League of the Iroquois*" eine Beschreibung des Mohawk-Spiels. Darin rückt das *face-off* in die Nähe von Starts bei Hockeyspielen. Etwa um die Mittagszeit verteilten sich die Spieler in einzelnen Gruppen über das Feld. Die Zentrum-Spieler befanden sich auf beiden Seiten der Mittellinie im Mittelfeld und standen sich in zwei parallelen Reihen gegenüber. „Der Ball fiel zwischen den beiden Spielerreihen zu Boden, und die beiden mittleren Spieler nahmen ihn mit ihren Schlägern hoch. Nach einem kurzen Kampf zwischen den beiden, in dem jeder Spieler versuchte, den Ball in seinen Schläger zu bekommen, um ihn in Richtung des eigenen Tors zu schießen, flog er davon, und damit ging die Verfolgung los." Als Hewitt 1892 das Spiel im „*American Anthropologist*" beschrieb, ähnelte der irokesische *face-off* schon sehr der heutigen Version des Lacrosse. Wahrscheinlich hatten sie diese Technik durch Spiele gegen kanadische Mannschaften gelernt, die nach deren Spielregeln ausgetragen wurden. Bei Spielbeginn hielten beide Spielführer ihre Lacrosseschläger in Form eines Malteserkreuzes. „[Der Ball liegt] genau zwischen der Netzbespannung der beiden Schläger. Mit einem kräftigen Ruck versucht jeder Spielführer, den Ball in Richtung auf das Tor zu lenken, wo seine Mannschaft punkten muß."[15]

Die einzige Kardinalregel im gesamten indianischen Lacrosse war das Verbot, den Ball mit den Händen zu berühren. Tatsächlich heißt das Cherokee-Wort für Foul, *ûwa'yi*, bedeutet „mit der Hand". Offensichtlich hatte diese Regel auf dem gesamten nordamerikanischen Kontinent Gültigkeit. Eine alte irokesische Regel weitete dieses Verbot auf die Füße aus. In rituellen Spielen wurde diese Forderung von den Cayuga bis in die Mitte des 19. Jahrhunderts beachtet, dann aber endgültig fallengelassen. Bei Mohawk-Spielen führte dann jegliche Berührung mit den Händen zu Strafen, und der Ball wurde an dem Punkt, wo der Regelverstoß passiert war, mit einem *face-off* erneut ins Spiel gebracht.[16]

Bei den Eastern Cherokee dagegen, wo meist mit Doppelschlägern gespielt wurde, durfte der Ball in Ausnahmefällen mit der Hand berührt werden. So war es erlaubt, einem Mannschaftskameraden den Ball mit der Hand auf den Schläger zu legen beziehungsweise ihn von dort wegzunehmen. Übergaben von Hand zu Hand galten jedoch als Foul, dem ein neues *face-off* am Ort der Regelverletzung folgte. Ein Spieler in einer schwierigen Situation konnte den Ball absichtlich mit der Hand aufheben, um ein Foul herbeizuführen und dadurch momentan den Spielfluß zu stoppen. Bei den Cherokee durfte der Ball während des Spiels auch in der Hand gehalten werden, vorausgesetzt, der Spieler hatte ihn mit seinen Stöcken aufgehoben. Bis 1943 spielten die Cherokee ausschließlich mit Schlägern, bis plötzlich jemand den Ball mit den Händen fing, damit losspurtete und ein Tor warf. Das ist heute noch immer die Praxis. Hat eine Cherokee-Mannschaft elf Punkte erzielt, dürfen sie ihre Schläger aus der Hand legen und das Spiel mit den Händen zuende bringen. Die andere Mannschaft muß weiterhin mit Schlägern spielen, wenn sie die elf Punkte noch nicht erreicht hat. (In der Great Lakes-Gegend war es erlaubt, einen Spieler in Ballbesitz, der den Ball mit der Hand berührt hatte, mit seinem Stock zu schlagen, ohne ein Foul zu riskieren. Allerdings führte eine solche Verhaltensweise zu einem neuen *toss-up*.)

Bestimmte brutale Aktionen während eines Spieles wurden im Südosten mit Strafen geahndet. Bei den Choctaw war während des Spiels alles erlaubt bis auf Schläge auf den Kopf. Dafür mußte eine Mannschaft mit fünf Punkten büßen. Um 1848 stellten die Cherokee neue Regeln auf, womit Würgegriffe, Knochenbrüche und Schläge auf den Kopf, die „in der Aufregung" geschahen, geahndet wurden. Als Beers 1867 den ersten Entwurf der Spielregeln für nicht-indianisches Lacrosse aufstellte, nahm er einen großen Teil gewalttätiger Schläge und Griffe heraus, die noch charakteristisch für das indianische Spiel gewesen waren. Dazu gehörte, seine Schläger nach einem anderen Spieler zu werfen, einen anderen Spieler mit Stöcken oder Händen festzuhalten, ihn zu Fall zu bringen, ihn zu verwunden und ihm zu drohen – das alles wurde ab sofort verboten. So erhielt das Spiel langsam einen „zivilisierten" Rahmen.

Der Spieleraustausch wurde im indianischen Lacrosse so gut wie überall auf die gleiche Weise gehandhabt. Als Faustregel galt, daß beide Mannschaften auf dem Spielfeld ohne Ausnahme die gleiche Spielstärke aufzuweisen hatten. Beispielsweise wurde der Spieleraustausch von den Irokesen praktiziert, als im Jahr 1797 im Spiel der Seneca gegen die Mohawk alle zwanzig Minuten eine Gruppe von sechzig Spielern ausgetauscht wurden. Im Gegensatz dazu war ein Austausch von Spielern im Südosten, besonders bei den Cherokee, absolut verboten. Jeder Spieler, der verletzt worden war oder keine Kraft mehr hatte weiterzumachen, durfte das Spielfeld verlassen. Allerdings mußte sein Gegner auf der anderen Seite ebenfalls vom Platz gehen. Ein Spieler konnte seine Position wechseln, wenn er mit seinem Gegner nicht fertig wurde. Das kam jedoch nur selten vor. Stattdessen ging er lieber freiwillig vom Platz. Unter Umständen konnte eine Mannschaft bis zum Spielende allmählich, aber drastisch zusammenschrumpfen. Es gibt einen Bericht von Fogelson über einen Wettkampf zwischen Big Cove und Yellow Hill, der Mitte der dreißiger Jahre stattgefunden hat. Darin blieb Lloyd Sequoyah, der die Siegtore für Big Cove erzielte, als einziger Spieler seiner Mannschaft auf dem Platz zurück.[17]

Im Gegensatz zu den Euro-Amerikaner war für die Indianer das Tor, in dem sie ihre Treffer unterbringen mußten, immer das *eigene* und nicht das der Gegner. Die Torhüter taten alles, um die gegnerische Mannschaft daran zu hindern, ihre Abwehr zu durchdringen und „den Ball nach Hause zu bringen", wie es hieß. Der Begriff „Heimtor" spielt auch bei den Cherokee eine Rolle, wo jede Mannschaft ihr Tor auf dem Spielfeld so nah wie möglich in Richtung Heimatgemeinde aufbaut.[18]

Im Great Lakes-Spiel, wo der Einzelpfosten als Tor benutzt wurde, gab es drei Möglichkeiten, ein Tor zu erzielen. Einmal konnte man den Stock mit dem Ball im Körbchen gegen den Pfosten schlagen. Des weiteren konnte man den Pfosten mit dem Ball treffen, oder man konnte mit ihm hinter den Pfosten rennen. (Auch in der Torgrube der Ojibwa in Lac Court Oreilles mußte der Pfosten am Grund der Grube getroffen werden, wenn er als Torpunkt zählen sollte.) Wurde der Pfosten nicht getroffen, so überquerte der Ball eine Foullinie und wurde im Zentrum des Spielfeldes mit einem erneuten Einwurf wieder ins Spiel gebracht. Unter den südöstlichen Stämmen sind die Choctaw die einzigen, die eine ähnliche Praxis kennen. Der Ball mußte entweder auf die abgeflachte Oberfläche des Einzelpfostens treffen oder im Schläger daran vorbeigetragen werden. Die Mississippi-Choctaw benutzen gegenwärtig ein farbig dekoriertes Brett in den Maßen 2,5x15 Zentimeter, das oben an einem Fußballtor mit Draht festgebunden ist (s. Abb. 64). In allen alten Berichten über Choctaw-Spiele taucht hingegen der Doppelpfosten auf. Allerdings geht nicht immer deutlich daraus hervor, ob ein Querbalken in der Höhe den Torraum begrenzte. War dies jedoch der Fall, konnte der Spieler offensichtlich das Torgerüst an jeder Stelle treffen, um einen Siegpunkt davonzutragen. Bei den Creek konnte das sogar von der Rückseite des Tores aus geschehen (Abb. 67a,b).[19]

Die Quellen über das cherokesische Stockballspiel berichten durchgehend von zwölf Punkten, die zum Sieg benötigt wurden. Die Zahl zwölf wird von *Swimmer*, einem Ballspielmedizinmann der Cherokee, in einer rituellen Anrufung besonders hervorgehoben. Diese Anrufung sollte am letzten Halteplatz vor dem Spielfeld rezitiert werden. Sie beginnt mit „Hör zu! Laß mich wissen, o weiße Libelle, daß die Zwölf mir gehören. Sage mir, daß der Anteil mir gehört – daß die Wetteinsätze mir gehören. Was den Spieler auf der anderen Seite angeht, der soll seinen Anspruch auf die Wetteinsätze verlieren. Jetzt jubeln sie und sind glücklich. Yu!" Eine Regel, die das Toreschießen betraf, ohne über-

Abb. 67 a, b
Ein Tor wird erzielt. Oklahoma Creek-Spiel um 1938.

haupt das Tor zu erreichen, war noch 1992 in Kraft. Im Falle, daß der Cherokee-Spieler in Ballbesitz ausbrechen kann und von keinen Gegnern verfolgt wird, bekommt er den Punkt zugestanden, und er braucht nicht die ganze Strecke bis zum Tor zu laufen.[20]

Im Umkreis der Great Lakes reichten zwei von drei Punkten zum Spielgewinn. Bei Saulteaux-Spielen um 1800 fiel der Sieg an „die drei besten Tore", während die Verlierer meistens schon für den folgenden

Tag einen Rückkampf forderten, was ihnen meistens zugestanden wurde. Dakota-Spiele wurden ebenfalls durch zwei von drei *„innings"* [längere Pausen nach einem Tor; d. Übers.] entschieden. Für die Winnebago und die Menominee geben die Quellen allerdings vier benötigte Siegpunkte an. Vermutlich deutet diese Zahl an, daß die Informanten von rituellen Spielen sprachen.[21]

Die Irokesen unterscheiden noch heute durch die Zahl der Siegpunkte zwischen zeremoniellen und gewöhnlichen Spielen. Bei gewöhnlichen Spielen wurde die Anzahl anscheinend von den Mannschaften vorher festgelegt. Meistens handelte es sich dabei um eine ungerade Zahl wie etwa drei, fünf oder sieben. Bei heiligen Spielen war die Gewinnzahl durch das Ritual festgelegt. Die im Rahmen der Winterzeremonien von den Cayuga für kranke Personen veranstalteten Spiele brauchten sieben Punkte zum Sieg. Darüber hinaus war die Zahl sieben auch an anderer Stelle im Spiel von ritueller Bedeutung. So standen die Torpfosten etwa sieben Schritte auseinander, und jede Mannschaft umfaßte sieben Spieler. Übrigens spielte ein Sieg in diesen traumdiktierten Spielen nur eine untergeordnete Rolle. Das Schicksal des Patienten wurde durch Sieg oder Niederlage nicht beeinflußt. Der Effekt beruhte allein auf der Tatsache, daß das Spiel stattfand; (die Menominee waren der gleichen Ansicht.) Bei manchen rituellen Spielen stand die Siegermannschaft sogar schon im Vorhinein fest. Bei den Fox (Mesquakie) wurde Lacrosse gewöhnlich anläßlich zeremonieller Adoptionsfeste für Männer gespielt, wobei eine Person von der Trauer entbunden wurde. Gehörte die Person, zu deren Ehre das Fest gegeben wurde, der *Tokan*-Seite des Stammes an, dann siegten die *Tokan* gegen die *Kicko*. Im umgekehrten Falle, wenn ein *Kicko* adoptiert wurde, siegten die *Tokan*.[22]

Die Tore wurden traditionell von speziellen Torzählern festgehalten. Bei den Kickapoo benutzten sie Stöckchen dafür. Bei den Texas-Alabama machten sie Zeichen in den Boden, indem sie einen geraden Strich zogen und die Tore der einen Mannschaft durch vertikale Striche auf der einen Seite und die der anderen auf der entgegengesetzten Seite festhielten. Sieger war, wer zuerst zwölf Tore erzielt hatte. Die gebräuchlichere Methode war allerdings die, angespitzte Stöckchen in den Boden zu stecken. (#23)

Die Zahl der Tore bis zum Sieg entschied über die Länge eines indianischen Lacrossespiels. Es gab kurze Spiele zwischen unausgeglichenen Mannschaften und wiederum andere, die tagelang dauern konnten. Der Ojibwa Frank Setter erinnerte sich in den vierziger Jahren an Spiele, die sich in Lac Court Oreilles eine Woche lang hinzogen. Dagegen berichtet Setters Zeitgenosse John Bisonette vom gleichen Reservat, daß die Spiele auf zugefrorenen Seen nur eine Stunde lang dauerten. Waren die Mannschaften gleich gut, wurde das Spiel bei Anbruch der Dunkelheit abgebrochen und am folgenden Tag wieder aufgenommen. Es konnte durchaus passieren, daß eine Cherokee-Mannschaft die erforderlichen zwölf Tore in zwanzig Minuten schoß, aber es konnte auch sein, daß sich das Spiel unentschieden über den ganzen Tag hinzog. Wenn das der Fall war, konnte das Spiel unentschieden abgebrochen oder am folgenden Tag erneut aufgenommen werden. Ein gewisser Swinton wurde im Jahr 1913 Zeuge eines schnellen Creek-Spiels mit vielen Toren, das nur eineinhalb Stunden dauerte. Der Westen schlug den Osten 20:16; insgesamt wurden also sechsunddreißig Tore geworfen.[24]

In historischen Lacrosseberichten liest man häufig von „*innings*". Gewöhnlich ist damit gemeint, daß ein Tor gefallen ist und die Mannschaft sich eine Pause gönnt, bevor das Spiel wieder anläuft. Diese „Aus-Zeiten", die eine halbe Stunde dauern konnten, wurden genutzt um Erfrischungen zu nehmen, Preise auszuteilen, zu rauchen und sich auszuruhen. In den Pausen von Great Lakes-Spielen wurden zuweilen für jedes erzielte Tor Preise verteilt. Bei Menominee-Spielen gab es insgesamt vier „*innings*". Geschenke an die Sieger wurden in vier Teile geteilt und in den Spielpausen überreicht. Ähnlich verfuhren auch die Potawatomi, die fünf Tore erzielen mußten und wenigstens drei Stunden auf dem Spielfeld standen. Die fünf Preise, die der Ausrichter des Spiels vergab (gewöhnlich Wolldecken und Stoffbahnen), wurden am Ende jeder Ruhepause verteilt. Der Torschütze reichte ihn dann weiter an einen Zuschauer, gewöhnlich einen Verwandten.[25]

Berichten über Spiele, die über einen Tag hinausdauern, kann man gewöhnlich entnehmen, daß die eine oder andere Mannschaft die endgültige Entscheidung hinausgezögert oder auf einen späteren Zeitpunkt verlegt hat. Wenn keine Seite vermocht hatte, bis zum Abend des Spieltages das Spiel an sich zu reißen, wurde zuweilen die Mannschaft mit den derzeit meisten Punkten zum Sieger erklärt. Andere Faktoren wie Strafen, Verletzungen oder Kämpfe konnten die Spieldauer ebenfalls hinauszögern.[26]

Im indianischen Lacrosse deutet einiges darauf hin, daß die „*sudden death*"-Methode zur Bestimmung eines Siegers vorkam. Wie auch bei anderen Spielen durften offizielle Berater beim Lacrosse das Spiel verlängern, um ein Unentschieden zu vermeiden. Diese Praxis scheint auch in Stones Bericht über die Begegnung zwischen Seneca und Mohawk im Jahr 1797 enthalten zu sein, wo „die großen Häuptlinge ermächtigt waren, den Spielstand zu kontrollieren beziehungsweise zu kürzen, um das Spiel hinauszuzögern". Da es in Ojibwa-Spielen schwierig war, Tore zu werfen – ein einziges „*inning*" konnte dort eine ganze Stunde oder länger dauern – wurde das Spiel manchmal nach gegenseitiger Absprach am Ende eines „*innings*" für beendet erklärt, wobei die Mannschaft mit den meisten Toren als Sieger galt. Die Mississippi-Choctaw tragen ihr Spiel heute in vier Zwölf-Minuten-Takten aus, und die Mannschaft mit den meisten Punkten geht als

Sieger vom Platz. Steht es jedoch unentschieden, wird das Spiel gemäß der *„sudden death"*-Regel verlängert. Eines der längsten Spiele in der jüngsten Vergangenheit, der Meisterschaftskampf von 1977 zwischen Pearl River und Bogue Chitto, ging in die Verlängerung und dauerte insgesamt zweidreiviertel Stunden, bevor Pearl River mit 4:3 gewann.[27]

Unabhängig von der Dauer eines Lacrossespiels brach die Menge normalerweise in einen Freudentaumel aus, sobald das letzte Tor gefallen war. Morgan schrieb in seiner *„League of the Iroquois"*: „Nachdem die endgültige Entscheidung gefallen war, kannte das Triumphgeschrei, wie man sich denken kann, kein Ende. Mützen, Tomahawks und Wolldecken flogen durch die Luft, und einige Minuten lang erschallte von allen Seiten ein Siegesgeheul." Laut Morgans Anmerkungen war es von Vorteil, daß die gegnerischen Mannschaften und ihre Anhänger nicht dichtgedrängt zusammensaßen. „Sonst hätte möglicherweise ein solcher Ausbruch an Gefühlen die Zurückhaltung der Indianer zu sehr strapaziert." Andererseits nehmen die Indianer Lacrosse genau so ernst wie die Amerikaner ihr Baseball, und Niederlagen werden schnell verdrängt. Ein Creek aus der Stadt Hilabi namens James Hill versorgte die Anthropologin Mary Haas mit einer ganzen Liste von Spielen, aus denen seine Stadt in der Vergangenheit als Sieger hervorgegangen ist. Als er aber auf die Vorbereitungen für ein Spiel gegen *Pakantallahasee* zu sprechen kam, das Hilabi im Jahre 1905 verlor, unterbrach sich Hill abrupt bei der Beschreibung des ersten Einwurfs. Hills Tochter, die als Übersetzerin dabei war, erklärte: „Wahrscheinlich mag er sogar heute noch nicht erzählen, wer damals gewonnen hat."[28]

15

Montreal im Jahr 1866

Von dem überlieferten Lebensgefühl der Indianer, die beim Spiel hauptsächlich vom Instinkt geleitet werden, können wir uns eine Scheibe
abschneiden. Es geht uns nicht anders als dem armen Tom in „Die Mühle
am Fluß", der alle Menschen beneidete, die früher gelebt hatten, weil sie
Latein sprechen konnten, ohne die Eton-Lehrbücher durchpauken zu
müssen. Andererseits können die Indianer niemals vom Kopf her so
spielen wie die besten weißen Spieler. Und doch bleibt die bedauerliche
Tatsache bestehen, daß sowohl Lacrosse wie auch die Ausdauer beim
Laufen, worüber die Rothäute genauso natürlich verfügen wie über ihren
Dialekt, vom Bleichgesicht erst mühsam durch Praxis und Training
erlernt werden müssen.

W. George Beers: „Lacrosse", Seite vii

Um 4.30 Uhr nachmittags schloß Dr. William George Beers seine
Zahnarztpraxis hinter sich zu, steckte die Schlüssel in die Tasche seiner
Tweedjacke und ging den Dorchester Boulevard hinunter in Richtung
des *„Fox and Hounds"*, wo er sich regelmäßig am Nachmittag mit seinen
Mannschaftskameraden aus dem Montreal Lacrosse Club zu treffen
pflegte, um über ihr gemeinsames Lieblingsthema zu reden. Der Wind
war so stürmisch, daß er seinen Schal zweimal um seinen Hals wickelte.
Hinter dem jungen Zahnarzt lag ein ereignisreicher Tag. Er hatte mehr
als fünf Zähne ziehen müssen. Dennoch war er in Gedanken meistens
bei seiner Hauptaufgabe gewesen, nämlich der Fertigstellung seines
Vorschlags für die neuen Spielregeln. Die kanadische Konföderation
rückte immer näher, und er und seine Freunde wollten dem nationalen
Gesetzgeber ein fertiges Dokument zur Debatte vorlegen. Nur so
könnte es ihnen gelingen, bei Gründung des Kanadischen Dominions
Lacrosse zum Nationalsport erklären zu lassen.

Lacrosse nahm im Leben Beers einen wichtigeren Platz ein als seine
Zahnarzttätigkeit, obwohl der Dreiundzwanzigjährige einmal das erste
kanadische Zahnarzt-Journal gründen und herausgeben und sogar
Dekan von Quebecs erstem College für Zahnmedizin werden sollte.
Die Liebe zu diesem Spiel begann im Alter von sechs Jahren, als sein

Vater ihn im Frühling mit nach Caughnawaga nahm zu den Clan-Wettkämpfen der Mohawk. Wie andere Montrealer Jungen auch, bekam er einen traditionellen irokesischen Hickoryschläger, zog sich Mokassins an und machte sich bis zur Taille frei. Dann versuchte er, so zu spielen, wie er das bei den Indianern gesehen hatte. Er und seine Klassenkameraden der *Phillips School* verbrachten viele Stunden am Spätnachmittag damit, die Bälle mit ihren Schlägern hin- und herzuwerfen, verschiedene Ausweichtricks auszuprobieren und ihre Deckung zu verbessern, wie sie es sich bei indianischen Dorfwettkämpfen jenseits des Sees am Ufer des Lac Saint-Louis abgeschaut hatten.

Als Heranwachsender hörte Beers auf, „Indianer zu spielen" und entwickelte ehrgeizigere Pläne für das Spiel. Der Gedanke ließ ihn nicht mehr los, das Spiel irgendwie fester unter Kontrolle zu bekommen, eine Kodifizierung zu finden, die die unberechenbare Natur dieses indianischen Spiels stabilisieren und gleichzeitig vereinheitlichen würde, um die kleinlichen Streitigkeiten wegen technischer Einzelheiten zu unterbinden, die für viele kanadische Spiele charakteristisch waren. Aufgrund des allgemeinen regellosen Verhaltens auf dem Spielfeld hatte er bereits vor sechs Jahren eine dünne Broschüre mit ein paar Regeln herausgebracht. Darin trat er für spezielle Spielerpositionen neben der des Torhüters ein und ordnete ihnen Namen zu. Seitdem hatte er beträchtliche Fortschritte in seinen Forschungen gemacht. Er verdoppelte seine Bemühungen, um sich mit den besten Spielern in den Reservaten zu beraten und studierte sehr intensiv das indianische Spiel. Man kann mit Sicherheit behaupten, daß er so viele Wettkämpfe in St. Regis und Caughnawaga gesehen hat, wie es ihm seine Zahnarztpraxis nur irgendwie erlaubte.

Auf seine Broschüre von 1860 schaute Beers mit einigen Vorbehalten zurück — es sei ein Produkt seiner Jugendzeit, meinte er. Er war immer noch verbittert darüber, daß man sie ohne seine Erlaubnis während seiner Abwesenheit veröffentlicht hatte. Die Folge davon war, daß andere, die über Lacrosse schreiben wollten, sie schamlos kopierten. Er hoffte, diese Scharte durch seinen gegenwärtigen Einsatz wieder auszuwetzen, und er schätzte sich glücklich, auf die Unterstützung solcher Freunde wie Dowd, Cushing, MacDonald und andere zählen zu können, die ihm dabei halfen, das Clubsystem zu nationaler Anerkennung zu führen.

Nach Dowds Beschreibung bog Beers in die Mansfield Road ein. Sein Blick blieb auf einer Markise mit einer abgebildeten Fuchsjagd hängen. Das mußte der Eingang zur Kneipe sein. Er stemmte sich einem plötzlichen Windstoß entgegen und hielt seinen Hut mit einer Hand fest. Mit langen Schritten beeilte er sich, die schützende Kneipe zu erreichen. Er entdeckte Dowd sofort, als er die Tür öffnete. Er saß genau in seiner Richtung allein in einer Nische und rauchte seine Pfeife, während er die Abendzeitung las. Beers hängte seinen Hut an die nahe gelegene Garderobe und begab sich zu ihm, nicht ohne einen ablehnenden Blick auf die Pfeife zu werfen. Eine Kneipe als Treffpunkt zu wählen, war an sich schon recht unangemessen, aber daß er wieder angefangen hatte zu rauchen, verstieß eindeutig gegen die Clubregeln. Wie konnten sie jemals hoffen, die außerordentlich große Lungenkapazität der Indianer, die diesen angeboren zu sein schien, beim Spiel zu übertreffen, wenn die Spieler das Training nicht ernst nahmen? Beers mußte dieses Thema wohl oder übel bei den anderen Mitgliedern ansprechen.

„Ah, heil und gesund zurück aus St. Regis, wie ich sehe!" gluckste Dowd. „Sagen Sie bloß, sie mußten zergeschlagene Rothautfänger nach dem Spiel reparieren?"

„Ganz im Gegenteil," antwortete Beers. „Ich war zu sehr damit beschäftigt, mir Notizen zu machen und Fragen zu stellen. Außerdem sind die Indianer ziemlich vorsichtig und vermeiden Verletzungen, wenn sie untereinander spielen. Nach einem Spiel gegen uns sieht man bei Bleichgesichtern viel häufiger gebrochene Nasenbeine und ausgeschlagene Zähne." Beers bestellte sich Tee und beeilte sich, Dowd einen Bericht über die Spiele zu geben, die er am Wochenende in St. Regis gesehen hatte. „Sehen Sie, ich neige immer mehr zu der Überzeugung, daß das Geheimnis der indianischen Siege gegen uns in ihrer ausdauernden Körperdeckung liegt. Ich zweifle ernsthaft daran, ob es uns jemals gelingen wird, an ihre Lungenkapazität heranzukommen, die ihnen eigen ist. Wenn man ihnen beim Spiel zuschaut, scheint immer eine Rothaut in unmittelbarer Nähe des Balles zu sein, egal wo er auch hinfällt. Vielleicht ist das reine Magie." Dowd unterbrach ihn, indem er die gefaltete Zeitung über den Tisch schob und auf die Titelgeschichte über den Aufstand der irischen *Fenians* [irische Revolutionäre, die versuchten, 1858 im Staat New York eine unabhängige irische Republik zu gründen; d. Übers.] wies. Als eingefleischter Patriot hatte sich Beers bereits bei den *Victoria Rifles* eingeschrieben und Mitglieder des alten *Beaver Lacrosse Club* aufgefordert, sich mit ihm der 6. Kompanie anzuschließen. Sie warteten auf ihre Marschorder, um sich den anderen an der Front anzuschließen. Das Vaterland geht vor Lacrosse, dachte Beers. Aber Lacrosse kommt vor dem Zähneziehen. Er gab die Zeitung zurück und kehrte wieder zu seinem Bericht über die indianische Spielweise zurück.

„Sie kennen keine festen Spielerpositionen, wie wir das vorhaben. Das ist einer der Gründe, warum in Windeseile ein ganzer Haufen am Tor zusammenströmen kann. Sie haben das auch schon miterlebt. Es passiert bei Angriff *oder* Verteidigung. Ich bin überzeugt, es handelt sich dabei um einen Rest aus ihrer alten Kriegstaktik: Für die Attacke werden so viele Krieger wie möglich nach vorne geworfen. Man sieht das auch daran, wie sie zu zweit oder dritt einer Finte folgen. Konzentrierte Attacke. Immer. Sie geben niemals auf."

Dowd stimmte ihm bei. „Das macht es für uns natürlich schwierig, einzelnen Spielern feste Plätze auf dem Feld zuzuweisen. Da sie sich um unsere Aufstellung überhaupt nicht kümmern, sondern wahllos verstreut sind, wäre es besser für unsere Spieler, wenn sie mehr Bewegungsspielraum hätten, besonders deswegen, weil der Indianer ständig seine Position verändert, um der Körperdeckung zu entgehen."

Beers warf einen Blick auf die Uhr. „Angesichts dieser gebündelten Attacke ist es äußerst wichtig," fuhr Beers fort, „daß wir bei dieser Spielweise unsere Torwarte danach auswählen, wieviel Ruhe und Gelassenheit sie ausstrahlen. Man kann nicht erwarten, daß ein nervöses Flatterhemd vor den Torpfosten einem Schwarm von Rothäuten standhält, der über ihn hereinbricht." Beers sprach aus Erfahrung. Er hatte diese Position eine Zeitlang ausgefüllt. Als Siebzehnjähriger wurde ihm 1861 die Ehre zuteil, als einer der beiden Torhüter für den Schaukampf vor dem Prinzen von Wales ausgewählt zu werden. „Wenn man im Tor steht und die Indianer kämpfen wie von Sinnen gegen deine Mannschaftskameraden um den Ball, muß man sich wirklich etwas einfallen lassen und eingreifen. Dafür braucht man Platz zum Manövrieren. Wartet man einfach auf das Gummi, kann man seinen Schläger überhaupt nicht voll zum Einsatz bringen. Die Rothäute haben das früher so gemacht, bis ihnen die Beine grün und blau geschlagen wurden. Jetzt gehen sie vorsichtiger an die Sache heran. Ihr Mann im Tor hat jetzt bedeutend mehr Spielraum."

„Haben Sie bemerkt," fragte Dowd, „daß die indianischen Torhüter offenbar von Jahr zu Jahr besser werden? Glauben Sie, daß sie bestimmte Spieler extra für diesen Posten trainieren, wie wir das tun, oder bilde ich mir das nur ein?"

„Nein," erwiderte Beers, „Sie haben zweifellos recht. Die Indianer möchten uns natürlich vom Gegenteil überzeugen. Erst letztes Wochenende erzählte mir jedoch Big John Baptiste, daß sie mit der Übernahme unserer Torpfosten auch anfingen, das Tor anders zu verteidigen als vorher. Es scheint, als würden sie besondere Männer für diese Aufgabe ausbilden. Aber es gibt immer noch Indianer, die das nicht zugeben wollen. Sie wollen eben nicht, daß *wir* ein besonderes Torwarttraining durchführen. Ich schätze, sie mußten schon viel Ärger einstecken, um ein Ende unseres Torwarttrainings herbeizuwünschen. Klar, daß sie unsere weniger erfahrenen Spieler ständig ausspielten. Ich kann Ihnen versichern, daß ich einige Zeit gebraucht habe um zu lernen, wie ich mit einer ihrer Lieblingstaktiken beim Torewerfen umgehen mußte. Sie haben das mit Sicherheit auch schon gesehen, Dowd: Eine Rothaut läuft mit dem Ball in die Nähe der Torpfosten oder der Ball landet dort irgendwo." Beers rückte leere Bierdeckel als Torpfosten auf dem Tisch zurecht. Um die indianischen Angriffsspieler darzustellen, fuhr er mit nach unten gekehrten Handflächen darüber hin: „Ihre Torschützen rücken dir bedrohlich nahe auf den Leib, um dich abzulenken. Während du dich absolut auf das konzentrierst, was unter deiner Nase passiert, schleicht sich ein Mittelfeldspieler unbemerkt hinter dich. Aus heiterem Himmel wirft der Ballbesitzer den Ball in hohem Bogen über die Torpfosten hinweg zu dem hinten stehenden Spieler." Beers hob eine Hand und bewegte den angewinkelten Unterarm über die Bierdeckel. „Er wirft ihn sofort zurück, nachdem er ihn gefangen hat, und läßt ihn unmittelbar vor der Linie herunterkommen. Seine Mannschaftskameraden wissen natürlich genau, was kommt. Sie laufen zu einem großen Haufen zusammen und kommen gerade nahe genug, um den Ball, kaum daß er gelandet ist, zwischen deine Pfosten zu jagen."

Das Torwart-Thema war nur einer von Beers liebsten Gesprächsgegenständen. Obwohl im allgemeinen recht wenig an veröffentlichtem Material vorlag, konnte er eine umfangreiche Stoffsammlung über indianische Spielpraktiken zusammenstellen. Er hatte die historische Literatur über indianische Kultur durchgesehen und die wenigen Informationsschnipsel, auf die er beim Lesen gestoßen war, in einem Notizbuch festgehalten. Bei dem, was die ersten nordamerikanischen Siedler hinterlassen hatten, handelte es sich zum größten Teil um sehr vage Informationsbruchstücke, die seiner Meinung nach häufig in die falsche Richtung wiesen und vor Ungenauigkeiten strotzten. Er hatte Charlevoix über das Miami-Lacrosse sowie Catlins Bericht über die Choctaw-Spiele in den dreißiger Jahren des 19. Jahrhunderts studiert. Aufgrund seiner eigenen Erfahrungen mit indianischen Informanten nahm Beers gegenüber historischen Berichten eine mißtrauische Haltung ein. Er wußte gut, daß Indianer mit neugierigen Fremden nur zu gerne ihre Späße trieben. Seine Vorliebe für Details und akkurate Berichterstattung war in Zahnarztkreisen gut bekannt. Dort deckte er mit besonderer Genugtuung jede Form von Quacksalberei auf. Beers war sich ziemlich sicher, daß ein Teil der Legenden, die man ihm im Reservat als Berichte über die Ursprünge des Lacrosse erzählt hatte — obwohl sie voller überraschender Ideen steckten und hübsch anzuhören waren — alles Augenblickserfindungen waren, um seine Neugier zu stillen. Dennoch hielt er die Berichte von Basil Hall über das Creek-Lacrosse für einigermaßen glaubwürdig, ebenso Francis Parkmans Darstellung der Einnahme von Fort Michilimackinac während eines Ojibwa-Spiels. Darüber hinaus schätzte er sich glücklich, in Caughnawaga und St. Regis über ein paar vertrauenswürdige Informanten zu verfügen. Sie lieferten ihm umfangreiches Material über das Mohawk-Spiel, da sie den jungen Beers als Spieler schätzten. Wie weit die Praktiken, die sie beschrieben, allerdings in die Vergangenheit zurückreichten, darüber zu urteilen, blieb jedem selbst überlassen. Dennoch verließ er sich auf Freunde wie Morrison in Caughnawaga oder Big John Baptiste, „Meisterlotse der Lachine Rapids", und nahm ihr Wort für bare Münze. Ausgestattet mit dieser Hintergrundinformation durfte er hoffen, daß das große Werk, an dem er arbeitete, bei Erscheinen in der Öffentlichkeit Lacrosse auf seinen verdienten Platz in der Geschichte stellen werde.

Ganz Historiker, setzte Beers sein Gespräch über den Status eines Torwarts zu Dowds Erbauung fort. „Was Sie heute auf dem indianischen Spielfeld zu sehen bekommen, ist bei weitem nicht immer so gewesen. Es ist ziemlich klar, daß sie seit der Einführung unseres Tores ihre Taktiken geändert haben. Immer, wenn bei uns auf dem Feld ein Punkt unmittelbar bevorsteht, werden Sie feststellen können, daß die Rothäute bestimmte Spieler direkt am Tor oder in dessen Nähe stehen haben. Deshalb müssen wir die Torwarte gut trainieren. Mit der Verkleinerung des Spielfeldes im Gegensatz zu früher, als die Indianer an große Spielflächen gewöhnt waren, hat sich der Schwerpunkt des Spiels vom Balltransport auf den treffsicheren Wurf verlagert. Deshalb brauchen wir noch dringender talentierte Torwarte. Natürlich haben sich die Rothäute der Entwicklung angepaßt." Beers schob je einen Bierdeckel an die Enden des langen Tisches. „Beim alten indianischen Spiel, als sie nur einen einzigen Pfosten als Tor kannten, bestand eigentlich kein Bedarf an speziell trainierten Spielern, die das Tor hüteten. Bei einem Spielfeld mit einer Länge zwischen vierhundert bis achthundert Metern sah man in der Tat kaum jemals einen Spieler im Torraum, außer wenn ein Angriff lief. Ausschlaggebend waren allein die Faktoren Spielfeldgröße und Spielerzahl. Aber mit der Einführung des heutigen Tores konnte man erkennen, daß die indianischen Spieler angehalten wurden, Posten an den Torpfosten zu beziehen, oder zumindest in ihrer Nähe."

Dowd leerte sein Bierglas und winkte dem Ober, ihm ein neues zu bringen. Als überzeugter Antialkoholiker legte Beers seine Stirn in Falten und hätte Dowd beinahe eine Predigt über die Nachteile von Alkohol gehalten. Die Käufer seines Buches würden bald lesen können können, daß „beim Lacrosse niemand etwas für Zechkumpanen übrig hat oder für Leute, die ihre Speiseröhre als Syphon benutzen und nichts Besseres in ihrer Freizeit anzustellen wissen, als Pfefferminzlikör mit einem Strohhalm in sich hineinzuziehen." Bevor Beers ihn jedoch schelten konnte, steuerte Dowd auf ein neues Thema zu, daß er beim Schreiben beachten sollte. „Die Verlagerung des Spiels vom Transport des Balles auf den Wurf ist äußerst wichtig. Ich hoffe, daß dieses Thema in Ihrem Buch auch zur Sprache kommt. Dadurch wird jeder leicht verstehen," sagte Dowd, „warum wir heute andere Schläger benutzen und nicht mehr jene alten Mohawkstöcke mit den tiefen Körbchen, mit denen wir aufgewachsen sind. Vielleicht können wir auch mehr Holzverarbeiter dafür interessieren, eine bessere Schlägerversion zu bauen. Es sollte uns nicht schwerfallen, sie davon zu überzeugen, daß mit diesem Spiel eine Menge Geld zu machen ist."

„Sie haben recht," antwortete Beers. „Gleich zu Anfang beschäftige ich mich damit, daß wir unbedingt einen besseren Schläger brauchen."

Er war zehn Jahre lang bei Dr. Dickenson in die Lehre gegangen, wo er mit einer Reihe von neuen, technologischen Entwicklungen auf dem Gebiet der Zahnchirurgie in Berührung gekommen war. Es gab keinerlei Grund, warum das überaus wichtige Lacrossesportgerät nicht ebenso verbessert werden könnte. „Das ebene Netz der neuen Schläger hat die Fangtechnik wesentlich verändert. Jetzt ist daraus eine regelrechte Kunst geworden. Aber trotz allem sind die Mohawks berüchtigt für ihre Fangtechnik, ob der Schläger nun ein Körbchen hat oder nicht. Erinnern Sie sich noch an das Spiel vor fünf Jahren vor dem Prinzen von Wales? Von den insgesamt fünfundzwanzig indianischen Spielern benutzte nur einer einen Schläger, den der Schiedsrichter nicht abgenommen hätte. Trotz ihrer jämmerlichen Netze haben sie auf grandiose Weise die Bälle gefangen. Wahrscheinlich kommt das daher, daß sie die ab- und aufsteigende Bewegung beim Fangen ausnutzen. Wenn man diesen Trick beherrscht, braucht man weniger Netz und fängt den Ball sicherer. Wir müssen unseren Anfängern diesen Bewegungsablauf beibringen, dann stellen sich die verschiedenen Kurven und Schwünge im weiteren Verlauf wie von selbst ein."

Dowd, der am Wochenende eine Gruppe Schuljungen trainierte, nickte dazu. „Meine Jungen sind jetzt so weit, daß ich ihnen ein paar Stocktechniken zeigen kann, die sie wahrscheinlich noch nicht kennen. Erinnern Sie sich an den Seitenwurf, den die alten Spieler vom Montreal Club am Anfang als Passierschlag einsetzten?"

„Das war mit Sicherheit den Indianern abgeguckt. Ich wünschte, die Spieler würden ihn auch heute noch anwenden," bemerkte Beers.

Dowd lag daran, dem jungen Zahnarzt seine Fähigkeiten als Trainer vor Augen zu führen. „Ich zeige ihnen, wie sie den Schläger mit der rechten Hand umfassen müssen, was sie meistens schon wissen, und dann den Griff für die linke Hand am Schlägerhals oder noch höher. Wenn der Ball auf dem Netz liegt, erfolgt der Wurf von rechts nach links. Dabei können sie den vollen Schwung ausnutzen, wenn sie wollen. Beim Training lasse ich sie jedoch diese Bewegung mit einem Ruck ausführen, was ihnen scheinbar auch besser gefällt." Dowd war sehr daran gelegen, eine größere Basis für dieses Spiel zu schaffen. Einen Großteil seiner freien Zeit verbrachte er damit, interessierte Jungen zu trainieren. „Sie werden langsam immer besser. Besonders einer, der junge MacKenzie, scheint ein Naturtalent zu sein. Ich glaube, er hat das Zeug dazu."

„Ich hoffe, sie bringen ihnen auch die Überkopfwürfe bei," sagte Beers. „Die haben wir auch von den Indianern gelernt. Ich gebe zu, daß dieser Schuß nur im Notfall angewandt wird, zum Beispiel wenn einem die Deckung unentwegt auf den Fersen bleibt und man keine Zeit für eine elegantere Variante hat. Deshalb ist sie eine wichtige Ausreißtaktik. Bei den Indianern sieht man sie häufig – sie nehmen den Ball vor sich auf und schießen ihn geradewegs über ihren eigenen Kopf weg." Der Kellner brachte Dowds Bier auf einem Tablett. Beers erinnerte sich an seine zwei indianischen Torpfosten und holte sie in die Mitte des Tisches zurück. „Lassen Sie sie kurz in die Wurfrichtung zurückblicken, oder sind sie inzwischen so gut, daß sie auf Signale reagieren und gar nicht mehr zurückblicken müssen? Machen Sie ihnen klar, daß sie den Wurf möglichst von ganz oben und nicht aus der Schlägermitte abgeben, weil sie dadurch ihr Ziel viel besser anvisieren können."

„Darüber sind wir schon hinaus und spielen das Tor nicht mehr direkt an, sondern versuchen es mit diesen langsamen, angeschnittenen Schlägen, wie sie die Indianer praktizieren; sie sind besonders wirksam, wenn der Torhüter von der Sonne geblendet wird," fügte Dowd an. „Ich glaube, George, daß Sie uns das beim letzten Mal, als Sie unserem Training zuschauten, empfohlen haben. Mit den neuen Schlägern erreichen sie augenscheinlich eine viel höhere Flugbahn."

„Falls Sie denken, der Mohawk-Schläger eigne sich nicht zum Werfen, dann sollten sie einmal sehen, mit was man draußen im Westen spielt. Mein Freund Radiger brachte mir einen mit aus dem Garden River-Reservat. Er spielte dort ab und zu mit den Chippewa und zeigte mir, wie die Indianer den Ball vom Boden hochholen. Ihr Schläger endet bekanntlich in einer kleinen, runden Schlagfläche, die kaum größer als der Ball ist. Sie lassen den Schläger ziemlich hart auf den Ball fallen und holen ihn mit einer schnellen Drehung aus dem Handgelenk hoch, alles in einer fließenden Bewegung. Auch das Werfen mit diesem Schlägertyp geht laut Radiger etwas anders vor sich. Man muß den Ball mit einer Art Ruck losschlagen, und er fliegt nicht so weit, wie man das von einem irokesischen Schläger gewöhnt ist."

Bei der Umwandlung von Lacrosse in ein Spiel, in dem der Ball vermehrt abgegeben und weniger mit sich geführt wurde, legten die Kanadier größten Wert auf Mannschaftsgeist im Gegensatz zum mehr oder weniger individuellen Stil der Indianer. Als Folge dieser Umstellung brauchte man dringend Schläger, die schwerer und länger waren, deren Form eher an ein Dreieck erinnerte und die eine festere Bespannung aufwiesen als die Mohawk-Schläger. Verschiedene Clubs unterstützten bereits nicht-indianische Hersteller aus Montreal, die Hickory-Schläger produzierten. Sie wurden getestet und angenommen oder verworfen, je nach Qualität und Eignung. Man stellte fest, daß man mit den neuen Schlägern auch viele Punkte machen konnte, denn sie führten zu schnell geschlagenen, harten Torschüssen. Daran waren die Indianer nicht gewöhnt. Mit der Zeit wurden die Wurftechniken immer ausgefeilter, und die Schüsse fanden immer öfter ihr Ziel. Um den Torwarten eine faire Chance zu geben, wurde der Abstand zwischen den Torpfosten von 2,10 Metern auf 1,80 Meter reduziert. Unbeeindruckt davon sammelten die Indianer weiter Punkte, indem sie sich an den Pfosten zusammenballten oder beim Werfen entweder einen langsamen Schuß aus der Nähe oder angeschnittene Bälle, die auf den Pfosten landeten, abgaben. Nach Beers' Meinung würden sie im Laufe der Zeit ebenfalls die Vorteile eines rational organisierten Mannschaftsspiels erkennen und ihr Rothautspiel danach ausrichten, wenn sie weiterhin erfolgreich gegen die Bleichgesichter antreten wollten.

„Sehen Sie, an dem alten indianischen Spiel ist überhaupt nichts Wissenschaftliches dran. Es gibt keinerlei Planung im Hinblick auf Mannschaftsgeist oder Strategie," sagte er. „Es war eine reine Sportart für Individualisten, die ihre Schnelligkeit und Gewandtheit vorführen wollten. Die Spieler wollten weiter nichts, als die Gelegenheit ergreifen, mit dem Ball an dem Pfosten vorbeizurennen, um die Aufmerksamkeit auf sich zu lenken. Schon Morgan beschreibt diese Haltung in seiner Geschichte der Irokesen. Von Mohawk-Spielern weiß ich, daß es für einen Spieler zur Zeit ihrer Großväter, als noch die Doppelpfosten als Tor benutzt wurden, nichts Größeres gab, als mit dem Ball im Schläger über die gesamte Spielfeldlänge zu laufen. Dabei mußte er jedem Gegner ausweichen und den Torwart ausspielen, um mitten durch die Torpfosten hindurchlaufen zu können. Laut Hörensagen konnte es die Mannschaft, die auf diese Weise einen Punkt erzielt hatte, nicht lassen, ihre Gegner mit dem Ausruf aufzuziehen: „Mitten auf dem Schläger! Mitten auf dem Schläger!" Das bedeutete, daß der Torschütze den Ball nicht ins Tor zu werfen oder zu schlagen brauchte." Beers griff in seine Westentasche und zog seine Uhr hervor, um einen Blick darauf zu werfen. Er hatte sich zum Abendessen um sechs Uhr mit Mary Elizabeth verabredet, deren Eltern, die Hopes, von Kingston in die Stadt gekommen waren, um die Pläne für die bevorstehende Hochzeit durchzusprechen. Er hatte noch eine Stunde Zeit. Außerdem war Cushing noch nicht da.

„Aber George, wie machen Sie den jungen Leuten klar, von denen doch jeder einzelne als Star herauskommen will, daß es im Grunde die Mannschaft ist, die den Punktgewinn macht? Es ist schwer, sie davon zu überzeugen, daß ein Punkt das Produkt der ganzen Mannschaft ist, wenn jeder Spieler die Ehre dafür persönlich beanspruchen will. Man muß ihnen immer wieder sagen, daß der Ball über das ganze Spielfeld von Mann zu Mann abgegeben werden muß. Man stellt die Männer auf – genau das ist der springende Punkt – damit sie einander *zuspielen*, anstatt sich an den Ball zu klammern und einen Ruf als effekthascherischer Spieler einzuhandeln. Durch bloßes Herumspielen mit dem Ball, um auf sich aufmerksam zu machen, wird außerdem zuviel Zeit vertrödelt. Das mindert die Chancen einer Mannschaft beträchtlich, den Ball in die richtige Richtung laufen zu lassen."

„Machen Sie sie immer wieder darauf aufmerksam, Herr Trainer," sagte Beers. „Sogar den Rothäuten ist das nicht ganz unbekannt, trotz ihres individualistischen Spiel-Stils. Sobald sie in die Enge getrieben werden, dauert es nicht lange, bis sie ihren Egoismus aufgeben. Das ist mit Sicherheit einer der Gründe, warum wir immer wieder gegen indianische Mannschaften verloren haben. Aber die Lage ändert sich langsam zu unseren Gunsten, denke ich. Heutzutage sind die weißen Mannschaften schon viel öfter in Ballbesitz."

Ihre Diskussion wurde durch das Erscheinen von Cushing, der dem Kellner zuwinkte, unterbrochen. „Na, George, welche Geheimnisse konnten sie den Wilden über das Wochenende entlocken? Wie ich gehört habe, spielt St. Regis dieses Jahr sehr stark. Glauben Sie, sie werden uns für unser Geld einen ordentlichen Kampf liefern?"

Beers lehnte sich zurück. „Meiner Meinung nach sollten sich die Clubmitglieder vermehrt auf ihre Spiele konzentrieren. Ich stelle fest, daß sie sich an den Wochenenden, wenn wir nicht spielen, ihren Familien widmen – dabei gibt es noch eine Menge, was wir von den Indianern lernen können. Das soll nicht heißen, daß sie nur starke Spieler haben. Aber ich habe noch keinen gesehen, der mit seinem Schläger nicht gut umgehen und wahrscheinlich allen unseren Mitgliedern davonlaufen könnte. Es scheint ihnen in die Wiege gelegt worden zu sein. Und die Jugendlichen! Angesichts ihres Alters ist es geradezu erstaunlich, was schon Zehnjährige leisten. Am Samstag war eine Gruppe aus Oka da, die in St. Regis spielte. Sie lieferten sich einen harten Wettkampf, so wahr ich hier sitze. Nein, man kann die Indianer nicht schlagen, was Laufkapazität und Ausdauer betrifft. Wie muß erst ihr primitives Spiel vor einem Jahrhundert ausgesehen haben! Die physische Kondition dieser Wilden muß einfach umwerfend gewesen sein. Aber der Lernprozeß ist natürlich keine Einbahnstraße. Denken sie nur an die Deckung. Sie geht auf unser Konto, und die Rothäute haben sie schnell übernommen. Wissen Sie noch? Als wir dem Übersetzer in Caughnawaga 1859 unsere Erfindung vorführten, hatte keiner ihrer besten Spieler so etwas je zuvor gesehen. Trotzdem gibt es noch eine Menge Tricks, die wir von ihnen lernen könnten."

„Aber George," warf Cushing ein, „Sie haben doch selbst ständig darauf hingewiesen, daß diejenigen kanadischen Spieler, die den indianischen Spielstil bis ins letzte Detail zu kopieren suchen, das größte Hindernis für eine Entwicklung dieses Sports darstellen. Es darf doch nicht angehen, daß zivilisierte Kanadier diesen Sport wie die Rothäute betreiben. Es geht in Ordnung, wenn man ihr angeborenes Talent für diesen Sport bewundert. Aber wir unterscheiden uns doch darin von ihnen, daß wir unseren Ehrgeiz daransetzen, ihn durchschaubarer und kontrollierbarer zu machen, kurz, ihm eine gewisse Gesittung zu geben. Vielleicht brauchen wir eines Tages nicht einmal mehr gegen sie anzutreten."

„Das stimmt natürlich," gab Beers zu. „Ein Grund, warum wir ihre Sitte, daß ihre Spieler sich nach Gutdünken über das Spielfeld bewegen dürfen, nicht befolgen. Andererseits wäre es vollkommen wahnsinnig, unseren Spielern in einem Spiel gegen eine indianische Mannschaft einzubläuen, unter keinen Umständen ihren Platz zu verlassen. Nach wie vor liegt eine unserer größten Schwächen darin, daß wir einfach nicht abschätzen können, wo der abgeschlagene Ball landet. In dem Augenblick, in dem der Ball den Schläger verläßt, setzt sich der Indianer schon instinktmäßig in Bewegung, während wir einfach herumstehen und warten, wo er denn nun herunterkommt. Es ist unheimlich, wie er den Landeplatz an der aufsteigenden Bewegung erkennt, und natürlich steht er dann dort für den Ball bereit. Wenn man dagegen auf seiner Position verharren muß, sind die Indianer immer im Vorteil."

Hinter einer ziemlich aufgeräumten Gruppe von Männern, die gerade eingetreten war, fiel die Eingangggstür mit Getöse ins Schloß. Der „*Fox and Hounds*" war mit Sicherheit nicht die erste Kneipe, der sie an diesem Nachmittag einen Besuch abgestattet hatten. Als sie näher kamen, erkannte Beers Brown und ein paar andere ehemalige Spieler vom *Beaver Club*. Brown war unrasiert und machte einen heruntergekommenen Eindruck. Der Alkohol hat seinen Tribut gefordert, dachte Beers. Er erinnerte sich, davon gehört zu haben, daß Brown vor kurzem sein Lehramt an der Universität verloren hatte. Beide lächelten und nickten einander zu, und Beers kehrte zu seiner Rede über das Lacrossetraining zurück.

„Eine Sache, die uns die Rothäute vormachen und die wir verbessern *könnten*, wäre der Einsatz unserer Füße im Spiel. Die Indianer setzen im Nahkampf viel mehr ihre Füße ein, als wir das tun, besonders in der Nähe des feindlichen Tores. Das ist für den Torwart sehr frustrierend und lenkt ihn ab, während die anderen ihr Möglichstes tun, den Ball ins Tor zu bringen. Wir müssen unseren Stürmern beibringen, ihre Füße mehr einzusetzen. Obwohl sie die letzte Station vor dem Tor sind, ist es nicht immer gesagt, daß ihnen ein gerader Abwurf von vorne oder den Seiten gelingt. In diesem Moment können die Füße manchmal vorteilhaft eingesetzt werden. Die Rothäute haben bemerkenswerte Tricks, um ihre Füße mitspielen zu lassen. Erst letztes Wochenende konnte ich einen Spieler aus Oka beobachten, der den Ball zwischen die Fersen nahm und damit hochsprang. Damit warf er ihn hinter seinem Rücken senkrecht in die Höhe, drehte sich beim Landen auf den Füßen um und fing den Ball in seinem Schläger auf. Sein Gegner war von diesem Manöver vollkommen überrascht und hielt in einer ganz anderen Richtung nach ihm Ausschau!"

Beers Gedanken beschäftigten sich mit den Spielen, die seine Mannschaft in der Vergangenheit gegen die Mohawk ausgetragen hatte. Er dachte zurück an den Showkampf in Anwesenheit des Prinzen von Wales im August 1861, dem als Trophäe ein silberner Lacrosseschläger überreicht worden war, während die Kapelle dazu den „*Yankee Doodle*" und „*God Save the Queen*" spielte. Diesem Kampf war ein sich lange hinziehendes Match zwischen Algonquin und Irokesen vorausgegangen, die auf jeder Seite dreißig Mann aufgestellt hatten. Als danach die aus *Montreal* und dem *Beaver Club* zusammengestellte Mannschaft gegen Caughnawaga und St. Regis Aufstellung nahm, beschränkte sich die Mannschaftsstärke pro Seite auf fünfundzwanzig mit Beers als einem der beiden Torwarte. Beim Spielstand von 2:2 merkte Baptiste, der indianische Spielführer, daß die Kanadier kurz vor einem Tor standen. Da hob er den Ball mit den Händen auf. Der Schiedsrichter sprach den Weißen den Sieg zu, worauf die Mohawk zu protestieren begannen. Um die Situation zu entschärfen, wollte der Prinz sofort den indianischen Kriegstanz sehen, der ihm zu Ehren noch auf dem Programm stand, und so wurde das Feld geräumt.

In der Anfangsphase des kanadischen Lacrosse ging nicht immer alles glatt, und erst jetzt ergab sich nach Beers Meinung die Gelegenheit, diese Sportart für Kanada in eine feste Form zu gießen. Trotz seines jugendlichen Alters war Beers einer der engagiertesten Weißen, die keine Mühe scheuten, diesem indianischen Sport einen Anstrich von Zivilisation zu geben, Regeln dafür auszuarbeiten und für seine Verbreitung im gesamten Commonwealth zu sorgen. Die ersten kanadischen Lacrosse-Clubs eiferten der indianischen Spielweise nach. Dabei entwickelte jeder Club seine eigene Spielsatzung. Diese sehr individuelle Vorgehensweise führte zu kleinlichen, zeitraubenden Auseinandersetzungen, da vor jedem Spiel in langwierigen Verhandlungen eine Einigung über die Spielregeln erzielt werden mußte. Diejenigen Montrealer, die die nahegelegenen indianischen Dörfer besucht hatten, waren seit langem mit dieser Sportart vertraut. Aber man konnte erst dann richtig von Zuschauern für Lacrosse sprechen, als man 1834 indianische Schaukämpfe in die Stadt holte, die zur Unterhaltung der Weißen im Innenfeld der Rennbahn von St. Pierre stattfanden. Im Montreal Club, der 1839 gegründet wurde, fanden sich Spieler ein, die gegen die Indianer antraten und zehn Jahre lang nur Niederlagen hinnehmen mußten. Der *Montreal Lacrosse Club* wurde von Mitgliedern des aufgelösten *Olympic Club* gegründet. Damals war Beers gerade dreizehn Jahre alt. Nun sah sich Beers in der Lage, die zahlreichen unterschiedlichen Clubmannschaften, die wie Pilze aus dem Boden geschossen waren, zusammenzuführen. Abgesehen davon war jetzt auch der Zeitpunkt gekommen, aus dem größer werdenden Interesse der Nation an diesem Sport Kapital zu schlagen.

Cushing setzte seinen Krug ab und wischte mit seinem Hemdsärmel über seinen Schnurrbart. „Also, George, dieses Spiel zieht immer größere Kreise. Deshalb ist es dringend notwendig, daß Ihr Buch auf den Markt kommt. Bald wird kein Mensch mehr merken, daß dies einmal ein indianisches Spiel war. In Peel haben sie erst im letzten Jahr damit angefangen, und jetzt gibt es dort bereits mehrere Clubs. Meistens spielen sie Dorf gegen Dorf, aber ab und zu laden sie auch indianische Mannschaften zum Wettkampf ein. Meistens gehen sie dann als Verlierer vom Platz, wie Sie sich vorstellen können. Wir bekommen jetzt fast täglich aus allen Teilen Kanadas Briefe, und zwar von Leuten, die einen Club gegründet haben und Lacrosse spielen wollen, das Spiel aber noch nie gesehen haben. Ihr Buch sollte sich ausführlich mit den Fragen auseinandersetzen, die wir gestellt bekommen. Muß der „Punkter" beziehungsweise der Stürmer unter allen Umständen auf seinem Platz bleiben? Was diese Leute als Starthilfe brauchen, ist eine geeignete Veröffentlichung. Und natürlich wird es in dem Moment noch mehr Fragen hageln, sobald das Spiel „exportiert" wird. Wer weiß schon heute zu sagen, wie groß das Interesse sein wird, wenn Johnson mit der Caughnawaga-Mannschaft im nächsten Jahr nach England und Frankreich reist?" Niemand am Tisch hätte voraussagen können, daß Beers in eigener Person zehn Jahre später mit der Mohawk-Mannschaft zu den Britischen Inseln aufbrechen würde.

Beers hatte immer mehr das Gefühl, daß er und seine Freunde Zeugen einer historische Entwicklung in der Welt des Sports waren. „Es ist schon merkwürdig, aber vielen meiner Freunde, die anderen Sportarten nachgehen, fällt es schwer, unsere Leidenschaft für dieses primitive Rothaut-Spiel zu verstehen. Sie wundern sich auch, wie schnell es überall populär wird. Halb im Scherz sagte ich zu ihnen: ‚Endlich haben wir hier eine Sportart, die man auf Schnee oder sogar auf Eis spielen kann, vorausgesetzt, man trägt dabei Schlittschuhe.' Ein Mensch, der noch nie Lacrosse gespielt hat, hat überhaupt keine Vorstellung, welche kolossale Wucht in einem Wurf liegen kann. Ich habe einen Freund, der sehr gut im Handball ist und behauptet, er könne jeden Ball fangen. Also stellten wir ihn ins Tor, setzten die Pfosten etwa 1,20 Meter auseinander und warfen ihm, so langsam wie es uns möglich war, einige Bälle zu. Er fing sie ohne Schwierigkeiten. Dann gingen wir die Sache ein wenig ernster an. Wir stellten uns in etwa 9 Meter Entfernung vor den Pfosten auf und warfen den Ball von unten mit dem Schläger. Er konnte den Ball nicht mit seinen Händen halten, und so prallte er von seinem Bauch ab. Dann kamen wir auf 6 Meter heran und erhöhten die Geschwindigkeit des Balles. Wir plazierten den Ball ungefähr einen Meter vor seine Füße. Er hatte überhaupt keine Chance, mit den Händen an den Ball heranzukommen. Der sprang hoch und traf ihn unter dem Kinn. Daraufhin brüllte er vor Schmerzen. Das überzeugte ihn dann."

„Wie weit sind Sie mit dem Entwurf der Regeln gekommen?" fragte Dowd. „Können wir ihn bald haben? Viele Mitglieder von anderen Clubs, mit denen ich mich unterhalten habe, finden ihren Vorschlag, einen nationalen Lacrosseverband zu gründen, immer besser. Alle finden die Idee gut, sich im nächsten Jahr zu treffen, um die Regeln durchzusprechen und, wenn möglich, zu übernehmen. Soviel ich weiß, wurden alle neunundzwanzig Clubs angesprochen und gebeten, ihre Vertreter zu benennen." Unseren Montrealern wäre es sicherlich schwer gefallen sich vorzustellen, daß es im darauffolgenden Jahr bereits achtzig Clubs geben würde. „Als Versammlungsort wurde Kingston vorgeschlagen," ergänzte Cushing. „Die meisten Clubpräsidenten sind an einer Übernahme der Satzung sehr interessiert. Wir haben gewiß genügend Durchsetzungskraft im Parlament, um allen die Vorstellung eines Nationalsports nahezubringen. Solche Gelegenheiten gibt es nicht allzu häufig in der Geschichte, wie ich meine."

„Mit dem ersten Entwurf bin ich so gut wie fertig," versicherte Beers ihnen. Er wollte die Sache bis zu seiner Hochzeit hinter sich haben. „Ich sitze seit Wochen jeden Abend über dieser Arbeit. Selbstverständlich möchte ich, daß auch das Buch schon druckreif vorliegt. Dann könnte man die Satzung als Appendix gleich mitherausbringen. Vielleicht kann ich es Ihnen innerhalb der nächsten paar Tage zuschicken."

Beers langte in seine Jackentasche und holte ein Notizbuch hervor. „Übrigens könntet Ihr zwei die Sache vorantreiben, indem Ihr mir helft, die Manöver in meinem Kapitel über das ‚Ausweichen und Tricksen' aufzuspüren, die ich noch nicht erfaßt habe. Im Großen und Ganzen bin ich damit gut voran gekommen." Er durchblätterte sein Notizbuch und hielt bei einer Seite inne. „Hier ist es. Ich habe ihre Ursprünge im indianischen Spiel ziemlich alle herausgearbeitet und eine Liste der verschiedenen Tricks aufgestellt, wenn man in Ballbesitz ist. Also, wie man sich um die eigene Achse dreht, wie man stoppt, wie man sich zur Seite wegdreht und so weiter. Ich bin jetzt mitten im Abschnitt über die Wurf-Tricks und möchte damit noch in dieser Woche fertig werden." Beers zählte die verschienen Tricks beim Werfen auf, die er bereits bearbeitet hatte.

„Haben Sie schon erwähnt, was beim Wurf passiert, wenn die Deckung Ihrem Stock einen Schlag versetzt?" fragte Cushing.

„Richtig," antwortete Beers und machte sich Notizen in seinem Büchlein. „Das gehört mit Sicherheit hier hin. Ich muß dabei betonen, daß dadurch die Wucht eines Wurfes verstärkt wird, was jedoch den Spieler weniger beeinträchtigt als die Deckung, die für einen Moment die Kontrolle verliert. Die Spieler aus St. Regis spielen eine hübsche Variante dieses Manövers. Haben Sie sie schon gesehen? Wenn die Deckung versucht, ihren Lacrosseschläger zu treffen, dreht der Spieler sich ein wenig nach rechts und läßt den Ball mit einer winzigen Bewegung aus dem Handgelenk über den Stock der Deckung hüpfen, so daß er sich zwischen Schläger und Körper der Deckung befindet. Dann kann er sich den Ball, der noch in der Luft ist, bequem von der anderen Seite der Deckung greifen."

„Haben sie schon erwähnt, was ein Spieler in Ballbesitz tun muß, wenn die Deckung hinter ihm auf seinen Stockgriff schlägt? Vorausgesetzt, daß er den Ball dann wiederbekommt?" hakte Dowd nach.

Beers blätterte eine Seite zurück. „Jawohl, das habe ich bereits unter Nr. 5 notiert. Ich erwähne auch, daß der Ball in jeder Richtung, egal welcher, fallengelassen werden oder ein ganzes Stück vorausgeworfen werden kann, wenn der Spieler in Ballbesitz sicher ist, daß er schnell genug laufen kann, um als erster wieder dort zu sein." Die Unterhaltung stockte einige Zeit, in der keine weiteren Fragen mehr von seinen Kameraden zu kommen schienen. Beers klappte sein Notizbuch zu und steckte es wieder ein. „Nun gut, meine Herren, das wäre wohl alles für den Augenblick. Wie immer danke ich Ihnen für Ihre Unterstützung."

Er trank seinen Tee aus und stellte fest, daß es Zeit für das Abendessen mit den Hopes war. Er legte Wert darauf, es nicht allzu lange auszudehnen, da er zu Hause an sein Manuskript zurückkehren wollte. Sollten Cushing und Dowd ruhig ihr Lieblingsthema weiterverfolgen. Hinter Beers lag bereits ein langer Tag, und bevor er zu Bett ging, wollte er noch ein paar Punkte seines Buches „*Die Regeln des Lacrosse-Spiels*" schriftlich niederlegen.

„Wir erledigen das schon," sagte Cushing, als Beers, der für seine Großzügigkeit bekannt war, nach seinem Portemonnaie griff, um zu zahlen. „Kümmern Sie sich um die wichtigeren Dinge," fügte Dowd hinzu, „und betrachten sie das hier als unseren kleinen Beitrag für die noble Sache."

Nachdem Beers Mary Elizabeth und ihren Eltern eine gute Nacht gewünscht hatte, entschuldigte er sich und zog sich zurück. Seine Verlobte konnte sich natürlich denken, warum George seine Mahlzeit heruntergeschlungen und auf den Nachtisch ganz verzichtet hatte. In seiner Wohnung setzte er sich gleich an den Schreibtisch, zündete das Gaslicht darüber an, öffnete sein Tintenfaß und holte unter einem Stapel Post die Mappe mit seinen schriftlichen Erläuterungen zum Lacrosse hervor. Ganz zuoberst lagen die „*Regeln*" – zumindest soweit er sie verfaßt hatte. Am Abend vorher hatte er Regel IX, Absatz 2, beendet, worin er drei von fünf Spielen als spielentscheidend für den Ausgang eines Wettkampfes festgelegt hatte. Er las noch einmal alle zu Papier gebrachten Abschnitte durch und fing dann an, seine Gedanken zu formulieren. In Absatz 3 verfügte er, daß die Kapitäne Spielzeit und Verlegungen festsetzen sollten. Abschnitt 4 ging ihm schnell von der Hand. Es ging darin um verlegte und abgebrochene Spiele. Dann machte er eine Pause. Ihm war so, als hätte er etwas vergessen, was logischerweise daran anknüpfen sollte. Plötzlich fiel es ihm ein, und er machte sich an Abschnitt 5, worin er die Ruhepausen zwischen einzelnen Punkten auf fünf bis zehn Minuten begrenzte. Beers Müdigkeit machte sich bemerkbar, aber er konnte nicht aufhören. Wieder machte er eine Pause und überdachte sorgfältig, ob er etwas ausgelassen hatte. Er wußte, wie die folgende Regel lauten mußte, aber war sie an dieser Stelle angebracht? Bevor er seine Feder in das Tintenfaß tauchte, holte Beers tief Atem. Dann setzte er mit großer Sorgfalt die folgende

Regel auf das Papier, die unwiderruflich einen Wandel in der Lacros-segeschichte herbeiführen sollte: Sie entzog den eingeborenen Schöpfern des Lacrosse die rechtmäßige Anerkennung und schloß sie für die Dauer von mehr als einhundert Jahren von diesem Spiel aus.

Beers notierte Regel IX, Absatz 6: „Indianer dürfen nur mit vorheriger Genehmigung für einen weißen Club spielen."

Die Tinte trocknete schnell. Er schloß seine Mappe und zog sich zurück.

16

„Oje, der arme Mohawk!"

Nachdem die Weißen das vorliegende Spiel verbessert und eine Spielsatzung eingeführt haben, bietet es sich an als einzigartige Kombination für die Betätigung von Körper und Geist, auf die der weiße Mann in seiner Freizeit zurückgreifen kann. Dem ursprünglichen [indianischen Spiel] ist es so überlegen wie die Zivilisation dem Barbarentum, wie Baseball dem alten, englischen Ballspiel, von dem es abstammt, oder wie ein hübsches kanadisches Mädchen irgendeiner dummen Squaw.

W. George Beers: „Lacrosse", Seite 32-33

Nach weiteren Zusammenkünften, in denen der erste Entwurf einer Lacrossesatzung vervollständigt und überarbeitet wurde, lief alles glatt nach Beers Plan. Am 1. Juli 1867, dem Tag, an dem das Dominion von Kanada das Licht der Welt erblickte, wurde das Thema Lacrosse in seiner ganzen Bedeutung im Parlament diskutiert und zum kanadischen Nationalsport erklärt[1]. Die Hauptversammlung trat am 26. September in Kingston zusammen. Dort wurden der Nationalverband gegründet, Beers Regeln ergänzt und eine Satzung aufgestellt. Der Montrealer Zahnarzt, ein Bob Scott seiner Zeit, durfte erleben, daß sein Buch einschließlich seiner „Lacrosseregeln" 1869 sowohl von *Dawson Brothers* in Montreal als auch von *W.A. Townsend and Adams* in New York „mit ausdrücklicher Erlaubnis des Nationalen Lacrosseverbandes von Kanada" veröffentlicht wurde.

Indianische Mannschaften mußten ab sofort nach den neuen Regeln spielen, wenn sie gegen Kanadier antraten. Ironischerweise wurde der Lacrosse-Meisterschaftstitel des Dominions — entsprach damals dem heutigen Weltmeisterschaftstitel — am Tage der Ausrufung Kanadas von Caughnawaga gewonnen, das den *Montreal Lacrosse Club* 3:2 schlug. Im Jahr darauf wechselte der Titel den Besitzer, das heißt den indianischen Besitzer, als St. Regis Caughnawaga um ein Preisgeld in Höhe von sechzig Dollar schlug. 1868 wurde mit zwölf Mannschaften der Versuch gestartet, ein erstes nationales Turnier durchzuführen.

Es fand auf dem Gelände des *Brant Lacrosse Club* in Paris/Ontario statt. Beers fungierte bei allen Spielen als Turnierleiter. St. Regis holte sich in knapp zwei Stunden durch einen 2:0-Sieg gegen Prescott/Ontario den Titel. Erst im folgenden Jahr ging der Titel an Kanadier, allerdings nur durch einen kampflosen Gewinn. Als sich die Mannschaft von St. Regis weigerte, beim Stand von 2:2 unentschieden gegen den *Montreal Lacrosse Club* weiterzuspielen, beanspruchte Montreal den Titel für sich. Im weiteren Verlauf wurde ihnen der Meisterschaftstitel durch die Abgeordneten der Versammlung des Nationalverbandes zugesprochen.[2]

Unterdessen zog der Sport, ob bei Heimspielen oder auswärts, immer größere Zuschauermengen an. Als die *Six Nations*-Mannschaft im September 1867 Toronto im *Toronto Cricket Club* 3:2 schlug, hatten sich viertausend Zuschauer eingefunden. Dieses Ereignis löste ein Lacrossefieber in der Stadt aus — bald darauf konnte sie stolz auf dreizehn neue Clubs mit sechshundert Mitgliedern verweisen. Ein ansässiger Musiker ließ sich dazu eine erfrischend neue Tanzmelodie einfallen, den „Lacrosse-Gallop". Johnsons Europatour im Jahre 1867 mit der Mohawk-Mannschaft wurde ein großer Erfolg, ebenso Beers Reise neun Jahre später mit der Caughnawaga-Mannschaft. Die Indianer wurden überall vorgeführt, ob vor Königin Victoria im Kristallpalast oder auf der Weltausstellung in Paris. Das Bekanntwerden mit dieser neuen Sportart löste überall, wie in Toronto, die Gründung neuer Mannschaften aus. Nach dem Besuch der Mohawk gründeten drei Engländer neue Clubs, und der englische Lacrosseverband wurde ein Jahr später aus der Taufe gehoben.

Auch in den Vereinigten Staaten wurde man auf Lacrosse aufmerksam. Nach der Beendigung des Bürgerkrieges ergab sich für indianische Mannschaften aus Kanada die Möglichkeit, zu Schaukämpfen südlich der Grenze zu reisen. Im Jahre 1867 lud man die Indianer nach Saratoga Springs/New York ein, wo sie auf dem Höhepunkt der Rennsaison ihre Schaukämpfe vorführen sollten. Im Oktober desselben Jahres führten die *Six Nations* einen Wettkampf anläßlich eines Baseballturniers im Van Renssalaer Park in Troy/New York vor. Nachdem ein Indianer den Zuschauern in gebrochenem Englisch eine Erklärung zum Spielablauf gegeben hatte, trat seine Mannschaft mit Federkopfschmuck und bunten, enganliegenden Hosen auf dem Spielfeld an. Am folgenden Tag besiegten acht *Six Nations*-Spieler eine gleiche Anzahl Weißer. In der Lokalpresse war zu lesen, daß „einige Tausend Eintritt bezahlt hatten und weitere Hunderte das Spiel von den östlich gelegenen Hügeln aus verfolgten." In diesem Zusammenhang wurde der Leserschaft versichert, daß die Indianer Geld für ihre Dienstleistungen erhalten hatten[4]. Das irokesische Lacrosse war nicht die einzige indianische Spielversion, die auf Reisen ging. Während Beers die Ansicht hegte, dieser Sport sei in den Vereinigten Staaten ausgestorben, brachte

Abb. 68
Catlins Stich von einem Wettrudern zwischen Indianern und einer englischen Mannschaft in Saint-Cloud. Die Kanuten gehörten zu einer neunköpfigen Truppe von Ojibwa, die der kanadische Unternehmer Arthur Rankin 1843 mit nach England nahm.

ein ehemaliger Oberst, S.N.Folsom, im Sommer 1868 indianische Mannschaften der Chickasaw und Choctaw nach Cincinnati und in andere Städte im mittleren Westen. Die meisten dieser im Süden ansässigen Indianer hatten vorher Dienst in der kürzlich aufgelösten Konföderierten Armee geleistet. Sie spielten ihre eigene Lacrosseversion mit zwei Schlägern.[5]

Warum schickte man indianische Lacrossemannschaften während der gesamten 2. Hälfte des 19. Jahrhunderts auf Tournee? Dafür gab es zwei Gründe: Erstens verspürten die weißen Anhänger den Wunsch, Interesse an dieser Sportart zu erwecken und sie auch bei Nicht-Indianern einzuführen; zweitens waren die Indianer als hervorragende Spieler nicht nur bestens geeignet, dieses Spiel vorzuführen, sondern davon abgesehen stellten sie auch selbst eine Attraktion dar. Während sich die Grenze im Westen immer näher an den Pazifik heranschob, erlangten die Indianer eine kuriose Berühmtheit, besonders in Europa. Sie zogen große Menschenmengen an und sorgten mit ihren Schaukämpfen in England und anderswo für „sensationelle" Zeitungsartikel. Mit Ankündigungsplakaten wurde die Neugier des Publikums angefacht, das gespannt die erste Begegnung mit Sportlern aus der überseeischen Wildnis erwartete (Abb. 68). *„The Illustrated London"* sagte zum Beispiel 1876 voraus, daß „ein kanadisches Amateurteam und zwölf ausgewählte Irokesen ... eine riesige Menschenmenge in London zusammenbringen würden." Den Höhepunkt der Tour von 1876 stellte eine angeordnete Vorstellung vor Königin Victoria dar. Sie fand am 26. Juni nach der Teestunde auf dem Rasen längs der Mauern statt, die den Italienischen Garten umgaben. Der Indianerhäuptling Big John Baptiste, angetan mit der Zeremonial-Kleidung der Irokesen, legte der Königin seinen Tomahawk zu Füßen und hielt eine lange Ansprache auf mohawk, in der er die Monarchin als „Unsere Große, Gute Mutter" bezeichnete. Er überreichte ihr einen irokesischen Korb, und sie revanchierte sich mit einer Medaille für Baptiste und signierten Fotografien von sich für alle Spieler.[6]

Zu jener Zeit, als indianische Truppen alle möglichen Tournee-Veranstaltungen absolvierten, spielten deutlich rassistische Untertöne eine Rolle. Indianer wurden immer noch als „Wilde" betrachtet, und man erwartete von ihnen, als Selbstdarsteller dieser Vorstellung in allem zu entsprechen. Indianische Lacrossespieler auf Tournee zu schicken entsprach dem gleichen Zeitgeist, der Bill Cody zu seiner *„Wild West Show"* veranlaßte und Frederick Burton sein Musical *„Hiawatha"* komponieren ließ, mit dem er mit Ojibwa-Darstellern von Garden River durch Europa reiste. George Catlin hat sich nicht gescheut, bereits 1843 Indianer für Werbezwecke in Europa zu benutzen. Catlin stellte eine Gruppe Ojibwa ein, die der kanadische Unternehmer Rankin nach London gebracht hatte. Er gewann sie dafür, im Windsor-Palast vor Königin Victoria zu tanzen und seine Truppe englischer Schauspieler zu ersetzen. Die letzteren hatten für «tableaux vivants» [lebende Bilder] posiert, das heißt, sie hatten kurze Episoden in Kostümen nachgestellt, wie etwa „Barfuß auf dem Kriegspfad" und „Friedensverhandlung", um für Catlins Indianer-Galerie in London zu werben. (Ihr Auftritt war nur von kurzer Dauer, nachdem die englische Presse sowohl Rankin als auch Catlin beschuldigt hatte, die Indianer auszunutzen.)

Euro-Amerikaner hielten die indianische Lacrosseversion für „ungezähmt und wild", so daß Beers schreiben konnte, „zuerst tauchte es auf im wilden Hirn [der Indianer]", und daß die eigentliche Natur des indianischen Spiels sehr eng mit kriegerischen Handlungen verbunden war. Alle diese Faktoren riefen gespannte Erwartungen hervor. Wo immer die Indianer auftraten, strömten die Zuschauer in Scharen herbei. Hier konnten die Weißen mit eigenen Augen ein wahrhaft primitives, brutales Spiel sehen. Um sicher zu gehen, daß die Indianer den europäischen Vorstellungen entsprachen, sorgten die Tournee-Veranstalter dafür, daß sie während des Spiels stets ihren Federkopfschmuck, Mokassins und andere typische Kleidungsstücke trugen. Häufig mußten die Spieler eine Doppelfunktion ausfüllen und ihr Spiel mit einem „Kriegstanz" beenden (Abb. 69).

Um vollkommen zu verstehen, warum Beers und seine Kollegen Lacrosse in diese Richtung drängten, muß man die vorherrschende Denkweise verstehen, die damals unter Euro-Amerikanern verbreitet war. Die Amerikaner zogen „im Auftrag einer höheren Macht" unaufhörlich weiter nach Westen, und nördlich der Grenze in Kanada, das 1867 unabhängig von England geworden war, hatten sich ähnliche Ansichten ausgebreitet. Welch einzigartigen Moment bot die Geschichte hier, wenn am Tage der Dominion-Gründung ein Spiel der Eingeborenen zum Nationalsport Kanadas erklärt wurde!

Dies war auch die Zeit, als sich Darwins Evolutionstheorie durchgesetzt hatte, auch wenn sie, sozialer Motive wegen, noch so verbogen wurde. So, wie man bei anderen Organismen eine stufenweise Entwicklung nachweisen konnte, glaubte man auch, eine ähnliche Hierarchie in der Menschheitsgeschichte zu erkennen, die über „primitiv" bis zu „zivilisiert" reichte. Diese Haltung wurde von den meisten Euro-Amerikanern gegenüber andersrassigen Menschen, ihren Sitten und Gebräuchen, ihrer Kunst und ihren Glaubenssystemen und sogar gegenüber ihren Sportarten eingenommen. Beers bezog den Evolutionsgedanken ganz allgemein auf den Sportbereich. In seinen Niederschriften heißt es, wenn er sich auf Griechenland zur Zeit Homers und auf England zur Zeit Caesars bezog, daß die älteste Geschichtsschreibung aller Länder „zeigt, daß ihre Freizeitveranstaltungen von Grund auf roh und barbarisch waren." Daraus folgte nun im Falle von Lacrosse, daß „die Sitten und Gebräuche der Indianer durch die Zivilisation verfeinert worden waren" dahingehend, daß das Spiel „allmählich seiner radikalen Brutalität entkleidet und in ruhigere, überschaubare Bahnen gelenkt worden war." Obwohl er und seine Mannschaftskameraden die körperliche Kraft und Gewandtheit bewunderten, die in der indianischen Sportausübung hervortraten, blieben sie bei ihrem Glauben, die eingeborene Spielversion sei mehr oder weniger primitiv: „Nur ein wildes Volk konnte, wollte oder sollte dieses alte [indianische] Spiel betreiben. Seiner Brutalität waren nur Menschen mit ihrer Konstitution, Lungenkapazität und Ausdauer gewachsen." Derartige Ansichten sind immer noch nicht ganz ausgestorben. Das geht aus einem „Positionspapier" hervor, das der kanadische Lacrosseverband erst 1989 herausgegeben hat und in dem die Autoren schreiben: „Kanada ist das Produkt einer Evolution, die mit den Eingeborenen begann und von den europäischen Siedlern in eine feste Form gebracht wurde. Die gemeinsame Anstrengung dieser beiden Völker hat dieses Land schließlich dem Fortschritt geöffnet."[7]

Als die Montrealer die neuen „Regeln" für Lacrosse aufstellten, hatten sie dabei einen weiteren wichtigen Gedanken im Kopf. In jenem Zeitalter machte die Wissenschaft auf allen Gebieten große Fortschritte, sowohl auf ökonomischem als auch auf sozialem Sektor. Dieses „Fortschritts"-Denken stand in den Köpfen aller Euro-Amerikaner an erster Stelle. Nur das „rationale" und „wissenschaftliche" Herangehen an ein Problem würde die besten Lösungen zeitigen. Dem folgenden Auszug, der typisch ist für Beers Buch, liegen diese Idealvorstellungen

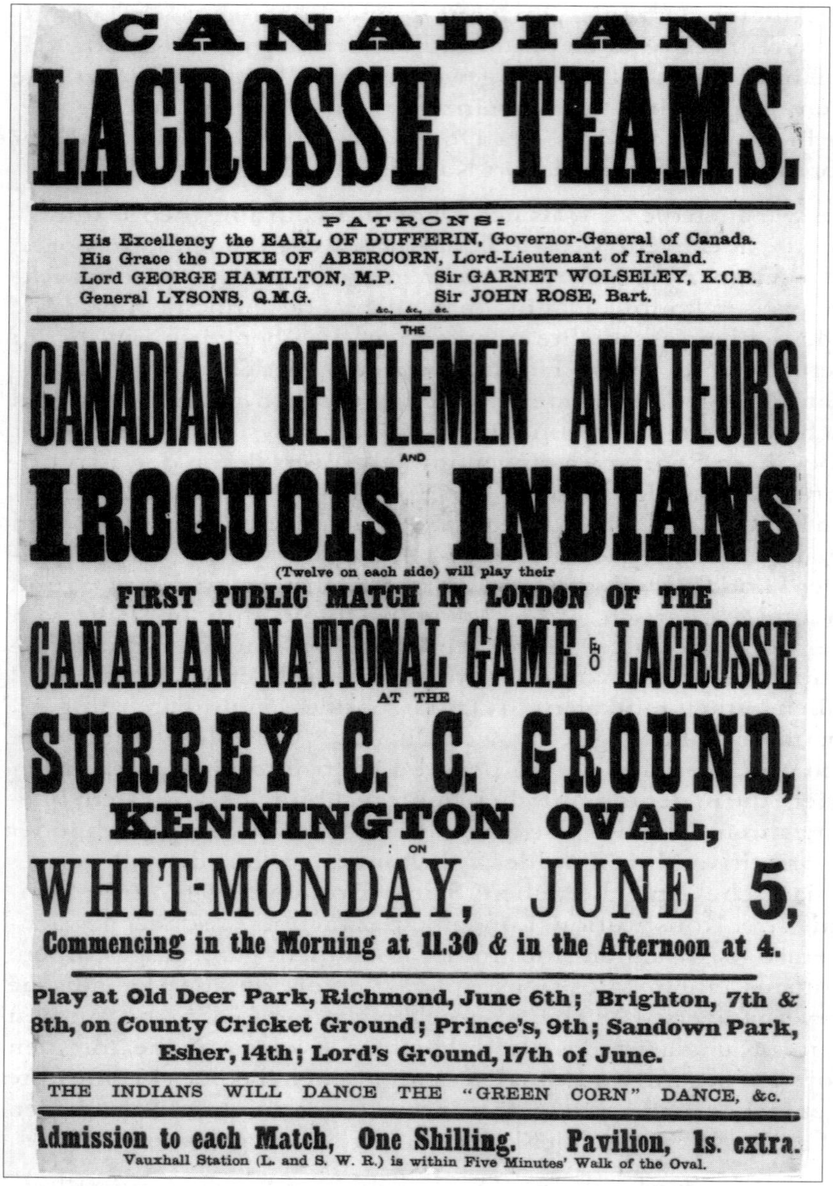

Abb. 69
Londoner Plakat mit Ankündigung von Wettkämpfen im Rahmen von George Beers Tour im Jahre 1876, in denen „Gentlemen-Amateure" vom Montrealer Club gegen Caughnawaga-Indianer antraten. Vorstellungen dieser Art aus dem Ausland sollten nicht nur zur Verbreitung dieser Sportart führen, sondern auch Engländer dazu ermutigen, in das nur dünn besiedelte Kanada auszuwandern.

stillschweigend zugrunde: „Ohne die Verdienste der Eingeborenen zu schmälern, müssen die zukünftigen Spielregeln in jeder Beziehung übereinstimmen, wenn Lacrosse wirklich einen Sprung nach vorne machen soll. Wenn sich zuweilen auch eine unwissenschaftliche Vorgehensweise in einem Spiel als vorteilhafter erweisen sollte als das umgekehrte Vorgehen, indem etwa ein armseliger Schuß voll ins Schwarze trifft, während die Champions daneben schießen, wird ein Spiel wie Lacrosse jedoch in jedem Fall an Schönheit gewinnen und an Brutalität verlieren, je mehr Kopfarbeit darein investiert wird."[8]

Beers und seinen Landsleuten erschien alles, was mit dem indianischen Spiel zusammenhing, als irrational, unwissenschaftlich, chaotisch oder in anderer Hinsicht als mangelhaft organisiert. Sie nahmen zum Beispiel Anstoß daran, daß die Indianer keine exakte Spielfeldbegrenzung kannten. Obwohl das Ende durch Torpfosten, Linien oder Flaggen feststand, gab es keine Seitenlinien, die das Spielfeld weiter eingrenzten und das „Aus" markierten. Also konnte Beers in seinem Buch negativ anmerken, daß die Ojibwa vom Lac la Pluie „sich nicht scheuen, über Zäune zu springen und über Äcker mit Feldfrüchten zu laufen, wenn ihr Ball in jene Richtung geflogen war."[9]

Die Montrealer hielten auch nichts von dem indianischen Massenangriff. Sie hegten vielmehr den Wunsch, ihn durch ein Täuschungs- und Abgabespiel zu ersetzen, in dem das Zusammenspiel der Mannschaft sowie die rationalen Entscheidungen eines Mannschaftskapitäns eine größere Rolle spielten. Diese Vorliebe zieht sich von Anfang bis Ende durch Beers Erörterung der Lacrossetechniken. Schaut man sich zum Beispiel seine Behandlung der Täuschungsmanöver an, liest man folgendes: „Unsere Regeln sehen vor, daß ein Stürmer von einer Vielzahl Verteidiger angegriffen werden kann. Bei den St. Regis-Indianern herrscht jedoch der Brauch, daß man nicht eingreift, wenn sich zwei Gegner gegenüberstehen, außer im Torraum. Der Indianer hat sich also jeweils nur eines Gegners zu erwehren. Für unsere kleinen Spielfelder und unser verbessertes Spiel wäre diese indianische Spielweise alles andere als passend. Wir verlassen uns lieber auf den gesunden Menschenverstand der Männer und die geniale Führungsqualität des Kapitäns."[10]

Die Indianer legten großen Wert auf individuelles Spiel, was bei den Kanadiern ebenfalls auf Ablehnung stieß. Sie meinten, das taschenförmige Netz des indianischen Lacrosseschlägers würde sie in jeder Weise ermuntern, sich in Szene zu setzen, indem sie den Ball an sich rissen, über die ganze Spielfeldlänge zum gegnerischen Tor liefen und punkteten. Beim Mannschaftsspiel mußte viel öfter abgegeben werden. Das akkurate Paßspiel bedeutete folgerichtig den Einsatz von Schlägern mit festerer Bespannung. Wenn die Indianer weiter gegen weiße Mannschaften antreten wollten, so lautete der endgültige Beschluß der

Kanadier, dann mußten sie sich dem neuen Spiel anpassen – und so geschah es auch.

Aber was war die Folge von Regel IX, Absatz 6, die eine indianische Beteiligung in weißen Clubs außer nach vorheriger Vereinbarung ausschloß? Es liegen keinerlei Hinweise vor, daß ein solches Übereinkommen je getroffen wurde, im Gegenteil. Es gibt genügend Beweise dafür, daß eine solche Absprache von vornherein ausgeschlossen wurde. Diese Regel war nichts anderes als eine reine rassentrennende Klausel nach dem Motto „getrennt, aber gleich", die die Indianer in der Folge für mehr als ein Jahrhundert komplett von der Teilnahme an internationalen Lacrossewettkämpfe ausschloß.

Nun stellt sich die Frage, warum die im Entstehen begriffene weiße Lacrossegemeinschaft den Wunsch hegte, die Indianer auf diese Weise von dem Spiel fernzuhalten. Manches läßt vermuten, daß die Weißen wirklich davon überzeugt waren, die Indianer seien ihnen überlegen. Demnach wäre jede Mannschaft, einschließlich der eigenen, die Indianer zu ihren Spielern zählte, im Vorteil. Die Anerkennung des indianischen Spieltalents erkennt man am Aufbau zahlreicher Spiele, die früher zwischen den beiden Rassen ausgetragen wurden. Vermutlich um die Überlegenheit der Gegner auszugleichen, durften weiße Mannschaften mit einer stärkeren Spielerzahl auf dem Spielfeld antreten als die Indianer. Als die Caughnawaga zu dem befohlenen Schaukampf vor Königin Victoria erschienen, stellte diese fest, daß die Indianer mit dreizehn Mann gegen die Montrealer mit vierzehn aufmarschierten. 1895 wurde die *Montreal Amateur Lacrosse Association* (MALA) gebeten, eine weiße und eine indianische Mannschaft nach Chicago zu entsenden. Der Geschäftsführer wurde angehalten, positiv auf die Anfrage zu reagieren, daß „wir uns freuen würden zu kommen und eine indianische beziehungsweise eine andere Mannschaft mitbringen unter der Voraussetzung, daß alle Zug- und Hotelkosten für beide Mannschaften sowie die Kosten für die indianische Mannschaft von etwa 1.50 Dollar pro Mann und Tag während der Dauer ihrer Abwesenheit übernommen werden; die Indianer geben sich mit Billetten der 2. Klasse zufrieden. Unsere Mannschaft zählt 15 Mann, die der Indianer 13."[11]

Diese Anfrage aus Chicago sowie ähnliche Eintragungen im Protokollbuch des Verbandes machen deutlich, daß die Indianer nicht nur Bürger zweiter Klasse waren – Chicago konnte sie mit „Billigbilletten" einkaufen –, sondern auch für die Dauer ihrer Abwesenheit bezahlt werden mußten. Diesen bedeutenden Unterschied zwischen weißen und eingeborenen Spielern zog man letztlich heran, als man die Indianer gänzlich aus der Lacrossewelt ausschloß. Die Weißen galten als Amateure, während man die Indianer als Professionelle ansah, da sie für ihre Dienstleistungen bezahlt werden mußten. Dabei übersah man geflissentlich, daß die meisten Lacrossespieler jener Zeit, wie Beers, sich aus

346

den Reihen der Zahnärzte, Rechtsanwälte, Ärzte, Kaufleute und so weiter rekrutierten, wobei der Sport ihnen hauptsächlich als Freizeitvergnügung diente. Im Gegensatz dazu waren die meisten Indianer aufgrund von Armut und Arbeitslosigkeit in den Reservaten regelrecht dazu gezwungen, Bezahlung zu fordern, wenn auch bloß für die Reisekosten. Für die weißen „Club"-Mitglieder aus der Mittel- und Oberschicht waren diese nicht einmal der Rede wert.

Das Problem der Abgrenzung zwischen professionellem Spieler und Amateur beschäftigt auch heute noch die Sportwelt (siehe die Olympischen Spiele). Im Lacrosse benutzte man diese Frage als Waffe, mit der man die Erfinder dieser Sportart bei seiner Weiterentwicklung von jeder Beteiligung ausschloß. Im Jahr 1880 gab der Nationale Kanadische Lacrosseverband die Losung aus, daß nur Amateure spielberechtigt seien. Damit waren indianische Mannschaften effektiv von einer weiteren Beteiligung an nationalen Meisterschaftskämpfen ausgeschlossen, aus der sie bis dahin in ununterbrochener Reihenfolge als Sieger hervorgegangen waren. Als die Indianer nun gezwungen wurden, untereinander oder gegen andere Stämme zu spielen, gründeten sie, unbeeindruckt von dem Geschehen, eine eigene Indianische Weltmeisterschaft. Meistens standen sich in diesem Wettkampf Caughnawaga und St. Regis gegenüber[12]. Zuletzt beschlossen indianische Historiker, die zuvor nicht auf einen einzigen indianischen Lacrossespieler in der kandadischen Lacrosse-*Hall of Fame*" (Ruhmeshalle) gestoßen waren, eine „Nacht der Ehrerbietung", verbunden mit einem zeremoniellen Abendessen und der Vergabe von Auszeichnungen an die Teilnehmer – manche post mortem –, der Meisterschaftsmannschaft der dreißiger Jahre zu feiern[13]. Trotz dieser Ereignisse widmete sich die Presse weiterhin mehr den weißen Mannschaften, wie das heute auch noch der Fall ist. Das Spiel war nun ganz und gar in ihre Hände übergegangen. Die Regeln stammten allein von ihnen, sie kontrollierten seine Verbreitung und standen im Mittelpunkt des Interesses.

Nachdem der Verband 1880 die Regel über den Amateurstatus herausgegeben hatte, sahen kleine Städte sich der Versuchung ausgesetzt, indianische Spieler unter falschem Namen in ihre Mannschaften aufzunehmen. Auf diese Weise hatten sie einen erstklassigen Spieler in der Mannschaft und konnten die Clubs aus großen Städten schlagen. Als die kleine Stadt Cornwall in der Nähe von St. Regis von 1887 bis 1891 in Folge die kanadischen Meisterschaften gewann, wurde vermutet, daß die Mannschaft illegal indianische Spieler aus dem nahegelegenen Reservat rekrutiert hatte. Über diese Praxis kann man nichts Offizielles finden. Allerdings gibt es in der mündlichen Überlieferung genug Hinweise, die dies bestätigen. Bei den illegalen Spielern griff man besonders gern auf diejenigen zurück, die keine sonderlich indianischen Gesichtszüge trugen, im günstigsten Fall einen Schnurrbart hatten und einigermaßen fließend englisch sprachen. (Die meisten Indianer entsprachen damals diesen Anforderungen nicht.) Wurde irgendwo ein illegaler Spieler vermutet, heuerten die gegnerischen Mannschaften einen eingeborenen „Schnüffler" an, der ihn im Umkleideraum direkt auf mohawk ansprechen sollte. Falls er darauf reagierte, als hätte er verstanden, oder gab er versehentlich in seiner Muttersprache Antwort, wurde er von der Spielerliste gestrichen. Da die Freude in Cornwall offensichtlich groß war über die Siege gegen die großstädtischen Clubs, verloren die Anhänger kein Wort über indianische Spieler in ihrer Mannschaft. Den beiden erfolgreichsten illegalen Spielern von Cornwall, Jake Cook und Tom Sam, gingen die Spione aus ihrem Reservat in ihren Umkleideräumen ziemlich auf die Nerven.[14]

In jener Periode sind Mohawk-Lacrosseforscher in den Annalen der Mohawk auf zahlreiche französische Nachnamen gestoßen, die außergewöhnlich selten auftreten und für die ein echter Nachweis französischer Abstammung nicht möglich ist. Vermutlich waren solche Namen wie Papineau, Beauvais (Bova) und Beroux (Bero) Decknamen für illegale Mohawk-Spieler. Es ist denkbar, daß es sich bei „Leroux" um eine solche Person gehandelt hat, über die 1890 heftig im Lacrosseverband diskutiert wurde. Das Verbandsprotokoll vom 11.6.1890 hält fest, daß der Vorstand der *Montreal Amateur Athletic Association* (MAAA) „es gerne sähe, wenn gegen Leroux vom Cornwall Lacrosse Club Protest eingelegt würde. Der Sekretär wurde aufgefordert, wenn möglich Beweismaterial herbeizuschaffen und die Sache durchzuziehen." Unter dem 16. Juli ist im Protokoll nachzulesen, daß „McIndoe eine eidesstattliche Erklärung des Mr. Solomon Angus verlas des Inhalts, daß Leroux von der Cornwall-Mannschaft mehrere Male gegen Entgelt gespielt hat." Daraufhin wurde er beschuldigt, professionell zu spielen, aber in der Sitzung vom 4. November wurde die Anklage wegen zu geringer Beweise fallengelassen.

Dieser „Amateur"-Verband hatte auch weiterhin Probleme, illegale indianische Spieler aus der Cornwall-Mannschaft herauszupicken. Unter dem 5. Juni 1895 kann man im Protokollbuch lesen: „Mr. D. Patterson informierte die Sitzungsmitglieder, daß er gegen White von der Cornwall-Mannschaft Protest einlege, da dieser Indianer sei." Die Angelegenheit wurde zurückgestellt. Aber am 19. Juni wurde abgestimmt, öffentlich zu protestieren – das Spiel war unentschieden ausgegangen. Unter dem 17. Juli wurde festgehalten, daß „laut Mr. Fridley das Spiel gegen Cornwall als null und nichtig erklärt wurde. Cornwall wurde zwei Wochen Zeit gegeben, um nachzuweisen, daß White kein Indianer ist."[16]

Um den Eifer zu verstehen, mit dem man illegale indianische Spieler zu entlarven trachtete, muß man wissen, was die Begriffe „Amateursportler" und „Profisportler" zur Zeit der Gründung des Montrealer Amateursportverbandes bedeuteten. Die Definition des Begriffs „Amateursportler" taucht in Art. V („Mitgliedschaft") der

Verbandssatzung auf und lautet wie folgt: „Ein Amateursportler ist eine Person, die niemals in einem offenen Wettkampf für einen Wetteinsatz oder öffentliche Gelder, für Eintrittsgeld, unter falschem Namen oder mit einem Profisportler zusammen, für einen Preis oder wo Geld am Eingangstor genommen wird, aufgetreten ist; darüber hinaus hat er zu keinem Zeitpunkt im Rahmen seiner sportlichen Ausübung eine Lehr- beziehungsweise Assistenztätigkeit ausgeübt, um seinen Lebensunter- halt zu bestreiten."

Der Glaube an „die herausragende Stellung des Sports um seiner selbst willen" reflektierte die Sitten und Gebräuche der viktorianischen Ära. Das Festhalten an dieser Vorstellung wird auch in der Sportbe- richterstattung dieser Zeit deutlich. Der *Toronto Star* vom 25. Mai 1880 setzte das Berufssportlertum „dem Bösen" gleich und schrieb, daß „sein häßliches Erscheinungsbild voll ins Rampenlicht getreten ist." Im Laufe der folgenden Jahrzehnte sollte diese Vorstellung jedoch immer mehr an Boden verlieren und zu einer ernsthaften Entzweiung in der gesamten Lacrossewelt führen.

Im Grund war man niemals um das Problem Geld herumgekom- men. Die Gebühren, die die Lacrosse-Clubmitglieder bezahlen muß- ten, wurden angeblich für Aufwendungen verwandt, die bei den zahllosen Wettkämpfen entstanden. Darüber hinaus wurden mit die- sen Geldern natürlich auch die Kosten für luxuriöse Clubhäuser, Sporthallen, wunderbare Spielfelder und deren Unterhaltung, jährli- che Festveranstaltungen und ähnliche Aktivitäten der Sportvereine finanziert. Nach offizieller Bewertung wurden die Indianer jedoch nach wie vor als „Profisportler" eingestuft, weil sie Geld annahmen, wenn sie spielten. Folglich wurden sie ausgeschlossen: Zuerst von der Teilnahme an der kanadischen Meisterschaft, später auch von internationalen Wettkämpfen. Nach Meinung des Mohawk Frank Benedict „setzten sie das als Druckmittel ein, um die besten indianischen Spieler aus den Wettkämpfen herauszudrängen. Sie stuften sie als Profisportler ein. Aber welche Art von Beschäftigung stand den Eingeborenen oder dem indianischen Volk damals offen? Sie hatten früher keinerlei Möglich- keit, irgendwie an ein Gehalt zu kommen oder einen Lohn für sich herauszuschlagen. Folglich konnten sie weder an einer organisierten Form von Lacrosse teilnehmen noch dagegen antreten. Von irgendje- mandem oder irgendwoher mußte das Geld kommen, wenn sie spielen sollten. Das wurde alles gegen sie vorgebracht."[17]

Der Sportreporter Robert Lipsyte, der den Nationaltrainer der Irokesen Oren Lyons interviewte, bekam eine ähnliche Antwort zu hören: „Für Oren und seine Sportkameraden war dies Teil der systema- tischen Politik, den Indianern ihr Land zu rauben, ihnen ihre Kultur abzusprechen und ihre Nationen auszuradieren. Die Alten wiesen sie darauf hin, daß das Geld, das die indianischen Mannschaften annah- men, für die Begleichung der Reisekosten zu den Turnieren draufging.

Die reichen weißen Mannschaften kannten solche finanziellen Probleme nicht. Sie konnten sich den zunehmenden Kult, den die Anglo-Amerikaner mit dem „Amateurstatus" betrieben und der schließlich in die Olympische Bewegung einmünden sollte, ohne Anstrengung leisten." (Als man entdeckte, daß Jim Thorpe einmal an einem Baseballspiel gegen Entgeld teilgenommen hatte und ihm daraufhin 1913 seine zwei olympischen Goldmedaillen aberkannte, hat das indianische Volk den darin innewohnenden Rassismus sehr wohl erkannt.) In diesem Sinne ging es damals dem indianischen Lacrossespieler nicht viel anders als seinem Gegenpart aus der Unterklasse im alten Griechenland, dem es sowohl an Zeit als auch an Geld fehlte, um sich das anspruchsvolle Training leisten zu können, das die Voraussetzung für den Eintritt in die griechische Welt des Sports war.[18]

Niemand streitet die Tatsache ab, daß die Indianer für ein Spiel Geld annahmen und sogar Geld dafür „forderten". Wenn Spiele gegen Indianer angesetzt wurden, wurde vorher ziemlich intensiv gehandelt. Die Einträge im MALA-Protokollbuch vom Mai 1887 machen die Art von finanziellen Verhandlungen deutlich, die damals vor sich gingen. Jede Seite bestand auf einer höheren oder niedrigeren Summe, als sie die Indianer forderten. Am 4. Mai heißt es: „Ein Brief vom Geschäftsführer der Caughnawaga wurde verlesen, in dem er sechzig Dollar für das Spiel am 24. Mai forderte. Der Geschäftsführer wurde angewiesen zurückzuschreiben, daß wir ihre Zusage für fünfzig Dollar vorliegen hätten, und darauf hinzuweisen, daß wir dafür sorgen würden, daß der Betrag vom GTR im Vergleich zu früher nicht höher steigt, und sie sollten uns ihre Antwort zurückkabeln."

In der Woche darauf erhielt der Club die Mitteilung, daß die Indianer für eine Summe unter sechzig Dollar nicht spielen wollten. Man ließ den Geschäftsführer den Indianern antworten, daß das Spiel abgesagt sei, da sie das Fünfzig-Dollar-Angebot abgelehnt hätten. Man hielt sich daran, und an ihrer Stelle wurde Shamrock eine Einladung überbracht. Um den 18. Mai gaben die Indianer dem Druck nach und erklärten sich bereit, für fünfzig Dollar zu spielen. Daraufhin teilte man ihnen mit, daß man sich bereits anders orientiert hatte. Am Tag nach dem Spiel gegen den *Shamrock Club* heißt es im Protokollbuch: „Der eingegangene Betrag durch die *Shamrocks* belief sich auf 177,67 Dollar. Das war sehr zufriedenstellend, da Spiele gegen Indianer gewöhnlich weniger einbringen."

Trotz der Amateurregel für Spiele wurden Eintrittsgelder verlangt. Doch das spielte weiter keine Rolle, auch wenn die eingenommenen Beträge im Verleich zu heutigen Eintrittspreisen relativ gering waren. Auch in den Protokollbüchern wird die Tatsache nicht verheimlicht, daß das Publikum Eintrittsgelder zu entrichten hatte. Unter dem 18. August 1886 heißt es: „Es wurde beschlossen, für kommenden Mittwoch, 17 Uhr, Indianer zu engagieren. Ebenso für den darauffolgenden

Samstag. Mr. Woods wurde beauftragt, Mackay Bescheid zu sagen, am Samstag um 16 Uhr am Eingang bereitzustehen und 25 Cent Eintritt von Nichtmitgliedern zu verlangen.“ Am 4. August 1897 wurde der Verein darüber informiert, daß der Britische Mediziner-Verband für den 3. September einen Schaukampf bestellte, „möglichst mit Indianern, gegen Kostenerstattung.“ Der Montrealer Lacrosse-Club verlangte 125 Dollar als Aufwandsentschädigung für die Indianer und bat darüber hinaus, Eintrittsgeld kassieren zu dürfen. Die Eintrittsgelder waren übrigens unterschiedlich hoch angesetzt. Unter dem 20. April 1887 ist nachzulesen: „Mr. Lloyd beantragte, die Logenbesitzer wegen ihrer Miete anzusprechen.“ Gegen 1909 kosteten der normale Eintritt fünfzig Cents, die Haupttribüne fünfundsiebzig Cents und Stühle einen Dollar.

Beim Durchlesen der Protokollbücher kommt man nicht umhin festzustellen, daß die sogenannten Amateurmannschaften für ihre Spiele zunehmend größere Beträge forderten. Unter dem Eintrag vom 18. Juli 1894 wird der Eingang eines Briefes vom *Victoria Lacrosse-Club* aus British Columbia bestätigt, der „im Herbst Interesse am Besuch unserer Mannschaft an der Küste hat und glaubt, uns für zwei Spiele in Victoria 1.200 Dollar und für weitere zwei Spiele – eins in Vancouver und das andere in New Westminster – 800 Dollar bieten zu können.“ Der jährliche Beitrag zur MAAA kletterte ebenfalls in die Höhe. Im Jahr 1899 lag der Satz, der die Auslagen für eine Reise nach New York enthielt, bei 1.000 Dollar. Zehn Jahre später lag der Etat bedeutend höher und enthielt 4.5oo Dollar für „Gehälter“, wahrscheinlich für einen Trainer, und 800 Dollar für Reisekosten. Nach 1900 tauchen im Protokollbuch Abschlüsse mit Clubspielern auf. Um 1908 konnte ein durchschnittlicher kanadischer „Amateur“-Spieler hundert Dollar pro Saison verdienen, ein „Star“ dagegen tausend Dollar. Ein berühmter Spieler der New Westminster *Salmonbellies* namens „Zyklon“ Tayler verdiente annähernd zweitausend Dollar.[19]

In der Lacrossewelt zeichnet sich hier deutlich eine Krise um den Begriff des Berufssports ab. Gegen Ende der neunziger Jahre des 19. Jahrhunderts war der Nationale Amateur-Lacrosse-Verband in so viele Parteien aufgesplittert, daß sich einige Clubs verselbständigten und die Nationale Lacrosse-Union der Berufsspieler gründeten. Kurz darauf gab es eine zweite Profi-Liga, die *Dominion Lacrosse-Union*. Damit blieb der Kanadische Lacrosse-Verband allein als Amateurverband zurück. Um die Jahrhundertwende wechselten die Kanadier häufig ihre Clubs und hielten auch andere Regeln der Amateurethik nicht ein, was ersichtlich wird aus der zunehmenden Clubbindung, den Spielerlisten und der Spielberechtigung. Gegen 1920 wurde der *Montreal Lacrosse Club*, der eigentliche „Begründer“ des Spiels, wegen Verstoßes gegen die Amateurregeln dermaßen mit Strafgeldern überschüttet, daß er in keiner Liga mehr mithalten konnte.[20]

Wenn man so wenig darum gab, wenn es um Spiele gegen Entgelt oder Eintrittsgelder ging, wie sah es dann mit den anderen „Amateur"-Aspekten aus, die in der Satzung von 1880 festgelegt waren? Laut Definition durften Amateure nicht gegen Preisgelder antreten. Auch diese Regel wurde bald über Bord geworfen. Unter „Preisen" verstand man offensichtlich individuelle Geldzuweisungen, nicht jedoch Trophäen. Noch bevor Beers Buch veröffentlicht wurde, hatte T.J. Claxton aus Montreal vier Pfosten mit Flaggen im Wert von 250 Dollar als Siegerprämie für die Clubs der Stadt gestiftet. Sie wurden unter dem Begriff „die Claxton-Flaggen" bekannt und trugen das Motto „Unser Land – Unser Spiel". An ihnen orientierten sich alle späteren Meisterschaftstrophäen. Im Jahre 1901 stiftete der kanadische Generalgouverneur Lord Minto eine silberne Trophäe für die Senioren-Amateurmeisterschaften. Der Minto-Cup wurde jedoch bald von den Profi-Ligen als ihre Trophäe ausgespielt.[21]

Die indianischen Sportler spielten weiter ihr traditionelles Spiel, ohne auf besonderes Interesse zu stoßen, während die rein weißen kanadischen Mannschaften überall Preise einheimsten. Allerdings hieß das nicht, daß man sie völlig unbehelligt ließ. Während des ganzen 19. Jahrhunderts machten Kirche und Staat ihren Einfluß geltend. Den Schlägereien und Gewalttätigkeiten, die sich beim Wetten anläßlich von Lacrossespielen ergaben, begegnete die Regierung mit Eingriffen und dem Verbot von Alkohol. Generell galt das Spiel bei Indianeragenten und Regierungsbeamten als unschuldiger Zeitvertreib. Für die Pläne der euro-amerikanischen Gesellschaft, die Indianer eines Tages doch noch in den „Schmelztiegel" zu integrieren, stellte es keine wirkliche Gefahr dar. Andererseits beschwerte man sich darüber, daß Lacrosse Teil einer „heidnischen" Schwäche der Indianer darstelle, die sie aufgeben sollten, da sie dem „Zivilisierungs"-Programm der Regierung zuwiderlief. 1840 beschwerte sich Andrew Barnard beim Gouverneur von Nordkarolina über den Zustrom von halbblütigen Cherokee aus Georgia: „[Sie] bilden Siedlungen, bauen Stadthäuser und zeigen offen, daß sie ihre alten Sitten und Gebräuche wie die Ratssitzungen, Tänze, Ballspiele und so fort beibehalten. Darauf reagiert die zivilisierte Gesellschaft mit Abscheu und befürchtet eine Korrumpierung unserer [ansässigen indianischen] Jugend, was zu Besorgnis und Betroffenheit bei allen guten Menschen führt."[22]

Die Ablehnung der Missionare gegen das Lacrossespiel war, bereits zur Zeit von Pater Le Mercier, bedeutend hartnäckiger und zog schwerwiegendere Konsequenzen nach sich. Im Land der Irokesen war es die Kirche, die den Charakter des Spiels veränderte. Als ein Jesuit 1752 die St. Regis Mission bei den Caughnawaga Mohawk gründete, war das Spiel noch fest im Glaubenssystem der Indianer verankert. Danach war Lacrosse oder *tewaarathon* auf mohawk ein Geschenk des Schöpfers. Als sich dann die Verbindung zwischen Lacrosse und dem

Schöpfer unter dem Druck der christlichen Lehren zu lockern begann, wurde das Spiel mehr und mehr ein sekuläres Freizeitvergnügen. Aber die Missionare waren immer noch nicht glücklich, weil sich Lacrosse negativ auf den Gottesdienstbesuch auswirkte. Im Bestand der Briefe der St. Regis Mission ist zum Beispiel folgende Beschwerde aus dem Jahre 1808 festgehalten: „Will man die Indianer dazu bewegen, sich am Sonntagnachmittag wieder zur Vesper und zum Segen in der Kirche einzufinden, ist alle Überredungskunst vergebens, weil ihr Interesse an einem brutalen Spiel namens ,Lacrosse' stets größer ist."[23]

Dieselben Vorwürfe wurden auch anderswo in Amerika erhoben, und zwar häufig in Verbindung mit Klagen über die Sündhaftigkeit von Spiel, Trunksucht und ähnlichen Lastern. Baptisten und katholische Priester führten damals zwischen 1880 und 1900 große Bekehrungsfeldzüge bei den Mississippi-Choctaw durch. Sie versuchten, die Indianer von ihren alten Tänzen und Lacrossespielen abzubringen, die sie für unvereinbar mit dem Kirchenbesuch hielten. Der Sporthistoriker Kendall Banchard schrieb dazu folgendes: „Die Kirchenoberen jener Zeit [19. Jahrhundert] propagierten, daß ihre Programme genügend Gelegenheit für Zusammenkünfte auf gesellschaftlicher Ebene boten und *toli* [Lacrosse] deshalb überflüssig sei. Darüber hinaus vertraten sie die Meinung, daß der Stockballwettkampf unter dem Einfluß der ansässigen Weißen, ihres Whiskykonsums und der zahlreichen Versuche, eingeborene Frauen anzumachen und zu mißbrauchen, in hohem Grade gelitten hatte, so daß das Spiel an sich ganz und gar verdorben und verkommen sei."[24] Bei den Oklahoma-Choctaw genoß Lacrosse einen etwas besseren Ruf. Jedoch waren Spiele am Sonntag laut der allgemeinen Ratsgesetzgebung der Choctaw verboten.

Auch die Eastern Cherokee wurden von den Missionaren wegen ihres Ballsports schikaniert. In einem Journal der *Brainard Mission* ist eine Beschwerde über einen schuleschwänzenden Indianerjungen festgehalten (6. Juli 1822), der „absolut nicht zu wissen scheint, welch große Gefahren im Ballsport liegen." Die Herrnhuter Missionare schienen sich Sorgen um das Wetten beim Spiel zu machen. So schrieb einer von ihnen: „In der Umgebung von Springplace [Mission im nordwestlichen Georgia] traten beim Ballsport, den die Cherokee häufig betrieben, besonders viele verwerfliche Handlungen auf. Das Spiel an sich war völlig harmlos, aber die Zuschauer zeichneten sich aus durch schlechtes Benehmen, Trunkenheit und große Maßlosigkeit beziehungsweise Freizügigkeit. Bei einem dieser Spiele im Jahr 1825, das in der Nähe von Springplace stattfand, schätzte Schmidt die Zuschauermenge auf dreitausend Menschen. Aus gut informierter Quelle wurde ihm hinterbracht, daß sich die dort abgeschlossenen Wetten auf eine Summe von 3.500 Dollar beliefen." Nach einer Art Ruhepause nahmen die Cherokee um 1898 ihr traditionelles Stockballspiel sowie weitere, althergebrachte Sitten und Gebräuche wieder auf, sehr zum Verdruß des Leiters der Quäkerschulen.[25]

Die von Kirche und Staat im 19. Jahrhundert ausgeübte Opposition gegen das indianische Lacrosse basierte auf der Meinung, Lacrosse sei „unmoralisch" (Wetten) und „unzivilisiert" (Brutalität des Spiels). Die große Mehrheit indianischer Spieler gehörte jedoch ausnahmslos dem sogenannten traditionellen Teil der indianischen Gesellschaft an, der sich *nicht* zum Christentum bekehrte und sich weigerte, den weißen Vorstellungen von „Zivilisation" nachzugeben und sich im „Schmelztiegel" wiederzufinden. Die Folge davon war, daß sie rassistischen Klischeevorstellungen anheimfielen, die der zahlenmäßig überlegene Gesellschaftsanteil üblicherweise für seine „zurückgebliebenen" Bürger 2. Klasse bereithält, seien sie nun afrikanische Amerikaner, Appalachenbewohner, europäische Einwanderer oder eingeborene Amerikaner.

Charakteristisch für rassistische Stereotypen war eine Vielzahl von abfälligen Redewendungen, die sich im Falle von Lacrosse bis auf den heutigen Tag erhalten haben. Wir können Beers und seine Zeitgenossen, die davon vor einem Jahrhundert ausgiebig Gebrauch machten, unter Umständen entschuldigen. Die weiße Gesellschaft war von der Ansicht durchdrungen, die Indianer nähmen auf der Stufenleiter der Evolution einen der untersten Ränge ein. Demzufolge waren Ausdrücke wie „Bleichgesicht" und „Rothaut" als Merkmal der Rassenunterscheidung oder „Squaw" und „Hirsch" als indianische Geschlechterdefinition schnell in die Umgangssprache eingegangen. Ihrer Meinung nach gehörte das Volk der Eingeborenen zur unteren Klasse ohne Anspruch auf bürgerliche Rechte. (Im MALA-Protokollbuch benutzt der Protokollführer von August bis September 1897 in vielen Berichten fast durchgehend das kleine „i" für „Indianer".)

Eine der damals gängigen abwertenden Bezeichnungen für Indianer war das Füllwort „O weh". Es leitete sich von dem Ausdruck „O weh, der arme Indianer!" ab, den der Dichter Alexander Pope im Jahr 1733 geschaffen hatte. In der Folge bezeichnete man damit den sozioökonomischen Niedergang der amerikanischen Indianer, und zwar in herabsetzender Bedeutung[26]. Dieses Wort fand Eingang in die Sportreportage, als Lacrosse gerade anfing bekannt zu werden. Als im *New York Herald* 1869 ein Spiel kommentiert wurde, hieß es dort, daß es Ähnlichkeit mit dem „*shinny*" hätte. Weiter hieß es, daß „die Art und Weise, wie die ‚O wehs' ihre ‚Kreuze' handhaben, wie sie mit dem Ball losstürmten und ihn warfen, tatsächlich außergewöhnlich ist und sich wirklich anzuschauen lohnt." Die Angewohnheit, nicht-indianische Sportmannschaften im Lacrosse als „Rothäute" oder „Krieger" zu bezeichnen, wurde schon früh praktiziert. So nannte sich die erste weiße Mannschaft der Vereinigten Staaten, die im Dezember 1867 in Troy/New York gegründet wurde, *Mohawk Lacrosse-Club*. Sie mußten bis nach Kanada reisen, um Mannschaften zu finden, gegen die sie antreten konnten, und gingen meistens als Verlierer vom Platz. In einem Spielbericht fühlte die *Montreal Gazette* Mitleid mit der jungen, unerfahrenen amerikanischen Mannschaft und brachte es mit „O weh, die armen Mohawks" zum Ausdruck.[27]

Kann man heute in Bezug auf das Rassenproblem von Fortschritt sprechen? Fast alle indianischen Interviewpartner, die früher Lacrosse spielten oder noch heute aktiv sind, zitieren Fälle von Rassendiskriminierung, die sie von ihren weißen Gegnern hinnehmen mußten. Entweder waren sie ihnen persönlich ausgesetzt oder als Angehörige der indianischen Rasse im allgemeinen. Erst vor kurzem, im Jahr 1991, erzählte ein junger Onondaga, der während des Sommers in einer Banden-Liga spielte, folgende Geschichte. Sein damaliger indianischer Trainer beschloß, für die Dauer eines Spiels einem nicht-indianischen Assistenztrainer beizustehen, der eine rein weiße Mannnschaft für ein Spiel gegen die Irokesen vorbereitete: „Sie stehen alle dicht gedrängt beieinander und machen sich für das Spiel bereit, klar? Wir anderen sind alle zum Aufwärmen dort unten, und nach dem Spiel kommt er zu uns zurück. Er sagt: ,Ich kann's nicht glauben! Ich kann einfach nicht glauben, was ich eben dadrin gehört habe. Als sie sich warm machten, vergaß [der Assistenztrainer] wohl, daß ich da war und sagte: ,Also los, Leute, zeigen wir's diesen indianischen Arschlöchern. Diese verdammten Rothäute können sich auf was gefaßt machen.' Mein Trainer sagte, er stand dort steif wie ein Zinnsoldat und hatte ganz und gar vergessen, wo er sich befand."[28]

Im Eifer des Gefechts werden offensichtlich rassistische Schimpfnahmen benutzt, wie in anderen Sportarten auch. Rex Lyons und sein Cousin Kent erklären, wie sie zu dem Namen ihrer beliebten Syracuser Rockband „*Wagon Burners*" (Planwagen-Anzünder) gekommen sind. Einmal kam es vor, daß die Indianer bei einem besonders einseitigen Spiel gegen eine Montrealer Mannschaft den Kanadiern haushoch überlegen waren. Daraufhin verlor der Montrealer Tormann die Beherrschung. „Wir hatten sie platt gemacht. Das Spiel wurde ziemlich brutal, alle waren reichlich nervös, und der Sieg gehörte uns. Wir sahen das alles sportlich, aber deren Tormann war dermaßen frustriert, daß er uns schließlich haßerfüllt anbrüllte: ,Ihr seid bloß elende Planwagen-Anzünder'. Zu meinem Cousin Scott sagte er: ,Ich krieg' dich noch, verdammter Planwagen-Feuerleger.' Dieser Typ war absolut fix und fertig. Er schäumte vor Wut. Hätte er ein Messer gehabt, wäre es um uns geschehen gewesen, denn dann hätte er damit nach uns geworfen. Na ja, so ist das, wenn man einem im Wege steht. Jemand schmeißt etwas Schlimmes nach dir, und du drehst es herum und benutzt es für etwas Sinnvolles [zum Beispiel als Namen für eine indianische Rockband]."[29]

Es gibt indianische Sportler, die sogar bei ihren Mannschaftskameraden auf rassistische Untertöne gestoßen sind. Als Emmet Printup an der *Syracuse University* anfing, gab es noch drei weitere indianische Spieler in der Mannschaft. Sie hatten aber bereits die Universität verlassen, als er sein Abschlußjahr machte. Und er witzelt: „Ich war der einzige Indianer, die einzige [Rot-] Haut der Orange [-Mannschaft]."[30] Durch sein freundliches Wesen ist er bei allen Lacrossespielern, unabhängig von ihrer Rasse, beliebt. Aber auch er kann sich an eine Bemerkung erinnern, die ein Mannschaftskamerad einmal ihm gegenüber machte. Sie schien mehr oder weniger auszusagen, daß sich Emmet als indianischer Spieler im Nachteil befand: „Es war schon merkwürdig, es klang ein bißchen nach Vorurteil. Das war damals noch mit Jimmy Olson [Pseudonym], dem großartigem Torjäger beim *NCAA*, dem Tabellenführer, bei denen ich während meiner Uni-Zeit spielte. Ich erinnere mich noch, wie wir herumhingen und dann auf das Netz zielten, nur Jimmy und ich, na ja. Das war nach dem Training. Wir spielten uns dann eine Weile den Ball zu, und zwar auf Teufel komm raus. Wir schossen also noch wild herum, als er auf einmal zu mir herüberschaute und so etwa sagte wie: ‚Schade, daß du bloß ein Indianer bist' – oder so ähnlich. Er wollte damit wohl andeuten — also, verdammt noch mal — du könntest womöglich aufgestellt werden und von Anfang an dabei sein, wenn du bloß kein Indianer wärst. Also, das habe ich da so irgendwie rausgehört."[31]

Schon allein durch die *College*-Erfahrung können junge indianische Spieler, die die Schule noch nicht verlassen haben, eingeschüchtert werden. Viele haben bei ihrem *College*besuch eine Lacrossekarriere im Visier, denn nur so können sie der Armut entgehen, die sie mit Sicherheit im Reservat erwartet. Als man dem Onondaga Freeman Bucktooth erklärte, daß schon seit langem kein Indianer mehr in der Mannschaft von Syracuse, das in der Nähe lag, gespielt habe, sah die Lage für ihn trostlos aus. Bucktooth erläutert die Beziehung zwischen Ausbildung und Lacrossekarriere aus seiner Sicht als Indianer: „Was mich betrifft, hätte ich ohne den Sport wahrscheinlich niemals die *High School* abgeschlossen. Ich wäre wohl vorher abgegangen und hätte mir einen Job gesucht. Was ich dagegen jetzt mache [Training im Reservat], ist nichts anderes, als dem Sport das zurückzugeben, was er mir gebracht hat. Seinetwegen bin ich länger in der Schule geblieben und habe dadurch zwei Jahre mehr an höherer Schulbildung genossen und somit bessere Chancen im Leben."[32]

Trotz der Möglichkeiten, eine höhere Schulbildung zu erwerben, fühlen sich indianische Spieler doch häufig isoliert im fast ausschließlich weißen *College*betrieb. Ein Tuscarora-Spieler äußerte sich folgendermaßen dazu: „Niemand aus meiner Familie hat jemals ein *College* besucht, nicht einmal meine Cousins. Jeder geht gewöhnlich sofort als Arbeiter in die Stahlbranche. Nein, ich wollte schon immer aufs *College* gehen. Lacrosse war nur eine schöne Zugabe. Es war nicht einfach, die vier Jahre durchzuhalten, denn am Anfang hat man leicht das Gefühl, als gehöre man nicht dorthin. Man fühlt und denkt anders, und es ist auch nicht sehr hilfreich, wenn sich bestimmte Leute, darunter auch Trainer, rassistisch aufführen, indem sie versteckte Gemeinheiten loslassen, mit denen man fertig werden muß."[33]

Anti-indianische Gefühle können auch durch gesellschaftliche Ereignisse, die gar nichts mit Sport zu tun haben, hervorgerufen werden, wodurch ein eher freundschaftlicher Wettkampf auf dem Spielfeld in sein Gegenteil umschlagen kann. Frank Benedict konnte beobachten, wie sich eine schlechte Beziehung durch die Gewalttätigkeiten in Zusammenhang mit dem Oka-Aufstand im Jahr 1990 weiter verschlechterte: „Die Mohawk-Gemeinden bekommen eine Menge Rassismus und feindlicher Gesinnung zu spüren. Auch unser Leichtathletik- und Sportprogramm bleibt davon nicht unberührt – es gibt eine Reihe französischer Mannschaften, die nicht gegen die Mohawk antreten wollen. ...Wir sind immer miteinander ausgekommen, auch wenn es niemals ganz ohne Rassismus gelaufen ist, aber in letzter Zeit [nach Oka] hat er sich ganz offen gezeigt."[34] [Die Mohawk von Oka verteidigten einen alten Begräbnisplatz gegen die Umwandlung in einen Goldplatz für Weiße, dabei kam es zu gewalttätigen Auseinandersetzungen mit der kanadischen Armee; Anm. d. Übers.]

Auch bei angeblich freundschaftlichen Begegnungen in Turnierwettkämpfen gewinnen indianische Mannschaften heute manchmal den Eindruck, als seien sie nicht sonderlich erwünscht. Diesen Gefühlen gaben die Spieler der *Iroquois Nationals* Ausdruck, die sich 1990 nach einer Zeitspanne von hundert Jahren zum erstenmal wieder am Lacrosse-Weltmeisterschafts-Pokalspiel beteiligen durften. Ein indianischer Spieler schildert seine Erfahrungen wie folgt: „Also, als wir in Australien waren, da benahm sich [die U.S.-Mannschaft] so, als gehörten wir nicht dazu. Sie brachten das immer wieder zum Ausdruck. Sie mochten auch nicht die Art und Weise, wie wir spielten. Sie hielten uns für unfair, weil wir einen anderen Stil hatten. Darüber ärgerten sie sich. Trotzdem besiegten sie uns ziemlich leicht. Meiner Meinung nach waren wir aber körperlich besser in Form, und wir zeigten auch mehr Haltung, denn über alles und jedes brachen sie dauernd in Jammern und Klagen aus. Sie waren es auch, die mit dem rassistischen Geschwätz anfingen, wofür sie sich hinterher entschuldigten. Als wir dann alle zusammensaßen, fühlten sie sich deshalb mies."[35]

Trotz der Vielzahl von Indianern, die heutzutage in ganz Nordamerika Lacrosse spielen, muß man von zwei Lacrosse-Lagern sprechen, die sich sehr stark unterscheiden. Einmal handelt es sich dabei um das Lacrossespiel, wie es gewöhnlich in den Reservaten von den Indianern gespielt wird, und zum anderen um das Spiel „der Lacrosse-Gemeinschaft". Das Great Lakes-Spiel ist so gut wie ausgestorben. Im

Südosten spielt Lacrosse immer noch eine wichtige Rolle in der Kultur und den Zeremonienkreisen der Indianer. Allerdings haben die Weißen niemals ihr Doppelstockspiel übernommen. Die Irokesen spielen meistens in einem Eishockey-Ring mit Banden. So wie es aussieht, hat sich das Lacrosse der Männer im Freien am schnellsten ausgebreitet, und zwar ab 1880 weitgehend unter euro-amerikanischer Flagge, wobei die Indianer so gut wie ausgegrenzt waren. Immer steht die Lacrosse-Gemeinschaft dahinter, wenn es um die Kontrolle von Regeln und Satzungen, um Herstellung und Verkauf von Ausrüstungs-gegenständen und die finanzielle Unterstützung von Einrichtungen geht, in denen Lacrosse gespielt wird. Zum größten Teil ignorieren oder kennen ihre Mitglieder nur andeutungsweise, was die amerikanischen Indianer durch ihren großartigen Beitrag der Welt des Sports geschenkt haben. Dadurch wird verständlich, daß das indianische Volk dieses Lacrosse und seine Machtstruktur mit einem Gefühl von Zynismus und Bitterkeit betrachtet.

Zunächst sind die Indianer der Meinung, daß sie herzlich wenig, wenn überhaupt, Anerkennung für diese Errungenschaft bekommen, obwohl doch Lacrosse auf sie zurückgeht. In der gleichen Weise könnte ein weißer Spieler mit einem Plastikschläger annehmen, daß L.L.Bean das Kanu erfunden habe. Der Mohawk-Forscher Ernest Benedict zieht folgenden Schluß daraus: „Vieles ist über die Erfolge unserer weißen Brüder, die das Spiel bewunderten, erlernten und es dann in die heutige Form gossen, nämlich Feld-Lacrosse und Banden-Lacrosse, in Ge-schichtsbüchern festgehalten worden. Wir schätzen ihre Beiträge, sind aber der Ansicht, daß man uns einfach von der Anerkennung ausge-schlossen hat. Wir werden das nicht länger hinnehmen."[36]

Davon abgesehen erkennen die indianischen Spieler an, daß die besseren weißen Lacrossespieler der indianischen Tradition zumindest ein klein wenig Wertschätzung entgegenbringen. Emmet Printup drückt es so aus: „Wenn man sich auf eine Sache einläßt, weiß man alles über das Produkt, das man bekommt – in diesem Falle Lacrosse. Wenn man sich wirklich für Lacrosse interessiert, weiß man auch, wo sein Ursprung liegt."[37] Viele junge Indianer von heute blicken mit Stolz auf Lacrosse als einen Teil ihres Erbes. Der Seneca Ansley Jemison, der auf *High School*-Level spielt, ist dafür ein typisches Beispiel (Abb. 70). Er wuchs auf dem Allegany-Reservat auf, wo Lacrosse mit vielen anderen Traditionen der Seneca lange Zeit in Vergessenheit geraten war. Dafür war die Umsiedlung seines Volkes nach Salamanca/New York wegen des Staudammbaus von Kinzua verantwortlich. Obwohl sein Großva-ter noch im Cattaraugus-Reservat Lacrosse gespielt hatte, kam Ansley erst wirklich in Kontakt mit diesem Sport, als seine Familie in die Nähe von Rochester zog. Weil die *High School* in seiner neuen Heimatstadt kein Lacrosseprogramm anbot, entschloß er sich zum Besuch der *Canandaigua Academy*, obwohl das hieß, daß er pendeln mußte. Als einziger Indianer, der die Akademie besucht, ist er besonders stolz auf seine Teilnahme am Lacrosse. Zusätzlich zum Frühjahrstraining nimmt er noch am Sommertraining im Rahmen der irokesischen Junioren-Nationalmannschaft teil. Jemison ist sich darüber im klaren, daß viele Mannschaftskameraden nichts über den Ursprung des Spiels wissen. „Manche Trainer sprechen darüber, aber es gehört nicht zum Lehrplan. Es gehört auch nicht zum Spiel. Andererseits gehört es natürlich doch dazu, weil wir die ersten waren, die Lacrosse gespielt haben. Aber wenn man Lacrosse als bloßes Lehrfach betrachtet, verliert man sozusagen seinen Wert aus den Augen, weil es dann nur eine Sportart ist. Bevor es dazu kam, besaß Lacrosse eine viel tiefere Bedeutung und einen größeren traditionellen Wert."[38]

Obwohl die Indianer mit Stolz auf ihr Lacrosse-Erbe blicken, sind sie es leid, daß man ihnen in Bezug auf das Spiel nur Lippenbekenntnisse anzubieten hat. Die 1976 für die Olympiade geprägte kanadische Zehn-Dollar-Münze trägt zum Beispiel eine historische Abbildung von Indianern, die Lacrosse spielen. Der Kanadische Lacrosse-Verband regte sich jedoch nur über die Tatsache auf, daß Lacrosse nicht in die Spiele aufgenommen worden war und nicht etwa deshalb, weil die Indianer lediglich auf ein historisches Logo reduziert wurden. Die Indianer sind darüber verstimmt, daß sie bei internationalen Anlässen wie diesem weiterhin zu Werbezwecken ausgenutzt, dabei aber gleichzeitig von der aktiven Teilnahme ausgeschlossen werden. Im Jahre 1986 schmetterte Kanada zum Beispiel den Versuch der Irokesen ab, an den alle vier Jahre stattfindenden Weltspielen in Toronto teilzunehmen. Als Begründung führten sie an, die Kosten für die Logistik würden zu teuer, und außerdem müßten in dem Falle neue Eintrittskarten gedruckt werden.[39]

Auch gegenüber der sogenannten *Baltimore-Clique* nehmen die Indianer eine eher feindliche Haltung ein. Bekanntermaßen spielten sich die meisten *College*-Wettkämpfe in der Gegend um Maryland ab. Entsprechend residierten die Mannschaften wie *Navy, Maryland* und *Johns Hopkins* nicht weit davon, und auch ein paar der größten Sportartikelfirmen lagen dort in der Nähe. Zusammengenommen führte das dazu, daß die Lacrosse *Hall of Fame* (Ruhmeshalle) der Einfachheit halber in Baltimore angesiedelt wurde. Daher würden die indianischen Spieler der folgenden süffisanten Bemerkung wahrscheinlich vorbehaltlos zustimmen: „Obwohl das Spiel jahrhundertelang von Indianern gespielt wurde, scheint die Lacrosse-Gemeinde im Gegensatz dazu der Meinung zuzuneigen, niemand anderes als die *Johns Hopkins* [-Universität] habe das Spiel erfunden oder wenigstens zur Perfektion gebracht." In einer im *Maryland Magazine* erschienenen Besprechung über Bob Scotts Lacrosse-Buch, das in seiner bekannten Buchreihe „Wie man ... spielt" veröffentlicht wurde, hieß es: „Eine Botschaft an die übrige Welt aus dem kosmischen Sportzentrum." Die

Abb. 70
Ansley Jemison, Seneca-Spieler für die *Canandaigua Academy* und Nachkomme von Mary Jemison in der zehnten Generation.

indianischen Schlägerhersteller weisen ebenfalls die Behauptung der reichen Plastikschlägerfabrikanten aus Baltimore zurück, die die Ansicht ausposaunen, daß nur ihre Produkte in der Lage sind, den unausweichlichen Niedergang von Lacrosse in der Sportwelt zu verhindern.[40]

Durch die Aufmerksamkeit, die Baltimore als das Mekka des Lacrosse beansprucht, wurden die Gefühle der Indianer verletzt. Allerdings ist es damit in den letzten Jahren ein wenig besser geworden, seitdem sich die *Lacrosse Foundation* aufrichtig darum bemüht, dem indianischen Spiel die rechte Anerkennung zu verschaffen. Die Stiftung hat damit begonnen, die frühere Mißachtung gegenüber dem Beitrag der Indianer wieder gutzumachen, indem sie Videos zu Werbezwecken und Zeitschriftenartikel veröffentlicht, indianische Schläger für ihre Sammlung aufkauft und 1992 zwei große Bronzestatuen in Auftrag gegeben hat, die historische Indianer beim Spiel darstellen. Die Statuen stehen heute an auffälliger Stelle neben dem *Johns Hopkins*-Spielfeld direkt auf dem vorderen Rasenabschnitt. Im Jahre 1933 wurde dann Oren Lyons in die Lacrosse *Hall of Fame* gewählt. Er ist der zweite Indianer, dem diese Ehre aus einer Zahl von 201 Bewerbern widerfahren ist. (Der erste war ein Cherokee von der *Carlisle Indian School*, der zu Anfang des 20. Jahrhunderts gewählt wurde.)

Dennoch fragen sich die Indianer ernsthaft, ob die Lippenbekenntnisse, die sie zu hören bekommen, auch so gemeint sind. Im Jahr 1985 wurde der Mitverfasser eines Buches über Lacrosse, ein früherer Trainer und aktiver Spieler, von einem Reporter interviewt und folgendermaßen rezitiert: „Für ihn ist Lacrosse nicht bloß irgendeine Sportart, sondern das Spiel, das bereits auf diesem Kontinent gespielt wurde, als von uns noch keine Rede war. Es ist ein Geschenk der indianischen Nationen. ...Wenn auch heutzutage jegliche Form von indianischer Magie kaum noch in Erscheinung tritt, existiert sie seiner Meinung nach auf dem Lacrosse-Spielfeld weiter. Er drückt es so aus: ,Wenn ein Lacrossespiel stattfindet, schwebt ein großer Geist über das Schlachtfeld und berührt die Kriegswaffe – den Lacrosseschläger – auf magische Weise und macht ihn dadurch stark für unglaubliche Taten.'" An der Aufrichtigkeit dieser Aussage ist wohl nicht zu zweifeln, allerdings erscheint sie merkwürdig romantisch im Vergleich zu dem Text, den dieser Verfasser etwa zwanzig Jahre früher mit herausgab. Damals schrieb er, den indianischen Spielen gingen „allerlei heidnische Riten" voraus; die „Squaws" spielten eine wichtige Rolle in diesen Ritualen; der Kontakt zu Frauen war vor dem Spiel tabu, weil die Indianer so „abergläubisch" seien. Des weiteren wirft er die Frage auf: „Wie kamen die Indianer dazu, einen Schläger zu erfinden? Darauf weiß niemand eine Antwort. Indianer waren nicht sehr erfinderisch."[41]

Es stimmt, daß wir niemals erfahren werden, wie der indianische Lacrosseschläger entstanden ist. Er ist mit Sicherheit einer der erfindungsreichsten Ausrüstungsgegenstände, die wir in der Weltgeschichte des Sports kennen. Wenn in anderen Bereichen des Lacrosse von Rassismus gesprochen werden kann, trifft das auch auf das Schicksal des hölzernen Schlägers zu. Gemäß der zwanghaften Vorstellung des weißen Mannes, das Spiel „verbessern" zu müssen, wurde der indianische Schläger als ebenso minderwertig eingeschätzt wie die Menschen, die ihn jahrhundertelang mit großer Sorgfalt geschnitzt hatten. Nachdem sie das Spiel von den Mohawk gelernt, die Regeln neu geschrieben und die Indianer mit Erfolg von der Teilnahme an internationalen Wettkämpfen ausgeschlossen hatten, befand sich das Spiel ausschließlich im Besitz der Euro-Amerikaner. Aber es gab noch einen Bereich, den sie nicht vollständig beherrschten. Das wichtigste Ausrüstungsteil für den Sport, der Schläger, wurde immer noch größtenteils von indianischen Handwerkern hergestellt. Gegen Ende des 20. Jahrhunderts war den Indianern auch dieser Bereich aus den Händen gewunden worden, und die Schlägerindustrie befand sich fast vollständig im Besitz der Weißen. Im Männer-Lacrosse wurde der letzte Schritt hin zur Kontrolle und Weiterentwicklung des Sports durch Nicht-Indianer mit dem Ersatz des traditionellen irokesischen Hickoryschlägers durch sein Gegenstück aus Kunststoff markiert.

Der gute Ruf, den Mohawk-Schläger für ihre Qualität besaßen, breitete sich mit der anwachsenden Spielerzahl weiter aus. So wurden die Akwesasne (St.Regis)-Schläger in den verschiedenen nordöstlichen Stämmen zu begehrten Tauschhandelswaren. Als das Spiel ab der Mitte des 19. Jahrhunderts auch außerhalb von indianischen Gemeinden immer beliebter wurde, arbeiteten kleine Familienbetriebe unter großem Druck, um der Nachfrage zu genügen. Großfamilien und sogar Freunde schlossen sich zu Kooperativen zusammen, um die Produktion zu erhöhen.

Damals erkannten die Sportartikelhersteller immer klarer, daß in der Lacrosseausrüstung neue Marktchancen lagen, und um 1880 konnte man fast jeden Ausrüstungsgegenstand in Geschäften kaufen. So bot das *Lacrosse Emporium* in der West King Street in Toronto Schläger unter einem Dollar das Stück an. Allerdings kosteten einfach bespannte Grand River-Schläger, die wahrscheinlich vom Reservat kamen, 1.75 Dollar. Obwohl sich die Kanadier von den indianischen Schlägerherstellern abwandten, geht aus den Eintragungen der MALA-Protokollbücher hervor, daß zwischen 1880 und 1890 die Schläger vermutlich immer noch von Indianern stammten. Damals stand zum Beispiel Frank Lally, ein außergewöhnlich guter, nicht-indianischer Torwart, nach Beendigung seiner Laufbahn erst am Anfang seiner geschäftlichen Aktivitäten. Sein für die damalige Zeit relativ niedriger Schlägerpreis und einige MALA-Eintragungen lassen vermuten, daß Lally ihnen möglicherweise unbespannte Mohawk-Rahmen geliefert hat, die der Club in Montreal bespannen ließ. Eindeutig machten

Ankäufe von indianischen Schlägerherstellern einen Teil der saisonal bedingten Geldforderungen an die Verbandsleitung aus. Unter dem 17. Mai 1893 heißt es: „Der Betrag in Höhe von 12.55 Dollar für 1 Dutzend Lacrosseschläger von P. DeLorimier/St. Regis wurde genehmigt."[42]

Obwohl die Indianer von den weißen Mannschaften ausgeschlossen wurden, gab es aufgrund der Schlägereinkäufe zahllose Kontakte zu der indianischen Gemeinde. Es dauerte jedoch nicht lange, bis weiße Unternehmer die montagebandartige Methode der Schlägerproduktion, wie sie die Mohawk betrieben, reizvoll fanden und selbst ins Geschäft einstiegen. Lally lud zum Beispiel „Matty" White, einen zweisprachigen Mohawk und begabten Schlägerhersteller, zu sich nach Hause ein, um dort zu arbeiten. Lallys Bruder, ein Lacrosseschiedsrichter, begann sich dafür zu interessieren. Gemeinsam gründeten sie die *Lally Company*, die über Matty eine Reihe von Mohawk-Schlägerherstellern als Arbeiter einstellte. Obwohl sie grundsätzlich als Vertrieb auftraten, lehnten sie zunehmend Schläger ab, die sie nicht selbst hergestellt hatten oder handelten einen geringeren Preis aus.

Die einzige weitere kommerzielle Verkaufsstelle wurde damals von den Gebrüdern Lantry in Hogansburg/New York betrieben. Da Lacrosse in den Vereinigten Staaten immer beliebter wurde, begannen die Mohawk ihre Produkte an die Gebrüder Lantry zu verkaufen, obwohl damit ein verdeckter Grenzhandel verbunden war, in den die U.S.-Zollbeamten nur allzu häufig eingriffen (die Schläger waren zollpflichtig)[43]. Während der Prohibition wurden noch mehr Grenzbeamte eingesetzt. Die Beamten heuerten sogar des öfteren indianische Spitzel an – so ähnlich wie die Spitzel in den Umkleideräumen zu Beers Zeiten – die man mit dem Geldwert der beschlagnahmten Waren entlohnte. Unter diesen Umständen konnte ein Schlägerhersteller auf einen Schlag seinen ganzen Besitz, die Arbeit eines vollen Jahres, verlieren.[44]

Im Laufe der Zeit entwickelte sich Colin Chisholm, dessen Fabrik auf der Insel Cornwall lag, zum größten Hersteller. Er besaß Absatzmärkte in Toronto und schickte Werbeexemplare in die USA. Um das Jahr 1931, als das Spiel nicht nur in den USA immer größere Verbreitung fand, sondern auch im gesamten britischen Commonwealth, holte die Fabrik große Aufträge herein.

Bei dem Chisholm-Unternehmen handelte es sich um ein außergewöhnlich erfolgreiches Projekt. Dabei wurde moderne Fabrikationstechnologie mit der traditionellen Netzbespannung, die über Nacht in Heimarbeit von den Mohawk geleistet wurde, verknüpft. Gegen Ende der sechziger Jahre stellten die Mohawk-Schlägerhersteller aus Akwesasne nicht weniger als 72.000 Schläger jährlich für Chisholm her und deckten damit 97 % des Weltbedarfs. Roy Simmons erzählt, wie der gerissene schottische Geschäftsmann Chisholm seine Mohawk-Arbeiter davon abhielt, abzuwandern: „Ich erinnere mich noch daran, als ob es gestern wäre, wie ich sie mitten im Winter besuchte. Sie schnitzten wie wild, denn Mr. Chisholm war so klug, ihnen keinen Brennstoff für ihre Holzöfen, mit denen sie heizten, zu verkaufen. Sie mußten also auf die Abfälle, die sich beim Schnitzen ergaben, zurückgreifen. Wenn sie beim Schnitzen nachließen, hatten sie nichts zum Verfeuern, und sie mußten frieren. Um es also warm zu haben, schnitzten sie wie verrückt, damit das Feuer nicht ausging."[45]

Als Lacrosse immer populärer wurde, stieß Chisholm plötzlich auf einen Großhändler in Baltimore. Peck Auer, Besitzer eines Sportartikelladens, schloß mit Chisholm ein Geschäftsabkommen, wodurch die großen amerikanischen Universitäten, die sich inzwischen dem Sport zugewandt hatten, mit Chisholm-Schlägern beliefert wurden. Laut Simmons sah die Vereinbarung zwischen Hersteller und Händler wie folgt aus: „[Auer] stattete sie mit Schleif- und Bohrmaschinen oder mit weiterem Material aus, das sie zur Schlägerherstellung brauchten, und schoß das Geld für die Ausrüstung vor. Im Austausch dafür erhielt er die Exklusivrechte, so daß er keine Konkurrenz zu fürchten brauchte. Falls jemand einen Lacrosseschläger benötigte, bekam er ihn entweder zum Groß- oder Einzelhandelspreis von Auer. Auer war der Eigentümer, und damit lag auch die Kontrolle über den Sport in seinen Händen."

Als ehemaliger Syracuse-Spieler denkt Simmons gern an die Besuche in der Howard Street zurück, wo sich die ganze Mannschaft auf die neuen Chisholm-Schläger stürzte: „Mr. Auer schloß für uns die dritte Etage auf, wo die Schläger lagerten. Da es nur diesen einzigen Lagerraum in Baltimore gab und dies die einzige Verkaufsstelle war für den Ausrüstungsgegenstand, den man unbedingt brauchte, stellten sich die Mannschaften von *Maryland, Johns Hopkins* und *Navy*, die ja ganz in der Nähe der Howard Street spielten, zuerst dort ein. Sie schnitten die Bündel auf und saßen dann knietief zwischen all den Schlägern auf dem Boden. Dann sahen sie sich jeden einzelnen genau an und suchten sich die besten heraus. …Wir kamen immer als zweite an die Reihe und fanden eine Menge verbogener und gekrümmter Schläger vor. Manche fanden wir zu dick und zu schwer oder die Griffe waren nicht ganz gerade. Aber es machte immer großen Spaß, sich als Kind aus einem Haufen von fünf- oder sechshundert Schlägern einen eigenen, sozusagen die neue Frühjahrsausgabe, herauszupicken."[46]

Die Chisholm-Fabrik lief gut, bis sie 1968 ein Raub der Flammen wurde und bis auf die Grundmauern abbrannte. Von diesem Schlag hat sie sich niemals wieder erholt. Durch einen außerordentlichen Einsatz konnten 85 % der unbearbeiteten Hölzer, die zum Trocknen aufgeschichtet waren, gerettet werden. Da Chisholm zum größten Hersteller der Welt aufgestiegen war, herrschte auf dem Markt ein enormer Mangel.[47]

Kurz nach dem Brand in Cornwall wurde im Frühjahr 1970 der formgepreßte Schlägerkopf aus Kunststoff von der Bostoner Firma *W.H. Brine* auf dem Markt eingeführt. Es versteht sich, daß sich Brine in einer Vereinbarung mit Chisholm, entsprechend Auers damaligem Monopol, die exklusiven Verteilerrechte für den U.S.-Markt sicherte. Tatsächlich hat er damals den Markt für Holzschläger kontrolliert. Mit Datum vom 22. Dezember 1971 verschickte er einen Formbrief an alle bekannten Lacrossetrainer, in dem es hieß, daß wegen der „außerordentlich guten" Aufnahme unseres neuen Kunststoffschlägers „wir im vergangenem Oktober den Entschluß gefaßt haben, unseren Betrieb für Holzschläger in Cornwall/Ontario zu schließen." Des weiteren hieß es in dem Schreiben, daß Brine die noch vorhandenen Holzschläger zu „Ausverkaufspreisen" anbieten würde, bis der Vorrat erschöpft wäre. Auf diese Weise diktierte Brine in Form einer Massenbriefsendung die Zukunft des Lacrosseschlägers, ebenso wie Beers 104 Jahre zuvor die Spielregeln aufgestellt hatte. Während der eine die Indianer von der Teilnahme am internationalen Sportgeschehen ausschloss, machte der andere ungezählte eingeborene Schlägerhersteller arbeitslos und beschleunigte damit den Niedergang einer weiterer Jahrhunderte alten Handwerkskunst der amerikanischen Indianer.

Lacrossespieler von heute haben kaum jemals einen hölzernen Schläger zu Gesicht bekommen, ganz zu schweigen von einer Benutzung im Spiel. Werden sie zum erstenmal damit konfrontiert, reagieren sie mit Unglauben und Erstaunen. In seinem *Manley Fieldhouse*-Lacrossebüro hat Roy Simmons eine Reihe älterer Schläger aufgehoben: „Die Jungen, die hier hereinkommen, sehen sich meine Sammlung von Holzschlägern an und sagen: ,Mein Gott! Sind die aber alt!' Darauf erwidere ich: ,Überhaupt nicht, sie stammen aus den Fünfzigern und den frühen Sechzigern.' Natürlich liegt diese Zeit auch noch vor ihrer Geburt. Wenn sie einen Stock hochnehmen, sagen sie: ,Also, dieser hier ist einseitig belastet und nicht ausbalanciert, und dieser ist viel zu steif. Wie konnte man damit überhaupt den Ball fangen?' Darauf ich: ,Wir haben den Ball einfach damit gefangen, und nicht einmal schlecht, wenn ich das sagen darf.' Aber heute könnte man keinen Jungen mehr dazu bringen, mit einem Holzschläger zu spielen. Er würde einfach nicht richtig in seiner Hand liegen."[48]

Obwohl es den individuellen Schlägerhersteller nicht mehr gibt, ist es doch einzelnen kleinen Familienbetrieben seit 1970 gelungen, ihren Handel mit hölzernen Lacrosseschlägern erfolgreich weiterzubetreiben und damit Arbeitsplätze für die Reservatsbewohner zu schaffen. Im Tuscarora-Reservat im westlichen New York beschäftigt Wes Patterson ganztags etwa zwanzig Leute. Während der sommerlichen Hochsaison stellt er noch zusätzlich einige Hochschulstudenten ein. Auch Frank Benedict aus Akwesasne (St.Regis) führt ein eigenes Geschäft, das gut läuft. Der harte Kern seiner Arbeitskräfte setzt sich aus Familienmitgliedern und Freunden zusammen. Sein Geschäft liegt auf dem Gelände der alten Chisholm-Firma. Da die Kunststoffhersteller den großen Lacrossemarkt beherrschen, bleibt Patterson, Benedict und den anderen nichts weiter übrig, als ihre Schläger an den um vieles kleineren Kreis des Bandenlacrosse und des im Freien gespielten Frauenlacrosse zu liefern, deren Spieler beziehungsweise Spielerinnen weiter mit dem traditionellen Holzschläger spielen.

Ist es nun so, daß die die männliche Lacrossegemeinde den verschwundenen Holzschlägern nachtrauern müßte? Es gibt ein paar Leute, die der Ansicht sind, daß das Spiel dadurch verloren hat. Auf beiden Seiten der Diskussion sollten die einzelnen Argumente neu untersucht werden. Jene, die den Kunststoffschläger vorziehen – dabei handelt es sich meistens um nicht-indianische Spieler – legen Wert auf das leichtere Gewicht des Aluminiumschafts und Kunststoffkopfes und finden ihn leichter in der Anwendung. Den schwereren Schläger aus Holz halten sie für schwieriger zu handhaben. Zu ihrer Argumentation führen sie noch an, daß hölzerne Schläger gefährlich werden können und eine schwerwiegende Verletzungsgefahr darstellen. Außerdem betonen sie, wie schwierig sich die Suche nach einem exakt gleichen Zweitschläger gestalten kann, da sich keine zwei handgeschnitzten Stöcke aufs Haar gleichen.

Wenn man die Hauptargumente für den hölzernen Schläger zusammenträgt, muß man dabei laut Frank Benedict die Spielweise berücksichtigen. Im heutigen Lacrosse spielt der Verteidiger nur eine untergeordnete Rolle. „Bei der Umstellung des Feldspiels in das moderne Lacrosse geht es allen in erster Linie um das Offensivspiel. Die Frage lautet: Wie steht es um die Verteidigung? In jedem Spiel geht man von zwei Situationen aus. Bei einer davon, der Verteidigung, kann der Holzschläger als ausgezeichnete Verteidigungswaffe eingesetzt werden, um das Offensivspiel und das Mittelfeld besser unter Kontrolle zu bringen."

Benedict gibt zu, daß der „Einschüchterungsfaktor" des Holzschlägers teilweise in der Vorstellung liegt, davon getroffen zu werden, aber er spielt die Schwere der Verletzungen herunter. „Die einzige Verletzungsart, die man sich durch den Holzschläger zuzieht, sind Blutergüsse, die offensichtlich etwas intensiver sind. Das liegt in der Sache selbst. Der Holzschläger ist nun einmal etwas schwerer und steifer [als der Kunststoffschläger]."[49]

Wenn Kent Lyons, ein Onondaga, der 1990 für die *Iroquois Nationals* bei den australischen Welt-Cup-Spielen mitmachte, daran zurückdenkt, fallen ihm wieder die unterschwelligen rassistischen Beleidigungen ein, denen die indianische Mannschaft ausgesetzt war. Gefühlsmäßig meinte er, daß das an den Holzschlägern lag, die die *Nationals* benutzten. „Ja, es war schlimm. Warum behandelten sie uns so? Sie schoben das auf die Holzschläger. Der Grund für ihre Stichelei lag darin, daß unsere Verteidiger alle mit den 1,80 Meter langen Patterson-Holzschlägern ausgerüstet waren. Übrigens brachten wir keinen dieser Schläger aus Australien zurück nach Hause! Auch die Japaner konnten kaum ihre Blicke davon losreißen."

Andererseits kann man argumentieren, daß die Kunststoffrahmen leicht brechen und dann schwere Verletzungen verursachen. Hinter den Kulissen, in den hinteren Räumen der Sportartikelgeschäfte, stapelt sich Karton auf Karton mit gebrochenen oder verbogenen Kunststoffrahmen. Ein Beispiel für die Gefährlichkeit von Kunststoffrahmen gab Benedicts Sohn Owen preis, der gerade in seiner Collegemannschaft zu spielen begonnen hatte. Während eines Spiels in der Saison 1992 „war gerade einer unserer Angriffsspieler dabei, einen Mann auszuspielen, als sein [Plastik-]Stock brach. Wie er nun den Ball in Richtung Tor warf, kam er mit seinem Schläger an das Gitter der Gesichtsschutzmaske des Verteidigers. Ein Stück des Stockes drang durch die Maske und schlitzte dessen Gesicht unterhalb des Auges auf; alles war voller Blut."

Benedict führt weiter aus, daß der Holzschläger trotz seines größeren Gewichts gegenüber dem Kunststoffstock dennoch gewisse Vorteile hat. Beide Schlägertypen weisen keine tiefen Körbchen auf. Wird nun ein harter Pass mit dem Holzstock gefangen, argumentiert er, springt der Ball nicht aus dem Schläger heraus. Deshalb erleichtert er den Vorgang, den Ball zu fangen und zu halten — im Gegensatz zum Kunststoffstock, der dem Ball nur wenig Halt bietet. „Ein weiteres wichtiges Argument für den Holzschläger ist das Ballgefühl. Dadurch gewinnt der einzelne mehr Vertrauen zu sich, wenn er das Gefühl hat, den Ball kontrollieren zu können, das ihm der solide, massive, aus einem Stück gefertigte Rahmen vermittelt, und das ihm die zwei Teile aus künstlichem Material, die den Kunststoffschläger ausmachen, nicht geben können."

Auch Kent Lyons beruft sich auf Benedicts Aussage über das „natürliche Gefühl" beim Holzschläger. „Egal, wo man einen Kunststoffschläger in die Hand nimmt, es ist immer das gleiche." Er teilt ebenfalls die Meinung, daß die Rolle des Verteidigers in den Hintergrund getreten ist. Als er sich bei einer Profi-Mannschaft bewarb, wurde ihm bedeutet, sich von seinem hölzernen Schläger zu trennen, falls er in die Mannschaft aufgenommen werden wollte. „Man wird gezwungen, mit dem Kunststoffschläger zu spielen, er gehört sozusagen zur Ausrüstung [des Herstellers]. Wie die Sache aussieht, wird im Spiel nur noch Cross-Checking und die Jagd auf das Tor großgeschrieben. Von Verteidigung ist keine Rede mehr — das Spiel wird immer mehr zu einem reinen Zuschauersport, in dem Tore fallen müssen."

367

Es stellt sich die Frage nach der Individualität, die jeder Holzschläger nach Meinung der Indianer besitzt, während sich die Kunststoffstöcke alle gleich anfühlen. Obwohl es kein Paar handgeschnitzter Stöcke gibt, die ganz und gar identisch ausfallen, kann ein einzelner Spieler trotzdem genau den Stock aus einem Haufen herausziehen, der zu ihm paßt. Das ist jedenfalls die Meinung von Frank Benedict. „Der hölzerne Stock ist ein Schläger mit Persönlichkeit. Im Normalfall muß sich [ein Spieler] womöglich durch zwei oder drei Dutzend hindurcharbeiten, um den Schläger zu finden, der zu ihm paßt. Er muß das richtige Gefühl haben, das richtige Gewicht, die Balance. Aber in jedem Haufen von zwanzig oder dreißig Stöcken ist immer einer, der zu ihm paßt. ...Die Plastikstöcke sind alle gleich. Das einzige, was man sich aussuchen kann, ist die Farbe."[50]

Nach Benedicts Meinung geht das eingebaute Veralten der Kunststoffstöcke auf die profithungrigen Hersteller zurück, die laufend Farbe oder Form der Schlägerköpfe ändern. „Die wissen verdammt gut, daß junge Leute auf alles Neue scharf sind. Also wird alles von den Herstellern getan, Design und Farben werden gewechselt und auf den Markt geworfen, damit die Absatzzahlen in die Höhe gehen. Die Lebensdauer eines Stocks hängt allein davon ab. Mit Kunststoff kann man alles machen, und die Hersteller haben sich schon goldene Nasen verdient. Sie ändern ständig das Design, um das Spiel zu verbessern und mehr Kontrolle zu bieten. Dabei denken sie überhaupt nicht an andere Hersteller, deren Rahmen entweder anders geformt sind oder dickere Seitenwände haben, damit man den Ball besser kontrollieren kann oder es dem Abwehrspieler schwer machen, an den Ball heranzukommen."[51]

Die Verformbarkeit des Kunststoff-Kopfes wird auch von nicht-indianischen Spielern offen zugegeben. Trotz der Regeln über Breite des Schlägers, Form, Ballaufnahme und so weiter biegen sich viele Spieler den leicht verformbaren Kunststoff so zurecht, daß er ihrer Spielweise entgegenkommt. Mit diesem Verhalten riskieren sie bestraft zu werden, falls sie von einem Schiedsrichter bei einer von Zeit zu Zeit durchgeführten Kontrolle mit einem gegen die Regeln verformten Kunststoff-Schlägerkopf angetroffen werden. (Diejenigen Spieler, die besonders oft Tore werfen, geraten am ehesten beim Schiedsrichter in Verdacht). Nach Joe Callahan, Anfang der neunziger Jahre Angriffsspieler der *Georgetown University*, ging das folgendermaßen vor sich: „Die Spieler geben sich viel Mühe, den obersten Teil zusammenzudrükken, damit er schmaler wird. Dabei werden die Ecken etwas nach innen gedrückt. Der Kunststoff läßt sich dann ein wenig biegen beziehungsweise ausbeulen, so daß man besser werfen kann. Man macht eine kleine Furche, die kein Spiel haben darf. Dann bindet man den Schläger fest zusammen, steckt ihn in den Backofen, um ihn aufzuweichen und dann in den Eisschrank, um ihn wieder abzukühlen."[52] Indianischen Spielern sind diese Praktiken nicht unbekannt. Für sie sind die Regeln Teil einer großen Verschwörung mit dem Ziel, den Holzschläger ganz zu verdrängen. Rex Lyons bemerkte dazu: „Man kann sagen, daß diese Praxis schon dazugehört, wegen der Schiedsrichter ... Die Hälfte der Spieler, die den Kunststoffschläger benutzen, biegen sich alle den Kopf irgendwie zurecht, das heißt, daß sie diese Regel sowieso nicht befolgen. Vielleicht gibt es die Regel nur deshalb, weil sie die Herstellung des Holzschlägers erschwert."

Hat der Holzschläger Zukunft im Männer-Lacrosse? Zum Zeitpunkt, in dem dies niedergeschrieben wird, hat Frank Benedict bei der NCAA einen Antrag auf Satzungsänderung gestellt. Darin möchte er ein neues Holzmodell einbringen, das er experimentell entwickelt hat. Sein neues Hickoryschlägermodell ist viel leichter – nur etwa fünfzig Gramm schwerer als der Kunststoffschläger – und außerdem kleiner. Man kann mit ihm besser umgehen als mit dem alten Holzschläger, und er behauptet, daß man ein gutes Ballgefühl sowie mehr Kontrolle über den Ball hat. Wie beim Kunststoffstock ist der Kopf des neuen Modells einheitlich. Der einzige Unterschied liegt in einem längeren oder kürzeren Schaft beim Verteidiger-Schläger. Mit diesem Antrag auf Regeländerung ist die Bitte um Chancengleichheit auf dem lukrativen Holzschlägermarkt für Männer verbunden. Er weist darauf hin, daß der Preis für seinen neuen Holzschläger nicht über dem des Kunststoffschlägers liegt. In der Juni-Sitzung 1993 wurde seine Bitte an das NCAA-Satzungskomitee, die Lesart der 16,5 Zentimeter-Regel „von den Innenseiten des Rahmens" am Kopfende neu zu formulieren in „von Außenrand zu Außenrand", vorläufig zurückgestellt. Es wurde ein Unterausschuß einberufen, der alle Stockabmessungen überprüfen und anläßlich der Sitzung des Satzungskomitees im Jahr 1994 neue Vorschläge vorlegen soll.

Abgesehen von wirtschaftlichen Überlegungen gibt es vom indianischen Standpunkt aus gesehen noch einen spirituellen Aspekt in Zusammenhang mit dem hölzernen Lacrosseschläger. Rex Lyons, dessen Großvater ein berühmter Torhüter war, der seinen vertrauten Onondaga-Lacrossestock mit ins Grab nahm, meint dazu: „Man hat mich gelehrt, daß alles mit dem Stock zusammenhängt. Der Grund, warum man einen hölzernen Stock benutzt, ist der, daß sich im Innern des Baumes so etwas wie ein Herz befindet, das Baumherz, und dieses stellt die Verbindung her zwischen der natürlichen Welt und dem, was du tust."[53]

1990 wurde ein Meilenstein in der Geschichte des Lacrosse erreicht, als die *Iroquois Nationals* nach Perth/Australien reisten, um an den Lacrosse-Weltmeisterschaftsspielen teilzunehmen. Nach mehr als einhundert Jahren wurden hier zum erstenmal Indianer bei einem offiziellen, internationalen Wettkampf zugelassen. Obwohl die Mannschaft nicht *ein* Spiel gewann, war es dennoch ein symbolischer Sieg für sie. Wie ein Mannschaftsmitglied dazu bemerkte: „Manche Leute waren sehr enttäuscht, weil sie dachten, wir hätten wenigstens ein einziges Spiel gewinnen müssen. Doch wenn man darüber nachdenkt, haben wir doch etwas gewonnen, einfach weil wir teilgenommen haben. Das allein war ein großer Sieg."[54]

Da der Sport systematisch von den Olympischen Spielen ausgeschlossen wurde, hat die internationale Lacrossegemeinde diese Weltmeisterschaftsspiele eingerichtet. Tatsächlich hatte Lacrosse einen kurzen Auftritt bei den Olympischen Spielen gehabt, und zwar 1904 in St. Louis und 1908 in London. Damals war es noch üblich, daß die Gastländer das Programm festlegten. Als die Spiele dann aber außerhalb von Amerika und dem Commonwealth stattfanden, ließ man Lacrosse fallen.

Geschichtliche Ereignisse und soziale Veränderungen trugen ihr Teil dazu bei, daß die Chancen von Lacrosse, in das Programm der Olympischen Spiele aufgenommen zu werden, immer mehr abnahmen. Obwohl zum „Nationalsport" erhoben, verlor das kanadische Spiel ab 1900 an Beliebtheit. Die Sommersaison war nur kurz, und als die Motorisierung der Stadtbewohner zunahm, wandten sie den großen Städten den Rücken zu und suchten während der Sommerpause Ferienorte auf. Außerdem wuchs Baseball allmählich zu einer starken Konkurrenz heran, und Football machte sich auch langsam bemerkbar. (Der Eintrag am 3. April 1895 im MALA-Protokollbuch besagt: „Mr. Whyte schlug eine Verkürzung der Saison vor, um die Footballtermine nicht zu durchkreuzen.") Auch die Trennung der Lacrossegemeinde in zwei Lager über den Amateur- beziehungsweise Profistatus erwies sich als abträglich für eine Förderung des Spiels. Darüber hinaus brachte der 1. Weltkrieg im gesamten Sportgeschehen eine Zäsur mit sich.

Im Jahre 1925 gab es Versuche, den Kanadischen Lacrosseverband neu zu gründen. Wahrscheinlich lag es an der in den dreißiger Jahren beginnende Entwicklung von Bandenlacrosse, die die größte Veränderung des Spiels hervorrief, und zwar sowohl für die Weißen als auch für die Indianer. Ab diesem Zeitpunkt muß man von zwei Lacrossewelten sprechen — der kanadischen, die sich ganz und gar vom bisherigen Lacrosse abwandte und dem Bandenlacrosse den Vorzug gab, und der amerikanischen, die weiterhin die alte Spielweise förderte und entwickelte. Die meisten Indianer wandten sich dem Bandenlacrosse zu. Übrigens war das einer der Gründe, warum die *Iroquois Nationals* so große Schwierigkeiten bei den Weltspielen von 1990 hatten — sie waren an einen anderen Stil gewöhnt.

Bandenlacrosse war die Erfindung von Veranstaltern, die aus den zahlreichen überdachten Sporthallen, die man in Kanada finden kann seitdem Hockey immer populärer geworden ist, zusätzlich Kapital herausschlagen wollten. Während sie über mögliche Einkünfte aus

370

Abb. 71
Die *Iroquois Nationals* bei den *Jim Thorpe Memorial Games* in Los Angeles, einem besonderen Ereignis vor den olympischen Sommerspielen 1984. Vordere Reihe, von links: Sid Hill (Onondaga), Flaggenträger; Dave Bray (Seneca), in Spieleruniform; Lee Lyons (Onondaga), in traditioneller Kleidung; Greg Tarbell (Mohawk), in Spieleruniform; Trainer Oren Lyons (Onondaga), in Weste. Lee Lyons hält einen irokesischen Kopfschmuck in Händen, den die Mannschaft dem Internationalen Lacrosseverband verehrte.

leerstehenden Sporthallen nachdachten, fügten sie die Aspekte der zwei beliebtesten Sportarten Kanadas zusammen – nämlich Lacrosse und Hockey – und schufen das neue Bandenlacrosse beziehungsweise *Boxla*, wie es eine Zeitlang hieß [*box* ist die Bezeichnung für die Bande des Eishockey-Feldes; d. Übers.]. Dabei handelte es sich um ein absolut neues Spiel, in dem es vorrangig um Geschwindigkeit und Spielabläufe ging. Das Spiel war rauh. Jedes Drauflosdreschen, *Cross-checking* und Abseits waren erlaubt. Damit hatte es kaum mehr etwas gemein mit dem Gentleman-Clubsport, der George Beers siebzig Jahre zuvor vorgeschwebt hat. Von diesem neuen Spiel ging derselbe rauhe Reiz aus, den auch andere brutale Kontaktsportarten wie Hockey und amerikanischer Football immer noch ausüben. Mitte der dreißiger Jahre war es dann soweit, daß Bandenlacrosse offiziell vom Kanadischen Lacrosseverband betreut wurde.

Während dieser Zeit traten die indianischen Mannschaften weiter gegeneinander an, gewöhnlich auf nationaler oder Reservatsebene. Anfang der siebziger Jahre beschlossen die Irokesen, ihre eigene Bandenlacrosse-Liga zu gründen. Der Impuls, eine irokesische „National"-Mannschaft zu bilden, in der Spieler aus allen sechs Nationen beteiligt sein sollten, ging von dieser Organisation aus. Zum Teil läßt sich diese Entwicklung auf eine Periode indianischer Aktivität zurückführen, in der ein Großteil der sozialen Unruhen der Vietnam-Ära aufgefangen wurde. Andererseits folgte der Aufbau einer Nationalmannschaft im Jahr 1983 einem uralten Muster. Seit jeher hatten die Indianer Bündnisse miteinander abgeschlossen, wenn für die „großen" Spiele der Vergangenheit Mannschaften zusammengestellt wurden. Laut Oren Lyons stellte diese neue nationale Einheit der Irokesen eine natürliche Form ihrer traditionellen Lebensart dar: „Sobald man über Lacrosse spricht, berührt man das Herzblut der Sechs Nationen. ...Dieses Spiel ist ein Teil unserer Kultur, unseres Systems und unseres Lebens. ...Zweimal im Jahr gibt es Zeiten, die das Blut in Wallung bringen ... im Herbst, bei der Jagd, und jetzt [im Frühjahr] beim Lacrosse."[55]

In erster Linie waren es Lyons, ein Glaubensbewahrer der Onondaga und ehemaliger *Syracuse*-Spieler, sowie Rick Hill und Wes Patterson von den Tuscarora, die die *Iroquois Nationals* gründeten (Abb. 71). Von Anfang an bemühten sie sich intensiv darum, von der nicht-indianischen Amateur-Lacrossegesellschaft offiziell anerkannt zu werden und die Teilnahmeberechtigung für die Weltspiele zu erhalten. Lyons fungierte gleichzeitig als Trainer und als politisches Sprachrohr. Aus *High Schools* und *Colleges* stellte er die besten irokesischen Spieler zusammen. Viele mußten zum Training von weit her anreisen. Im Herbst 1985 bereisten sie England, gewannen drei von fünf Spielen und erreichten gegen die englische Nationalmannschaft ein Unentschieden. Ein Jahr später traten sie gegen die australische Nationalmannschaft an.

Aber wiederum sahen sich die Indianer demselben Problem ausgesetzt, das bereits 1867 zu ihrem Ausschluß geführt hatte. Sie waren auf finanzielle Unterstützung angewiesen für Spielerkleidung, Reisekosten, Ausrüstung und so weiter. Mit Werbevideos sprachen Lyons und Hill bei großen Firmen vor und baten um Unterstützung. Leider nur zu oft begegnete man ihnen mit Skepsis. Lyons Sohn erinnert sich daran: „Es war schwer, Überzeugungsarbeit zu leisten. Was wir anzubieten hatten, hörte sich gut an, aber es war alles neu. Wir konnten noch keine Erfolge vorweisen."

Als 1990 die Reise nach Australien geplant wurde, mußte jeder Spieler die Reisekosten für dieses Ereignis in Höhe von 1.200 Dollar selbst aufbringen. Die Organisatoren sparten, indem sie Trainingseinheiten zusammenlegten und sich dabei auf die traditionelle indianische

Gastfreundschaft verließen. So erinnert sich einer: „Wo immer wir auch trainierten, wurden Kosten eingespart, indem die dortigen Gemeinden für die Verpflegung der Spieler aufkamen. Ich glaube, das einzige Geld, das wir bekamen, war Benzingeld, das war aber schon alles. Unser Essen bekamen wir an Ort und Stelle. Es wurde an allen Ecken gespart. Jeder kratzte den letzten Cent zusammen." Aber zuletzt kamen einige Gelder zusammen, und die *Iroquois Nationals* konnten ihre Reise antreten. Sie reisten weder mit amerikanischen noch kanadischen, sondern mit irokesischen Pässen.

Einer der symbolischen Höhepunkte der Reise war das übliche Absingen der Nationalhymne jedes vertretenen Landes. Anscheinend hatte niemand vor der Abreise der Mannschaft daran gedacht. Zum Glück hatte ein Seneca-Spieler eine Kassette mit einem traditionellen indianischen Flaggen-Lied dabei, die er der Mannschaft zur Verfügung stellte. Ein anderer Spieler beschreibt den Stolz, den er empfand, als sie abgespielt wurde, obwohl er das Lied gar nicht kannte: „Wir brauchten eine Nationalhymne, und dieser Bursche sagte einfach: ‚Hier ist mein Lied. Könnt ihr es brauchen? Ich fände es schön, wenn ihr etwas damit anfangen könntet'. Wir haben es dann tatsächlich genommen. Trotzdem war es etwas seltsam, unsere Nationalhymne sozusagen in ihrer ersten Fassung zu hören. Wer weiß schon, ob sie für alle Zeiten unsere Nationalhymne bleiben wird. Wir hatten alle eine Kassette, jeder von uns hatte eine bekommen. Es war sehr beeindruckend, das erstemal dort zu stehen [als sie abgespielt wurde]." Kent Lyons drückt seine damaligen Gefühle, als die Irokesen in Habtachtstellung auf das Abspielen warteten, wie folgt aus: „Unsere Hymne zu hören und unsere purpurfarbene Flagge mit den [indianischen] Insignien zu sehen – in dem Moment ist mir erst wirklich klar geworden, was alles passiert war, wo ich heute stand und daß ich ein Teil dieser Geschichte war."[56]

Mit der Anerkennung der *Iroqouis Nationals* durch die Lacrossegemeinschaft war ein Wendepunkt in der indianischen Lacrossegeschichte eingetreten. Bereits 1986 hat Tom Hayes, Trainer an der *Rutgers University* und Vizepräsident der Lacrossestiftung, erklärt, daß die *Nationals* nicht nur dem internationalen Spielstandard entsprachen, sondern auch eine wichtige symbolische Rolle in diesem Sport spielten: „Sie führen das Spiel wieder auf seine Wurzeln zurück. Hierbei handelt es sich um ein durch und durch amerikanisches Spiel. Es wäre lachhaft, wenn es nicht auch von waschechten Amerikanern gespielt würde."[57]

Sozusagen als Nebeneffekt des erfolgreichen Aufbaus der *Iroquois Nationals* ist eine Junioren-Nationalmannschaft entstanden, die sich aus indianischen *High School*-Spielern zusammensetzt und die ihr Training im Sommer betreiben. Mit den *Nationals* verbindet sie die Idee der Zusammengehörigkeit. Für viele von ihnen ist dies ein wichtiges und notwendiges Ziel. Kent Lyons bemerkt dazu: „Ein paar der älteren Jungen warten nicht erst ab, bis ich das Wort ergreife, sondern überfallen mich gleich mit ihren Fragen: ‚Kent, was passiert als Nächstes? Wie steht es um die *Nationals*?' Sie kommen von überall her und wollen alle unbedingt mitmachen."[58] Ansley Jemison führt seine Erfahrungen auf das Training mit den *Junior Nationals* zurück, durch die auch seine *High School*-Mannschaft von seinen dort gemachten Fortschritten profitiert. Bevor er sein erstes Semester an der *Canandaigua Academy* begann, hatte er bereits bei den *Junior Nationals* die Abwehrtechniken mit dem langen Schläger trainiert. „Ich hatte ein paar Vorteile gegenüber einer Menge junger Spieler, die dieses Jahr hier angefangen haben, weil ich schon für die Irokesische Junioren-Nationalmannschaft gespielt habe. Das war, als hätte ich zwei Saisons in einem Jahr absolviert."[59]

Diese neu zusammengestellten indianischen Mannschaften haben es schwer, da die Spieler ziemlich weit über den ganzen Staat New York verstreut wohnen. Deshalb ist es für sie schwierig, miteinander Kontakt zu halten. Außerdem kostet die Anreise zum Training viel Zeit und Geld. Abgesehen von diesen und manchen anderen Problemen, denen sich die *Iroquois Nationals* gegenübersehen, stellen sie trotz allem den ganzen Stolz der Indianer dar. Es wäre durchaus denkbar, daß sie als Modell für die Wiederbelebung des indianischen Lacrosse im übrigen Nordamerika wirken, wenn die Indianer weiterhin ihre sozialen und kulturellen Angelegenheiten in die eigenen Hände nehmen. Möglicherweise kann der Aufschwung des indianischen Lacrosse unter den jungen Leuten soweit führen, daß ihre Probleme in weißen Schulen abgebaut werden. Häufig ist damit ein mangelnder Respekt für ihre Kultur und Geschichte verbunden, ganz abgesehen von rassistischen Vorurteilen und der Erwartung ihres Scheiterns. Für Oren Lyons spricht die Erfahrung mit den *Iroquois Nationals* solche Probleme direkt an. Darüber hinaus findet das Spiel zu denjenigen zurück, von denen es herstammt: „Diese Mannschaft ist deshalb so wichtig, weil wir hier Gelegenheit haben, uns selbst zu finden, ohne daß uns die ganzen [nicht-indianischen] Regeln übergestülpt werden... Wenn behauptet wird, daß man ein amerikanisches *College* besuchen muß, um ein richtiger amerikanischer Lacrossespieler zu sein, will man uns damit erneut auf raffinierte Weise kontrollieren und maßregeln."[60]

Epilog

Niagara-Wheatfield High School im Jahr 1991

Ich befand mich auf der Rückreise vom Six Nations-Reservat in Ontario, wo ich im Auftrag des Smithsonian-Instituts einige Forschungsarbeiten erledigt hatte. Sie standen in Zusammenhang mit zeitgenössischer indianischer Musik, die für das jährlich stattfindende Amerikanische Folklore-Festival zu einem Programmpunkt zusammenzustellen war. Da ich noch Zeit hatte, bevor mein Flug von Buffalo zurück nach Washington ging, rief ich meinen Freund Emmett Printup an. Er war damals Universitäts-Lacrossetrainer an der *Niagara-Wheatfield High School*, die genau gegenüber dem Tuscarora-Reservat lag, wo er aufgewachsen ist. Wir kannten uns seit 1985, als er seinen Abschluß an der *Syracuse University* gemacht hatte. Dort war er der letzte Indianer gewesen, der noch unter Trainer Simmons gespielt hatte.

Leider habe ich Emmett niemals für Syracuse spielen sehen. Danach war er bei den *Washington Wave*, die der Großen Hallen-Lacrosseliga angeschlossen waren, wo auch sein Syracuser Mannschaftskamerad Brad Kotz spielte. Die beiden blieben so lange bei dem Washingtoner Club, bis er wegen zu geringer Zuschauerzahlen einging. Emmett übernachtete jedesmal bei uns, wenn er ein Spiel hatte. Einmal ergriff ich die Gelegenheit und ließ ihn einen Blick auf die alten, irokesischen Lacrossestöcke in der Smithsonian-Sammlung werfen, über die man nur wenig weiß. Das war der Anfang einer langen Freundschaft, in deren Mittelpunkt das Spiel stand. Zusammen machten wir Pläne, ein indianisches Lacrossespiel beim Folklore-Festival 1989, für das ich die Verantwortung trug, vorzuführen. Der Programmschwerpunkt sollte auf dem schwierigen Zugang zu indianischer Kultur und deren Fortbestehen liegen.

Lacrosse war ein gutes Beispiel für die Nichtachtung, die die Indianer für etwas erfuhren, das ihnen einmal ganz allein gehört hatte — ein Beitrag für die Sportwelt, der nicht übergangen, der im Gegenteil von den Nicht-Indianern usurpiert worden war. Ich hielt es für wichtig, die Festivalbesucher daran zu erinnern, daß Lacrosse ein indianisches Spiel war. Also planten wir mitten auf der *National Mall* ein Lacrosse-

Feld mit Bande, in dem zwei irokesische Mannschaften Schaukämpfe vorführen sollten. Zwei Dinge sollten bei der Mannschaftsauswahl deutlich werden: Erstens, daß indianische Kinder ganz natürlich mit Lacrosse aufwachsen, so wie die jungen Leute in den Großstädten mit Basketball, und zweitens, daß die Indianer traditionsgemäß auf Gemeinde- oder Stammesebene stets gegen eine gleichartige Auswahl spielten. Entsprechend luden wir zwei Mannschaften aus neun- bis zehnjährigen Jungen ein — eine aus Tuscarora, die Emmett zusammenstellen und trainieren sollte, und die andere aus Onondaga, nämlich Bossy Bucktooths „Washingtoner Bande". Als Ergänzung zu den Wettkämpfen auf der *Mall* hatten wir den Mohawk Frank Benedict und seine Familie eingeladen, die die traditionelle Art der irokesischen Schlägerherstellung vorführen sollten.

In der Zwischenzeit hatte Emmett geheiratet und war Vater eines Sohnes geworden. Emmett Jr. war bereits mit dem Schläger seines Vaters und dessen Begeisterung für das Spiel vertraut (Abb. 72). Er begleitete seinen Vater oft zum *High School*-Training. Dort wurde er ermahnt, den Ball nicht aus dem Auge zu lassen und aufzupassen, daß er im hektischen Spielgeschehen nicht niedergetrampelt wurde. „Also, wenn die Verteidiger loswerfen und ihre Pässe abgeben, egal, welche Gruppe gerade in der Nähe meines Kindes steht, ich mache ihm klar, daß er auf die Bälle aufpassen muß, die in seine Richtung fliegen," lachte Emmett. „Je nachdem, auf welcher Linie sie stehen, oder wo er gerade steht, müssen sie alle notgedrungen eine bißchen den Torwart spielen."

Als wir an jenem Nachmittag von Buffalo in Richtung Norden fuhren, unterhielt ich mich mit Emmett über seine Lacrosse-Laufbahn. Im Vergleich zu anderen indianischen Jungen war er erst spät mit dem Sport in Berührung gekommen. Im Reservat fangen indianische Kinder gewöhnlich schon als Kleinkinder mit dem Spiel an und üben als erstes, den Ball vom Boden hochzunehmen. Emmett fing erst mit dreizehn Jahren an, als ihn seine Tante mit nach Kanada nahm, um seinen Cousin Jimmy Bissell spielen zu sehen. Im Gegensatz zu Emmettt hatte Jimmy schon im Alter von vier oder fünf Jahren mit Lacrosse angefangen. Weder Emmetts Vater noch sein Großvater waren Lacrossespieler gewesen, was ziemlich ungewöhnlich für einen Tuscarora war. Tatsächlich war seinem Vater das Spiel verboten worden, da die Großmutter Lacrosse mit der Vorstellung von Trinkgelagen verband, und so schickte sie ihn zum Baseball und zum Laufen.

In einer kanadischen Sommer-Bandenliga begann für Emmett seine Karriere. Richtig gut im Lacrosse wurde er aber erst in der *Niagara-Wheatfield High School*. Nach drei Jahren Spiel in der Universitäts-Mannschaft erntete er während seines letzten Studienjahres viele amerikanische Auszeichnungen. Daraufhin bot ihm Syracuse an, dort versuchsweise zu spielen. Allerdings mußte er, da er aus dem westlichen

376

Abb. 72
Emmett Printup und Sohn genießen das Nichtstun mit Emmetts Schläger.

New York kam, seine Spieltechniken etwas umstellen. „Das Spiel war in der Gegend, wo ich herkam, ziemlich neu. Deshalb war auch der Umgang mit dem Schläger noch nicht so ausgefeilt wie zum Beispiel in Syracuse oder Rochester. In der New York-Liga im Westen lernen alle erst wieder Lacrosse, deshalb gab es auch noch keine ausgesprochenen Links- beziehungsweise Rechtshänder. Es war nicht so einfach, mich dort anzupassen, aber ich habe es geschafft. Wie sich herausstellte, war ich eher ein Linkshänder. Beide Spiele verfolgen eine gänzlich unterschiedliche Strategie. Beim Feld-Lacrosse ist alles viel offener, während das Banden-Lacrosse die reine Schinderei ist. Beim Lacrosse braucht man Geschick und Finesse, und man muß viel laufen.“

Ich bat Emmett, etwas über seine unterschiedlichen Trainingserfahrungen zu berichten. Einerseits trainierte er indianische Teenager, die etwa 75 Prozent der *Niagara-Wheatfield*-Mannschaft stellten, und auf der anderen Seite weiße Jugendliche an der privaten *Park School* von Buffalo. Der Hauptunterschied, so wie er ihn wahrnahm, lag darin, daß die Weißen mit Lacrosse in der Schule anfingen, weil es gerade „in" war, während das Spiel im Reservat zum ganz normalen Tagesablauf gehörte. „Man kann es mit dem Lächeln vergleichen: Im Reservat gehören Lacrosse und Lächeln zusammen wie zwei Brüder." Wie er fand, gab es noch andere Unterschiede: „Die Indianer werden mit dem Talent geboren. Sie bringen eine natürliche Begabung für Lacrosse mit, und sie strengen sich nicht groß körperlich an, um in Bestform zu kommen. Wenn das wirklich einmal jemand tut, ragt er aus allen anderen Spielern hervor. An der *Niagara-Wheatfield*-Schule gibt es eine Menge Indianer, die alle gerne spielen wollen, weil sie ihr Leben lang mit den Stöcken herumgespielt haben. Sie können prächtig mit dem Schläger umgehen, und es gibt ein paar, die sich mehr darauf verlassen als auf das Training. Beim Banden-Lacrosse kann das manchmal hinhauen, aber beim Feld-Lacrosse so gut wie niemals. Der einzige Unterschied zu den weißen Schülern ist der, daß die immer lernen wollen. Sie wollen an dem Sport arbeiten und immer besser werden, weil dies ihre erste Erfahrung mit Lacrosse ist. Für sie ist es wie ein neues Spielzeug. Für die eingeborenen Kinder ist das schon lange nichts Neues mehr. Einige von ihnen wollen damit auch gar nicht unbedingt weiterkommen. Für diejenigen jungen Indianer aber, die weiter auf das College gehen wollen, sieht die Situation wieder ganz anders aus, nämlich umgekehrt."

Hier sprach Emmett von seiner persönlichen Erfahrung in Syracuse. „Man trifft fast keine eingeboreren Spieler mehr in den höheren Schulen. Dabei gibt es so viele großartige eingeborene Bandenspieler, aber die haben einfach keine Lust auf Fortbildung. Sieht man mal einen, der sich aufrafft, seine Bandentalente zu erweitern, ist das ein wirklich toller Anblick. Er ist dort an dem Platz, wo er gern sein möchte, er ist in Form, er spielt gerne Ball, und so könnte er ein Topspieler sein. Ich sage ,könnte', denn hier kommt Politik ins Spiel. An der aufgewendeten Spielzeit kann man ablesen, wo der einzelne herkommt. Je besser ein Lacrossespieler auf dem Feld ist, desto mehr Spielpraxis braucht er. Es ist sehr schade darum, denn Bandenspieler könnten und werden in Zukunft großen Einfluß auf das Feldspiel nehmen. Das steht fest."

Nachdem er zwei Saisons für die *Washington Wave* gespielt hatte, nahm er seinen Abschied. Der Hauptgrund dafür war finanzieller Art. Er verdiente dort sehr wenig, und das Wenige gab er gewöhnlich für das Hin- und Herfahren von Buffalo aus. Er mußte sein Einkommen aufbessern und übernahm verschiedene Tätigkeiten, teils als Selbständiger oder als Angestellter. Manche Posten brachten ihm gar nichts ein, andere wiederum gefielen ihm nicht. Er probierte alles aus, angefangen vom T-shirt-Druck bis zur Werbebranche. Zuletzt landete er beim steuerfreien Zigarettenhandel in den Reservaten. Bald darauf kehrte er an die *High School* zurück, wo er gespielt hatte, und wurde dort erst Hilfstrainer für Lacrosse, später Haupttrainer.

Abb. 73
Printup und die Lacrossemannschaft der Niagara-Wheatfield-Universität,
Frühjahr 1989

Etwa um 15.30 Uhr betraten wir den Umkleideraum und gingen
in sein kleines Büro. Sein Hilfstrainer füllte Bögen aus mit den Analysen
der Gegner. Emmett fragte ihn direkt: „Hallo, Scott. Haben heute
irgendwelche Jungen Probleme mit der Schule gehabt? Waren alle da,
oder hat einer gefehlt? Wir müssen am Freitag alle topfit sein, wenn wir
es denen von *Orchard Park* zeigen wollen." Scott erwiderte, daß sich die
meisten bereits zum Training umzögen, und daß ihm weiter keine
Probleme bekannt seien außer der einen Verletzung, die noch eine
Woche oder so zum Ausheilen brauchte. „In Ordnung, dann sollen sich
Travis und Wayne aufmachen und den Burschen Bescheid sagen, daß
in zehn Minuten Treffpunkt auf dem Übungsfeld ist. Außerdem
müssen wir noch ein paar Übungsbälle zusammensuchen. Wo könnten
die restlichen Bälle bloß sein? Sag den Kapitänen, sie sollen die Jungen
zum Aufwärmen ein paarmal um den Park schicken, dann treffen wir
uns drüben für die Körperübungen bei den Tennisplätzen."

Ein paar Nachzügler stürzten an uns vorbei in den Umkleideraum,
als wir ihn verließen. Emmett schaute in die Richtung, wo das Junior-
Feld lag, um zu sehen, ob der Trainer seine Mannschaft beisammen
hatte und die Jungen das Lauftraining machen ließ. Nachdem die
Mannschaft ihre Runden beendet hatte, ließ Emmett sie sich für die
erforderlichen Dehnübungen in einer Reihe aufstellen. „Also los, Jungs,
stellt euch hier auf, jetzt macht schon." Wayne und Travis stellten sich
vor sie hin und führten die Übung an. „Oh, oh, Tom und die anderen

da drüben – wollt ihr euch drücken? Ihr müßt noch ein bißchen tiefer gehen. Los, Jungs, strengt euch an, wir stehen vor einem großen Spiel – *Orchard Park* hält den ersten Platz, und sie haben die Mannschaft, gegen die wir letzte Woche spielten, total fertiggemacht. Wir konnten sie gerade mal schlagen, deshalb müssen wir alles aus uns rausholen."

Nach den Dehnübungen blies Trainer Printup in seine Pfeife, versammelte die Mannschaft um sich und gab ihnen weitere Anweisungen (Abb. 73). „He, Travis, geh mit den Angriffsspielern hinter das Tor und mach noch ein paar Übungen im Stand. Und Wayne, du gehst mit den Mittelfeldstürmern zur Mitte, und du, Lance, nimmst die Abwehr hinter die Mittellinie. Macht noch mal ein paar Körperübungen." Er drehte sich zu mir um und sagte: „Ich hole die Bälle und wärme den Torhüter ein bißchen auf – das scheint meine Spezialität zu sein." Da ich Emmetts Wurf schon mindestens hundertmal gesehen hatte, machte ich mir Gedanken um die Sicherheit des Torwarts. Wenn er seinen gewaltigen Oberkörper hochschraubte, gelang ihm ein richtiger Meisterschuß – einmal wurde er mit etwa 150 km/Std. gemessen. Er versicherte mir, daß er seinen Torwart nicht überfordern wollte, jedoch auf das Mittelfeld hinaus müßte, um zu sehen, ob er „warm" genug war.

Nach etlichen schnellen Ausbruchübungen ging Emmett gewöhnlich mit der Mannschaft die Liste mit den persönlichen Eigenschaften der Gegner durch. „Man muß mit den Jungen sprechen, solange sie noch in einer Reihe stehen und ihnen sagen, wie die *Orchard Park*-Spieler im einzelnen reagieren, sie auf bestimmte Trikot-Nummern aufmerksam machen und ob sie Rechts- oder Linkshänder sind. Auf diese Weise können sie sich ein Bild machen, wie sie sich später verhalten sollen und was sie gegen die andere Mannschaft unternehmen können."

Jetzt wurde es Zeit für das offene Gedränge. Zuerst ließ er die Sturmspitze gegen die Verteidigerspitze antreten. „Also, auf geht's, voran jetzt, laßt den Ball nicht anbrennen, haut auf den Lukas und geht euch nicht aus dem Weg." Er grinste mich an. „Die Jungens lieben das Gedränge. Ob Freunde oder nicht, sie schlagen gerne aufeinander ein. Dadurch werden sie ein bißchen munterer."

Ein paar Spieler schienen allerdings diese Vorliebe fürs Gedränge nicht zu teilen. „Was passiert mit Drückebergern?" fragte ich. Emmett war mit der Antwort schnell bei der Hand. „Wenn ich so einen erwische, schicke ich ihn meistens in den ‚Dschungel'. Der Dschungel verläuft um das Footballfeld außerhalb des Zauns. Dort wächst jede Menge dorniges Gestrüpp." Er lachte. „Niemand weiß, was sich dort 'rumdrückt. Nahe am Weg gibt es Höhlen, aber man weiß nicht, welche Tiere darin hausen. Unter Umständen könnte sogar ein Bär aus einem der Löcher kommen, wer weiß das schon. Wenn man dort durch muß, ist das wie Folter. Wenn man diesen Pfad entlangläuft, braucht man seinen Schläger zur Verteidigung. Er geht um das ganze Stadium, das ganze Footballfeld. Schon zu meiner Schulzeit war das eine beliebte Strafe, denn in unserer damaligen Einundachtziger-Mannschaft gab es jede Menge Blödmänner. Meiner Meinung nach trägt jeder Lacrosse-spieler ein bißchen den ‚Dschungelkönig‘ mit sich herum, so wie sich in jedem normalen Menschen ein kleiner Lacrossespieler verbirgt. Deshalb brülle ich einfach: ‚He, du da, marsch, ab in den Dschungel!‘ Wenn sie wieder da sind, haben sie in der Regel ein bißchen mehr Schneid.“

Ich ließ meine Blicke über die Mannschaft schweifen und wurde eindrücklich daran gemahnt, wieviel unterschiedliche Rassen die *High School* besuchten. Die Spielerliste spiegelte das deutlich wider. Neben jugendlichen Tuscarora-Indianern, die sichtlich nicht mehr reinrassig waren — manche trugen irische Namen wie McKie oder Sheehan — gab es die Nachfahren italienischer Einwanderer. Andere Spieler trugen dagegen ausgeprägte indianische Gesichtszüge, waren für Tuscaroras aber ungewöhnlich dunkel. Die Tuscaroras haben ihre alte Heimat in North Carolina Anfang des 18. Jahrhunderts verlassen und schlossen sich um 1722 als letzte Nation der Irokesischen Konföderation an. Gewöhnlich sind sie heller als ihre Seneca-, Onondaga- oder Mohawk-brüder, und zwar ganz beträchtlich, so daß sie von den anderen Irokesen manchmal scherzhaft die „Sonnenschirm-Leute“ genannt werden.

Printups Mannschaftskapitäne stammten mit Sicherheit vom Reservat. Besonders Travis Kilgour war ein außerordentlich eindrucksvoller Spieler, und ich sprach mit Emmett über seine Zukunftschancen. Er erwiderte: „Travis hat die Möglichkeit, ein Lacrosse-Superstar zu werden. Seine Qualitäten liegen in seiner Größe — er mißt etwa 1,92 Meter bei einem Gewicht von etwa 106 Kilogramm. Er spielt sowohl mit rechts als auch mit links, was man bei Leuten aus dem westlichen New York sehr selten findet. Er ist so ziemlich mein Mädchen für alles. Er ist ein wunderbarer Angriffsspieler, aber ich setze ihn im Mittelfeld ein, weil wir dort ziemlich schwach sind. Und in einem Spiel stellte ich ihn ins Tor. Das war gegen Ende der zweiten Hälfte, als er eine Verletzung am Bein erlitt und nicht mehr laufen konnte. Ich konnte es mir nicht leisten, ihn ganz vom Platz zu nehmen. Angesichts seiner 106 Kilogramm, seines traumhaften Umgangs mit dem Schläger und seiner Größe von 1,92 Metern blieb mir nichts anderes übrig. Er ließ damals nur ein Tor in den Kasten. Seine Zukunft? Vielleicht denkt er daran, auf das Gemeinde-College zu gehen und danach nach Nazareth, wo seine Brüder Rich und Darris auch einmal kurz gespielt haben. Jemand sollte ihm einfach eine Chance geben, bei einem Trainingsspiel herauszufinden, ob er sich für die Mannschaft eignet und wie ihm das Universitätsleben bekommt. Aber rein körperlich bringt er alles mit.“

Das Gedränge näherte sich dem Ende, und wir machten uns auf den Rückweg. Emmett wandte sich von mir ab und schaute geradeaus nach vorne, während er weiter die Talente von Travis rühmte: „Doch, er erfüllt auf jedem Platz alle Erwartungen. Er brauchte wirklich einen Sponsor." Etwas wehmütig fügte er hinzu: „Schade, leider ist er bloß ein Indianer."

Anhang A

Lacrosse-Legenden

Lacrosse taucht in überraschend großer Vielfalt in den traditionellen Legenden der nordamerikanischen Indianer auf. In Gestalt einer moralischen Lektion oder als historische beziehungsweise kausale Erklärung kann es im Mittelpunkt einer Geschichte stehen oder nur kurz in einer Reihe von Episoden auftreten. Beim Lesen dieser wunderbar anschaulichen Erzählungen wird deutlich, welchen Platz Lacrosse im Leben der Indianer einnimmt.

Was die genaue Wiedergabe hinsichtlich der Veröffentlichung von indianischen Legendenversionen betrifft, kann man nicht vorsichtig genug sein. Als die ersten Sammler von Texten der mündlichen Tradition auftraten, nahmen sie häufig Kürzungen, Verschönerungen und „Reinigungen" vor oder änderten das, was man ihnen erzählt hatte, auf andere Weise ab. Mit Sicherheit erlitten die Legenden große Einbußen durch die Übersetzung aus der originalen indianischen Sprache ins Englische. Hinzu kommt, daß es schier unmöglich ist, den persönlichen Stil eines Geschichtenerzählers auf Papier zu bannen. (In der folgenden Legende Nr. 9 macht der Linguist William Jones einen Versuch in dieser Richtung.) Weil jeder Erzähler seine Version der Legende vorlegte, trugen die Sammler zuweilen mehrere Versionen zusammen und legten die ihrer Meinung nach „komplette Erzählung" vor. Mit diesen Vorbehalten im Sinn darf sich der Leser nun auf die folgenden Geschichten freuen.

Nr. 1 (Eastern Cherokee)

Einem Mythos der Cherokee zufolge forderten die Tiere einstmals die Vögel zu einem großen Ballspiel heraus. Die Herausforderung wurde angenommen, und man traf die erforderlichen Vereinbarungen. Als es soweit war, versammelten sich die Teilnehmer an der vereinbarten Stelle. Die Tiere befanden sich auf dem Boden, während die Vögel die Baumspitzen einnahmen, um dort das Einwerfen des Balls abzuwarten. Seitens der Tiere nahmen der Bär teil, dessen massiges Gewicht alle Gegner erdrücken konnte; der Hirsch, der alle anderen beim Laufen ausstach, sowie die Sumpfschildkröte, der auch die härtesten Schläge nichts ausmachten. Bei den Vögeln sah man den Adler, den Habicht und den großen *Tlániwâ*. Alle drei waren berühmt für ihre Schnelligkeit und Flugkunst. Während die [Vögel] ihre Federn glätteten und jede Bewegung der Gegner unter ihnen beobachteten, bemerkten sie zwei kleine Kreaturen, die kaum größer als Mäuse waren. Sie kletterten den Baum herauf, auf dem der Anführer der Vögel saß. Als sie endlich oben waren, baten sie den Spielführer demütig, am Spiel teilnehmen zu dürfen. Der Anführer ließ seinen Blick eine Weile auf ihnen ruhen. Da er bemerkt hatte, daß sie beide Vierfüßler waren, fragte er sie, warum sie nicht bei den Tieren vorsprachen, wo sie rechtens hingehörten. Daraufhin erklärten die kleinen Wesen, daß sie dort bereits gewesen seien, aber nichts als Gelächter geerntet hätten und ob ihrer geringen Körpergröße zurückgewiesen worden seien. Nachdem der Spielführer sich ihre Geschichte angehört hatte, faßte er den Entschluß, sich ihrer anzunehmen. Dem stand jedoch eine ernste Schwierigkeit entgegen: Wie konnten sie sich den Vögeln anschließen, da sie doch keine Flügel hatten? Adler, Habicht und die anderen setzten sich nun zusammen. Nachdem sie eine Weile hin- und hergeredet hatten, wurde beschlossen, Flügel für die Kleinen zu machen. Aber wie sollte man die Sache angehen? Plötzlich hatte einer von ihnen eine gute Idee. Ihm war die Trommel eingefallen, die während des Tanzes geschlagen wurde. Die Bespannung bestand aus Leder vom Waldmurmeltier. Vielleicht konnte man davon eine Ecke abschneiden und für die Flügel verwenden. Kaum war der Vorschlag geäußert, als es auch schon an die Ausführung ging. Zwei Lederstückchen von der Trommelbespannung wurden zugeschnitten und an den Beinen eines der kleinen Tiere befestigt. Und so entstand *Tlameha*, die Fledermaus. Jetzt warf man einen Ball in die Höhe, den die Fledermaus fangen sollte. Sie verhielt sich beim Ausweichen und Umkreisen ungeheuer geschickt und hielt ihn dauernd in Bewegung, so daß er niemals zu Boden fiel. Bald hatte sie die Vögel davon überzeugt, in ihr einen äußerst wertvollen Verbündeten gewonnen zu haben.

Dann wandten sie ihre Aufmerksamkeit der anderen kleinen Kreatur zu. Jetzt wurde es noch schwieriger! Ihr gesamtes Leder war für die Flügel der Fledermaus aufgebraucht worden, und die Zeit war zu knapp, um weiteres Leder zu besorgen. In dieser schwierigen Situation fiel der Vorschlag, daß man womöglich Flügel erhalten könne, wenn man die eigene Haut des Tierchens etwas dehnte. Schon packten es zwei große Vögel von beiden Seiten mit ihren starken Schnäbeln und zerrten und zogen einige Minuten lang kräftig an seinem Fell. Tatsächlich gelang es ihnen, die Haut zwischen Hinter- und Vorderfüßen etwas zu dehen. Endlich war es geschafft, und vor ihnen stand *Tewa*, das fliegende Eichhörnchen. Um es zu testen, warf der Anführer den Ball in die Luft. Mit einem eleganten Satz sprang das fliegende Eichhörnchen ihm nach, fing ihn mit seinen Zähnen und trug ihn durch die Luft zur nächsten Baumspitze in ein paar Meter Entfernung.

Als alles bereit war, nahm das Spiel seinen Anfang. Schon zu Beginn ergriff das fliegende Eichhörnchen den Ball und lief damit einen Baum hinauf. Von dort warf es ihn den Vögeln zu, die ihn eine zeitlang in der Luft hielten, aber schließlich doch zu Boden fallen ließen. Kurz bevor er dort aufschlug, ergriff ihn die Fledermaus. Sie wich so geschickt aus und war so schnell, daß nicht einmal das schnellste Tier sich ihr nähern konnte. Zuletzt warf sie ihn ins Tor und gewann so den Sieg für die Vögel.

Wegen ihrer Hilfe und Unterstützung in diesem Fall bittet jeder Ballspieler weiterhin die Fledermaus und das fliegende Eichhörnchen um Hilfe. Zu diesem Zwecke befestigt er ein kleines Stück Fledermausflügel an seinen Schlägern oder an dem Gestell, an das die Schläger während des Tanzes gehängt werden.[1]

Nr. 2 (Ojibwa)

Am Fuß des Hügels stand ein Dorf mit recht unterschiedlichen Wigwams. Einer davon war ziemlich lang. Es muß ein *midewigan*, eine Medizintanz-Hütte gewesen sein. Es dauerte nicht lange, und eine alte Frau trat aus dem langen Wigwam heraus und kam mit schnellen Schritten zur Feuerstelle gelaufen. Sie hatte nicht erwartet, dort jemanden anzutreffen. Doch dann fiel ihr Blick auf *Wakayabide*, und sie konnte seine Eingeweide sehen, ebenso seine Zähne. Sie bekam es mit der Angst zu tun und rannte zurück den Hügel wieder herunter und flüchtete in den Wigwam. Sie stupste ihren alten Mann an. „Ich haben einen *manido* [Geist] am Feuer sitzen sehen. Seine Eingeweide und seine Zähne sind deutlich sichtbar. Er ist völlig nackt."

Der alte Mann, der gleichzeitig Häuptling war, sprach: „Am Holzstoß sitzt ein Fremder."

Sein Sohn, ein schlaues Bürschchen, sprang auf und sagte: „So ist das also. Es wird sich doch nicht um meinen Schwager handeln."

Ein paar andere ältere Männer meinten: „Na, na, junger Mann. So spricht man nicht. Schließlich handelt es sich um einen Geist. Wenn du so sprichst, wird er eines Tages kommen und uns töten. Sei vorsichtig. Wir sollte den *manido* lieber gut behandeln, da er nun einmal zu uns gekommen ist."

Einige Kinder sagten: „Für mich ist das kein *manido*. Man kann ja seine Gedärme sehen."

Der alte Mann sagte: „Verhaltet euch freundlich diesem Mann gegenüber und sprecht nicht so!"

Der junge Mann besaß drei Schwestern. Sein Name war *Madjikiwis*. Er sprach: „Ich werde mir mal meinen Schwager anschauen." Er griff zu seiner [Kriegs-]Keule. Sie lief am Ende in eine große Kugel aus. Als er sie in die Hand nahm, flogen Funken durch den ganzen Raum. So mächtig war sie. Man sah Blitz und hörte Donner.

Als er bei *Wakayabide* ankam, sagte er: „Mein Freund, ich wünsche mir für dich ein neues Zuhause. Wenn wir in den Wigwam gehen, siehst du eine rundliche Frau. Das ist meine Schwester. Die nächste ist eine mittelgroße Frau. Die nächste ist klein. Ich will dir die kleinste geben. Ich wünsche mir dich zum Schwager. Wenn du den Wigwam betrittst, wende dich an meine Schwestern. Höre nicht auf das, was die Leute sagen. Wenn du zur ersten kommst, wird die Dicke sagen: ‚Bleib hier und setz dich. Ich bin diejenige, die du heiraten wirst.‘ Du gehst einfach an ihr vorbei. Die nächste wird dasselbe zu dir sagen. Sie möchte, daß du dich neben sie setzt. Aber geh nur schön weiter zu der Kleinsten. Das ist die Schwester, die du heiraten sollst. Alles klar, steh auf und folge mir.“

Er stand auf. Die Leute kamen alle herbei und starrten sie an. Die kleinen Kinder riefen: „Das soll ein *manido* sein, bei dem man deutlich die Eingeweide und die Zähne sieht? Für mich ist das kein *manido*.“

Die alten Leute sagten: „Langsam, langsam. Seid schön still. Der *manido* wird es euch sonst bald zeigen, wenn ihr nicht ruhig seid.“

Als sie zum Eingang kamen, ging der junge Häuptling auf seinen Platz, und der andere Mann verhielt sich so, wie er es ihm aufgetragen hatte. Der Mann kam zu der rundlichen, dicken Frau. Sie sprach: „Setz dich her zu mir, das ist dein Platz.“ Er ging an ihr vorbei. Die zweite sprach: „Endlich kommst du zu mir. Setz dich her zu mir.“ Er ging weiter, bis er zu einer kleinen, winzigen Frau kam. Sie sprach gar nichts, und dort setzte er sich nieder.

Er ließ seine Blicke herumwandern und betrachtete all die Dinge, die *Madjikiwis* gehörten. Als sein Schwager die Keule an ihren Platz hängte, sah er die Funken fliegen.

Seine Frau begann ihn aufzuklären. „Bei uns werden alle möglichen Spiele gespielt. Du mußt sehr vorsichtig sein. Die Leute hier sind gefährlich. Sie töten einander. Du wirst nicht sehr lange leben, wenn du an ihren Spielen teilnimmst.“

Die drei Schwestern lebten mit einigen Männern zusammen, mächtigen Männern. Alle hörten sie, daß *Madjikiwis* einen neuen Schwager habe, und natürlich wollten sie ihn sehen. Der erste Mann, der kam, sagte: „Ich will meinen Bruder besuchen.“ Er war ein großer, kräftiger Mann. Im Wigwam gab es einen großen Felsblock. Darauf ließ sich dieser Mann nieder. Er trug einen großen Tabaksbeutel bei sich. Er sprach zu dem Mann: „Ich freue mich, daß du gekommen bist. Ich freue mich, dich zu sehen. Wir haben hier eine Menge Spaß, viele Spiele. Wir möchten dich gerne bei unseren Spielen dabei haben.“ Dann sagte er: „Jetzt werde ich dir zeigen, wie stark ich bin.“ Er hob den großen Felsblock auf – pures Gestein – und warf ihn wiederholt in die Höhe. Während er damit spielte, näherte er sich dem Mann, um ihm Angst einzujagen. Er ließ ihn fast fallen. Dann setzte er ihn ab. Er sagte: „Das ist meine Stärke. Solch ein Kerl wäre ich, wenn ich bei dieser Frau bliebe."

Wakayabide füllte seine Pfeife mit Tabak. Dann zog er die Sehne auf seinem Bogen fester an. Er mußte sich revanchieren. Dieser Mann war nackt. *Wakayabide* wollte ihm den Schuß zwischen die Beine setzen. Er wollte ihn nicht verletzen, nur streifen. Er zog die Sehne an, und der Pfeil streifte ihn ein wenig. Der Mann griff sich seinen Tabak und rannte nach draußen. Dort konnte man ihn lachen hören: „Ha ha ha! Ich bin auf einen Mann gestoßen, der besser ist als ich. Ich gebe auf! Er ist ein *manido*. Ich werde ihn nicht mehr belästigen."

Am Tag darauf erschien ein weiterer Mann, um ihn kennenzulernen. Bei dem ersten Mann, der gekommen war, handelte es sich um einen Grizzlybären. Der nächste, der hereinkam, war ein Polarbär. *Wakayabide* stellte fest, daß sich diese Leute in Tiere verwandelten. Dieser Mann sprach: „Ich bin gekommen, meinen Bruder zu besuchen." Er trug einen Tabaksbeutel sowie eine lange Pfeife bei sich. Er nahm auf dem großen Felsblock Platz. Er sprach: „Ich muß dir meine Stärke vorführen." Er kratzte am Gestein, woraufhin Flammen daraus hervorsprangen. Das machte den Leuten weiter nichts aus. Sie blieben einfach sitzen. Dann flogen Felsbrocken herum, und er sagte: „So wäre ich, wenn ich wüßte, ich könnte sie zur Frau haben." Dann setzte er sich, um sich seine Pfeife zu stopfen.

Wakayabide holte Pfeil und Bogen hervor und schoß auf seinen Kopf. Damit rasierte er ihm den Schädel. Daraufhin sprang der Mann auf und lief hinaus. Draußen lachte er: „Mein Bruder ist besser als ich. Ich gebe auf, und ich werde ihn nicht mehr belästigen."

Da war noch ein Besucher, der am nächsten Tag vorsprach. Dieses Mal handelte es sich um einen Menschen, einen gut gebauten Burschen. Seine Frau wußte, was passieren würde und sprach zu ihm: „Die Männer, die mit mir gehen [schlafen], wollen ausprobieren, welche Macht du besitzt. Sei vorsichtig. Sprich mit niemandem ein Wort."

Dieser Mann kam herein. Als er den Vorhang des Wigwams zurückschlug, ergoß sich eine Flut von Wasser ins Innere – rotes, lehmiges Wasser. Das war die Macht, über die er herrschte. Die Strömung war stark. *Wakayabide* wurde fast fortgetrieben, aber seine Frau konnte ihn gerade noch festhalten. Sie band ihn mit einer Schärpe fest und gab ihm Halt. Er konnte kaum atmen und stand kurz vor dem Ertrinken, als das Wasser endlich zurückging. Im Nu war alles wieder trocken. Die anderen Leute hatten nichts davon abbekommen. Sie blieben einfach sitzen. Ihnen machte das nichts aus. Dann ließ sich der Mann auf dem Felsblock nieder, füllte seine Pfeife und sagte: „Solch ein Kerl wäre ich, wenn ich diese Frau heiraten würde."

Wieder holte *Wakayabide* Pfeil und Bogen hervor. Dieses Mal setzte er den Schuß direkt in die Mitte des Felsblocks. In Gedanken sprach er zu sich: „Ein kleines Felsstück wird in den Körper des Mannes eindringen." Und so passierte es auch.

Jener Mann sprach: „Mit diesem Mann kann ich nicht mithalten! Er ist viel besser als ich. Ich gebe auf!"

Drei Männer hatten den Versuch unternommen, jenen Mann davonzujagen, aber es war ihnen nicht gelungen. Er besaß zuviel Macht.

Früh am Morgen des nächsten Tages machte ein Ausrufer die Runde durch das Dorf. Ich nehme an, die Wigwams standen im Kreis. Er verkündete: „Für heute ist ein Lacrossespiel angesetzt. *Madjikiwis* Schwager muß auch mitspielen."

Wakayabides Frau sagte: „Sei vorsichtig! Ich will nicht, daß du gehst. Sie werden dich töten."

Der Mann lachte: „Sie können mich nicht töten. Ich werde in jedem Falle hingehen und zuschauen. Wenn ich schon nicht spiele, will ich wenigstens zuschauen."

Von Anfang an hatte *Madjikiwis* kein Glück beim Spiel. Er verlor seine ganze Kleidung. Er wollte, daß sein Schwager für ihn spielte. Das hatte er von vornherein beabsichtigt, ohne es auszusprechen.

Alle waren draußen am Spielfeld. *Wakayabide* stand als Zuschauer ebenfalls dort, ausgerüstet mit Pfeil und Bogen. Es dauerte nicht lange, bis einer der Burschen, der Grizzlybär, an ihn herantrat. „Hier, Bruder." Damit reichte er ihm einen Lacrosseschläger.

„Ich weiß nicht, wie man das spielt. Ich kenne das Spiel nicht."

„Nein, nein. Du mußt spielen."

„Also gut, ich versuch's."

Er nahm den Lacrosseschläger. Dieser Mann hatte seinen Gürtel im Wigwam zurückgelassen, deshalb war der Wolf nicht da. Draußen in den Wäldern hatte der Wolf ihn ermahnt, den Gürtel niemals abzulegen und immer bei sich zu tragen.

Der Ball flog heran. Sein Partner sagte: „Fang den Ball und renne!"

Er fing den Ball mit seinem Schläger und rannte in Richtung Tor. Der andere Mann folgte ihm nach. Statt ihm den Ball abzujagen, sprang ihn der Bär von hinten an und riß seine Haut bis auf die Knochen herunter. Er fiel an Ort und Stelle tot um. Als das Spiel vorüber war, kam kein *Wakayabide* nach Hause. Sie müssen ihn in Stücke geschnitten und das Fleisch untereinander aufgeteilt haben.

Die Frau machte sich Sorgen um ihn. Sie fragte die Leute, wo er bliebe, aber sie erzählten ihr nichts. Am gleichen Abend veranstalteten alle Leute ein Festessen mit dem Fleisch. Die Frau des Mannes sorgte sich weiter. Sie konnte nicht schlafen. Der Wolf wußte, daß etwas mit seinem Meister nicht stimmte. Er fing in dem Gürtel an zu heulen. Die

Frau hörte dieses Geräusch. Sie verhielt sich ruhig und horchte. Es hörte sich an wie Wolfsgeheul. Zuerst war es so, als ob der Wolf weit weg in den Wäldern wäre. Dann merkte sie, daß es aus dem Gürtel kam. Sie fand dort eine kleine Tasche. Nachdem sie sie geöffnet hatte, fand sie einen winzigen Hund. Sie setzte ihn auf den Boden. Ihr war sofort klar, daß er jenem Mann gehörte.

Der Hund schüttelte sich und begann zu wachsen. Dann raste er auf direktem Wege nach draußen. Er lief in dem ganzen Dorf herum. Er fand alle Knochen und legte sie in der Form eines Mannes zusammen. Doch ein Gelenk konnte er nicht finden – den Ellenbogen. Er suchte alles von neuem ab, aber es war umsonst. Dann sah er eine Rauchsäule in den Wäldern hochsteigen. Dort in den Wäldern wohnte eine junge Frau ganz allein (in einer Menstruationshütte für Mädchen). Sie hatte auch ein Stück Fleisch bekommen – den Ellenbogen. Der Hund lief dorthin. Die Frau hatte den Knochen, den er suchte. Er saß an der Tür und beobachtete die Frau. Er wünschte sich, sie würde den Knochen auf den Boden werfen. Sie kaute und sagte wiederholt: „Mmh, mmh! Das schmeckt gut! Ich kann nicht aufhören zu kauen." Sie bemerkte den Hund und sagte: „Ich schätze, er will diesen Knochen. Aber er soll ihn nicht haben. Er schmeckt viel zu gut." Der Hund kam ein wenig näher, aber sie sagte: „Scher dich weg! Ich will den Knochen für mich alleine."

Der Hund wollte nicht länger warten. Deshalb machte er einen Satz, schnappte sich den Knochen und lief davon. Endlich hatte er alle Knochen für die Form eines Mannes. Dann heulte er. Die Knochen sprangen zusammen. Er heulte ein weiteres Mal. Auf den Knochen bildete sich Fleisch. Wiederum heulte er. Dann öffnete er seine Augen.

Die Leute wunderten sich über das Gebell dieses Hundes. Einer der alten Leute, der den Jungen gutes Benehmen beizubringen versuchte, sprach: „Es würde mich nicht überraschen, wenn jener Mann wieder zum Leben erwachen würde."

Als der Wolf zum vierten Mal heulte, setzte die Atmung von *Wakayabide* ein. Der Wolf sagte: „Du hast nicht auf mich gehört, mein Enkel, deshalb bin ich zu deiner Rettung gekommen. So etwas passiert eben, wenn du nicht auf mich hörst. Steh jetzt auf. Laß uns nach Hause gehen." Seine Frau war froh, ihn wieder zu sehen. Sie sagte: „Ich fand den kleinen Hund in deinem Gürtel. Er hat dein Leben gerettet. Nimm ihn ab jetzt überall hin mit."

Am Tag darauf machte der Ausrufer wieder die Runde. „Heute findet ein neues Lacrossespiel statt. *Madjikiwis* Schwager soll auch mitspielen."

Seine Frau sprach zu ihm: „Gehe nicht hin. Sie werden dich wieder töten."

Er antwortete: „Nein, ich werde gehen." Er wollte sich an dem Kerl rächen, der ihn getötet hatte.

An diesem Morgen legte er seinen Gürtel an und ging fort. Er hielt Ausschau nach dem Burschen, mit dem er tags zuvor gespielt hatte. „Hallo, Bruder," sagte er, „komm' mal her. Ich will mit dir spielen."

Der Bär sagte: „Ja, prima."

Der Ball flog in die Höhe. Der Bär sprach: „Ich zeige dir jetzt, wie man spielt!" Er fing den Ball. *Wakayabide* folgte ihm mit zwei Pfeilen in der Hand.

Sie spielten gewöhnlich um Menschen. So kamen sie zu ihren Mahlzeiten, ihrem Fleisch. Sie aßen einander auf.

Wakayabide sprang mit seinen zwei Pfeilen auf den Bär und jagte sie ihm unter das Fell. Er riß den Bär mit den Pfeilen in Stücke und tötete ihn. Dann ging er davon. Die anderen Leute schnitten den Bär in Stücke und kochten ihn. Jede Familie bekam ihren Anteil an Fleisch. Er bekam auch etwas davon ab. Es schmeckte gut und war fett.

Auch dieser Mann wurde am nächsten Tag wieder lebendig. Er verfügte über große Macht.[2]

Nr. 3 (Eastern Cherokee)

> Diese Geschichte, eine Variante von Nr. 1, schildert ausführlich die Not der Nagetiere und wie sie von den Vögeln in Fledermäuse verwandelt wurden:

Der [zeremonielle Ballspiel-] Tanz war vorbei. Alle saßen oben in den Bäumen, putzten ihr Gefieder und warteten auf das Kommando ihres Spielführers [des Adlers]. Da begannen zwei kleine Wesen, kaum größer als eine Feldmaus, den Baum hochzuklettern, auf welchem sich der Anführer der Vögel niedergelassen hatte. Schließlich kamen sie oben an und krochen auf dem Ast weiter zu der Stelle, wo der Adler saß. Sie baten ihn um Erlaubnis, an dem Spiel teilzunehmen. Der Anführer warf ihnen einen Blick zu und sah, daß sie Vierfüßler waren. Er stellte ihnen die Frage, warum sie nicht zu den Tieren gingen, wo sie doch hingehörten. Die Kleinen erzählten, daß sie dort gewesen seien, aber die Tiere sich über sie lustig gemacht und sie davongejagt hätten, weil sie so winzig seien. Daraufhin erfaßte den Anführer der Vögel Mitleid und er erlaubte ihnen, bei ihnen mitzuspielen.

Aber wie konnten sie sich den Vögeln anschließen, da sie doch keine Flügel hatten? Der Adler, der Habicht und die anderen berieten sich und faßten den Entschluß, ein Paar Flügel für die kleinen Kerle zu machen. Lange dachten sie darüber nach, was nun zu tun sei, bis einem von ihnen die Trommel einfiel, die während des Tanzes geschlagen worden war. Das [abnehmbare ungegerbte] Fell bestand aus Waldmurmeltierhaut. Vielleicht ließe sich eine Ecke abschneiden und Flügel daraus herstellen. Also schnitten sie zwei Stückchen Leder von der Trommelbespannung ab und gaben ihnen die Form von Flügeln. Sie spannten sie mit Rohrsplittern und befestigten sie an den Vorderbeinen eines der kleinen Tiere. Und so entstand *Tla'meha*, die Fledermaus. Sie warfen ihr den Ball zu und befahlen ihr, ihn zu fangen. An der Art und Weise, wie sie dem Ball auswich und ihn umkreiste, wobei sie ihn ständig in der Luft hielt, so daß er niemals den Boden berührte, erkannten sie bald, daß sie einer ihrer besten Spieler sein würde.[3]

Nr. 4 (Ojibwa)

Eines Tages verwandelte sich *Wenebozhoo* in ein Karibu, legte sich nieder und stellte sich tot. Den ganzen Herbst und Winter durch kamen Vögel und Tiere und fraßen von [seinem Kadaver]. Aber der Truthahnbussard wußte, daß *Wenebozhoo* ein Geist war. Deshalb blieb er oben auf seinem Baum sitzen, bis nur noch Knochen übrig waren und kaum noch Fleisch. Er dachte, daß *Wenebozhoo* jetzt tatsächlich tot sei, und so flog er herab. Das einzige bißchen Fleisch, das noch da war, saß rund um den After. Er fing dort an zu fressen, bis sein Kopf ganz drinnen steckte. Da preßte *Wenebozhoo* seinen After zusammen, so daß der Kopf des Truthahnbussards darin gefangen war. So stand er auf und spazierte in das Dorf, wo die Indianer Lacrosse spielten. Er fragte, ob er mitspielen dürfe, und sie antworteten: „Aber sicher." Während des Spiels stolperte er und fiel zu Boden. Dabei schlüpfte der Truthahnbussard heraus und machte sich davon. Allerdings waren Kopf und Hals durch diese Geschichte aufgeschürft worden. Und deshalb hat der Bussard bis auf den heutigen Tag einen roten, schorfigen Hals. Außerdem riecht er seitdem recht übel.[4]

Nr. 5 (Eastern Cherokee)

Lacrosse taucht nicht nur in Tierlegenden oder historischen Geschichten auf, sondern auch in Erzählungen voller magischer Begebenheiten und moralischer Lektionen. Um 1823 erfuhr Haywood zum Beispiel, daß vor langer, langer Zeit die Cherokee nur bei Vollmond Lacrosse spielten, weil der Mond als Geist-Anführer über das Spiel wachte.

Zu Lebzeiten von *Te-shy-ah-Natchee* traten zwei Häuptlinge zu einem Ballspiel an, an dem das gesamte rote Volk teilnahm, Männer, Frauen und Kinder. Der Kampf zwischen beiden Parteien wurde sehr hart ausgefochten, bis eine von beiden durch die überragenden Fähigkeiten eines jungen Mannes einen Vorteil errang. Sein Gegenspieler auf der anderen Seite versuchte es mit Betrug, da er keine Chance für sich sah, auf faire Weise die Oberhand zu gewinnen. Als er den Ball hochwarf, blieb dieser am Himmel hängen und nahm die Form des Mondes an; so erinnert er die Indianer daran, daß Betrug und Unehrenhaftigkeit Verbrechen sind. Wenn der Mond klein und blaß wird, so bedeutet das, daß mit dem Ball nicht in der rechten Weise umgegangen wurde.

Nr. 6 (Creek)

Im Rahmen einer langen, fantastischen Geschichte über einen großen Spieler namens Uñtsaiyî', der jedesmal, wenn er verliert, eine andere Gestalt annimmt und damit entkommt, ist auch die Rede von einem außergewöhnlichen Lacrossewettkampf. Diese Episode soll die Tapferkeit eines jungen Mannes auf Reisen hervorheben; außerdem gewährt sie Einblick in den engen Zusammenhang zwischen Lacrosse und Kriegswesen. Im Osten angeblich als Sohn des Donners geboren, leidet er als Kind seit seiner Geburt an einer schorfigen Hautentzündung, die seinen ganzen Körper überzieht. Er begibt sich auf Reisen auf der Suche nach einem Vater, der ihn zu heilen vermag. Als er ihn findet, läßt der Vater den Knaben in einen kochenden Kräutersud stecken und anschließend in einen Fluß werfen. Als seine Frau den Jungen schließlich aus dem Wasser fischt, ist er auf wunderbare Weise von der Krätze geheilt. Seine Haut ist rein.

Auf dem Heimweg ermahnt ihn [die Frau]: „Wenn wir zu Hause sind, wird dein Vater dir ein neues Gewand überziehen. Aber wenn er seine Kiste öffnet und dich auffordert, Schmuck für dich herauszusuchen, nimm nur den von ganz unten in der Kiste. Dann wird er nach seinen anderen Söhnen schicken, die ein Ballspiel gegen dich ausrichten werden. Sobald du müde zu werden beginnst, versetz der Robinie, die vor dem Haus steht, einen Schlag. Dann wird dein Vater das Spiel abbrechen, weil er den Baum nicht verlieren will."

Als sie das Haus betraten, freute sich der alte Mann, den Knaben so reinlich zu sehen und sprach: „Ich wußte, daß ich dich in kurzer Zeit von den Flecken heilen würde. Jetzt müssen wir dich ankleiden." Er holte einen schönen Hirschlederanzug hervor, mit Gürtel und Kopfschmuck, den der Junge überziehen mußte. Dann öffnete er eine Kiste und sagte: „Jetzt wähle dir eine Halskette und Schmuck für deine Arm- und Fußgelenke." Der Knabe schaute. Die Kiste war voll von allen möglichen Schlangen, die mit erhobenen Köpfen übereinander hinwegglitten. Er hatte keine Angst, sondern erinnerte sich daran, was ihm die Frau zuvor aufgetragen hatte. Er fuhr mit seiner Hand auf den Grund der Kiste und zog eine große Klapperschlange hervor. Diese legte er um seinen Hals als Halsschmuck. Noch viermal griff er in die Kiste und zog vier Kupferschlangen hervor, die er sich um Hand- und Fußgelenke legte. Dann überreichte ihm sein Vater eine Kriegskeule und sprach: „Jetzt mußt du ein Ballspiel mit deinen zwei älteren Brüdern austragen. Sie leben in weiter Ferne im Dunklen Land, und ich ließ nach ihnen schicken." Er sagte zwar Ballspiel, meinte jedoch, daß der Knabe um sein Leben spielen mußte. Die jungen Männer erschienen. Beide waren älter und stärker als der Junge, aber er hatte keine Angst und kämpfte gegen sie. Bei jedem Hieb rollte der Donner, und Blitze fuhren umher, denn sie waren die jungen Donnerer, während der Junge der Blitz war. Schließlich wurde er müde davon, sich gegen zwei Männer zur Wehr setzen zu müssen. Er tat so, als wolle er einen Schlag gegen die Robinie führen. Sofort beendete sein Vater das Spiel, denn er befürchtete, der Blitz könne den Baum entzweispalten. Er hatte gesehen, daß der Junge tapfer und stark war.

> *Der Junge wurde dann nach Osten geschickt, um gegen den berühmten* Uñtsaiyî' *zu spielen, nachdem sein Vater ihm alle Geheimnisse, wie man ein Spiel gewinnt, anvertraut hatte.*[5]

Nr. 7 (Menominee)

Anfang der zwanzigerer Jahre erzählte Mitchell Beaupre der Musikethnologin Frances Densmore eine Überlieferung der Menominee über den Ursprung des Lacrosse:

Ein Mann namens *Ac'kinit* (Ungekocht) hatte einen Traum. Er war den ganzen Winter hindurch in den Wäldern auf Jagd gegangen und besaß einen beträchtlichen Wildvorrat, den er in einiger Entfernung über dem Erdboden aufgehängt hatte. Da die Zeit für das Zuckermachen herankam, beschloß er, noch weiter dort während des Zuckerlagers auszuharren. Alles war tief verschneit. Eines Nachts wütete ein schwerer Sturm, und der Wigwam wurde durch einen Blitz erhellt. Plötzlich hörte *Ac'kinit* eine Stimme, die sprach: „*Ac'kinit*, steige hinauf auf den Felsvorsprung, wo du das Wild getötet hast. Wir haben dort etwas für dich zurückgelassen, das du deinen Freunden jedesmal, wenn es Frühling wird, zeigen sollst." *Ac'kinits* Sohn war ungefähr sechs Jahre alt und hatte seinen Vater bisher noch nicht in die tiefen Wälder begleitet. *Ac'kinit* wollte seinen Erstgeborenen mitnehmen. Deshalb erzählte er seiner Frau von der Stimme, die gesagt hatte: „Etwas haben wir dort oben auf dem Felsvorsprung für dich zurückgelassen, wo du die beiden Stück Wild getötet hast."

Ac'kinit und sein Sohn hatten etwa fünf Kilometer zurückgelegt, als er zu dem kleinen Jungen sagte: „Siehst du jenen Platz? Dort oben liegt kein Schnee. Ich habe dich mitgenommen, weil du tragen sollst, was wir dort finden."

Der Junge sagte: „Nach was sollen wir suchen?" Sein Vater gab zur Antwort: „Nach Medizin."

Als *Ac'kinit* und sein Sohn oben auf dem Felsvorsprung ankamen, fanden sie ein großes Nest voller Federn. Sie waren außer Atem, als sie den Vorsprung erreichten, und *Ac'kinit* sah die Federn durcheinanderwirbeln wie Schneeflocken, wenn der Wind sie treibt. Er trat vorsichtig näher, da diese Bewegung darauf hindeutete, daß sich etwas Lebendiges im Nest befand. Als er nachsah, fand er ein grünes Ei, und eine Stimme sagte: „Gib gut darauf acht und zeige es in jedem Frühjahr deinem Stamm." Der kleine Junge trug das Ei zurück zum Zuckerlager.

Dieses Ei wurde von den Donnerern zurückgelassen, die sprachen: „Wir brauchen Tabak. Wir leben in den Felsen, aber ihr Leute habt Erde und könnt Tabak anpflanzen. Jedermann, der kommt, um dieses Ei zu sehen, muß ein wenig Tabak da lassen."

Im folgenden Jahr rief *Ac'kinit* alle Leute zusammen, als der erste Donnerschlag ertönte, und zeigte ihnen das Ei. Er sammelte den Tabak ein, warf ihn für die Donnerer in die Luft und erzählte von seinem Traum.

Nachdem *Ac'kinit* gestorben war, hütete sein Enkel *Wecananak-wut* das Ei, der es in seinem Medizinbeutel aufbewahrte und es jedes Jahr vorzeigte. Mitchell Beaupre behauptete, es viele Male gesehen zu haben. Es hatte etwa die Größe eines Enteneis. Es lag in den Federn, die einmal weiß, nun aber vom Alter gelb geworden waren. *Wecananakwut* sammelte einen großen Haufen Tabak ein und ließ ihn herumgehen. Sowohl Männer wie Frauen rauchten, während er von *Ac'kinit* und seinem Traum erzählte. Er sagte: „Für morgen ist ein Lacrossespiel angesetzt, und ich wage vorauszusagen, daß ihr die Donnerer hören werdet, die zu ihrem Spiel erscheinen." Bei Spielbeginn war der Himmel klar, aber ein wenig später konnten sie eine kleine Wolke am Horizont entdecken. Als einige Zeit vergangen war und das erste Tor fiel, donnerte und regnete es. Dann sagte *Wecananakwut* jedesmal: „Habt keine Angst. Wir haben unserem Großvater gestern Tabak gebracht und jetzt kommt er zum Spiel." (Beaupre sagte, daß *We-cananakwut* immer von „Großvater" sprach, in Wirklichkeit aber die Donnerer meinte.)

Der Informant erzählte, daß der erste Lacrosseball dem von *Ac'kinit* gefundenen Ei nach den Angaben der Donnerer nachgeformt war. Das Innere bestand aus dünnen Zweigen der Schwarzlinde, die fest umeinander gewunden waren und das Äußere aus dem Fell des schwarzen Eichhörnchens.[6]

Nr. 8 (Menominee)

Einst geschah es, daß die Luftbewohner die Erdbewohner zu einem bedeutendem Lacrossespiel herausforderten. Die Erdbewohner beeilten sich, die Herausforderung anzunehmen. Man einigte sich über die Tore: Eins stand in Detroit, das andere in Chicago. Die Feldmitte lag an einem Ort namens *Kê'sosâsit*(„wo die Sonne ein Zeichen trägt") [auf den Felsen] nahe Sturgeon Bay am Lake Michigan. Die Luftbewohner riefen ihre Helfer herbei, die Donnerer, Adler, Gänse, Enten, Tauben und alle Vögel unter dem Himmel, die alle mitspielen sollten. Der große, weiße, unter der Erde lebende Bär rief alle Fische, Schlangen, Otter, Wild und alle Tiere auf dem Feld zusammen, die die Mannschaft der Erdbewohner stellten.

Als alle Vorbereitungen getroffen waren und sich beide Seiten bereit machten, kam *Mä'näbus* zufällig des Weges. Während er dort vorbeischlenderte hörte er, wie jemand, der in einiger Entfernung vorüberging, vor Freude laut aufheulte. Neugierig geworden, hastete *Mä'näbus* an den Ort, von dem das Geräusch ausgegangen war. Dort stieß er auf einen merkwürdigen kleinen Burschen, der aussah wie ein kleiner Indianer, hinter dem aber niemand anderes steckte als *Näkuti*, der Sonnenfisch. „Was um Himmels willen ist in dich gefahren?" fragte *Mä'näbus*. „Wieso, weißt du nichts davon?" erwiderte der erstaunte Sonnenfisch. „Für morgen ist ein Ballspiel angesagt. Fische und Feldtiere spielen auf Seiten der unteren Mächte und die Donnerer und alle Vögel setzen sich für die oberen Mächte ein." „Ach so!" sagte *Mä'näbus*, während der einfältige *Näkuti* davoneilte und weitere Freudenlaute ausstieß. „So, so," dachte *Mä'näbus* für sich, „ich muß dieses sagenhafte Spiel sehen, auch wenn ich nicht geladen bin."

Die Anführer der Unterwelt verließen ihre Wohnstätten im Wasser und kletterten einen hohen Berg hinauf, von wo aus sie das ganze Feld überblicken konnten. Nachdem sie sich auf diesen Ort geeinigt hatten, kehrten sie wieder zurück. *Mä'näbus* fand sogleich ihre Spuren und folgte ihnen bis zu dem Aussichtspunkt, den sie erwählt hatten. Wie es aussieht, wollen sie wahrscheinlich hier bleiben, dachte er für sich. Wenn das Spiel anfing, würde er ebenfalls dort ganz in der Nähe sein. Früh am nächsten Morgen, noch vor Tagesanbruch, fand er sich an diesem Platz ein und verwandelte sich mit Hilfe seiner magischen Kräfte in eine große Kiefer, die an einer Seite Feuerspuren trug. Als der Morgen heraufdämmerte, hörte er ein großes Getöse und lautes Geschrei. Von überall her ertönten spöttische Stimmen wie: „Hau! Hau! Hau!" und „Hoo! Hoo! Hoo!", um den Feind anzutreiben. Dann erschienen der Hirsch, der Nerz, die Ottern und alle Landtiere und Fische in menschlicher Gestalt. Sie begaben sich auf ihre Seite des Feldes, nahmen ihre Plätze ein und wurden einen Augenblick still. Plötzlich verdunkelte sich der Himmel, und das sirrende Geräusch vieler Flügel machte ein donnerähnliches Grollen, überlagert von einzelnen Schreien, Geheul, Gekreisch, Gackern, Rufen und Johlen. Alles zusammen ergab ein ohrenbetäubendes Sprachengewirr. Dann schwebten die Donnerer herab, die Steinadler, die kahlköpfigen Adler, die Bussarde, Habichte, Eulen, Tauben, Gänse, Enten und alle Sorten von Vögeln. Sie nahmen die andere Seite des Feldes ein. Wieder wurde es überall still. Dann stellten sich die Gegner auf, die schwächsten in der Nähe der Tore, die stärksten in der Mitte. Jemand warf den Ball hoch in die Luft, worauf alles durcheinander wirbelte, begleitet von gräßlichem Geheul und Geschrei. Die Spieler jagten vor und zurück. Einmal war die eine Seite im Vorteil, dann die andere. Zuletzt riß eine Seite den Ball an sich, durchbrach die gegnerische Flanke und raste auf das Chicago-Tor zu. Es ging feldabwärts, und *Mä'näbus* strengte seine Augen an, um dem Verlauf zu folgen. Das Tor war beinahe erreicht –

die Torhüter eilten herbei zu seiner Verteidigung – als sich inmitten der geschwungenen Keulen, der Beine, Arme und Staubwolken irgendetwas Bemerkenswertes ereignete, was *Mä'näus* nicht ausmachen konnte. In seiner Aufregung vergaß er, wo er sich befand und verwandelte sich zurück in einen Mann. Wieder in menschlicher Form, besann er sich auf sich selbst. Ein prüfender Blick in die Runde zeigte ihm, daß die Zuschauer ihn nicht erkannt hatten. Sein Verlangen, sich dafür zu rächen, war so groß, daß er unverzüglich zu seinem Bogen griff, den er die ganze Zeit bei sich getragen hatte. Er spannte ihn und schoß je zwei Pfeile auf die unterirdischen Götter ab, die auf ihrem Berg saßen. Seine Pfeile flitzten los, und die Götter stürzten zum Wasser. Als sie den Hügel hinabeilten, überschlugen sie sich. Durch ihr Eintauchen entstanden hohe Wellen, die über den See in Richtung des Chicago-Tors rollten. Einige Spieler sahen sie hoch über den Baumwipfeln herankommen. „*Mä'näbus, Mä'näbus!*" riefen sie in Todesangst.

Sofort eilten die Spieler beider Seiten zum Mittelfeld, um zu sehen, was es gab. „Was ist los?" fragten sie einander. „O weh, das muß *Mä'näbus* gewesen sein, bestimmt war er es. Kein anderer würde es wagen, die unterirdischen Götter anzugreifen." Als sich die aufgeregten Spieler im Mittelfeld eingefunden hatten, stellten sie fest, daß sich der Bösewicht aus dem Staub gemacht hatte. „Laßt uns alle nach *Mä'näbus* suchen," rief jemand. „Die Macht des Wassers soll uns dabei leiten." Sofort wateten alle Spieler ins Wasser, und das Wasser stieg an und floß vor ihnen her. Es wußte sehr wohl, wohin *Mä'näbus* geflohen war.

Währenddessen eilte *Mä'näbus* so schnell davon, so schnell er konnte. Er fürchtete sich vor den Folgen, die seine unbesonnene Tat nach sich ziehen mochte. Auf einmal schaute er zurück und erblickte das Wasser, das ihm folgte. Er lief schneller und schneller, aber es folgte ihm unentwegt. Er verdoppelte seine Anstrengungen, lief im Zickzack, schlug Haken – aber es folgte ihm immerfort. Er strengte sich mit all seinen Kräften an, aber es folgte ihm immer dichter auf den Fersen. Weiter, weiter ging die wilde Jagd, immer weiter fort.[7]

Nr. 9 (Ojibwa)

Vor langer, langer Zeit, so heißt es, lebten einmal einige erstgeborene Söhne. Sie wohnten in einer Stadt. Diese Stadt war außergewöhnlich groß. Sie vertrieben sich die Zeit mit allen möglichen Spielen. Es verging kein Tag, an dem man sie nicht beim Spiel antraf. Nun geschah es, daß (einer) der Erstgeborenen ein Ballspiel ankündigte. Daraufhin trafen sie alle Vorbereitungen, um sich für den Wettkampf zu stählen.

Ein anderer Erstgeborener (und seine Freunde) verhielten sich dagegen ein wenig anders. Die eine Hälfte von ihnen stand auf einer Seite und spielte Ball (gegen die andere Hälfte). Einer der Erstgeborenen holte den Ball hervor, der im Spiel benutzt werden sollte. Die Farbe des Balles war blau. Daraufhin sagte der Erstgeborene: „Das Tor, gegen das ich spiele, soll gen Osten liegen," so sprach er. „Und euer Tor," wandte er sich an jene, gegen die er antreten wollte, „soll gen Westen liegen." Entsprechend ihrer Leichtfüßigkeit wählten sie die Männer aus. Am Morgen des folgenden Tages begannen sie (zu spielen). Und als der Ball im Spiel war, verging eine ganze Weile, bevor das erste Tor fiel. Erst im Laufe des Nachmittags wurde (einer der Erstgeborenen) von ‚Winterwind' besiegt. Endlich war der Erstgeborene geschlagen, denn ‚Winterwind' hatte ein Tor an der Westseite erzielt. Nachdem der Erstgeborene verloren hatte, sprach ‚Winterwind' folgendes zu ihm: „Nun, ich habe dich aus folgendem Grund besiegt," sagte er zum Erstgeborenen. „Jedesmal, wenn der Wind aus dem Osten kommt, wird er dunkle Wolken vor sich hertreiben, und es wird regnen. Genau das habe ich von dir gewonnen," wurde ihm beschieden.

Und so geschah es. Sobald der Wind aus dem Osten kommt, ist das ein Zeichen für schlechtes Wetter. Das liegt daran, weil der Erstgeborene damals im Wettkampf besiegt wurde.

Er stand nicht gern als Verlierer da. Immer wieder drängte der Erstgeborene auf ein Spiel. „Komm, laß uns ein neues Spiel machen!" sprach der Erstgeborene.

„Gut, einverstanden," erwiderte ‚Winterwind'.

Am Tag darauf stellten sie sich für ein neues Ballspiel auf. „Das Tor, gegen das ich anspiele, soll gen Norden liegen," sagte der Erstgeborene, „und dein Tor soll gen Süden ausgerichtet sein," wandte er sich an ‚Winterwind'.

Als das Spiel begann, jubelten ihnen alle zu, die dem Spiel beiwohnten. Den ganzen Tag lang jagten sie dem Ball nach, nach vorne, nach hinten und in allen Richtungen. Die Farbe des Balles war rot. Als es stark auf den Abend zuging, wurde der Erstgeborene wiederum geschlagen. Zuletzt war es erneut ‚Winterwind', dem am Ende ein Tor im Süden gelang. Und wieder richtete er das Wort an den Erstgeborenen: „Nun, ich habe dich erneut aus folgendem Grund besiegt," mußte dieser sich anhören. „Immer, wenn der Wind aus dem Norden bläst, werden alle eure jungen Leute vor ihm fliehen, aber mich fürchten meine Jungen nicht." Es verhielt sich aber so, daß alle Vögel, die in der Luft herumfliegen, an dem Wettbewerb teilgenommen hatten. Alle Sommervögel, mit denen der Erstgeborene spielte, fürchteten sich vor dem Winter. Dies also wurde dem Erstgeborenen damals gesagt: „Ich bin ‚Winterwind'. Vor mir fliegen meine Jungen nicht davon."

Damit meinte er die Vögel, die hier überwintern. Denn auf ihrer Seite hatte Winterwind gespielt. Und so kam es, daß einige Vögel zur Winterzeit in den Süden ziehen, während andere nicht fortgehen, da sie die Jungen von ‚Winterwind' sind.

Daraufhin gab der Erstgeborene (den Wettbewerb) auf, und danach richteten sie sich ihr Leben wieder gemeinsam ein.[8]

Nr. 10 (Seneca)

Als der alte Mann heimkehrte, sprach er zu seinem Sohn: „Ich danke dir, daß du deinen Feind im Laufen übertroffen hast. Bisher hat ihn noch niemand einholen können. Alle hat er geschlagen. Da es bei dieser Wette um Köpfe ging, kannst du sein Leben fordern, wann immer du magst." Der Sohn fragte den Mann, ob er sein Bestes gegeben habe. „Nein," antwortete dieser, „ich bin nur mit etwa halber Kraft gelaufen." „Sehr gut," sprach der (alte) Mann. „Er schlägt dir ein neues Spiel vor. Er wird niemals damit aufhören, sich mit dir an Kraft, Gewandtheit oder Schnelligkeit messen zu wollen, bis er dir das Leben nimmt. Diese soeben erlittene Niederlage ärgert ihn mächtig. In zwei Tagen wird er dich zu einem Ballspiel herausfordern." „Das geht in Ordnung," antwortete der Mann, „ich stehe ihm zur Verfügung."

Am zweiten Tag sahen sie, daß der Häuptling sich zu ihnen auf den Weg machte. Als er die Hütte betrat, sagte er: „Ich sehne mich nach einem Ballspiel, und ich fordere dich zu einem Spiel gegen mich heraus. Ein Spiel hast du gewonnen, jetzt versuche es noch einmal. Als Wette setze ich alles ein, was ich besitze, und falls du gewinnen solltest, sollst du statt meiner Häuptling sein." Der Mann antwortete: „Auch ich vermisse eine Abwechslung und sehne mich nach einem Spiel, ich nehme deine Herausforderung an. Bisher bin ich noch nie auf einen Mann getroffen, der mich in einem Ballspiel hätte schlagen können. Aber gib mir ein wenig Zeit. Du bist unerwartet erschienen, und ich muß noch eine Ballkeule anfertigen." „So soll es sein," sprach der Häuptling und ging fort.

Die gekrümmte Ballkeule hängte der Jäger an die Luft zum Trocknen, während der alte Mann die Schnüre herstellte. Am folgenden Tag versahen sie die Keule mit einem Netz. Sie waren gerade noch zur rechten Zeit fertig und machten sich auf den Weg zum Ballspielplatz. Sie hatten sich für den Spielbeginn auf die Mittagszeit geeinigt, und der alte Mann und die Frau sagten: „Wir wollen jetzt anfangen." „Sehr gut, ich bin gleich da," erwiderte der Adoptivsohn. Da ließ sich der kleine Hund vernehmen: „Überlaß dieses Spiel dem ältesten Bruder." Und so entledigte sich der Mann seiner Kleidung, die sich anschließend der Hund überzog. Da stand er, und er sah genauso aus wie der Mann. Der kleine Hund sagte: „Wir werden das Spiel mit Sicherheit gewinnen." Der Jäger ging mit den anderen Hunden in den Wald zur Jagd, während der Hund-Mann sich zum Spielfeld begab.

Der Häuptling war schon am Platz und hielt ungeduldig nach dem Mann Ausschau. Endlich sah er ihn kommen. Sein langes Haar hatte er zurückgebunden. Er hielt seine Keule fest in der Hand und sah blendend aus. Der alte Mann hielt ihn für seinen Sohn und sagte: „Jetzt mußt du alle Kräfte anspannen; du darfst nicht verlieren." Der Hund-Mann sah, wie sein Gegner stolz und hochmütig durch die Menge spazierte. Dagegen wirkte der Hund-Mann eher weichlich und nicht kräftig genug für das Spiel.

Als die Zeit für den Spielbeginn gekommen war, zogen sich die Leute zurück und machten den Spielern Platz. Nachdem das Zeichen gegeben worden war, traten die Spieler nach vorne, und der Häuptling sagte: „Ich will auf dieser Seite spielen." „Nein, das erlaube ich nicht," erwiderte darauf der andere. „Du bist der Herausforderer, also darf ich die Seite aussuchen." Der Häuptling mußte nachgeben, und der Hund-Mann wählte die Seite, auf der der Häuptling spielen wollte. Danach begann das Spiel. „Jetzt hat unser Bruder angefangen zu spielen. Das Ergebnis wird sehr hart umkämpft werden," sagte der kleine Hund zu dem Jäger im Wald. Etwas später erklärte er: „Der Ball des Häuptlings ist am Tor vorbeigeschossen. Sie spielen sehr gut. Unser Bruder hat den Ball gefangen und schlägt ihn zurück. Oh! Jetzt hat er einen Punkt gemacht. Sie spielen weiter, bis zwei Tore gefallen sind." Plötzlich rief er aus: „Es geht weiter. In diesem Spiel wird hart gekämpft. Unser Bruder gibt alles, was er hat. Trotzdem können wir geschlagen werden." Dann platzte er heraus: „Ui, Ui! Unser Bruder hat des Spiel gewonnen. Du bist Häuptling, und alles, was dem alten Häuptling gehört, gehört jetzt uns."

Da der Hund-Mann zwei Spiele hintereinander gewonnen hatte, ergriff er den Häuptling beim Schopf und hieb ihm den Kopf ab. Viele Menschen dankten ihm dafür. Sie erzählten, der alte Häuptling habe sie nie geschont. Wenn er irgendwo als Verlierer hervorging, hatte er stets seine Leute dem Tod ausgeliefert und sein eigenes Leben gerettet. Der Sieger schien viele Freunde gewonnen zu haben unter denen, die dem Spiel als Zuschauer beigewohnt hatten. Der kleine Hund sprach: „Jetzt wollen wir nach Hause gehen." Kaum waren sie dort angelangt, als der Ballspieler eintrat. Er legte die Kleidung des Mannes ab und nahm sofort wieder die Gestalt eines Hundes an.

Als die alten Leute ihre Hütte betraten, dankten sie ihrem Sohn und sprachen: „Du hast mehr geleistet als irgend jemand je zuvor. Jetzt bist du der Häuptling." Dabei wußten sie nicht, als sie ihren Sohn lobten, daß ein Hund die ganze Arbeit geleistet hatte.

Am folgenden Morgen sprach der kleine Hund: „Laßt uns in die Hütte des Häuptlings ziehen." Und so bezogen der Jäger wie auch der alte Mann und seine Familie die neue Hütte. Alle Besitztümer des Häuptlings waren noch auf ihrem Platz, da sie einen Teil der Wette ausmachten. Aufgrund der großen magischen Kräfte der Hunde wurde er ein bedeutender Häuptling und übte große Macht und großen Einfluß auf sein Volk aus.

[Der Erzähler der eben gehörten Geschichte bemerkte noch folgendes: „Es ist wahr, daß jedermann, der einen Hund liebt, daraus große Macht ableiten kann. Die Hunde verstehen alles, was wir sagen;

bloß können sie nicht selber sprechen. Wenn man einen Hund nicht mag, kann er einem durch seine magischen Kräfte Schaden zufügen."]⁹

Nr. 11 (Seneca)

Die alten Mütter ermahnten ihre Kinder erneut, sehr vorsichtig zu sein und auf jeden Schritt zu achten. Da fiel der Jüngsten der Rest Bärenfett ein, den sie in der Hütte aufbewahrten, und sie stellte sich vor, daß dies die einzige Möglichkeit wäre, damit den Kopf zu töten. Nachdem der Kopf das erste Mädchen verspeist hatte und den anderen in der Hütte hinterherjagte, begann das Bärenfett zu kochen. Sie schütteten das kochende Öl in seine Richtung. Es versengte und verbrannte den Kopf und tötet ihn (der lebende Kopf war lediglich ein nackter Schädel mit langen vorstehenden Zähnen).

Alle Mütter wollten ihre Dankbarkeit zum Ausdruck bringen, und so hieß es: „Wir sollten ein Ballspiel arrangieren. Euer Bruder ist frei. Wir sind verpflichtet, Dank zu sagen. Dieser Kopf soll als Ball dienen." Sie hob den Kopf auf, ging damit nach draußen und rief mit lauter Stimme: „Hier ist ein Ball, ihr Krieger, mit dem ihr spielen könnt!" Nicht lange danach kam eine Menge Männer mit ihren Schlägern zusammen, die alle Netze trugen, und begannen zu spielen. Alle Spieler waren wilde Tiere des Waldes. Der Mann stand dabei und sah die wilden Tiere, wie sie mit dem Kopf seiner Frau Ball spielten. Alle wollten an den Ball herankommen, und so nutzten sie ihn ab.

Nun näherte sich der Hund seinem Meister und erzählte ihm, daß seine Frau tot sei. Als er sagte: „Deine Frau ist tot," schien seinem Körper alle Kraft zu entweichen. Seine Arme hingen herab, und er war traurig. Der unsichtbare Bruder sprach: „Du trauerst jetzt. Ich für mein Teil kann nicht begreifen, warum du traurig sein solltest. Sie hätte dich verschlungen, wenn sie nicht getötet worden wäre. Jetzt kann uns nichts mehr passieren. Dein alter Onkel ist nach Hause zurückgekehrt. Er wird uns jetzt nicht mehr belästigen, nachdem er deine Frau verzehrt hat." Er fügte hinzu: „Deine Kinder leben in dieser Richtung (er zeigte nach Westen). Fasse Mut und suche sie auf. Ich werde wiederkommen. Gehe mit deinen Hunden immer weiter in diese Richtung, bis du die Jungen findest. Du brauchst nicht zu befürchten, jemals wieder in eine solche Notlage zu kommen." Als er das gesagt hatte, ging er nach Hause, und als sein Bruder ihm nachschaute, war er verschwunden.¹⁰

Nr. 12 (Seneca)

Es war einmal eine sehr arme, kleine alte Frau, die im Wald lebte. Sie war so bettelarm, daß sie nur aus Haut und Knochen bestand. Sie wohnte in einer kleinen rußigen Hütte und weinte ohne Unterlaß Tag und Nacht. Ihre Lederkleidung war so alt und schmutzig, daß man nicht ohne weiteres sagen konnte, aus was sie bestand. Sie hatte sieben

Töchter, wovon sechs nacheinander von feindlichen Leuten entführt wurden, während die siebente starb.

Die Tochter, die gestorben war, hatte sie vor geraumer Zeit begraben. Eines nachts hörte die alte Frau, wie jemand an ihrem Grab weinte. Sie nahm sich eine Fackel und ging zum Grab. Dort fand sie ein nacktes Baby. Durch ein Loch in der Erde war das Kind aus dem Grab gekrochen. Die alte Frau wickelte das Baby in ihre Decke und nahm es mit nach Hause. Sie hatte weder gewußt noch vermutet, daß ihre Tochter schwanger war, als sie starb.

Der kleine Junge wuchs schnell heran. Als er eine gewisse Größe erreicht hatte, kam die alte Frau eines Tages vom Holzsammeln nach Hause. Sie konnte ihn nirgendwo finden. In jener Nacht stürmte es, und Donner und Blitz tobten sich aus. Am Morgen kehrte das Kind zu ihr zurück. Seine Großmutter fragte: „Wo bist du gewesen, mein Enkel?" „Großmutter," sprach er, „ich war bei meinem Vater. Er nahm mich mit nach Hause." „Wer ist dein Vater?" „Mein Vater ist *Hinon*. Zuerst nahm er mich mit nach Hause, dann kehrten wir zurück und hielten uns während der vergangenen Nacht hier herum auf." Die alte Frau fragte: „Lag meine Tochter, deine Mutter, im Grab?" „Ja," antwortete der Junge, „*Hinon* pflegte meine Mutter zu besuchen." Die alte Frau glaubte, was er sagte.

Als der Junge älter wurde, begann er, Geräusche wie Donnerschläge von sich zu geben. Jedesmal, wenn *Hinon* in die Gegend kam, ging er nach draußen und donnerte. Auf diese Weise half er seinem Vater, denn er war *Hinon Hohawaqk*, Sohn des *Hinon*.

Einige Zeit später fragte der Junge seine Großmutter, wo seine sechs Tanten seien, und die Großmutter antwortete: „Weit weg von hier steht ein Hütte. Dort wohnen eine alte Frau und ihr Sohn. Sie leben vom Spiel und Wetten. Deine Tanten verließen mich nacheinander mit einer Gruppe von Leuten, um Würfel zu spielen (Pflaumenkerne). Als sie verloren, schnitt man ihnen die Köpfe ab. Viele Männer und Frauen sind zu diesem Ort aufgebrochen und haben ihre Köpfe verloren." *Hinon Hohawaqk* antwortete: „Ich werde auch aufbrechen und jene Frau und ihren Sohn töten." Die alte Frau versuchte, ihn davon abzuhalten, aber er wollte nicht bei ihr bleiben. Er befahl ihr, ihm zwei Paar Mokassins zu nähen. Er war sehr zerlumpt und schmutzig, deshalb machte sie ihm die Mokassins und beschaffte das Fell eines fliegenden Eichhörnchens für einen Beutel.

Er brach in westlicher Richtung auf. Nicht lange danach erreichte er eine große Lichtung. Darauf stand eine geräumige Rindenhütte mit einem Pfahl davor, an dem eine Fellrobe hing. Er beobachtete einige Jungen beim Ballspiel im Freien. Er befand sich auf einem Seitenpfad, als er ein lautes Geräusch hörte. Nach einer Weile entdeckten ihn die Leute, woraufhin einer sagte: „Ich frage mich, wo dieser Junge herkommt." Die alten Leute schlossen Wetten ab, und die Jungen spielten

Ball. Kurz darauf trat ein alter Mann zu *Hinon Hohawaqk* und gab ihm einen Schläger. Er spielte so gut, daß der alte Mann wiederkam und sagte: „Wir wollen, daß du beim Würfelspiel mitmachst. Alle Leute wollen auf dich wetten." Unter dem Pfahl lag ein ausgebreitetes Elchfell. Dort wurde eine Schüssel hingestellt. Die Frau und ihr Sohn waren da, und die anderen Leute standen um sie herum. *Hinon Hohawaqk* antwortete: „Ich kenne das Spiel nicht und weiß nicht, wie man es spielt." Der alte Mann erwiderte: „Wir riskieren unsere Köpfe für dich." Und so folgte er dem alten Mann. Er sah eine Schüssel aus weißem Stein, die so glatt war, als sei sie aus Glas. Die alte Frau saß auf dem Elchfell und war bereit zu spielen. *Hinon Hohawaqk* kniete sich neben die Schüssel. Sie sagte: „Du fängst an." „Nein," war seine Antwort, „du fängst an." Also holte sie ihre Würfel hervor. Sie waren rund und bestanden aus Pflaumenkernen. Sie blies sie an und warf sie in die Schüssel, die sie unter dem Ruf „Spiel! Spiel!" schüttelte. Die Würfel flogen in die Luft und verwandelten sich in Krähen, die unter Krächzen aus dem Blickfeld entschwanden. Nach einer gewissen Zeit kehrten sie, immer noch krächzend, zurück, nahmen wieder die Form von Pflaumenkernen an und landeten in der Schüssel. Die alte Frau hatte drei Würfe um siebzehn Punkte zu erreichen. Sie warf dreimal, holte aber nicht einen Punkt. Dann griff *Hinon Hohawaqk* in seinen Beutel aus dem Fell eines fliegenden Eichhörnchens und versuchte sein Glück mit seinen Würfeln. Die alte Frau wollte, daß er ihre Würfel benutzte, aber er wollte sie nicht anrühren. Er legte seine Würfel in die Schüssel und schüttelte sie. Daraufhin verwandelten sich die Würfel in Enten und erhoben sich in die Luft. Sie stiegen sehr hoch, und alle Leute hörten sie. Als sie die Schüssel wieder berührten, waren es wieder Pflaumenkerne und erzielten zehn Punkte. Dann schüttelte *Hinon Hohawaqk* erneut die Schüssel und rief: „Spiel! Spiel!". Gleichzeitig rief die alte Frau: „Kein Spiel!" Die Würfel kamen zurück und holten wieder zehn Punkte. Er warf sie ein drittes Mal und holte erneut zehn Punkte. Er war der Sieger. Nun rief er die Leute herbei, um mit anzusehen, wie er die Köpfe der alten Frau und ihres Sohnes abschnitt. „Nein," sagte die alte Frau, „du mußt noch einmal spielen. Hier ist mein Sohn. Du mußt ein Ballspiel gegen ihn machen. Wenn er verliert, werden wir beide mit unseren Köpfen dafür zahlen." Daraufhin fragte *Hinon Hohawaqk* den alten Mann nach seiner Meinung. Da die Leute gesehen hatten, wie geschickt er sich anstellte, sagten sie: „Spiele!" Nun begab er sich zum Spielfeld. Er sah arm und zerlumpt aus. Es gab nur zwei Spieler, je einen in jeder Hälfte. *Hinon Hohawaqk* sprang los und schlug dem Gegner den Schläger aus der Hand, daß er weit davonflog. Der Sohn der alten Frau rannte seinem Schläger hinterher, aber bevor er ihn erreichen konnte, hatte *Hinon Hohawaqk* bereits den Ball durch die Torpfosten geschickt. Das wiederholte sich siebenmal, und *Hinon Hohawaqk* ging als Sieger aus dem Spiel hervor. „Jetzt könnt ihr die Köpfe der alten Frau und ihres Sohnes haben," sagte er zu den Leuten.

Die beiden Köpfe wurden abgeschnitten, und die Jungen spielten auf dem ganzen Feld mit dem Kopf der alten Frau.[11]

Nr. 13 (Seneca)

Ohne weitere Verhandlungen brachen sie auf. Auf ihrem Wege bemerkten sie, daß sämtliche Bäume sehr dick waren und weit in die Höhe ragten. Außerdem standen sie alle in voller Blüte. Die Bäume waren von überirdischer Schönheit. Die Wanderer waren nicht wenig überrascht zu hören, daß das Licht in jener Welt von den Blüten ausgestrahlt wurde. Weiter beobachteten sie, daß alle Tiere und Vögel außerordentlich feine Körper und eine gewisse Ausstrahlung besaßen. Sie stellten fest, daß sie bisher auf ihrer Reise auf nichts ähnlich Wunderbares und Seltsames getroffen waren. Mit Erstaunen nahmen sie die Fülle an Gräsern und Pflanzen wahr, darunter in üppigen Mengen die mit Früchten besetzten Stiele von Erdbeerpflanzen, die hier so hoch wie Gras wuchsen. Auf ihrer gesamten bisherigen Reise waren sie noch nie auf solch köstliche große Beeren gestoßen.

Nachdem sie in dem neuen Land eine gewisse Strecke zurückgelegt hatten, entdeckten sie voller Staunen in der Ferne eine große Menschenansammlung. Sie hatte sich dort in der Heide eingefunden, wo sich das Spielfeld jener Leute befand. Die Reisenden gewannen den Eindruck, als wären sie mit Spielen zu ihrer Erbauung beschäftigt. *Dehaenhyowens*, der Anführer der Gruppe, sagte: „Was ist jetzt zu tun, meine Feunde? Wie ihr seht, haben wir die Wohnplätze von Fremdlingen erreicht. Wenn sie uns Böses zufügen wollten, tragen wir nichts bei uns, womit wir uns verteidigen könnten." Daraufhin erwiderte *Gaenhyakdondye*: „Wie du weißt, haben wir einen Beschluß gefaßt. Er besagt, daß wir, um Sinn und Aufgabe dieser Expedition zu erfüllen, unsere Familien hinter uns lassen und unser Leben hingeben müssen. Du weißt auch, daß jeder von uns freiwillig ‚den Stab eingekerbt' hat, diese Vereinbarung zu halten. Wenn wir hier sterben müssen, können wir nichts tun, um unser Ende zu vermeiden. Keinesfalls dürfen wir unseren Beschluß brechen. Den Pfad zur Sonne müssen wir bis ans Ende gehen. Das einzige, was uns im Falle unseres Todes gewiß sein wird ist die Tatsache, daß unser Unternehmen hier endet." Sein Bruder *Dehaenhyowens* entgegnete ihm: „Die Angelegenheit ist noch nicht entschieden, genau wie du gesagt hast. Deshalb laßt uns nun weitergehen und uns mit diesen Menschen bekanntmachen." Gleich danach brachen sie zu dem Ort auf, wo sich die große Menschenmenge versammelt hatte. Kurz darauf waren die ängstlichen Reisenden in der Nähe der anderen angekommen und blieben stehen. Sie schauten sich um und stellten fest, daß die Bewohner dieser Siedlung auf ein unmittelbar bevorstehendes Lacrossespiel warteten. Die Spieler hatten bereits ihre Positionen auf den angestammten Plätzen eingenommen.

Nach kurzer Zeit nahm das Spiel seinen Anfang. Die riesige Menge drängte sich dichter zusammen, um besser sehen zu können. Nach ein paar Spielzügen gab es einen großen Tumult. Die Leute riefen durcheinander, und man hörte aufgeregte Schreie und Anfeuerungsrufe als Reaktion auf das wechselnde Glück der Lieblingsspieler. Die große Menge gab sich ihrer Freude hin, und die Neuankömmlinge waren begeistert von dem, was sie sahen.

In dieser Situation zeigte einer der Spieler eine äußerst rauhe Spielweise. Er teilte mit seiner Netzkeule nach links und rechts Hiebe aus, ohne Rücksicht auf andere Spieler zu nehmen, die er damit gefährdete. Daraufhin ging eine Person aus der Menge auf ihn zu und sprach: „Hör sofort auf mit diesem groben Spiel. Deine Spielweise ist unangemessen brutal. Jemand, der seinem Vergnügen nachgeht, darf sich nicht so benehmen. Also tu so etwas nicht noch einmal." Danach ging es weiter, und die Spieler lieferten ein Spiel, wie sie es noch nie getan hatten. Eine Weile später führte sich jedoch der Spieler, der bereits ermahnt worden war, erneut rücksichtslos gegenüber seinen Mitspielern auf. Sofort tauchte der Mann, der ihn zuvor gemaßregelt hatte, bei ihm auf und sprach: „Im Ernst, ich habe dir verboten, dich weiterhin so grob aufzuführen, aber du hast meine Ermahnungen nicht befolgt. Jetzt mußt du eine Zeit lang aussetzen. Du benimmst dich grausam und uneinsichtig." Damit ergriff er den Ballspieler am Genick und an den Beinen und trug ihn vom Platz. Nicht weit entfernt stand ein imposanter Baum. Dorthin beförderte der Mann den Ballspieler. Als er ihn fast erreicht hatte, warf er den jungen Mann gegen den Stamm. Mit dem Kopf voran durchbohrte er den Stamm, so daß ein Teil des Kopfes auf der anderen Seite herausschaute, während seine Füße auf der Vorderseite zu sehen waren. Danach kehrte der Mann schweigend zum Spielfeld zurück, und das Spiel wurde wieder aufgenommen. Man spielte so lange, bis eine Seite die erforderliche Punktzahl erreicht hatte. Dann mischten sich die Spieler unter die Menge. Nun wurde der rücksichtslose Spieler aus seinem Baumgefängnis befreit. Der Mann ermahnte ihn, seine wilde Spielweise in Zukunft zu unterlassen. Als er wieder zu der Menge trat, gab er ihr zu verstehen, daß es Zeit sei, nach Hause zu gehen, und sie löste sich auf.[12]

Nr. 14 (Winnebago)

Die Stämme der *WañgEre'gi* und *Mane'gi* wollten ein Lacrossespiel austragen. Folglich holten die *WañgEre'gi* ihren Einladungsschläger hervor, hängten ein wenig Tabak daran und übersandten ihn dem Stamm der *Mane'gi*. Und so wurde der Tag für den Wettkampf festgelegt. Er sollte in vier Tagen stattfinden. Bis dahin sollten beide Seiten ihre Vorbereitungen getroffen haben, da einige von ihnen unter Umständen keine Bälle oder Schläger hatten oder so. Dann sprachen die *WañgEre'gi*: „Wir sind die Schnellsten, deshalb wollen wir für das Essen sorgen." Nach ihrer Rückkehr ergriff der Anführer der *WañgEre'gi* erneut das Wort: „Wir sind die Schnellsten und werden deshalb unsere Gegner besiegen. Außerdem sind wir geweiht, und aus diesem Grund gehen wir gestärkt in den kommenden Wettkampf." Darauf erwiderte der Anführer der *Mane'gi*: „Zuerst will ich Tabak verteilen und dann erhebe ich mich, versehen mit dem Segen des Lebens. Dadurch werden, wie ich weiß, meine Männer an Stärke gewinnen." Dann stellten sie die *wak'a'rani* auf und einigten sich über die Punktzahl. Nun nahmen sie ein Brechmittel ein und gingen in die Schwitzhütte, um sich zu stärken. Die Tore standen sehr weit auseinander. Danach versammelten sich die Spieler auf dem Feld, und zwei Männer, einer aus jeder Mannschaft, begannen mit ihren Kriegsabenteuern zu prahlen. Zuerst erzählte einer der *WañgEre'gi*-Männer, wie er einem Feind den Kopf abgetrennt hatte; wie stolz seine Schwestern die Geschenke in Empfang genommen haben und wie sie den Siegestanz aufgeführt hatten. „Gegen solch einen Mann müßt ihr spielen," rief er denen auf der anderen Seite zu. Daraufhin erwiderte ein Mann der *Mane'gi*: „Ich bin ebenfalls ein tapferer Krieger. Ich machte mit meinem Feind, was ich wollte. Als einmal ein Feind zwischen den Schußlinien getötet wurde, rannte ich dorthin und trennte ihm inmitten des Kugelhagels den Kopf ab. Gegen solch einen Mann müßt ihr spielen," rief er denen auf der anderen Seite zu. Dann ließ er einen Kriegsschrei erschallen, der Ball flog in die Luft und das Spiel begann. Zum Sieger wurde diejenige Seite erklärt, der es als erster gelang, viermal den Ball durch das *wak'a'rani* zu jagen. Sie spielten den ganzen Tag lang und hörten erst am Abend auf. Lacrosse war das Lieblingsspiel der Winnebago. Das ist alles.[13]

Anhang B

Die Herstellung indianischer Lacrosse-Schläger

Die folgenden Beschreibungen dreier zeitgenössischer Lacrosse-schläger-Hersteller, die bis heute manuell traditionelle Holzschläger herstellen, vermittelt ein ungefähres Bild der dabei eingesetzten Technik. Wahrscheinlich gibt es keine zwei Schlägerhersteller — wie das bei allen eingeborenen Handwerkern der Fall ist — die auf die gleiche Weise vorgehen. In diesem Sinne treffen die einzelnen Fertigungsschritte, Materialien und Ausrüstungsgegenstände nicht auf jeden Einzelfall zu, sind aber als typisch anzusehen. Wie man sehen kann, haben die indianischen Handwerker bereitwillig die moderne Technik übernommen, wodurch ihnen die Produktion erleichtert wird. Gleichzeitig haben sie sie allerdings auf charakteristisch indianische Weise ihren Erfordernissen angepaßt: Wo früher möglicherweise Schleifsteine eingesetzt wurden, um geschnitzte Oberflächen abzuschmirgeln, benutzen sie heute Schleifmaschinen (Abb. 74). Die bei weitem exakteste Beschreibung der Schlägerherstellung hat Mitchell R. Childress (1992) vorgelegt. Seine detaillierte Schilderung der Arbeitsweisen von Wood Bell, einem Choctaw-Hersteller aus Neshoba County, Mississippi, der die traditionellen *kapocha* (Ballstöcke) anfertigt, gibt nicht nur Einblick in das Alter dieser Handwerkskunst, sondern macht auch den Versuch, die Herstellungsweise vor dem Kontakt mit den Weißen nachzuempfinden.

Der südöstliche Stock

Die charakteristische Herstellung eines südöstlichen Stockes von heute wird sehr gut durch die Herstellungsmethoden von Tema Tiger, einem Creek (Muskogee)-Mitglied des *Fishpond Ceremonial Ground* in der Nähe von Okema, Oklahoma, verdeutlicht. Tiger erlernte das Handwerk von seinem Vater und ist wie alle Schlägerhersteller daran interessiert, die Tradition aufrecht zu erhalten. Er selbst drückt sich folgendermaßen aus: „Wir haben eine Menge mit eigenen Augen gesehen und uns dabei gedacht: So haben sie es also gemacht! Und in der gleichen Weise haben wir dann weitergearbeitet." Zu der uralten Tradition der Schlägerherstellung bemerkt Tiger: „Das (die Kunst der

406

Abb. 74
Kevin Patterson, ein Tuscarora, benutzt ein Bandschleifgerät zur Entfernung der Rinde von einem getrockneten Rohling, bevor er zurechtgeschnitzt wird. Dies war Teil einer Demonstration der irokesischen Lacrosseschlägerherstellung anläßlich des jährlich stattfindenden *Festival of American Folklife*, ausgerichtet von der Smithsonian Institution im Jahre 1976.

Stockherstellung) ist älter als der Sonnenaufgang, pflegten die alten Leute zu sagen." (Catlins Abbildungen von Choctaw-Stöcken bekräftigt die Tatsache, daß diese Tradition mehr als eineinhalb Jahrhunderte zurückgeht.) Die Ernsthaftigkeit, mit der Tiger die verantwortungsvolle Rolle eines Stockherstellers übernommen hat, spiegelt sich auch darin wieder, daß er während seiner Arbeit ein rotes Halstuch trägt. Die Creek (und einzelne andere Stämme) trugen solche Halstücher traditionellerweise beim Spiel. Die Farbe Rot, die früher mit kriegerischen Aktivitäten in Verbindung stand, spielt beim Wettkampf immer noch eine wesentliche Rolle.

Bei der Herstellung seines *tokon'he* (gekrümmten Stockes) setzt Tiger moderne Geräte ein, wie das alle zeitgenössischen Stockhersteller tun. Das heißt nun aber keinesfalls, daß das damit erreichte Resultat nicht auch schon vor dem Kontakt mit Europäern erzielt worden wäre.

Die Ergebnisse, die man heute mit Maschinen aus Metall erzielt, wurden früher mit Geräten aus Stein, Knochen, Holz oder anderen natürlichen Substanzen erreicht. Die Indianer lernten schnell, sich die Technologie der Europäer für den eigenen Bedarf zunutze zu machen. Das erleichterte ihnen die Ausführung bestimmter komplizierter Aufgaben und machte die Herstellung von Ersatzwerkzeugen, die leicht zerbrachen oder sich schnell abnutzten, überflüssig. Metalleimer hatten eindeutig eine längere Lebensdauer als Eimer aus Birkenrinde, und Metallklingen brachen beim Holzspalten weniger häufig als solche aus Stein oder Knochen. Die neuen Gerätschaften trugen wahrscheinlich dazu bei, daß die Herstellung von Lacrossestöcken einfacher und weniger zeitaufwendig wurde. Tiger glaubt, daß seine Vorfahren Feuerstein benutzten, um ihre Stöcke abzuschmirgeln. Heute benutzt er dazu Schleifpapier. Das Hirschleder, das man früher zum Flechten gebrauchte, wird heute durch „das Leder der Weißen", wie er sich ausdrückt, ersetzt.

Normalerweise braucht Tiger einen halben Tag für einen Stock, aber wenn er unter Druck steht, kann er auch zwei Paar anfertigen. Am Anfang wählt er einen etwa 1,20 Meter langen Hickorystamm aus und spaltet ihn der Länge nach in zwei Hälften. Daraufhin untersucht er die Maserung in jeder Hälfte, um dann zu entscheiden, welche die „gute" ist, das heißt welche ein weiteres Aufspalten besser übersteht. Dazu benutzt er zwei alte Axtblätter. Er beginnt, die bessere Hälfte von der Rindenseite her aufzuspalten, indem er die Axtblätter abwechselnd der Länge nach in das Holz treibt. Das zweite übernimmt dabei die Rolle eines Keils, wodurch das erste frei kommt. Um herauszufinden, ob sich der V-förmige Rohling auch gut krümmen läßt, wenn er gebogen wird, reißt er einen Splitter ab und versucht, damit einen Knoten zu machen. Wenn das gelingt, arbeitet er an diesem Stück weiter.

Mit einer Axt streift Tiger dann die Rinde von seinem Rohling und entfernt dabei gleichzeitig alle losen Holzsplitter. Dann spannt er den Rohling in einen Schraubstock. Mit einem Spezialmesser wird das Holz nun geglättet und Unebenheiten entfernt. Mit Bleistift und Lineal mißt er etwa 15 Zentimeter vom Ende des Rohlings ab und macht sich ein Zeichen. Dann werden noch einmal 40 Zentimeter abgemessen. Diese Spanne muß ausgedünnt werden, weil sie den Kopf bilden soll. Beim Zurechtschnitzen zieht er das Messer meist zu sich her. Gelegentlich läßt er es auch hin und her über das Holz gehen, um es zu glätten. Zum Schluß rundet er die Kanten an dem 40-Zentimeter-Stück ab, das den Kopf gibt, wenn es rundgebogen wird (Abb. 75).

Auch über andere Arten der Schlägerherstellung bei den südöstlichen Stämmen liegt Material vor. So hielten die Creek das dünne Ende, das sie zuvor zugespitzt hatten, über Wasserdampf, um es geschmeidiger zu machen. Dann bogen sie das Ende je nach Wunsch eines bestimmten Spielers auf die eine oder andere Seite. Für einen rechtshän-

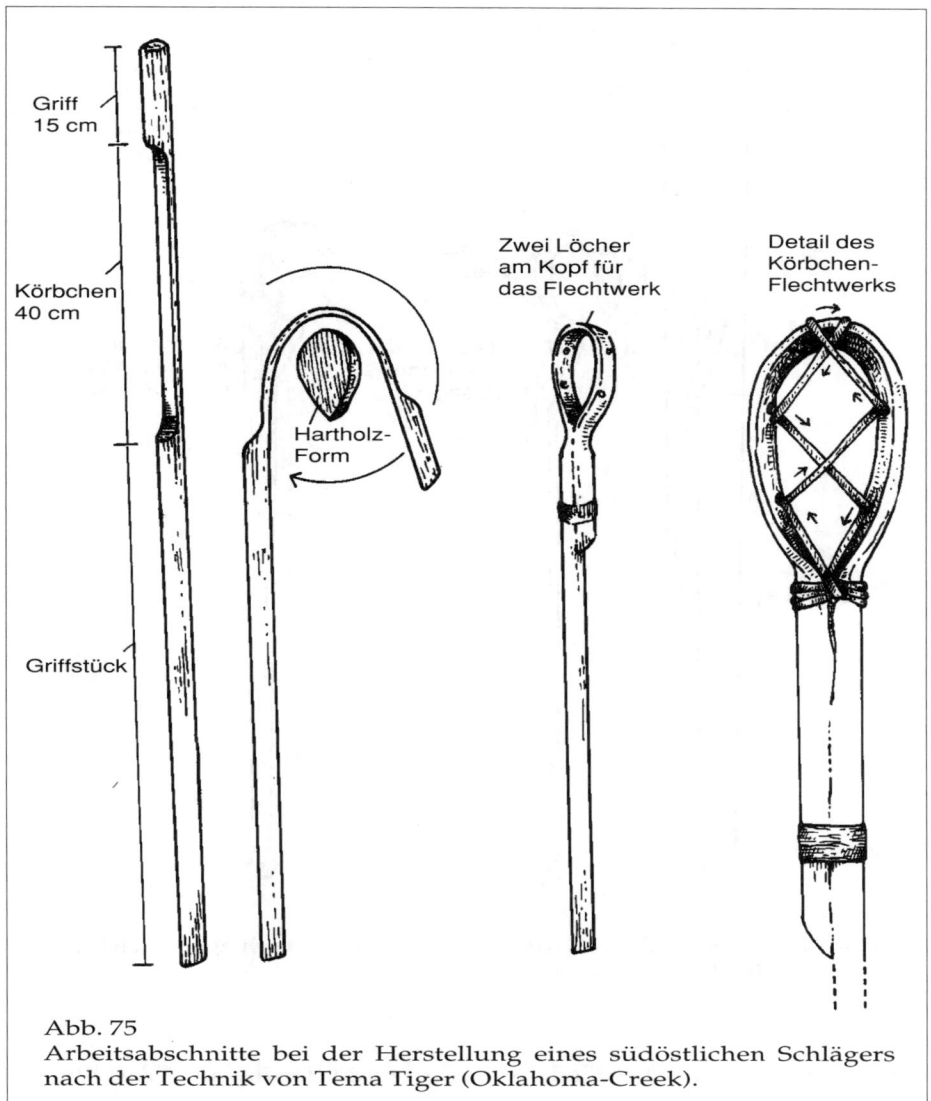

Abb. 75
Arbeitsabschnitte bei der Herstellung eines südöstlichen Schlägers nach der Technik von Tema Tiger (Oklahoma-Creek).

digen Spieler wurde das zugespitzte Ende nach rechts umgebogen und dann am Griff befestigt, so wie es auch Tema Tiger praktiziert. Für den Linkshänder verfuhr man in der umgekehrten Richtung. Um den Rand des Schlägerkopfes zu gestalten, trugen die Creek erhitztes Schmalz auf den oberen Rand auf. Dann steckten sie ihn in eine Fuge in der Wand oder dem Fußboden und bogen ihn vorsichtig, um das Kopfende in einem bestimmten Winkel zu formen. Für das Festbinden des zugespitzten Endes am Griff benutzten die Choctaw lange Bänder aus

409

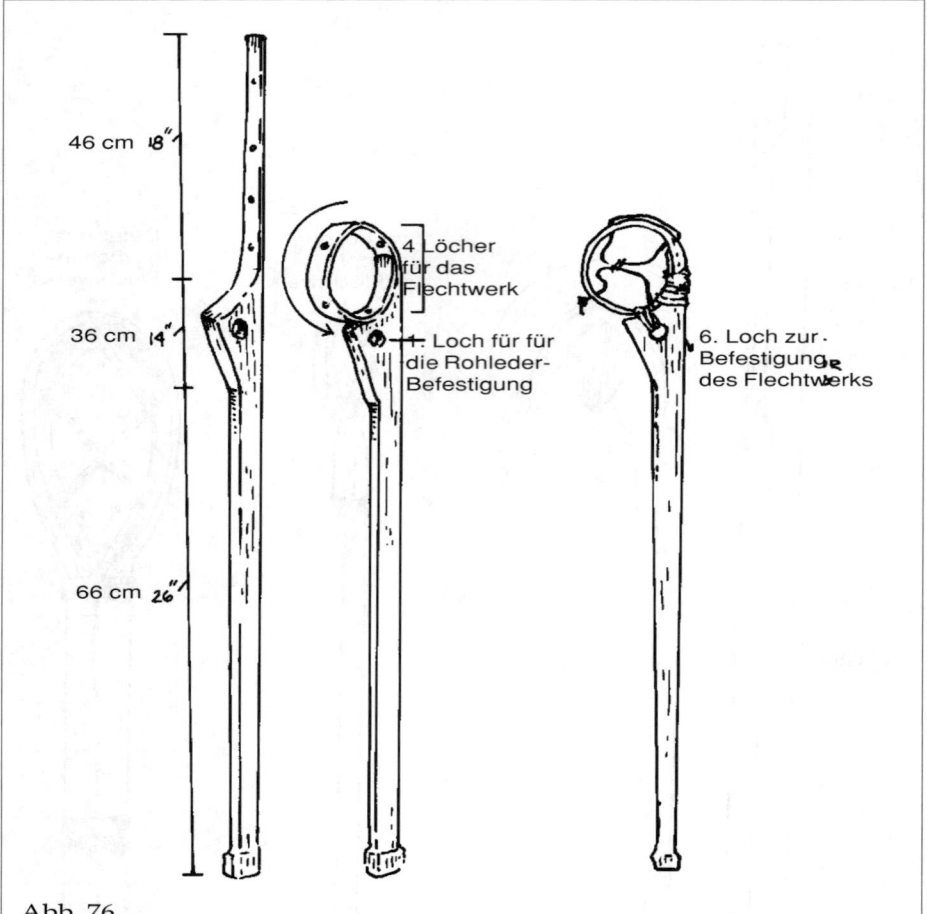

Abb. 76
Konstruktion des traditionellen Great Lakes-Lacrosseschlägers nach Franklin Basina (Red Cliff-Ojibwa).

Hirschleder, für das Netz jedoch die kürzeren Bänder aus Waschbärleder, da diese um zehn Cent billiger waren.[1]

Der Great Lakes-Schläger

Um ein rundes Körbchen zu erhalten, geht der Schlägerhersteller nicht wesentlich anders vor als sein Kollege im Süden. Während man aber im Süden Hickoryholz bevorzugt, entscheiden sich die Great Lakes-Handwerker wie Franklin Basina meistens für die weiße oder schwarze Esche, die nicht nur stark ist, wenig Knoten hat, sondern sich auch leicht schnitzen läßt. Basina erläuterte, wie er sein Holz aussucht und bearbeitet: „Die meisten Stöcke bestanden aus weißer Esche im zweiten Jahr. ...ein paar Burschen fertigten sie auch aus Eisenholz an. Ein paar Eichenstöcke waren auch darunter. Doch die meisten waren aus weißer Esche, denn weiße Esche ist leichter zu verarbeiten, obwohl es da auch einen Trick gibt. Also, wenn ich losgehe und mir eine weiße Esche hole, muß ich darauf achten, daß die Maserung gerade durchläuft. Wenn ich sie also teile, läuft die Maserung der Länge nach durch. Wenn ich nun Breite und Länge meines Lacrossestockes zuschneide, schabe ich die Rinde ganz ab bis auf den gebogenen Teil. Dort hole ich zwar auch die Rinde herunter, gehe dabei aber sehr vorsichtig vor, besonders [im Bereich] zwischen Rinde und Holz. Dazwischen liegt nämlich eine schleimige Substanz, das wissen Sie sicher. Die lasse ich dran, und wenn es ans Biegen geht, hilft das schleimige Zeug, daß [das Holz] nicht bricht. Es bleibt solange drauf, bis der Stock gut gebogen ist. Danach trocknet es aus. Dann kratze ich es ab und hole es herunter. Viele Leute machen das nicht, und deshalb haben sie ziemlich viel Ärger, wenn sie das Holz biegen. Beim Biegen ist das Holz recht spröde, und durch das schleimige Zeug wird es geschmeidiger."

Basina sammelt sein Holz, wenn der Saft in den Bäumen steigt und der Frost aus den Stämmen weicht. Dadurch weiß er, daß sich die „schleimige" Schicht noch im Holz befindet. Wird das Holz erst später, im Sommer, geschlagen, ist ein Großteil des Schleims schon getrocknet. Die Eschen, die infrage kommen, haben einen Durchmesser von etwa 20 Zentimeter, und die Stämme, die er schlägt, sind etwa 1,20 Meter lang. („Ich brauche etwas Spiel, man muß immer mal ein bißchen abschneiden, dafür muß man genug Holz haben. Ich will es nicht zu kurz abschneiden.") Zuerst teilt er den Stamm in zwei Hälften. Diese werden wiederum in zwei Hälften geteilt, dann wird diese Prozedur noch einmal wiederholt. Dadurch erhält er die Rohlinge für acht Schläger.

Der Rohling wird zurechtgeschnitten und das Ende, das gebogen werden soll, auf etwa 6 Millimeter Stärke bei einer Breite von 4 bis 5 Zentimeter reduziert. Der Stock wird grob viereckig zurechtgeschnitten im Maß von etwa 4 x 2 Zentimeter. Zum Schluß wird er dann mit einem Messer abgerundet. (Manche Great Lakes-Hersteller wie Basina lassen das Ende des Griffs in eine rechteckige Verdickung auslaufen. Andere wiederum lassen ihn so, wie er ist, halten den Stock aber extra lang, damit jeder Spieler ihn sich nach Belieben kürzen kann.) In Richtung Schlägerkopf verbreitert er sich deutlich, und zwar in etwa 60 Zentimeter Höhe vom Griffende aus gesehen. Dadurch gewinnt er eine nach innen gebogene Fläche zur Aufnahme des etwa 11 Zentimeter langen ausgedünnten Endstückes. Solange es biegsam ist, wird es in diese Rundung des Stocks hineingerollt und fest mit ihr verschnürt (Abb. 76). Basina gibt zu, daß er trotz der Zuhilfenahme des „Schleims" sein Holz auch über Dampf hält, bevor er es biegt („Also gut, ich geb's ja zu. Wer will denn noch mal raus in den Wald und neues Holz holen, wenn das nicht unbedingt nötig ist!").

Ähnlich wie das Netz der südöstlichen Stöcke fällt auch das Netz der Great Lakes-Version recht kärglich aus. Es besteht lediglich aus zwei miteinander verkreuzten Schnüren. Basina nimmt dafür gegerbtes Hirschleder, weil es weich und flexibel ist. Früher benutzten die Leute seiner Meinung nach eher Elch- oder Rehhäute: „Rehleder eignet sich gut, aber nur das von der Halspartie des Tieres. Dort ist sein Fell am dicksten. ...direkt hinter den Ohren bis runter zu den Schultern, darum geht's. An dieser Stelle ist es unheimlich dick." In das Kopfende des Stockes werden dann mehrere Löcher gebohrt – drei in den ausgedünnten, gebogenen Teil und eines direkt gegenüber dem Schaft noch einmal durch denselben Teil, der so mit dem Griff verbunden wird, außerdem ein weiteres dickeres Loch genau unterhalb der Krümmung, wo der Schaft anfängt breiter zu werden. Basina verknüpft alles miteinander mit einer einzigen Lederschnur. Er beginnt mit dem Loch, das genau gegenüber dem Schaft liegt, führt die Schnur etwa bis zur Mitte des Körbchens, macht dort einen Knoten hinein und führt sie weiter zu einem der Außenlöcher. Dort führt er die Schnur an der Außenseite des Körbchens herum zum nächsten Loch, fädelt es dort hindurch, verknotet es in der Mitte, fädelt es durch das andere Außenloch nach außen und verknotet es dort. Der gebogene Teil wird an zwei Stellen am Schaft mit ungegerbter Lederschnur auf einfache Weise festgezurrt. Das eine Mal etwa 5 Zentimeter vor dem Ende des verdünnten Teils, und das andere Mal durch das größere Bohrloch mit dem darüberliegenden gebogenen Teil.

Der irokesische Schläger

Die folgende Herstellungstechnik für den Irokesen-Schläger basiert auf den Angaben von Louis Jacques, einem Mohawk aus Onondaga, und seinem Sohn Alf. Er beschreibt hauptsächlich die Technik der Irokesenstämme, etwa die der Mohawk und Tuscarora, wie sie ihr Holz aussuchen, wie sie es behandeln, zurechtschnitzen und mit einem Netz versehen. Die Angaben über die Netzherstellung machte Frank Benedict, ein Mohawk-Stockhersteller aus Akwesasne.

Wie bei den Irokesen üblich, benutzen beide Jacques am liebsten Hickory für die Schläger. Wenn sie nach Bäumen Ausschau halten, legen sie Wert auf geraden Wuchs. Die Rinde darf keine Knoten aufweisen. Je glatter die Rinde, desto besser. Hickorybäume mit Knoten besitzen keine glatt durchlaufende Maserung und sind deshalb ungeeignet für Lacrosseschläger. Die Bäume müssen gefällt werden, wenn kein Saft in der Rinde steht. Sonst bricht das Holz leicht, wenn die Rinde abgeschält ist. Deshalb wählt man die Bäume aus, nachdem

412

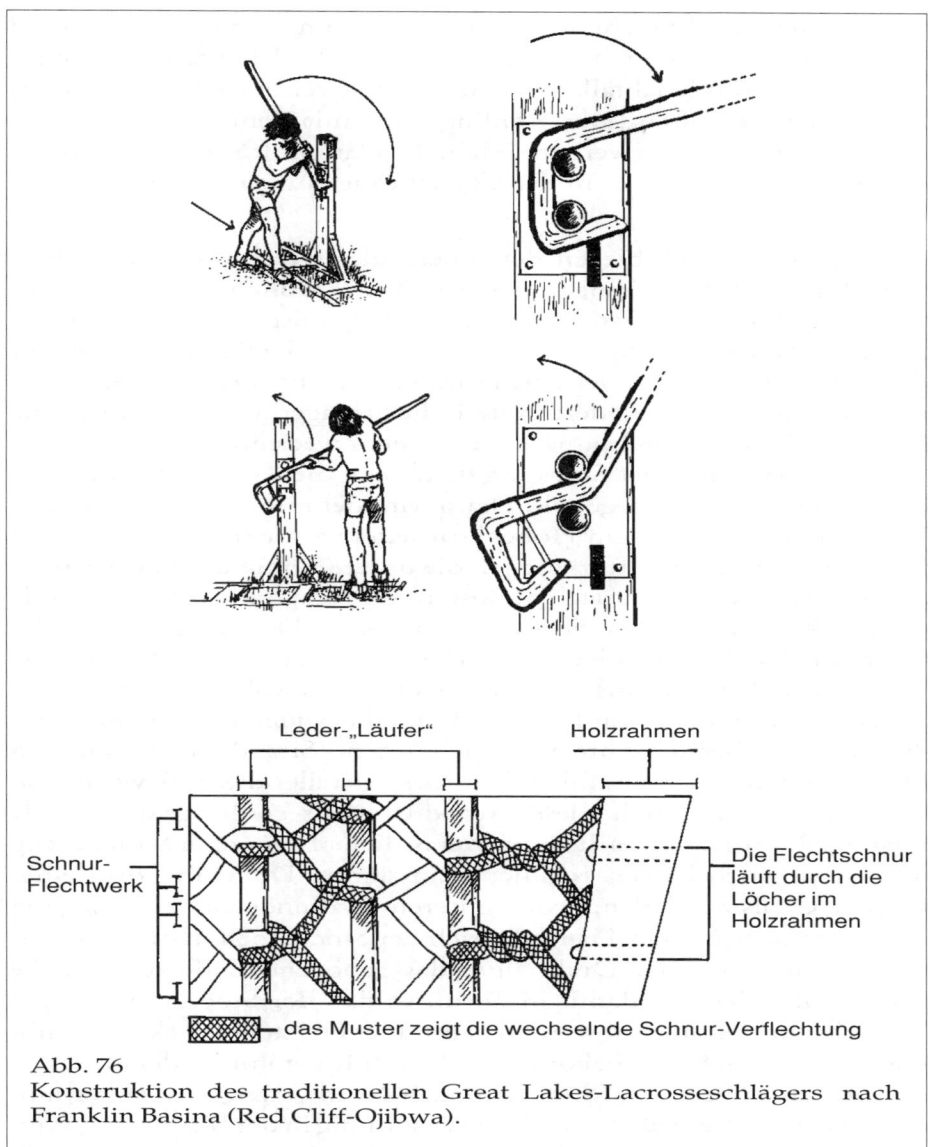

Leder-„Läufer"   Holzrahmen

Schnur-
Flechtwerk

Die Flechtschnur
läuft durch die
Löcher im
Holzrahmen

— das Muster zeigt die wechselnde Schnur-Verflechtung

Abb. 76
Konstruktion des traditionellen Great Lakes-Lacrosseschlägers nach
Franklin Basina (Red Cliff-Ojibwa).

sie ihr Laub abgeworfen haben und der Saft sich in die Wurzeln
zurückgezogen hat.

Wenn der Hickory in Rohlinge zerteilt worden ist, werden diese in
Wasserdampf erhitzt und mittels einer Vorrichtung zurechtgebogen.
Beide Jacques benutzen in ihrem Hof eine improvisierte, geschlossene
Feuerstelle, die an der Rückseite einen Kamin aufweist, damit Zug
entstehen kann, sowie eine seitliche Öffnung, aus der der Dampf

kommt, den man braucht, um das Holz biegsam zu machen. Während des Dämpfens werden von einem großen Holzhaufen unentwegt Scheite und Rindenabfälle vom Stockschnitzen nachgelegt, um das Feuer zu unterhalten. Der Rohling wird mit dem Ende, das zum Schlägerkopf gebogen werden soll, in die Dampföffnung gehalten, bis es so elastisch ist, daß es in der Vorrichtung zurechtgebogen werden kann.

Für das Zurechtbiegen des Stockendes setzen die Jacques eine Metallplatte (Abb. 77) ein, die in etwa 1 Meter Höhe an einem aufrecht stehenden Pfosten befestigt ist. Diese Platte weist zwei runde Metallröhren auf sowie eine angeschweißte Sperre aus Metall. Mit Hilfe dieser drei festen Drehpunkte werden die drei entsprechenden Biegeoperationen vorgenommen. (Andere irokesische Schlägerhersteller haben eine ähnliche Platte mit Drehpunkten zu diesem Zweck horizontal an einem Tisch angebracht.) Der Stock, an dem noch die Rinde sitzt, wird aus dem Dampfloch hervorgeholt. Dann wird der mit Dampf behandelte Teil, der zuvor mit einem Hobel bearbeitet wurde und nun leicht V-förmig verjüngt ausläuft, zwischen die untere Röhre und die vertikale Sperre (von Nordosten nach Südosten) eingespannt, wobei das Ende etwa 10 Zentimeter über die Sperre hinausragt. Der Schlägerhersteller biegt nun den Teil, der nicht im Dampf war und der später Schaft oder Griff des Schlägers ausmachen wird, nach oben, wobei die Rinde nach außen zeigt, windet ihn außen herum um die beiden Röhren und zieht ihn über die oberste Röhre ganz nach unten. (Sitzt die Platte mit den Drehpunkten am Tisch, führt der Stockhersteller dieses Bewegungen horizontal aus.) Durch diese Prozedur erhält er die grundlegende Biegung des Stocks. Allerdings muß er in dieser Form zehn Monate lang oder sogar noch länger trocknen. Ein starker Draht in Form eines flachen Ovals wird dann vom unteren Griffende bis zur Biegung heraufgeschoben. Dabei befindet sich der Stock noch in der Vorrichtung. Dann wird der Draht über das gebogene Ende der Krücke gezogen und hält sie damit in Form, so daß der Stock nun aus der Vorrichtung genommen werden kann. Der Hersteller ruckelt ihn hin und her, um ihn frei zu bekommen, dann führt er ihn wieder zwischen den beiden Röhren ein (Südosten nach Nordwesten). Indem er nun den Griff herunterdrückt, erzeugt er Spannung in der Biegung, die von dem Draht zusammengehalten wird, so daß die Beugung dort noch intensiver wird (der zweite Biegevorgang). Auf diese Weise kommt die gewünschte, fast dreieckige Form zustande.

Der letzte Biegevorgang an der Stelle, wo die Beuge endet und in den geraden Schaft übergeht, wird ebenfalls mittels der metallenen Vorrichtung vorgenommen. Der Stock wird wiederum eingelegt und zwischen die zwei Röhren geklemmt (Südwesten nach Nordosten), und zwar so, daß die obere Röhre den Stock in etwa 40 Zentimeter Entfernung vom oberen Dreieck berührt. Dann drückt der Hersteller den Griff so weit nach oben wie möglich. Damit erzielt er die letzte Biegung am Ende des Schaftes. Jetzt kann der Stock zum Trocknen und Bewahren seiner Form beiseite gelegt werden. Sobald das Holz ganz und gar trocken ist, wird der Draht entfernt, und die Krücke behält von sich aus ihre Form.

Ist der Stock trocken genug, kann mit dem Zuschnitzen begonnen werden. Zu diesem Zweck sitzt der Hersteller auf einer Werkbank, die eine Schraubzwinge mit Drehzapfen aufweist und die er durch Fußdruck in Bewegung setzen kann, ähnlich wie der Tritt beim Webstuhl. Im ersten Arbeitsgang wird die Rinde außen an der Krücke entfernt. Dafür benutzt der Schnitzer ein Spezialmesser mit zwei Griffen. Er setzt das Messer am Ende des Schaftes unterhalb der Biegung an und zieht die Klinge zu sich her. Gelingt ihm beim Schnitzen einen guter „Zug", kann er meistens die restliche Rinde mit der Hand entfernen, wenn er bei der obersten Biegung angekommen ist. Auf diese Weise löst sich die Rinde leicht in einem langen Stück ab. Sobald das geschehen ist, macht er den Stock in der Schraubzwinge fest und beginnt mit der Schnitzarbeit am obersten Ende der Krücke, aber diesmal führt er die Bewegung in umgekehrter Richtung aus. Die hölzerne Zwinge hält den Stock in jeder Position fest. Der Stock kann also in jede Richtung gedreht werden. Der Schnitzer arbeitet an der Rundung und Verdünnung der Krücke, bis die Form des Schlägerkopfes fast vollendet ist. Dann wird das Griffende des Stockes auf die gewünschte Länge gekürzt, die Rinde wird entfernt und der Schaft etwas verdünnt. Wird das Spezialmesser mit den zwei Griffen benutzt, kann man alle möglichen Techniken anwenden – eine Hand könnte zum Beispiel einen Griff unterhalb des Stockes festhalten, während sich der Daumen um die Krücke legt, um für diesen Griff einen festen Haltepunkt zu gewinnen. Er übernimmt damit die Rolle eines festen Drehpunktes, während am anderen Ende alle möglichen Schnitzarbeiten aus unterschiedlichen Winkeln mit unterschiedlichen Vertiefungen ausgeführt werden können.

Ist der Stock grob zurechtgeschnitzt, wird er abgeschmirgelt (meist auf mechanischem Wege). Dann folgen die Löcher für die vier oder fünf ungegerbten Lederschnüre, die die „Läufer" bilden. Sie werden oben am Löffelrand und am Schlägerhals gebohrt, wo die Läufer durchgezogen und festgemacht werden (nur lose; der Spieler muß sie gelegentlich nachziehen). Auch oben auf der Krücke und entlang ihrer Innenseite werden Löcher gebohrt, einmal als Schutz für die Darmwand, zum anderen für die Kordelverschnürung. Zum Schutz bekommt der Schläger jetzt eine Lackschicht. Es fehlen nun lediglich noch die verschiedenen Schnüre aus ungegerbtem Leder, Katzendarm und gewirkter Kordel für das Netz.

Während Alf zum größten Teil die Schnitzarbeit erledigt, gibt sich sein Vater Lou mit dem Flechten des Netzes ab. (In vielen irokesischen

Gemeinden wird das Netzflechten hauptsächlich von Frauen ausgeführt). Sind die Läufer und die Darmwand eingezogen, werden zwei
Stränge aus ungegerbtem Leder im Abstand von etwa 2,5 Zentimeter
horizontal nahe dem oberen Ende, dann noch einmal weiter unten in
der Nähe des Halses eingezogen. Diese bilden die Basis für das
Körbchen. Überall, wo sie auf einen Läufer stoßen, werden sie einmal
darum gewickelt, so daß sich eine Verbindung zwischen Darm und
Lederschnüren ergibt. Der größte Teil des Netzes wird mit Kordeln in
dieses Gewebe eingeflochten. Die Kordeln verlaufen über und unter
den Läufern. Bei jedem Zusammentreffen werden sie drumherumge-
schlungen und wechseln dann die Richtung.

Für seine Schläger benutzt Frank Benedict (meistens) vier Kettfä-
den beziehungsweise „Läufer" aus kommerziell hergestelltem Leder. Sie
werden zuerst eingezogen, bevor das Netz geknüpft wird, und am
Löffelende, in das vorher Schlitze eingekerbt wurden, festgemacht, so
daß der Läufer um den Schaft gewickelt und dann durch den Schlitz
geführt wird. Jeder Läufer wird vertikal zu seinem eigenen entsprechenden Loch im Hals geführt, durch dieses Loch nach außen gefädelt und
dort mit einem Halbknoten festgemacht, so daß jeder Spieler die
Spannung selbst regeln kann. Die Darmwand besteht aus vier Strängen
verdrehter „*babiche*" (Rinderhaut), die die Hauptläufer bilden. Dann
werden 5 bis 7 rohe Lederschnüre, genannt „Posten", vertikal in die
Läufer eingezogen. Zusammen bilden sie die Wand. Diese wird mit
Lederbändern an dem Schlägerrahmen befestigt, so daß auch sie, wenn
nötig, mehr Spannung erhalten kann. Für das Weben benutzt man eine
einzelne lange Schnur — heutzutage aus Nylon in unterschiedlichen
Farben. Früher verwendete man dafür schmal geschnittenen Schafs-
darm. Mit dieser langen Schnur beginnt man ganz oben am Schläger
und arbeitet sich unter Verwendung von zwei Läufern herunter bis zum
Hals. Dann geht es wieder aufwärts. Die zweite Schnur wird dann auf
die gleiche Weise mit der dritten verwoben und so weiter. (Abb. 77).

Anhang zur deutschen Ausgabe

In den letzten Jahren findet das moderne Lacrosse-Spiel auch in Europa immer mehr Anhänger und aktive Sportler. Um unseren Lesern die Möglichkeit zu geben, sich über den Stand des Lacrosse-Sports in Deutschland zu informieren, veröffentlichen wir an dieser Stelle mit Einverständnis des Authors, Mr. Thomas Vennum Jr., als Ergänzung zur amerikanischen Originalausgabe eine Darstellung der Lacrosse-Regeln für Damen und Herren sowie eine Liste der zur Zeit in Deutschland bestehenden Lacrosse-Clubs.

Daß Lacrosse auf dem Wege ist, sich in Europa fest zu etablieren, beweist die Austragung einer Europameisterschaft vom 10. bis 18. August 1996 in Neuss am Rhein. Daran nahmen Mannschaften aus Tschechien, England, Schottland, Wales, Schweden und Deutschland teil. Außer den Schweden stellten alle Länder auch eine Damen-Nationalmannschaft.

Damen-Lacrosse

Das Spiel:

Damen-Lacrosse ist ein sehr schnelles und aufregendes Spiel, das ohne jeden Körperkontakt auskommt. Das Ziel des Spiels besteht darin, den Hartgummiball mit dem Schläger zu passen und in das gegnerische Tor zu schleudern. Die Mannschaft versucht, den Ball möglichst schnell vor das gegnerische Tor zu bringen. Ähnlich wie beim Handball baut sich die Mannschaft in einem Halbkreis vor dem Tor auf, um so die Mauer der Verteidigung zu durchbrechen und ein Tor zu schießen. Die Spielzeit beträgt in der Regel 2 mal 25 Minuten.

Die Spielerinnen:

Jede Mannschaft hat 12 Spielerinnen, einschließlich der Torwartin, auf dem Feld. Diese können jederzeit ausgewechselt werden. Anders als bei den Herren tragen die Damen zu ihrem Schutz nur einen Gebißschutz und Handschuhe, ohne daß das Tragen dieses Schutzes zwingend ist.

Das Spielfeld:

Das Spielfeld hat keine festgelegten Grenzen, wodurch der Ball im Grunde genommen nicht ins Aus gehen kann. Es liegt daher im Ermessen der Schiedsrichter zu entscheiden, wann sich zwei Spielerinnen zu weit vom Spiel entfernen. Sollte der Ball über eine von den Schiedsrichtern genannte Begrenzung hinausgehen, erhält diejenige

Spielerin den Ball, die dieser Linie am nächsten war. Der Abstand der Tore zueinander beträgt 92 Meter.

Anstoß (*Draw*):

Wenn das Spiel neu beginnt, stellen sich zwei gegnerische Spielerinnen einander gegenüber auf und bringen ihre Schläger in Hüfthöhe zusammen. Die übrigen Spielerinnen müssen in einem Radius von 4 Metern Abstand halten. Der Ball wird zwischen die beiden Schläger der zwei Spielerinnen plaziert. Nach dem Anpfiff ziehen beide die Schläger nach oben, wodurch der Ball über ihre Köpfe hinweg zu den Mitspielerinnen fliegt.

Fouls:

Trotz des körperlosen Spielens gibt es folgende Fouls:

— Körperkontakt mit dem Ball ist nicht erlaubt,

— der Schläger einer gegnerischen Spielerin, die nicht in Ballbesitz ist, darf nicht berührt werden,

— das Betreten des Kreises unmittelbar vor dem Tor ist nicht erlaubt,

— die Spielerin darf ihrer Gegnerin den Ball mit einem kurzen Check aus dem Schläger schlagen; sollte sie jedoch zu aggressiv vorgehen und die Spielerin dabei gefährden, wird sie vom Schiedsrichter verwarnt,

— es ist in der unmittelbaren Nähe des Tores nicht erlaubt, sich als Verteidigerin zwischen dem Tor und der balltragenden Angreiferin zu befinden (Sperren).

Herren-Lacrosse

Das Spiel:

Die Mannschaften versuchen, durch schnelles Zuspielen den Ball in das gegnerische Tor zu schleudern. Mit dem Ball darf beliebig weit gelaufen werden. Ein balltragender Spieler darf mit dem Körper und den Fäuster, die sich an dem Schläger befinden, gecheckt werden. Außerdem darf ein Verteidiger mit seinem Schläger den Schläger des balltragenden Spielers checken. Die Ausholbewegung darf dabei 90° nicht überschreiten. Die Unterarme, die den Schläger berühren, zählen in diesem Fall auch zum Schläger.

Die Spieler:

Jede Mannschaft darf für ein Spiel 23 Spieler nominieren. Zehn Spieler befinden sich auf dem Spielfeld. Diese bestehen aus dem Torwart, drei Verteidigern, drei Mittelfeldspielern und drei Angreifern. Es kann jederzeit eine beliebige Anzahl von Spielern ausgewechselt werden. Die Spieler benutzen Schläger, die zwischen 1,00 und 1,80 Meter lang sind.

Nach internationalen Regeln dürfen beliebig viele lange Schläger eingesetzt werden. Von dieser Regelung wird besonders im Unterzahlspiel Gebrauch gemacht.

Anstoß (*Face off*):

Beim Anstoß befinden sich von jeder Mannschaft drei Spieler im mittleren Drittel des Spielfelds. Nach dem Pfiff des Schiedsrichters versuchen zwei Spieler in der Mitte den zwischen ihnen liegenden Ball herauszuspielen. Erst wenn eine Mannschaft im Ballbesitz ist (der Schiedsrichter ruft "*possession*"), dürfen die anderen Spieler ihr Drittel verlassen.

Die Spielzeit:

Die Spielzeit beträgt 4 x 20 Minuten. Pro Mannschaft dürfen zwei *time-outs* genommen werden. Falls es nach Spielende unentschieden steht, werden 2 x 5 Minuten Verlängerung gespielt, in denen das erste Tor entscheidet (*sudden death*).

Das Spielfeld (siehe Abbildung rechts):

Auf dem fußballfeld-großen Rasenplatz darf wie beim Eishockey auch hinter dem Tor bis zur Auslinie weitergespielt werden. Nach einem verfehlten Torschuß erhält diejenige Mannschaft den Ball, deren Spieler dem über die Aus-Linie rollenden Ball am nächsten ist. An der Seite des Spielfeldes befindet sich zwischen den Mannschaftsbänken die Strafbank (*Penalty Box*), in der die Spieler ihre Zeitstrafen absitzen müssen.

Fouls:

Fouls werden mit Zeitstrafen belegt oder führen zum Ballverlust. Die Zeitstrafen dauern 30 Sekunden, 1 Minute oder in besonders harten Fällen 3 Minuten. Es wird unterschieden zwischen persönlichen und technischen Fouls. Persönliche Fouls sind Schubsen, wobei der Schläger schulterbreit gefaßt als Widerstand benutzt wurde (*Crosse Checking*), Schläge mit dem Schläger, die den Körper oder den Kopf treffen (*Slashing*), unnötige Härte, unsportliches Verhalten oder nicht regelgerechte Ausrüstung. Die Strafzeit für ein persönliches Foul beträgt eine bis drei Minuten. Technische Fouls beinhalten Abseits, das Schubsen von hinten (*Pushing*), das Halten (*Holding*) und den aktiven Einsatz des freien Arms eines balltragenden Spielers. Wie beim Eishockey werden die Spieler durch ein Gegentor von ihrer Strafe erlöst. Das Reden mit dem Schiedsrichter ist den Spielern während des Spiels verboten. Entscheidungen werden unwidersprochen hingenommen.

Abseits:

Vier Spieler müssen sich immer in der eigenen und drei in der gegnerischen Hälfte befinden. Auch das kleinste Übertreten der Mittellinie führt zu einem technischen Foul.

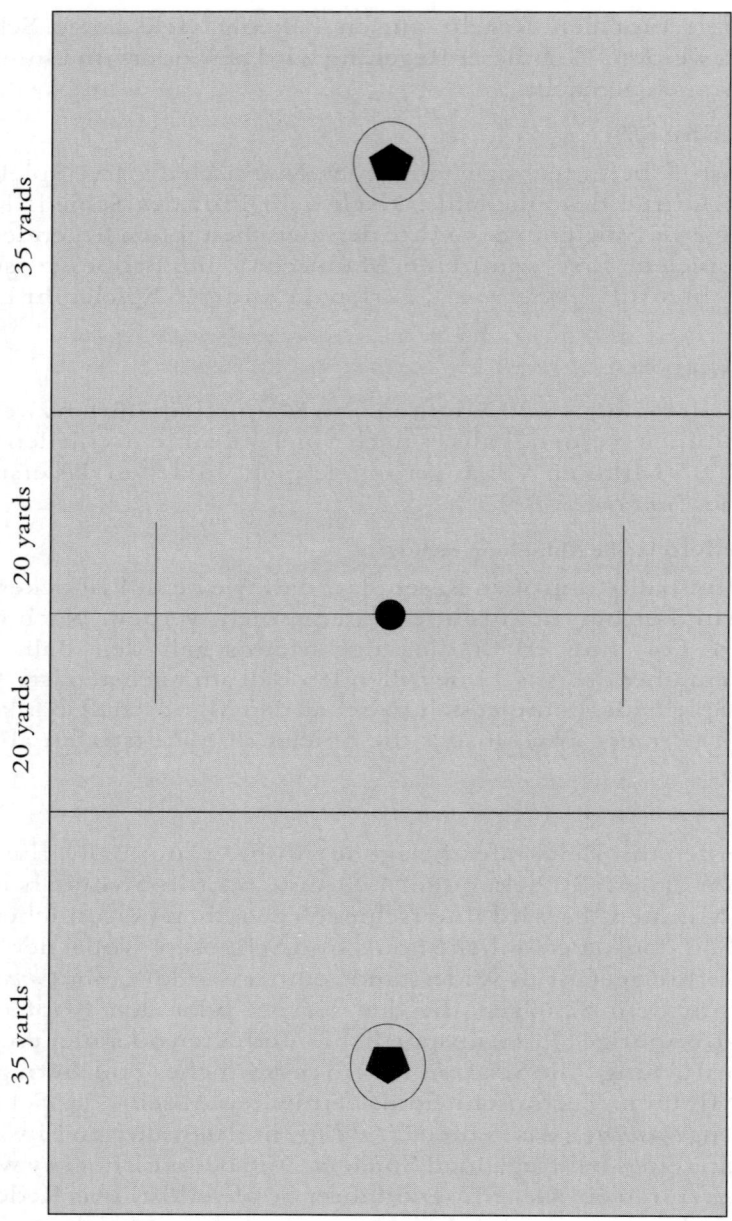

60 yards

Das Spielfeld ist in drei Teile geteilt: Angriff, Mittelfeld und Verteidigung. Die Tore sind in das Feld eingerückt, wodurch die Spieler hinter dem Tor weiterspielen können.

(Text und Zeichnung wurden der Begleit-Broschüre zur Lacrosse-Europameisterschaft 1996 in Neuss entnommen)

Vereine und Kontakt-Adressen

Deutsche Lacrosse Verband DLAXV
c/o Herrmann Hassenstein
Beseler Allee 10
24105 KIEL
Tel./Fax: 0431-84751

Berliner Lacrosse Verein, e.V.
Swinemunderstraße 87
13355 BERLIN

Verein für Körperkultur e.V.
Abt. Lacrosse
Maikäferpfad 36
14055 BERLIN

Bonner Lacrosse Verein
Bonner Löwen e.V.
Anja Schmidt
Auf dem Äckerchen 36
53343 WACHTENBERG

Düsseldorf Thunder e.V.
Dirk Börnert
Marienstraße 18a
40764 LANGENFELD

Lacrosse Freiburg
Habsburgerstraße 4
79104 FREIBURG i.Br.

Lacrosse Göttingen
Philip v. Oldershausen
Schildweg 32
37085 GÖTTINGEN

Lacrosse Verein Hamburg
Volker Schöer
Rotenbaumchaussee 237
20149 HAMBURG

Hamburger Lacrosse Club
Jakob Neb
Am Langenzug 8
22085 HAMBURG

Lacrosse Club Heidelberg e.V.
Sebastian Schäfer
Dantestraße 6
69115 HEIDELBERG

Lacrosse Club Kiel LCK e.V.
Stadtrade 12
24113 KIEL

Lacrosse Verein Köln
Tim Clausen
Pantaleonsmühlenstraße 38
50676 KÖLN

Lacrosse Landsberg
Mike Maushammer
Breslauerstraße 3a
86899 LANDSBERG

Lacrosse Rheindalen
Nick Roberts
Lilienthalstraße 154
40169 MÖNCHENGLADBACH

Lacrosse Club München LCM
Jörg Rohaus
Schulstraße 4
82064 STRASSLACH

Lacrosse Club Passau e.V.
Frank Forster
Theresienstraße 9
94032 PASSAU

Lacrosse Club München
Schulstraße 14
82064 STRASSLACH b. München

Verein im Aufbau:

Peter Dusche
Austraße 9s
83446 BAD TÖLZ

Kontaktadresse für den Lacrosse-Verband Tschechien:

Alexandr Kurz
Aubrichtove 3111
10600 PRAG
Tschechische Republik

Für Österreich und die Schweiz liegen uns leider keine Informationen über bestehende Lacrosse-Vereine oder Clubs vor.

Anmerkungen

Vorwort

1. Die einzige Andeutung einer „Beschädigung" des Schlägers befindet sich fast am Ende des Krummstabes, wo das Netz aus ungegerbten Lederschnüren an einer kleinen Stelle mit gegerbten ausgebessert wurde. Abgesehen davon weist der hölzerne Rahmen so gut wie keine Gebrauchsspuren auf.

2. A. Frances Eyman, „Lacrosse and the Cayuga Thunder Rite", passim. Marshall J. Becker, „Lacrosse: Political Organization in North America as Reflected in Athletic Competition", S. 55 bietet eine bessere Analyse an. Zum Einsatz von Hunden als rituelle Bittsteller s. Thomas Vennum, Jr., „The Ojibwa Begging Dance".

3. Roger Wulff, „Lacrosse among the Seneca", S. 21.

4. Frank G. Speck, „Midwinter Rites of the Cayuga Long House", S. 152.

Prolog

1. Der Onondaga-Begriff für Lacrosse. Die angewandte Orthographie geht auf Hanni Woodbury (persönl. Mitteilung vom 20.3.1992) zurück. Im gesamten Text hält sich die Schreibweise der indianischen Begriffe an die Quellenangaben mit Ausnahme einiger Eigennamen in Kap. 6, wo sich die Ojibwa-Schreibweise an das Nichols-Nyholm-System hält [in der amerikanischen Ausgabe; d. Übers.]. Die Fox-Schreibweise für das Wort „Lacrosse" lieferte Ives Goddard (persönl. Mitteilung vom 28.9.1992).

Kapitel 1

1. Reuben G. Thwaites, Hrsg., „The Jesuit Relations and Allied Documents: Travels and Explorations of the Jesuit Missionaries in New France, 1610-1791", Kap. 10, S. 185, 187. Um der besseren Lesbarkeit willen wurden die Übersetzungen aus „Jesuit Relations" leicht überarbeitet [in der amerikanischen Ausgabe; d. Übers.]. Außerdem habe ich die Übersetzung „country" (aus dem frz. «paye») abgeändert in „countryside" oder „territory", damit niemand auf die Idee kommt, ein Zauberer würde mittels seiner Befehle über *ganz* Huronia herrschen. Seine Macht erstreckte sich wahrscheinlich nur über sein Dorf oder, im äußersten Fall, noch über die angrenzende Umgebung oder den Stamm (Conrad Heidenreich, persönl. Mitteilung vom 12.8.1992).

2. Thwaites, „Jesuit Relations", Kap. 10, S. 187.

3. Ebd., Kap. 13, S. 131.

4. Gabriel Sagard, „The Long Journey to the Country of the Hurons", S. 143. In der Originalübersetzung steht „Tonsur" anstelle von „ausrasierter Stelle oben auf dem Kopf".

5. Ebd., S. 120.

Kapitel 2

1. William J. Baker, „Sports of the Western World", S. 11. Unter dem heutigen Publikum der Olympischen Spiele sind nur wenige Menschen, die wissen, daß sich die Spiele von alten religiösen Kulten herleiten. Mit der Verbreitung des Christentums wurden solche Rituale unterdrückt, und am Ende des 4. Jahrhunderts wurden die religiösen Riten in Zusammenhang mit den Olympischen Spielen ganz fallengelassen. Danach nahm die Bedeutung der Spiele rapide ab und wurde erst vierzehnhundert Jahre später wiederbelebt.

2. James Mooney und Frans M. Olbrechts, „The Swimmer Manuscript: Cherokee Sacred Formulas and Medicinal Prescriptions", S. 91-92.

3. Vergleiche „Tewaarathon (Lacrosse): Akwesasne's Story of our National Game", S. 19. ff. mit Stewart Culin, „Games of the North American Indians", S. 578-579.

4. John R. Swanton, „Myths and Tales of the Southeastern Indians", S. 23; zur *Tukabachee* Creek-Variante s. auch S. 187.

5. Raymond Fogelson, „The Cherokee Ball Game: A Study in Southeastern Ethnology", S. 15 ff.

6. Robert E. Ritzenthaler, *Field Notes and Papers*, zusammengestellt von Frank James. Zur Variante aus demselben Reservat, erzählt von Delia Oshogay, s. Victor Barnouw, „Wisconsin Chippewa Myths and Tales", S. 90.

7. M. Carolissa Levi, „Chippewa Indians of Yesterday and Today", S. 167, 169. Ohne Quellenangabe.

8. Walter James Hoffmann, „The Menomini Indians",, S. 131.

9. Robert E. Ritzenthaler and Pat Ritzenthaler, „The Woodland Indians of the Western Great Lakes", S. 42.

10. John Haywood, „The Natural and Aboriginal History of Tennessee", S. 285.

11. John R. Swanton, „Social Organization and Social Usages of the Indians of the Creek Confederacy" S. 54-61.

12. William Jones, „Ethnography of the Fox Indians" S. 109-110.

13. Robert E. Ritzenthaler, „The Potawatomi Indians of Wisconsin", S. 163-164; Ritzenthaler und Ritzenthaler, „Woodland Indians", S. 110.

14. Frances Densmore, „Menominee Music", S. 37-39. S. Thomas Vennum Jr., „Wild Rice and the Ojibway People", S. 5.

15. Die Farbstellung halb rot/halb blau steht möglicherweise mit der Verzierung von Trommelbespannungen in Verbindung. S. Thomas Vennum Jr., „The Ojibwa Dance Drum: Its History and Construction", S. 201 ff; Densmore, „Menominee Music", S. 37-39.

16. Lewis Henry Morgan, „League of the Ho-dé-no-sau-nee or Iroquois", S. 280; s. auch Fogelson, „Cherokee Ball Game", S. 29.

17. Grank G. Speck, „Midwinter Rites of the Cayuga Long House", S. 117-118.

18. Truman Michelson, „Notes on Fox Mortuary Customs and Beliefs", S. 38.

19. Densmore, „Menominee Music", S. 40.

20. J. N. B. Hewitt, „Iroquois Game of La Crosse", S. 181; s.a. I. P. Evans, zitiert in Fogelson, „Cherokee Ball Game", S. 40; John Witthoft, zitiert ebd., S. 114.

21. Fogelson, „Cherokee Ball Game", S. 51-52.

22. Mooney und Olbrechts, „Swimmer Manuscript", S. 91-92.

23. Rev. George White, „Historical Collections of Georgi"", S. 671.

24. Swanton, „Social Organization", S. 462-464.

25. Felipe A. Latorre und Dolores L. Latorre, „The Mexican Kickapoo Indians", S. 301; John H. Payne Papers, S. 36, zitiert in Fogelson, „Cherokee Ball Game", S. 99; Edward D. Neill, „Dakota Land and Dakota Life", S. 281-282.

26. Swanton, „Social Organization", S. 462.

27. John R. Swanton, „Religious Beliefs and Medical Practices of the Creek Indians", S. 492; Fogelson, „Cherokee Ball Game", S. 100.

28. Levi, „Chippewa Indians", S. 342, Anm. 3.

29. Alanson Skinner, „Material Culture of the Menomini", S. 367; Johann G. Kohl, „Kitchi-Gami, Wanderings round Lake Superior", S. 89.

30. Fogelson, „Cherokee Ball Game", S. 98; James Mooney, „The Cherokee Ball Play", S. 114.

31. Fogelson, „Cherokee Ball Game", S. 125, 98.

32. Swanton, „Social Organization", S. 462, 465.

33. Frank G. Speck, „Ethnology of the Yuchi Indians", S. 86; Seymour Feiler, „Jean-Bernard Bossu's Travels in the Interior of North America, 1751-1762", S. 304.

34. John Lawson, „History of North Carolina", S. 35-36; s. a. Mooney, „Cherokee Ball Play", S. 116-117.

35. Levi, „Chippewa Indians"; Kendall Blanchard, „The Mississippi Choctaw at Play: The Serious Side of Leisure", S. 30, 67-68.

36. Swanton, „Social Organization", S. 462-

465.

37. Speck, „Ethnology of the Yuchi Indians", S. 87; Franklin Basina, Interviewübertragung, S. 10-11. *Jiibik* ist eine Abkürzung für *ojiibik* und bedeutet „Wurzel" (meistens im medizinischen Bereich). Die englischsprechenden Ojibwa benutzen sie als umgangssprachlichen Ausdruck für alles Magische.

38. Hoffman, „Menomini Indians", S. 127-128.

39. Freeman Bucktooth Jr., Interviewübertragung, S. 9.

40. Peter Jones, „History of the Ojebway Indians", Tafel gegenüber S. 145; Skinner, „Material Culture", s. 310-311.

41. S. Vennumm, „Ojibway Drum Decor: Sources and Variations of Ritual Design", passim

42. Speck, „Ethnology of the Yuchi Indians", S. 115.

43. Paul Radin, „The Winnebago Tribe", S. 73; Levi, „Chippewa Indians".

44. Swanton, „Social Organization", S. 462; Alanson Skinner, „Social Life and Ceremonial Bundles of the Menominni Indians", S. 57.

45. James Mooney, „Myths of the Cherokee", S. 422, 425-426. S. a. James Mooney, „Sacred Formulas of the Cherokee", S. 325.

46. Lawson, „North Carolina", S. 237-238.

47. Mooney, „Swimmer Manuscript", S. 70; Fogelson, „Cherokee Ball Game", S. 61 ff.; Frank Speck und Leonard Broom, „Cherokee Dance and Drama", S. 53.

48. Speck, „Ethnology of the Yuchi Indians", S. 115 ff..

49. Fogelson, „Cherokee Ball Game", S. 61-62. Zu Opferungspraktiken der Creek s. Basil Hall, „Travels in North America in the Years 1827 und 1828", S. 293-294.

50. Fogelson, „Cherokee Ball Game", S. 67.

51. Ebd., S. 62, 66. S.a. Jack Frederick Kilpatrick und Anna Gritts Kilpatrick, „Notebook of a Cherokee Shaman", S. 115.

52. Fogelson, „Cherokee Ball Game", S. 66-67, Anhang B, „Ball Game Ethnobotany"; s.a. Mooney, „Myths", S. 425-426.

53. James Davidson, „Enemies become Teammates to Promote Healing", S. A16.

54. Roy Simmons Jr., Interviewübertragung, S. 3; James Tabor, „Molding Talent", S. 12.

Kapitel 4

1. John Lawson, „History of North Carolina", S. 186; Edward D. Neill, „Dakota Land and Dakota Life", S. 280; Peter Grant nannte das Lieblingsspiel der Saulteaux um 1804 „Hindernislauf" und stellte fest, daß auch alte Männer daran teilnahmen („The Saulteaux Indians about 1804", S. 337).

2. Märtyrer, zitiert in John R. Swanton, „Early History of the Creek Indians and Their Neighbors", S. 45; Jonathan Carver, „Travels through the Interior Parts of North America in the Years 1766, 1767, and 1768", S. 363. Bossu notierte, daß die Choctaw „ein Spiel ähnlich unserem Tennis spielen, und zwar fabelhaft" (Seymour Feiler, „Jean-Bernard Bossu's Travels in the Interior of North America, 1751-1762", S. 169).

3. S. James Mooney, „Myths of the Cherokee", S. 454; Roger L. Wulff, „Lacrosse among the Seneca", S. 16.

4. William H. Maddren, „Lacrosse", S. 370. Die Geschichte von Lacrosse erschien häufig im Anhang von Cricket-Handbüchern.

5. Alexander M. Weyand und Milton R. Roberts, „The Lacrosse Story", S. 3. Siehe zum Beispiel William J. Baker, „Sports in the Western World", S. 71; Marshall J. Becker, „Lacrosse: Political Organization in North America as Reflected in Athletic Competition", S. 53; Dave Laubin, „Lacrosse: 'Little Brother of War,' the Indians Called It", S. 37. Nancy B. Martel („Little Brother of War", S. 49) und Milton Roberts („Brine's Lacrosse Guide and Almanac", S. 1) führen die Krummstab-Analogie auf den Jesuiten Jean de Brébeuf zurück.

6. Edwin M. Duval, persönl. Mitteilung vom 28.12.1991.

7. Weyand und Roberts, „Lacrosse Story" S. 4.

8. Dieser Ojibwa-Begriff kann linguistisch wie folgt hergeleitet werden: *baag* {„schlagen"}/*a'* {mittels eines Werkzeugs}/*adow* {„Ball" oder „Zusammengeknülltes"}/*e* {Endbuchstabe, ohne Bedeutung} (John Nichols, persönliche Mitteilung vom 12.11.1992). Im Fox (Mesquaki) wird dasselbe Wort für Baseball benutzt (Truman Michelson, „Notes on Fox Mortuary Customs and Beliefs", S. 384). *Pa:kah* bedeutet eher klopfen bzw. tätscheln (so wie man ein Pferd tätscheln würde), aber (ironischerweise) *nicht* mit Gewalt (Ives Goddard, persönliche Mitteilung vom 28.9.1992). Das Onondaga-Wort

steht in alten Texten und wird wie folgt hergeleitet: *de*{dualistisch}/*hun*{Plural, mask.}/*tshigw*{„Faust bzw. runder Gegenstand"}/*a*{Verbindungsteil}/ *'e*{„schlagen"}/ *s*{Gebrauchs-Aspekt} (Hanni Woodbury, persönliche Mitteilung vom 20.3.1992). Ungenaue Erklärungen liegen vor in W. M. Beauchamp, „Iroquois Games", S. 273; Robert Lipsyte, „Lacrosse: All-American Game", S. 44; Frank G. Speck, „Midwinter Rites of the Cayuga Long House", S. 117

Kapitel 5

1. Frances Densmore, „Chippewa Customs", S. 119; W. Vernon Kinietz, „Chippewa Village: The Story of Katikitegon", Abb. 35; Edward D. Neill, „Dakota Land and Dakota Life", S. 281.

2. Alanson Skinner, „Material Culture of the Menomini", S. 67; Johann G. Kohl, „Kitchi-Gami, Wanderings round Lake Superior", S. 89.

3. Jonathan Carver, „Travels through the Interior Parts of North America in the Years 1766, 1767, and 1768", S. 364; William L. Stone, „Life of Joseph Brant – Thayendanegea", S. 448; Col. Landmann, „Adventures and Recollections of Colonel Landmann, Late of the Corps of Royal Engineers", S. 85-86; Peter Grant, „The Saulteaux Indians about 1804", S. 337; W[illiam] G[eorge] Beers, „Lacrosse: The National Game of Canada", S. 31.

4. Seymour Feiler, „Jean-Bernard Bossu's Travels in the Interior of North America, 1751-1762", S. 304; Kendall Blanchard, „The Mississippi Choctaw at Play: The Serious Side of Leisure", S. 34; Raymond Fogelson, „The Cherokee Ball Game: A Study in Southeastern Ethnology", S. 99-100.

5. Felipe A. Latorre und Dolores L. Latorre, „The Mexican Kickapoo Indians", S. 301-303; Frances Densmore, „Choctaw Music", S. 128; Starr, zitiert in John R. Swanton, „Source Material for the Social and Ceremmonial Life of the Choctaw Indians", S. 151; Frances Densmore, „Menominee Music", S. 37-38.

6. William Bartram, „Travels through North and South Carolina, Georgia, East and West Florida", S. 398; I. P. Evans, zitiert in Fogelson, „Cherokee Ball Game", S. 41; Carver, „Travels", S. 364. Mitte des 19. Jahrhunderts beschrieb George White die

Cherokee-Schläger als „zwei hölzerne, merkwürdig geschnitzte Löffel, unseren großen eisernen Löffeln nicht ganz unähnlich" (Rev. George White, „Historical Collections of Georgia", S. 670). Buttrick beschrieb die Cherokee-Lacrosseschläger als „mit Hirschleder bespannt, wie die Schneeschuhe der nördlichen Indianer" (zitiert in Fogelson, „Cherokee Ball Game", S. 39). Mrs. W. Wallace Brown schrieb über Abanaki-Schläger „mit Lederstreifen in der Art von Schneeschuhen" („Some Indoor and Outdoor Games of the Wabanaki Indians", S. 45).

7. James Mooney, „The Cherokee Ball Play", S. 106-107. Siehe auch S. 120.

8. Fogelson, „Cherokee Ball Game", S. 97-98. Von der Position eines Spielers hing die Länge des Mississippi Choctaw-Schlägers ab. S. Blanchard, „Mississippi Choctaw", S. 33-34.

9. Fogelson, „Cherokee Ball Game", S. 98; John R. Swanton, „Social Organization and Social Usages of the Indians of the Creek Confederacy", S. 459-460.

10. James H. Howard and Victoria Lindsay Levine, „Choctaw Music and Dance", S. 34-35.

11. Siehe zum Beispiel Carver, „Travels", S. 364.

12. Siehe Stewart Culin, „Games of the North American Indians", S. 568, Abb. 752. Hoffman behauptete, daß die Mississaugas bzw. östlichen Ojibwa, die um 1800 in Ontario lebten, dasselbe gezackte Muster gebrauchten (Walter James Hoffman, „The Menomini Indians", S. 135). Blackdeer, persönl. Mitteilung vom 19.9.1991; Beers, „Lacrosse", S. 13 (Abb. S. 11); Franklin Basina, Interviewübertragung, S. 2; Skinner, „Material Culture", S. 339.

13. A. Frances Eyman, „Lacrosse and the Cayuga Thunder Rite", S. 16-18.

Kapitel 7

1. George Copway, „The Traditional History and Characteristic Sketches of the Ojjibway Nation", S. 52; William L. Stone, „Life of Joseph Brant – Thayendanegea", S. 447; Horatio B. Cushman, „History of the Choctaw, Chickasaw, and Natchez Indians", S. 131-135; Kendall Blanchard, „The Mississippi Choctaw at Play: The Serious Side of Leisure", S. 71.

2. Charles Lanman, „Letters from the Alleg-

hany Mountains", S. 101.

3. Raymond Fogelson, „The Cherokee Ball Game: A Study in Southeastern Ethnology", S. 126; Lanman, „Letters", S. 101.

4. Buttrick, zitiert in Fogelson, „Cherokee Ball Game", S. 38.

5. Blanchard, „Mississippi Choctaw", S. 34; Basil Hall, „Travels in North America in the Years 1827 and 1828", S. 305.

6. Perrot, zitiert in Stewart Culin, „Games of the North American Indians", S. xl.

7. Blanchard, „Mississippi Choctaw", S. 34.

8. Marinus Willett, „A Narrative of the Military Actions of Colonel Marinus Willett", S. 110; Starr, zitiert in John R. Swanton, „Source Material for the Social and Ceremonial Life of the Choctaw Indians", S. 151; George Catlin, „North American Indian Portfolio", S. 119; Blanchard, „Mississippi Choctaw", S. 36-37.

10. Frank Speck, „Ethnology of the Yuchi Indians", S. 88; „Literary Digest", S. 59, zitiert in Fogelson, „Cherokee Ball Game", S. 152-160.

11. Alexander Henry, „Travels and Adventures in Canada and the Indian Territories between the Years 1760 and 1776", S. 8; Copway, „History and Sketches", S. 51.

12. Fogelson, „Cherokee Ball Game", S. 159-160.

13. Jonathan Carver, „Travels through the Interior Parts of North America in the Years 1766, 1767, and 1768", S. 363; Reuben G. Thwaites, Hrsg., „The Jesuit Relations and Allied Documents: Travels and Explorations of the Jesuit Missionaries in New France, 1610-1791", Kap. 115, S. 155; Pierre de Charlevoix, „Journal of a Voyage to North America", S. 12.

14. Seymour Feiler, „Jean-Bernard Bossu's Travels in the Interrior of North America, 1751-1762", S. 170; John R. Swanton, „An Early Account of the Choctaw Indians", S. 68; *University of South Dakota American Indian Oral History Project*, Band 279 A, S. 2, 4; Edward D. Neill, „Dakota Land and Dakota Life", S. 281; Alanson Skinner, „Social Life and Ceremonial Bundles of the Menominnee Indians", S. 53; J. N. B. Hewitt, „Iroquois Game of La Crosse", S. 191.

15. Roger Williams notierte, daß im Herbst 1643 auf Rhode Island „Fußball [soccer]" gespielt wurde „aufbreiten, sandigen Stränden, wo es keine Steine gab, oder irgendwo

auf weichem Gelände – wegen ihrer nackten Füße. Sie schließen viele Wetten ab, streiten sich aber selten" (zitiert in William J. Baker, „Sports in the Western World", S. 70). Siehe auch Cushman, „History of the Choctaw, Chickasaw, and Natchez Indians", S. 130.

16. Thwaites, „Jesuit Relations", Kap. 10, S. 187.

17. Zitiert in Fogelson, „Cherokee Ball Game", S. 28.

18. Blanchard, „Mississippi Choctaw", S. 39.

19. Lanman, „Letters", S. 102; Swanton, „Choctaw Indians", S. 140.

20. Zitiert in Blanchard, „Mississpppii Choctaw", S. 135.

21. Lewis Henry Morgan, „League of the Ho-dé-no-sau-nee or Iroquois", S. 282.

22. Will C. McKern Papers; James Mooney, „Sacred Formulas of the Cherokee", S. 396.

23. Blanchard, „Mississippi Choctaw", S. 32, 109; Robert Lipsyte, „Lacrosse: All-American Game", S. 44.

24. Blanchard, „Mississippi Choctaw", S. 109.

25. James Mooney, „The Cherokee Ball Play", S. 118.

26. James Mooney, „Myths of the Cherokee", S. 369.

27. Johann G. Kohl, „Kitchi-Gami, Wanderings round Lake Superior", S. 88; Edmund Schwarz, „History of the Moravian Missions among Southern Tribes of the United States", (Bethlehem, Pa.: Times Publishing Co., 1923), S. 177, zitiert in Fogelson, „Cherokee Ball Game", S. 31; Mooney, „Cherokee Ball Play", S. 107.

28. Fogelson, „Cherokee Ball Game", S. 54; Stone, „Life of Joseph Brant", S. 447; Henry T. Malone, „Cherokees of the Old South: A People in Transition", S. 31; Blanchard, „Mississipi Choctaw", S. 130.

29. Robert E. Ritzenthaler, Field Notes and Papers.

30. Neill, „Dakota Land and Dakota Life", S. 281-282.

31. Walter James Hoffman, „Remarks on Ojibwa Ball Play", S. 135.

32. Stone, „Life of Joseph Brant", S. 447; Morgan, „League of the Iroquois", S. 282.

33. Copway, „History and Sketches", S. 49-50; William H. Gilbert Jr., „The Eastern

Cherokee", S. 269; John H. Payne Papers, Kap. 6, S. 64.

34. Rev. George White, „Historical Collections of Georgia", S. 670; H. S. Halbert, zitiert in Swanton, „Source Material", S. 149; George E. Starr, zitiert in Culin, „Games of the North American Indians", S. 603.

35. Fogelson, „Cherokee Ball Game", S. 146-147.

36. Perrot, zitiert in Culin, „Games of the North American Indians", S. xi; Elisabeth Tooker, „An Ethnography of the Huron Indians, 1615-1649", S. 116.

37. Blanchard, „Mississippi Choctaw", S. 109-110.

38. Tooker, „Ethnography of the Huron Indians", S. 116; Capt. Bernard Romans, „A Concise Natural History of East and West Florida", S. 80; Thwaites, „Jesuit Relations", Kap. 10, S. 81.

39. Thwaites, „Jesuit Relations", Kap. 10, S. 81; Ruth Landes, „The Mystic Lake Sioux", S. 45.

40. Cushman, „History of the Choctaw, Chickasaw, and Natchez Indians", S. 131-135; Blanchard, „Mississippi Choctaw", S. 40.

41. Henry T. Malone, „Cherokees of the Old South: A People in Transition, S. 134; Schwarz, 'History of the Moravian Missions", zitiert in Fogelson, „Cherokee Ball Game", S. 31.

42. Kohl, „Kitchi-Gami", S. 88.

43. Halbert, zitiert in Swanton, „Source Material", S. 24-25.

44. Blanchard, „Mississippi Choctaw", S. 41.

45. Ebd., S. 41-42.

46. Lanman, „Letters", S. 100.

47. John H. Payne Papers, Kap. 6, S. 212.

48. Fogelson, „Cherokee Ball Game", S. 184-185.

Kapitel 8

1. Basil Hall, „Travels in North America in the Years 1827 and 1828", S. 302.

2. Kendall Blanchard, „The Mississippi Choctaw at Play: The Serious Side of Leisure", S. 68; James Adair, zitiert in John R. Swanton, „Social Organization and Social Usages of the Indians of the Creek Confederacy", S. 456-457; George Catlin, „Letters and Notes on the Manners, Customs, and Condition of the North American Indians", Kap. 2, S. 124.

3. Blanchard, „Mississippi Choctaw", S. 37; Raymond Fogelson, „The Cherokee Ball Game: A Study in Southeastern Ethnology", S. 154.

4. I. P. Evans, zitiert in Fogelson, „Cherokee Ball Game", S. 42; Charles Lanman, „Letters from the Alleghany Mountains", S. 103; Fogelson, „Cherokee Ball Game", S. 154.

5. Fogelson, „Cherokee Ball Game", S. 155.

6. Walter James Hoffman, „The Menomini Indians", S. 128. Siehe auch Thomas L. McKenney, „Sketches of a Tour to the Lakes", S. 180-181.

7. Peter Grant, „The Saulteaux Indians about 1804", S. 337; Col. Landmann, „Adventures and Recollections of Colonel Landmann, Late of the Corps of Royal Engineers", S. 86; Franklin Basina, Interviewübertragung, S. 5. Siehe auch Mayers Dakota-Skizzen (Abb. 28); Wilbur Blackdeer, persönl. Mitteilung vom 19.9.1991.

8. Johann G. Kohl, „Kitchi-Gami, Wanderings round Lake Superior", S. 89; Ernestine Friedl Papers; Robert E. Ritzenthaler, Field Notes and Papers; George Copway, „The Traditional History and Characteristic Sketches of the Ojbway Nation", S. 51. Zu den Leistungen der Miami, siehe Pierre de Charlevoix, „Journal of a Voyage to North America", S. 104.

9. Basina, Interviewübertragung, S. 8 .

10. Jonathan Carver, „Travels through the Interior Parts of North America in the Years 1766, 1767, and 1768", S. 365; Fred Jones, Interviewübertragung, *University of South Dakota American Indian Oral History Project*, S. 14-15. Siehe auch Grant, „Saulteaux Indians", S. 337; Walter James Hoffman, „Remarks on Ojibwa Ball Play", S. 134. Obwohl Teamwork eine gewisse Rolle bei den Potawatomi spielte, wurden die meisten Tore doch von den schnellsten Läufern geworfen (Robert E. Ritzenthaler, „The Potowatomi Indians of Wisconsin", S. 164).

11. Baron Louis Armand Lahontan, „New Voyages to North America", zitiert in Stewart Culin, „Games of the North American Indians", S. 489; Landmann, „Adventures and Recollections", S. 86-87.

12. Basina, Interviewübertragung, S. 8; Land-

mann, „Adventures and Recollections", S. 87.

13. J. N. B. Hewitt, „Iroquois Game of La Crosse", S. 190-191. Smiths Beschreibung des kanadischen Wyandot-Spiels sagt im Vergleich nicht mehr aus, als daß ein Spieler den Ball fängt und damit losrennt, wobei er von Gegnern verfolgt wird. Wird er überholt, „bekommt er einen Schlag auf den Stock, wodurch der Ball aus dem Netz fliegt; dann geht die Sache von vorne los". Schmidt vermerkte, daß ein Spieler den Ball 50 bis 60 Meter weit werfen konnte (James Smith, „An Account of the Remarkable Occurrences in the Life and Travels of Col. James Smith, S. 84).

14. Lewis Henry Morgan, „League of the Ho-dé-no-sau-nee or Iroquois", S. 285 ff.

15. Linley Logan, persönliche Mitteilung vom 5.3.1992.

16. Morgan, „League of the Iroquois'.

17. Siehe zum Beispiel W.G. Beers, „Lacrosse: The National Game of Canada", S. 79-80.

18. Zitiert in William Perkins Bull, „From Rattlesnake Hunt to Hockey: The History of Sports in Canada and of the Sportsmen of Peel 1748 to 1974", S. 376.

Kapitel 10

1. Siehe John C. Ewers, „George Catlin, Painter of Indians and the West".

2. George Catlin, „Letters and Notes on the Manners, Customs, and Condition of the North American Indians", Kap. 2, S. 37.

3. Ebd., Kap. 1, S. 2; Ewers, „George Catlin", S. 485.

4. William H. Truettner, „The Natural Man Obwerved: A Study of Catlin's Indian Gallery", S. 64. Siehe auch Ewers, „George Catlin", S. 499 zu „Auslassungen" in Catlins Mandan-Gemälden und Audubons Kommentar.

5. Ewers, „George Catlin", S. 493-494.

6. Catlin, "Letters and Notes", Kap. 2, S. 139.

7. Ewers, „George Catlin", S. 500.

8. John Francis McDermott, „Seth Eastman: Pictorial Historian of the Indian", S. 105.

9. Harold McCracken, „George Catlin and the Old Frontier", S. 138.

10. In seiner Version des „Ball-play of the Choctaw – Ball Up" von 1844 hat Catlin einige der Spieler weiß koloriert, wahrscheinlich um die Bedeutung der Mannschaften zu betonen. (Sein Begleittext zum „Portfolio" von 1844 geht ebenso vor.) Diese Hervorhebung findet man *nicht* in den älteren Versionen dieser Szene, wo die Spieler alle die gleiche Kleidung tragen, noch geht er in „Letters and Notes" darauf ein. Meines Erachtens hat Catlin diese Praxis 1835 bei den Dakota kennengelernt und sie später auf die Choctaw übertragen.

11. Catlin, „Letters and Notes", Kap 2, S. 126.

12. Zum Beispiel Alexander M. Weyand und Milton R. Roberts, „The Lacrosse Story", S. 8; Justin Cobb, „The Evolution of the Rules of Lacrosse", S. 9; Nancy B. Martel, „Little Brother of War", S. 49. An einer anderen Stelle im Hintergrund der Lithographie von 1844 sind zwei Frauen mit Peitschen auf dem Spielfeld zu sehen, die kurz davorstehen, Spieler zu schlagen. Ihre ausgewählten Opfer klammern jedoch keine anderen Spieler, sondern laufen frei umher.

13. Catlin, „Letters and Notes", Kap. 2, S. 126; George Catlin, „North American Indian Portfolio", S. 11.

14. Starr, zitiert in Stewart Culin, „Games of the North American Indians", S. 604; siehe auch Horatio B. Cushman, „History of the Choctaw, Chickasaw, and Natchez Indians", S. 184-190.

15. S. Thomas Vennum jr., „Wild Rice and the Ojibway People", S. 174-175.

16. Catlin, „Letters and Notes", Kap. 2, S. 123.

17. Seymour Feiler, „Jean-Bernard Bossu's Travels in the Interior of North America, 1751-1762", S. 100-103.

18. Halbert, zitiert in Cushman, „History of the Choctaw, Chickasaw, and Natchez Indians", S. 131-135.

Kapitel 11

1. Bossu, zitiert in Stewart Culin, „Games of the North American Indians", S. 599; Starr, zitiert in ebd., S. 603.

2. George Catlin, „Letters and Notes on the Manners, Customs, and Condition of the North American Indians", Kap. 2, S. 134-135; Edward D. Neill, „Dakota Land and

Dakota Life", S. 281. Siehe auch William W. Warren, „History of the Ojibway People", S. 202-203.

3. Francis B. Mayer, „With Pen and Pencil on the Frontier in 1851: The Diary and Sketches of Frank Blackwell Mayer", S. 149-150.

4. W. G. Beers, „Lacrosse: The National Game of Canada", S. 85.

5. James Mooney, „The Sacred Formulas of the Cherokee", S. 308.

6. Marinus Willet, „A Narrative of the Military Actions of Colonel Marinus Willett", S. 109.

7. Lewis Henry Morgan, „League of the Ho-dé-no-sau-nee or Iroquois", S. 284.

8. John Lawson, „History of North Carolina", S. 202.

9. Brief von D. Huntington, zitiert in Emma Lewis, „Art and Artists of America: Henry Kirke Browne, N.A.", S. 428.

10. Robert E. Ritzenthaler, „Kickapoo Vocabulary", S. 39; Albert B. Reagan, „Some Games of the Bois Fort Ojibwa", S. 276; A. Frances Eyman, „Lacrosse and the Cayuga Thunder Rite", S. 19.

11. Auf seinen großen, farbigen Choctaw-Gemälden scheint Catlin die Haut mancher Spieler heller koloriert zu haben. Von den Sioux wußte er, daß sich Spieler einer Mannschaft mit weißem Lehm einrieben; vielleicht hat er dieses Detail eingeführt, um zu zeigen, daß sich die Choctaw-Mannschaften ähnlich unterschieden.

12. Robert E. Ritzenthaler, *Field Notes and Papers*, S. 22-23; Robert E. Ritzenthaler and Pat Ritzenthaler, „The Woodland Indians of the Western Great Lakes", S. 111.

13. Frank G. Speck und Leonard Broom, „Cherokee Dance and Drama", S. 51, 55. Siehe auch Alanson Skinner, „Social Life and Ceremonial Bundles of the Menomini Indians", S. 57; Frank G. Speck, „Ethnology of the Yuchi Indians", S. 86-87; Basil Hall, „Travels in North America in the Years 1827 and 1828", S. 297-298, 303.

14. John R. Swanton, „An Early Account of the Choctaw Indians", S. 43; Raymond Fogelson, „The Cherokee Ball Game", S. 109; weitere Angaben zu Federsymbolen siehe Victoria Lindsay Levine, „Feathers in Southeast American Indian Ceremonialism", S. 5, 8.

15. Fogelson, „Cherokee Ball Game", S.

104-105; Speck und Broom, „Cherokee Dance and Drama", S. 57.

16. Jerry Wolfe, persönl. Mitteilung vom 8.10.1992.

17. J. N. B. Hewitt, „Iroquois Game of La Crosse", S. 191; John R. Swanton, „Social Organization and Social Usages of the Indians of the Creek Confederacy", S. 465; Fogelson, „Cherokee Ball Game", S. 109.

18. Fred Jones, Interviewübertragung, *University of South Dakota American Indian Oral History Project*, Band 156, S. 15; James Howard, „The Plains-Ojibwa or Bungi", S. 72.

19. Eyman, „Lacrosse and the Cayuga Thunder Rite", S. 19.

20. Franklin Basina, Interviewübertragung, S. 9.

21. William Perkins Bull, „From Rattlesnake Hunt to Hockey: The History of Sports in Canada and of the Sportsmen of Peel 1748 to 1974", S. 355; Beers, „Lacrosse' S. 220-221, 230-231.

22. MAAA, *Protokollbücher*, 14.7.1909, S. 214.

23. Swanton, „Social Organization", S. 297-298, 460.

24. Kendall Blanchard, „The Mississippi Choctaw at Play: The Serious Side of Leisure", S. 29. Zur Praxis der Menominee siehe Walter James Hoffman, „Remarks on Ojibwa Ball Play", S. 127.

25. Reuben G. Twaites, Hrsg., „The Jesuit Relations and Allied Documents: Travels and Explorations of the Jesuit Missionaries in New France, 1610-1791", Kap. 10, S. 187; Seymour Feiler, „Jean-Bernard Bossu's Travels in the Interior of North America, 1751-1762", S. 169; Jonathan Carver, „Travels through the Interior Parts of North America in the Years 1766, 1767, and 1768, S. 364.

26. Ritzenthaler und Ritzenthaler, „Woodland Indians", S. 110; Robert E. Ritzenthaler, „The Potawatomi Indians of Wisconsin", S. 163-164; Skinner, „Social Life and Ceremonial Bundles", S. 55-57; Frances Densmore, „Menominee Music", S. 37.

27. Frank G. Speck, „Ethnology of the Yuchi Indians", S. 117-118; Eyman, „Lacrosse and the Cayuga Thunder Rite", S. 18. Die Mannschaften müssen nicht notgedrungen aus einander feindlich gesinnten Angehörigen eines Stammes kommen.

28. Freeman Bucktooth jr., Interviewübertragung S. 3.

29. Paul Radin, „The Winnebago Tribe", S. 72-73, 142. Auch die Irokesen teilen ihre Clans in Erd- und Himmelskreaturen auf. Siehe Morgan, „League of the Iroquois", S. 281.

30. William N. Fenton, „The Iroquois Eagle Dance: An Offshoot of the Calumet Dance", S. 138.

31. Mooney, „Cherokee Ball Play," S. 107; Reagan, „Some Games of the Bois Fort Ojibwa", S. 275; Basina, Interviewübertragung S. 3.

32. Neill, „Dakota Land and Dakota Life", S. 281; George Copway, „The Traditional History and Characteristic Sketches of the Ojibway Nation", S. 52.

33. Swanton, „Social Organization", S. 251, 256-258, 463; Mary R. Haas, „Creek Intertown Relations", S. 479 ff.

34. Blanchard, „Mississippi Choctaw", S. 117, 120.

35. William L. Stone, „Life of Joseph Brant – Thayendanegea", S. 447-448. Siehe auch William W. Warren, „History of the Ojibway People", S. 202, der behauptet, daß sich 1763 in Fort Michillimackinac 100 Spieler pro Seite gegenüber gestanden hätten. Spielerzahlen von „großen Spielen" werden mit der Zeit immer gewichtiger. Wenn man von Hunderten von Lacrossespielern liest, die gegeneinander antreten, sollte man sich daran erinnern, daß in einem anderen Fall 500 Jahre nach dem Ereignis der olympische Athlet Milo 100.000 Krotonen gegen 300.000 Schibariten angeführt haben soll (Michael B. Poliakoff, „Combat Sports in the Ancient World: Competition, Violence, and Culture", S. 118).

36. Catlin, „Letters and Notes", Kap. 2, S. 135.

37. Alexander McFarland Davis, „Indian Games", S. 90. Im allgemeinen wird an der Vorstellung großer Mannschaften festgehalten. Die Lacrossehistoriker Alexander M. Weyand und Milton R. Roberts schreiben zum Beispiel: „Ganz am Anfang betrug die Mannschaftsgröße selten weniger als 100 Spieler. Manchmal belief sich deren Zahl auch auf mehr als 1.000" („The Lacrosse Story", S. 6).

38. Fogelson, „Cherokee Ball Game", S. 28-29.

39. Zur Mannschaftsaufstellung der Cherokee s. Fogelson, „Cherokee Ball Game", S. 139-142.

40. „Tewaarathon (Lacrosse): Akwesasne's Story of Our National Game", S. 37.

41. Fogelson, „Cherokee Ball Game", s. 141.

42. Hoffman, „Ojibwa Ball Play", S. 135; Jones, zitiert in Stewart Culin, „Games of the North American Indians", S. 573.

43. Culin, „Games of the North American Indians", S. xl; Thomas L. McKenney, „Sketches of a Tour to the Lakes", S. 180-181.

44. Timberlake, zitiert in Fogelson, „Cherokee Ball Game", S. 22; Hoffman, „Ojibwa Ball Play", S. 135; Paul Buffalo, *University of South Dakota American Indian Oral History Project*, Band 344, S. 12.

45. Fogelson, „Cherokee Ball Game", S. 56. Die Praxis einiger Stämme bezüglich Mannschaftszugehörigkeit schloß Rückspiele aus. In früheren Zeiten gehörten rivalisierende Creek-Mannschaften unterschiedlichen politischen Gruppen innerhalb einer Gemeinde an. Wenn eine Mannschaft ihre Gegner viermal hintereinander schlug, mußte sich der Verlierer von alten Bindungen lösen und sich der Gruppe der Gewinner anschließen. Auf diese Weise umging man erfolgreich eine weitere Gegenüberstellung der Mannschaften (Haas, „Creek Inter-town Relations", S. 481).

46. Thwaites, „Jesuit Relations", Kap. 15, S. 179; William H. Gilbert jr., „The Eastern Cherokee", S. 268; Radin, „Winnebago Tribe", S. 72. Siehe auch Feiler, „Bossu's Travels", S. 309.

47. Gilbert, „Eastern Cherokee", S. 268.

48. Hoffman, „Ojibwa Ball Play", S. 133; Blanchard, „Mississippi Choctaw", S. 29.

49. Radin, „Winnebago Tribe", S. 73; Hewitt, „Iroquois Game of La Crosse", S. 191.

50. Blanchard, „Mississippi Choctaw", S. 7.

51. Perrot, zitiert in Culin, „Games of the North American Indians", S. xl; Swanton, „Social Organization", S. 465; Lawson, „North Carolina", S. 33. Weitere Beispiele für Reden, die die Cherokee vor ihren Spielen hielten, siehe Fogelson, „Cherokee Ball Game", S. 136.

52. William Bartram, „Travels through North and South Carolina, Georgia, East and West Florida", S. 298-299.

53. Walter James Hoffman, „The Menomini Indians", S. 127.

54. Basil Hall, „Travels in North America in the Years 1827 and 1828", S. 298-300. Wegen der umfangreichen und zeitraubenden Vorbereitungen traten die Creek-Städte gewöhnlich nur einmal im Jahr gegeneinander an. Als Haas jedoch ihre Feldforschung durchführte (1938-1939), hatte man sich bereits von vielen Zeremonien in Zusammenhang mit den Spielen getrennt, und die Städte spielten nun öfter als einmal im Jahr gegeneinander (Haas, „Creek Inter-town Relations", S. 480).

Kapitel 13

1. Mary R. Haas, „Creek Inter-town Relations", S. 483.

2. John H. Payne Papers, S. 61; James Mooney, „Myths of the Cherokee", S. 384, 433; Raymond Fogelson, „The Cherokee Ball Game: A Study in Southeastern Ethnology", S. 2, 21.

3. Mooney, „Myths of the Cherokee", S. 313; John R. Swanton, „Social Organization and Social Usages of the Indians of the Creek Confederacy", S. 426, 459, 461; Frances Densmore, „Menominee Music", S. 37; Witthoft, zitiert in Raymond Fogelson, „The Cherokee Ball Game: A Study in Southeastern Ethnology", S. 153.

4. Will C. McKern Papers, *Winnebago Notes*.

5. Swanton, „Social Organization", S. 460; Fogelson, „Cherokee Ball Game", S. 208; Frank G. Speck, „Ethnology of the Yuchi Indians", S. 86-87.

6. James Mooney, „Sacred Formulas of the Cherokee", S. 388-389.

7. John H. Payne *Papers*, S. 202-203, 287.

8. Longe, zitiert in David H. Corkran, „The Sacred Fire of the Cherokees", S. 25.

9. Samuel C. Williams, Hrsg., „Lt. Henry Timberlake's Memoirs", S. 92-93, 112-113.

10. Frank Speck und Leonard Broom, „Cherokee Dance and Drama", S. 64; Fogelson, „Cherokee Ball Game", S. 177, 180.

11. Cf. John H. Payne *Papers*, Kap. 4, S. 62-63 zum Verbot von Kontakten mit Frauen.

12. Swanton, „Social Organization", S. 461.

13. Speck, „Ethnology of the Yuchi Indians", S. 85, 88.

14. Fogelson, „Cherokee Ball Game", S. 127.

15. John H. Payne *Papers*, Kap. 3, S. 62-63.

16. Longe, zitiert in Corkran, „Sacred Fire", S. 22-23, 25; Fogelson, „Cherokee Ball Game", S. 115-116.

17. John H. Payne Papers, zitiert in Fogelson, „Cherokee Ball Game", S. 215, Anmerkung 1.

18. Fogelson, „Cherokee Ball Game", S. 232-233, siehe auch ebd. S. 16-18.

19. Paul Radin, „The Winnebago Tribe", S. 73.

20. Francis B. Mayer, „With Pen and Pencil on the Frontier in 1851: The Diary and Sketches of Frank Blackwell Mayer", S. 152.

21. Anthony F. C. Wallace, „The Death and Rebirth of the Seneca", S. 319; A. Frances Eyman, „Lacrosse and the Cayuga Thunder Rite", S. 19.

22. William L. Stone, „Life of Joseph Brant – Thayendanegea", S. 455, Anmerkung 1. Spiele als Kriegssurrogate waren nicht allein auf Nordamerika beschränkt. In der italienischen Renaissance gab es die '*giuco del ponte*' bei denen bewaffnete Teilnehmer auf einer Brücke zusammenstießen und versuchten, die Gegner mit Gewalt von dort herunterzudrängen.

23. Peter Grant, „The Saulteaux Indians about 1804", S. 337.

24. Baron Louis Armand Lahontan, „New Voyages to North America", S. 18.

25. Eyman, „Lacrosse and the Cayuga Thunder Rite", S. 15; Franklin Basina, Interviewübertragung, S. 5; „Ashland Daily Press' vom 2.8.1948, S. 7; Kendall Blanchard, „The Mississippi Choctaw at Play: The Serious Side of Leisure", S. 37-38; Fogelson, „Cherokee Ball Game", S. 3. S.a. „Tewaarathon", S. 104.

26. Swanton, „Social Organization", S. 643.

27. Fogelson, „Cherokee Ball Game", S. 130-131.

29. Felipe A. Latorre und Dolores L. Latorre, „The Mexican Kickapoo Indians", S. 301 („Wenn sie die Schlägerspiele weiter betrieben hätten, erklären die heutigen Kickapoo, hätte nicht einer von ihnen überlebt, weil sich die Gemüter während des Spieles dermaßen erhitzten"); Edward D. Neill, „Dakota Land and Dakota Life", S. 281-282.

30. James Mooney und Frans M. Olbrechts,

„The Swimmer Manuscript: Cherokee Sacred Formulas and Medicinal Prescriptions", S. 71.

31. Frank Benedict, Interviewübertragung S. 5.

32. Robert Lipsyte, „Lacrosse: All-American Game", S. 65; Rex Lyons, Interviewübertragung S. 1.

33. W. David Owl, „Cherokee Indian Ball", S. 6; Speck, „Ethnology of the Yuchi Indians", S. 86; George Catlin, „Letters and Notes on the Manners, Customs, and Condition of the North American Indians", Kap. 2, S. 126.

34. Basil Hall, „Travels in North America in the Years 1827 and 1828", S. 306; Blanchard, „Mississippi Choctaw", S. 39.

35. Walter James Hoffman, „Remarks on Ojibwa Ball Play", S. 134; William W. Warren, „History of the Ojibway Nation", S. 358-359. Siehe auch Catlin, „Letters and Notes", Kap. 2, S. 137. Im Juli 1835 besuchte Catlin Fort Snelling, wo die Sioux und Ojibwa zu beiden Seiten des Fort lagerten und mit Hilfe des Indianer-Agenten versuchten, ihre Differenzen beizulegen. Nachdem sie zwei Wochen lang in Freundschaft zusammen getanzt und Lacrosse gespielt hatten, „ließen sie wieder ihr Kriegsgeschrei ertönen und griffen zum Tomahawk, als sie sich wieder ihrem Jagdgeschäft zuwandten."

36. Zitiert in Fogelson, „Cherokee Ball Game", S. 236; Adair, zitiert in Swanton, „Social Organization", S. 457; Fogelson, „Cherokee Ball Game", S. 152; Owl bemerkte, daß „Spiele, denen Neid und Mißgunst zugrunde lagen" häufig zu Faustkämpfen entlang der Seitenlinien führten („Cherokee Indian Ball", S. 7).

37. W. G. Beers, „Lacrosse: The National Game of Canada", S. 44, 177-178, 205, 241.

38. Fogelson, „Cherokee Ball Game", S. 231.

39. C. R. Harwood, zitiert in Fogelson, „Cherokee Ball Game", S.43. Fogelson meint, daß die Zahl der Verletzten und Toten im Laufe der Zeit von indianischen Berichterstattern übertrieben wurden.

40. H. S. Halbert, zitiert in Horation B. Cushman, „History of the Choctaw, Chickasaw, and Natchez Indians", S. 131-135; Lewis Henry Morgan, „League of the Ho-dé-no-sau-nee or Iroquois", S. 280, Anmerkung 1; Fogelson, „Cherokee Ball Game", S.

155; John R. Swanton, „Source Material for the Social and Ceremonial Life of the Choctaw Indians", S. 148.

41. Seymour Feiler, „Jean-Bernard Bossu's Travels in the Interior of North America, 1751-1762", S. 170; Blanchard, „Mississippi Choctaw", S. 34-35; Beers, „Lacrosse", S. 177-178.

42. Feiler, „Bossu's Travels", S. 170; Pope, zitiert in Swanton, „Social Organization", S. 458-459.

43. Eyman, „Lacrosse and the Cayuga Thunder Rite", S. 19; Mayer, „Pen and Pencil on the Frontier", S. 158. Beschwerden über neue Wetteinschränkungen waren denen von heute nicht unähnlich, da Bingo-Hallen und Kasinos in indianischen Reservaten aus dem Boden schießen. Auf den ersten Blick bieten sie den Stämmen steuerfreies Einkommen. Ein Großteil dieser Unternehmen wird von Weißen von außerhalb aufgebaut und geleitet, und die bisher unbewiesene Behauptung, sie würden von der „Mafia" kontrolliert, taucht häufig auf. Trotz des kurzfristigen finanziellen Gewinns und der damit verbundenen Arbeitsplätze haben sich diese Spielhallen als schädlich sowohl für die traditionelle Kultur als auch für die persönliche finanzielle Situation von Reservatsbewohnern erwiesen. Viele von ihnen sind „bingo-abhängig" geworden und verprassen ihren monatlichen *Indian Relief*-Scheck im Kasino oder in der angeschlossenen Cocktailbar.

44. I. P. Evans, in John H. Payne *Papers*, Kap. 6, S. 214; Charles Lanman, „Letters from the Alleghany Mountains", S. 100; Blanchard, „Mississippi Choctaw", S. 39.

45. Fogelson, „Cherokee Ball Game", S. 35.

46. Mitchell, zitiert in James Davidson, „Enemies become Teammates to Promote Healing", S. A14, A16.

Kapitel 14

1. Reuben G. Thwaites, Hrsg., „Journal of Peter Pond, 1740-1775", S. 339-341.

2. Pierre de Charlevoix, „Journal of a Voyage to North America", S. 103-104; Frances Densmore, „Menominee Music", S. 38; Freeman Bucktooth jr., Interviewtranskript S. 9.

3. Franklin Basina, Interviewübertragung, S. 11; J. N. B. Hewitt, „Iroquois Game of La Crosse", S. 189.

4. Paul Buffalo, *University of South Dakota*

American Indian Oral History Project, Band 344, S. 12; James Mooney, „Myths of the Cherokee", S. 479; George G. Heye, „Certain Mounds in Haywood County, North Carolina", S. 185.

5. William W. Warren, „History of the Ojibway Nation", S. 203. In diesem Absatz bezieht sich Warren auf Schriftsteller, die sich bereits früher mit der Ojibwa-Kultur beschäftigt haben, wie etwa John Long, der bemerkte: *„Das Ballspiel* ist ihr Lieblingsspiel, und es ist sehr anstrengend." Alexander Henry betonte, daß „das Spiel *baggatiway*...nicht ohne viel Gewalt und Lärm auskommt" (Long, "Voyages and Travels of an Indian Interpreter", S. 52; Henry, „Travels and Adventures in Canada and the Indian Territories between the Years 1760 and 1776", S. 85).

6. Basina, Interviewübertragung, S. 4.

7. Paul Radin, „The Winnebago Tribe", S. 72. Die Shuswap- und Thompson-Indianer aus British Columbia markierten ihre Tore auf unterschiedliche Weise – mit hölzernen Stecken, etwa 1 Meter hohen Stapeln aus aufgehäuften Wetteinsätzen, Steinen oder in den Boden gekratzte Linien; James A. Teit, „The Thompson Indians of British Columbia", S. 277; James A. Teit, „The Shuswap", S. 564. William Jones' Begriff „Bogentore" für die Tore der Shawnee steht möglicherweise in Zusammenhang mit den Winnebago-Toren (Jones, zitiert in Stewart Culin, „Games of the North American Indians", S. 573). Densmore spricht als einziger Autor von Doppelpfosten mit einem Querbalken, die bei den Ojibwa zum Einsatz gekommen sein sollen – alle anderen führen einen einzelnen Pfosten an, obwohl uns aus der Mitte des 19. Jahrhunderts Abbildungen vorliegen, auf denen die Eastern Dakota die ersteren benutzen (Frances Densmore, „Chippewa Customs", S. 119). Beers berichtet von einem einzelnen Baum oder Pfosten als Tor bei den Irokesen und nennt auch den Begriff, *Iorhenoketo-ohikta* (W[illiam] G[eorge] Beers, „Lacrosse: The National Game of Canada", S. 6).

8. J. N. B. Hewitt, „Iroquois Game of La Crosse", S. 189; Walter James Hoffman; „Remarks on Ojibwa Ball Play", S. 135.

9. Robert E. Ritzenthaler, Field Notes and Papers. Das einzige ähnliche Tor wurde in einem Spiel der Abanaki beschrieben, wo zwei Ringe oder Löcher in den Boden gegraben wurden; um ein Tor zu erzielen, wurde der Ball in das Loch geworfen (Mrs. W. Wallace Brown, „Some Indoor and Outdoor Games of the Wabanaki Indians", S. 45).

10. Kendall Blanchard, „The Mississippi Choctaw at Play: The Serious Side of Leisure", S. 35; Raymond Fogelson, „The Cherokee Ball Game: A Study in Southeastern Ethnology", S. 143-146, 154.

11. Fogelson, „Cherokee Ball Game", S. 156.

12. A. Frances Eyman, „Lacrosse and the Cayuga Thunder Rite", S. 19.

13. Densmore, „Menominee Music", S. 38; Blackdeer, persönl. Mitteilung vom 19.9.1989.

14. Mooney, „Cherokee Ball Play", S. 130.

15. William L. Stone, „Life of Joseph Brant – Thayendanegea", S. 449; Lewis Henry Morgan, „League of the Ho-dé-no-su-nee or Iroquois", S. 284-295; Hewitt, „Iroquois Game of La Crosse", S. 191; Beers, „Lacrosse", S. [97].

16. Fogelson, „Cherokee Ball Game", S. 145; Morgan, „League of the Iroquois", S. 284; Beers, „Lacrosse", S. 136; Eyman, „Lacrosse and the Cayuga Thunder Rite", S. 19. Zum Einsatz der Füße oder „frisking" siehe Beers, „Lacrosse", S. 185. Zu Abweichungen siehe Felipe A. Latorre und Dolores L. Latorre, „The Mexican Kickapoo Indians", S. 302-303, und David I. Bushnell, „The Choctaw of Bayou Lacomb, St. Tammany Parish, Louisiana", S. 20. Die Louisiana Choctaw spielten ausschließlich mit ihren Händen, aber als Bushnell sie 1909 aufsuchte, war das Spiel so gut wie ausgestorben.

17. Charles Lanman, „Letters from the Alleghany Mountains", S. 103; William H. Gilbert jr., „The Eastern Cherokee", S. 269; Fogelson, „Cherokee Ball Game", S. 145-156.

18. John R. Swanton, „Social Organization and Social Usages of the Indians of the Creek Confederacy", S. 464; Fogelson, „Cherokee Ball Game", S. 142.

19. Joseph Casagrande Papers; Jonathan Carver, „Travels through the Interior Parts of North America in the Years 1766, 1767, and 1768", S. 364; George Copway, „The Traditional History and Characteristic Sketches of the Ojibway Nation", S. 50; Basina, Interviewübertragung, S. 3-4; Blanchard, „Mississippi Choctaw, S. 67. James Smith hat beobachtet, daß die Wyandot den Ball

über eine Linie tragen, um Punkte zu machen („An Account of the Remarkable Occurrences in the Life and Travels of Col. James Smith", S. 84).

20. James Mooney, „Sacred Formulas of the Cherokee", S. 395-397; Lanman, „Letters", S. 102; Fogelson, „Cherokee Ball Game", S. 31, 144; William H. Gilbert jr., „The Eastern Cherokee", S. 269.

21. Peter Grant, „The Saulteaux Indians about 1804", S. 337; Hoffman, „Remarks on Ojibwa Ball Play", S. 135; Ritzenthaler, Field Notes and Papers; Densmore, „Menominee Music", S. 37; Radin, „Winnebago Tribe", S. 72.

22. Morgan, „League of the Iroquois", S. 283-284; Hewitt, „Iroquois Game of La Crosse", S. 19; Eyman, „Lacrosse and the Cayuga Thunder Rite", S. 18-19; Densmore, „Menominee Music", S. 39; William Jones, „Ethnography of the Fox Indians", S. 109, Anmerkung 67.

23. Latorre und Latorre, „Mexican Kickapoo", S. 303; Swanton, „Social Organization", S. 461, 464; Fogelson, „Cherokee Ball Game", S. 137.

24. Ritzenthaler, Field Notes and Papers; Fogelson, „Cherokee Ball Game", S. 144, Anmerkung 1; Swanton, „Social Organization", S. 466; siehe auch Morgan, „League of the Iroquois", S. 286-287.

25. Walter James Hoffman, „The Menomini Indians", S. 237; Robert E. Ritzenthaler, „The Potawatomi Indians of Wisconsin", S. 164; Robert E. Ritzenthaler und Pat Ritzenthaler, „The Woodland Indians of the Western Great Lakes", S. 110.

26. Robert E. Ritzenthaler, „Kickapoo Vocabulary"; Copway, „History and Sketches", S. 54; Blanchard, „Mississippi Choctaw", S. 40.

27. Stone, „Life of Joseph Brant", S. 448; Blanchard, „Mississippi Choctaw", S. 69.

28. Morgan, „League of the Iroquois", S. 287; Mary R. Haas, „Creek Inter-town Relations", S. 481, Anmerkung 10.

Kapitel 16

1. Im Jahr 1989 beschäftigten sich kanadische Sportreporter ausgiebig mit der Frage, ob Lacrosse tatsächlich je offiziell zum „Nationalsport" Kanadas erklärt worden war, nachdem der kanadische Lacrosse-Verband zugegeben hatte, er könne die Unterlagen zu der parlamentarischen Debatte, auf die Beers gesetzt hatte, nicht finden. Siehe auch Milt Dunnell, „Should Lacrosse be Named National Game?" *Toronto Star* vom 20.5.1989; Roy McGregor, „Lacrosse Group Plays Hardball with a Myth", *Ottawa Citizen* vom 29.5.1989; Archie McDonald, Kolumne in der *Vancouver Sun* vom 20.5.1989. Möglicherweise ist das Beweisstück beim Brand des Parlaments im Jahr 1916 vernichtet worden.

2. Alexander M. Weyand und Milton R. Roberts, „The Lacrosse Story", S. 20-22.

3. Ebd., S. 17.

4. Ebd., S. 24-27.

5. Ebd., S. 27.

6. *Illustrated London* vom 6.5.1876.

7. W. G. Beers, „Lacrosse: The National Game of Canada", S. [7], 32; CLA position paper.

8. Beers, „Lacrosse", S. 183.

9. Ebd., S. 30.

10. Ebd. S. 162.

11. MALA *Protokollbücher*, 28.8.1895, S. 107-108.

12. Mohawk-Forscher beschreiben den Stolz der Indianer auf diese alten „indianischen Trophäen"; siehe „Tewaarathon (Lacrosse): Akwesasne's Story of Our National Game", S. 47.

13. Ebd., S. 97.

14. Ebd., S. 50.

15. Ebd.

16. MALA *Protokollbücher*, 1895, S. 93.

17. Frank Benedict, Interviewübertragung, S. 8.

18. Robert Lipsyte, „Lacrosse: All-American Game", S. 61; siehe Michael B. Poliakoff, „Combat Sports in the Ancient World: Competition, Violence, and Culture", S. 131.

19. CLA position paper, p. 7.

20. Justin Cobb, „The Evolution of the Rules of Lacrosse", S. 40; CLA position paper, S. 7.

21. CLA position paper, S. 5-6. In ähnlicher Weise stiftete Sir Donald Mann, erster Architekt der *Canadian Northern Railway* 1910 eine Trophäe aus purem Gold. Die Mann-Trophäe sollte dem Gewinner der nationalen Amateurmeisterschaften der Senioren verliehen werden.

22. Barnard, zitiert in John R. Finger, „The

Eastern Band of Cherokee Indians 1819-1900", S. 68.

23. „Tewaarathon", S. 3.

24. Kendall Blanchard, „The Mississippi Choctaw at Play: The Serious Side of Leisure", S. 169.

25. Zitiert in Raymond Fogelson, „The Cherokee Ball Game: A Study in Southeastern Ethnology", S. 31; Finger, „Eastern Band of Cherokee", S. 174.

26. Popes Ausdruck erschien in seinem „An Essay on Man" (1733) und begann: „Lo, the poor Indian! whose untutored mind...".

27. Zitiert in Weyand und Roberts, „Lacrosse Story", S. 25.

28. Kent Lyons, Interviewübertragung, S. 10.

29. Rex Lyons, Interviewübertragung, S. 9-10.

30. Emmett Printup, Interviewübertragung, S. 1.

31. Ebd., S. 2.

32. Freeman Bucktooth jr., Interviewübertragung, S. 34.

33. Anonym, persönl. Mitteilung.

34. Benedict, Interviewübertragung, S. 7.

35. Anonym, persönl. Mitteilung.

36. „Tewaarathon", S. [vi].

37. Printup, Interviewübertragung, S. 2.

38. Ansley Jemison, Interviewübertragung, S. 3.

39. Dunnell, „Should Lacrosse be Named National Game?".

40. Dave Sell, „Syracuse: Another Shot", *Washington Post* vom 29.5.1989, S. C4; siehe Mark Kram, „Stick Shift", S. 56.

41. Weyand und Roberts, „Lacrosse Story", S. 8, 6, 5.

42. Es gab auch andere Ausrüstungsgegenstände auf dem Markt. Im Mai 1890 erhielt der Verband ein Schreiben der Gebr. Spalding aus New York, die Lacrosseschuhe für 3 $ das Paar anboten. Man bat die Firma, zur nächsten Sitzung ein Probepaar zu schicken, wo man es mit Mustern aus Smardon City vergleichen wollte.

43. Zum Thema „Schmuggel" von Schlägern über die Grenze, s. „Tewaarathon", S. 106-107.

44. Ebd. S. 108-109.

45. Roy Simmons jr., Interviewübertragung, S. 1.

46. Ebd., S. 1-2.

47. „Tewaarathon", S. 120 ff.

48. Simmons, Interviewübertragung, S. 5.

49. Benedict, Interviewübertragung, S. 5.

50. Kent Lyons, Interviewübertragung, S. 10; Benedict, Interviewübertragung, S. 5.

51. Benedict, Interviewübertragung, passim; Lyons, Interviewübertragung, passim.

52. Callahan, persönl. Mitteilung vom 20.8.1992.

53. Rex Lyons, Interviewübertragung, S. 3, 5-6. Die Hersteller von Kunststoffschlägern halten sich bedeckt, was ihr Verkaufsvolumen angeht. In Industriehandbüchern kann man allerdings nachlesen, daß einer der größten Kunststoffschlägerhersteller, die *Wm. T. Burnett Company* aus Baltimore, jährlich Verkaufszahlen in Höhe von über 20 Millionen $ schreibt (Mark Kram, „Stick Shift", S. 54-59).

54. Kent Lyons, Interviewübertragung, S. 6.

55. Lipsyte, „Lacrosse", S. 29.

56. Kent Lyons, Interviewübertragung, S. 3-6.

57. Hayes, zitiert in Lipsyte, „Lacrosse", S. 44.

58. Kent Lyons, Interviewübertragung, S. 8-9.

59. Jemison, Interviewübertragung, S. 2.

60. Oren Lyons, zitiert in Lipsyte, „Lacrosse", S. 29.

Anhang A

1. James Mooney, „The Cherokee Ball Play", S. 108-109. Eine weitere Version siehe James Mooney, „Myths of the Cherokee", S. 286.

2. Victor Barnouw, Lac du Flambeau, 1944, überliefert von Sam Whitefeather; S. Victor Barnouw, „Wisconsin Chippewa Myths and Tales", S. 142-148. Weitere Versionen siehe Henry Schoolcraft, „The Indian in his Wigwam", [1848], S. 106, und Walter James Hoffman, „The Menomini Indians", S. 182-196.

3. James Mooney, „Myths of the Cherokee", S. 296.

4. Robert E. Ritzenthaler, *Field Notes and Papers*.

5. Mooney, „Myths", S. 311-315.

6. Frances Densmore, „Menominee Music", S. 36-37.

7. Alanson Skinner und John V. Satterlee, „Menomini Folklore", S. 255-257.

8. William Jones, „Ojibwa Texts", S. 167-171. Überliefert von J. B. Penesi, Fort Williams, Ontario.

9. J. Curtin und J. N. B. Hewitt, „Seneca Fiction, Legends and Myths", S. 234-236.

10. Ebd., S. 294-295.

11. Ebd., S. 372-374.

12. Ebd., S. 611-613.

13. Paul Radin, „The Winnebago Tribe", S. 72-73. Erzählt von einem Angehörigen des Bären-Clan.

Anhang B

1. John R. Swanton, „Social Organization and Social Usages of the Indians of the Creek Confederacy", S. 675, 459.

Bibliographische Anmerkungen

Keine andere amerikanische Mannschaftssportart hat bei Historikern so wenig Beachtung gefunden wie Lacrosse. Obwohl es vor der Ankunft der Europäer in ganz Nordamerika in unterschiedlichen Variationen gespielt wurde, gibt es über diese amerikanisch-indianische Tradition kaum Unterlagen. Die alten Berichte von Missionaren und Forschern sind spärlich und ungenau und führen häufig in die Irre. Erst seit dem 19. Jahrhundert fing man an, Lacrosse ausführlicher zu beschreiben. Als die Kanadier dann das Spiel an sich rissen und es 1867 zu ihrem „Nationalsport" erklärten, konzentrierte sich das Interesse ausschließlich auf dessen nicht-indianische Entwicklung. Auch die Autoren der wenigen Bücher und Artikel, die seither über Lacrosse publiziert worden sind, legen gegenüber den Menschen, die das Spiel einmal erfunden haben, nur ein blasses Lippenbekenntnis ab.

James Mooney war der erste, der eine Analyse des indianischen Lacrosse, so wie es die Eastern Cherokee spielten, in einem Artikel im *American Anthropologist* (1890) geliefert hat. In seinem klassischen Buch *Games of the North American Indians* (1907) machte sich Stewart Culin die Mühe, von Stamm zu Stamm alles zu sammeln, was sich über die jeweilige Lacrossetradition erhalten hatte. Außerdem stellte er alle veröffentlichten und handschriftlichen Quellen zusammen und lieferte Abbildungen von Lacrosse-Ausrüstungsgegenständen aus Museumssammlungen. (Joseph Oxendine hat mit seinem *American Indian Sports Heritage* (1988) Culins allgemein gehaltene Arbeit modernisiert, wenn auch nicht erweitert.) In letzter Zeit haben Sportwissenschaftler, die sich auf Spiele der eingeborenen Amerikaner konzentrieren, erneut Interesse an Lacrosse gefunden. Die Studie von Kendall Blanchard über die Sportarten der Mississippi-Choctaw (1981) enthält viele wertvolle Daten über ihr Ballspiel und stellt ihre heutige Praxis in den geschichtlichen Zusammenhang. Die nicht veröffentlichte Doktorarbeit von Raymond Fogelson (1962) über das Ballspiel der Eastern Cherokee stellt bei weitem die umfassendste Studie dar, die uns über ein Spiel eines nordamerikanischen Stammes vorliegt. Sie bietet eine Fülle von Interpretationen und stellt Lacrosse zum erstenmal auf seinen angemessen Platz in den amerikanischen Sportannalen. Auf ähnlich intensive

439

Weise hat sich Peter Nabokov (1987) mit der indianischen Lauftradition beschäftigt. Da im Bereich der Anthropologie das Interesse am Sport weiter zunimmt, darf man hoffen, daß den ersten Einwohnern dieses Kontinents die längst überfällige Anerkennung ihrer Sportarten endlich zuteil wird.

Da uns so wenige Dokumente über das indianische Lacrosse vorliegen, werden wir wahrscheinlich ohne ausführliche Geschichte des Spiels auskommen müssen. Als ich mich in die lückenhafte historische Literatur stürzte, wurde mir schnell klar, daß die weißen Flecken in unserem zusammengestückelten Wissen nur von denen gefüllt werden konnten, die die Geschichte kennen. Immer mehr stützte ich mich dabei auf indianische Freunde – Spieler, Trainer, Schlägerhersteller – die mir halfen, unverständliche Stellen in historischen Berichten aufzuhellen. Ihre wertvollen Angaben ziehen sich durch den gesamten Text. Die meisten Lacrosseanhänger sitzen Stereotypen auf, wenngleich diese auch ehrbar sein mögen. Deshalb habe ich versucht, mit Hilfe der Fakten, die ich sammeln konnte, einige Korrekturen an dem geläufigen Bild anzubringen und übersteigerte Vorstellungen abzumildern.

Die Frage nach der geographischen Verbreitung von Lacrosse muß unbeantwortet bleiben. Die Karte zeigt einen großen weißen Fleck in der Gegend des Ohio River Valley und demonstriert, wie wenig wir über die Geschichte und die Bräuche der Menschen wissen, die dort bei der Ankunft der Europäer gelebt haben. Vielleicht haben sie in irgendeiner Form Lacrosse gespielt – wir wissen darüber nichts. Die Karte weist ebenfalls darauf hin, daß ich keinen Nachweis für Lacrosse weiter westlich des Mississippi gefunden habe. Die Stämme, die im heutigen Oklahoma Lacrosse spielen, sind fast alle aus dem Osten umgesiedelt worden, und dort war Lacrosse Teil ihrer Tradition. Die Stämme in Kansas und Iowa brachten das Spiel aus ihrer alten Heimat, den Wäldern um die westlichen Großen Seen, mit. Häufig sind die Daten zu den heute ausgestorbenen Spielen, die eine gewisse Ähnlichkeit mit Lacrosse aufweisen – wenn man das aus den kärglichen Beschreibungen schließen darf – zu geringfügig, als daß man etwas Endgültiges dazu sagen könnte. Demnach haben die Stämme der Great Plains, abgesehen von den östlichen Dakota, die das Spiel wahrscheinlich von den benachbarten Ojibwa übernommen haben, kein Lacrosse gespielt. Allerdings liefert Alice Fletcher in ihrer Studie, die sie Ende des 19. Jahrhunderts über die Omaha-Kultur erarbeitet hat, die Beschreibung eines Ballspiels, bei dem gebogene Stöcke zum Einsatz kamen; dieses Spiel stimmt in manchem mit Lacrosse, wie es andernorts gespielt wird, überein. Leider sind ihre Angaben ungenügend. Man kann daraus nicht schließen, ob es sich um Lacrosse oder eine Form von Hockey gehandelt hat (der Ball soll sich während des Spiels auf dem Boden befunden haben, was eher für Hockey spricht). Laut meiner guten Omaha-Informationsquellen gibt es keine Aufschlüsse darüber, daß

440

dort jemals Lacrosse gespielt wurde. Unter einzelnen Plains-Stämmen mag das Spiel bis zu seiner Aufgabe einmal verbreitet gewesen sein. Eine Quelle aus der Mitte des 19. Jahrhunderts – F. V. Hayden (1862) – liefert zum Beispiel einen Begriff aus der „Shyenne-" [Cheyenne-] Sprache, der folgendes besagt: „Eine Ballkeule mit einem Ring am Ende, worin der Ball liegt, während er geworfen wird" (S. 295).

Auch bei Stämmen an der Westküste (das Volk der Shuswap und Thompson, s. James A. Teit, *The Thompson Indians of British Columbia* [1900] sowie *The Shuswap* [1909]; die Pomo, s. Stephen Powers, *Tribes of California* [1976]) ist vereinzelt auf Spiele hingewiesen worden, die eine gewisse Ähnlichkeit mit Lacrosse haben. Diese wissenschaftlichen Berichte sind jedoch relativ jungen Datums, und es ist denkbar, daß diese Spiele bis zu diesem Zeitpunkt entweder importiert, erfunden oder kopiert worden sind. (In British Columbia spielten die Kanadier bereits vor Ende des 19. Jahrhunderts Lacrosse.) Eine Interpretation der Angaben zu diesen Spielen ist äußerst schwierig. So erwähnt Culin zum Beispiel in Zusammenhang mit den Pomo einen Schläger mit Netzwerk, der den Stand der Webtechnik der kalifornischen Stämme aus diesem Gebiet wiederspiegelt. Allerdings behauptet er, daß der Ball damit nicht geworfen beziehungsweise getroffen wird, sondern am Boden entlang bewegt und geschoben wird, was auf eine Art Hockey schließen läßt. Es gab auch Stämme, die meiner Meinung nach eine degenerierte Form von Lacrosse spielten. Das war immer dann der Fall, wenn das Spiel im Aussterben begriffen war, während die Feldarbeit durchgeführt wurde. So etwa bei den Louisiana-Choctaw, als Bushnell sie 1908 aufsuchte. Viele südöstlichen Stämme kannten ein anderes, vielleicht älteres rituelles Spiel, wobei sie einen einzelnen Pfosten, an dem oben ein Fetisch befestigt war, benutzten. Hier spielten Männer mit Lacrossestöcken gegen Frauen, die ihre Hände einsetzten. Um einen Punkt zu erzielen, wurde der Pfosten an einer bestimmten Stelle angeschlagen. Manche Stämme, die dieses Spiel kannten, spielten auch das richtige Lacrosse (die Oklahoma-Creek spielen heute noch beide Versionen im Rahmen ihrer „*Green Corn Ceremony*"); andere wiederum, wie die Apachen, spielten nur das Spiel mit dem einzelnen Pfosten (s. John H. Hann, *Apalachee: The Land between the Rivers* [1988]).

Die erzählenden Kapitel sind meine eigene Erfindung. Sie sollen den Text beleben und die einzelnen Elemente des indianischen Lacrosse ins Spiel bringen, die in den anderen Kapiteln einer analytischen Betrachtungsweise unterzogen werden. Beim Erstellen dieser Episoden in erzählerischer Form habe ich auf die überlieferten ethnologischen Studien über die betreffenden Stämme zurückgegriffen. Falls sich jemand für eine ausführlichere Darstellung des gestalteten Umfeldes interessieren sollte, möchte ich ihn auf dieselben Quellen verweisen, die meine Phantasie angeregt haben. Die beste summarische Darstellung des Hintergrundes und eine auf den letzten Stand gebrachte Bibliographie der nordöstlichen und Great Lakes-Stämme, die in meinem Text vorkommen, liefert der Band *Northeast* aus der Reihe *Handbook of North American Indians*, herausgegeben von Bruce Trigger (1978). Leider ist der Band *Southeast* aus derselben Reihe noch nicht erschienen. Daher möchte ich den Leser auf die zahlreichen exzellenten, ausführlichen Essays von John R. Swanton verweisen, die fast alle vom *Bureau of American Ethnology* veröffentlicht wurden.

Wer sich dagegen für die Erfahrungen der Missionare bei den Huronen interessiert, sei auf die mehr als siebzig Bände der *Jesuit Relations*, herausgegeben von Reuben G. Thwaites (1896-1901), verwiesen. Sie stellen unter anderem den größten, seit langem publizierten Quellenfundus dar, den die amerikanische Anthropologie besitzt. Über das Kommen und Gehen von Pater Le Mercier und seinen Missionarsbrüdern hat Reverend Arthur Jones (1909) genauestens Buch geführt. Verläßliche ethnographische Daten über die Huronen haben Elisabeth Tooker und Bruce Trigger zusammengestellt. Besonders Triggers *The Huron: Farmers of the North* (1969) muß lobend erwähnt werden. Reichliche Hintergrundinformation über die Konfrontation zwischen Mohawk und Seneca (1794) findet man in William Stones Biographien über Joseph Brant (1838) und Red Jacket (1841) als auch in Mary Jemisons Bericht über ihre Gefangenschaft bei den Seneca (Seaver 1856). Über die Tragödie, wie die Irokesen ihr Land verloren — während des Zeitraums, als sich Seneca und Mohawk im nationalen Spiel gegenüberstanden — sowie die weiteren ungeklärten Probleme danach gibt *Iroquois Land Claims* ausführlich Auskunft, herausgegeben von Christopher Vecsey und William A. Starna (1988). Die Geschichte der Einnahme von Fort Michilimackinac wurde schon häufig beschrieben, aber man sollte doch mit Alexander Henrys eigenem Bericht anfangen. Er war zwar kein Augenzeuge, sondern der Händler im Versteck, dessen *Makoons* sich nur zu gerne angenommen hätte. Das Schicksal meinte es gnädig mit ihm, und etwa vierzig Jahre nach diesem Ereignis erzählte er sein Abenteuer. William Warren (1885) ergänzte Henrys Bericht mit Fakten aus der mündlichen Überlieferung der Ojibwa, und Francis Parkman (10. überarb. Ed., 1908) gibt der Eroberung einen lebendigen Anstrich, indem er sie in den Gesamtkontext der Pontiac-Kampagne stellt.

Die Faszination, die von George Catlin ausgeht, besteht weiterhin. Zur kritischen Würdigung dieses Mannes und seines Werkes sollte man sich mit der Analyse von John Ewers (1956) beschäftigen, besonders aber mit der richtungsweisenden Studie von William Truettner, *The Natural Man Observed: A Study of Catlin's Indian Gallery* (1979). Darin beurteilt Truettner Catlin weniger aus anthropologischer als aus kulturhistorischer Sicht. Die Inspiration, Twister und seine Mannschaft zum Leben zu erwecken, gewann ich aus Raymond Fogelsons Dissertation über das Stockballspiel der Eastern Cherokee sowie aus den Photographien von James Mooney. Diese Dissertation hat es verdient, veröffentlicht und einem größerem Publikum vorgestellt zu werden. Wie aus meinem Text hervorgeht, habe ich mich weitestgehend auf seine Analyse, Lacrosse als Kriegssurrogat anzusehen, gestützt. Zum Schluß möchte ich allen, die sich für das Spiel interessieren, uneingeschränkt zu George Beers *Lacrosse* (1869) raten. Dieses Buch stellt nicht nur die gesamten Umstände dar, die dazu geführt haben, daß Lacrosse heute so und nicht anders in der nicht-indianischen Welt gespielt wird – darüber hinaus bietet es eine Fülle von Information, wie die Mohawk das Spiel damals betrieben haben. Für einen dreiundzwanzigjährigen Zahnarzt ist dieses Buch eine außerordentliche Leistung, und Beers launiger Schreibstil macht das Lesen zuweilen zur reinen Freude.

Endlich wird Lacrosse nun auch von denen dokumentiert, die dieses Spiel erfunden haben. Mit *Tewaarathon* (1978) liegt eine empfehlenswerte Geschichte des Mohawk-Lacrosse vor, die von den Einwohnern von St. Regis erforscht und niedergeschrieben wurde. Man kann nur hoffen, daß andere Stämme diesem Beispiel folgen, solange noch genügend Zeit ist, die Erinnerungen der Alten, die in ihrer Jugend Lacrosse gespielt haben, festzuhalten.

Im Vergleich mit diesen gesicherten Quellenangaben kann man die kurzen Notizen, die immer wieder in Magazinen und Journalen auftauchen, besser einordnen. Mein eigenes Buch reflektiert in gewisser Weise die gesamte Literatur mit unserem allgemeinen Wissen über das amerikanisch-indianische Lacrosse. Es besteht aus einer Mischung aus Fakten und Fiktion.

Bibliographie

Adair, James
   1775   *The History of the American Indians*. London.

Atwater, Caleb
   1850   *The Indians of the Northwest*. Columbus.

Baker, William J.
   1988   *Sports in the Western World*. Überarb. Ausgabe: University of Illinois Press, Urbana und Chicago.

Baraga, Frederic
   1853   *A Dictionary of the Otchipwe Language*. Cincinnati.

Barnouw, Victor
   1977   *Wisconsin Chippewa Myths and Tales*. University of Wisconsin Press, Madison.

Bartram, William
   1791   *Travels through North and South Carolina, Georgia, East and West Florida*. Philadelphia.

Basina, Franklin
   (1990)   Interview transcript, 10 September 1990. Archives of the Center for Folklife Programs and Cultural Studies, Smithsonian Institution.

Beauchamp, W.M.
   1896   "Iroquois Games". in *Journal of American Folklore* 9:269-277.

Becker, Marshall J.
   1985   "Lacrosse: Political Organization in North America As Reflected in Athletic Competition". in *Expedition* 27:53-56.

Beers, W[illiam] G[eorge]
   1869   *Lacrosse: The National Game of Canada*. W.A. Townsend and Adams, New York; Dawson Brothers, Montreal.

Benedict, Frank
   (1992)   Interview transcript, 3 June 1992. Archives of the Center for Folklife Programs and Cultural Studies, Smithsonian Institution.

Benedict, Owen
   (1992)   Interview transcript, 3 June 1992. Archives of the Center for Folklife Programs and Cultural Studies, Smithsonian Institution.

Blanchard, Kendall
   1981   *The Mississippi Choctaw at Play: The Serious Side of Leisure*. University of Illinois Press, Urbana, Chicago und London.

Brine, W.H.
   1982   *Brine's Lacrosse Guide and Almanac*. W.H. Brine Company, Milford, Mass.

Brown, Mrs. W. Wallace
   1889   "Some Indoor and Outdoor Games of the Wabanaki Indians". *Transactions of the Royal Society of Canada*, Vol. 6, sec. 2, Montreal.

Bucktooth, Freeman Jr.
  (1991)   Interview transcript, 2 May 1991. Archives of the Center for Folklife Programs and Cultural Studies, Smithsonian Institution.

Bull

William Perkins
  1934   *From Rattlesnake Hunt to Hockey: The History of Sports in Canada and of the Sportsmen of Peel 1748 to 1974.* Toronto, George J. McLeod, Ltd.

Bushnell David I.
  1909   *The Choctaw of Bayou Lacomb, St. Tammany Parish, Louisiana.* Bureau of American Ethnology Bulletin No. 48. Washington, D.C., Government Printing Office.

Canadian Lacrosse Association
  1989   Position Paper.

Carver, Jonathan
  1781   *Travels through the Interior Parts of North America in the Years 1766, 1767, and 1768.* 3. Auflage.
  1956   *Travels through the Interior Parts of North America in the Years 1766, 1767, and 1768.* Reprint, Minneapolis, Ross and Haines.

Casagrande, Joseph
  o.J.   Papers. Anthropology Section of the Milwaukee Public Museum.

Catlin, George
  1841   *Letters an Notes on the Manners, Customs, and Condition of the North American Indians.* 2 Vols. London, Tosswill and Myers.
  1965   *Letters an Notes on the Manners, Customs, and Condition of the North American Indians.* Reprint, Minneapolis, Ross and Haines.
  [1844]   *North American Indian Portfolio.* London.

Charlevoix, Pierre de
  1761   *Journal of a Voyage to North America.* Vol. 3. London, R. and J. Dodsley.

Childress, Mitchell R.
  1992   "Choctaw Ball Racket Manufacture", in *Tennessee Anthropologist* 17 No. 2:93-109.

Cobb, Justin
  1952   "The Evolution of the Rules of Lacrosse"; Master's thesis, Springfield University.

Copway, George
  1850   *The Traditional History and Characteristic Sketches of the Ojibway Nation.* London, C. Gilpin.

Corkran, David H.
  1953   "The Sacred Fire of the Cherokees", in *Southern Studies* 5:21-26.

Creek Nation Community Center (Producers)
  1982   *Little Brother of War.* Videotape, produced by Gary Robinson, photographed by Gary Robinson and Scott Wearingen.

Culin, Stewart
  1907   "Games of the North American Indians". In *Twenty-fourth Annual Report of the Bureau of American Ethnology, 1902-1903*, S. 1-846. Washington, D.C., Government Printing Office.

Cuoq, J.A.
  1882   Lexique de la Langue Iroquoise. Montreal.
  1886   *Lexique de la Langue Algonquine.* Montreal.

Curtin, J. and J.N.B. Hewitt
  1911   "Seneca Fiction, Legends, and Myths". In *Twenty-eighth Annual Report of the Bureau of American Ethnology, 1911*, S. 37-819. Washington, D.C., Government Printing Office.

Cushman, Horatio B.
  1899   *History of the Choctaw, Chickasaw, and Natchez Indians.* Greenville, Texas, Headlight Printing House.

Davidson, James
  1992   "Enemies Become Teammates to Promote Healing". In *Toronto Globe and Mail* vom 6. Juni 1992; S. A14, A16.

Davis, Alexander McFarland
  1886   *Indian Games.* Bulletin of the Essex Institute, Vol 17. Salem, Mass.

Densmore, Frances
    1929   *Chippewa Customs*. Bureau of American Ethnology Bulletin No. 86. Washington, D.C., Govern-
            ment Printing Office.
    1932   Menominee Music. Bureau of American Ethnology Bulletin No. 102. Washington, D.C., Govern-
            ment Printing Office.
    1943   *Choctaw Music*. Bureau of American Ethnology Bulletin No. 136, Anthropological Papers No.
            28:101-183. Washington, D.C., Government Printing Office.
    1979   Chippewa Customs. Reprint: St. Paul, Minnesota Historical Society Press, Borealis Books.

Draper, David E.
    1980   "Occasions for the Performance of Native Choctaw Music". In: *Selected Reports in Ethnomusicology*,
            Vol. 3, No. 2: 147-173, edited by Charlotte Heth; Los Angeles, University of California.

Ducatel, J.J.
    1877   "Fortnight among the Chippewas of Lake Superior". In: *The Indian Miscellany*, ed. by W.W. Beach.
            Albany, J. Munsell.

Duval, Edwin M.
    1991/92 Personal communications, 28. Dezember 1991 und 1. Juni 1992.

Ehle, John
    1988   *Trail of Tears: The Rise and Fall of the Cherokee Nation*. New York, Anchor Books/Doubleday.

Ewers, John C.
    1956   "George Catlin, Painter of Indians and the West". In: *Annual Report of the Smithsonian Institution
            for 1955*, S. 483-528. Washington, D.C., Government Printing Office.

Eyman, A. Frances
    1964   "Lacrosse and the Cayuga Thunder Rite". In: *Expedition* 6:15-19.

Feiler, Seymour, trans. and ed.
    1962   *Jean-Bernard Bossu's Travels in the Interior of North America, 1751-1762*. Norman, University of
            Oklahoma Press.

Fenton, William N.
    1953   *The Iroquois Eagle Dance: An Offshoot of the Calumet Dance*. Bureau of American Ethnology Bulletin
            No. 156. Washington, D.C., Government Printing Office.

Finger, John R.
    1984   *The Eastern Band of Cherokee Indians, 1819-1900*. Knoxville, University of Tennessee Press.

Fletcher, Alice C.
    1911   "The Omaha Tribe". In: *Twenty-seventh Annual Report of the Bureau of American Ethnology, 1905-
            1906*, S. 17-654. Washington, D.C., Government Printing Office.
    1915   *Indian Games and Dances with Native Songs*. Boston, C.C. Birchard and Company.

Fogelson, Raymond
    (1962) "The Cherokee Ball Game: A Study in Southeastern Ethnology". Ph.D. Dissertation, University of
            Pennsylvania.

Frazier, Alex
    1990   "George Catlin and Choctaw Lacrosse". In: *Lacrosse*, März 1990: 50-52.

Friedl, Ernestine
    (1942) Papers (June 1942). Anthropology Section, Milwaukee Public Museum.

Gilbert, William H., Jr.
    1943   "The Eastern Cherokees". In: *American Bureau of American Ethnology Bulletin* No. 133:169-414.
            Washington, D.C., Government Printing Office.

Grant, Peter
    1890   "The Saulteaux Indians about 1804". In: *Les Bourgeois de la Compagnie due Nord-Quest*, S. 337-340;
            ed. by Louis R. Masson; Quebec.

Haas, Mary R.
    1940   "Creek Inter-town Relations". In: *American Anthropologist* 42: 479-489.

Hall, Basil
    1829   *Travels in North America in the Years 1827 and 1828*. Vol. 3. Edinburgh, Cadell.

Hann, John H.
    1988   *Apalachee: The Land between the Rivers*. Gainesville, University of Florida / Florida State Museum.

Hayden, F.V.
   1862   "Contrubutions to the Ethnography and Philology of the Indian Tribes of the Missouri Valley". In: *Transactions of the American Philosophical Society* 12: 274-320.

Haywood, John
   1823   *The Natural and Aboriginal History of Tennessee*. Nashville, George Wilson.

Heidenreich, Conrad E.
   1978   "Huron". In: *Handbook of North American Indians*, ed. by William Sturtevant; Vol. 15 *Northeast*, ed. by Bruce Trigger; S. 368-388. Washington, D.C., Smithsonian Institution Press.

Henry, Alexander
   1809   *Travels and Adventures in Canada and the Indian Territories between the Years 1760 and 1776*. New York, I. Riley.

Hewitt, J.N.B.
   1892   "Iroquois Game of La Crosse". In: *American Anthropologist* 5:189-191.

Heye, George G.
   1916   "Certain Mounds in Haywood County, North Carolina". In: *Holmes Anniversary Volume, Anthropological Essays*, comp. by Ella Leary; S. 180-186; Washington, D.C.

Hoffman, Walter James
   1890   "Remarks on Ojibwa Ball Play". In: *American Anthropologist* 3: 133-135.
   1897   "The Menominee Indians". In: *Fourteenth Annual Report of the Bureau of American Ethnology, 1892-1893*, S. II-328. Washington, D.C., Government Printing Office.

Howard, James H.
   1965   *The Plains-Ojibwa or Bungi*. Anthropological Papers of the South Dakota Museum, No.1; Vermillion, S.D., University of South Dakota.

Howard, James H. and Victoria Lindsay Levine
   1990   *Choctaw Music and Dance*. Norman und London, University of Oklahoma Press.

Jemison, Ansley
   (1992)   Interview transcript, 27 March 1992. Archives of the Center for Folklore Programs und Cultural Studies, Smithsonian Institution.

Jones, Arthur E.
   1909   *"Sendake Ehen"; or, Old Huronia*. Fifth Report of the Bureau of Archives for the Province of Ontario, Toronto.

Jones, Peter
   1861   *History of the Ojebway Indians*. London.

Jones, William
   1919   *Ojibwa Texts*. Ed.by Truman Michelson; Publications of the American Ethnological Society, Vo. 7, Pt. 2. New York, G.E. Stechert and Company, Agents.
   1939   *Ethnography of the Fox Indians*. Bureau of American Ethnology Bulletin No. 125. Washington, D.C., Government Printing Office.

Kane, Paul
   1859   *Wanderings of an Artist among the Indians of North America*. London.

Kilpatrick, Jack Frederick and Anna Gritts Kilpatrick
   1970   "Notebook of a Cherokee Shaman". *Smithsonian Contributions to Anthropology* 1(6):83-125.

Kinietz, W. Vernon
   1947   *Chippewa Village: The Story of Katikitegon*. Cranbrook Institute of Science Buttelin 25. Bloomfield Hills, Mich.

Kohl, Johann G.
   1860   *Kitchi-Gami, Wanderings round Lake Superior*. London, Chapman and Hall.

Kram, Mark
   1990   "Stick Shift". In: *Warfield's*, März 1990, S. 54-59.

Kurath, Gertrude P.
   1968   *Dance and Song Rituals of the Six Nations Reserve, Ontario*. National Museum of Canada Bulletin 220(4).

Lahontan, Baron Louis Armand
   1703   *New Voyages to North America*. Vol. 2. London, H. Bonwicke, T. Goodwin, M. Wotton, B. Tooke, and S. Manship.

Landes, Ruth
  1968   *The Mystic Lake Sioux*. Madison, University of Wisconsin Press.

Landmann, George Thomas
  1852   *Adventures and Recollections of Colonel Landmann, Late of the Corps of Royal Engineers*. Vol. 2. London, Colburn and Company.

Lanman, Charles
  1849   *Letters from the Alleghany Mountains*. New York, Geo.P. Putnam.

Latorre, Felipe A. und Dolores L. Latorre
  1976   *The Mexican Kickapoo Indians*. Austin und London, University of Texas Press.

Laubin, Dave
  1984   "Lacrosse: 'Little Brother of War', the Indians Called It". In: *Canadian Geographic*, Oktober-November 1984; S. 36-43.

Lawson, John
  1714   *History of North Carolina*.
  1937   *History of North Carolina*. Ed. by F.L. Harris, 3. Auflage; Richmond, Garrett and Massie.

Levi, M. Carolissa
  1956   *Chippewa Indians of Yesterday and Today*. New York, Pageant Press.

Levine, Victoria Lindsay
  1991   "Feathers in Southeast American Indian Ceremonialism". In: *Expeditions* 33: 3-11.

Lewis, Emma
  1854   "Art and Artists of America: Henry Kirke Brown, N.A.". In: *Graham's Magazine*, April 1854, S. 428.

Lipsyte, Robert
  1986   "Lacrosse: All-American Game". In: *New York Times Magazine*, 15. Juni 1986; S. 29-68.

Logan, Linley
  1992   Personal communications, 5. März 1992.

Long, John
  1791   *Voyages and Travels of an Indian Interpreter*. London.

Lyons, Kent
  1992   Interview transcript, 4. Juli 1992. Archives of the Center for Folklife Pragrams and Cultural Studies, Smithsonian Institution.

Lyons, Rex
  1992   Interview transcript, 4. Juli 1992. Archives of the Center for Folklife Pragrams and Cultural Studies, Smithsonian Institution.

McCracken, Harold
  1959   *George Catlin and the Old Frontier*. New York, Dial Press.

McDermott, John
  1961   *Seth Eastman: Pictorial Historian of the Indians*. Norman, University of Oklahoma Press.

McKenney, Thomas L.
  1827   *Sketches of a Tour to the Lakes*. Baltimore, Fielding Lucas, Jr.

McKern, Will C.
  o.J.   Papers. Anthropological Section, Milwaukee Public Museum.

Maddren, William H.
  1904   "Lacrosse". In: *Lawn Tennis: Its Past, Present, and Future*, by J. Parmly Paret; S. 415-419. New York und London, Macmillan.

Malone, Henry T.
  1956   *Cherokees of the Old South: A People in Transition*. Athens, University of Georgia Press.

Martel, Nancy B.
  1986   "Little Brother of War". In: *Mid-Atlantic Country*, April 1986, S. 49-50.

Mayer, Francis B.
  1932   *With Pen and Pencil on the Frontier in 1851: The Diary and Sketches of Frank Blackwell Mayer*. St. Paul, Minnesota Historical Society.

Michelson, Truman
  1919   "Notes on Fox Mortuary Customs and Beliefs". In: *Fortieth Annual Report of the Bureau of American Ethnology*, S. 351-496. Washington, D.C., Government Printing Office.

Montreal Amateur Athletic Association
  o.J.   Minute Books. Public Archives of Canada.

Mooney, James
  1890   "The Cherokee Ball Play". In: *American Anthropologist* 3:105-132.
  1891   *The Sacred Formulas of the Cherokee*. In: Seventh Annual Report of the Bureau of American Ethnology, 1885-1886, S. 307-395. Washington, D.C., Government Printing Office.
  1900   *Myths of the Cherokee*. In: Nineteenth Annual Report of the Bureau of American Ethnology, Part 1. Washington, D.C., Government Printing Office.

Mooney, James and Frans M. Olbrechts
  1932   *The Swimmer Manuscript: Cherokee Sacred Formulas and Medicinal Prescriptions*. Bureau of American Ethnology Bulletin No. 99. Washington, D.C., Government Printing Office.

Morgan, Lewis Henry
  1851   *League of the Ho-dé-no-sau-nee or Iroquois*. Rochester.
  1904   *League of the Ho-dé-no-sau-nee or Iroquois*. Ed. by Herbert M. Lord. New York, Dodd, Mead and Co.

Nabokov, Peter
  1987   *Indian Running: Native American History and Tradition*. 2. Auflage. Santa Fe, Ancient City Press.

Neill, Edward D.
  1872   *Dakota Land and Dakota Life*. Collections of the Minnesota Historical Society, Vol. 1. St. Paul, Minn.

Nichols, John D.
  1992   Personal communication, 12. November 1992.

Ofield, Jack
  (1978) "Lacrosse Stick Maker". Video, Bowling Green Films, New Pacific Productions, n.d., ca. 1978.

O'Grady, Michael A.
  1991   "The Aboriginal Ball Game of the Southeastern United States: Its Form, Distribution, and Origin". Master's Thesis, Harvard University.

ohne Verfasser
  1946   "Cherokee Stickball", In *Life Magazine* vom 11. November 1946; S. 90-92.
  1978   *Tewaarathon (Lacrosse): Akwesasne's Story of Our National Game*. North American Indian Travelling College.
  1979   University of South Dakota American Indian Oral History Project, Part 2, *New York Times* Oral History Program. Microfiches of typed transcrips of tape interviews. Sandford, N.C., Microfilm Corporation of America.
  1993   "The Legacy of Lacrosse". In: *Realm of the Iroquois*, ed. by editors of Time-Life Books; S. 113-121. Alexandria, Va., Time-Life Books.

Olbrechts, Frans
  o.J.   Papers. National Anthropological Archives, Smithsonian Institution.

Owl, W. David
  1988   "Cherokee Indian Ball". In: *The Cherokee One Feather* vom 5. Okt. 1988, S. 6-7.

Paret, J. Parmly
  1904   *Lawn Tennis: Its Past, Present, and Future*. New York und London, Macmillan.

Parkman, Francis
  1908   *The Conspiracy of Pontiac*. 10. überarb. Auflage. Boston, Little, Brown.

Payne, John H.
  (1830) Papers. 14 Bände. Newberry Library, Chicago. o.J. ca. 1830.

Peckham, Howard H.
  1947   *Pontiac and the Indian Uprising*. Princeton, Princeton University Press.

Perrot, Nicolas
  1911   "Memoir of the Manners, Customs and Religionof the Savages of North America". In: *The Indian Tribes of the Upper Mississippi and the Region of the Great Lakes*, Vol. 1, ed. and translated by Emma Helen Blair; S. 24-272. Cleveland, Arthur H. Park Co.

Pistorius, Alan
1985   "Lacrosse". USAIR, März 1985, S. 69-82.

Poliakoff, Michael B.
1987   *Combat Sports in the Ancient World: Competition, Violence, and Culture*. New York und London, Yale University Press.

Powers, Stephen
1976   *Tribes of California*. Berkeley und Los Angeles, University of California Press.

Printup, Emmett
1992   Interview transcript, 28. März 1992. Archives of the Center for Folklife Programs and Cultural Studies, Smithsonian Institution.

Quimby, George I.
1960   *Indian Life in the Upper Great Lakes, 11,00 B.C. to A.D. 1800*. Chicago, University of Chicago Press.

Radin, Paul
1923   "The Winnebago Tribe". In: *Thirty-seventh Annual Report of the Bureau of American Ethnology, 1915-1916*; S. 35-560. Washington, D.C., Government Printing Office.

Reagan, Albert B.
1919   "Some Games of the Bois Fort Ojibwa". In: *American Anthropologist*, n.s. 21:264-278.

Ritzenthaler, Robert E.
1953   *The Potawatomi Indians of Wisconsin*. Milwaukee Public Museum Bulletin 19(3).
1956   *The Mexican Kickapoo*. Milwaukee Public Museum Publications in Anthropology, No. 2
o.J.   Field Notes and Papers. Anthropology Section, Milwaukee Public Museum.
o.J.   "Kickapoo Vocabulary". Anthropology Section, Milwaukee Public Museum.

Ritzenthaler, Robert E. und Pat Ritzenthaler
1970   *The Woodland Indians of the Western Great Lakes*. Garden City, N.Y., Natural History Press.

Romans, Capt. Bernard
1775   *A Concise Natural History of East and West Florida*. New York.

Sagard, Gabriel
1939   *The Long Journey to the Country of the Hurons*. Ed. by George M. Wrong; transl. by H.H. Langton. Toronto, Champlain Society.

Schoolcraft, Henry
1851-57 *Historical and Statistical Information respecting the History, Conditions, and Prospects of the Indian Tribes of the United States*. Part 5:277. Philadelphia, Pa.

Seaver, James E.
1856   *Life of Mary Jemison: Deh-he-wä-mis*. 4. Auflage New York und Auburn, Miller, Orton, and Mulligan.

Sell, Dave
1989   "Syracuse: Another Shot". In: *Washington Post* vom 29. Mai 1989, S. C4.

Simmons, Roy Jr.
1992   Interview transcript, 26 March 1992. Archives of the Center for Folklife Programs and Cultural Studies, Smithsonian Institution.

Skinner, Alanson
1913   *Social Life and Ceremonial Bundles of the Menomini Indians*. In: Anthropological Papers of the Museum of Natural History, Vol. 13, Part 1:1-165.
1921   *Material Culture of the Menomini*. In: Indian Notes and Monographs, No. 20. New York, Museum of the American Indian, Heye Foundation.

Skinner, Alanson und John V. Satterlee
1913   *Menomini Folklore*. In: Anthropological Papers of the Museum of Natural History, Vol. 13, Part 3:217-146.

Smith, James
1870   *An Account of the Remarkable Occurrences in the Life and Travels of Col. James Smith*. Cincinnati.

Speck, Frank G.
1909   *Ethnology of the Yuchi Indians*. Publications of the University Museum, Vol. 1. Philadelphia, University of Pennsylvania.
1949   *Midwinter Rites of the Cayuga Long House*. Philadelphia, University of Pennsylvania.

Speck, Frank G. und Leonard Broom
    1983   *Cherokee Dance and Drama*. Norman, University of Oklahoma Press.

Stone, William L.
    1838   *Life of Joseph Brant – Thayendanegea*. Vol. 2. New York, Alexander V. Blake.
    1841   *The Life and Times of Red-Jacket, or Sa-go-ye--wat-ha*. New York und London, Wiley and Putnam.

Swanton, John R.
    1918   "An Early Account of the Choctaw Indians". In: *Memoirs of the American Anthropological Association* 5:53-72.
    1922   "Early History of the Creek Indians and Their Neighbors". *Bureau of American Ethnology Bulletin* No. 73:207-286. Washington, D.C., Government Printing Office.
    1928   "Religious Beliefs and Medical Practices of the Creek Indians". In: *Forty-second Annual Report of the Bureau of American Ethnology, 1924-1925*; S. 473-672. Washington, D.C., Government Printing Office.
    1928   "Social Organization and Social Usages of the Creek Indians of the Creek Confederacy". In: *Forty-second Annual Report of the Bureau of American Ethnology, 1924-1925*; S. 22-472. Washington, D.C., Government Printing Office.
    1929   *Myths and Tales of the Southeastern Indians*. *Bureau of American Ethnology Bulletin* No. 73:207-286. Washington, D.C., Government Printing Office.
    1931   "Source Material for the Social and Ceremonial Life of the Choctaw Indians". In: *Bureau of American Ethnology Bulletin* No. 103:1-282. Washington, D.C., Government Printing Office.

Tabor, James
    1988   "Molding Talent". In: *Pursuits*, Winter 1988, S. 8-17.

Teit, James A.
    1900   *The Thompson Indians of British Columbia*. Memoirs of the American Museum of Natural History, Vol. 2. New York, American Museum of Natural History.
    1909   *The Shuswap*. Memoirs of the American Museum of Natural History, Vol. 4, Part 7. New York, G.E. Stechert.

Thwaites, Reuben G., editor
    1896-1901   *The Jesuit Relations and Allied Documents: Travels and Explorations of the Jesuit Missionaries in New France, 1610-1791*. 73 Volumes. Cleveland, Burrow Brothers Company.
    1908   *Journal of Peter Pond, 1740-1775*. Collections of the Wisconsin State Historical Society 18.

Tooker, Elisabeth
    1964   *An Ethnography of the Huron Indians, 1615-1649*. *Bureau of American Ethnology Bulletin* No.190. Washington, D.C., Government Printing Office.
    1978   "Iroquois since 1820". In: *Handbook of North American Indians*, ed. by William Sturtevant, Vol. 15, *Northeast*, ed. by Bruce Trigger; S. 449-465. Washington, D.C., Smithsonian Institution Press.

Trigger, Bruce G., editor
    1978   *Northeast*. Vol 15 of *Handbook of North American Indians*, ed. by William Sturtevant. Washington, D.C., Smithsonian Institution Press.

Truettner, William H.
    1979   *The Natural Man Observed: A Study of Catlin's Indian Gallery*. Washington, C.D., Smithsonian Institution Press.

Vennum, Thomas Jr.
    1982   *The Ojibwa Dance Drum: Its History and Construction*. Smithsonian Folklife Studies, No. 2. Washington, D.C., Smithsonian Institution Press.
    1985   "The Ojibwa Begging Dance". In: *Music and Context: Essays for John M. Ward*, ed. by Anne Shapiro; S. 54-78. Cambridge, Mass., Department of Music, Harvard University.
    1988   *Wild Rice and the Ojibway People*. St. Paul, Minnesota Historical Society Press.
    1989   "Ojibway Drum Decor: Sources and Variations of Ritual Design". In: *Circles of Tradition: Folk Arts in Minnesota*; S. 60-70. St. Paul, Minnesota Historical Society Press.

Wallace, Anthony F. C.
    1970   *The Death and Rebirth of the Seneca*. New York, Alfred A. Knopf.

Warren, William W.
    1885   History of the Ojibway Nation. St. Paul, Minnesota Historical Society Press.

Weyand, Alexander M. und Milton R. Roberts
    1965   The Lacrosse Story. Baltimore, H. and A. Herman.

Wheelock, Thomas B.
    1834   *Journal of the Company of the Regiment of Dragoons*. Public Documents of the U.S. Senate, 23^d
            Congress, 2^d Session, Volume 1.

White, Rev. George
    1854   *Historical Collections of Georgia*. New York, Pudney and Russell.

Willett, Marinus
    1831   *A Narrative of the Military Actions of Colonel Marinus Willett*. New York.

Williams, Samuel C. , editor
    1986   *Adair's [1775] History of the American Indians*. New York, Promonton Press.
    1927   *Lieut. Henry Timberlake's Memoirs, 1756-1765*. Johnson City, Tenn., Watauga Press.

Wolfe, Cheri L.
    1987   "'Something Tells Me This Feeling about the Land Is the Old Choctaw Religion': The Persistence
            of Choctaw Culture in Mississippi since 1830". In: *Persistence of Pattern in Mississippi Choctaw
            Culture*, ed. by Patti C. Black; S. 10-27. Jackson, Mississippi Department of Archives and History.

Wulff, Roger L.
    1977   "Lacrosse among the Seneca". In: *Indian Historian* 10:16-22.

Abbildungs-Nachweis

Karte: Zeichnung von Joan Wolbier.

Abb. 1, 2a, 2d: *University Museum*, mit freundlicher Genehmigung der *University of Pennsylvania*.

Abb. 2b: Foto von Thomas Vennum, Jr., mit freundlicher Genehmigung von Charles Trudell, Spooner, Wisconsin.

Abb. 2c: Foto mit freundlicher Genehmigung des *Anthropology Department, National Museum of Natural History, Smithsonian Institution*.

Abb. 3: Foto von Thomas Vennum, Jr.

Abb 4: Foto von Jeff Tinsley, mit freundlicher Genehmigung der *Archives of the Center for Folklife Programs and Cultural Studies, Smithsonian Institution*.

Abb. 5: Foto mit freundlicher Genehmigung von David G. Noble.

Abb. 6, 7, 8, 9: Fotos mit freundlicher Genehmigung der *Rare Book Collection, National Library of Canada / Collection des livres rare, Bibliothèque nationale du Canada*.

Abb. 10, 44, 56, 61: Fotos von S.A. Barrett, mit freundlicher Genehmigung des *Milwaukee Public Museum of the County of Milwaukee*.

Abb. 11: Foto von Dean Loomis, mit freundlicher Genehmigung von *"Life Magazine"*, © Time Warner Inc.

Abb. 12, 27a, 27b, 67b, 67c: Fotos von Eugene Heflin, mit freundlicher Genehmigung der *National Anthropological Archives, Smithsonian Institution*.

Abb. 13, 16, 35b, 36b, 46, 47, 48, 49, 50, 51, 52, 53, 54, 55, 58, 59, 65, 66: Fotos von James Mooney, mit freundlicher Genehmigung der *National Anthropological Archives, Smithsonian Institution*.

Abb. 14a: Foto von M.R. Harrington, mit freundlicher Genehmigung des *National Museum of the American Indian, Smithsonian Institution*.

Abb. 14b, 37a, 64: Fotos von Edward John, mit freundlicher Genehmigung von Kendall Blanchard.

Abb. 15: nach einer Illustration von Frank G. Speck in *"Ethnology of the Yuchi Indians"*, S. 121.

Abb. 17, 18, 21a, 21b, 40: Fotos mit freundlicher Genehmigung des *National Museum of Natural History, Smithsonian Institution*.

Abb. 19: Foto von Carole Thompson, © 1981.

Abb. 20a: Foto von Franco Zaina, mit freundlicher Genehmigung des *Laboratorio di Ricerca e di Documentazione Antropologica*, Bergamo, Italien.

Abb. 20b, 20c, 37b, 37c: Fotos mit freundlicher Genehmigung des *National Museum of the American Indian, Smithsonian Institution*.

Abb. 22: Nach einer Illustration von Victor Hogg, mit freundlicher Genehmigung der *Mackinac State Historic Parks*, Michigan.

Abb. 24: Foto aus der *Churchill Collection*, mit freundlicher Genehmigung des *National Museum of the American Indian, Smithsonian Institution*.

Abb. 25, 38a, 45: Fotos mit freundlicher Genehmigung der *National Anthropological Archives, Smithsonian Institution*.

Abb. 26: Foto von P. Framer, mit freundlicher Genehmigung der *Archives of the Center for Folklife Programs and Cultural Studies, Smithsonian Institution*.

Abb. 28a, 28b, 38b: Fotos mit freundlicher Genehmigung der *Edward E. Ayer Collection, Newberry Library*, Chicago.

Abb. 29: Foto mit freundlicher Genehmigung der *Thomas Gilcrease Institution of American History and Art, Olkahoma*, Tulsa, Oklahoma.

Abb. 30: Foto von Alanson Skinner, mit freundlicher Genehmigung des *Milwaukee Public Museum of the County of Milwaukee*.

Abb. 31, 42: Fotos von Fred R. Wolcott, mit freundlicher Genehmigung der *Onondaga County Parks, Office of Museums*.

Abb. 32a, 32b, 33, 68: Fotos mit freundlicher Genehmigung des *National Museum of American Art, Smithsonian Institution*.

Abb. 34, 35a, 36a: Fotos von Victor Krantz, mit freundlicher Genehmigung des *National Museum of Natural History, Smithsonian Institution*.

Abb. 39: Foto mit freundlicher Genehmigung der *Library of Congress*.

Abb. 41: Foto mit freundlicher Genehmigung der *Notman Photographic Archives, McCord Museum of Canadian History*.

Abb. 43: Foto von Martin G. Schneckenberger, mit freundlicher Genehmigung des *Buffalo Museum of Science*.

Abb. 57, 62: Fotos mit freundlicher Genehmigung der *Minnesota Historical Society*.

Abb. 60: Foto aus dem *"Life Magazine"* vom 11. November 1946.

Abb. 63: Foto von Leland Torrence, mit freundlicher Genehmigung der *Archives of the Center for Folklife Programs and Cultural Studies, Smithsonian Institution*.

Abb. 69: Foto mit freundlicher Genehmigung der *Montreal Amateur Lacrosse Association and Public Archives of Canada*.

Abb. 70: Foto von Peter Jemison, mit freundlicher Genehmigung von Peter Jemison.

Abb. 71: Foto mit freundlicher Genehmigung von *Iroquois Nationals*.

Abb. 72, 73, 74: Fotos von Thomas Vennum, Jr., mit freundlicher Genehmigung der *Archives of the Center for Folklife Programs and Cultural Studies, Smithsonian Institution*.

Abb. 75, 76, 77: Illustrationen von Daphne Shuttleworth.

Abb. 78: Zeichnung aus der Begleit-Broschüre zu der Lacrosse-Europameisterschaft 1996 in Neuss am Rhein.

Index